헌법해설
개정판

개정판 1쇄 인쇄 2018년 9월 4일
개정판 3쇄 발행 2022년 3월 22일

편집	고신총회 헌법해설수정위원회
발행	대한예수교장로회 총회출판국
	출판등록 제22-1471호 1998.12.11
	137-803 서울특별시 서초구 고무래로 10-5 (반포동)
	전화 (02)592-0986 팩스 (02)595-7821
	ksbook@kosin.org www.qtland.com
디자인	최건호
가격	26,000원
ISBN	979-11-6166-044-8 (13230)

이 책은 저작권법에 의해 보호를 받는 출판물입니다.
고신총회의 허락이 없이는 무단 전재와 복제를 금합니다.

[개정판]

헌법해설

예배지침 | 교회정치 | 권징조례

대한예수교장로회 고신총회
THE KOSIN PRESBYTERIAN CHURCH IN KOREA

목차

개정판 서문 *7*
머리말(초판) *11*
서문(초판) *13*

제1부 예배지침 *15*

제1장 교회와 예배 *19*
제2장 주일성수 *29*
제3장 주일예배 *40*
제4장 말씀의 선포 *69*
제5장 성례 *80*
제6장 신앙고백 *110*
제7장 금식일과 감사일 *123*
제8장 기도회 *133*
제9장 주일학교 *137*
제10장 시벌과 해벌 *141*
제11장 헌법적 규칙(예배지침) *143*

제2부 교회정치 *163*

제1장 교회정치 원리 *182*

제2장 교회 *197*

제3장 교인 *211*

제4장 교회직원 *230*

제5장 목사 *254*

제6장 장로 *309*

제7장 집사 및 권사 *337*

제8장 준직원과 임시직원 *352*

제9장 교회 치리회 *358*

제10장 당회 *374*

제11장 노회 *386*

제12장 총회 *402*

제13장 교회 희의 및 소속기관 *409*

제14장 선교 및 교단(단체) 교류 *417*

제15장 재산 *425*

제16장 각종 고시 *431*

제17장 헌법 개정 / 18장 부칙 *437*

제3부 권징조례 *439*

제1장 총칙 *441*

제2장 재판국에 관한 규례 *463*

제3장 소송에 관한 규례 *483*

제4장 하회가 처리한 사건을 상회가 취급하는 규례 *526*

제5장 재심청구 *555*

제6장 선거 무효소송 및 당선 무효소송 *562*

제7장 시벌과 해벌 *567*

[부록] 권징조례 서식 목차 *571*

개정판 서문

　제67회 총회(2017.9.)에서는 헌법해설수정위원회 존속허락 청원을 받아들여 위원 및 전문위원을 새로 선임하여 「헌법해설」을 수정하도록 가결하였다. 이에 따라 본 위원회에서는 지금까지 간행된 헌법해설 전반을 재검토하여 개정판을 내놓기에 이르렀다. 이를 위하여 기독교보에 두 차례의 의견청취 공고를 게재하여 다양한 내용을 접수하기도 하였으며, 우리 총회 소속 인사들뿐만 아니라 많은 전문가들로부터 자문을 받기도 하였다. 또한 위원들이 여러 차례의 집담회, 독회 등을 거쳤으며 최종적으로 2018년 5월 총회운영위원회에 보고한 후 개정판을 출간하게 되었다.

　본 개정판을 발행하면서 몇 가지 집필원칙을 준수하기로 하였다. 첫째는 이미 발행된 헌법해설의 내용상 오류를 수정하기로 하였다. 둘째 오자와 탈자 등이 없도록 하는 데 최선을 다하기로 하였으며, 셋째 그동안 총회에서 헌법이 개정된 경우에는 반드시 그 내용을 반영키로 하였으며, 넷째 총회 결의사항이 철저하게 집필에 반영되도록 노력하였으며, 다섯째 노회의 결의사항이라고 할지라도 전국교회의 선례가 될 만한 내용은 최대한 반영하되 본 위원회에서는 해설에 있어서 최대한 공정성을 유지하면서 집필에 임하고자 노력하였다. 다만 개인이 집필한 헌법해설보다 권위를 갖는다고 할지라도 이 책의 내용 전부가 총회적인 권위를 갖는 것은 아니다. 때로는 시행세칙의 역할을 하기도 하고, 분쟁과 갈등이 있을 경우 안내역할을 하기도 하지만 어디까지 본 위원회의 해설임을 밝혀 둔다.

참고문헌을 각주에 밝히려고 노력하였으나 논문이나 저술은 아니므로 간략히 하려고 하였다. 본서를 집필함에 있어서 박병진 「교회재판 편람」(성광문화사, 1986), 박윤선 「헌법주석」(영음사, 1983), 이종일 「꼭 알아야할 100가지 교회법률」(기독신문사, 1995), 이종일 「헌법으로 보는 교회생활 500문 500답」(가리온, 2002), 이성웅 「헌법권징론」(한국장로교출판사. 2007), 조긍천 「장로교헌법해설」(총회출판국, 2000), 하지. J. A. 「정치문답조례」(번역본- 1968년판, 1993년판, 2011년판)를 참조하였음을 밝혀둔다.

이번에 개정판을 발행하면서 많은 지도와 협조를 해주신 것에 대해서 감사를 드린다. 조긍천 목사, 윤희구 목사, 이용호 목사, 정수생 목사, 윤현주 목사, 박삼우 목사의 지도뿐만 아니라 원고의 교정 작업을 맡아준 김윤근 목사, 정종원 장로의 수고가 있었다. 아무쪼록 본서를 통하여 예배지침, 교회정치, 권징조례의 조문들을 더 잘 이해하고 개체 교회마다 유용하게 활용되었으면 한다.

2018년 7월 10일

총회헌법해설수정위원회
위 원 장 김홍석 목사
서   기 정태진 목사
회   계 김충무 장로
위   원 오현기 목사, 구자우 사무총장
전문위원 성희찬 목사, 안재경 목사

머리말(초판)

제62회 총회(2012년)가 2011년에 개정한 헌법 중 관리표준인 예배지침과 교회정치, 권징조례의 해설 및 발간을 결정하고 6인을 선정하여 그 작업을 일임하였다. 총회가 공식적으로 헌법해설을 위임한 것은 처음이자 총회 설립 이후 60년만의 일이다. 총회장을 역임한 조긍천 목사가 1998년 집필한 「교회헌법해설」이 유일하게 본 교단에서 널리 유익하게 사용되었으나(증보판은 2000년에 '장로교 헌법해설' 이름으로 출간) 이 해설서에는 예배지침에 대한 해설이 없다는 점과 무엇보다 2011년 헌법개정에서 관리표준 전체가 대폭 개정됨에 따라 새로운 해설서가 요청되었다.

왜 우리에게 헌법 조항 외에 또 다시 헌법 조항에 대한 해설서가 필요한 것일까? 각 법조항 뒤에 있는 이유를 아는 것은 매우 중요하다. 만약 각 법조항이 우리에게 명확하지 않으면 믿음의 선진들이 우리에게 물려 준 지혜와 전통을 제대로 활용할 수 없다.

뿐만 아니라 교회 역사에서 항상 교회를 위협했던 두 가지 극단이라는 낭떠러지에 쉽게 빠질 가능성이 많다. 오른쪽에 있는 극단은 율법주의와 형식주의이다. 이는 우리가 왜 이 법조항을 가지고 있는가를 모른 채 맹목적으로 법조항을 지키는 경우이다. 이는 마치 부모가 '왜?'라고 질문하는 자녀에게 '내가 그렇게 말했으니까!'라고 대답하는 것과 같다. 왼쪽에 있는 극단의 낭떠러지는 무정부주의 혹은 무(無)율법주의이다. 우리는 법을 좋아하지 않는 시대를 살고 있다. 이는 중요한 것은 사랑과 선교이며, 우리 식대로 할 것이라는 자세이다. 마치 부모가 '네가 생각하기에 옳은 대로 하라.'고 말하는 것과 같다.

따라서 교회는 법조항 뿐 아니라 해설이 필요하다. 양 극단의 낭떠러지에 떨어지지 않고서 안전하게 도로에 있으면서 법을 지키기 위해서이다. 나아가 그 법이 나타내는 정확한 원리, 어쩌면 이 시대에 퇴색하고 있는 본래의 원리를 다시 재생시키기 위해서이다.

따라서 본 헌법해설 발간위원회는 다음과 같이 집필 원칙을 정하고 이를 따르기로 하였다. 각 장 조항 순서대로 해설하되, 성경적 신학적 역사적 배경을 간략하게 서술하며 또 가급적이면 판례를 많이 삽입하기로 하였다. 나아가 질문과 대답 형식을 취하면서 해설을 하기로 하였다. 왜냐하면 질문과 대답 형식이 헌법의 각 조항을 이해하는데 가장 효과적이라고 판단하였기 때문이다. 이러한 문답법은 일찍이 고대 그리스 철학자 아리스토텔레스의 문답법을 통해 검증되었고, 우리의 교리표준인 대소교리문답이 취한 형식이며 J. A. 핫지의 '교회정치 문답조례'(1886년)가 취한 형식으로서 우리에게 익숙한 방식이기 때문이다.

관리표준에 해당하는 예배지침과 교회정치와 권징조례는 본래 성경을 요약한 교리표준(웨스트민스터 신앙고백, 대교리문답, 소교리문답)을 교회가 지키고 관리하기 위해 주어진 것이라 할 수 있다. 우리는 성경과 교리표준과 관리표준이 서로 유기적인 관계에 있다는 것을 믿는다. 그러나 지금 우리의 현실은 위 책들이 교회의 일부 지도자 손에만 쥐어져 있는 형편이다. 따라서 본 해설은 이 책들이 교회의 책이 되어서 성경이나 찬송가처럼 교인의 손에 돌려주고, 교인의 귀에 들려주기 위할 목적을 가지고 있다. 풍성한 교회생활에 대한 가이드, 교회생활의 지혜를 제공하는 것이 본 해설의 목적이다. 따라서 이 책이 전국 교회와 교회직원, 교인, 나아가 치리회와 신학생들에게 유익하게 사용되기를 바란다.

2013년 11월

위원장 윤희구
서　기 성희찬
위　원 구자우 안용운 장희종 정수생

서문(초판)

　　2012년 제62회 고신총회에서는 그동안 사용해오던 헌법을 전면 개편하였다. 그 이후 우리 교단에서는 최초로 헌법해설발간위원회를 조직하여 2013년 11월 초판을 발행하였다. 3쇄를 거듭할 정도로 고신교회의 특별한 사랑을 받았으나 품절이 될 정도로 책을 구하기 어렵게 되자, 총회 출판위원회에서는 헌법해설 수정발간을 총회 임원회에 요청하게 되었고, 총회 임원회에서는(제65-13차, 2016.2.) 위원장 박영호 목사, 서기 김홍석 목사, 회계 서일권 장로, 위원 권오헌 목사, 정태진 목사, 사무총장 구자우 목사로 '헌법해설 수정위원회'를 임시로 조직하였으며, 제66회 총회(2016.9.)에서는 헌법해설 수정위원회를 구성하여 개정판을 준비하도록 결의하였다. 그러나 마침 진행되고 있던 전국노회 명칭 변경 및 노회 구역설정 등으로 개정작업을 원활히 추진하지 못한 채 500여 군데의 오자와 탈자 등을 바로 잡는 등 약간의 수정을 거쳐 3쇄로 재간행하게 되었다.

2017년 2월 8일

위원장 권오헌 목사
서　기 김홍석 목사
회　계 박영호 장로
위　원 정태진 목사, 구자우 사무총장

제1부

예배지침

제1문 예배지침 해설의 중요성이 무엇인가?

교회는 예배하는 공동체이다. 교회의 개혁은 예배의 개혁이다. 웨스트민스터회의 대의원들은 하나님께 드리는 예배를 최우선 순위에 두었다. 찰스 1세가 1636년 존 낙스의 예식서 사용을 금지시키고 교회의 수장이 왕으로 되어 있는 영국국교회 예식서를 사용하도록 강요했다. 언약파 교도들은 생명을 걸고 일어나 왕당파와 싸워 승리함으로 바른 예배를 드리기 위해서 종교회의를 요청했다. 웨스트민스터 총회가 1643년에 개회되어 제일 먼저 제정한 것이 예배지침(1644년)이고, 그 다음에 교회정치(1645년)를, 그리고 신앙고백(1646년)을 차례로 제정했다. 올바른 예배를 위해서 올바른 신앙고백이 필요하고 올바른 예배를 보호하기 위해서 정치와 권징이 필요했던 것이다.

제2문 예배지침이 어디에 배치되어야 하는가?

교단 헌법은 교리표준과 관리표준으로 나누어져 있다. 교리표준은 우리가 받고 있는 웨스트민스터 표준 문서들이다. 이전의 관리표준은 교회정치, 권징조례, 예배지침으로 구성되어 있었다. 이렇게 처음에는 예배지침이 앞자리를 차지하지 않았는데, 제6차 개정(2011년)에서는 예배지침을 먼저 배치하였다. 즉, 앞에는 신앙고백과 교리문답을, 그리고 뒤에는 교회정치과 권징조례가 자리 잡고 있다.

제3문 웨스트민스터 예배지침의 정신이 무엇인가?

1644년에 제정한 웨스트민스터 예배지침에는 예배순서보다 그 내용에 비중을 두고 있다. 대륙의 개혁교회들에서는 교단 총회에서 예배의 순서까지 확정하여 개체 교회들이 따르도록 권장하고 있다. 웨스트민스터 예배지침은 예배순서를 고정시키기보다는 예배의 요소를 해설하면서 예배의 내용을 자유롭게 따르도록 권장하고 있다. 그 내용의 제목을 보면 '1. 공(公, Public) 예배의 모임과 공예배에서의 자세 2. 공예배에서의 성경봉독 3. 설교 전의 공기도 4. 말씀선포 5. 말씀선포 후 기도 6. 성례전 7. 주일성수 8. 결혼서약 9. 환자 심방에 관하여 10. 장례에 관하여 11. 공적 금식에 관하여 12. 공적 감사일에 관하여 13. 시편 찬송에 관하여 14. 부록(공예배를 드리는 일시와 장소)'로 되어 있다.

제4문 고신교회 예배지침의 정신은 무엇인가?

이번에 개정된 예배지침에는 예배를 최우선순위로 둔 신앙 정신을 살리면서 칼빈과 개혁교회들의 예배 예전을 참고하여 예배순서와 예배내용으로 분리하여 제정했다. 올바른 예배는 올바른 신앙고백 위에서만 가능하다. 개정된 예배지침은 웨스트민스터 신앙고백서와 대소교리문답에서 거듭 강조하고 있는 언약 신앙에 근거하여 "언약적 예배 의식"을 제정하려고 했다. 언약적 예배는 일방적이지 않고 자유분방하지도 않다. 하나님께로부터 오는 문안, 말씀, 언약의 율법, 사죄, 강복선언 등의 요소와, 회중이 드리는 예배의 부름, 찬송, 공적 죄 고백, 신앙고백 등의 요소가 교차적으로 기여하면서 예배가 진행된다.

제1장 교회와 예배

제1조 (교회)

제5문 교회가 무엇인가?

교회란 예수 그리스도의 공로로 구원받은 그리스도인들이 모여 하나님 앞에 예배하는 공동체이다. 교회는 예수 그리스도의 몸으로서 성령의 역사로 말미암아 계속적인 하나님의 말씀이 정확하게 선포되어야 하고, 성례를 올바르게 집행해야 하며, 권징을 정당하게 시행함으로 그 정통성이 유지되어야 한다.

1. 웨스트민스터 신앙고백 25장은 교회에 대한 고백이다. "그리스도께서는 이 보편적인 유형교회에 교역과 말씀과 하나님의 규례를 주심으로 현세에서 세상 끝날까지 성도들을 모으고 보호하려 하셨고, 또 자기 약속을 따라 자기의 임재와 성령으로 말미암아 교역과 말씀과 규례가 효력 있게 그 목적을 이루게 하신다"(25:3). 하이델베르크 교리문답 제54문답은 교회에 대하여 정의한다. "제54문: 거룩한 보편교회에 관하여 당신은 무엇을 믿습니까? 답: 나는 하나님의 아들이 세상의 처음부터 마지막 날까지 모든 인류 가운데서 영생을 위하여 선택하신 교회를 참된 믿음으로 하나가 되도록 그의 말씀과 성령으로 자신을 위하여 불러 모으고 보호하고 보존하심을 믿습니다." 여기서는 세상에서 자신을 위하여 사람들을 불러 모으신 구원의 주로서 하나님을 묘사하고 있다. 교회는 세상으로부터 주 예수 그리스도의 부름을 받아 하나님과 사귀는 사람들의 공동체이다. 부름 받은 사람들은 하나님의 임재 가운데 들어가기 위하여 세상과 세속적 의무를 뒤로 하고 떠나 왔다.

2. 출애굽기를 보면 하나님은 세상 사람들 중에서 주께서 택한 사람들을 시

내 산으로 데리고 오셨다. 이스라엘 자손은 시내 산에서 하나님의 존전에 모여 하나의 공동체를 형성하였다. "나에게 백성을 모으라 내가 그들에게 내 말을 들려주어 그들이 세상에 사는 날 동안 나를 경외함을 배우게 하며 그 자녀에게 가르치게 하리라"(신4:10)고 하셨다. 하나님의 백성들을 모이게 한다는 것은 창조주 앞에 그들을 서게 한다는 것을 의미한다.

3. 히브리서 기자는 이스라엘 자손과 교회를 비교해 준다. "너희는 만질 수 있고 불이 붙는 산과 침침함과 흑암과 폭풍과 나팔 소리와 말하는 소리가 있는 곳에 이른 것이 아니라… 그러나 너희가 이른 곳은 시온 산과 살아 계신 하나님의 도성인 하늘의 예루살렘과 천만 천사와 하늘에 기록된 장자들의 모임과 교회와 만민의 심판자이신 하나님과 및 온전하게 된 의인의 영들과 새 언약의 중보자이신 예수와 및 아벨의 피보다 더 나은 것을 말하는 뿌린 피니라"(히12:18-19,22-24). 이스라엘 자손들이 애굽에서 불려 나와 시내 산으로 인도되어 왔듯이 교회는 세상에서 불려 나와 하나님과 교제하게 된 하나님 백성들의 공동체이다.

4. 예배에 있어서 교회는 세상과 분리되어야 한다. 하나님은 그의 백성들이 자신의 임재 안에 있게 하려고 세상에서 분리해 내셨기 때문이다. 만약 교회가 세상 안에 여전히 존재한다면, 교회는 하나님의 존전에 모일 수 없게 된다.

제6문 교회의 속성이 무엇인가?

고대로부터 교회가 무엇인지를 말하기 위해 교회의 속성을 말했다. 381년의 니케아-콘스탄티노플 신경에서 교회의 속성을 4가지로 정리했다. "우리는 하나이고 거룩하고 보편적이고 사도적인 교회를 믿습니다."라는 고백이 바로 그것이다. 쉽게 말해 교회의 단일성, 거룩성, 보편성, 사도성이다.

1. 단일성: 교회는 하나이다. 그런데 이 세상에는 교회가 수없이 많지 않은가? 교회가 어떻게 하나라는 말인가? 로마가톨릭교회는 교황을 중심으로

제도적인 하나를 추구하지만, 개혁자들은 교리를 통해 하나 됨을 추구했다. 우리는 예배와 교회정치를 통해서도 하나 됨을 추구해야 하겠다. 그리스도께서 제자들을 위해 하늘 아버지께 기도하시면서 '저들을 하나 되게 해 주옵소서'라고 하신 것을 명심해야 하겠다. 교회가 하나 되지 않으면 세상이 그리스도를 믿을 수 없다는 사실 말이다.

2. 거룩성: 교회는 거룩하다. 로마가톨릭은 자기들 교회가 계속해서 성인(聖人)을 만들어 낸다고 하면서 거룩한 교회를 주장한다. 성유물을 숭배하기도 하고 말이다. 개혁자들은 삼위 하나님께서 교회를 세상으로부터 구별시켜 주셨기에 거룩하다는 것을 믿었다. 교회는 이제 성령께서 충만하게 거하시는 집이 되었다. 교회의 거룩은 세상을 위한 거룩이다.

3. 보편성: 사도신경에서는 교회를 '공교회'라고 부른다. 이것이 바로 보편성을 말한다. 가톨릭이라는 말이 바로 그것이다. 로마가톨릭교회는 자기들이 공교회인데 그 교회가 전부라고 말한다. 그 공교회에서 떨어져 나가는 것이 이단이다. 개혁자들은 아무리 작은 교회라도 그리스도를 모신 교회가 바로 공교회라고 믿었다. 우리는 분파주의에 사로잡혀서는 안 되겠고, 교회가 온 세상의 중심이라는 것을 믿어야 할 것이다.

4. 사도성: 교회는 사도적이다. 교회는 사도들과 선지자들의 터 위에 세워졌다(엡 2:20). 로마가톨릭은 사도성을 초대교황인 베드로의 사도권이 교황에게 계승되고 있다는 것에서 찾는다. 우리는 사도성을 사도들이 전한 복음에 충실한 것에서 찾는다. 종교개혁자들은 '오직 성경'을 '모든 성경'으로 이해했기에 신앙고백서와 교리문답을 통해 모든 성경을 분명하게 정리하고 고백했다. 이런 고백교회야말로 사도적인 교회이다.

제7문 참된 교회를 어떻게 식별할 수 있는가?

교회의 속성이 교회를 자동적으로 참된 교회로 만들어 주는 것이 아니다. 개혁자들은 참된 교회와 거짓 교회를 식별하기 위하여 '교회의 표지'를 말했다. 벨직 신앙고백서(The Belgic Confession)에서 교회의 표지에 대해서 정의하기를 "참된 교회임을 알 수 있는 몇 가지 사실은 다음과 같다. 만일 복음의 순수한 교리가 전파되고, 그리스도에 의해 세워진 성례가 순수하게 이행되며, 교회의 권징으로 인해 죄를 징벌하는 일이 일어난다면 이는 참된 교회에 속하는 것이다. 요컨대 모든 일이 참된 하나님의 말씀에 따라 이뤄지며 동시에 말씀에 어긋나는 모든 일이 제거될 때 그리고 예수 그리스도께서 교회의 유일한 머리되신 분으로 인정됨으로 그 누구도 이 분에게서 벗어날 권리가 없다는 사실을 인정할 때에만 참 교회로 분명히 알 수 있는 것이다."(29장)라고 했다.

1. 교회의 표지는 참된 교회가 어디에서 발견될 수 있는가를 나타내 준다. 우리는 설교와 성례를 듣고 보는 어느 곳에서나, 그리고 권징이 신실하게 시행되고 있는 곳에는 참된 교회가 현존하고 있음을 안다. 여기서 교회의 표지와 공예배가 밀접하게 연관되어 있음을 알 수 있다. 예배는 목회자가 말씀을 설교하고 성례를 시행하는 곳에 존재한다. 권징은 공예배에서 식별하기가 쉽지 않다. 주의 날에 예배로 모이는 그리스도인들은 교회의 법정에 모이는 것이 아니라 예배자로 모이기 때문이다. 설교는 하늘을 열고 닫는 하나의 방식이다. 하이델베르크 교리문답 제84문답에서 "거룩한 복음의 설교를 통하여 어떻게 천국이 열리고 닫힙니까?" 라는 질문에서 "그리스도의 명령에 따라, 하나님께서 그리스도의 공로 때문에 사람들이 참된 믿음으로 복음의 약속을 받아들일 때마다 참으로 그들의 모든 죄를 사하신다는 사실이 신자들 전체나 개인에게 선포되고 공적으로 증언될 때, 천국이 열립니다." 라고 답한다. 그러므로 설교는 하늘을 열고 닫는 하나의 방식이 된다.

2. 교회가 주님의 성만찬을 금지할 경우 하나의 권징 행위를 시행하고 있는 것이다. 따라서 권징의 표지는 눈에 띄게 명확하게 나타나지는 않지만 예배의 한 부분이다. 그래서 교회의 표지들은 함께 참된 교회를 구성한다. 이

것이 곧 우리의 신앙고백서 25장에서 진술한 "그리스도께서는 이 보편적인 유형교회에 교역과 말씀과 하나님의 규례를 주신" 이유다. 이러한 신앙고백들에 따르면 참된 하나님의 교회는 하나님의 말씀에 따라 개혁된 예배를 떠나서는 볼 수도 없고 알 수도 없다.

제2조 (예배)

제8문 예배가 무엇인가?

예배는 예수 그리스도를 믿음으로 구원을 받고 하나님의 자녀가 된 신자들이 하나님의 은혜에 보답하는 대표적인 행위이다. 시간과 공간을 초월하신 하나님은 무소부재하시므로 신자들은 언제 어디서든지 예배할 수 있으나 특별히 공(公, Public)예배는 성별된 장소에서 주님이 부활하신 주의 날에 함께 모여 공동으로 하는 것이 마땅하다. 장로교와 개혁교회의 예배의 본질은 언약적이다. 언약의 쌍방은 하나님과 그 분의 백성이다. 하나님께서 예배에 기여하시는 부분이 있고, 하나님의 백성이 예배에 기여하는 부분이 있다. 예배는 하나님께로부터 오는 복(축도), 말씀, 성례 등과 같은 요소들이 있고, 하나님의 백성들이 드리는 찬양, 기도, 헌금 등과 같은 요소들이 있다.

1. 교회에 대한 분명한 인식은 예배를 이해하는 데 매우 중요하다. 예배에 대한 관심과 성찰이 없다면 교회에 대한 잘못된 개념을 갖게 될 것이다. 교회가 해야 할 가장 본질적인 일은 하나님께 예배하는 것이다. "사람의 첫째 되는 목적은 하나님을 영화롭게 하고 그분을 영원토록 즐거워하는 것이다."[1] 타락한 인간은 구원자 없이는 그 목적을 이룰 수 없다. 예배적인 측면에서 구속은 인간이 죄로 인해 오염되어 있기에 인간으로 하여금 원래의 목적을 수행할 수 있도록 회복시키는 것이다. 그래서 예배를 단순하

---

1. 웨스트민스터 소교리문답 1문

게 정의하면 하나님께 영광을 돌리는 것과 하나님을 즐거워하는 것이다.

2. 교회에서 예배가 중심임을 출애굽 사건에서 밝히 보여 준다. 이스라엘 자손이 홍해를 건너 바로의 압제로부터 해방되어 하나님의 백성으로 거듭 난(출14:22; 고전10:2) 즉시 모세와 이스라엘 자손은 하나님을 찬양하며 경배했다. "내가 여호와를 찬송하리니 그는 높고 영화로우심이요 말과 그 탄 자를 바다에 던지셨음이로다 여호와는 나의 힘이요 노래시며 나의 구원이시로다 그는 나의 하나님이시니 내가 그를 찬송할 것이요 내 아버지의 하나님이시니 내가 그를 높이리로다"(출15:1-2). 이처럼 출애굽은 예배 행위로 이끌어 주었을 뿐만 아니라 하나님께서 자신의 언약백성을 친히 인도하여 하나님을 예배할 수 있게 해주셨노라고 고백하게 하셨다. 이스라엘 자손이 광야에 도착했을 때 그들이 애굽에서 해방된 것이 그들을 위한 하나님의 최종적인 목적이 아니었음을 알게 되었다. 그들은 하나님의 보배로운 소유가 되기 위해서 애굽으로부터 구출 받았다. "주께서 백성을 인도하사 그들을 주의 기업의 산에 심으시리이다 여호와여 이는 주의 처소를 삼으시려고 예비하신 것이라 주여 이것이 주의 손으로 세우신 성소로소이다 여호와께서 영원무궁 하도록 다스리시도다 하였더라"(출15:17-18). 하나님은 그들을 하나님의 성전(하나님이 임재하시는 예배장소)이 되게 하기 위하여 애굽으로부터 불러내어 모으셨다. 구원의 목적은 예배에 있다. 출애굽은 수단이었으며 예배로 모으신 것이 목적이었다.

3. 동일한 형태가 신약성경에서도 나타나는데 그것은 그리스도의 중보사역에 기인한다. 지금 그리스도를 믿는 모든 사람들은 그리스도께서 완성하신 사역에 감사를 드린다. 그들은 하나님께 영광과 찬송을 드리기 위하여 지성소에 들어갈 수 있다. 바울은 "이제는 그의 육체의 죽음으로 말미암아 화목하게 하사 너희를 거룩하고 흠 없고 책망할 것이 없는 자로 그 앞에 세우고자 하셨다"(골1:22)고 했다. 이것이 신약교회인 우리가 예배에서 "시온 산과 살아 계신 하나님의 도성인 하늘의 예루살렘"(히12:22-23)으로

나아가야 하는 이유다.

제9문 우리는 어디서든 예배할 수 있는가?

1. 출애굽 이후 이스라엘 백성들은 하나님께서 가르쳐 주신 양식대로 지은 성소, 그리고 나중에는 성전에서 제사했다. 성소와 성전에서의 제사가 바로 예배였다. 이후에 성전은 파괴되고, 유대인들은 흩어진 곳에서 회당을 지어 예배했다.

2. 바벨론포로생활에서 귀환한 후에 제2성전을 세웠지만 그 성전마저 파괴되었다. 헤롯대왕이 증축한 헤롯성전이 로마에 의해 70년에 파괴되었다. 예수님께서는 자신의 몸이 친히 성전이라고 하셨다. 로마제국에서 신앙의 자유를 얻기까지는 기독교인들이 집에서 예배했고, 산이나 들판에서도 예배했다. 이후에 신앙의 자유를 얻고 난 다음에는 건물을 지어서 예배했다. 예배당 내부를 천상의 모습이 펼쳐진 것처럼 보이게 짓기도 했다.

3. 우리는 어디에서든 예배할 수 있다. 예배당을 성전이라고 부르는 것은 구약적이다. 예배당 건축을 성전건축이라고 부르는 것도 구약시대를 벗어나지 못한 생각이다. 성전은 파괴되었고, 신자의 몸이 성령께서 거하시는 전이 되었기 때문이다. 하나님의 백성들이 함께 모여서 주의 이름을 부를 때 그곳이 바로 교회가 되고, 그 장소가 바로 예배당이 된다. 우리가 건물에 너무 집착할 필요가 없다는 것을 알 수 있다. 하지만 공예배는 예배할 환경을 갖추어서 질서 있고 단정하게 예배해야 한다. 예배장소에 대한 정돈이 필요하다는 뜻이다.

제10문 예배당 안에 각종 종교 상징물을 설치할 수 있는가?

우리는 예배당이 구약시대의 성전과 같은 장소가 아니라고 본다. 장소 자체가 거룩한 곳이 아니라는 뜻이다. 그런 의미에서 '성지순례'라는 말도 신중하게 사용해야 한다. 예루살렘이 성지가 아니기 때문이다.

1. 건물이 교회가 아니다. 즉, 예배당이 교회가 아니다. 예배를 위한 장소일 뿐이다. 예배를 위한 장소로 사용하는 곳은 예배하기에 합당하게 꾸미는 것이 당연하다. 그 예배당 안에서는 기독교를 알리는 상징물을 설치하는 것이 당연하다. 설교단이 있어야 하고, 성찬상, 세례조(洗禮槽)도 있어야 한다. 그렇다면 십자가는 어떤가? 십자가도 우상숭배의 가능성이 있기 때문에 예배당 안에서 설치해서는 안 된다는 주장이 있다. 과연 지금도 개신교인들이 십자가를 우상 숭배할 가능성이 있을까? 종교상징물이 아예 없는 것이 좋은 것일까?

2. 과도한 상징물은 금물이다. "예배당 안에 종교 상징물을 설치할 수 있는가?"에 대한 질의에 고신 총회(2002년)에서는 "강단에 상징물(태극기. 촛대, 로마교식 장식용 십자가)등은 우상화할 수 있는 가능성이 있기에 성경과 개혁주의 신학과 전통에 맞지 않는 것은 설치하지 않기로 가결"하였다. 이후에 이와 관련하여 질의한 것이 없기 때문에 우리는 종교 상징물에 대한 구체적인 논의를 하지 못했다. 로마교회와 동방교회는 향을 피우기도 하는데, 이런 것은 필요없다. 예배당은 단순하게, 하지만 은혜의 방편(설교와 성례)이 분명하게 드러나야 할 것이다.

제11문 장로교회의 예배의 특성이 무엇인가?

1. 예배에는 양극단의 예배가 있다. 한 극단에는 로마가톨릭 예배가 있다. 로마가톨릭 예배에는 가증스런 우상인 미사 중심이며, 신자들은 실제로 수동적이다. 로마가톨릭에는 신자들이 존재할 필요가 없다. 주교나 사제가 있는 곳에는 어디서나 예배가 가능하기 때문이다. 다른 극단에는 다양한 형태의 독립교회들의 예배가 있다. 이 교회들은 특별한 직분이 없는 개인 신자들로 예배가 시행된다. 오직 회중만 있을 뿐이다. 누구나 예배에 참예하며 예배에 참예하는 회중은 나름대로 예배에 기여하고 있다.

2. 우리 장로교회 혹은 개혁교회의 예배의 특성은 무엇인가? 한마디로 '언약

적'이다. 우리의 신앙고백인 웨스트민스터 신앙고백서를 작성할 때의 주도적인 인물들은 스코틀랜드의 언약사상에 투철했던 인물들(알렉산더 헨더슨 Alexander Henderson, 사무엘 루터포드 Samuel Rutherford, 로버트 베일리 Robert Bailie, 죠지 길레스피 George Gillespie, 존스톤 와리스톤 Johnston of Wariston)이었다.[2] 우리의 신앙고백문서에는 언약이라는 어휘가 68회[3]나 사용되고 있을 뿐 아니라 웨스트민스터 고백문헌 전체가 언약사상으로 일관되어 있다. 장로교회의 신앙고백이 언약적이기에 예배도 언약적이어야 한다.

3. 언약에는 두 당사자가 있듯이 예배가 언약적이라고 할 때 두 당사자 곧 하나님과 하나님의 백성이 있다. 예배에는 하나님이 기여하시는 부분이 있고 하나님의 백성이 기여하는 부분이 있다. 언약의 당사자들은 동등한 신분은 아니다. 상호 기여하는 부분도 대등한 종류나 범주가 아니다. 단지 하나님과 그의 백성들 간에 주고받는 관계에 있다는 점에서는 상호적이다. 일반적으로 그리고 예배를 통해 나타난 이 언약의 기원은 하나님의 일방적인 언약, 즉 하나님의 자유롭고 주권적인 선물이다. 모든 일에 하나님이 주도권을 가지셨고, 지금도 여전히 그 주도권을 가지고 계신다. 언약을 계속 유지하시는 분도 하나님이시다. 우리가 하나님께 예배로 나아갈 때에도 하나님께 받았던 것을 되돌려 드릴 뿐이다.

4. 복된 언약적 예배에는 하나님과 그의 백성 된 우리와의 상호 교통이 있다. 장로교회 혹은 개혁주의 예배의 다양한 요소들은 두 그룹으로 나뉠 수 있다. 하나님 편으로부터 오는 복과 말씀 등과 같은 요소들이 있고, 하나님의 백성인 우리 예배자 편에서 드리는 찬양, 감사, 기도, 회개와 헌금 등과 같은 요소들이 있다. 예배자는 예배가 어떻게 인도되는지를 의식하면서 예배해야 한다. 그리할 때 우리는 하나님의 복을 받는다. 우리는 하

---

2. James Reid, *Memoirs of the Westminster Divines* (The Banner of truth trust, 1982).
3. 웨스트민스터 신앙고백서 33회, 대교리문답 30회, 소교리문답 5회

나님의 말씀을 들으며, 믿음으로 응답한다. 우리는 감사의 제사를 하나님께 드린다. 우리 자신의 기쁨 때문이 아니라 하나님 이름의 영광을 위해 찬양한다. 이것이 개혁주의 예배이다.[4]

---

4. G. Van Dooren, *The Beauty of Reformed Liturgy* (Premier Pub. 1980), 16-18.

제2장 주일성수

제3조 (주일성수의 의무)

제12문 주일성수 개념이 도입된 역사적 배경이 무엇인가?

1. 영국의 청교도들은 주간의 첫째 날에 대한 개념을 창조하였다. 그들은 장사와 계획적인 오락을 중지하고 시간 전체를 예배와 교제와 선행에 아낌없이 바치는 날로 주일을 정했다. 이 점에 대해서 박스터(Richard Baxter)는 "영국의 종교개혁에서 이 주일에 대한 개혁이야말로 가장 복된 개혁이었다."[5]라고 했다. 이러한 주일에 대한 이상은 대륙의 개혁교회에서는 쉽게 발견되지 않는다.

2. 청교도들의 이 주일에 대한 개혁의 역사는 한 세기가 걸렸다. 16세기 말 영국의 그리스도인들은 주일 예배를 마친 다음, 남은 시간을 음탕한 연극, 흥겹고 자극적인 놀이, 타락한 인간의 본성을 자극하는 모든 놀이를 의도적으로 강요당했다. 이에 대해 청교도들의 입장은 분명했다. 후퍼(Hooper)는 "우리가 지키는 주일은 인간의 계명이 아니라… 명백한 말씀에 의해서 명령된 것이다. 따라서 우리는 고린도전서 16장에서 바울이 선언한 말씀과 같이 '매 주일 첫 날'을 우리의 안식일로 지켜야 한다." 라티머(Hugh Latimer)는 "이 날은 우리가 하나님의 말씀을 듣고 주의 율법을 배움으로 주님을 섬겨야 한다. 하나님께서 그때와 같이 지금도 안식일을 인정하지 않는 것을 증오하신다."고 했다. 바빙톤(Gevase Babington)은 "역사상 청교도 안식일 교리로 알려진 제4계명은 모든 사람에게 영구적으로 구속력이

---

5. Richard Baxter, *The Practical Works of Richard Baxter Vol. 3* (Morgan: Soli Deo Gloria Publication, 2000), 936.

있는 계명이다. 안식일을 거룩하게 하는 것은 우리 직업의 노동을 쉬고, 예배를 위해서 모이고, 죄를 짓지 않는 것이다."라고 했다.[6]

3. 1618년에 제임스 1세는 스포츠 선언(Declaration of Sports)을 했다. 이 선언의 내용은 "교회의 예배가 끝나면 소와 곰 놀리기를 제외한 당시의 모든 대중오락들을 즐겨도 된다."는 선언이었다. 그러다가 1633년 찰스 1세는 이 선언을 다시 공포했다.[7] 왕은 감독들에게 모든 성직자가 강단에서 이 선언문을 낭독하도록 감시하라고 명령했다. 성직자들은 이를 거부하여 생명을 잃기도 했다.

그 당시의 상황을 박스터는 이렇게 적고 있다. "내가 어렸을 때… 아버지의 소작인들 중의 한 명은 마을의 피리 부는 사람이었다. 무도회 장소는 우리 문에서 백 야드도 떨어지지 않은 곳이었다. 그래서 우리는 주일날 시편 한 장도 읽을 수 없었고 기도나 찬송을 할 수 없었다. 또한 한 사람에게도 교리문답을 하거나 가르칠 수 없었다. 우리 귀에는 계속하여 거기로부터 피리와 북소리 그리고 고함 소리만 시끄럽게 들렸다… 우리는 그들이 행하는 것같이 하기 보다는 성경을 읽는 편을 택했기 때문에 거리의 모든 무리들의 야비한 조롱거리였으며, 청교도, 형식주의자, 위선자들로 칭해졌다. 그리고 그 선언에 의해서 공공 예배시간 외에는 놀고 춤추는 것이 허용되었을 때 사람들은 오락을 그칠 수 없었기 때문에 성경 낭독자는 어쩔 수 없이 피리 소리와 놀이를 하는 사람들이 중지할 때까지 가만히 서 있어야 했다. 그리고 때로는 모리스 가장무도회 참가자들이 스카프를 두르고 기묘한 의상을 입고 다리에 방울을 짤랑거리며 교회로 오곤 했다. 그들은 공동기도를 읽자마자 급히 자기들의 놀이로 돌아갔다. 과연 이것이 천국의 교제일까?"[8]라고 그의 자서전에 기록하고 있다.

---

6. J. I. Packer, *A Quest for Godliness* (Crossway Book, 1990), 235.
7. 위의 책, 235.
8. 위의 책, 235-236.

청교도들은 이런 환경을 개혁해 냈다. 박스터가 교구 목사로 있던 키더민스터(Kidderminster)시는 완전히 바뀌었다. 주일에 거리에서 전혀 무질서가 보이지 않게 되었고 거리를 지날 때 수많은 가정들이 찬송가를 부르고 설교를 되풀이하는 소리를 들을 수 있게 되었다. 청교도들이 사역한 다른 여러 곳에서도 유사한 개혁들이 일어났다. 장기의회(Long Parliament)[9]와 그 후계자들은 청교도 신념에 자극을 받아 주일에 오락과 장사와 여행을 금하는 일련의 법령을 통과시켰다. 결국 청교도들이 아무런 힘이 없던 시대에는 극렬히 반대했던 의회가 1677년에 청교도들이 주장하는 '주일 준수법령'(The Sunday Observance Act)을 통과시켰다. 이 법령은 이전의 제임스 1세와 찰스1세 시대의 법령을 번복한 것이었다. 이 법령은 모든 사람들이 장사와 여행 즉 '세상적인 노동, 사무, 또는 자신들의 정규적인 직업 업무'로 주일을 보내서는 안 되고 '공적으로나 사적으로 경건하고 참된 신앙의 의무 가운데' 주일을 보내야 한다고 규정하였다.

제13문 왜 공적 예배일이 구약의 안식일에서 주일로 대체되었는가?

우리의 신앙고백은 "일반적으로 하나님을 예배하기 위한 적정한 비율의 시간을 구별하는 것이 자연적 법칙이거니와, 하나님께서는 자기의 말씀에서

---

9. Charles 1세가 William Load에게 스코틀랜드에서도 주교권을 행사할 수 있도록 하자 Load가 스코틀랜드에서 영국 국교회 예배의식을 강요하게 되었다. 이 일로 인해 스코틀랜드에서 폭동이 일어났다. 1637년 7월 23일 에딘버러에서 봉기되고 전 스코틀랜드가 Load를 반대하는 불길로 뒤덮였다. 1638년 참된 종교를 변호하는 국가 차원의 계약(National Covenant)이 서명되었고, 12월의 장로교 총회에서는 감독들을 몰아내고 제임스와 찰스가 수립한 감독체제의 교회구조를 전적으로 배격하였다. 그리고 이것을 무산시키려는 왕의 신하들의 노력에도 불구하고 총회는 왕의 명령을 거부하고 장로교 체제를 확립해버렸다. 그래서 전쟁이 일어난 것이다. 이때 스코틀랜드 칼빈주의자들과 영국의 청교도들이 가까워지게 됐다. 왕은 국회의 하원이 전쟁에 필요한 세금부과를 거부하자 국회를 해산시켜버렸다. 이것을 단기 국회(Short Parliament)라고 한다. 이러한 와중에서 스코틀랜드는 영국 영토를 침략해 왔고 왕의 군대는 도망쳐버렸다. 할 수 없이 찰스 1세는 다시 국회를 소집했는데 이것을 영국 역사상 유명한 장기국회(Long Parliament)라 한다.

적극적이고 도덕적이며 항구적인 계명으로 모든 시대 모든 사람에게 부과하시사 특별히 칠일 중에 하루를 안식일로 지정하시고 자기를 위하여 거룩하게 지키라고 하셨다. 이날은 창세로부터 그리스도의 부활까지는 한 주간의 마지막 날이었는데, 그리스도의 부활부터는 주간의 첫날로 바뀌었으며, 성경은 그날을 주일이라 부르며 세상 끝날 까지 기독자의 안식일로 계속될 것이다."[10]라고 했다.

1. 칼빈은 교회가 사도시대에 이러한 결정을 했다고 생각하였다.[11] 그는 세례가 할례를 성취한 것과 마찬가지로 주의 날이 안식일을 성취한다고 보지는 않았으나 주의 날이 유대인의 안식일을 계승한다고 말한다.[12] 칼빈은 왜 토요일이 아니라 주일에 예배를 드리느냐는 질문을 받고 "유대인에게 거룩한 날이 제외된 것은 미신을 제거하는 데 편리했기 때문이며 다른 날이 지정된 것은 교회의 단정함과 질서와 평안을 유지하는 것이 필요했기 때문"이라고 대답했다.[13]

2. 칼빈은 안식일에 대한 명령과 관련하여 세 가지 사항을 제시한다. "첫째로, 하늘의 율법수여자께서 일곱째 날에 안식함으로써 이스라엘 백성에게 영적인 안식을 제시하고자 했으며 신자들은 이러한 영적 안식을 통해 하나님이 그들 가운데 역사하시도록 자신의 일을 멈추어야 했다. 둘째로, 하나님께서 말씀하시려는 것은 그들이 함께 모여 율법을 듣고 의식을 거행하거나 적어도 그의 사역에 대해 묵상하며 이러한 회상을 통해 경건의 훈련을 받을 수 있는 고정된 날이 있어야 한다는 것이다. 셋째로, 하나님께서는 남의 권위 하에 있는 사람들과 종들에게 휴식하는 날을 주셔서 그들의 노고를 쉬는 때가 있게 하기로 결정하신 것이다."라고 했다.[14]

---

10. 웨스트민스터 신앙고백서 21:7
11. J. Calvin, Comm. on Act. 20:7
12. J. Calvin, Comm. on Lk. 4:16
13. 칼빈, 기독교강요 2.8.33
14. 칼빈, 기독교강요 2.8.28

제14문 어떻게 주일을 거룩하게 할 수 있는가?

이 질문에 대한 답이 웨스트민스터 소교리문답 제60문답에 진술되어 있다. "안식일을 거룩하게 하는 것은 그날 하루를 거룩하게 쉼으로 할 것인데, 다른 날에 합당한 세상일들과 오락을 그만두고, 부득이한 일과 자비를 베푸는 일을 제외하고는 공사 간에 하나님을 예배하는 일에 하루를 온전히 사용할 것입니다."

1. 안식일은 신자들이 사적인 생활을 떠나 예배의 공적 행위에 참여하는 날이다. 제4계명은 "안식일을 기억하여 거룩하게 지키라"(출 20:8)고 말씀하고 있다. 안식일은 거룩한 날이다. 하나님께서 창조의 일곱째 날에 자신의 쉬심을 통해 그날을 거룩하게 하셨기 때문이다. 우리가 안식일의 거룩성을 이해할 때에만 비로소 예배의 거룩성을 올바로 인식하기 시작한다.

2. 우리가 사는 날 동안 하나님 면전에 살아가지만 오직 주일에 드리는 예배를 통해서 우리는 지성소 안으로 들어간다. 이런 이유로 이사야는 안식일을 하나님 자신의 '거룩한 날'(사 58:13)이라고 했다. 우리가 안식일을 구약의 의식제도에 불과한 것이라고 생각하지 않도록 하기 위하여 신약 성경은 그리스도인의 안식일을 묘사하기 위해 '주의 날'을 사용한다. 이 용어는 '주의 만찬'(고전 11:20)의 용례와 유사하며, 같은 유형을 의미한다. '주의 만찬'이 주님께 속한 식사인 것과 마찬가지로 '주의 날'도 따로 떼어 놓은 날, 주께 속한 날이다. 주의 만찬은 거룩한 식사이다. 그것은 주님께 속한 것이며 주님이 우리에게 주님의 구속 사역을 기억하도록 하시기 위해 제정해 주셨다. 우리가 주의 만찬을 평범한 식사로 생각하지 않듯이 주의 날을 평범한 날로 여기지 않아야 한다. 주님에게 속한 사람들은 주님에게 속한 날, 즉 그리스도인의 안식일에 예배드리기 위해 모였다. 옛 언약과 마찬가지로 새 언약에서 이것은 '거룩한 모임'을 위한 날이었다(레 23:2-3).

제15문 예배를 위해 구별된 안식일에 대하여 어떤 자세를 가져야 하는가?

안식일이 구별되고 독특한 것이므로 그날의 행위도 구별되고 독특하다는 점을 인식해야 한다. 왜냐하면 성경은 안식일이 거룩하다고 가르치고 있기 때문이다. 우리는 예배를 거룩한 행위로 이해해야 한다. 주일이 한 주간의 다른 날로부터 따로 떼어 놓은 날인 것과 같이 주일 예배의 행위도 거룩히 여김을 받으며 우리 일상생활의 다른 행위로부터 따로 떼어놓아야 한다.

1. 주일을 다른 날과 구별해야 한다는 생각은 두 가지 면에서 도전을 받는다. 하나는 그리스도의 주재권을 강조하는 입장이다. 이 세계관은 그리스도의 주재권을 모든 삶의 영역에 확장하며, 모든 합법적인 직업에 정당성을 확증해 주기 때문이다. 모든 그리스도인들이 하나님을 영화롭게 하기 위해 목사나 선교사가 될 필요는 없다. 농부나 어부나 상인으로 부름 받은 사람도 하나님을 영화롭게 할 수 있다고 생각하기 때문에 주일을 다른 날로부터 구별하는 것은 곧 거룩과 세속을 구별하는 것이므로 하나님의 창조의 선하심을 부정하는 것이라고 생각한다. 다른 하나는 모든 영역에서의 행위는 다 거룩한 행위라는 개념이다. 모든 행위가 거룩하다면 예배에서 하나님이 주신 재능을 살려서 촌극과 특별 음악 등을 통해서 보다 활기차고 즐거운 예배를 구성하여 드릴 수 있다고 생각한다. 그래서 예술가들과 음악가들, 연예인들을 예배 순서에 적극 참여시킬 수 있다고 생각한다. 이런 논리들 때문에 예배에서 무슨 일이 일어나는지 주의해야 한다. 삶의 모든 것이 넓은 의미에서 예배라는 주장은 성경의 거룩한 안식일 개념을 모호하게 만든다. 일상의 노동이나 특별한 은사의 행위가 그들을 하나님의 지성소로 들어가게 하지는 못한다. 이러한 개념 때문에 전통적인 주일성수의 기초가 무너지고 있다. 만일 예배를 위한 시간과 행위를 일상의 것과 구분하지 않는다면, 우리가 예배에서 하나님의 보좌 앞에 있는 "천만 천사와 하늘에 기록된 장자들의 모임과 교회와 만민의 심판자이신 하나님과 및 온전하게 된 의인의 영들"(히 12:22-23)과 함께 모여 예배한다는 생각을

갖기 힘들 것이다.

2. 칼빈은 둘째 계명에서 그리스도인의 예배는 하나님의 말씀에 따라야 한다는 원리를 발견한다. 이 명령에 대한 칼빈의 입장은 분명하다. 하나님의 말씀을 통해서 우리에게 명령하신 대로 하나님을 예배해야 한다는 것이다. "이제 그는 하나님이 어떤 분이시며 우리는 어떠한 예배를 통해서 그를 영화롭게 해야 하는지에 대해 보다 확실하게 선언한다. … 이 둘째 계명의 목적은 하나님의 예배가 미신적 의식으로 오염되는 것을 원하지 않는다는 것을 보여주시는 것이다."[15] 하나님은 그분의 백성들에게 하나님의 이름을 영화롭게 하기 위해, 그리고 그분의 은혜 안에서 성장하도록 예배일과 예배라고 하는 거룩한 방편을 지정해 주셨다.

제16문 속된 것과 일상적인 것은 어떤 차이가 있는가?

성경은 안식일 준수와 관련하여 속된 것과 거룩한 것을 강조하고 있다. 안식일을 거룩한 날이라고 하는 것은 하나님의 백성인 성도, 즉 거룩한 존재로 부르심 받은 자들이 공동으로 최대의 경의를 표하기 위해 구별된 날이기 때문이다.

1. 안식일의 거룩성을 이해하기 위해 우리는 성경적 가르침 속에서 속된 것과 거룩한 것을 구별해야 한다. 안식일을 세속적으로 준수하는 것은 하나님이 거룩하게 구별하신 것을 경멸하며 모독하고 불결하게 함으로써 오용하는 것이다. 하나님은 이런 자들에게 그 책임을 물으신다. "그 제사장들은 내 율법을 범하였으며 나의 성물을 더럽혔으며 거룩함과 속된 것을 구별하지 아니하였으며 부정함과 정한 것을 사람이 구별하게 하지 아니하였으며 그의 눈을 가리어 나의 안식일을 보지 아니하였으므로 내가 그들 가운데에서 더럽힘을 받았느니라"(겔 22:26).

---

15. 칼빈, 기독교강요 2.8.17

이와 유사한 사례가 레위기에서도 나타난다. 아론의 아들들인 나답과 아비후가 하나님께서 명하시지 아니한 다른 불로 제사 드리며 경배했기 때문이다(레 10:2). 이런 정황에서 하나님은 제사장들에게 거룩한 것과 속된 것, 정한 것과 부정한 것을 구별하도록 가르치셨다(레 10:10). 그러므로 거룩한 것과 속된 것을 구별하는 것은 안식일과 예배에 관한 성경적인 가르침의 중심에 놓여 있음을 알 수 있다. 그리고 하나님에 의해 징계 받는 속된 행위란 하나님께서 명하지 않은 것들을 행하는 행위들임을 알 수 있다.

2. 안식일을 거룩한 날로 설정하는 것은 엿새 동안은 세상 속에 빠져도 좋다는 의미가 아니다. 그리스도인은 그의 전 생애를 하나님의 면전에서 살아간다. 한 주간의 삶에서 그리스도인은 그리스도인뿐만 아니라 비그리스도인을 상대하면서 살아간다. 그러나 그리스도인은 오직 하나님을 예배하는 거룩한 행위에 참여하기 위하여 거룩한 날에 회집한다. 그리스도인은 공동으로 시온을 향해 나아가 하나님 앞에 모인다. 하나님의 회중은 긍휼의 보좌 앞에서 예수님을 만난다.

3. 성경은 우리에게 한 가지 행위를 더 말한다. 거룩한 행위와 본질적으로 죄 된 행위 외에 한 가지가 더 있다. 그것은 안식일이 아닌 다른 날에 행할 수 있는 일상적이고 합법적인 행위이다. 이 세 범주의 행위는 주일을 거룩하게 하고 하나님이 받으시는 예배가 무엇인가를 이해하는 데 중요하다.

4. 하나님은 그리스도인들이 거룩한 삶을 살도록 하기 위해서 부르신다. 하나님은 우리를 세상에 살도록 부르시며, 우리가 두려움과 떨림으로 우리의 구원을 이루도록 하기 위해서 부르신다. 또 하나님은 이 세상의 방법들과 구별된 거룩한 일들에 참여하도록 시간과 장소를 설정하신다. 하나님은 거룩한 식사(주의 만찬)와 거룩한 물(세례), 거룩한 말씀(설교), 거룩한 직분(말씀의 직무)을 우리에게 주셨다. 그리고 또 우리에게 거룩한 시간을 주셨다. 즉 하루를 예배와 안식을 위한 날로 주셨다. 우리가 안식일을 거룩

하게 구별하는 것은 유일하시고 참되신 하나님께 드리는 예배로 이끄는 거룩한 행위가 되기 때문이다.

제17문 주일에 장사를 하는 것과 외식(外食)을 하는 것 등의 일이 허용되는가?

그런 일들을 삼가야 한다. 주일은 예배하는 날로 정해졌지만 다른 날들과 달리 신비스러운 날은 아니다. 그 날 자체가 거룩한 것이 아니라는 말이다. 그럼에도 불구하고 우리는 주일의 예배와 교제를 위해 이 날을 거룩하게 구별해야 할 것이다. 세상 모든 일들을 내려놓고 하나님 앞에서 즐거워해야 할 것이다.

1. 주일에 대한 가르침에서 장로교회와 개혁교회 신앙고백은 거룩함과 속된 것, 그리고 일상적인 것과 합법적인 것 사이를 보다 구체적으로 구별한다. 웨스트민스터 대교리문답에서는 주일을 어떻게 거룩하게 지켜야 하는지를 잘 해설하고 있다. "안식일 혹은 주일을 어떻게 거룩하게 하여야 하는가? 안식일 혹은 주일을 거룩하게 하려면 언제나 죄악 된 일들뿐만 아니라 다른 날에 합당한 세상일이나 오락을 그만두고 온 종일 거룩하게 휴식을 취하되, 부득이한 일과 자비를 베푸는 일에 사용하는 것을 제외하고는 공사 간에 하나님을 예배하는 일에 보내는 것을 기쁨으로 삼아야 한다. 이 목적을 위하여 우리는 마음을 준비해야 하고 세상일을 미리 부지런하고 절제 있게 정리하고 적절히 처리하여 주일의 의무들을 더 자유롭고 적절하게 이행할 수 있어야 한다."[16]

2. 또 다른 사례를 구약성경에서 찾아볼 수 있다. 예레미야는 하나님의 백성들에게 "안식일에 너희 집에서 짐을 내지 말며 어떤 일이라도 하지 말고 내가 너희 조상들에게 명령함 같이 안식일을 거룩히 할지어다"(렘 17:22)라고 말했다. 이러한 일상적인 행위들은 주간 중 6일 동안에는 분명히 합법

---

16. 웨스트민스터 대교리문답 117

적인 행위들이다. 느헤미야는 이런 합법적인 행위들을 안식일에 행할 때 악하고 속된 것으로 정죄한다. "너희가 어찌 이 악을 행하여 안식일을 범하느냐 너희 조상들이 이같이 행하지 아니하였느냐 그래서 우리 하나님이 이 모든 재앙을 우리와 이 성읍에 내리신 것이 아니냐 그럼에도 불구하고 너희가 안식일을 범하여 진노가 이스라엘에게 더욱 심하게 임하도록 하는도다"(느 13:17-18). 우리는 안식일에 오직 자신의 쾌락으로부터 돌이켜 안식일을 여호와의 거룩한 날로 여겨 즐거운 날, 존귀한 날로 여겨야 한다(사 58:13).

3. 이 날은 일체의 육신적 사업을 중지하고 성경의 교훈에 따라 거룩히 지켜야 한다. 주일은 예배와 안식에 방해되는 개인의 유익을 추구하는 경제행위를 금하며 세상 염려와 저속하거나 세속적 행위나 연회나 쾌락적 행동을 삼가야 한다. 이것을 위해 우리는 "세상일을 미리 부지런하고 절제 있게 정리하고 적절히 처리하여 주의 의무들을 더 자유롭고 적절하게 이행할 수 있어야 한다." 즉, 우리는 주일에 일하지 말라는 말씀대로 장사하는 것을 중단해야 하겠고, 미리 준비하여 외식과 물건을 사는 것 등을 금해야 할 것이다. 이것은 율법적으로 접근해야 할 문제가 아니라 주님을 섬기기 위해, 신자들과 교제하기 위해, 자비를 베풀기 위해 내 모든 삶을 미리 정돈하는 것을 말한다.

제18문 주일에 부득이하게 해야 하는 일이 있는가?

주일에 일을 해야 하는 경우가 있다. 예를 들면, 주일에도 병원의 응급실은 운영이 되어야 하고, 발전소의 전기설비 등은 돌아가야 한다. 이 일에 종사하는 이들은 기독교인들이라도 일해야 한다. 믿지 않는 이들만이 그 일을 하라고 맡겨 버려서는 안 된다. 웨스트민스터 대교리문답에서도 주일에 '부득이한 일'은 할 수 있다고 말하고 있다.

제19문 주일에 대부분 일해야 하는 직장에 근무하는 것이 바람직한가?

현대사회가 복잡해져 있기 때문에 주일에도 대부분 일해야 하는 직장이 많다. 예를 들어 프로축구 선수들은 주일을 포함하여 주말에 경기가 많이 있기 때문에 주일을 지키기가 너무나 힘들 것이다. 경기가 끝나고 난 다음에 예배당에 가서 혼자 기도할 수는 있을 것이다. 이것이 공예배를 대신할 수 없다. 간호사들도 이런 경우에 속한다고 볼 수 있다. 주일에는 근무하지 않겠다고 할 수 없기 때문이다. 이렇게 한두 번이 아니라 주일에 근무를 해야 하는 상황이라면 신자가 고민하지 않을 수 없다. 다른 날에 혼자서 기도하고 경건시간을 가질 수 있겠지만 하나님의 회중과 함께 예배하지 못하는 것은 너무나 큰 고통일 수밖에 없다. 우리는 이런 것까지 고려하여 직장을 찾아야 할 것이다.

제3장 주일예배

제7조 (주일예배 참석자의 자세)

제20문 참된 예배가 무엇인가?

예배를 위한 성경적인 기준이 명확하게 나타나 있는 것은 아니다. 성경은 오직 하나님이 받으시는 방법대로 예배를 드려야 한다고 강조할 뿐이다. 참된 예배가 무엇인가를 시험하려면 그것이 성경에 적합한지 아닌지를 살펴봐야 한다. 이 원리는 개혁자들의 공통된 생각이었다.[17]

1. 16세기 개신교 종교개혁의 본질은 중세 가톨릭 미사의 오용을 버리고, 초대기독교회가 추구했던 예배의 단순성으로 되돌아가는 것이었다. 모든 종교개혁자들의 목표는 '하나님의 말씀에 따라' 개혁되는 것이었다. 성경의 명령에 복종하는 것은 종교개혁 원리의 본질이었다. 예를 들면 영국국교회의 39개 신조 제6항에는 다음과 같은 내용이 있다. "성경은 구원에 필요한 모든 것을 포함하고 있다. 따라서 성경에 기록되어 있지 않거나 성경에 증명되지 않는 것을 신앙의 조항으로 믿도록 하거나 혹은 구원의 필수적인 것으로 생각하도록 어떤 사람에게 요구할 수 없다."

2. 예배에서 성경의 권위는 십계명에 대한 논리적인 결과물이다. 사실 여기에서 개혁교회 신앙고백들과 교리문답들은 예배에 있어서 '규정적인 원리'라는 교리를 이끌어냈다. 이 교리는 거짓된 예배에 두 가지 방법이 있음을 진술하고 있다. 첫째는 사람이 만일 거짓된 하나님을 예배한다면 그것은 제1계명을 위배하는 것이다. 둘째로 사람이 만일 참된 하나님을 거

---

[17] 웨스트민스터 신앙고백서 1:6; 21:1; 하이델베르크 요리문답 96; 벨직 신앙고백서 제32장; 기독교강요 2.8.17

짓된 방법으로 예배한다면 그것은 제2계명을 위배하는 것이다. 제2계명이 요구하는 의무는 "하나님께서 자기 말씀으로 제정하신 대로 모든 종교적 예배와 규례들을 받아서 준수하며, 순전하고 흠 없이 지키는 것입니다. 이런 예배와 규례들의 구체적인 예들은 그리스도의 이름으로 드리는 기도와 감사, 말씀을 읽고 전파하고 듣는 것, 성례들을 시행하고 받는 것, 교회치리와 권징, 직무와 그것의 유지, 종교적 금식, 하나님의 이름으로 맹세하는 것, 하나님께 서원하는 것 등입니다. 또 다른 의무는 모든 거짓된 예배를 부인하고 미워하고 반대하는 것, 각자의 지위와 소명을 따라 거짓된 예배와 모든 우상숭배들을 제거하는 것입니다."[18]

3. 우리는 웨스트민스터 신앙고백서에서 예배의 '규정적 원리'를 볼 수 있다. "하나님의 자기 영광과 사람의 구원 그리고 믿음과 생활에 필수 불가결한 모든 일들에 관한 하나님의 협의 전부는 성경에 명시적으로 기록되어 있거나, 합당하고 필연적인 추론을 통하여 성경에서 이끌어 낼 수 있다. 이 성경에다 성령의 새로운 계시이든 사람의 전통이든 어떤 것이라도 어느 때에라도 덧붙여서는 안 된다"[19] 이 항목은 다음과 같은 내용을 확증하기 위해서 계속된다. "…또한 하나님께 드리는 예배, 교회의 치리…등은 항상 준수해야 하는 말씀의 일반 법칙들을 따라, 본성의 빛과 신자의 분별력으로 규정할 수 있다." 이는 예배에서 우리가 행하는 무엇이든지 성령의 지지를 받아야 한다는 점을 진술하고 있다. 이것은 예배에서 우리가 행하는 모든 것을 위해 성경의 증거구절을 가지고 있다고 말하는 것이 아니다. 성경은 교회에서 사용하는 정확한 예배순서를 제시하지 않는다. 그러나 선하고 필연적인 귀결로 우리는 '통상적으로 하나님을 예배하는 다른 순서'들을 하나님의 말씀으로부터 추론해 낼 수 있다고 생각한다.[20]

---

18. 웨스트민스터 대교리문답 108
19. 웨스트민스터 신앙고백서 1:6
20. 웨스트민스터 신앙고백서 21:5

4. 칼빈은 우리가 하나님께 해야 할 일이 무수히 많지만 모든 것을 네 가지로 분류한다. 1) 경배(adoratio)는 "우리가 하나님의 위대하심에 부복하여 그에게 돌려드리는 존경과 앙모이다."[21] 이는 피조물이 하나님의 위엄 앞에서 가지는 당연한 반응이며, 예배에서 모든 것이 이 경배가 되어야 한다는 것이다. 2) 신뢰(fiducia)는 "하나님의 모든 속성을 인식하고 그것을 굳게 확신하는 것을 말한다."[22] 참된 예배는 하나님과 교통을 얻으려는 시도가 아니라 하나님과의 교통을 전제한다. 하나님과의 교통의 본질적인 핵심은 그분을 신뢰하는 것이다. 3) 간구(invocatio)는 문자적으로 '부르짖다'란 뜻이다. "간구는 어려움이 닥칠 때마다 하나님의 신실하심과 우리의 유일한 도움이 되시는 하나님께 호소하는 행위이다."[23] 4) 감사(gratiarum actio)는 "우리가 모든 좋은 일로 하나님께 감사의 찬양을 돌리는 것"이다.[24]

5. 개혁교회는 성경적인 근거가 불충분한 촛불 밝히기, 예복 착용 그리고 성단(sanctuary)을 지나치게 장식하는 것을 하지 않는다. 루터는 하나님께서 인간에게 오감을 주셨다고 주장하며 양초를 비롯한 성단을 장식한다. 이에 비해 칼빈은 우리는 하나님의 영광을 위해 예배한다고 했고, 다만 부차적으로 우리의 교화(敎化) 측면에서 예배할 뿐이라고 했으며, 조금도 우리의 쾌락을 위해서 예배드리지 않는다고 했다. 이러한 이유로 그는 예배에 있어서 "인간의 본성을 기쁘게 하면 할수록 더욱 믿는 자들에 의해서 의아심을 사게 된다."[25]고 했다.

---

21. 칼빈, 기독교강요 2.8.16
22. 칼빈, 기독교강요 2.8.16
23. 칼빈, 기독교강요 2.8.16
24. 칼빈, 기독교강요 2.8.16
25. 칼빈, 기독교강요 4.10.11

제21문 신자는 주일예배를 어떻게 준비해야 하는가?

신자는 미리 주일예배를 준비해야 한다.

1. 한 주간 동안 서로 얼굴보기 힘들고, 식사도 같이 하기 힘들었을지라도 토요일에 온 가족이 같이 식사하고 기도하는 시간을 가지는 것이 좋다. 기도할 때에 주일의 예배를 위해, 예배를 인도하는 목사를 위해, 직분자들을 위해 기도하는 것이 필요하다. 하나님께서 자기 백성들에게 예배를 통해 은혜를 베풀어 주실 것을 기대하는 것이 필요하다.

2. 토요일은 주일을 위해 미리 모든 준비를 다 해 놓아야 한다. 주일에 분주·복잡해지지 않기 위해서이다. 유럽의 개혁교회들에서는 주일에 자녀들에게 제일 좋은 옷을 입힌다. 주일이 제일 복된 날이라는 것을 복장을 통해서도 보이는 것이다. 그리고 음식도 미리 준비해 놓는데, 주일 식사도 다른 날보다 더 맛있는 것을 준비해 놓는다.

3. 토요일에 주일예배의 순서들을 확인하는 것도 필요하다. 교회는 이것을 위해 예배순서와 내용을 미리 공지하는 것이 좋겠다. 그리고 토요일 저녁에는 되도록 일찍 잠자리에 들어서 주일예배 때 피곤하여 조는 일이 없도록 해야 할 것이다.

제22문 예배 인도하는 목사가 가운을 입어도 되는가?

입어도 된다. 무릇 공적인 직무를 수행하는 이들은 그 행사나 직무에 합당한 복장을 갖추어야 한다. 종교의식의 경우에는 더더욱 합당한 예복을 갖추어 입어야 할 것이다.

1. 지금도 마찬가지지만 중세로마교회는 사제들이 서열화 되어 있고, 그 서열에 맞는 복장이 다 다르고 상위서열로 올라갈수록 그 복장이 화려하다. 개혁자들은 이런 화려한 복장을 단순한 복장으로 바꾸었다. 청교도들이 목사의 성직복장 자체에 대해 아예 반대한 것은 아니다. 그들은 목사의 예복 색깔을 검은색으로, 그리고 예복의 모습도 아주 단순화시켰다. 이것은 당

시에 법조인들의 옷과 비슷했는데, 목사의 직분에 걸맞은 복장이 이와 비슷해야 한다고 생각했기 때문이다.

2. 목사들이 학위가운을 입고 예배를 인도하는 경우가 있다. 이것이 합당한가에 대해 총회에서 질의한 적이 있다. 1998년(48회) 총회에서 '주일 낮 예배 시 목사 가운과 학위 가운 착용으로 산만한데 어떤 것이 개혁주의 교직다운가?' 라는 질의가 있었다. 2003년 총회(제53회)에서 '학위 가운을 예전 가운으로 사용하는 것에 대한 질의 건'은 예전에 학위 가운을 착용하는 것은 삼가는 것이 가하다고 했다. 학위가운은 학위기를 수여받기 위해 입는 옷이지 예배 때 입기 위한 가운이 아니다.

3. 로마교회의 신부와 달리 우리 개신교회의 목사가 복장으로 표시 나는 것이 없기 때문에 로만칼라를 하는 것이 좋겠다고 말하는 이들이 있다. 어떤 교단은 실제로 로만칼라를 하는 것을 허용하기도 했다. 복장이 사람의 행위를 규정하는 측면도 있기에 목사가 로만칼라를 하면 스스로 조심하지 않겠냐는 생각도 있을 것이다. 목사가 일상에서 특정복장을 하는 것이 종교개혁의 정신에 맞는 것일까? 종교개혁의 정신은 거룩을 특정영역이나 형태에 묶어두는 것이 아니라 일상의 삶 전체를 거룩하다고 본 것이다. 즉, 거룩한 것과 속된 것의 영역이 따로 나누어져 있지 않다는 생각이다. 개신교 정신은 외적인 것을 통해 구별됨을 나타내지 않고 사역을 통해 나타내려는 것이었다. 그렇다면 공예배를 위해 가운을 입을 수 있지만 평상시에 로만칼라를 하는 것을 권장할 이유는 없다.

제23문 예배 인도자가 지나치게 튀는 옷을 입어도 되는가?

예배 인도하는 목사가 자신을 드러내기 위해 너무 튀는 옷을 입는 것은 바람직하지 않다. 일반적으로 입는 옷과 지나치게 다른 옷도 문제가 될 수 있다. 예를 들어 개량한복에 대해 생각해 보자. 회중이 개량한복에 대해 거부감이 없으면 입어도 될 것이다. 하지만 신중을 기해야 할 수도 있다. 양복은 서양에서 들어온 것이고, 한복은 우리 고유의 옷이기 때문에 한복을 입는 것이 좋다고 할 수도 있겠지만 이제는 한복이 평상복이 아니라 특별한 복장처럼 비치기 때문이다. 공예배때 청바지 등을 포함하여 너무 캐주얼한 복장으로 예배를 인도하는 것도 마찬가지이다. 교인들이 예배인도자의 복장에 너무 신경을 쓰게 되는 것은 바람직하지 않다. 우리는 말씀보다 더 집중하게 하는 것을 삼가야 할 것이다. 건덕을 위해서라도 말이다.

제24문 예배시간에 박수를 칠 수 있는가?

예배시간에 박수를 쳐서는 안 된다고 생각하는 이들이 있다. 예배는 오직 하나님께 영광을 돌리는 것이기 때문에 사람을 향해서 박수를 치는 것은 합당하지 않다는 것이다. 예를 들어 찬양대가 특별찬양을 했을 경우에 박수해서는 안 된다는 것이다. 그런데 "하나님께 영광의 박수를 올려 드립시다."라고 하면서 박수를 유도하는 것은 어떤가? 우리는 예배에 질서가 있어야 한다는 것 외에 박수에 대한 것은 당회가 결정하면 될 일이라고 본다. 박수를 하는 것이 사람에게 영광을 돌리기 위한 것이 아니라 감사의 박수라고 생각하면 박수를 굳이 금하지 않아도 될 것이라고 본다.

제25문 주일예배 시 스마트폰을 사용해도 되는가?

예배 시에 각종 전자기기를 사용할 수밖에 없는 실정이다. 마이크가 없이 예배하는 것을 상상하기 힘들게 되었다. 그만큼 전자기기에 의존하는 예배가 되었다. 이런 상황에서도 우리는 예배를 성령과 진리로 예배드려야 할 것이다.

1. 요즘 예배에서 각종 시청각자료를 많이 활용하기 시작했다. 예배 때 영상을 사용하는 경우도 흔하다. 광고를 동영상으로 찍어서 내보내기도 한다. 심지어 설교에 동영상 자료를 심심찮게 활용하기도 한다. 로마가톨릭 예배, 즉 미사가 보는 예배였는데, 이제 우리 개신교회의 예배도 보는 예배가

되어가는 중이다. 우리는 종교개혁자들이 듣는 예배, 즉 하나님의 말씀이 바르게 선포되고 그 말씀에 집중하는 예배를 만들었다는 것을 잊지 말아야 할 것이다.

2. 고신총회는 2014년에 공예배 시에 스마트폰 사용을 금지하도록 제안한 헌의안에 대해 다음과 같이 결정했다. '성경 찬송의 사용을 원칙으로 하되 각 교회 당회가 적절히 지도'하도록 결정했다.

제8조 (주일예배의 순서와 요소)

제26문 주일 공(公, Public)예배의 순서와 요소의 의미가 무엇인가?

주일 공예배의 순서는 예배의 골격이요, 요소는 예배의 살과 같다.

1. 장로교회들의 신앙고백은 '규정적 원리'(Regulative Principle)에 의해 분명한 입장을 표명했다. 이 규정적 원리는 예배에서의 오직 성경이다. '성경에서 명시적으로 언급하는 것만 예배의 요소로 삼는다.'는 원리이다. 하지만 예배에 관해서 성경에 직접적인 근거가 없는 것들은 사안에 따라 당회에서 결정하도록 한다. 예배순서는 단지 예배의 골격이다. 여기에 각 요소를 자세히 고려하여 살을 붙여 나가야 할 것이다.

2. 예배지침에 제시된 이 순서는 주일 오전 공예배의 순서이다. 예배의 다양한 요소들은 두 그룹으로 나뉜다. 즉 하나님이 자기 백성들에게 다가오시는 요소와 목사를 통해서 혹은 목사 없이 성도들이 예수 그리스도 안에서 성령을 통해 하나님께 나아가는 요소로 구분된다. 하나님과 그분의 백성이 주고받는 것이 예배이다.

제27문 주일 공예배의 순서와 요소를 어떻게 배열할 수 있는가?

주일 공예배의 순서와 요소를 다음과 같이 배열할 수 있다.

1. 개회

　　예배부름(시 124:8)

　　문안인사(고전 1:3; 계 1:4,5)

　　신앙고백(사도신경 혹 니케아신경)

　　영광찬송(삼위 하나님에 대한 송영)

2. 죄의 공적고백과 사죄선언

　　십계명 선포

　　공적 죄 고백

　　사죄선언

　　대표기도

　　감사 찬송

3. 말씀선포

　　성경을 열기 위한 기도

　　성경봉독

　　찬양대의 찬양

　　설교

　　설교 후 기도 및 목회기도

　　화답찬송

4. 성례식

5. 권징

6. 나눔의 사역

　　헌금

　　광고(성도의 교제)

7. 폐회

　　마침 찬송

　　축도(강복선언, 降福宣言)

제28문 주일 공예배의 첫 번째 부분은 어떤 요소로 구성되는가?

주일예배의 첫 번째 부분은 개회인데 세 가지 곧 '예배부름'과 '문안인사'와 '영광찬송'의 요소로 구성되어야 한다. 이 세 가지 외에 전통적으로 한국교회는 '신앙고백'을 개회 부분에 넣었다.

1. 우리는 예배를 통해서 하나님을 만난다. 그러므로 예배의 개회와 시작은 대단히 중요하다. 종교개혁은 교회 건물과 형상들에 대한 모든 미신과 우상숭배를 정결케 했다. 예배가 시작되기 전 늦어도 10분 전에는 예배자리에 나아와 예배자로서 예배 중에 임하실 하나님을 기대하며 자신을 살피며 준비하는 마음을 가져야 한다. 예배가 시작된 후에 예배자리에 입장하는 일이 없어야 한다. 예배자는 참관자가 아니고 왕을 배알하는 백성이요, 그리스도를 맞이하는 그의 신부이기 때문이다. 예배자가 가장 깊은 존경과 즐거운 기대감을 가질 때 하나님은 그 회중 가운데 임재 해 주신다. 이 사실을 의식할 때만이 우리는 예배의 개회로부터 유익과 복을 받게 된다.

2. **예배부름**(Votum): 종교개혁자들은 예배를 어떻게 시작해야 하는지에 대한 몇 가지 뚜렷한 생각을 갖고 있었다. 루터는 예배를 찬송으로 시작했고, 쯔빙글리는 '성부, 성자, 성령의 이름으로' 기도 또는 기원으로 예배를 시작했다. 그러나 칼빈은 예배의 시작을 '예배부름'과 '문안인사'로 시작해야 한다고 생각했다. '예배부름'이란 라틴어 Votum(헌신, 간청) 혹은 Invocatio(부름, 호소, 간구)에서 유래한 말이다. 그것은 우리의 유일한 도움이 되시는 하나님과 그분의 신실하심에 도우심을 구하는 것이다. 그래서 칼빈은 "우리의 도움은 천지를 지으신 여호와의 이름에 있도다"(시 124:8)라는 부름으로 예배를 시작했다.[26] 우리가 이것을 '예배부름'이라고 부르

---

26. 미국의 복음주의 교회들에서 예배시작의 이 '예배부름'은 예배인도자가 하나님을 대신하여 회중을 예배로 부르는 것이다. 예배는 인간이 주도적으로 하나님을 찾는 종교행위가 아니라 하나님께서 자기 백성을 불러주실 때 비로소 가능하기 때문이다. 유럽의 예배부름은 예배로 불러주신 하나님을 바라보면서 그 하나님께 충성을 맹세하는 것이다. 그래서 유럽의

는 것은 더 좋은 이름이 없기 때문이며, 이 '부름' 혹은 '간청' 속에는 '여호와' 언약의 하나님과 '천지를 지으신' 창조주 하나님을 기억하며, 그분만이 '우리의 도움'이 되신다는 고백이요, 하나님의 언약 백성된 우리가 필요할 때 하나님을 부름으로써 하나님을 영화롭게 하기 때문이다. 우리는 이 예배부름의 원형을 이스라엘 자손들이 광야 행진을 마치고 여호와의 궤가 쉴 때 이스라엘 자손을 대신하여 모세가 여호와를 부르는 데서 본다. "궤가 쉴 때에는 말하되 여호와여 이스라엘 종족들에게로 돌아오소서"(민 10:36).

3. **문안인사**(Salutation): 문안인사는 '예배부름'에서 표현된 예배자의 고백과 간청에 대한 하나님의 반응이다. 칼빈은 "하나님 우리 아버지와 주 예수 그리스도로부터 은혜와 평강이 있기를 원하노라"(고전 1:3). 혹은 "이제도 계시고 전에도 계셨고 장차 오실 이시며 그의 보좌 앞에 있는 일곱 영과 또 충성된 증인으로 죽은 자들 가운데에서 먼저 나시고 땅의 임금들의 머리가 되신 예수 그리스도로 말미암아 은혜와 평강이 너희에게 있기를 원하노라"(계 1:4-5)고 하는 하나님의 말씀을 사용했다. 이 '문안인사(기원)'는 단순한 소망이나 바람만이 아니라 그 내용을 실제로 일어나게 하는 능력 있는 하나님의 말씀이다. 예배에 임재하신 하나님께서 예배 중에 그의 백성들에게 은혜와 평강을 주실 것을 약속하신 복이다. 예배자가 '예배부름'을 통해 전적으로 신뢰하는 하나님을 부를 때 하나님께서 '문안인사'로 반응해 주시는 것이다. 이 '문안인사'를 통해 주시는 은혜와 평강은 개회순서에서부터 모든 예배순서에 임할 하나님의 복을 선언하신 것이다.

4. **영광찬송**: 하나님의 문안인사를 받은 언약 백성들은 삼위 하나님의 뛰어난 영광을 고백하는 찬송을 해야 한다. 예배 중에 적어도 찬송을 세 번 이

예배부름(Votum)은 하나님의 부르심과 하나님을 향한 충성고백이 함께 들어있다고 볼 수 있다.

상 부르게 되는데 처음 찬송은 오직 하나님의 위대하심, 하나님의 선하심, 하나님의 전능하심, 하나님의 영원하심 등 하나님의 영광에 관한 찬송을 불러야 한다. 우리 찬송가의 '송영, 경배, 찬양' 항목의 찬송가 중에서 택하여 부를 수 있다. 이렇게 개혁교회는 전통적으로 개회 시 이 세 가지 요소 즉 '예배부름', '기원: 문안인사' 그리고 '영광찬송'으로 예배를 시작한다. 이렇게 하나님과 하나님의 백성이 서로 기여하면서 예배가 진행되는 것이 언약적 예배이다. 이것이 예배의 첫 번째 부분이다.

5. **신앙고백**: 문안인사와 영광찬송 사이에 신앙고백이 올 수 있다. 교회는 고백하는 교회이고, 신자는 고백하는 신자이기 때문이다. 예배에서 우리는 삼위 하나님을 향한 분명한 고백을 한다. 이 고백을 뒤로 미룰 필요가 없다. 고대교회의 삼대신경이 있었는데 우리는 주로 사도신경(서방교회의 신경)을 고백한다. 그런데 니케아신경(동방교회의 신경)도 있다. 사도신경만이 아니라 니케아 신경을 고백한다면 서방교회와 동방교회의 고백을 아울러 고백하는 것이 될 것이다.

제29문 예배시작 시에 종을 치고 묵도하는 이유가 무엇인가?

지금도 공예배를 시작할 때 강단에 놓여 있는 종을 치는 경우가 많다. 한국교회가 "종을 치면서 예배를 시작하는 것은 기독교의 예배 역사에서 찾아보기 힘든 부분이다. 로마가톨릭교회는 미사에서 성물을 들고 축성하는 순간에 종을 사용하였다. 또한 1960년대까지 미국교회 유년주일학교에서 장내를 정리하기 위하여 종을 사용한 바 있다. 우리나라 초기 선교사들은 교인들이 엄숙한 예배 분위기를 지키지 못할 때 회중을 조용히 만들기 위한 방법으로 종을 사용하였다."[27]

예배시작을 묵상으로 기도하는 것은 어디로부터 왔을까? 어떤 이는 "이

---

27. 정장복, 『예배학개론』(예배와설교아카데미, 1999), 157.

전통은 일제강점기 말엽에 예배하기 전에 궁중요배를 함과 동시에 전몰장병을 위한 묵념을 한 것에서 온 것이 아닌가하는 추측이 있다."고 말한다.[28] 과연 그런 것일까? 그렇다면 우리는 묵도하는 것을 되도록 피해야 하는 것일까? 한국교회의 전통으로 자리 잡았는데 말이다. 우리는 예배를 시작할 때 '예배부름'을 하지만 예배시작을 지나치게 획일화시킬 필요는 없을 것이다. 예배시작은 하나님께서 우리를 부르셨기에 우리가 하나님의 은혜의 보좌 앞으로 나아가 그분과 교제한다는 것을 잘 드러내는 것이면 될 것이다. 우리는 예배를 시작하면서부터 이미 넘치는 은혜를 받는다.

제30문 주일 공예배의 두 번째 부분은 어떤 요소로 구성되는가?

공예배의 두 번째 부분은 '십계명 선포', '공적 죄 고백', '사죄선언', '대표기도', 그리고 '감사 찬송'의 요소로 구성할 수 있다.

1. **십계명 선포**: 십계명은 "나는 너를 애굽 땅, 종 되었던 집에서 인도하여 낸 네 하나님 여호와니라"(출 20:2)고 하신 말씀으로 시작한다. 이는 하나님이 우리 하나님이 되시고 우리가 하나님의 백성이 됨을 선포하신 언약 선포문이다. 뒤이어지는 내용들은 언약 백성으로서 마땅히 행해야 할 바를 십계명으로 요약하여 주신 하나님의 언약적 요구이다. 이 '언약의 열 가지 말씀들'을 통해서 하나님께서는 옛 이스라엘과 언약을 맺으신 것과 같이 자기의 모든 백성과 언약을 맺으시고, 이스라엘을 애굽의 종살이에서 건져내신 것과 같이 우리를 모든 영적 속박에서 건져주신 분이심을 선포하신 것이다. 예배자는 예배 때 십계명 선포를 들으면서 하나님이 우리의 주와 하나님이 되시고, 구속자가 되시며, 우리를 친히 구속하신 하나님의 백성임을 새롭게 생각하게 한다.[29] 뿐만 아니라 십계명은 하나님께서 그의

---

28. 김영재, 『교회와 예배』(합동신학교출판부, 1995), 55.
29. 웨스트민스터 대교리문답 101, 소교리문답 44

언약 백성에게 마땅히 행해야 할 바를 요구하신 계명이기도 하다. 십계명은 한 주간의 삶을 돌아보고 반성하는 거울과 같다. 그래서 주일 공예배에서 십계명 선포는 필수요소이다. 언약 백성으로서 앞으로 행해야 할 바를 강조한다면 설교 다음 순서에 십계명 선포를 배열할 수 있으나 하나님의 언약과 언약 백성으로서 한 주간을 돌아보며 하나님이 받으시는 회개하는 마음(시 51:17)으로 예배하기 위해서는 개회 순서들 다음에 배열하는 것이 더 바람직하다.

2. **공적 죄 고백**: 요즘 공예배에서는 이 순서가 없는 경우가 대부분이다. 공적 죄 고백을 하는 것은 로마교회의 고해성사와 다를 바가 없는 것이라고 생각하기도 한다. 하지만 예배 때 공적으로 죄를 고백하는 것은 사제에게 찾아가서 하는 사적인 죄 고백(고해성사)과 다르다. 종교개혁자들은 사적인 죄 고백을 공적인 죄 고백으로 바꾸었다. 고대 교회의 죄 고백은 공적인 죄 고백이었다. 이것을 중세로마교회가 사적으로 바꾼 것을 종교개혁은 공예배 때 공적으로 죄를 고백하는 것으로 바꾸었다. 개혁 당시의 많은 공예배에서는 죄를 공적으로 고백하고 용서의 선언 혹은 사죄를 위한 기도의 요소를 가지고 있었다.[30] 그렇게 해야 할 근거는 하나님의 거룩한 존전에 나아와 예배하는 모든 사람들은 자신의 죄를 고백해야 하기 때문이다. 하나님은 상하고 통회하는 겸손한 마음으로 하나님께 나아와 예배하는 자를 원하시기 때문이다(시 66:17-18). 그래서 하나님의 용서와 임재를 기대하는 예배에는 공동체의 고백이 필요하다. 죄악이 있는 곳에 거룩하신 하나님이 임하실 수 없기 때문이다.

3. **사죄선언**: 죄의 공적고백의 시간이 끝나면 예배를 인도하는 목사는 하나님의 말씀으로부터 인용된 구절을 가지고 은혜로운 사죄선포를 해야 한

---

30. 1537년의 스트라스부르크의 독일어 예배 의식, 1540년 스트라스부르크의 프랑스 예배 의식, 1542년 제네바의 예배 의식에 죄의 고백과 용서의 선언, 혹은 속죄를 위한 기도 순서가 있다. William D. Maxwell, *A History of Christian Worship*, 정장복 번역 p.156.

다. 이것이 목사의 책임이며 권위이다. "네가 땅에서 무엇이든지 매면 하늘에서도 매일 것이요 네가 땅에서 무엇이든지 풀면 하늘에서도 풀리리라"(마 16:19)고 하지 않았는가. 성경구절에는 용서의 말씀이 많이 등장한다. 목사가 이 구절을 선포하면 된다. 너무나 잘 알려진 "하나님이 세상을 이처럼 사랑하사 독생자를 주셨으니 이는 그를 믿는 자마다 멸망하지 않고 영생을 얻게 하려 하심이라"(요 3:16)를 사용할 수도 있고, 사도 베드로가 백부장 고넬료에게 한 말, "그를 믿는 사람들이 다 그의 이름을 힘입어 죄 사함을 받는다"(행 10:43)를 사용할 수도 있다. 또 다른 구절로는 "미쁘다 모든 사람이 받을 만한 이 말이여 그리스도 예수께서 죄인을 구원하시려고 세상에 임하셨다 하였도다"(딤전 1:15)와 "예수는 영원히 계시므로 그 제사장 직분도 갈리지 아니하느니라 그러므로 자기를 힘입어 하나님께 나아가는 자들을 온전히 구원하실 수 있으니 이는 그가 항상 살아계셔서 그들을 위하여 간구하심이라"(히 7:24-25)와 "나의 자녀들아 내가 이것을 너희에게 씀은 너희로 죄를 범하지 않게 하려 함이라 만일 누가 죄를 범하여도 아버지 앞에서 우리에게 대언자가 있으니 곧 의로우신 예수 그리스도시라 그는 우리 죄를 위한 화목 제물이니 우리만 위할 뿐만 아니요 온 세상의 죄를 위하심이라"(요일 2:1-2)가 있다.

4. **대표기도**: 이제 회중은 죄의 고백과 하나님의 은혜에 의해 하나님과의 관계가 부드러워지고 화해의 기반 위에서 예배가 진행될 수 있다는 것을 확신하게 된다. 이런 하나님과의 평화 가운데 회중을 대표하여 기도를 드리게 된다. 한국교회에서는 장로로 하여금 대표기도를 하게 하는데, "전통적인 시각에서 예배의 질서를 고려할 때, 그것은 극히 예외적인 일이다. 장로가 기도하는 것이 한국 교회의 전통에 속하는 기정사실로 인정한다면 장로도 예배의 질서를 따라 기도하도록 해야 한다."[31] 대표기도는 회중

---

31. 김영재, 『교회와 예배』, (합동신학교 출판부, 1995), 176.

의 대표로서 하는 기도이기에 사사로운 기도가 아니라 모든 회중이 아멘으로 화답할 수 있는 기도여야 한다. 우리의 고백에 충실한 기도여야 한다는 말이다. 회중이 모두 함께 참여할 수 있도록 적절하게, 분명하게 그러나 아버지 앞에 자식이 혹은 임금님 앞에 신하가 아뢰듯이 정중하고 겸손하게 해야 하며, 예배 전체의 흐름에 조화롭게 해야 한다. 그러므로 바로 앞 순서에서 회중이 직접 죄의 공적고백을 드리고 사죄선언의 말씀을 이미 받았으므로 회개기도를 반복할 필요가 없다. 대표기도 내용에는 예배 중에 하나님께서 영광과 감사를 받아주실 것과 전(全) 기독교적인 필요를 위한 간구가 포함되어야 한다.[32]

5. **감사 찬송**: 다른 요소들처럼 목사는 깊이 생각하면서 이 순간을 위한 찬양을 선택해야 한다. 여기에 해당되는 찬양은 그리스도 안에 있는 위대한 선물을 감사하며, 하나님의 계명에 기꺼이 온 마음으로 순종하고자 하는 회중의 마음을 표현하는 것이어야 한다. "내 영혼아 여호와를 송축하라 내 속에 있는 것들아 다 그의 거룩한 이름을 송축하라 내 영혼아 여호와를 송축하며 그의 모든 은택을 잊지 말지어다 그가 네 모든 죄악을 사하시며 네 모든 병을 고치시며 네 생명을 파멸에서 속량하시고 인자와 긍휼로 관을 씌우시며 좋은 것으로 네 소원을 만족하게 하사 네 청춘을 독수리 같이 새롭게 하시는도다"(시 103:1-5). 우리 마음에 있는 이 기쁨과 더불어 우리는 이제 하나님의 말씀을 받을 것을 기대하면서 예배의 세 번째 부분으로 나아가게 된다.

제31문 대표기도 할 때 조심해야 할 부분은 무엇인가?

웨스트민스터 대교리문답(154문)에서는 기도조차 은혜의 방편이라고 말한다. 이것은 기도가 다른 종교에서 하듯이 자신의 소원을 간구하는 것에 불과

---

32. '전(全) 기독교의 필요를 위해서 드리는 기도'가 있는데 이것을 참고하면 좋겠다.

한 것이 아니기 때문이다. 기도는 말씀과 관련되어 있다. 즉, 기도는 하나님께서 주신 말씀을 복창하는 것이다. 하나님께서 주신 말씀을 다시금 하나님의 귀에 올려드리는 것이 기도이다. 그래서 기도는 은혜의 방편이 될 수 있다. 우리의 기도는 고백적이어야 한다.

공예배의 대표기도는 개인적인 기도와 다르다. 공적인 기도는 회중이 다 같이 아멘으로 화답할 수 있는 고백과 감사, 간구여야 한다. 그런데 대표기도자가 기도를 자신의 주장과 심지어 불평을 하는 자리로 삼기 쉽다. 심지어, 기도가 아니라 설교가 되어 버리는 경우도 있다. 대표기도자는 신중하게 기도를 준비해야 한다. 기도문을 작성하는 것이 잘못된 것이 아니다. 오히려 예배가 질서 있기 위해서는 즉흥적인 기도보다는 기도문을 작성하되, 그 기도문을 단순히 읽는 것이 아니라 그리스도의 이름을 힘입어 간절히 구해야 한다. 대표기도는 하나님께서 주신 말씀을 다시금 하나님께 올려드리는 것이기에 타 종교의 기도와 달리 은혜의 방편이 될 수 있다. 대표기도자가 말씀으로 충만해야 한다는 것을 알 수 있다.

제32문 대표기도 할 때 조심해야 하는 표현들은 어떤 것들이 있는가?

대표기도 할 때 조심해야 할 표현들을 몇 가지만 언급해 본다.

1. 하나님을 향해 '당신'이라고 하는 표현을 삼가는 것이 좋겠다. 하나님을 당신이라고 함부로 부르면 안 된다는 의미에서 하는 말이 아니다. 당신이라는 표현은 극존칭 3인칭으로 사용하기도 하기 때문이다. 하나님을 높여서 당신이라고 부를 수 있다는 말이다. 하지만 우리는 당신이라는 말보다는 '주님'이라는 표현을 사용하는 것이 좋겠다.
2. 모든 기도를 마치고 '기도했습니다.'라고 하곤 하는데 기도는 현재형으로 하는 것이 좋을 것이다. 그렇다면 '기도합니다.'라고 하는 것이 좋겠다.
3. 요즘 기도를 마칠 때 '주님의 이름으로 기도합니다.'라고 하는 이들이 많다고 한다. '예수님의 이름으로 기도합니다.'라고 하지 않고 이렇게 기도하

는 이유가 무엇일까? 예수님을 주님이라고 고백하기 때문에 주님의 이름으로 기도한다면 아무런 문제가 되지 않을 것이다. 하지만 요즘에는 종교다원주의 관점에서 예수님이 아니라 일반적인 의미에서 주님이라는 표현을 사용하기를 선호하기도 한다. 이런 의미라면 주님의 이름이 아니라 예수님의 이름이라고 명확하게 기도하는 것이 옳다.

제33문 주일 공예배의 세 번째 부분은 어떤 요소로 구성되는가?

공예배의 세 번째 부분은 말씀선포(설교)에 관한 부분으로서 '성경을 열기 위한 기도', '성경 봉독', '찬양대의 찬양' '설교', '설교 후 기도', '화답찬송' 등의 요소로 구성할 수 있다.

1. **성경을 열기 위한 기도**: 이 기도가 항상 반드시 있어야 하는 것은 아니다. 이 기도는 설교자의 입을 열고, 회중의 마음을 열어 말씀의 씨가 마음 밭에 잘 심어지도록 하는 기도이다. 설교할 목사가 성령의 도구가 되어 말씀을 자유롭게 전하기 위해 이 기도가 필요하다. "이제 당신의 종의 입을 열어주소서"라고 기도할 때 설교자는 자신의 '준비'와 '전달'에 대해 말하고 있다. '준비'라는 것은 설교자가 기도하면서 열심히 성경을 살펴 설교문을 작성하고 자신을 잘 준비했다는 것을 뜻한다. '전달'은 목사가 설교단에 올라가서 성도들의 마음과 영혼을 바라보면서 준비한 설교를 하는 것을 가리킨다.

2. **성경봉독**: 공예배에서 성경봉독은 빠질 수 없는 예배의 한 요소이다. 예배 중에 공적으로 성경을 봉독하는 것은 하나님의 말씀 아래에 앉는 기회로서의 역할을 할 뿐 아니라 그것은 또한 우리가 강해지고 그분의 은총을 받는 수단이기도 하다. 하나님은 성경을 공적으로 읽는 것을 통해서 그의 백성을 복주시고 교화하셨다. 공예배에서 성경봉독은 말씀을 전하는 책임 있는 사람에 의해서 이루어져야 한다는 것이 일반적인 생각이다. 하나님의 말씀을 선포하는 것은 목사들의 독특한 책임이어야 하기 때문에, 그

동일한 말씀을 읽는 것 역시 목사의 책임이라고 볼 수 있기 때문이다. 읽은 말씀과 선포된 말씀은 동등하다고 보아야 하기 때문이다. 공예배에서 봉독되는 성경은 총회에서 공인된 역본을 가지고 읽어야 한다. 그리고 한 번에 읽어야 할 성경의 분량을 결정하는 것은 목사의 재량으로 하되 상식선에서 결정해야 한다.[33]

3. **찬양대의 찬양**: 많은 한국교회의 예배에서 성경봉독 후에 따라오는 것이 '찬양대의 찬양'이다. 성경봉독 후에 바로 설교가 따라오는 것이 자연스럽지만 언제부터인가 찬양대의 찬양이 그 사이에 들어왔다. 이 찬양은 하나님의 말씀 앞으로 나아가기 위한 찬양이어야 할 것이다. 설교할 본문과 관련이 되면 더욱 좋을 것이다.

4. **설교**: "설교는 기독교에 절대적으로 필요한 것이다.… 절대적으로 필요한 것일 뿐만 아니라 말씀의 종교로서 기독교의 본질이다."[34] 설교자는 '하나님의 비밀을 맡은 자'(고전 4:1)로 강단에 서며, 하나님의 말씀의 진리를 전하고, 그 말씀의 권능을 선포하며, 그 말씀을 삶에 적용한다. 그 누구도 하나님의 부르신 소명 그리고 거룩하고 흠이 없는 하나님의 성경 말씀에 대한 절대 신뢰와 확신이 없이는 이런 대담한 행위를 해서는 안 된다. 설교의 소명은 한 개인이 가지는 단순한 실존적인 경험 혹은 인식이 아니라 교회에 의해서 인증되고 확증되는 소명이다. 설교의 궁극적인 권위는 하나님의 말씀으로서 성경의 권위이다. 성경의 권위에 서서, 설교자는 만들어 낸 메시지가 아니라 받은 진리를 선포한다. 설교의 직분은 하나님이

---

33. "Of Public Reading of the Holy Scriptures" *The Directory for the Publick Worship of God*,(1645). 375-6. 현대교회에서의 성경봉독은 설교를 위한 성경본문의 봉독이다. 그렇다면 성경본문은 이미 정해져 있다. 그것을 읽는 것이다. 고대에는 연중으로 성경을 연속적으로 읽는 것이 있었는데 이것은 그 주일에 설교할 본문을 읽는 것과는 달랐다.
34. J. W. Stott, *Two Worlds: The Art of Preaching in the Twentieth Century* (Grand rapids: Eerdmans. 1982). 15

그의 백성에게 말씀하시는 예언적인 기능이다.[35] 선지자들이 그들에게 주어진 거룩한 말씀에 대한 거룩한 열심에 사로잡혀 전한 것처럼, 베드로가 "만일 누가 말하려면 하나님의 말씀을 하는 것 같이 하고… 이는 범사에 예수 그리스도로 말미암아 하나님이 영광을 받으시게 하려 함이니"(벧전 4:11)라고 한 것처럼, 설교는 경배의 행위가 되어야 한다. 설교는 설교자의 노력을 초월한다. 설교는 성령님의 증거를 필요로 한다. 말씀을 전할 때 믿음을 주실 수 있는 분은 성령님뿐이시다. 성령님께서 주의 종의 입을 열어 주실 뿐만 아니라 우리의 마음도 열어 달라고 기도해야 한다. 성령의 사역은 설교단과 회중석 사이에 영적인 교제를 형성해 준다. 목사는 교회당 벽을 향해 설교하는 것이 아니라 열려져 있고 응답하는 마음을 향해 설교한다.

이런 이유 때문에 설교는 설교자와 회중이 동시에 활동하는 사건이다. 회중은 설교가 시작되는 순간부터 마음속에 그 본문의 말씀들을 묵상하며 명확히 알고 있어야 한다. 설교가 선포될 때 하나님의 백성은 믿음으로 화답하면서 언약의 하나님과 친밀한 교제를 즐겨야 한다. "본문"(Text)은 짜여진 단위라는 말을 의미하는 'Textus'라는 말에서 왔다. 하나님의 백성은 성경의 한 부분이 다시 설교로 짜여 져서 선포될 때 그 말씀을 자기의 믿음과 결부시켜서 받아야 한다. 하나님은 "들은 바 그 말씀이 그들에게 유익하지 못한 것은 듣는 자가 믿음과 결부시키지 아니함이라"(히 4:2)고 하셨다.

5. **설교 후 기도**: 설교 후에 목사가 방금 선포한 말씀을 먼저 언급하면서 설교를 들은 성도들이 그 말씀을 향할 수 있게 해 달라고 기도하는 것은 자연스럽다. 목사는 그것에 그치지 않고 기독교의 모든 필요를 위해서 그리

---

35. 엘버트 몰러, "강해 설교: 기독교 예배의 핵심", 『개혁주의 예배학』, 김병화. 김상구 역, (서울: 개혁주의 신학사. 2012). 192-212.

고 국가와 인류 사회의 상황을 위해서(딤전 2:1-4; 벧전 2:13-17) 은혜의 보좌 앞에 나아가야 한다.[36] 이 기도는 한국교회에서 설교 전에 하는 장로의 대표기도에 의해 이미 드려진 것이라고 볼 수도 있다. 하지만 '목회기도'라고 부르는 것이 더 합당할 수도 있는 이 기도는 목사가 말씀에 비추어 전 기독교의 필요와 전 세계적인 상황을 위해 기도하는 것이다. 회중은 한 마음으로 이 기도에 같이 마음을 모아야 한다. 만일 성도들이 세계 인류를 위해서 기도하지 않는다면 누가 기도하겠는가? 그러나 설교자가 이런 기도를 할 때도 설교한 본문을 벗어나지 않는 범위 내에서 기도하는 것이 바람직하다. 기도의 내용은 항상 성경으로부터 나와야 하기 때문이다. 우리는 성경을 통해서 약속된 것과 명령받은 것을 가지고 기도해야 한다.[37]

6. **화답찬송**: 설교자가 온 힘을 다해 설교사역과 중보기도를 아멘으로 끝내면 회중은 아멘으로 화답해야 한다. 설교 후의 찬송이기에 설교에 대해 바르게 화답할 수 있는 찬송을 선택해야 한다. 설교한 내용에 합당한 찬

---

36. 웨스트민스터 신앙고백서(23:3,4)에서 국가 공직자는 "양육하는 아버지처럼 우리 공동의 주님의 교회를 보호"해야 하며 "백성의 의무는 공직자를 위해서 기도해야 한다."라고 했으며, 벨직 신앙고백서(36장)에서는 국가공직자는 "거룩한 봉사를 보호해야 하고", 교회는 "기도로 그들을 위해 중보해야 한다."고 말했다.
37. 청교도 목사들은 설교가 끝나면 이렇게 기도한다. "하나님의 아들 예수 그리스도를 우리 가운데 보내 주신 하나님의 크신 은혜에 감사드리옵니다. 성령님의 교통하심과 영광된 복음의 빛과 자유에 감사하며 그곳에 나타난 풍성한 하나님의 은총, 곧 선택, 소명, 양자됨, 칭의, 성화, 그리고 영광의 소망에 감사드리옵니다. 적그리스도의 어둠과 압제로부터 이 땅을 자유하게 하신 하나님의 놀라운 인자하심에 감사하오며, 다른 나라를 구원해 주심도 감사드립니다. 기독교를 개혁해 주셔서 감사드리며, 언약과 수많은 세속적인 삶의 현장에 내려 주신 은총에 감사드립니다." "복음과 모든 의식이 순결과 권능, 자유 가운데 지속되기를 간구하나이다. 설교의 중요하고 가장 유용한 내용들이 기도가 되게 하시고, 그것이 가슴 속에 심겨져 결실을 맺게 하옵소서." "죽음과 심판을 준비하기 위하여 기도하오며, 우리 주 예수 그리스도의 오심을 기다리나이다. 거룩한 것을 부정케 한 일을 용서해 주시고, 우리의 대제사장이신 구주 예수 그리스도의 공로와 중보를 통하여 우리의 영적 제사를 흠향하여 주시기를 간구하옵니다." Ibid. pp. 381-2.『웨스트민스터 예배모범』, 토마스 레쉬만 편, 정장복역, 56.

송을 찾기가 쉽지 않을 수도 있지만 적절한 찬송을 찾아서 응답하고 화답하는 찬송을 하면 받은 말씀이 가슴속 깊이 새겨질 것이다. 모든 회중이 말씀선포에 마음을 열고 깊이 참여한다면 공예배의 아름다움이 그들을 지배할 것이다.

제34문 성경봉독과 설교 사이에 찬양대의 찬양을 하는 것이 바람직한가?

성경봉독과 설교는 긴밀한 관계가 있다. 성경봉독 후에 바로 설교로 이어지는 것이 합당하다. 그런데 한국교회에서는 성경봉독과 설교 사이에 찬양대의 찬양이 자리 잡고 있다. 문제는 이 찬양이 그날 설교할 내용과 상관이 없는 경우가 대부분이기 때문이다. 차라리, 설교가 끝나고 난 다음에 찬양대가 찬양하는 것이 좋을 수도 있다. 반대로, 성경봉독 전에 찬양할 수도 있다. 설교 후에 찬양하려고 하면 그 설교말씀과 연관된 찬양을 하는 것이 바람직하기 때문이다. 설교 후에 찬양대가 찬양한다면 설교한 내용을 상기하는 찬양이라면 금상첨화일 것이다.

제35문 주일 공예배의 네 번째 부분은 어떤 요소로 구성되는가?

공예배의 네 번째 부분은 '성례전'에 관한 것으로서 세례와 성찬의 요소로 구성된다.

언약의 말씀과 성례전의 관계: 성례 없이 예배를 드릴 수 있지만 설교 없이는 예배를 드릴 수 없다. "말씀과 성례"라는 이 순서는 성례가 우리에게 하나님의 약속을 확인하기 위해 주어졌다는 것을 의미한다. 그래서 우리는 먼저 하나님의 약속들인 설교를 들어야 한다. 설교가 귀를 위한 것이라면 성례는 눈을 위한 것이다.

성례전은 공예배에서 하나님과 그의 언약 백성 사이의 대화의 연속이다. 성례전의 모든 행위는 본질적으로 하나님 편에서 주시는 것과 하나님의 백성 편에서 받아들이는 두 가지 요소가 있다. 하나님께서는 자신의 약속에 대한 보장의 인을 치시고 하나님의 백성은 믿음으로 그 증표를 받는다. 이 약속과 인 그리고 믿음을 통해서 하나님과 그의 언약 백성 간에 거룩한 교제가 이루어진다. 자세한 내용은 제5장 성례에서 취급될 것이다.

제36문 주일 공예배의 다섯째 부분은 어떤 요소로 구성되는가?

공예배의 다섯째 부분인 나눔의 사역에는 '헌금', '광고'(성도의 교제) 등의 요소가 들어갈 수 있다. 하이델베르크 교리문답 제103문답에 의하면 우리가 주일에 교회에 부지런히 참석해야 할 네 번째 이유를 '가난한 자들에게 기독교적 자비를 행하기 위해서'라고 하면서 예배의 중요한 요소인 헌금을 '자비의 행위'라고 부른다. 히브리서 13:16에서는 헌금을 '선을 행함', '나누어 주기', '제사'라고 부른다.

'교제는 공통의 유산을 서로 나누는 것'인데 우리는 한 아버지의 뜻과 말씀으로 잉태되어 한 아들의 피로 구원을 받아 한 성령의 거하실 처소가 됨으로 거룩한 교제 속에 들어간 자들이다. 성경은 이런 우리를 '함께 은혜에 참여한 자'(sugkoinonus)라고 한다(빌 1:7). 우리는 삼위 하나님의 구원의 은혜를 받은 자들이요, 사도들의 증거를 통해 사도들과 교제를 나누고 아버지와 그 아들 예수 그리스도의 교제에 참여하게 되었다(행 2:42; 요일 1:1-4). 뿐만 아니라 우리는 성만찬의 떡을 떼며 잔을 마심으로써 그리스도의 몸과 피 안에서 교제를 즐길 수 있게 된 것이다(고전 1:9; 10:16, 20). 그래서 웨스트민스터 신앙고백서는 성도의 교제에 대하여 "머리이신 그리스도와 성령으로 말미암아 믿음으로 연합하고 있는 모든 성도들은 그리스도의 은혜, 고난, 죽음, 부활과 영광 안에서 그분과 교제한다."[38]라고 했다.

교제는 삼위 하나님의 은혜에 함께 참여하는 것일 뿐만 아니라 자기에게 있는 것을 서로의 필요를 위해서 나누면서 섬기는 것이며, 다른 사람과 함

---

38. 웨스트민스터 신앙고백서 26:1

께 하는 것에 관심을 갖는 것이다. 웨스트민스터 신앙고백서는 이 점에 대해서 "또한 사랑으로 서로 간에도 연합하였기 때문에 서로의 은사와 은혜에도 참여함으로 서로 교제한다."[39]라고 했다. 이러한 교제가 오순절에 새로운 생명으로 충만했을 때 "모든 물건을 서로 통용"(행 2:44)했다고 했는데 여기 '통용'이란 말이 '교제'라는 의미가 들어있는 koina이다.[40] 하나님은 진실로 우리가 어려운 처지에 있는 자들을 도울 때 섬김을 받으신다. 이것이 하나님을 영화롭게 하는 예배의 한 부분이다.

1. **헌금**: 이는 교제의 마음으로 사도행전 2:42에 근거하여 예배 때마다 정규적으로 행하는 예배의 네 가지 요소 중에 하나이다. 네 가지 요소란 '사도의 가르침', '구제 헌금', '성만찬' 그리고 '공적기도'를 말한다. 칼빈은 이 점에서 마틴 부써(Martin Bucer, 1491-1551)를 따른다. 그러나 칼빈은 이러한 예전적 요소를 스트라스부르크의 부써나 바젤의 외콜람파디우스(Oecolampadius, 1482-1531)만큼 발전시키지는 않았다. 그럼에도 불구하고 칼빈은 실제로 구제를 지속적인 가치를 지닌 예배의 중요한 요소로 생각했다. 그는 고린도전서 16:2을 언급하면서 "사도는 예루살렘에 있는 형제들을 돕기 위한 헌금을 모으는 것도 그날 주일에 하라고 지정했다."[41]

2. **광고**(성도의 교제): 예배순서 안에 광고가 들어갈 수 있느냐가 논쟁거리이다. 예배는 오직 하나님께 영광을 돌리는 것이기 때문에 교회의 각종 행사 등을 알리는 광고가 예배 안에 들어가서는 안 된다는 생각이 만만치 않다. 그래서 예배 전에 광고를 하든지, 예배 후에 하든지 해야 한다고 주장하는 이들이 있다. 우리는 광고를 단순히 교회행사를 알리는 것으로 보지 않아야 하겠고, 성도의 교제라는 측면에서 보는 것이 좋겠다. 그래서 이명하는 성도가 인사한다든지, 새 가족을 소개한다든지 할 수 있다. 예배는 하나님

---

39. 웨스트민스터 신앙고백서 26:1
40. John R. W. Stott, *One Peaple* (Falcon Book, London), 75-81
41. 칼빈, 기독교강요 2.8.33

과 그분의 백성간의 교제인데, 신자들이 서로 교제하는 것도 있다.

제37문 광고할 때 조심해야 할 것은 무엇인가?

광고가 너무 장황하면 안 될 것이다. 주보에 이미 광고내용이 나와 있는데 그것을 일일이 반복하는 것이 필요할까? 설교가 길다고 불평하면서 각 기관에서 광고할 시간을 달라고 하여 10분 이상을 넘기면서 광고하는 것이 합당한 것인가? 게다가 선거철이 되면 선거에 나온 이들이 예배에 참석했다고 해서 그들에 대해 광고하는 것은 삼가야 할 것이다. 광고시간에 사람을 치하하거나 높이는 것은 예배를 사람의 선전장으로 만드는 것이다. 광고는 성도의 교제라는 것을 잊지 말아야 할 것이다.

제38문 주일 공예배의 폐회 곧 절정은 어떤 요소로 구성되는가?

공예배의 폐회는 '마침찬송'과 '축도'(강복선언)의 요소로 구성된다.

1. **마침찬송**: 이때 부를 찬송의 주요 내용은 설교 본문의 주요한 메시지와 관계가 있는 것이어야 한다. 그리고 우리의 허물을 용서해 주신 하나님의 긍휼하심과 설교 말씀을 통해서 주신 새 힘으로 성도는 이제 힘든 세상을 향해 나아갈 준비가 되어 있다. 그래서 하나님의 말씀에 대한 헌신과 결단을 강화하는 내용이면 더욱 좋다.

2. **축도**(강복선언, 降福宣言): 공예배는 '기원'(문안인사)으로 전 예배가 하나님의 은혜와 평강으로 감싸여 시작한다. 강복선언은 다음 주일 공예배로 돌아올 때까지 모든 날 동안 삼위 하나님께서 친히 동행해 주실 것을 선언함으로 예배의 자리에서 삶의 현장으로 파송하는 순서이다. 그래서 이 엄숙한 강복선언 속에 담겨있는 하나님의 복들을 들이마시기 위하여 우리는 눈과 귀와 마음 그리고 영혼을 넓게 열어야 한다.

3. 전통적으로 강복선언은 민수기 6:24-26이나 고린도후서 13:13의 말씀으로 한다. "여호와는 네게 복을 주시고 너를 지키시기를 원하며 여호와는

그의 얼굴을 네게 비추사 은혜 베푸시기를 원하며 여호와는 그 얼굴을 네게로 향하여 드사 평강 주시기를 원하노라.", "주 예수 그리스도의 은혜와 하나님의 사랑과 성령의 교통하심이 너희 무리와 함께 있을지어다." 강복선언은 거룩한 기원이나, 예배의 끝을 알리는 단순한 순서가 아니라 예배의 모든 요소들의 정점이다. 이제 삼위 하나님과 함께 나아가기 때문에 우리는 광야 같은 삶의 현장이 두렵거나 지루하지 않다.

4. 개혁교회의 예배 순서는 하나님의 이름으로 시작하고 하나님의 이름으로 마친다. "우리의 도움은 천지를 지으신 여호와의 이름에 있도다"(시 124:8)라는 말씀으로 시작한다. 그리고 예배는 하나님께서 복을 내려주심으로 마치게 된다. "여호와는 네게 복을 주시고 너를 지키시기를 원하며 여호와는 그의 얼굴을 네게 비추사 은혜 베푸시기를 원하며 여호와는 그 얼굴을 네게로 향하여 드사 평강 주시기를 원하노라"(민 6:24-26).

제39문 축도는 목사가 간절히 축복하며 기도해 주는 것인가?

축도를 기도와 혼동하지 않아야 한다. 기도는 하나님께 올려드리는 예배의 요소이지만 강복선언은 그 예배에 참석한 회중들을 향한 선포이기 때문이다. 기도와 축도를 이어서 하는 경우 예수님의 이름으로 기도하며 마무리한 후 축도를 함이 옳다.

1. 구약의 제사장들과 신약의 사도들이 사용했던 축도는 단순한 기도라기보다는 하나님이 복을 내려주실 것을 대신 선언하는 행위이다. 그래서 로마 천주교에서는 이 부분을 '빌다'라는 의미의 '축'(祝)자를 쓰지 않고 하나님으로부터 복이 내려옴을 알리는 의미에서 내릴 '강'(降)을 써서 '강복'(降福)이라고 한다. 우리는 축도를 강복의 의미로 사용하고 있으나 이제 우리 문법에 맞게 강복선언으로 바꾸어 사용하는 것이 더 좋다. 이 강복선언은 공예배 후에 한 주간 세상을 향해 나아가는 하나님의 언약 백성에게 하나님께서 함께 해주시겠다고 하는 약속의 복임을 기억하고 신중하게 사용해

야 한다.

2. 목사는 단지 예배의 집례자로서 선언할 뿐이다. 그러므로 우리는 믿음으로 하나님이 주시고자 하는 복을 받아들여야 한다. 그 복의 말씀 하나 하나를 들이마시기 위하여 우리의 눈, 귀, 마음, 그리고 영혼을 넓게 열어야 한다. 축도는 거룩한 기원(기도)도 예배가 끝났다는 것을 알리는 신호도 아니다. 목사가 손을 높이 들어 복을 선언하는 것은 이것은 기도가 아니라는 뜻이 담겨 있다. 위에서 하나님이 우리 모두에게 복을 내려 주신다는 것을 시각적으로 보여주는 것이다. 누가복음 24:50에서 예수님이 손을 들어 축복하시며 하늘에 오르신 것을 생각하라.

3. 공예배 외에 소위 개업이나 이사에서 예배를 드릴 때에도 강복선언을 해야 한다고 생각할 필요가 없다. 강복선언은 공예배에서 그 예배에 참석한 회중 전체를 향해서 선포하는 것이기 때문이다.

제40문 축도할 때 '있기를 축원하옵나이다'라고 하는 것이 좋은가?

요즘은 목사가 겸손하게 보이기 위해 '축원하옵나이다.'라고 하거나 '계실지어다.'라고 말하는 것을 선호한다. 제47회 총회(1997년)와 제52회 총회(2002년)은 성경(고후 13:13)대로 '있을지어다.'로 마치는 것이 옳은 것으로 결의하였다.

1. 이러한 분분한 해석과 번역은 축도의 내용이 나오는 고린도후서 13:13(주 예수 그리스도의 은혜와 하나님의 사랑과 성령의 교통하심이 너희 무리와 함께 있을지어다)에서 마지막 단어인 '있을지어다'가 원문에서는 생략되어 있기 때문이다. 그렇다면 무슨 동사가 생략되었을까? 대개 '있다'는 뜻을 가진 'eimi'가 생략되어 있다는 동사로 보는데 문제는 이 동사의 형태가 어떤 것이냐 하는 것이다. 명령으로 해석하면 '있을지어다'가 되고, 기원법(희구법)이 되면 '있기를 원하노라'가 되고 직설법이 되면, '있을 것이다' 혹은 '있다'가 된다.

2. 고린도후서 13:13의 축도와 같은 다른 본문을 보면 동사가 기원법(희구

법)으로 나온다(벧전 1:2; 벧후 1:2; 유 2). 그런데 우리말에는 이것을 '명령'으로 다 해석하였다. 왜 기원법(희구법)의 동사를 명령으로 해석하였을까? 기원에는 단순한 기원을 나타내어 미래 또는 가능성을 온건하게 표현하지만 '의지'를 나타내는 기원도 있어서 이는 대개 명령으로 해석한다. 사실은 이것이 고유한 형태의 희구법으로 신약의 67번 중 37번이 이 형태다. 예를 들어서 마가복음 11:14에서 "이제부터 영원토록 사람이 네게서 열매를 따먹지 못하리라"가 나오는데 여기서 '따먹지 못하리라'는 희구법인데 뜻을 살펴보면 단순히 '소원' 이상으로 저주문에 가깝다. 따라서 이 말은 명령으로 해석해야 한다. 우리말에서도 이 뜻을 살펴서 그렇게 해석하였다. 사도행전 1:20에, "그의 거처로 황폐하게 하시며 거기 거하는 자가 없게 하소서 그 직분을 타인이 취하게 하소서"가 나오는데 이 말씀은 시편 69:25에서 인용한 것으로 70인역(구약을 헬라어로 번역한 성경)에서는 이것을 희구법으로 번역한다. 그런데 누가는 이 말씀을 인용하면서 명령법을 사용하고 있다. 이는 무슨 뜻인가? 희구법과 명령법이 같이 사용된다는 것을 보여준다.

3. 소위 아론의 축도(민 6:24-26)에 '할지니라'가 사용되었는데 이는 간접명령법(3자 명령법)이다. 따라서 결론적으로 희구법으로 쓰였다 하더라도 명령의 뜻이 있고 다른 일부 사본에서는 명령으로 나오는 곳도 있다. 그러므로 축도는 인간 대(對) 인간으로 하는 것이 아니다. 축도는 복의 근원이신 혹은 주체자이신 "하나님께서 우리와 함께 하셔서 복을 주시겠다."는 선언이며 약속이다.

제41문 누가 주일 공예배를 집례해야 되는가?

공예배를 집례하는 사람은 그리스도께서 그의 제자들에게 주신 말씀을 가르치고 세례와 성찬을 수행하는 교회의 공인된 직분자이어야 한다.

1. 개혁주의 교회 예배는 언약적 특성 위에 기초를 두고 있다. 창조와 구속

안에서 하나님께서 시작하신 구원의 전 역사를 통해 모든 피조물과 사람들은 믿음과 순종으로 응답한다. 하나님께서는 언약의 계명선포와 성경봉독, 말씀선포 등을 통해서 예배에 기여하신다. 그의 언약백성은 찬양과 감사와 기도로 화답한다. 하나님의 백성들은 하나님의 말씀을 듣기 위해서 모인다. 하나님은 그의 계시된 말씀으로 그의 백성을 통치하신다. 하나님의 백성은 하나님의 통치하심에 대하여 온 마음과 신실한 말로 화답한다. 이런 대화적 특성이 개혁교회의 예배 원리이다.

2. 개혁주의 교회 예배가 언약적이라면 예배 집례는 누가 할 것인가? 이에 대한 이해를 위해 웨스트민스터 신학자들이 적절히 안내한다. 1640년대에 회집되었던 웨스트민스터 회의에서는 공예배에서 "비록 모든 사람들이 다 공적으로 회중에게 말씀을 봉독하게 허락"되어 있지는 않았다.[42] 그리고 공예배에서의 설교는 "충분한 은사를 갖추었을 뿐 아니라 정식으로 인정을 받아 이 직분에 부름을 받은 사람만이 하나님의 말씀을 설교할 수 있다"고 결정했다.[43] 이런 형태는 예배의 다른 요소들에서도 마찬가지이다.

3. 장로교회나 개혁교회에서 실행하는 안수 형태를 통해서도 알 수 있다. 성경은 예수 그리스도 자신이 제정하신 목회직무를 안수 받은 자들이 수행하는 것임을 분명히 가르치고 있다. 그리스도는 봉사의 직무를 하고, 그리스도의 몸인 교회를 세우며, 성도를 온전케 하기 위해 교회에 목사를 주셨다(엡 4:12). 다른 말로 하면 목사는 그리스도가 그에게 위임한 무리를 양육하는 작은 목양자이다. 따라서 목사는 하나님의 사람들을 돌보기 위한 특별한 직무를 위임받았는데 그것은 다른 사역과는 구별된 말씀과 성례전을 거행할 직무이다.

4. "누가 예배를 집례해야 하는가?" 이 질문에 대한 대답은 명확하다. 공예

---

42. 웨스트민스터 대교리문답 156
43. 웨스트민스터 대교리문답 158

배를 집례하는 사람은 그리스도께서 그의 제자들에게 주신 말씀을 가르치고 세례와 성찬을 수행하는 직무를 행하는 교회의 공인된 사람이다. 예배는 말씀과 성만찬과 함께 다른 여러 요소들로 이루어져 있다. 찬양대의 찬양과 회중의 참회기도를 제외하고 예배의 모든 요소들은 모두 목사의 사역을 동반한다. 목사는 성경을 봉독함으로써 하나님의 말씀을 수종 들고, 그의 양떼를 대신하여 기도하며, 말씀을 해석하고, 설교하며, 성찬을 집례하고, 하나님의 복을 선언하는 직무를 수행하는 자이다.

5. 1561년에 대륙의 개혁교회 진영에서 이미 공인된 벨직 신앙고백서는 "우리는 참 교회가 주님께서 말씀 가운데에서 가르쳐 주신 그 영적인 형태에 의해 다스려져야만 한다는 것을 믿습니다. 다시 말해서 목사에 의해 하나님의 말씀이 강론되며, 성례가 이뤄지고, 목사와 더불어 장로와 집사가 교회 회의를 구성하며, 이렇게 됨으로써 참 종교가 보존되며, 모든 곳에서 진실한 가르침이 전파되고, 영적인 방법에 의하여 범죄자들이 징벌을 받으며 구속받게 되는 것입니다"라고 했다.[44]

---

44. 벨직 신앙고백서 30장

제4장 말씀의 선포

제16조 (말씀 선포자의 자질)

제42문 설교자의 자질은 어떠해야 하는가?

설교자는 말씀의 하나님 곧 성령 하나님의 비밀한 말씀을 맡은 청지기이기 때문에 그 말씀을 하나님의 입장에서 해석할 수 있는 자질과 역량이 있어야 한다. 그리고 설교자는 하나님을 대신하여 하나님의 말씀을 선포하는 직분자이기 때문에 모든 행위가 모범이 되어야 하며, 사랑과 믿음과 정결에 있어서도 존경을 받을 만한 인격을 갖추어야 한다.

1. 주님의 목회자는 엄숙한 예배를 위하여 훌륭한 은사를 갖춘 자여야 한다. 즉 성경 원어에 대한 능력, 신학 전반에 걸친 지식과 무엇보다 거룩한 성경에 대한 감각과 핵심을 이해하고 적용함이 일반 신자들보다 한 단계 높은 수준이어야 한다. 그동안 깨닫지 못했던 진리를 하나님께서 알게 하실 때에는 언제든지 받아들이고 인정하는 열린 마음과 결단이 있어야 하며, 항상 성령님의 조명과 그 밖에 가르치는 은사, 즉 말씀을 읽고 연구하는 것을 겸손한 마음으로 늘 즐겁게 힘쓰는 자이어야 한다.

2. 목사는 준비한 것을 회중들에게 전달하기 전에 목사의 개인적인 설교 준비 과정에서 이 모든 것을 자기에게 먼저 적용하여 사용하고 발전시킬 수 있는 자여야 한다.

제43문 웨스트민스터 예배지침은 설교자에게 무엇을 요구하는가?[45]

"그리스도의 종은 다음의 몇 가지를 자신의 사역에서 감당하여야 한다.

---

45. "Of Public Reading of the Holy Scripures" *The Directory for the Publick Worship of God*, 1645. 379-81. 참조

1. 수고를 아끼지 않으므로 주님의 일을 소홀히 말라.
2. 분명하게 하여 누구나 그 의미를 이해하도록 하라. 그리스도의 십자가가 무익해지지 않도록 인간의 지혜로 말미암은 말로 유혹하지 말고 성령의 나타나심과 능력으로 진리를 전하라. 또한 알지 못하는 말을 무익하게 사용하지 말며, 생소한 구절 또는 말과 유혹하는 소리의 미사여구를 삼가라. 교회의 판결문이나 기타 인간의 저작물은 고전이나 현대의 것이나 품위가 없으므로 인용하지 말라.
3. 자기 자신의 유익과 영광을 바라보지 말고 그리스도의 영광과 회중의 구원, 회심, 교훈을 믿음의 눈으로 바라보라. 거룩한 목적을 고양시키도록 최선을 다하고, 자신의 분깃을 모든 사람들에게 나눠주며, 미천한 자를 소홀히 여기지 말고 그들의 죄를 관대히 여기며, 모든 이들을 동등하게 존중하라.
4. 가장 잘 설득할 수 있는 방법으로 모든 교리와 권면, 그리고 특별히 질책의 말을 지혜롭게 사용하라. 각 사람의 인품과 처지에 합당한 경의를 보이고 자기의 감정이나 원한을 섞지 말고 해야 할 것이다.
5. 엄숙한 하나님의 말씀이 되도록 하라. 인간의 타락성이 그와 그의 성역을 멸시할 그런 몸짓이나 목소리나 표현을 피하라.
6. 애정을 가지고 일하라. 성도들은 목사가 거룩한 열정과 성도의 유익을 갈망하는 마음의 소원에서 우러나는 것들을 보게 될 것이다.
7. 하나님을 가르치고 진심으로 믿게 함으로써 목사가 가르친 모든 것이 그리스도의 진리가 되게 하라. 회중들 앞에 모범이 되라. 사석이든 공석이든 하나님의 은총을 진실하게 간구하고 자신은 물론 하나님께서 돌보라고 맡기신 회중들을 조심스럽게 살피라. 그리하면 진리의 교리가 부패되지 않고 보존될 것이며, 많은 영혼이 회개하고 새로워지며, 이런 삶을 통해 자신도 평안을 받을 뿐만 아니라, 후에는 장차 다가올 세상에서 영광의

면류관을 받게 될 것이다."⁴⁶

제44문 주일 공예배에서 말씀선포는 어떤 의미가 있는가?

공예배에서 말씀선포(설교)는 예배에서 절대적으로 필요한 핵심적인 요소요, 하나님의 임재의 유일한 표식이며, 그리스도의 통치의 수단이다.

1. 설교는 절대적으로 필요한 핵심적인 요소다. 참된 예배를 위한 개혁자들의 관심은 하나님의 말씀의 바른 선포였다. 설교가 예배의 핵심적인 요소가 되도록 하고 모든 의식과 제도들을 제거했다. 그래서 개혁교회의 예배에서 설교는 축소할 수 없으며, 다른 것과 타협할 수 없는 요소다.⁴⁷ 느헤미야 8장에서 학사 에스라와 그 동료들이 높이 세워진 설교단에서 율법책을 읽는다. 에스라가 율법책을 펼 때 회중은 하나님의 말씀에 경의를 표하며 일어섰다. 하나님을 송축할 때 회중은 "아멘 아멘"으로 화답하며 경배했다. 에스라와 그 동료들이 "하나님의 율법책을 낭독하고 그 뜻을 해석하여 백성에게 그 낭독하는 것을 다 깨닫게" 했다(느 8:8). 설교는 봉독된 하나님의 말씀을 회중이 깨달을 수 있도록 강해하는 것이다.

2. 그리스도인의 출생과 성장 그리고 양육에 있어서 결정적인 역할을 하는 것은 교회 안에서 선포되고 가르쳐지는 하나님의 말씀 곧 복음이다. 칼빈은 하나님의 말씀의 역할을 다양하게 표현했다. 하나님의 말씀은 하나님께서 교회의 손을 통하여 주시는 영적 양식으로서 먹기를 게을리 하는 자는 굶주려 멸망하게 되어 있다.⁴⁸ 하나님의 말씀은 하나님의 약속의 축복

---

46. "Of Public Reading of the Holy Scripures" *The Directory for the Publick Worship of God*, 1645. 381.
47. John R. W. Stott, *Between Two Worlds:* The Art of Preaching in the Twentieth Century (Grand Rapids: Eerdmans, 1982). 15. 존 스토트는 "설교는 기독교의 절대적으로 필요한 요소이다. … 설교는 예배에서 필요한 것일 뿐 아니라 핵심이다."라고 말했다.
48. 기독교강요 4.1.5.

들이 근원으로부터 흘러 나와서 우리에게 이르는 통로이다.[49] 이 말씀이 방편이 되어 영원한 하늘나라와 신적 선물들이 우리에게 제공된다.[50] 하나님은 말씀의 방편을 통하여 우리에게 평강을 주신다.[51] 하나님의 말씀은 그리스도 자신이 교회 안에서 우리 가운데 들어오시며, 우리를 깨끗케 하시며, 우리를 구속하기 위해 흘린 그의 피가 우리 영혼에 적용되는 방편이다. 왜냐하면 그리스도의 피와 말씀선포 사이에는 분리될 수 없는 관계가 있기 때문이다.[52] 하나님 자신이 그의 말씀의 방편을 통하여 우리를 만나러 오시고, 우리에게로 내려오시며, 우리에게 말씀하신다.[53] 하나님은 이와 같이 자신을 나타내실 때 그의 말씀을 거울로 삼으신다. 우리는 볼 수 없는 하나님을 이 말씀의 거울을 통하여 볼 수가 있다.[54] 칼빈이 이렇게 다양한 말로 표현한 하나님의 말씀은 개인적으로 묵상하는 말씀이 아니라 교회의 사역을 통해서 선포된 말씀이다.[55] 그러므로 칼빈에 의하면, 구약의 성도들이 성소에서 하나님의 얼굴을 볼 수 있었던 것처럼, 신약의 성도들은 말씀선포를 통하여 예수 그리스도의 얼굴에서 빛나는 하나님의 영광을 볼 수 있다.[56]

3. 설교는 언약 백성의 마음속에 하나님의 법을 세우고자 하시는 하나님의 수단이다. 칼빈은 "하나님은 그리스도를 그의 백성들에게 공포의 대상으로 만들기 위해서 세운 것이 아니다. 하나님의 모든 권위는 그분이 추구되고 알려지기를 원하는 교리와 설교 안에 있다."[57] "그리스도께서는 자신의

---

49. J. Calvin, Comm, on Ps. 119:65
50. J. Calvin, Serm, on 2 Tm. 1:8-9
51. J. Calvin, Comm, on Ps. 19:8
52. J. Calvin, Serm, on Gal. 3:1-3
53. J. Calvin, Comm, on Ps. 18:31
54. J. Calvin, Comm, on 1 Cor. 13:12
55. 칼빈, 기독교강요 4.1.5.
56. 칼빈, 기독교강요 4.1.5.
57. J. Calvin, Comm, on Isa. 49:2

교회를 어떻게 통치하려고 계획하실까? 우리가 잘 알고 있는 바, 그분의 왕국의 홀은 바로 복음이기 때문에"[58] "그리스도께서는 복음의 교리로만 우리 중에서 통치하신다."[59]라고 말한다.

4. 예배에서 설교가 점점 주변으로 밀려나고 인간의 경험이나 음악을 비롯한 유흥적인 고안물이 그 자리를 대신하곤 한다. 음악은 하나님께서 그의 백성에게 주신 귀한 선물 중에 하나이다. 음악은 우리가 영과 진리로 하나님을 예배할 수 있는 언어이기도 하다. 믿음의 찬송은 풍성한 고백이며 신학적인 내용을 전달한다. 그러나 음악은 기독교 예배의 중심 요소는 아니다. 간증이나 그리스도 안에서 승리의 사례는 하나님께서 그의 백성을 돌보시는 생생한 사역을 알게 하는 내용일 수 있다. 그러나 그러한 내용이 예배의 중심요소는 아니다. 기독교 예배의 핵심은 하나님 말씀의 권위 있는 선포이다.[60] 종교개혁자들은 예배에서 하나님의 말씀의 권위를 회복하기 위해서 성경을 번역하여 회중의 손에 들려주고 예배 중에 성경을 연속적으로 강해했다.

제45문 목사가 어떤 모임에서든지 설교를 해야 하는가?

개혁교회에서는 설교를 무엇보다 중요시하기에 설교할 권리를 받은 목사 외에는 설교를 할 수 없다. 하지만 목사조차도 공예배에서 하는 것 외에는 설교라고 부르지 않고 '권면의 말들'(edifying words)이라고 부른다. 공적인 말씀선포와 기도회나 심방 등에서 성경을 읽고 간단하게 권면하는 것을 구분하는 것이 유익이 있을까? 이런 구분은 목사에게 부담을 줄여줄 뿐만 아니라 회중에게 공적인 말씀선포를 하나님의 말씀으로 받게 하는 일에 도움을

---

58. J. Calvin, Comm, on Hos. 1:11
59. J. Calvin, Comm, on Mic. 4:3
60. Albert Mohler, "강해설교: 기독 예배의 핵심" 『개혁주의 예배학』(김병하, 김상구 역). 191-212.

줄 것이다. 이렇게 목사가 공예배에서 하는 것만을 설교라고 부른다면 공적으로 설교할 자격을 받은 말씀의 사역자 외에는 설교를 할 수가 없다.

제46문 하나님의 말씀과 설교자의 설교를 동일시 할 수 있는가?

예배에서 하나님의 비밀을 맡은 "인간의 입으로부터 나온 말은 하나님의 입을 통하여 나온 말씀과 동일한 것이라고 할 수 있다. 왜냐하면 하나님께서는 하늘로부터 직접 말씀을 선포하시는 것이 아니라 인간을 그 도구로 사용하시기 때문이다."[61]

1. 칼빈은 하나님께서 이스라엘 백성들에게 자신의 말씀을 전달하실 때 모여 있던 백성들의 귀에 하늘에서 직접 천둥소리로 말씀을 전하지 않으셨다는 사실을 중시한다. 일반적으로 하나님께서 선지자들을 매체로 해서 말이라는 행위로 자신의 말씀을 전하셨다. 하나님께서는 선지자들의 그 말을 자기 자신의 말씀과 밀접하게 동일시 하셨다. 그럼으로써 선지자의 입을 통해서 나온 말이 하나님 자신의 말씀이 되도록 하셨다. 이로써 선지자들이 전하는 말씀이 하나님의 말씀을 듣고자 하는 자들에게 전파되는 사건들 속에서 진정한 하나님의 말씀이 될 수 있었다. "그런 식으로 인간의 입으로부터 나온 말은 하나님의 입을 통하여 나온 말씀과 동일한 것이라고 할 수 있다. 왜냐하면 하나님께서는 하늘로부터 직접 말씀을 선포하시는 것이 아니라 인간을 그 도구로 사용하시기 때문이다."[62] "하나님의 말씀은 선지자의 말과 차이가 나지 않는다."[63] "하나님께서는 그분의 사역자들의 음성을 통해 말씀이 전파되기를 원하신다."[64]

2. 하나님께서 인간의 말을 통하여 자신의 존재하심과 권능을 나타내실 때

---

61. J. Calvin, Comm. on Isa. 55:11
62. J. Calvin, Comm. on Isa. 55:11
63. J. Calvin, Comm. on Hag. 1:12
64. J. Calvin, Comm. on Isa. 50:10

는 신적인 행위와 인간적 행위 사이에 가장 밀접한 일체감이 마련된다. 하나님께서 설교자와 자신을 연결시킨 사건에서 설교자의 설교 행위가 하나님의 능력 있는 말씀이 되게 하기 위하여 성례전적 연합을 마련해 주셨다. 설교단에서 선포된 설교가 하나님의 말씀임을 성찬 성례로 인증해 줌으로써 일체감을 확신시켜 준다. 그래서 "하나님의 말씀이 선지자의 말과 구별될 수 없으며,"[65] "하나님께서는 사역자와 분리되지 않는다."[66] "저자이신 하나님께서 도구와 결합하시며, 성령의 감화력은 인간의 애씀과 결합된다."[67] "이러한 일체감이 아주 밀접해서 그 결과 설교자들은 진정한 성령의 목사라 불릴 수 있게 되고 그의 일들은 가장 고귀한 말로써 행해진다."[68]

3. 동시에 신비스러운 신적인 것과 인간적인 것 사이에 명백한 구별이 필요하다. 주 하나님과 그의 종 사역자를 구분할 필요가 있다. 우리는 목회자를 주인이 아닌 종으로, 손이 아닌 도구로, 그리고 하나님이 아닌 결점이 있는 사람으로 봐야 한다. 그리스도의 도구인 종은 오직 주인을 바라봐야 하고 '충성되고 지혜 있는 종이 되어…때를 따라 양식을' 주인의 성경 창고에서 가져다가 나눠 주어야 한다(마 24:45). 설교 행위가 성경에 근거하지 않고 단지 인간 중심으로 흐른다면 그 설교는 제아무리 유창하고 기교 있고 열정을 지녔다 할지라도 하나님의 말씀이 될 수 없다. "하나님께서 그의 사역자들을 자신에게서 떼어놓으시면 그들은 아무것도 아닌 것이다."[69]

4. 설교가 하나님의 말씀이라는 것은 설교자가 얼마든지 오용할 수 있는 말

---

65. J. Calvin, Comm. on Hag. 1:12
66. J. Calvin, Comm. on 1Cor. 3:7
67. J. Calvin, Comm. on 1Cor. 9:1
68. J. Calvin, Comm. on 1Cor. 3:7
69. 칼빈, 기독교강요 4.1.6

이다. "내 말이 곧 하나님의 말씀이니 무조건 들어야 한다."고 생각할 수 있기 때문이다. 설교가 하나님의 말씀이라는 것은 설교자의 책무가 얼마나 무거운지를 보여주는 것이다. 설교자가 하나님께 엄청난 책망을 들을 수도 있는 말씀이다. 성경을 설교하는 일에 성령의 도움이 필요하다는 것을 보여주는 것이기도 하다. 성경을 기록하게 감동을 주신 성령님의 역사가 아니고서는 우리가 성경을 제대로 풀 수 없기 때문이다.

제47문 예배 중에 설교자와 회중의 임무는 무엇인가?

1. 설교자는 예배 중에 옛 선지자들의 입을 통해서 하나님께서 하셨던 일을 자신의 연약한 말을 통해 일하실 것이라는 믿음을 가지고 강단으로 나아가야 한다. 설교자는 자신이 하나님의 말씀을 선포할 때 중보자 예수님이 임재하셔서 회중들로 하여금 설교자의 목소리를 통해서 하나님의 음성을 듣게 하신다는 믿음을 가져야 한다. 설교자는 이 믿음으로 말씀을 강해하며 선포하는 임무를 수행해야 한다. 그 결과, 창조주이시며 구속자이신 하나님께서 주님 자신의 능력과 감화를 가지고 사람의 입으로부터 나오는 말씀을 하나님 자신으로부터 나오는 말씀이 되게 하실 것이다.

2. 회중은 하나님께서 그의 증거자의 입을 통하여 말씀하실 때 언제든지 하나님과 가까이 마주 대한 것처럼, 말씀을 믿음으로 받아들여야 한다.[70] 그리하면 그 말씀이 그에게 효력을 발휘할 것이다. "그리스도께서는 친히 제정하신 성직이 헛되이 제정되지 않았다는 사실을 분명히 하기 위해서 그런 방법으로 거기에 주님의 권능을 불어 넣으셨다. 이는 그리스도와 목회자가 분리된 것이 아니요, 오히려 그분의 능력이 목회자 안에서 그 효력을 나타낼 수 있음을 말해 주는 것이다."[71]

---

70. J. Calvin, Comm. on Hag. 1:12
71. J. Calvin, Comm. on 1Cor. 3:7

제17조 (성경봉독)

제48문 성경봉독은 설교자의 설교본문과 어떤 차이가 있는가?

성경봉독은 설교자가 설교할 본문 외에 가지는 공예배에서 빠질 수 없는 중요한 예배의 요소이다. 그 이유는 예배 중에 공적으로 성경을 봉독하는 것은 하나님의 말씀 아래 앉는 기회로써 역할을 할 뿐 아니라 그것은 또한 우리가 강해지고 그분의 은총을 받는 수단이기도 하기 때문이다.

1. 고대 교회에서부터 성경봉독 요소를 중요하게 여겨왔다. 이 성경봉독은 요즘 예배 안에 있는 성경봉독과 달랐다. 요즘의 성경봉독은 설교할 본문의 성경봉독인데, 고대에는 설교할 본문 외에 성경을 전체적으로 다양하게 읽었다.

2. 유대인들의 회당예배 때부터 구약성경의 다양한 부분들을 읽기 시작했는데 신약교회는 이것을 본받아 매주일 성경의 다양한 부분들을 교회력에 맞추어서 순서적으로 읽기 시작했다. 이것을 렉시오나리(Lectionary)라고 불렀다. 율법과 선지자의 글과 시편, 그리고 신약성경에서 서신서, 그리고 마지막으로 복음서를 읽었다. 복음서를 들고 회중 주위를 돌다가 봉독대로 가는 것을 '소입당'이라고 불렀다. 복음서 말씀이 모든 말씀을 성취한다는 뜻을 담고 있었다.

3. 고대 교부 크리소스톰(Chrisostom)은 "가정에서 성경을 읽지 않는 신자도 교회에 부지런히 다니면서 성경봉독 시간에 주의 깊이 들으면 한 해 동안도 성경지식을 상당히 얻게 될 것이다" 라 했고,[72] 그 전통을 이어받은 청교도들은 웨스트민스터 예배규칙에 성경봉독을 중요하게 취급했다.[73] 우리는 역사적 전통을 살려 성경봉독 요소를 살려야 한다. 성경을 '읽는 자

---

[72] 박윤선, 대한 예수교장로회 헌법주석 정치. 예배모범, (영음사, 1997), 191-192
[73] "Of Public Reading of the Holy Scripures" *The Directory for the Publick Worship of God*, 1645. 375-6.

와 듣는 자들'이 그 말씀대로 행할 때에 복을 받기 때문이다(계1:3).
4. 공예배에서 봉독되는 성경은 총회에서 공인된 역본을 가지고 읽어야 한다. 한번에 읽어야 할 성경의 분량을 결정하는 것은 목사의 재량으로 하되 상식선에서 결정해야 한다.[74]

제49문 교독문 낭독은 왜 하는가?

1. 우리는 설교할 본문을 중심으로 성경을 5절에서 10절 내외로 봉독하는 것 외에 찬송가 부록으로 편집되어 있는 교독문을 예배 인도자와 회중이 교독하는 것이 관습으로 정착되어 왔다. 이 교독문은 주로 시편이며, 교회절기에 하도록 되어 있는 교독문도 있다.
2. 사실, 이러한 교독문 낭독은 교독하는 성경본문이 너무 제한적이다. 아예 시편 전체를 순서대로 교독문으로 읽는 것이 나을 것이다. 예배 중에 영감 받은 시편을 부른다면 이런 교독문 낭독은 자연스럽게 해결될 것이다.

제50문 주일 공예배에서 회중이 성경을 봉독해도 되는가?

1. 공예배에서 성경봉독은 말씀을 전하는 사람에 의해서 봉독되는 것이 일반적이다. 비밀한 하나님의 말씀을 선포하는 것은 목사들의 독특한 책임이기 때문에, 그 동일한 말씀을 읽는 것 역시 목사의 책임이기 때문이다.
2. 고대 교회에서는 예배 시작 전에 성경을 봉독하곤 했다. 장로와 집사가 봉독자로 봉사했다. 이후에는 이 성경봉독이 예배 안으로 들어오게 된다. 이렇게 성경을 봉독하는 사람을 '봉독자'(Lector)라고 불렀다. 예배인도자와 봉독자가 구분된 것이다. 설교단 외에 성경봉독대(Ambo)가 따로 있었다. 종교개혁은 봉독자를 그대로 이어받았다. 개혁교회에서는 장로가 봉독자

---

74. "Of Public Reading of the Holy Scripures" *The Directory for the Publick Worship of God*, 1645. 375-6.

가 되었는데, 이 역할의 중요성 때문에 차례를 정하여 하기도 했다.
3. 우리는 예배를 인도하는 목사 외에 성경봉독자를 정하는 것을 고려하면 좋겠다.[75] 우리의 성경봉독은 설교할 성경본문의 봉독이기 때문에 그 성경본문을 목사만큼 잘 이해하고 잘 봉독할 수 있는 사람이 드물 것이다. 하지만 그 성경본문은 온 회중을 위해 주신 말씀이기 때문에 회중의 한 사람이 그 성경본문을 봉독할 수 있겠다. 설교는 목사만이 할 수 있지만, 성경봉독은 하나님의 회중 중에서 할 수 있지 않을까?
4. 누가 되었든지 성경봉독은 준비가 필요하다. 성경봉독자를 따로 정했다면 예배 직전에 그 본문을 알고 읽는 일이 있어서는 안 될 것이다. 봉독할 성경본문을 미리 알려주어서 그 본문을 여러 번 읽어서, 아주 분명하게 잘 읽을 수 있도록 해야 할 것이다.

---

75. 카렐 데던스, 『예배, 하나님만을 향하게 하라』, 김철규 역, (서울: SFC출판부. 2014). 75-89.

제5장 성례

제19조 (성례의 종류)

제51문 성례는 무엇인가?

 기독교의 성례는 성경의 가르침을 따라 세례와 성찬뿐이다. 성례는 그리스도께서 그분의 교회에 제정하신 거룩한 규례인데, 은혜 언약 안에 있는 자들에게 그리스도의 중보의 은덕을 표하고 인치며 나타내기 위한 것이다. 이는 또한 그들의 믿음과 다른 모든 은혜들을 강화하여 증진시키고, 그들로 하여금 순종하게 하며, 그들 상호간에 사랑과 교제를 증거하고 귀히 간직하게 하며, 그들을 은혜 언약 밖에 있는 이들과 구별시킨다.[76]

1. 세례와 주님의 만찬에 대해서 '예식'(ordinance)과 '성례'(sacrament)라는 용어 중에 칼빈은 '성례'를 사용한 근거를 엡1:9의 "그 뜻의 비밀을 우리에게 알리신 것이요…"에서 헬라어 '뮤스테리온'(musterion)의 라틴어 '사크라멘툼'(sacramentum)에서 가져왔다고 한다.[77] 예식이라는 명칭은 미신화 된 로마교와 혼동하지 않게 하는 데는 유익하나 복음의 풍부함을 표현하는 데는 약하다. 그러나 성례는 우리로 하여금 은총의 언약이 주는 혜택에 참여하는데 성령의 임재와 활동에 대한 풍부한 마음을 갖게 해준다.

2. 성례는 먼저 주어진 하나님의 약속이 있다는 것을 전제한다. 성례는 하나님의 약속을 더욱 명확하게 깨닫고 믿게 하기 위해서 하나님께서 우리 양심에 도장을 추가로 찍어 주시는 것과 같다.[78] 개혁교회에서는 성례를 하나님의 은혜의 '표'(標)와 '인'(印)으로 불러왔다. 그것들은 말씀을 전하는

---

76. 웨스트민스터 대교리문답 162
77. 칼빈, 기독교강요 4.12.2
78. 칼빈, 기독교강요 4.14.3

것과 더불어 중요한 은혜의 수단으로 간주되어 왔다. 이러한 정의는 성례의 가시적이고 확증적인 특징을 강조한다.

3. 칼빈은 성례에 대하여 "주께서 우리를 향한 주님의 긍휼의 약속들을 외적 표로서 우리 양심에 인 치셔서 우리의 연약한 믿음을 강화시키시며, 주님을 향한 우리의 신실하심을 주님과 천사와 인간 앞에서 증거한다."[79]고 했다. 여기서 칼빈은 성례가 표라는 것을 강조하며,[80] 주님의 약속은 성례의 인을 받는다고 했다.[81] 그리고 비유하여 말하기를 성례는 우리 신앙을 좀 더 강하게 받쳐주는 기둥이며, 은혜의 풍성함을 볼 수 있는 거울이라고 밝혔다.[82]

4. '표'와 '인'에 대한 표현의 발전에 대하여 고재수는 다음과 같이 요약했다. "출발점은 어거스틴이 표를 불가시적인 일에 대한 가시적인 표라고 기술한 것이다. '표'라는 말은 가시/불가시라는 대비 가운데서 나타난다. 중세에서는 '표'라는 용어가 은혜를 표상하는 것이 아니라 내포하고 있다는 식으로 구체적으로 이해되었다. 이때의 표는 은혜를 가리키느냐 또는 은혜로 채워졌느냐는 또 다른 대비 속에서 거론되었다. 루터파는 성찬론의 영향 때문에 은혜가 성례 '안에'와 '밑에' 임재한다는 입장을 취하였다. 그런데 이런 입장을 표라는 말로 표현하기가 용이하지 않았으므로 이 말은 결국 뒷전으로 밀리고 말았다. 개혁파는 '인'을 표와 함께 사용하였다. 이로써 그들의 두 입장과 비교된다. 한편으로는 1547년 트렌트 종교회의에서 교의화한 대로 표가 은혜로 채워졌다는 입장을 거부한다. 다른 한편으로는 표가 허사(虛辭)에 불과하다는 비판을 일축하였다. 하나님은 무엇을 확증하기 위해서 표를 사용하신다.[83]

---

79. 칼빈, 기독교강요 4.14.1
80. 칼빈, 기독교강요 4.14.4
81. 칼빈, 기독교강요 4.14.5
82. 칼빈, 기독교강요 4.14.6
83. 고재수, 『세례와 성찬』, 109.

제52문 성례가 어떻게 구원의 효력 있는 방편이 되는가?

1. "성례는 그 자체에나 그것을 시행하는 자의 덕이 아니라 오직 성례를 제정하신 그리스도의 축복하심과 또 믿음으로 성례를 받는 자 속에 역사하는 그분의 영의 역사로 말미암아 구원의 효력 있는 방편이 됩니다."[84]

제53문 주일 공예배에서 성례는 어느 순서에 와야 하는가?

'말씀과 성례'라는 표현 속에서 나오듯이 성례전은 말씀선포(설교) 다음에 와야 한다.

1. '말씀과 성례'의 관계를 생각해 보자. 사실, 예배에는 말씀과 성례가 함께 있어야 한다. 은혜의 두 방편 말이다. 성례 중에 세례는 매 주일마다 있기가 힘들다. 하지만 성찬은 매 주일마다 있어도 된다. 아니, 매 예배마다 있어야 한다. 로마교회의 미사가 미신이 되었기에 종교개혁자들이 성찬을 자주 시행하지 않았지만 매 예배 때마다 있어도 된다는 말이다. 그런데 현실적으로 우리가 성례 없이는 예배를 드릴 수 있지만 설교 없이는 예배를 드릴 수 없다고 생각한다. 어쨌든 '말씀과 성례'라는 순서가 중요하다. 이 순서는 성례가 하나님의 말씀, 즉 하나님의 약속을 확인하기 위해 주어졌다는 것을 의미한다. 그래서 우리는 하나님의 약속인 설교를 먼저 들어야 한다.

2. 성찬상은 설교단을 감독하는 기능도 가지고 있다. 설교단에서 선포되는 말씀은 성경적이고 그리스도의 구속적인 말씀이어야 한다. 그래야 성찬을 통해서 그 말씀이 인증될 수 있다. 성찬으로 인증해 줄 수 없는 설교는 주일 공예배시 설교단에서 행해져서는 안 된다. 성찬상은 설교단과 함께 있어야 한다.

3. 일반적으로 아래 강대상이라고 부르는 것이 있다. 그것은 '사회단'이라고

---

84. 웨스트민스터 소교리문답 91 ; 대교리문답 161

부르기도 한다. 하지만 그것이 바로 성찬상이라는 것을 알아야 한다. 평상시에는 사회단으로, 그리고 찬양 인도하는 단으로 사용하다가 성찬식이 있을 때 비로소 성찬상으로 사용한다. 이 단은 성찬을 위해서 비워 두어야 할 것이다. 그 단 위에 성찬기구를 올려놓으면 그것이 성찬상이라는 것을 분명하게 나타내 보일 것이다. 우리는 예배당에서 성찬상이 사라진 것을 빨리 회복시켜야 한다.

제54문 성례는 어디에서 행해야 하는가?

성례는 믿는 자들로 구성된 그리스도의 몸인 교회에서 행해져야 한다.

1. 구원의 은혜를 받은 사람은 그리스도와 연합된 자들이다. 그리스도와 연합한 자들은 한 몸 곧 그리스도 몸의 지체가 된 자들이다. 개인주의자들이나 무분별하게 모인 자유로운 영들의 집단이 아니다. 그래서 성례는 교회와 그리스도와의 연합을 상징하고 확증하기 위해서 그리스도의 몸 된 교회의 공예배에서 행해져야 한다.

2. 세례와 성찬을 가족행사로 시행할 수 없다. 또한 각종 연합행사 시에 성례를 시행하는 것도 합당하지 않다. 그것이 아무리 그리스도 안에서의 하나 됨을 더 분명하게 경험하기를 원하는 선한 마음에서 하려고 해도 마찬가지이다. 성례는 개체 교회에서 하나님의 백성들이 함께 모인 공예배에서 행해야 한다.

3. 우리 총회는 예배지침 제20조 3항에서 예외 규정을 두었다. "교회에 출석할 수 없는 중환자나 군대 또는 교도소에서 세례를 받기를 원하는 자에 대하여는 목사의 판단이나 당회의 결의로 세례를 베풀 수 있다(유아세례의 경우도 이에 준한다)."

제55문 성례전은 누가 집례해야 하는가?

성례는 사적으로 개인적인 장소에서 행해져서는 안 되며, 공예배 때 집행하고 사람들이 가장 편하게 듣고 볼 수 있는 회중 앞에서 하나님의 청지기로 부름 받아 합법적으로 안수 받은 목사가 수행해야 한다.

제20조 (세례식)

제56문 세례가 무엇인가?

　웨스트민스터 신앙고백서에서는 다음과 같이 고백하고 있다. "세례는 신약의 성례로서, 예수 그리스도께서 제정하셨고, 수세자를 가시적 교회에 엄숙하게 가입시킬 뿐만 아니라, 그가 그리스도께 접붙여짐과 중생과 사죄와 예수 그리스도를 통하여 하나님께 자신을 봉헌하여 새로운 삶을 살 수 있게 하는 은혜 언약의 표와 인입니다. 이 성례는 그리스도께서 친히 지시하셨기 때문에 그분의 교회에서 세상 끝날까지 계속되어야 합니다."[85]

1. 세례는 성부 하나님의 구원계획을 성취하신 성자 예수님의 사역을 성령님의 적용으로 이루어진다. 물은 그리스도의 깨끗케 하시는 보혈뿐만 아니라 성령의 거듭나게 하심을 의미한다. 세례 받은 사람의 영혼에 그리스도의 보혈을 뿌리고 중생케 하시는 이는 성령이시다. 세례는 그리스도의 완성된 사역의 표와 인이다.

2. 세례는 하나님이 그의 언약 백성 된 우리를 위해서 주신 표와 인이다. 하나님은 우리를 선택하셨고, 우리를 사랑하셔서 모든 값을 지불하신 우리의 신랑이시다. 그러므로 우리가 그분께 속한 것을 만인이 알도록 하기 위하여 그분(삼위 하나님)의 이름이 새겨진 반지를 끼워준 것처럼 주신 표가 세례이다. 이 세례라는 표를 통해서 하나님이 그의 백성에게 주시려는 것은 "내가 세상 끝날까지 너희와 항상 함께 있으리라"(마 28:20), "내게 주신 자 중에 내가 하나도 잃어버리지 아니하고 마지막 날에 다시 살리는 이것

---

85. 웨스트민스터 신앙고백서 28:1

이니라"(요 6:39)고 하신 하나님의 불변하신 약속이다.

3. 세례는 수세자를 가시적인 교회에 가입시키는 표이다. "이제 그리스도의 이름으로 세례를 받는다는 것은 하나님과의 언약과 하나님의 가족으로 등록되고 받아들여지고, 수용되는 것이요, 하나님의 자녀의 유업을 받는 것이다."[86] 세례는 '그리스도께 접붙이는 것' 곧 그리스도 안으로 우리가 연합됨을 의미한다. "그리스도 예수와 합하여 세례를 받은"(롬 6:3, 5), "한 성령으로 세례를 받아 한 몸이 되었고"(고전 12:13), "그리스도와 합하기 위하여 세례를 받은"(갈 3:27), "그 안에서 너희가…할례를 받았으니"(골 2:11-12) 등과 같은 성경 본문들은 세례가 우리를 그리스도와 연합하거나 혹은 우리를 그분께 접붙이는 성령의 내적 사역임을 의미한다. 세례 받는 사람에게는 물이 부어지듯이 삼위 하나님의 이름이 주어진다. 그것은 그 이름의 가족이 되었음을 선언하는 표이다(사 43:6-7).

4. 세례는 사람들 앞에서 우리의 신앙고백의 역할을 한다. 세례는 우리가 하나님의 백성으로 간주되기를 바라는 공적(公的) 고백의 표이다. 우리는 세례를 통해서 동일한 하나님을 예배하는 것, 모든 그리스도인과 더불어 하나의 믿음에 속한 것임을 증언하며 확증한다.

5. 세례는 우리에게 의로운 삶을 살도록 의무를 지워준다. 하나님의 가족의 이름을 받고 그분의 언약으로 인도되는 것은 우리를 세상으로부터 구별시켜 준다. 세례는 우리가 하나님나라에 속한 자들이요, 그래서 우리의 충성이 오직 하나님을 위한 것임을 공적으로 표하는 것이다. 바울이 설명한 것처럼 만약에 세례가 우리 속에서 일어난 변화를 의미하는 것이라면 우리는 그 변화에 따라 행동해야만 한다(롬 6:12-14). 우리는 되돌아갈 수 없는 새 언약에 들어갔고, 우리의 왕께 충성을 맹세했다. 우리는 이제 그분의 왕국의 시민으로 살아야만 한다.

---

86. 제2스위스 신앙고백서 20:2

제57문 누구에게 세례를 베풀어야 하는가?

세례는 예수 그리스도가 자신의 구주(救主)와 주(主)이심을 시인하고 신앙을 고백하면 누구에게나 베풀 수 있다. "누구든지 가시적인 교회 밖에 있어서 약속의 언약에 외인인 사람들에게는, 그들이 그리스도에 대한 믿음과 순종을 고백할 때까지는 세례를 베풀어서는 안 된다. 그러나 양편 혹은 한편의 부모가 그리스도에 대한 믿음과 순종을 고백하는 가정에서 태어난 유아들은 그 언약 안에 있는 것으로 간주되므로 세례를 베풀어야 한다."[87]

제58문 세례는 누가 어디에서 어떻게 베풀어야 하는가?

하나님의 비밀을 맡은 청지기로 부름 받은 목사가 수행해야 한다. 어떤 경우에도 하나님의 비밀을 맡은 청지기가 아닌 자는 집례할 수 없다.

1. 사적으로 개인적인 장소에서 행해져서도 안 되며, 공적인 예배 때 집행하고 사람들이 가장 편하게 듣고 볼 수 있는 회중 앞에서 행하도록 해야 한다. 교황시대처럼 적절하지 않은 미신적인 성수반(font 聖水盤)이 있는 곳에서 집행하지 않아야 한다.[88]

2. 방법에 대해서는 웨스트민스터 대교리문답에서 잘 설명해 주고 있다. "이 성례에서 사용하는 외적 요소는 물이며, 합법적으로 소명을 받은 복음의 사역자는 이 물로써 수세자에게 성부와 성자와 성령의 이름으로 세례를 베푼다. 수세자를 물에 잠기게 할 필요는 없다. 그 사람에게 물을 붓거나 뿌림으로 세례를 올바르게 시행할 수 있다."[89]

---

87. 웨스트민스터 대교리문답 166
88. "Of the Administration of the Sacraments" *The Directory for the Publick Worship of God*, 1645. 382.
89. 웨스트민스터 신앙고백서 28:2-3

제59문 세례의 효력은 무엇인가?

　웨스트민스터 신앙고백서에서는 다음과 같이 고백한다. "세례의 효력은 집례하는 그 순간에만 국한되어 있지는 않다. 이 성례를 바르게 집례하면, 약속된 은혜가 제공될 뿐만 아니라, 약속된 은혜가 속한 사람들에게(어른이나 아이를 불문하고) 하나님의 뜻의 협의를 따라 그분이 정하신 때에, 성령께서 실질적으로 은혜를 나타내시고 수여하신다. 세례 성례는 누구에게든지 단 한번만 베풀어야 한다."[90] "하지만 세례 없이는 중생이나 구원을 받을 수 없다든지, 또는 세례만 받으면 누구나 확실하게 중생을 받게 된다고 말할 수 있을 정도로, 세례에 은혜와 구원이 불가분리적으로 결합되어 있지는 않다."[91]

제60문 우리는 어떻게 우리가 받은 세례를 향상시킬 수 있는가?

　웨스트민스터 대교리문답을 보자. "우리가 받은 세례를 향상시켜야 할 의무는, 꼭 필요하지만 매우 소홀히 해 왔는데, 우리가 평생에 걸쳐 이행하며, 특별히 시험을 당할 때와 다른 사람들에게 세례를 시행하는 자리에 참석했을 때 해야 합니다. 세례의 본질과 그리스도께서 그것을 제정하신 목적, 세례를 통해 부여되고 보증된 특권과 은덕, 세례에서 한 엄숙한 서약을 신중하면서도 감사히 숙고함으로써 해야 합니다. 우리 죄악의 더러움과, 세례의 은혜와 우리의 맹세에 못 미치고 역행하는 것으로 인해 겸손해지며, 이 성례 안에서 보증된 죄 사함과 다른 모든 복에 대한 확신에 이르기까지 성숙함으로써 해야 합니다. 그리고 그리스도께로 세례를 받은 우리는 죄를 죽이고 은혜를 소생시키기 위해서 그분의 죽음과 부활로부터 힘을 얻음으로써 해야 합니다. 또 믿음으로 살고, 그리스도께 자신들의 이름을 드린 자들로서 거룩

---

90. 웨스트민스터 신앙고백서 28:6-7
91. 웨스트민스터 신앙고백서 28:5

함과 의로움 가운데 대화하고, 한 성령으로 세례를 받아 한 몸을 이루었기에 형제 사랑 안에서 행하기를 힘씀으로써 해야 합니다."[92]

제61문 세례에서 회중의 역할은 무엇인가?

세례가 수세자를 가시적인 교회에 가입시키는 것이요, "하나님과의 언약과 하나님의 가족으로 등록되고 받아들여지고, 수용되는 것"이라고 한다면, 목사는 하나님과의 언약의 가족으로 맞이하는 회중에게 그 의무를 알려주어야 하는 책임도 있다.

1. 신앙고백자가 세례를 받을 때 집례자가 회중에게 무엇을 물어야 할지에 대한 제안은 없다. 그러나 목사는 언약백성의 표식을 가지고 회중에게 서로 헌신할 것과, 세례를 통해서 언약 안으로 들어오는 자를 참된 가족으로 맞이하여 사랑하고 돌보아야 하는 책임을 부여할 수 있다.
2. 유아세례를 받는 경우에는 자신의 자녀들이 교회를 사랑하도록 양육하는 책임을 모든 부모들에게도 새롭게 부여할 수 있다. 그리고 세례 받는 그 자녀를 그들 자신의 자녀처럼 돌봐야 하는 책임도 있음을 회중에게도 부여할 수 있다.

제62문 세례와 믿음은 어떤 관계에 있는가?

세례를 받는 자가 믿음이 없고 이 표징의 의미를 분간하지 못하는 경우에 세례는 아무런 힘이 없다. 믿음으로 받아들이지 않으면 이 성례전에서 어떤 유익도 얻지 못한다. 세례는 믿음의 부가물이며, 세례가 그 인증인 믿음이 없이 주어지면 이것은 악하고 매우 엄청난 신성 모독을 저지르는 것이다.[93] 만일 거룩한 세례가 무효화되는 것을 원하지 않는다면 삶을 새롭게 함으로

---

92. 웨스트민스터 대교리문답 167
93. J. Calvin, Comm. on Acts 8:38

써 그 효능을 입증해야 한다.[94]

제63문 믿음이 없는 자는 이미 받은 세례의 표징도 없어지는가?

그렇지 않다. 믿음이 없을지라도 세례의 표징은 유용해질 때까지 그 잠재력을 갖고 있다. 세례를 받는 사람에게 믿음이 없고 설사 그것들을 받아들이지 않는다 하더라도 바로 세례를 집행하는 행위를 통하여 은총이 주어질 수 있고, 이렇게 제공된 은총의 유효성은 의도적으로 거절하지 않는 한 세례 받은 사람 앞에 계속해서 열려 있다.

제64문 믿음으로 받은 세례는 언제까지 유효한가?

믿음으로 받은 세례는 요람에서 무덤까지 감싸준다. 세례는 결코 되풀이 될 수 없다. 그러나 한번의 사건에 주어진 표지는 오랜 시간이 지났을지라도 이것이 제대로 사용되고 계속적으로 그 진리와 능력과 연결되어 있다면 여전히 계속해서 효력을 발휘할 수 있다. 세례의 능력은 결코 믿는 자들 가운데서 폐기될 수 있는 것이 아니다.[95]

제65문 로마가톨릭에서 받은 영세도 유효한가?

성례의 효력이 어디로부터 나오는가 하는 것이 고대교회로부터 논쟁거리였다. 성례를 베푸는 사람의 거룩성에 의해 그 효력이 좌우된다는 생각으로 인해 큰 혼란이 생겼다.

1. 디오클레티아누스 황제 시기에 있었던 박해로 인해 많은 신자들과 사제들이 배교하였다. 교회의 거룩한 책들을 로마당국에 넘겨주는 등의 일을 했다. 박해가 끝나고 난 다음에 북아프리카에서 배교자가 베푼 세례를 인

---

94. J. Calvin, Comm. on Titus 3:5
95. 칼빈, 기독교강요 4.15.3

정할 수 없다는 주장이 일어났다. 배교한 사제들이 베푼 세례는 인정할 수 없기에 다시금 세례를 받아야 한다고 한 것이다. 쉽게 말하자면 교회는 죄를 짓지 않은 신자들로 구성되어야 한다는 것이다. 이렇게 주장한 이가 바로 도나투스였다. 그는 스스로 거룩한 자들로 인해 구성된 교회를 세웠고 도나투스파라는 이름이 생겼다. 이에 교부 아우구스티누스는 세례가 세례를 베푸는 사람의 거룩성에 좌우되는 것이 아니라고 주장했다. 합당하지 않은 사람이 베풀었다고 하더라도 삼위 하나님의 이름으로 세례 받았으면 그 세례는 유효하다는 것이다. 삼위 하나님의 이름으로 베풀어진 세례라면 그 세례는 그리스도께서 베푸시는 세례와 동일하다는 것이다.

2. 고신총회는 2006년에 사직된 목사에 의해 시행된 성례에 대해 논의했는데 교인이 원하면 다시 세례를 받을 수 있다고 했다. 이것은 교회사를 통해 논의된 것을 잘 반영하지 못한 것으로 보인다. 이후에 이것에 대해 좀 더 분명한 결정을 하였다. 고신총회는 2008년에 다락방에서 받은 세례, 로마가톨릭에서 받은 세례가 유효한가를 묻는 헌의안에 대해 "신앙고백을 받은 후 입교인으로 받기로 했다." 로마가톨릭으로부터 영세를 받았다고 하더라도 삼위 하나님의 이름으로 받은 세례는 유효하다.

3. 최근에 어떤 교단에서는 로마가톨릭에서 받은 영세를 인정하지 않겠다고 하면서 그들이 개종하면 다시 세례를 받아야 한다고 결정했다. 로마가톨릭 사제가 삼위 하나님의 이름으로 베푼 세례를 인정할 수 없다는 것은 도나투스파의 전철을 밟는 것이고, 더 나아가 세례를 주관화시키는 우를 범하는 것이다. 로마가톨릭 신자가 삼위 하나님에 대한 믿음을 제대로 가졌겠느냐고 의심하는 것은 삼위 하나님의 이름으로 베풀어지는 세례를 주관화시키는 것이다. 세례는 삼위 하나님의 이름으로 베풀어지기 때문에 효력이 있는 것이지, 세례를 베푸는 사람의 능력이나 수세자의 믿음에 절대적으로 의존하는 것이 아니다. 그렇기 때문에 더더욱 우리는 삼위 하나님

의 이름으로 세례를 받을 때 삼위 하나님께서 우리에게 약속해 주시는 바가 무엇인지를 분명하게 알아야 할 것이다.

제66문 지적(발달) 장애인도 세례를 받을 수 있는가?

지적(발달) 장애인은 인지 능력이 유아 정도의 수준이기에 그들에게 세례를 줄 수 있느냐가 논쟁거리이다. 2008년(58회)에 총회는 바로 이 문제에 대해 질의를 했고, 다음 해에는 지적(발달) 장애인 세례문제는 신학적으로 매우 민감하고 한국교회 전체에 영향을 미칠 중대한 사안이므로 1년간 더 연구하여 보고하도록 했다. 이 보고서에 근거하여 아래와 같이 정리한다.

1. 개혁교회는 유아세례를 언약의 관점에서 이해했다. 어떻게 보면 아무것도 모르는 어린이지만 언약의 자녀이기에 불신자 가정의 자녀와 구분한다. 이런 관점에서 신자의 가정에서 태어난 지적(발달) 장애인은 세례를 받을 수 있다.
2. 우리는 지적장애인의 지적능력이 손상되었음에도 불구하고 다른 측면에서 하나님과 교제할 수 있는 길이 있을 수 있음을 고려해야 한다.
3. 부모가 없거나 부모가 불신자일 경우는 어떻게 해야 할까? 교회에서 부모와 같이 후견인의 역할을 하는 교사들과 교역자들이 내린 판단에 따라 조심스럽게 세례여부를 타진해 볼 수 있겠다.
4. 우리는 세례가 자동적으로 중생과 구원을 보장해 주는 것이 아님을 알아야 하고, 지적장애인의 가정을 위로하기 위해 세례를 시행해서는 안 될 것이다.

제21조 (유아세례식)

제67문 믿음이 있는지 확인할 수 없는 유아에게 세례를 베풀 수 있는가?

유아세례는 유아가 교회 안에서 태어났다는 중요성 때문에 정당화된다.

1. 칼빈은 교회의 자녀들을 말할 때 이들을 자연적인 번식과정으로 말미암은 것이 아니라 자유롭고 은혜로운 하나님의 영으로 말미암아 하나님나라로 들어가도록 태어난 자들로 간주한다. "우리의 자녀들은 혈과 육으로 난 것이 아니라 믿음과 성령으로 난 자들이다. 그러므로 육체만으로는 그리스도와 연합을 이룰 수 없고 우리가 그리스도의 몸에 영적으로 접목하기 위해서는 믿음의 개입이 필요하다."[96] "새로운 자손이 매일 사람들 가운데서 태어나고 이로 인하여 인류가 번식하듯이, 하나님과 교회의 자녀들은 혈과 육이 아니라 하나님의 은밀한 능력에 의해 태어나서 다시 새로운 피조물이 되도록 지음을 받았다. 본질상 우리는 하나님나라를 소유할 수 없는 자다."[97] "그러므로 우리는 이 약속이 육체를 따라 그의 자손이 된 아브라함의 모든 자녀들에게 공통되는 것이 아니라 오직 선택받은 자들에게만 공유된다는 것을 안다."[98] 그래서 우리는 그리스도인들의 자녀들을 은총의 언약 아래 있는 자들로 간주하며, 그들의 경우에는 자연의 저주가 제거된 것으로 생각하고 세례의 표징을 그들에게 부여해 준다.

제68문 교회 안에서 태어났다는 중요성이란 무엇인가?

1. 칼빈은 그리스도인의 자녀들이 '거룩하다'(고전 7:14)는 것을 주석하면서 동시에 우리가 어떻게 '본질상 진노의 자녀'(엡 2:3)이며, '죄악 중에서 출생'(시 51:5)했다는 말과 어울릴 수 있는지에 대해서 이렇게 대답한다. "아담의 씨로 말미암아 보편적인 죄와 번식을 가져왔다. 그러므로 모든 사람은 그들이 신자의 자손이든 불신자의 자녀이든 간에 이 저주에 연루되어 있다. 왜냐하면 신자들이 육신에 따라 자녀로 태어난 것은 성령에 의해서 거듭난 것이 아니기 때문이다. 그러므로 모든 사람의 자연 상태는 똑같으

---

96. 칼빈, 기독교강요 2.13.12
97. J. Calvin, Comm. on Isa 49:21
98. J. Calvin, Comm. on Ezek 16:60

며, 따라서 그들은 똑같이 죄와 영원한 죽음을 받을 수밖에 없다. 그런데 사도가 여기서 신자들의 자녀들에게 특별한 특권을 돌리는 것은 언약에 근거한 것이다. 본질상 거룩하지 못한 자들이 하나님의 은혜로 하나님에게 구별되었다. 바울은 아브라함의 모든 자손들이 거룩하다고 주장한다. 왜냐하면 하나님께서 그와 더불어 언약을 맺으셨기 때문이다. …만일 뿌리가 거룩하면, 가지도 또한 거룩하다. …그렇다면 왜 우리가 언약의 자손들에게 이 세례의 표징을 보류해야 하는가? 만일 주님이 그들을 말씀으로 교회에 받아들인다면 어째서 우리는 그들에게 이 표징을 거절해야 하는가?"[99] "논쟁의 여지없이 분명히 하나님은 그의 백성에게 선하시고 관대하셔서 자신의 호의의 표시로 그들의 특권을 그들에게서 태어난 자녀들에게도 확대하는 것을 기뻐하신다."[100] 경건한 자들의 자녀들은 교회의 자녀들로 태어났고, 그리고 그들은 모태에서부터 교회의 구성원으로 간주되었다.

2. 옛 언약 아래서 이스라엘 백성으로 태어나는 것은 하나님께서 아브라함과 그의 자녀들과 더불어 수천 대까지 맺은 언약의 특권에 들어가는 것을 말한다. 그러한 특별한 특권의 표시로 할례가 주어졌다. 옛 언약이 새 언약으로 대치되었다고 해서 영적인 특권이 은혜로 자연적인 번식을 통하여 전달되는 과정이 전복되지 않는다.[101] 이것이 유아세례에 대한 칼빈의 주장이다.

제69문 유아세례는 어떻게 거행하는가?

1645년에 제정된 웨스트민스터 예배지침에서는 세례에 앞서 목사는 아래와 같은 세례 제정의 말씀과 세례의 본질, 유용성, 목적 등을 회중들과 부

---

99. J. Calvin, Comm. on 1Cor 7:14
100. 칼빈, 기독교강요 4.16.15
101. J. Calvin, Comm. on Matt 28:19

모들에게 언급한 뒤 간단히 교훈한다.

"세례는 우리 주 예수 그리스도께서 정하신 것입니다. 세례는 은총의 언약에 대한 확증이자 그리스도와 접목되었다는 확증입니다. 주님과 연합되었으며, 죄 사함, 부활, 양자 됨, 영생을 얻었다는 확증입니다. 세례 때의 성수는 우리의 모든 원죄와 자범죄를 사하여 주시는 그리스도의 피를 나타내며 의미하는 것입니다. 그리고 죄의 지배와 악한 원초적인 타락을 거룩하게 하는 그리스도의 공로입니다. 물로 씻고 뿌리면서 세례를 베푸는 것은 그리스도의 공로와 피에 의하여 수치스러운 죄가 깨끗해졌음을 의미하며, 그리스도의 죽음과 부활을 통해 죄에서 새 생명으로 부활함을 의미합니다.

이 약속은 믿는 자들과 그 자손들에게 주어졌습니다. 신앙 안에서 태어난 믿음의 자손과 그 후손들은 출생과 함께 언약 관계를 맺게 되고 그것의 확증에 대한 권리를 가지며, 구약시대에 아브라함의 자손들과 마찬가지로 복음 하에서 교회의 외적인 특별한 권리도 갖게 됩니다. 실제로 은총의 언약도 마찬가지입니다. 하나님의 은총과 믿는 자들에 대한 위로도 전보다 더 풍성해집니다. 하나님의 아들이신 예수께서는 자기 앞에 있는 어린 아이들을 인정하시고 그들을 안으사 축복하시면서 하나님나라는 이런 자의 것이라고 말씀하셨습니다. 세례 받은 아이들은 세상과 구별되는 가시적인 교회의 품에 엄숙히 받아들여지며, 세상과는 상관없이 신자들과 연합됩니다. 그리스도의 이름으로 세례 받은 모든 사람은 세례를 받음으로써 세상과 사탄과 육정에 대항하여 불가피하게 싸우게 됩니다. 그들은 그리스도인이며 세례 이전에 공적으로 거룩한 자이므로 세례를 받게 되는 것입니다. 세례의 내적인 은총과 공로는 세례식이 거행된 그 순간에 그쳐서는 안 되며 그 권세와 열매는 우리 생애 전반에 미쳐야 합니다. 세례의 외적인 은총과 공로는 만약 그들이 그리스도의 의식을 경멸하거나 소홀히 하지 않는다면, 아이가 저주의 위험에 있다거나 또는 부모가 죄 의식을 느끼고 있는 것과 같은 결함 때문에 필요한 것은 아닙니다."

목사는 또한 참석한 모든 사람들에게 이렇게 권면한다.

"여러분 각자가 세례 받던 때를 회고해 보십시오. 하나님과 맺은 언약을 저버린 죄를 회개하시고, 믿음을 굳건히 하시며, 하나님과 자신의 영혼 사이에서 확증된 언약과 세례를 바르게 사용하고 그것을 향상시키십시오."

목사는 부모에게 이렇게 권고한다.

"당신과 당신의 자녀들을 향한 하나님의 위대한 자비를 기억하십시오. 주님의 교훈과 훈계 안에서, 그리고 기독교에 근거한 지식 안에서 자녀를 양육해야 합니다. 당신과 자녀들을 향한 하나님의 진노의 위험을 자녀가 깨닫게 하십시오. 당신의 의무를 이행하기 위해서는 엄숙한 약속이 필요합니다."

이 의식이 끝나면 제정의 말씀에 이어 기도를 한다. 이는 영적으로 사용할 물을 거룩하게 하기 위한 것이다. 목사는 이러한 취지로 다음과 같이 기도한다.

"하나님과의 언약이 없는 이방인처럼 우리를 버리지 않으시고 하나님의 성례의 특권으로 우리를 부르신 주님께서, 이 시간 세례 성례전에 복 주시고 은혜로 거룩하게 하옵소서. 주님은 외적인 물세례를 내적인 성령님 세례와 연합하게 하셨나이다. 이 세례가 양자의 확증, 죄 사함, 중생, 영생, 그 밖의 모든 은총의 언약에 대한 확증이 되게 하소서. 이 아이가 그리스도의 죽음과 부활의 모습을 새기게 하시고, 죄의 실체는 파괴되어 일생 동안 생명 가운데서 주님을 섬기게 하옵소서."

그리고 나서 목사는 아이의 이름을 물은 뒤, 이름을 부르면서 다음과 같이 말한다.

"내가 이 아이에게 성부와 성자와 성령의 이름으로 세례를 주노라."

이렇게 말하면서 아이에게 물세례를 준다. 세례를 거행할 때는 어떤 다른 의식을 추가하지 않고 아이의 얼굴에 물을 뿌리고 흘리는 방법이 충분히 합법적이며 가장 적절하다. 이 후에 목사는 다음과 같이 또는 다음과 비슷한 취지로 감사 기도를 드린다.

"주님은 언약을 지키시고, 자비를 베푸는데 진실하고 신실하신 분이심을 온전한 감사로 고백하나이다. 주는 선하시고 은혜로우시며, 우리를 주님의 성도 가운데 속하게 하셨고, 우리 아이들에게 그리스도 안에서 주님의 사랑의 이 유일한 표와 확증 주시기를 즐거워하시나이다. 주님은 진리와 특별한 섭리 가운데, 그의 교회의 성장과 영속을 위하여 귀하신 주님의 아들의 피로 사신 무한한 은혜의 참여자들을 매일 교회의 품으로 인도하시나이다."

"주님은 지금도 계속해서 말할 수 없는 주님의 사랑을 날마다 더 많이 베푸십니다. 오늘 세례를 받아 성결한 믿음의 가족이 된 아이를 받으시고 주께서 주님의 사람들에게 보여 주신 사랑으로 이 아이를 기억하옵소서. 혹시 그가 어릴 때 세상을 떠나면 자비가 풍성하신 주께서 기쁘게 그를 영광 가운데 받으시기를 원합니다. 그가 살아서 분별할 줄 아는 나이가 될 때, 그를 주님의 말씀과 성령님으로 교훈해 주시고, 세례가 그에게 효과를 나타내게 하시며, 주님의 거룩한 권능과 은총으로 그를 보호하시고, 완전한 최후의 승리자가 될 때까지 믿음으로 악과 세상과 정욕에 맞서 싸워 이기게 하옵소서. 우리 주 예수 그리스도와 구원에 이르는 믿음을 통한 하나님의 능력으로 지켜 주시옵소서."[102]

제70문 유아 때 죽은 아이에 대해 부모가 어떤 위로를 받을 수 있는가?

유아 때 죽은 자녀는 유아세례를 통해 언약의 자녀라는 표를 받았기 때문에 부모는 자기 자녀를 하나님께서 받아 주셨을 것이라는 확신을 가지고 위로를 받을 수 있다. 심지어 태중에 있는 아기가 유산되었을 때에도 부모는 위로를 받을 수 있다. 개혁교회의 세 일치신조 중에 하나인 '도르트신조'(1조 17항)에서는 자기 자녀들이 어릴 때에 죽었을 경우에라도 그들이 하나님의 택하심을 입었다는 사실을 의심하지 않아야 한다고 말한다(창 17:7; 행 2:39; 고전 7:14).

제22조 (성찬예식)

제71문 성찬 성례가 무엇인가?

우리의 대교리문답에서는 "성찬은 예수 그리스도께서 명하신 바를 따라

---

[102] "Of the Administration of the Sacraments" The Directory for the Publick Worship of God, 1645. 382-85. 개혁교회의 "유아세례를 위한 의식문" 과 "성찬 의식문"은 유해무 교수의 『개혁교의학』에 번역되어 부록으로 실려있다.

떡과 포도주를 주고받음으로써 그의 죽으심을 보여주는 신약의 성례입니다. 성찬에 합당하게 참여하는 자들은 주님의 몸과 피를 먹고 마심으로 영적 양식을 공급받고 은혜 가운데 성장하며, 그들이 주님과 갖는 연합과 교제를 확신하고, 하나님을 향한 감사와 헌신뿐만 아니라, 신비한 몸의 지체들로서 서로 나누는 사랑과 교제를 증거하고 새롭게 하는 것입니다"[103]라고 서술되어 있다.

제72문 그리스도께서는 성찬 성례에서 떡과 포도주를 어떻게 주고받으라고 명하셨는가?

우리의 대교리문답에는 "그리스도께서는 자신의 말씀의 사역자들에게 명하시기를, 성찬 예식을 시행할 때는 성찬 제정에 관한 말씀과 감사와 기도로 떡과 포도주를 일반적인 용도로부터 구별하고, 떡을 취하여 떼고 떡과 포도주를 수찬자들에게 나누어 주라고 하셨습니다. 그러면 수찬자들은 동일한 주님의 명령을 따라, 그리스도께서 자신들을 위해 몸이 찢기시고 피 흘리신 것을 감사히 기념함으로 떡을 취하여 먹고 포도주를 마셔야 합니다."[104]라고 했다.

제73문 성찬 성례에 합당하게 참여하는 이들은 어떻게 그 성례를 통해서 그리스도의 몸과 피를 먹고 마시게 되는가?

우리의 대교리문답에는 "그리스도의 몸과 피가 성찬의 떡과 포도주 안에, 함께 또는 아래에 육체적으로나 물질적으로 임재하지는 않지만, 수찬자들에게 외적으로 느껴지는 것과 똑같은 정도로 참되고도 실제적으로 그들의 믿음에 영적으로 임재합니다. 그러므로 성찬 예식에 합당하게 참여하는 이들

---

103. 웨스트민스터 대교리문답 168
104. 웨스트민스터 대교리문답 169

은 그 예식을 통해서 육체적으로나 물질적으로가 아니라 영적인 방식으로 그리스도의 몸과 피를 먹고 마시는 것입니다. 하지만 그들은 십자가에 못 박힌 그리스도와 그분의 죽음이 가져다 준 모든 은덕을 믿음으로 받고 자신들에게 적용하는 한에서는 참되고도 실제적으로 먹고 마시는 것입니다"[105]라고 했다.

제74문 성찬 성례를 받는 사람들은 참여하기 전에 어떻게 자신들을 준비해야 하는가?

우리의 대교리문답에는 "성찬의 성례를 받는 사람들은 성찬에 참여하기 전에 성찬을 위해 다음과 같이 자신들을 준비해야 합니다. 자신들이 그리스도 안에 있는지에 대해, 자신들의 죄와 부족함에 대해, 자신들의 지식과 믿음과 회개와 하나님과 형제들에 대한 사랑과 모든 사람에 대한 긍휼과 잘못한 이들에 대한 용서의 진실성과 분량에 대해, 그리고 그리스도를 향한 자신들의 갈망과 자신들의 새로운 순종에 대해 스스로를 살펴야 합니다. 또한 이 덕목들을 반복적으로 실천함과, 깊은 묵상과 뜨거운 기도로 성찬을 준비해야 합니다."[106]라고 했다.

제75문 자신이 그리스도 안에 있는지 또는 성찬 성례에 임할 합당한 준비가 되었는지 의심하는 이도 성찬 성례에 참여할 수 있는가?

우리의 대교리문답에는 "자신이 그리스도 안에 있는지 또는 성찬의 성례에 합당한 준비가 되었는지 의심하는 이도, 비록 그에 대해 아직 확신하지 못한다 하더라도, 그리스도에 대한 참된 관심을 가질 수 있습니다. 만약 그가 그런 결핍에 대해서 매우 우려하여 그리스도 안에서 발견되고 악에서 떠

---

105. 웨스트민스터 대교리문답 170
106. 웨스트민스터 대교리문답 171

나기를 진실하게 원한다면, 하나님께서 보시기에 그는 준비가 된 것입니다. 그럴 경우, (약하고 의심하는 그리스도인들을 안심시키기 위해서도 약속은 주어지고 성례는 제정된 것이기에) 그는 자신의 불신앙을 애통해 하고 의심을 해소하도록 노력해야 합니다. 그렇게 하면서 그는 더욱더 강건해지기 위해서 성찬에 참여할 수 있으며 반드시 참여해야 합니다"[107]라고 했다.

제76문 신앙을 고백하고 성찬 성례에 참여하기를 원하는 이에게 성찬을 못 받게 할 수 있는가?

우리의 대교리문답에는 "비록 신앙을 고백하고 성찬에 참여하기를 원한다 할지라도, 무지하며 수치스러운 일이 드러난 이들은, 그들이 가르침을 받아 변화되기까지 그리스도께서 그분의 교회에 맡기신 권세로 성찬을 못 받게 할 수 있으며 또한 못 받게 해야 합니다."[108]라고 했다.

제77문 성찬 성례에서 떡을 떼고 잔을 붓는 것의 중요성이 무엇인가?

성찬 성례는 주님의 떡과 잔에 참여하는 것이다. 그 떡과 잔은 그리스도의 몸과 피이다. 단순한 떡과 잔이 성례전적으로 그리스도의 살과 피가 되는 것이다. 이것을 보여주는 것이 바로 주님께서 친히 하셨듯이 떡을 떼고 잔을 붓는 것이다. 그런데 많은 경우 성찬상에는 이미 나누어진 떡과 잔이 놓여있다. 떡을 떼고 잔을 붓는 것이 없다. 우리는 그리스도께서 성찬식을 친히 제정하실 때의 모습을 잘 드러내는 것이 중요하다. 성찬식은 눈에 보이는 말씀이기 때문이다. 성찬식을 행하면서 떡을 떼고 잔을 부으므로 우리가 주님의 찢어진 살과 흘리신 피를 먹고 마신다는 것을 분명하게 보여주어야 하겠고, 우리가 한 떡과 한 잔에 참여한다는 것을 생생하게 누려야 하겠다.

---

107. 웨스트민스터 대교리문답 172
108. 웨스트민스터 대교리문답 173

제78문 떡과 잔에 믿지 않는 이들이나 어린이들이 참여할 수 있는가?

성찬성례는 오직 교회의 회원, 즉 세례 받은 이만이 참여할 수 있다. 세례 받지 않는 이들은 주님의 떡과 잔에 결코 참여할 수 없다. 그렇다면 타교회 교인이 성찬에 참여하기를 원한다면 어떻게 해야 할까? 그 교인에 대한 신분을 분명하게 확인하기 전에는 참여시키지 않아야 한다. 성찬은 그리스도와 교제하는 것일 뿐만 아니라 신자의 교제이기 때문에 서로 알고 교제하는 이들이 성찬에 참여하여 하나 됨을 누리는 것이다. 어린이성찬을 주장하는 이들이 있는데 입교를 통해 성찬식에 참여하는 것이 합당하다. 성찬상에서 떡을 받았다가 좀 남겨서 주위의 아이들에게 나누어 준다든지, 심지어 개에게 주는 것을 삼가야 한다.

제79문 성찬 성례를 거행할 때 성찬을 받는 이들에게 요구되는 것은 무엇인가?

우리의 대교리문답에는 "성찬의 성례를 받는 이들에게 요구되는 것은 그것을 거행하는 동안 모든 거룩한 경외심과 집중함으로 하나님을 앙망하며, 성례의 요소들과 동작들을 부지런히 따르고, 주님의 몸을 주의 깊게 분별하며, 그분의 죽음과 고난을 마음을 다해 묵상함으로써 그 은혜가 왕성하게 역사하도록 스스로를 자극하는 것입니다. 그들 스스로를 판단하여 죄를 슬퍼하고, 그리스도에 대해 진정으로 주리고 목말라 하며 믿음으로 그리스도를 먹고, 그분의 충만함을 받으며, 그분의 공로를 의지하고, 그분의 사랑을 기뻐하며 그분의 은혜에 감사하는 것입니다. 또 하나님과의 언약과 모든 성도들에 대한 사랑을 새롭게 하는 것입니다."[109]라고 했다.

제80문 성찬 성례를 받은 후에 그리스도인들이 해야 할 의무는 무엇인가?

우리의 대교리문답에는 "성찬의 성례를 받은 후에 그리스도인들이 해야

---

109. 웨스트민스터 대교리문답 174

할 의무는 그들이 성찬식에서 어떻게 행동했으며, 어떤 성과가 있었는지를 심각하게 숙고하는 것입니다. 만일 그들이 소생함과 위로를 경험했으면, 그로 인해 하나님을 송축하고 그 은혜가 계속되기를 간구하며, 다시 이 은혜에서 떨어지지 않도록 주의하고, 서약한 것을 실천하며 그 예식에 자주 참여하도록 스스로 힘써야 합니다. 그러나 그들이 그 당시에는 아무런 은덕을 얻지 못했다면, 성례에 대한 준비와 거기에 임하는 자세를 더 면밀히 검토해 보아야 합니다. 만약 그들이 이 두 가지 면에서 하나님과 그들의 양심에 떳떳하다면, 적절한 때에 그 열매가 나타나기를 기다려야 합니다. 그러나 만약 그들이 어느 한쪽이라도 실패했음을 발견한다면, 그들은 겸비해야 하며, 차후에는 더 많은 주의와 부지런함으로 성찬에 임해야 합니다."[110]라고 했다.

제81문 세례와 성찬 이 두 성례는 어떠한 점에서 일치하는가?

우리의 대교리문답에는 "성례와 성찬이 일치하는 점은 둘 다 하나님께로부터 유래했으며, 그 영적 측면이 모두 그리스도와 그분의 은덕이고, 둘 다 같은 언약의 인침이라는 점입니다. 그리고 둘 다 복음 사역자들(목사들)[111]에 의해 시행되어야 하며, 그 밖에 누구에 의해서도 시행될 수 없고, 주님께서 재림하실 때까지 그리스도의 교회에서 계속 시행되어야 한다는 점입니다"[112]라고 했다.

제82문 세례와 성찬 이 두 성례는 어떠한 점에서 다른가?

우리의 대교리문답에는 "세례와 성찬이 다른 점은 세례는 물로써 단 한 번만 시행하며, 우리의 중생과 그리스도께 접붙임의 표증과 인침으로서 유아에게도 시행해야 하는 반면에, 성찬은 떡과 포도주라는 요소들을 가지고

---

110. 웨스트민스터 대교리문답 175
111. "ministers of the gospel"은 복음의 사역자 또는 목사로 번역될 수 있다.
112. 웨스트민스터 대교리문답 176

자주 시행해야 하고, 그리스도를 영혼의 신령한 양식으로 나타내고 전시하며 우리가 그리스도 안에 계속 거하며 자라 감을 확증하는 것으로서, 오직 자신을 점검할 수 있는 연령에 이르고 그런 능력이 있는 이들에게만 시행해야 한다는 것입니다."[113]라고 했다.

제83문 그리스도께서 성례에 어떻게 관계하는가?

세 가지 기본적인 견해가 있는데 1) 그리스도는 만찬에 임재하지 않으신다는 상징설 혹은 기념설. 2) 그리스도는 육체적으로 임재하신다는 화체설, 공재설. 3) 그리고 그리스도는 영적으로 임재하신다는 영적임재설의 견해가 있다.

1. 그리스도는 만찬에 임재하지 않으신다는 견해는 츠빙글리(Huldreich Zwingli, 1484-1531)의 견해로 알려져 있다. 즉 그리스도의 속죄의 죽음을 기념하며, 그리스도에 대한 믿는 자의 신뢰를 나타내는 표지로 생각하는 견해이다. 이 입장은 비이성적인 신비주의 혹은 만찬에 대한 신비적인 요소는 반대하나 만찬에 대한 믿음의 역할을 특별히 강조한다. 칼빈은 이런 가르침에 대해서 성령을 통해서 이루어지는 그리스도의 현재 영적인 사역에 대항해서 그리스도의 과거의 사역을 지나치게 강조한다고 보았다.[114] 그리스도는 단순히 제자들이 보고 기억하라고 성례의 요소를 보이지 않고, 그 성례의 요소들을 먹으라고 제시하셨다. 이런 행위는 영적인 축복을 베푸는 방식으로써 기념주의적인 견해를 넘어설 것을 요구한다. 바울은 만찬에 참여하는 것은 진정한 영적인 실체를 포함하는 것임을 분명히 한다. 그러므로 성례를 받는 사람은 그리스도의 몸에 참여하는 것이며, 부당하게 참여하는 자는 그리스도의 몸을 범할 뿐 아니라 "자기의 죄를 먹고

---

113. 웨스트민스터 대교리문답 177
114. 칼빈, 기독교강요 4.17.5

마시는 것"이라고 했다(고전 10:16; 11:29). 이런 입장은 가톨릭적 미신에 집착하는 것을 방지해 준다. 그러나 성만찬의 중요성을 강조하지 않는 다른 극단의 합리주의로 치닫는다.

2. 로마가톨릭에서는 성례의 요소는 계속해서 떡과 포도주와 같이 보이지만, 그 형태 속에 그리스도의 육체적인 몸과 피가 눈에 보이는 형태로 임재한다는 화체설을 주장한다. 이런 이유로 인해서 로마가톨릭에서는 만찬에서 눈에 보이는 물질적 요소를 높이고 예배하는 것이 정당화되고 그렇게 하도록 장려한다. 그들은 "떡과 포도주의 성화된 조각들 아래서 살아계시고 영화로우신 그리스도 그분 자신은 그분의 영혼과 그분의 신성과 더불어 그분의 몸과 그분의 피인 참되고 실재적이며 본질적인 형태로 임재 하신다."고 가르친다. 이런 가르침에 대하여 우리의 신앙고백서는 "떡과 포도주의 본성이 신부의 봉헌이나 다른 방법으로 그리스도의 몸과 피의 실체로 변한다는 소위 화체설은 성경뿐만 아니라 상식과 이성에도 모순되며…우상숭배의 원인이다"[115]라고 했다. 루터는 '공재설'(consubstantiation)을 취하면서 화체설(transubstantiation)을 거부했다. 루터에 따르면 만찬의 요소가 몸과 피로 변화된 것이 아니라, 신비적이고 기적적인 방법으로 그리스도의 전인격, 즉 몸과 피가 성례의 요소 속에, 아래, 그리고 더불어 임재한다. 비록 그 요소 자체는 변화되지 않을지라도, 이런 방식으로 그리스도의 육체적인 몸은 주님의 만찬에 장소적으로 임재한다. 그러므로 루터파의 공재설은 츠빙글리파 사람들과 같이 믿음의 역할을 강조하면서 또한 그리스도의 몸과 피는 육체의 입으로 실제적으로 먹히는 것이란 점에서 로마가톨릭파와 일치한다.[116]

3. 부써와 칼빈은 '영적 임재설' 곧 '성령론적 임재설'을 주장했다. 루터는 기

---

115. 웨스트민스터 신앙고백서 29:6
116. 리차드 필립스, "주님의 만찬:개관"『개혁주의 예배학』, 333-340.

독론에 강조점을 두어, 그리스도의 인성(人性)의 편재성을 주장하면서 '공재설'을 취했고, 츠빙글리는 포도즙과 빵이 실제적 효과 보다는 단지 그리스도의 피와 살을 회상하거나 기념하는 차원에서 '상징설'이나 '기념설'을 주장했다면, 부써와 칼빈은 성찬의 근거와 내용이 생명의 양식이신 예수 그리스도라는 루터의 기독론을 그대로 수용하면서도, 루터와는 달리 그리스도의 두 본성의 각각의 고유성과 독립성을 강조하여 예수 그리스도의 육체는 시간과 공간의 제한을 받기 때문에 부활 승천하신 후에 하나님의 보좌 우편에만 계신다고 주장하여 루터에 의한 육체적 편재성을 거부했다. 그러나 하나님의 보좌 우편에 계신 그리스도께서는 그의 영을 통해서 성찬에 임하신다고 생각했다. 그래서 그의 교회와 은혜 언약 안에 있는 그리스도인은 그리스도의 피와 살을 먹고 마실 수 있게 된다고 하는 '영적 임재설' 곧 '성령론적 임재설'을 주장했다. 루터는 성찬식에서 그리스도의 임재 방법을 기독론적 차원에서 생각하여, 그리스도의 육체적 임재에 집착하였고, 츠빙글리는 성령의 매개적 성격을 간과하였다면, 부써와 칼빈은 성령론적으로 생각하여 성령의 매개적 활동을 바로 이해한 것이다.[117]

제84문 성찬 성례를 어떻게 거행하는가?

1644년에 제정된 웨스트민스터 예배지침서에는 성찬 성례를 다음과 같이 거행할 것을 제시한다.

1. 주님의 만찬인 성찬 성례는 자주 거행되어야 한다. 거행 횟수는 목사와 각 교회 지도자들이 숙고하여 결정하도록 하며, 목사들은 자신에게 위탁된 성도를 위로하고 교육하기에 가장 편리한 때를 찾아야 한다. 오전 예배 때 성찬 성례를 거행하는 것이 바람직하다.

---

117. 최윤배, 『잊혀진 종교개혁자 마르틴 부처』, 37-38.

2. 형편상 성찬 성례가 자주 행해질 수 없는 곳에서는 반드시 성례 한 주일 전에 공적으로 공고한다. 성례 한 주일 전 혹은 주중의 하루에 성례에 관하여 그에 따른 합당한 준비 및 참여에 대한 교육을 실시해야 한다. 사적으로나 공적으로 거룩한 하나님의 모든 방법을 마지막까지 근면하게 사용한다면, 모든 사람은 좀 더 잘 준비된 천국 잔치에 참여할 수 있을 것이다. 성찬 성례를 거행하는 당일에 목사는 설교와 기도를 끝낸 후 간단한 권면의 말씀을 한다.

3. 성찬에 대한 목적, 유용성, 성찬 성례를 통해 우리에게 허락하신 헤아릴 수 없는 은혜를 말한 뒤 우리의 이러한 순례와 전쟁에서 평안과 개혁된 힘을 가져야 할 필요성을 설명한다. 그리스도와 그의 자비를 좇아 지식과 믿음과 회개와 사랑으로 뿐만 아니라 갈급하고 간절한 심령으로 성찬을 행하는 것이 얼마나 필요한 것인지 말하며, 이치에 맞지 않게 성찬을 먹고 마시는 것이 얼마나 위험한 것인지를 말한다.

4. 목사는 무지하고 중상모략하며 불경한 사람들과, 양심과 지식에 반하여 범죄하여 죄악 가운데 살아가는 사람들, 곧 감히 성찬에 참여할 수 없다고 판단되는 사람들에게 그리스도의 이름으로 경고한다. 이치에 맞지 않게 성찬에 참여하는 자는 자신에 대한 주님의 심판을 먹고 마시는 것임을 일깨워 주도록 한다. 다른 한편으로 목사는 특별한 방법으로 무거운 죄 의식으로 인하여 고통 받고 있는 자들과 진노에 대한 두려움을 가진 자, 그리고 은총 가운데서 그 전보다 더 큰 발전에 도달하기 위해 열망하는 자들을 주님의 성찬상으로 초대하고 격려해 준다. 예수 그리스도의 이름으로 약하고 지친 그들의 영혼을 새롭고 강하게 하신다는 확신을 준다.

5. 권면과 경고, 초대의 말씀이 끝나면, 단정하게 덮인 채 적절하게 놓여 있는 성찬 테이블에 성찬 참여자들은 질서 있게 앉는다. 목사는 앞에 놓인 떡과 포도주에 사례하고 성결케 하는 예식을 시작한다. 준비된 떡을 적절하고 편한 그릇에 떼어서 성찬을 받는 자들에게 나누어주고, 큰 잔에 있는

포도주도 그렇게 한다. 물론 어떤 경우에는 일반적이긴 하지만, 먼저 간단한 몇 마디로 제정의 말씀과 기도를 함으로 떡과 포도주를 성별할 수도 있다.

6. 제정의 말씀은 복음서를 읽거나, 고린도전서 11:23-27 등을 읽는다. 목사가 필요하다고 생각되면 여기에 설명과 적용을 덧붙일 수 있다. 떡과 포도주에 대한 감사와 축복 기도는 다음과 같은 취지로 한다.

"우리의 크나큰 허물을 겸손함과 진정한 마음으로 고백하오며, 어떤 사람이나 천사라도 구원할 수 없는 우리는 하나님의 자비를 받을 만한 추호의 가치도 없는 존재임을 고백하나이다. 주님의 모든 은총에 감사드리며, 특히 속죄의 크신 은혜와 하나님 아버지의 사랑, 우리를 구원하시기 위해 하나님의 아들 우리 주 예수 그리스도께서 받으신 고난과 은총에 감사드리나이다. 은혜의 모든 수단과 말씀과 성례전에 감사하며, 특히 우리를 인치시고 마음을 쏟으시는 그리스도와 그의 모든 은혜로 인한 이 성찬 성례전에 대하여 감사하나이다. 다른 이들이 주어진 은총들을 거절했음에도 불구하고, 이후에도 오랫동안 많은 은총을 남용하게 될 것임에도 불구하고, 우리로 하여금 크신 은혜 안에 언제나 거하게 하심을 감사하나이다."

"오직 그리스도이신 예수님 외에는 천하 인간 중에 구원을 얻을 만한 다른 이름이 없음을 고백하오며, 오직 그리스도이신 예수님으로 인해 우리가 자유와 생명을 얻고, 은혜의 보좌 앞에 나아가며, 그의 성찬에서 함께 먹고 마실 뿐만 아니라 성령님에 의해 행복과 영생을 확실히 확증할 수 있음을 고백하나이다. 자비로운 아버지이신 하나님, 위로의 하나님께 은혜를 내려 주시기를 진심으로 간구하오며 성령님이 우리 안에 능동적으로 역사하시기를 원하나이다. 떡과 포도주가 성별 되어 온전히 거룩해지고, 우리를 위하여 십자가에 돌아가신 예수 그리스도의 몸과 피를 믿음으로 받는 주님의 성찬식이 복되게 하시기를 원하오며, 이것을 먹고 마심으로 주님이 우리와, 우리가 주님과 하나 되게 하시어 주님이 우리 안에, 우리가 주님 안에 거하게 하옵시고, 우리를 사랑하사 우리를 위해 자신을 내어 주신 주님을 위해 살게 하옵소서."

7. 목사는 이러한 거룩한 의식을 온전히 적절한 열정으로 수행하도록 힘씀으로써 거룩한 성찬 예식에 응답적인 태도를 취하도록 하며, 참여한 회중에게 감동을 줄 수 있어야 한다. 성찬상 앞에서 목사는 기도와 말씀으로 성별된 떡을 손에 들고 아래와 같이 말한다. 그러나 그리스도께서 또는 사도들이 성찬식 때 사용한 다른 방법으로 말할 수도 있다.

"거룩한 제정과 명령, 그리고 복되신 우리 구주 예수 그리스도께서 행하신 모범에 따라 나는 이 떡을 취하여 축사하고 떼어 여러분에게 나누어주고자 합니다."

8. 목사는 먼저 자신이 성찬을 받고, 떡을 뗀 뒤 수찬자들에게 나누어준다.

"받아서 먹으라. 이것은 너희를 위하는 내 몸이니 이것을 행하여 나를 기념하라."

9. 마찬가지로 목사는 잔을 들어 이렇게 말한다. 그리스도께서 또는 사도들이 성찬식 때 사용한 다른 방법으로 말할 수도 있다.

"주님의 제정과 명령, 그리고 우리 주 예수 그리스도의 모범에 따라,

나는 이 잔을 취하여 여러분에게 나누고자 합니다."

10. 이 시점에서 목사는 잔을 수찬자들에게 분배한다.

"이 잔은 그리스도의 피로 세운 새 언약이니, 이는 죄 사함을 얻게 하려고 많은 사람을 위하여 흘리신 것이라. 너희가 이것을 다 마시라."

11. 모든 사람이 성찬을 받으면, 목사는 수찬자의 마음에 새길 간단한 몇 마디 말을 할 수 있다.

"하나님의 은혜로 예수 그리스도 안에 이 성례전을 공표하며, 이 성례전에 합당하게 생활할 것을 권고합니다."

12. 목사는 하나님께 엄숙한 감사의 기도를 드린다.

"성례전을 통하여 베풀어주신 하나님의 풍성하신 자비와 말할 수 없는 선하심에 대하여 감사하오며, 전체 삶에 부족함이 있었음을 용서하소서. 구원의 크신 표적을 받은 사람들로서 주님의 선하신 성령님의 은혜로운 도움을 받도록 은혜의 권능 안에서 걷게 하옵소서."[118]

---

118. "Of the Administration of the Sacraments" *The Directory for the Publick Worship of God*, 1645. 394-96. 개혁교회의 "성찬의식문"은 유해무 교수의 『개혁교의학』에 번역되어 부록으로 실려 있다.

제6장 신앙고백

제23조 (신앙고백의 제도)

제85문 신앙고백이란 무엇인가?

그리스도의 교회는 하나님의 말씀 안에서 주신 진리가 무엇인지를 단호하고 분명하게 선포할 책임이 있다. 이렇게 교회가 선포한 진리는 믿고 교리로 받아들이는 모든 이들의 입장인 공적(公的) 고백으로 이끈다. 이 공적 고백은 모든 믿는 자들의 의무요 그들 자신의 마음의 명령이기도 하다. 신령과 진정으로 믿는 자는 누구든지 공개적으로 고백하지 않을 수 없다. 그 공적 고백은 그들을 자유롭게 하는 진리의 증언이요, 그들의 마음속에 심은 소망의 증언이기 때문에 애매함이 없는 명확한 낱말로 진술하지 않을 수 없다. 그렇게 진술되고 성문화된 것이 신앙고백서이다.[119]

1. 공적 신앙고백의 기능은 성경을 보존하고, 개인적인 자유분방한 사용을 억제하며, 영혼을 유혹하는 이단의 영들을 대항하여 양심의 자유를 지켜 준다. 그리고 신앙고백은 지식이 바른 궤도를 유지하며 발달해 가도록 인도해 준다.[120] 세례를 받고 교회의 지체가 되기 위해서는 반드시 신앙고백을 공적으로 바로 할 수 있어야 한다.

2. 우리의 교리표준서들(신앙고백)은 웨스트민스터 신앙고백서(33장)와 대교리문답서(196문답서), 소교리문답서(107문답서)이다. 교리표준서들은 칼빈(1509-1564)의 신학적 입장을 따른다. 미국 장로교회는 1729년에 세 문서를 다 채택하였고, 1903년에는 신앙고백서에다 34장과 35장을 새로 첨가했다.

---

119. H. Bavinck, *Magnalia Dei*, (Kampen: J. H, Kok, 1931), 105.
120. 위의 책

우리 고신교회는 1969년 총회에서 34장과 35장이 첨가된 신앙고백서와 양 교리문답서를 채택하였다.[121]

3. 이 세 문서를 작성한 웨스트민스터 회의(1643.7.1-1649.2.22)는 당시 하원이 소집한 자문위원회로서 하원의 임명을 받은 151명의 목사와 의원들이 회원으로 활동하였다. 스코틀랜드 의회도 8명의 사절을 임명하였으나, 그중에 4명이 웨스트민스터 회의에 적극적으로 활동하였다. 그 회의는 1646년 11월에 신앙고백서를, 1647년 10월과 11월에 각각 대교리문답서와 소교리문답서를 작성하였다.[122]

제24조 (학습식)

제86문 어떤 과정을 거쳐서 학습인이 되는가?

세례를 받기 전까지 일정한 기간 동안 교회생활에 필요한 교육을 이수한 원입인(願入人)이 예수를 믿기로 작정했을 때 당회가 그를 심사하여 학습문답을 하고 회중 앞에서 서약을 하게 하고 또 공포함으로 학습인이 된다.

1. 문답: 교회가 시행하는 성례식 시간 또는 특별한 상황으로 당회가 필요하다고 인정할 때 그의 신앙정도를 심사하는 문답을 하고 학습여부를 결정한다.
2. 서약: 학습문답에 합격한 신자는 교회 앞에서 다음과 같은 서약을 하게 한다.
   (1) 여러분은 모든 죄를 버리고 하나님만을 의지하기로 서약합니까?
   (2) 여러분은 주 예수 그리스도를 자신의 구주로 영접하고 그를 신뢰하며 그의 명령에 복종하기로 서약합니까?

---

121. 『헌법』(대한예수교장로회 고신총회, 2011). 35.
122. 위의 책

(3) 여러분은 성경말씀과 교회의 제반규례를 열심히 학습하여 일정한 기간이 지난 다음에는 지체 없이 세례를 받기로 소원합니까?

3. 공포: 서약이 있은 후 목사는 기도하고 다음과 같이 공포해야 한다: "(○○○)씨는 본 대한예수교장로회(○○○)교회의 학습인이 된 것을 성부와 성자와 성령의 이름으로 공포하노라. 아멘."

제87문 한국교회에서 학습제도가 어떻게 도입되었는가?

1. 최초의 학습은 1891년에 시행된 것으로 보인다. 해리 로즈(Harry A. Rhodes)의 기록을 보면:

"새 신자들은 6개월이나 일 년 혹은 몇 년이 지나 신앙과 지식이 성장한 증거를 따라 학습교인이 되기 위한 시험을 보았다. 이것은 선교회가 초기에 미리 생각해 둔 계획은 아니었다. 마펫 박사는 다음과 같이 설명하였다. '1890년에 몇 명의 세례지원자들을 시험하였을 때, 그에 앞서 그들을 2주 동안 몇몇 선교사들에게 맡겨 특별지도를 하였다. 우리는 항구적인 학습문답제도에 관해 어떠한 생각을 갖고 있지 않았으나, 1891년에 15명에게 학습을 주었다. 이 생각이 발전하여 1893년에 학습문답자들이 평양에서 공적으로 받아들여졌다.' 지원자들은 시험을 볼 때 성경읽기와 기도습관, 예수 그리스도와 구원계획, 죄의 회개, 결혼관계, 가정여건, 복음을 남들에게 전해온 여부에 대해 질문을 받았다. 개별적인 경우들에서는 세례받기 전의 학습기간이 불필요할 수 있었고, 2-3세대 후에는 학습문답식이 중단되는 때가 올 수도 있겠지만, 아직까지는 현명한 계획이었던 것으로 증명되었다. 학습문답에도 불구하고 개종자들은 종종 너무 빨리 세례를 받았

다."¹²³

2. 위 인용에서 본 것처럼 선교사들은 학습제도를 항구적인 것으로 생각하지 않았고, 개별적인 경우에는 학습기간이 불필요할 때도 있었다. 비록 2-3세대 후에는 중단되는 때가 오더라도 당장은 현명한 계획이라는 것이 증명되었다고 말하고 있다. 왜냐하면 새신자들이 너무 빨리 세례를 받는 경우가 많았기 때문이다.
3. 곽안련은 이러한 학습제도가 네비우스 정책의 결과였음을 다음과 같이 증언한다:¹²⁴

> 1892년 사업에 관한 다음과 같은 기록이 있다. "62명의 세례지원자(학습교인)가 받아들여져 조직적인 가르침을 통해 선교회의 회원들에게 할당되었다." 이는 네비우스의 방한이 가져다준 또 하나의 열매였다. 1890년 이전에는 공식적인 학습교인이 없었다. 중국 선교사 네비우스가 어린이와 같은 수준에 있는 평신도를 위하여 제안한 프로그램 중 하나는 학습을 위한 준비기간을 두는 것이었다. 설교가 아닌 가르침을 통해서 6개월-2년 기간의 학습기간이 필요함을 역설하였다. 그는 이를 위해서 1895년 안내서를 발간하게 된다(Manual for Catechumens: 원입교인 규조).¹²⁵

---

123. 래리 로즈 저, 최재건 역, "*미국 북장로교한국선교회사*" (vol. 1884-1934) (서울: 연세대학교출판부, 2009), 247.
124. 곽안련 저, 박용규 깁춘섭 역, "*한국교회와 네비우스 선교정책*" (서울:대한기독교서회, 1994), 114.
125. 願入敎人規條 (발행지, 발행자 불명으로 1898년판의 복사본이 현재 숭실대학교에 보관). 이 책은 성경과 교리문답집과 더불어 모든 원입교인들에게는 필수적인 책이 되었다. 다음과 같은 내용이 들어있다: 1. 성경연구를 위한 일반적 지침들 2. 모범기도문들 3. 사도신경 4. 선별된 성경본문들(암기용) 5. 길게 선별된 성경이야기와 비유 6. 지교회의 조직과 지도를 위한 지침들 7. 지교회의 의무와 인도자를 위한 지침들 8. 지교회의 기록을 보관하기 위한 양식체제. 출석과 공부체제. 9. 교회의 언약예식 10. 세례와 성만찬을 준비하기 위한 성

4. 얼마 지나지 않아서 이러한 준비의 기간은 세례 전 공적 신앙고백의식의 발달을 부추기게 되는데, 미국 북장로교 선교부 총무 스피어(Robert E. Speer)박사가 평양을 방문할 무렵, 세례후보자의 준비기간은 이미 네비어스가 그의 선교방법에서 제안한 대로 6개월로 늘어나 있었다. 1897년 스피어 박사는 다음과 같이 보고하였다:

> 세례교육으로 들어가기 전에 먼저 준비의 단계를 거치도록 하는 방식으로 우리 선교부는 한 사람이 세례를 받고 성찬에 허락되기까지 두 번의 단계를 거치도록 하고 있는데 이는 모든 사람들이 필요하다고 생각하는 것이다. 학습자의 자격을 얻으려는 사람은 자신의 죄를 알고 회개하며, 예수 그리스도를 주로 고백하며, 회중 앞에서 공적으로 일어나 자신의 삶에 대한 질문들에게 분명하게 대답할 수 있어야 한다. 학습자로서 6개월의 준비기간과 교육기간 후에 후보자는 다시 선교사들과 교회의 지도자들 앞에서 질문을 받게 되는데 이때 세례후보자로 허락되거나 아니면 다시 학습자로 남거나 떨어지거나 하게 된다.[126]

5. 선교 초기에 새신자들은 학습시험을 치르기 위해서 적어도 6개월 동안의 주일학교 출석기록을 제시할 것을 요청받았다.[127] 그리고 다시 6개월 동

경공부 11. 예배순서와 주일 지내는 지침 12. 짧은 성경문답 13. 다른 사람에게 복음을 알게 해야 하는 모든 그리스도의 의무에 대한 짧은 글 14. 선별된 가장 보편적인 찬송 (38-39). 또 1904년 마펫의 이름으로 발행된 〈위원입교인 규조〉가 있다.

126. Robert, E. Speer, Report on the Mission in Korea of the Presbyterian Board of Foreign Mission, (New York: the Board of Foreign Missions of the Presbyterian Church in the U.S.A., 1897), Second Edition, 14-15. 김경진, 네비우스 선교방법이 초기 한국장로교 예전 형성에 미친 영향에 대한 연구 (*부산장신논총* vol. 3, 2003), 149-150에서 재인용.

127. Presbyterian Church in the United States of American Board of Foreign Missions,

안의 학습자 교육이 있은 후에 후보자는 세례문답을 위한 자격을 얻게 되었다. 마펫 선교사는 새신자를 공적인 문답을 통해 학습자로 받아들이는 학습예식의 순서가 다음과 같이 진행되었음을 알려준다: (1) 후보자 호명 (2) 후보자 기립 (3) 문답 (4) 학습자 명부에 기록.

다음에서 이러한 학습예식 중에 어떤 질문이 있었는지를 알 수 있다:

1. 당신은 살아계시고 참되신 하나님을 믿고 헛된 영들과 우상숭배를 버리고 오직 그분만을 섬기겠습니까?
2. 당신은 성경이 하나님의 말씀임을 받아들이고 그 말씀을 연구하고 복종할 것을 서약합니까?
3. 당신은 예수 그리스도께서 당신의 구원자요 주님이심을 받아들이고 그분의 명령에 복종하고 성령의 인도하심을 위해 기도하겠습니까?
4. 당신은 안식일(주일)을 지키고 교회의 예배에 출석할 것을 약속합니까?

6. 이와 같이 원입교인이 학습 서약을 통해 공적 신앙고백을 함으로써 학습교인이 되고, 또 일정한 기간이 지난 후에 세례 시의 서약을 통해 다시 한 번 공적 신앙고백을 함으로 세례교인이 된다.
7. 이와 같이 공개 고백은 점차 한국교회의 관례가 되었으며 모든 기독교인들이 행하여야 되는 행동준칙같이 되었다. 당시 학습교인들이 세례 받을 때에 소리 내어 외우고 승복하던 한국교회규칙은 이러하였다:

The Fiftieth Anniversary Celebration of the Korea Mission of the Presbyterian Church in the U.S.A. (Seoul: YMCA, 1934), 67. 김경진, 네비우스 선교방법이 초기한국장로교 예전 형성에 미친 영향에 대한 연구 (부산장신논총 vol. 3, 2003), 151에서 재인용.

"이 규칙은 교회 밖에 있는 사람을 위하여 세운 것이 아니요 교회 안에 있는 사람을 상대한 규칙이니만큼, 누구든지 예수를 믿고 교회에 나오고 세례를 받은 이는 이 규칙을 지키는 것이 절대로 필요하다. 교회 밖에 있는 이들이 교회에 들어오는 유일한 길은 죄를 회개하여 사함을 받고 주를 의지하여야 한다.

1. 지존자 하나님은 신령들을 영화롭게 하고 경배함을 미워하시므로 조상의 영혼에 경배 드리는 습관을 따르지 말고 오직 하나님 한 분만을 경배하고 그를 따른다.
2. 주일은 안식의 날이요 하나님께서 지정한 성일이니 이날에 사람이나 가축을 막론하고 일하지 말되 일용품을 구입도 하지 말고 절대적으로 필요한 일 밖에는 아무 일도 하지 아니하여야 한다. 엿새 동안에 부지런히 일하고 주일만은 엄숙하게 지켜야 한다.
3. 부모를 효도로 받들라 하심은 하나님의 명령이니 부모 생존 시에 지성으로 효도하고 전력을 다하여 부모에게 효도하되 하나님의 명령으로 알고 행하여야 한다.
4. 하나님께서 한 남자에게 한 여자를 정하여 주셨으니 피차에 버리지 못할 것이며 여자는 아내만 되고 첩이 되지 아니할 것이요 남자는 한 아내의 남편만 되고 축첩파륜자가 되어서는 안 된다.
5. 거룩한 도를 신봉함은 제일차적인 임무이니 신자마다 식구를 시켜서 찬송과 기도를 하게하며 또한 일심하여 주를 의지하고 순종하게 하여야 한다.
6. 하나님께서 우리에게 일하라 명하셨으니 누구든지 일하지 아니하면서 먹고 입어서는 안 된다. 게으르지 말고 거짓말하지 말고 탐내지 말고 도둑질하지 말고 힘을 다하여 올바르게 살고 힘써 일하여 너와 네 식구를 살려야 한다.

7. 성경은 음주와 도박을 금하고 있을 뿐만 아니라 말다툼과 싸움과 살인과 상해의 장본이 되니 그러한 행동은 절금(絶禁)한다. 또한 술과 아편은 만들거나 먹거나 팔지도 말고 집에 도박장을 벌리지 말고 남의 행위를 타락시키지 말아야 한다.[128]

제25조 (입교식)

제88문 입교(入敎)란 무엇인가?

예배지침에서는 입교의 의미를 다음과 같이 밝히고 있다. "교회 교인에게서 출생한 자녀로 유아세례를 받은 아이는 교회의 권고와 치리 하에 있고 이들에게 성경을 가르치며 주기도문과 사도신경과 교리 문답을 익히며, 기도하는 것과 죄를 미워하는 것과 하나님을 경외하며 주 예수 그리스도를 사랑하고 순종하는 것을 가르칠 것이며, 성년이 된 다음에는 출생하면서부터 교회의 교인이 된 것을 알게 하고 개인으로 그리스도를 믿고, 사람 앞에서 증거하며, 성찬에 참여하게 하는 것을 입교라 한다."(25조)

1. 세례에서 성찬까지: 여기 입교의 의미를 잘 읽어 보면 유아 시 받은 세례의 목적이 궁극적으로 성찬에 참여하는 것임을 잘 보여주고 있다. 이와 관련해서 예배지침은 전통적으로 세례-입교-성찬의 순서를 따라 배열하고 또 해설하고 있다. 한국장로교회는 미국 남장로교회의 전통(1894년)[129]을 따라서 1922년, 1974년(고신), 1980년(고신)에서 세례-입교-성찬의 순서를 따랐다. 독일의 팔츠교회정치(1563년) 역시 설교-세례-교리문답-성찬-권징 등의 순서를 따르고 있다. 이는 세례를 받은 후에 성찬에 허용된다는 것과 유아세례를 받았어도 입교를 통해서 성찬에 허용된다는 것을 순서를 통

---

128. 백낙준, 『한국개신교회사(1832-1910)』(연세대학출판부), 236.
129. 그런데 미국 북장로교회는 세례-성찬-입교의 순서를 따랐다 (1788/1844).

해서 보여주고 있다.

2. 교육: 나아가 유아 시에 세례 받은 자가 입교를 통해 성찬에 참여하기까지 부모와 교회는 "교회의 권고와 치리 하에 있고 이들에게 성경을 가르치며 주기도문과 사도신경과 교리 문답을 익히며, 기도하는 것과 죄를 미워하는 것과 하나님을 경외하며 주 예수 그리스도를 사랑하고 순종하는 것을 가르쳐야" 한다. 세례는 언약의 표징이기에 부모는 자녀들에게 하나님의 언약에 대해서 가르쳐야 한다. 세례를 통하여 교회의 자녀들이 하나님의 부요하신 복을 선물로 받았다. 하나님의 언약은 모든 복의 근원이다. 주기도와 사도신경과 교리문답을 가르치는 것은 언약의 표인 세례를 받은 자녀들에게 하나님의 언약을 가르치기 위한 것이다. 16-17세기 교리문답을 작성한 사람들은 대개 언약의 신학자들이었다. 이들은 자녀들이 언약의 중보자 그리스도께서 그들을 위하여 이루신 것을 이해해야 하며 나아가 각자가 그 언약과 믿음에 참여할 것을 강조하였다.

3. 공적 신앙고백(사람 앞에서 증거함): 입교식에서 핵심이 되는 순서이다. 유럽의 개혁교회에서는 입교라는 말을 사용하지 않고 우리의 입교를 '공적신앙고백'이라고 부른다. 유아세례 받은 아이가 자라서 이제는 자신의 입으로, 그리고 자신의 삶으로 삼위 하나님을 공적으로 고백하는 것이 바로 이 입교의 의미이기 때문이다.

4. 입교 용어를 신중히 사용할 필요가 있다. 왜냐하면 신자의 자녀는 출생하면서부터 교회의 교인이기에(25조를 보라) 어떤 면에서는 이미 입교인이라 말할 수 있기 때문이다. 그러나 여기서 입교인은 성찬에 참여하는 권리 등 교인으로서 권리와 의무를 공적으로 가지는 자 즉 세례교인(성인)이거나 혹은 유아 시에 세례를 받았으나 당회의 문답을 거쳐 교회 앞에서 공적으로 신앙을 고백한 자를 가리킨다.

제89문 입교하기까지 자녀들을 가르치기 위한 신앙교육 재료는 어떤 것들인가?[130]

성경 외에 교리문답서가 있다. 교리문답서는 성경을 요약한 것으로 사도신경, 주기도와 십계명을 중심으로 해설한 것인데 기독교 교리를 탁월하게 요약하였으며 그리스도인의 의무를 이행하는데 도움을 주는 책이다.

1. 유아 때 세례 받은 자들은 교회의 권고와 치리 하에 교리문답서를 읽고 암송해야 한다. 비단 교회의 교역자 뿐 아니라 부모와 주일학교 교사와 장로가 가르쳐야 한다.
2. 가정의 가장은 교리문답서를 사용하여 신앙의 원리를 주의 깊게 가정에서 가르쳐야 하며, 교회에서는 공예배와 별도로 구별하여 교리문답 교육을 하는 것이 좋다.

제90문 교회가 채택한 교리문답서가 무엇인가?

웨스트민스터 총회(1643-1649)에서 작성된 대교리문답서와 소교리문답서가 있다. 이는 우리가 속한 교회의 신조를 이루는 중요한 부분이며, 우리 교단은 1969년에 웨스트민스터 신앙고백서 및 대교리문답과 소교리문답을 채택하였다.

제91문 입교인이 되기 위해 어떤 절차를 거치는가?

유아 시에 세례 받은 자는 당회 문답에 합격해야 하고, 공예배 시간에 자기의 신앙고백을 해야 하며, 교회 앞에 서약을 해야 한다. 그리고 목사가 공포함으로 입교인이 된다.

1. 고백: 유아세례 받은 자가 당회 문답에 합격하고 성찬에 참여하려 할 때에 정식으로 교회 앞에서 자기의 신앙고백과 입교식을 통해 세례교인으

---

130. 교회정치 문답조례 187-191문답.

로 확정된다. 기독교는 비밀종교가 아니다. 비밀종교는 그들의 신앙을 비밀로 하는 것을 의무로 삼고 있는데 그래서 이들의 종교적 내용은 비밀스럽게 전수되어야 했다. 그러나 기독교는 그렇지 않다. 공개적으로 설교되고 가르치고 전해야 했고 또 공개적으로 고백되어야 한다. 신자는 말과 행위를 통해서 자기가 신자라는 것을 공개적으로 드러내어야 한다. 신자는 고백자이고 증인이다. 신자는 마음으로 의에 이르고 입으로 '시인'(고백, 헬라어-호모로게오)하므로 구원에 이른다. 종교개혁가들이 입으로 시인하는 고백의 요소를 강조하였고, 그래서 당시에 순교자들이 많이 나왔다.

2. 서약: 이 공적 고백은 다음의 질문에 서약하므로 이루어진다: 입교 예식을 행할 때에는 교회 앞에서 다음과 같이 서약을 하게 한다.

 (1) 여러분(그대)은 어렸을 때에 부모의 신앙고백과 서약으로 세례를 받았으므로 이제는 그 고백과 서약을 여러분 자신의 것으로 삼고 성실히 지키기로 서약합니까?

 (2) 여러분은 자신이 하나님 앞에 죄인인 줄 알며 당연히 하나님의 진노를 받아야 할 사람이지만 하나님의 크신 자비에 의하여 구원을 얻는 길 외에 소망이 없는 자인 것을 인정합니까?

 (3) 여러분은 주 예수 그리스도가 하나님의 아들이심과 죄인의 구주이심을 믿으며 복음에 말한 바와 같이 구원하실 이는 오직 예수 그리스도 한 분뿐인 줄 알아 그를 영접하고 그에게만 의지하기로 서약합니까?

 (4) 여러분은 지금 성령의 은혜만을 의지하고 그리스도를 따르는 자가 되어 모든 죄를 버리고 그의 가르침과 모범을 따라서 살기로 서약합니까?

 (5) 여러분은 이제부터 교회의 관할과 치리에 복종하고 성결과 화평을 이루도록 노력하기로 작정합니까?

3. 공포: 서약이 있은 후 목사는 기도하고 다음과 같이 공포해야 한다: "(○○○)씨는 대한예수교장로회(○○○)교회의 입교인이 된 것을 성부와 성

자와 성령의 이름으로 공포하노라 아멘."

제92문 입교제도는 교회역사에서 어떻게 제도로 정착되었는가?

1. 종교개혁자 칼빈은 다음과 같이 말한다. "고대의 그리스도인 자녀들은 장성하면 감독 앞에 서서 성인으로 세례를 받는 자들에게 요구되는 의무를 행하는 것이 관습이었다. 학습교인이 된 어른들은 믿음의 신비를 올바르게 배워 감독과 회중 앞에서 자기의 믿음을 고백할 수 있는 날을 기다렸다. 유아 시에 세례를 받은 청년들은 아직 교회 앞에서 신앙고백을 하지 않았으므로 소년기의 끝이나 청년기의 초에 부모가 다시 한번 감독 앞에 데려다가 당시에 사용된 일정한 교리문답 형식에 따라 심사를 받았다. 이 행동자체가 이미 중요하고 거룩한 일이었지만 더욱 존중하는 의미에서 안수하는 의식을 첨가했다."[131] 이런 제도에 대해서 칼빈은 "일종의 축복 형식에 불과하다는 이 안수례에 충심으로 찬성하며 지금 그 순수한 사용법이 회복되기를 바란다."[132]고 했다.

2. 개혁자 칼빈 등은 성찬과 공적 신앙고백을 연결시켰다. 즉 교리문답 교육을 마치고 성찬 참여를 허용하기 위해서 이를 시행하였다. 1년에 4차례 목사에게서 배운 교리문답을 심사하는 시간이었으며, 처음에는 장로들의 배석 하에 심사하였으나 1541년 후에는 주일에 교회 앞에서 행하게 되었다.[133] 웨스트민스터 예배지침에서는 볼 수 없으나 미국 장로교회에서 이를 언급하고 있다.

제93문 입교를 미루려고 할 때에 당회는 어떻게 지도해야 하는가?

교회정치(제23조 3항)에서는 입교문답 대상자는 14세 이상자로 한다고

---

131. 칼빈, 기독교강요, 4.19.4
132. 칼빈, 기독교강요, 4.19.4
133. 칼빈, 기독교강요 4:19:4/Brienen, *De liturgie bij Johannes Calvijn*, 223.

하는데, 이 연령이 지나고서도 입교를 계속해서 미루는 것은 합당하지 않다. 연령이 되었기 때문에 무조건 입교를 하라고 강요해서도 안 되겠지만, 그렇다고 아직은 준비되지 않았다고 하면서 무조건 미루는 것을 방치해서는 안 된다.

고대 교회에서는 세례가 지난 모든 죄를 씻는 예식이라고 생각했기에 세례를 미루는 경향이 있었다. 세례 받고 난 다음에 짓는 죄 문제를 어떻게 해결할 수 있는지를 몰랐기 때문이다. 중세 로마교회는 세례 받은 다음에 성령을 받는 '견진'이라는 성례를 시행했다. 개혁한 우리 교회는 유아세례 받은 아이가 자라서 자신의 입으로 삼위 하나님을 고백하고 입교하는 것을 기다려야 한다. 이 입교는 성찬에 참여할 자격을 주는 것이기에 신자로서의 온전한 권리를 누리게 하는 것이다. 입교를 늦추는 것은 성찬에 참여하기를 의도적으로 미루려는 것과 다를 바가 없기에 당회는 입교를 위해 적극적으로 교육하고 권면해야 할 것이다.

제7장 금식일과 감사일

제26조 (금식일)

제94문 교회는 어떤 경우에 금식일을 제정할 수 있는가?

　교회나 국가 또는 특별한 교인의 가정에 극히 어려운 일이 발생했거나 목사가 필요하다고 인정했을 때 당회는 금식기도 일정을 정하고 이를 교회 앞에 공포해야 한다. 금식할 때 조심해야 할 일은 예수님이 가르치신 복음의 원리에 위반되지 않도록 은밀하게 하여야 한다. 금식기도는 일정한 기간을 정하되 개인의 건강에 영향을 주는 무리한 기간을 설정하지 않도록 주의해야 한다.

1. 금식일은 개인이나 한 가족이 사사로이 지키는 경우도 있으며, 노회 차원에서 심지어 전국교회가 지켜야 할 경우도 있다. 1980년판 예배지침에서는 '제14조 금식일과 감사일' 항목 아래에 총 6개 조항이 있었으나 1992년판에서 삭제되거나 개정되었는데, 이때 이 내용이 삭제되었고, 이것이 2011년 개정판에서도 그대로 이어졌다.
2. 웨스트민스터 예배지침(1645년)은 개체 교회가 주도하거나 노회, 총회가 주도하는 공적인 금식일 뿐만 아니라 개인과 가족이 지키는 사사로운 금식일에 대해서도 규정하고 있다.

　① 크고 주목할 만한 어떤 결정이 인류에게 고통을 주거나 명백하게 절박한 상황일 때, 혹은 어떤 비상식적인 악행이 저질러진 경우, 또는 특별한 은총이 요구되고 필요할 때 하루 동안 계속되는 엄숙한 공적 금식은 국가와 국민들이 하나님 앞에서 행해야 할 의무이다.
　② 엄숙한 공적 금식이란 일정 기간 동안에 모든 음식은 물론 금식이

끝날 때까지 육체가 지탱할 수 없을 정도로 현저하게 약해져서 거의 쓰러지려 할 때 기초 체력을 유지하는 매우 소량의 음식을 취하는 경우를 제외하고는, 모든 세상적인 노동, 담화, 사고, 육체적인 즐거움, 보통 때에는 합법적인 화려한 옷차림, 장신구와 같은 것들도 전적으로 절제해야 한다. 더 나아가 모든 본능적인 것, 야한 옷차림, 음탕한 습관과 행동, 그리고 그 밖의 성적인 허영과 같은 수치스럽고 무례함은 무엇이든지 절제해야 한다. 다른 경우에서와 같이 특별히 금식에서 필요하다고 생각될 때에는 인간적인 입장을 고려하지 말고, 모든 목사들이 자신의 위치에서 부지런히 또한 열심히 책망할 것을 권면한다.

3) 금식을 위한 공적인 모임에 앞서 가족들과 각 개인은 사적으로 이토록 엄숙한 일을 준비하기 위한 모든 종교적 주의를 기울이며, 집회에도 일찍 참석하도록 한다. 가능하다면 형편에 따라 하루의 많은 시간을 성경봉독과 말씀선포, 금식을 지키는데 적절한 시편 찬송을 부르면서 시간을 보내도록 한다. 그러나 특별히 기도에 있어서는 다음과 같은 취지로 기도하여야 한다.

"거룩한 경외와 두려움으로 우리를 더욱 감화시키시는 위대한 창조주시요, 보존자이시며, 온 세계의 최고 통치자이신 하나님께 영광을 돌립니다. 하나님 앞에서 우리 마음을 더욱 완전하고 온유하게 하시고, 낮아지게 하시는 하나님의 다양하고 위대하며 부드러운 자비, 특히 교회와 국가에 대한 자비하심을 구하옵니다. 한층 악화된 여러 가지 죄악을 포함하여 모든 종류의 죄를 겸손히 고백하옵니다. 우리의 죄에 대한 하나님의 공의로운 심판은 정당하나이다. (절박한 상황에 따라) 그 어느 때보다도 더 간절한 간구와 폭넓은 기도로 자신과 교회, 국왕, 모든 당국자들과 다른 모든 사람들을 위한 하나님의 자비와 은총을 겸손히 진실하게 구하옵나이다. 악을 두려워하거나 당연히 여겼음을 용서하시고 도우시사 하나님의 구원의 약속과 선하심을 믿음으로 바라게 하시며, 우리가 필요로 하고 기대하는 복을 얻기를 원합니다. 우리 자신을 전적으로 포기하고 하나님과 영원히 함께 있게 하옵소서."

4. 이런 모든 과정에서 하나님을 향해 회중들을 대변하는 목사는 진지하고 철저하게 회중들을 미리 생각하여 마음속에서 우러나오는 말을 해야 하며, 특별히 회중들의 죄를 비통히 여기는 마음으로 자신과 회중들을 깨닫게 하며 그들의 마음을 녹이도록 한다. 그날은 참으로 깊은 통회와 번민의 날이 될 것이다.

5. 특별히 선택한 성경 말씀을 읽고 그 본문으로 설교를 하여 청중으로 하여금 그날 특별히 주어진 업무를 잘 수행하도록 하며, 하나님 앞에 죄 됨에 대하여 회개할 마음이 생기도록 해야 한다. 목사는 자신의 관찰과 경험을 목사 스스로에게 강조함으로써 그의 설교를 듣는 회중을 가장 잘 가르치며 개혁하게 한다.

6. 금식일을 공적으로 마치기 전에 목사는 자신과 회중들 가운데 발생한 죄는 그것이 무엇이든지 명백히 드러냄으로써 하나님 앞에 회개하도록 한다. 이러한 분명한 목적과 의지를 가지고, 자신과 회중의 마음을 주님께로 이끌도록 한다. 새로운 순종 가운데서 이전보다 더욱 신실하고 밀접하게 하나님과 동행하며, 하나님께 더욱 가까이 갈 수 있도록 한다.

7. 목사는 온전한 인내를 가지고 그날의 일이 형식적인 의무로 끝나는 것이 아니라, 사적으로는 회중 자신과 가족들을, 공적으로는 그들이 고백한 모든 신실한 사랑과 결심을 강화시키고, 그날을 평생토록 기억하게끔 그들을 권면해야 한다. 그렇게 함으로써 그들은 영원히 안정된 마음을 갖게 되며, 하나님께서 그리스도 안에서 그들의 임무 수행을 통해 달콤한 향기를

맡으셨다는 것을 더욱 민감하게 발견하도록 한다. 하나님의 은혜로운 응답으로 죄가 용서되고 심판이 제거되며 하나님이 우리 기도를 들으시어 그 백성을 재앙에서 막아 주시고 피하게 하실 뿐 아니라 예수 그리스도를 통하여 그들의 상황과 기도에 합당한 복을 주심으로써 그들에게 평안을 주시도록 권고한다.

8. 교회가 명령하는 엄숙하고 보편적인 금식 외에도, 하나님의 섭리가 당국자들에게 특별한 이유를 주실 때 회중들은 금식일을 지킬 수 있다. 또한 가족끼리도 그렇게 할 수 있다. 다만 그들이 속한 공동체가 금식이나 그 밖에 예배의 공적인 행사를 위해 모이는 날은 피하도록 한다.[134]

제27조 (감사일)

제95문 교회의 절기와 감사일에는 어떤 날이 있는가?

교회의 지정된 절기는 대림절, 성탄절, 사순절, 부활절, 승천 기념일, 성령강림절 등이 있다. 이 외에도 특별한 사항이 있을 때에 교회의 형편에 따라 감사일을 제정할 수 있다. 그동안 우리총회에서는 개교회별로 절기를 지키기도 하고, 그렇지 않기도 하였지만 제67회 총회에서 '고신교회의 절기에 대한 안건'이 상정되어 2018년 총회에서 보고될 예정으로 있다.

1. 대림절(待臨節, Advent): 라틴어 ad와 venire로 이루어진 '오다'(to come to)란 뜻이다. 대림절의 메시지는 하나님의 아들이 그리스도로서 이 땅에 오신다는 내용이다. 교회력은 대강절이라고도 불리는 대림절로부터 시작한다. 이 절기는 4주에서부터 7주에 이르기까지 다양했으나 6세기에 로마의 주교가 4주로 확정했다. 대림절의 의미는 하나님의 아들이 인간의 몸을 입

---

134. "Concerning Publick solemn Fasting" *The Directory for the Publick Worship of God*, 1645. 391-92.

으시고 이 땅에 오신 과거적 경험과, 우리가 인간의 몸을 입으신 하나님의 아들과 만남을 통하여 새로운 생의 경험을 갖게 되는 현재적 사건이다. 그리고 세상 끝날에 다시 오셔서 산 자와 죽은 자를 심판하실 영광의 주님을 대망하는 절기다. 대림절 첫 주일은 성탄절 전 넷째 주일, 보통 11월 마지막 주일이다.[135]

2. 성탄절(聖誕節, Christmas): Christmas는 Christ(그리스도의 이름)와 Mass(예배)의 합성어이다. 곧 '그리스도께 예배'라는 말이다. 동방교회에서는 콘스탄틴 대제 이전에 1월 6일을 주현절(Epiphanie)이라고 하여 그리스도께서 나신 날로 지켰다. 로마에서는 354년 이전에, 그리고 더 거슬러 올라가 336년 이전에는 12월 25일을 성탄절로 지킨 것으로 알려졌다.[136] 교회가 박해 중에 있을 때는 예배정신에 이상이 없었다. 그러나 교회에 평화가 찾아오고, 어려움이 없어졌을 때 교회는 그 본질에 있어서 위기를 맞게 되고, 예배정신이 실종되었다. 초대교회가 박해 중에 있을 때는 예배정신에 대해서 설교할 필요가 없었다. Christmas 곧 '그리스도께 예배' 라는 캠페인을 할 필요가 없었던 것이다. 그러나 박해하던 황제가 그리스도인이 되고 그 가족이 다 세례를 받게 되었다. 그렇게 되니 황제의 측근들이 교회로 몰려들어 왔다. 교회는 평화의 때를 맞이함과 동시에 수적으로 갑자기 증가했다. 그 결과 교회는 본질에 있어서 위기를 맞이하게 되었다. 교회에서 삼위 하나님의 이름으로 세례를 받는 것은 예수의 제자로 살겠다는 삶의 결단이 선행되어야 하는데 그 당시 상황은 그런 신앙의 결단이 희미했던 것이다. 그래서 교회는 이것을 자각하고 '교회에 나오는 것은 예배하기 위함이다.', '예배는 그리스도께 하는 것이다.', '예배의 대상은 그리스도이시다.', '교회에 와서는 그리스도를 마주 대하고 예배드려야 한다.'는 것을

---

135. 정장복, 『예배학 개론』, 313-14. 참고
136. 위의 책, 317. 참고

주지시키기 위해서 성탄절(Christmas)을 제정한 것이다.

3. 사순절(四旬節, Lent): 이 절기는 부활절을 위해 신앙의 성장과 회개를 통한 영적 준비의 시작이며 교회력 중에서 주님의 수난과 죽음에 초점이 맞추어지는 때이다. 사순절의 명칭에는 이 절기의 메시지나 분위기가 반영되어 있지 않다. 이것은 봄이 시작되는 날을 늘리는 것을 의미하는 고대 앵글로 색슨어의 Lenchthen에서 유래하였다. 원래 1세기에는 사순절이 단 40시간이었는데, 이것은 예수님의 시체가 무덤 속에 40시간 동안 있었던 것과 일치시키기 위해서였다. 40시간이 끝나는 오후 3시에 부활절 예배를 드렸다. 그러다가 3세기경에 와서 6일간으로 늘어났다가 4세기경에 1년 365일의 십분의 일인 36일간으로 늘이게 되었고, 731년경 샤를마뉴(Charlemagne) 대제 시대에 40일간의 절기로 확정되었다. 원래 사순절은 부활절에 세례 받을 지원자들을 준비시키는 시간이었으며, 그리스도인들은 자신의 육적인 욕망을 억제하고 금식을 하면서 영적인 성장의 훈련을 쌓는 기간이었다. 우리 그리스도인들이 부활절의 새로운 삶으로 그리스도와 함께 일어나기 위해서 먼저 그리스도와 함께 죽는 것을 배우는 기간이 사순절의 의미다.[137]

4. 부활절(復活節, Paschal Day of the Resurrection): 부활절의 원래 명칭은 유월절을 뜻하는 파스카(Pascha)였다. 죽음과 부활은 하나님의 백성들에게 새로운 유월절, 즉 죄의 노예상태에서 해방되었다는 뜻을 부여한다. 그래서 이 날은 '주님의 부활일' 혹은 '부활의 유월절'로 알려졌다. 영어의 Easter는 'Eastre'라고 하는 이교도적인 이름을 고대 영어에 맞추어 바꾼 말이다. Eastre는 튜튼족(Teuton)의 신(神) 중 봄과 새벽을 알리는 여신의 이름이었으며, 이 여신의 축일은 해마다 춘분에 열렸다.[138]

---

137. 위의 책, 322-324. 참조
138. 위의 책, 328-329 참조

종교개혁자들이 중세 교회가 지켜온 교회력의 절기를 다 받아들인 것은 아니다. 그들은 성상숭배나 성물숭배 등 비성경적인 이교적인 관행과 절기를 배격했으나 예수 그리스도의 부활을 축하하는 부활절은 성경적이며 복음적인 관행으로 인식하고 그대로 지켰다. 부활절은 기독교의 가장 오래된 절기이며, 교회력에서 다른 경축일의 근원이 되고 가장 큰 경축일이다. 한 주간의 첫날에 예수님이 죽은 자 중에서 살아나셨기 때문에 매 주간의 첫날은 주님의 날로 확정되고 이날은 작은 부활절로 축하되었다.

5. **승천일**(昇天日, Ascension Day): 예수님께서 전능하신 '왕'으로 하늘 보좌에 등극하신 날이다. 그 날을 가리켜 우리는 '승천일'(Ascension Day)이라 부른다. 곧 만왕의 왕으로, 만주의 주님으로 즉위(卽位)하시기 위해 하늘의 궁정으로 입성하신 날이다. 승천일은 매해 부활절로부터 40일이 되는 목요일에 돌아온다. 예수님의 성육신은 승천사건으로 최절정에 이른다. 다른 사건들과 달리 예수 그리스도의 '주(主) 되심'과 성령님의 임재와 현존이라는 실체는 우리 그리스도인들의 신앙고백 속에 그리고 우리의 일상생활 속에 커다란 자리를 차지하고 있어야 한다. 이런 사실을 깊이 인식한다면 승천일이야말로 교회력에 따른 절기 중에 가장 중요한 날이요 축하하고 즐거워야 할 날이다.

크리소스톰(Chrysostom, 349-407)은 승천일의 중요성에 관해 이렇게 말했다고 한다. "모든 기독교 축제일들은 마귀를 정죄한다. 그러나 이날(승천일)은 더더욱 그러하다." 이레니우스(Ireneaus, 130-200)는 "비록 세상 끝자락까지 전 세계에 흩어졌다 하더라도 교회는 사도들과 그들의 제자들로부터 한 분 예수 그리스도에 대한 신앙을 전수받았고, … 그분께서 육체로 하늘로 올라가셨다는 사실을 전해 받았다."고 했다. 어거스틴도 승천의 중요성에 대해 "모든 기독교 절기들이 주는 은혜를 최종적으로 확증하는 절기가 승천일이다. 이 절기가 없다면 모든 절기들의 유익함은 사라질 것이다. 구세주께서 하늘로 올라가시지 않았다면, 그분의 출생은 아무런 의미가 없을 것이며, … 그분의 수난도 우리에게 아무런 열매를 주지 못했을 것이다. 또한 그분의 가장 거룩한 부활 역시 아무런 쓸모가 없게 되었을 것이다."라고 했다.[139]

6. 성령강림절(聖靈降臨節, Pentecost): 그리스도인의 성령강림절은 유대인의 칠칠절의 의미와 내용을 수용하는 특별한 절기다. 이 절기를 맥추절이라고 부르는 것은 여름추수인 밀의 추수가 절정에 이르기 때문이다. 이 절기를 오순절이라고도 하는 것은 유월절로부터 50일째 되는 날이 됨으로 붙여진 이름이다(출 34:22; 레 23:15-22; 민 28:26-31; 신 16:9-12). 이 절기의 특징의 하나는 하나님 앞에서 가족들과 종들과 나그네들도 다 하나님 앞에 즐거워하였는데 그것은 하나님께서 추수하게 하신 것을 기뻐할 뿐만 아니라 하나님께서 사랑으로 돌보아 주신 가운데 애굽에서 구원하신 것도 포함된다(신 16:12). 유대교에서는 이날을 시내산에서 십계명이 주어진 날로 재해석하였고, 기독교에서는 성령께서 강림하신 날로 기념하는 날이다(행 2장).[140]

제96문 맥추감사주일을 지키는 이유가 무엇인가?

1. 성경의 맥추절은 곡물을 수확케 하신 하나님께 감사드리는 절기로서 오순절과 관련을 갖는 절기이다. 오순절은 본격적인 추수를 시작하기 전 곡식의 첫 이삭 한 단을 하나님께 바치는 초실절(유월절 후 첫 안식일 다음날) 이후 50일째 되는 날이다. 신약시대에 와서 이 오순절이 성령강림절로 성취되었다. 오순절에 성령께서 강림하셨기 때문이다. 신약시대는 성령강림절이 오순절의 성취이기에 성령강림절을 지키는 것이 맥추감사절을 대체했다고 보아야 한다.

---

139. 류호준, 『일상을 걷는 영성』(SFC 출판부, 2008), 182-183.
140. 오병세, 『구약성경신학』(개혁주의신행협회, 1999), 223.

2. 한국교회는 보리 수확과 관계되는 맥추감사절을 계속 지켜오고 있다. 한국교회가 전통적으로 지켜오는 맥추감사절은 대체로 한 해의 전반기가 끝나고 후반기가 시작하는 7월 첫 주일에 지킨다. 맥추감사주일이 성령강림절과 겹칠 때에는 맥추감사주일이라는 이름으로 지키는데 이것은 옳지 못하다.
3. 한국교회의 맥추감사주일은 유월절과 장막절 같은 출애굽 구속사건과 연관된 절기는 아니다. 그리고 오순절 성령강림절과 관련이 있는 것도 아니다. 맥추감사주일을 지켜온 우리 한국교회의 신앙선조들은 하나님께서 한 해의 전반기 동안 함께해 주시며 돌봐주신 은혜에 감사하고 앞으로 남은 날들도 그렇게 인도해 주실 것을 믿음으로 기대하면서 감사절로 지켜온 것이다. 이것은 절기가 아니라고 하더라도 교회가 감사일을 정하여 지킨 것으로 볼 수 있다.

제97문 추수감사주일을 지키는 이유가 무엇인가?

1. 한국교회는 미국의 선교사로부터 복음을 전달받았기에 미국교회가 지키는 추수감사절을 날짜도 그대로 지키고 있다. 11월 셋째주일을 추수감사주일로 지키고 있다. 추수감사주일은 유대인들의 한 해 마지막 절기인 '수장절'을 이어받고 있다고 생각하기 쉬운데 사실은 미국의 추수감사절을 본받은 것이다.
2. 미국교회가 지키는 추수감사절이 아니라도 성경에서 가을 추수인 '수장절'이 있기에 벼 추수와 맞추어서 추수감사주일을 지킬 수 있다. 그런데 우리에게는 고유한 명절인 '추석'이 있다. 놀랍게도 유대인들은 음력을 사용하고, 그들의 수장절은 우리의 추석과 날짜도 같다. 그렇다면 우리는 굳이 을씨년스러운 11월 셋째주일이 아니라 추석 어간에 추수감사절, 아니면 추석주일을 지키는 것도 고려해볼 만하다.

제98문 어린이 주일이나 어버이 주일을 제정할 수 있는가?

　주일(主日: 주님의 날, The Lord's Day)을 삼위 하나님의 구원역사와 관련된 절기나 날 외에 다른 것을 기념하는 날로 제정하는 것은 옳지 않다. 주일은 오직 언약의 주 하나님과 그의 백성이 만나 교제 중에 즐거워하며 안식하는 날이기 때문에 다른 그 무엇이 개입되게 해서는 안 된다.

1. 어버이 날, 어린이 날 등은 국가적으로 제정된 날이기 때문에 주의 날에 가져올 필요는 전혀 없다. 부모공경과 자녀양육에 대한 교육과 가르침이 필요할 때는 언제든지 성경말씀으로 교육하고 설교할 수 있다. 5월만이 가정의 달이 아니라 어떤 달이라도 가정의 중요성을 설교해야 하는 것과 같다고 할 수 있다.

2. 어린이 주일, 어버이 주일만이 아니라 교단에서 여러 기념 주일을 정하기도 한다. 신학대학원주일, 선교주일 등은 주님의 날[主日] 개념에 어울리지 않는다. 신학대학원의 날, 선교의 날 등으로 제정하여 부르는 것이 좋겠다. 또는 신학교 주간, 선교강조 주간 등으로 할 수도 있겠다.

제8장 기도회

제28조 (기도회의 의의) / 제29조 (기도의 의무) / 제30조 (기도회의 종류) / 제31조 (기도회의 인도)

제99문 기도회는 주일 공예배와 어떻게 다른가?

1. 한국교회는 신자들의 각종 모임을 전부 예배라고 부른다. 하지만 온 회중이 함께 모이고 직분자가 예배를 인도하면서 은혜의 방편이 베풀어지는 모임만을 공예배라고 부르는 것이 합당하다. 하나님께서 공적으로 자기 백성을 전체적으로 만나주시는 공예배는 다른 모든 모임, 즉 경건의 모임과 구분할 필요가 있다.
2. 기도회는 설교와 성례, 기도와 찬송, 헌금으로 진행되는 주일 공예배(주일 오전, 오후/저녁)를 제외한 일체의 모임을 가리킨다.

제100문 기도회에 대한 규정이 언제부터 예배지침에 실리게 되었는가?

본래 웨스트민스터 예배지침은 물론 1788년 미국 장로교회 초창기 예배지침에도 없는 것이었다. 1894년 미국 남장로교회의 예배지침에서 볼 수 있다. 〈주일학교〉와 함께. 이는 당시 미국 대륙을 휩쓴 대각성운동의 결과 수많은 집회가 열리고 있었는데 이를 주일의 공예배와 구별할 뿐 아니라 이러한 집회를 바르게 인도하기 위해서 규정되었다.

제101문 기도회의 종류에는 어떤 것이 있는가?

1. 기도회의 종류는 1992년판 헌법 예배지침에서부터 삽입되었다.
2. 수요기도회, 새벽기도회, 구역기도회, 가정기도회 등 교회가 여러 기도회가 있다.

3. 교회는 필요에 따라서 여러 가지 기도회를 가지는 것이 합당하다(30조 5항).

제102문 교회 역사에서 주일 공예배 외에 주간에도 기도회로 모인 적이 있는가? 수요기도회와 새벽기도회는 한국에만 있는 것인가?

16세기 종교개혁 당시 제네바는 물론 하이델베르크 요리문답이 작성된 독일의 팔츠 지방에는 주일 예배 외에도 주간에도 모여 예배를 드렸다. 시골에서는 1번이었으나 도시에서는 수요일과 금요일, 두 번 회집을 하였다. 그 외에도 수없는 기도회가 있어서 설교 되었다. 이 외에도 매일 아침과 저녁에 간단한 예배가 있었다. 이 예배는 30분을 넘지 않았고, 성경에서 본문을 읽고 짧은 설교가 행해졌다. 그래서 종교개혁 당시 교회는 교회의 생활 중심에 하나님의 말씀을 두었다. 하나님의 말씀이 모든 생활을 지배하는 것이 그 목적이었다.

제103문 기도의 의무가 무엇인가?

교인은 교회 내에서 공적 예배를 드리는 것 외에 개인이 은밀히 기도하는 것과 가족이 사적으로 하나님께 경배하고 기도하는 것(가정기도회)은 반드시 있어야 할 신자의 당연한 의무이다(29조).

1. 29조에서 규정하는 기도의 의무 내용을 보면, 본래 예배지침 1980년판 예배지침 15장 '은밀기도와 가정예배' 항목의 '은밀기도'에서 있던 것이었으나 1992년부터는 '기도회' 항목 아래에 이동하여 포함시켜 실었는데, 2011년 개정판은 이를 그대로 유지하였다.
2. 특히 개인의 은밀한 기도는 그리스도께서 명백하게 명령하신 것이니 사람마다 시간을 정하여 사적으로 기도하며, 성경을 읽으며, 거룩하게 묵상하며, 엄숙히 자기를 살피며, 진실한 마음으로 행하는 사람들에게 유익이 많다는 사실을 알려야 한다(29조).

제104문 기도회는 어떻게 인도되어야 하는가?

1. 1894년 미국 남장로교회 예배지침의 내용을 보면 기도회는 당회의 감독으로 열려야 한다는 것을 강조하였다. 기도회의 인도는 목사와 당회원, 혹은 자격 있는 신자가 하게 하였다. 기도회의 내용은 기도/찬송/성경봉독/권면으로 하도록 하였다. 특히 남자 성도가 공중기도를 인도할 것과 적절한 길이와 경건한 기도를 언급하였다.
2. 본 예배지침 31조는 기도할 목적으로 모이는 집회는 당회의 지도를 따라야 하며, 각처에 산재한 교우들은 형편을 따라 특별한 장소에 모일 수도 있으나, 목사나 당회에서 선정한 사람으로 인도하게 한다고 규정하고 있다.

제105문 신자의 기도에 '중보기도'라는 말을 사용할 수 있는가?

하나님과 사람 사이에 중보자가 되시는 분은 오직 예수 그리스도시다. 예수님은 지금도 우리를 위해 하나님 보좌 우편에서 중보하신다. 그렇다면 신자가 서로를 위해 기도해 주는 것을 중보기도라고 부를 수 있는가?

1. 로마가톨릭은 성인숭배사상을 가지고 있다. 마리아숭배도 이에 속한다. 그들은 예수 그리스도께서 우리의 유일한 중보자가 되신다고 말하면서도 이런 성인숭배, 마리아숭배를 통해 그들이 우리의 중보자가 될 수 있다는 착각을 불러일으킨다. 그들의 중보를 통해 신자의 기도가 하나님께 더 빨리 상달된다고 생각하게 만든 것이다.
2. 고신총회는 2005년에 아래와 같이 중보기도라는 용어 사용에 대해 결정하였다.
   ① '중보기도'라는 용어를 사용하는 것은 성경의 가르침에 위배되는 것이 아니다.
   ② 그러나 '중보'라는 용어의 사용이 자칫하면 교리적 혼란을 야기할 수 있으므로 그 용어를 사용할 때 주의해야 한다.
   ③ 예수님의 중보기도와 성도의 중보기도는 분명히 구별해야 하며 성도

의 중보기도는 그 자체로는 아무 효력이 없다.
④ 자신들의 간절한 기도에 어떤 효능이 있다고 생각하는 것은 인간에게 공로와 영광을 돌리는 것이 된다.
⑤ 중보기도를 많이 할수록 예수님의 무한한 공로와 효력을 의지하여야 한다.
⑥ 성도는 항상 기도에 더욱 힘써야 하며 특히 다른 사람을 위한 기도를 힘써야 한다.

제106문 본인이 소속된 개체 교회 밖의 각종 기도회와 집회에 참여해도 되는가?

1. 우리 주위에 가면 갈수록 그 출처를 알 수 없는 기도회며 집회 등이 유행하고 있다. 신자들은 교회에서 채워지지 않는 영적인 갈증을 이런 곳에서 채우려고 하는 모습을 볼 수 있다. 하지만 불건전한 기도회나 집회에 참여하는 것은 영적으로 큰 해악을 끼칠 수 있다.
2. 한국에서는 기도원이 많이 있는데, 기독교인들이 기도원에 가서 기도하는 것이 잘못된 것은 아니다. 하지만 기도원도 불건전한 곳들이 많다. 치유집회를 한다든지, 직통계시를 주장한다든지 이상한 곳들이 많다. 이것을 잘 파악해야 할 것이다.
3. 신자는 자신이 소속된 교회의 당회에 허락을 받아서 그런 기도회나 집회에 참여해야 할 것이다. 당회가 신자들의 영적인 안위를 책임지고 있기 때문이다. 당회는 교인들이 그런 기도회나 집회에 은밀하게 참여하도록 방치해서는 안 되고, 잘 지도해야 할 것이다.

제9장 주일학교

제32조 (주일학교의 명칭) / 제33조 (주일학교 교육이념) / 제34조 (주일학교 교육목적) / 제35조 (주일학교의 예배) / 제36조 (주일학교의 편제) / 제37조 (주일학교의 책임자) / 제38조 (주일학교의 교사) / 제39조 (주일학교의 교과서)

제107문 주일학교는 어떤 학교를 가리키는가?

교회에서 시행되는 각종 교육의 기관을 가리키는 것으로, 기독교의 전통과 국제관례에 따라 통일된 명칭이다. 따라서 주일학교는 주일은 물론 주간에도 이루어지는 모든 교육을 총망라한다.

제108문 주일학교의 교육이념은 무엇인가?

개혁주의 정신에 입각하여 웨스트민스터 표준서들(Westminster Standards - 신앙고백서, 대소교리문답, 예배지침, 교회정치 및 권징조례)을 따라 하나님을 사랑하고 이웃을 사랑하는 그리스도인을 양성한다.

제109문 주일학교의 교육목적은 무엇인가?

성경을 가르쳐, 그리스도인을 육성하여 신앙의 정통과 생활의 순결을 겸비하게 한다.

1. 삼위일체 하나님을 바로 알고 사랑하며 섬기게 한다(예배적 인격).
2. 하나님의 형상인 사람을 이해하고 사랑하며 도우고 그리스도를 전하게 한다(인화적 인격).
3. 자기의 존재 의의와 특별한 사명을 자각하여 자기가 선 자리에서 맡은 일에 충성하게 한다(문화적 인격).

제110문 주일학교의 예배를 별도로 허용할 수 있는가?

1. 한 가족이 함께 하나님의 집에 모여 예배하는 것이 마땅한 일이나 유년예배를 따로 드리게 되었을 경우 당회의 지도하에 인도하여야 한다.
2. 영아부, 유치부, 유년부, 초등부, 중고등부 등 주일학교의 별도 예배는 허용하되, 중학생 이상은 일반 공예배에 참석하게 한다.

제111문 세대통합예배를 하는 것이 바람직한가?

하나님과 언약을 맺은 주의 백성들은 모든 세대가 함께 하나님을 예배하는 것이 당연하다. 구약시대 때도 마찬가지였고, 신약시대 때도 마찬가지이다. 사실, 어른예배, 어린이예배라는 표현 자체가 어색하다. 당연히 세대통합예배라는 말도 어색한 것이 사실이다. 한국교회가 급속도로 성장하면서 세대별로 잘게 나누어서 따로 예배하고 있기 때문에 이런 현실에서 나온 표현이다. 원래 예배는 모든 세대가 함께 하나님 앞에 나아가야 한다. 선교지적 상황에서 믿지 않는 아이들에게 복음을 전하기 위해 시작된 주일학교가 있고, 그곳에서도 예배를 한다. 해당 부서를 담당하는 교역자가 있다고 하더라도, 예배라는 이름을 부르더라도 공예배가 아니라 성경을 공부하는 시간이라는 것을 명심하는 것이 좋겠다. 이제부터라도 우리는 모든 세대가 함께 예배하기를 힘써야 할 것이다. 쉽지 않은 일이겠지만 중요 절기 때부터라도 시작하면서 점차로 확대하면 좋겠다.

제112문 당회와 주일학교는 어떤 관련이 있는가?[141]

1. 목사와 당회는 주일학교를 지도하고 또한 주일학교 학생들의 모든 신령한 일을 지시하고 감독해야 한다.
2. 목사의 직무는 주일학교를 감독하는 일을 포함한다. 목사는 주일학교 교

---

141. 교회정치 문답조례 276문답.

육에 자주 참석하고 조력해야 하며, 어린이를 위한 특별집회를 가지고 종종 설교도 해야 한다.
3. 당회는 공과교재와 보조교재를 택하고, 도서관에 들어오는 모든 책을 주의 깊게 살펴보아야 한다. 총회 출판부의 출판물을 특별히 추천해야 한다.
4. 성경이 최고의 교재가 되도록 해야 하며, 소교리문답을 신중하게 가르치고 교리와 교회정치를 기억해야 한다.
5. 주일학교의 통계보고가 정기적으로 노회에 제출되어야 하며 총회록에 실리도록 해야 한다.
6. 온 회중이 주일학교의 교사들 및 교역자들과 관련을 가지는 것이 바람직하다.

제113문 주일학교와 가정교육은 모두 당회의 돌봄 아래에 있는가?[142]

주일학교는 어린 자들을 공적으로 가르칠 수 있는 가장 중요한 도구이므로 당회의 직접적인 지도 아래에 있어야 한다. 교사, 교재, 회칙, 임원들이 모두 당회의 승인을 받아야 한다. 당회는 교회 안에 있는 자녀들의 신앙교육의 책임을 이양할 수 없다. 가정교육은 아주 중요한 은혜의 도구이며 따라서 당회는 자녀들이 가정과 학교에서 적절한 훈련과 가르침을 받는지를 살펴야 한다.

제114문 주일학교의 편제를 어떻게 구분할 수 있는가?

1. 주일학교는 각 교회의 형편에 따라 편성한다. 영아부, 유치부, 유년부, 초등부, 중등부, 고등부, 대학부, 청년부, 장년부와 학생신앙운동(SFC / Student For Christ)로 구분하며 특히 교회의 중등부, 고등부, 대학부의 회원은 학생신앙운동의 운동원이 된다.

---

142. 교회정치 문답조례 238문답.

2. 학생신앙운동은 소속한 교회에서 독립된 선교단체가 아니며 하나님 중심, 성경 중심과 함께 교회 중심의 생활원리를 가지고 있다. 학원과 세계의 복음화 뿐 아니라 대한교회 건설과 세계교회 건설을 사명으로 삼고 있다.

제115문 주일학교의 교장은 누가 되는가?

주일학교의 교장은 개체 교회 담임목사로 한다. 그는 당회와 교회를 대표해서 주일학교의 최종 책임자이다.

제116문 주일학교의 교사는 어떤 자격을 갖추어야 하는가?

주일학교의 교사는 세례교인 중에서 신앙에 모범이 되고 교육 경험이 풍부한 자라야 한다. 총회 교육원이 주관하는 교사대학을 활용할 수 있다.

제117문 주일학교의 교과서는 어떤 것을 선택해야 하는가?

주일학교의 교재는 본 교단에서 발행하는 교재를 사용하여야 한다. 왜냐하면 본 교단의 교재는 주일학교 교육이념(33조 참고)과 교육목적(34조 참고)을 반영한 것이기 때문이다. 타 교단이나 단체서 발행한 교재를 참고할 수 있으나, 본 교단에서 발행하는 교재를 도외시하는 것은 옳지 못하다. 당회와 담임목사는 주일학교 교재를 선택하는 일에서도 감독해야 한다.

제10장 시벌과 해벌

제40조 (시벌) / 제41조 (해벌)

제118문 예배지침에 시벌과 해벌 항목이 실린 이유가 무엇인가?

권징 곧 시벌과 해벌은 주 예수 그리스도의 이름과 그 직권으로 선언하는 일이므로 주일 공예배 순서 중 하나가 되기 때문이다.

1. 시벌과 해벌을 시행할 때는 특히 공개된 무거운 죄 또는 출교와 같은 시벌의 경우 반드시 교회의 공예배 시에 회중 앞에서 공포해야 한다. 바울을 통해서 주께서 다음과 같이 말씀하셨다: "범죄한 자들을 모든 사람 앞에서 꾸짖어 나머지 사람들로 두려워하게 하라"(딤전 5:20). 이렇게 하므로 교회는 어떠한 벌을 받은 자라도 그를 위하여 기도하고 위로해 줌으로써 속히 회개하고 돌아올 수 있도록 지도할 책임을 가질 뿐 아니라, 그러한 범죄를 두려워하고 경계하게 된다.

2. 미국 장로교회는 초창기부터 시벌을 예배지침에서 다루었으며(1788년 예배지침 10장), 특히 미국 북장로교회가 이 전통을 이어 왔다. 이를 '교회정치 문답조례'에서 볼 수 있다(194-195문답).

제119문 모든 시벌을 반드시 공예배 시에 회중에게 공포해야 하는가?

모든 시벌을 반드시 공예배 시에 회중에게 공포할 필요는 없다. 일반에 공개되지 아니한 경미한 범죄자에 대한 시벌은 은밀하게 하고 예배정신으로 하되 공포하지 않을 수 있다.

1. 공개된 무거운 죄, 또는 출교와 같은 시벌은 반드시 공예배 시에 교회 앞에서 다음과 같이 공포하여야 한다: "지금 (○○○)씨는 (○○○)죄를 범한 증거가 있으므로 본 치리회는 주 예수 그리스도의 이름과 그 직권으로 형

제가 회개하고 만족한 증거를 제시하기까지 (○○○)벌을 가하노라 아멘."
2. 예배를 폐회한 후 광고 시간에 공포하는 것은 옳지 않다. 시벌 및 해벌 공포는 공예배 순서 중 하나로서 다루어져야 한다. 그래서 시벌과 해벌의 공포는 권징조례에서 뿐만 아니라 예배지침에서도 다루어진다. 이는 예배의 정신으로 해야 할 엄숙한 일로서 이 공포를 통해 오직 하나님께 영광을 돌려야 한다.

제11장 헌법적 규칙(예배지침)

제1조 (예배당의 봉헌식)

제120문 예배당의 봉헌식은 어떤 의의를 가지고 있는가?

예배당의 봉헌식은 신축된 예배당이 완공되고 일체의 부채를 정리한 다음 온 교회가 함께 예배를 드리고 함께 충성을 다짐하는 것이다.

제121문 예배당 봉헌식의 절차는 어떻게 하는 것이 좋은가?
1. 봉헌식의 주례는 개체 교회의 당회장이 담당하는 것을 원칙으로 한다.
2. 봉헌식의 절차는 개체 교회의 당회에서 실정에 맞도록 작성하되 건축위원회 경과보고와 열쇠봉헌의 순서를 삽입할 것이다.
3. 주례자의 공포로 인하여 그 효력을 발생하되 다음과 같이 선포하여야 한다: "대한예수교장로회 (   )교회 교우 일동은 이 예배당이 하나님께 온전히 봉헌된 것을 내가 성부와 성자와 성령의 이름으로 선포하노라 아멘."

제2조 (목사의 임직식) / 제3조 (목사의 위임식) / 제4조 (강도사의 인허식) / 제5조 (장로와 집사 및 권사의 임직식): 교회정치의 해당 부분을 참고하라

제122문 주일에 임직식을 해도 되는가?
1. 고신총회는 주일에 임직식을 해도 되느냐는 헌의안을 여러 번 받고서 매번 할 수 없다고 결정했다(1997년, 2000년, 2006년). 그 이유가 무엇일까? 예배지침(2장 6조)에 근거하여 불가하다고 결정했다. "주일에는 기도, 묵상, 찬송, 성경연구, 공예배 참석, 기타 전도, 구제 등 선한 사업을 통하여 하나

님께 영광을 돌리고 성도 간에 교제를 힘써야 한다"는 문구 말이다. 한마디로 말해서 주일에는 예배에 집중해야 하기에 다른 행사를 해서는 안 된다는 것이다.

2. 최근에는 주일에 임직식을 하는 경우가 종종 있는데, 이것은 교인들이 주중에 모이기가 힘들기 때문에 편의상 주일에 하려는 것일 수 있다. 한편, 임직식을 주일에 해도 되는가 하는 문제는 임직식의 성격을 먼저 규정하는 것으로부터 시작해야 한다. 임직식은 개체 교회 직분자를 임직하는 예식이다. 그렇다면 임직식은 편의상을 떠나서 개체 교회 교인들이 다 함께 모일 수 있는 날이어야 한다. 교인들이 다함께 모일 수 있는 날로는 주일이 가장 좋지 않겠는가?

3. 임직식을 주일에 하지 않아야 한다는 것은 임직식을 잔치처럼 치르고자 하는 것 때문이 아닌지 모르겠다. 임직식은 외부 손님들로부터 축하를 받는 것이 중요한 것이 아니라 임직 받는 교회의 교인들과 함께 예배하면서 축하를 받는 것이 합당하다. 우리 한국의 문화는 임직식을 성대하게 잔치처럼 치르기에 주중에 하면서 축하객들을 많이 초대하는데 이것이 과연 바람직한지 물어야 하겠다. 주일에 임직식을 하지 않아야 한다는 결정을 존중해야 하겠지만 앞으로는 임직식의 성격에 관해 더 깊이 고민해야 하겠다.

제6조 (결혼식)

제123문 결혼식이 하나님이 세우신 신성한 예법이라면 왜 성례(聖禮)가 아닌가?

1. 창세기 2장을 보면 결혼은 하나님이 정하신 창조의 질서요 처음부터 거룩한 제도이다. 중세 시대의 교회는 세상의 영향 특히 성(聖)과 속(俗)이라는 이원론의 영향으로 결혼과 가정을 거룩한 것으로 보지 않고 속된 것으로

여겼다. 그래서 결혼도 세례와 성찬처럼 성례로 간주하고 성례(聖禮)라는 의식을 통해 본래 속된 것인 결혼이 거룩하게 된다고 보았다. 그러나 주님은 바울을 통해 다음과 같이 말씀하셨다: "하나님께서 지으신 모든 것이 선하매 감사함으로 받으면 버릴 것이 없나니 하나님의 말씀과 기도로 거룩하여짐이라"(딤전 4:4-5).

2. 결혼은 처음부터 거룩한 제도이므로 성도들은 마땅히 주 안에서 결혼해야 한다. 그래서 종교개혁 당시 개혁가들은 결혼예식서를 사용하였고, 웨스트민스터 예배지침(1645년)도 결혼식에 대해 다룰 만큼 성도의 결혼은 아주 중요하다.

제124문 결혼식에서 누가 주례를 해야 하는가?

특별한 훈계와 적당한 기도로 행하기 위하여 목사나 기타 교역자로 주례하게 함이 옳다. 결혼은 사회제도이기 이전에 하나님께서 제정하신 제도이기에 결혼에 대한 원리를 분명하게 설명해야 한다. 이것을 하기 위해서는 믿지 않는 이들을 주례로 세워서는 안 되고 말씀을 맡은 교역자가 말씀을 가르치면서 주례하는 것이 옳다.

제125문 목사가 불신자의 결혼식을 주례할 수 있는가?

신자가 불신자와 결혼할 수 없다. 혹, 불신자와 교제하고 결혼에까지 이르는 경우가 있는데 이때에도 교회생활을 시작하여 신급이 학습인 이상이어야 한다. 그리고 결혼하는 당사자의 경우에도 신급은 학습인 이상이어야 한다.

제126문 신자가 누구와 결혼해야 하는가?

성도들은 마땅히 주 안에서 결혼할 것이며, 한 남자 한 여자로 하고 성경에서 금한 친족 범위 안에서는 하지 말아야 한다.

제127문 부모의 동의 없이 결혼할 수 있는가?

결혼은 남녀가 각각 상당한 연령에 도달하여야 하며, 부모 혹은 후견자의 동의를 얻는 것을 원칙으로 한다. 그러나 부모는 자녀가 원하지 않는 결혼을 강요해서는 안 되며 또한 자녀가 결혼을 원한다면 정당한 이유 없이 동의하지 않으면 안 된다.

제128문 결혼을 비밀리에 할 수 있는가?

주례자는 부모 혹은 후견자의 동의를 제대로 얻었는지 확인해야 하며, 충분한 증인들 앞에서 할 수 있도록 권고해야 한다. 이는 십계명 중 제5계명, '네 부모를 공경하라'는 계명을 염두에 둔 것이다. 왜 굳이 충분한 증인들 앞에서 예식을 행하는가? 이로써 결혼하는 당사자는 예식에 참여한 증인들의 권위를 인정하며 이들의 기도와 도움을 공적으로 요청하기 때문이다.

제129문 지인들에게 부담주지 않기 위해 비밀리에 자녀를 결혼시키는 것이 합당한가?

자녀의 결혼식을 비밀리에 하고는 후에 그 소식을 알리는 경우가 있다. 결혼식을 공개하기 힘든 사정이 있다 하더라도 신자의 결혼식은 공개적이어야 하고, 하나님과 증인 앞에서 이루어져야 한다. 결혼식을 비밀리에 하는 것은 지인들에게 부담을 주지 않기 위한 목적도 있을 것이다. 아무리 그렇다고 하더라도 부조금 문화를 바꾸면 되지 교회에 공개적으로 알리지 않고 결혼식을 하는 것은 합당하지 않다.

제130문 결혼하기 전에 광고를 해야 하는가?[143]

1. 혼인은 공적 성질을 가진 것이며, 국민과 사회의 복리와 가족상의 행복과

---

143. 교회정치 문답조례 186문답.

종교상의 명예에 깊은 관계가 있으므로 결혼예식을 거행할 일을 한 주일 전에 작정하고 널리 예고해야 한다. 웨스트민스터 예배지침(1645년) 역시 여러 날 전에 교회 앞에 예고할 것을 말하고 있다.

2. 단, 불신결혼이나 주일에 행하는 결혼식은 교회 앞에 광고할 수 없으며 주보에도 광고를 실을 수 없다.

제131문 결혼식에서 교역자가 주례가 아닌 기도만 부탁받으면 할 수 있는가?

신자의 결혼식은 말씀을 맡은 목사(혹은 교역자)가 주례를 하면서 하나님께서 한 남자와 한 여자를 짝지어 주신 것을 공개적으로 선포해야 한다. 그런데 요즘에는 목사나 교역자의 주례 없이 결혼 당사자의 친구 등을 사회자로 세워서 결혼식을 하는 경우가 많다. 이렇게 하면서 교역자에게 결혼예식의 한 순서로 기도만 해 달라고 부탁하는 경우가 있다. 이것은 합당하지 않다. 결혼식은 교회적인 사항이기에 당회가 결혼을 허락하고 주관해야 한다. 그런데 여러 가지 사정으로 목사에게 주례를 요청하지 않은 경우에는 당회에 불러 기도해주는 것이 좋겠다.

제132문 결혼식의 순서는 어떻게 하는 것이 좋은가?

1. 목사는 다음과 같이 예식을 시작한다.

우리 주 예수 그리스도의 회중 여러분, 우리는 ○○○ 씨와 ○○○ 씨가 삼위 하나님의 이름으로 혼인 서약을 하는 자리에 증인으로 함께 모였습니다. 치리회는 이 두 사람의 혼인 의사를 교회에 정당하게 알렸고, 이에 대하여 정당한 반대가 제기되지 않았습니다. 이제 우리는 주님의 이름으로 두 분의 혼인 예식을 시작하겠습니다.

2. 목사는 혼인 제정사를 한다.

혼인의 서약을 하기 전에 우리는 먼저 하나님의 말씀이 혼인에 관하여서 가르치는 것을 듣겠습니다. 성경은 혼인이 사람에게서 나온 것이 아니고 하나님께서 기뻐하시는 뜻대로 제정하신 제도라고 가르쳐 주십니다. 태초에 하나님께서 천지를 창조하신 다음에 그분의 형상을 따라서 사람을 창조하셨습니다. 그때에 여호와 하나님께서는 "사람이 독처(獨處)하는 것이 좋지 못하니 내가 그를 위하여 돕는 배필을 지으리라"라고 말씀하셨습니다. 하나님께서 동물들을 아담에게 인도하셨지만 아담은 거기에서 자기에게 맞는 돕는 배필을 찾을 수 없었습니다. 여호와께서는 아담을 깊이 잠들게 하시고 그의 갈빗대 하나를 취하여서 여자를 만드시고 아담에게 인도하셨습니다. 그때에 아담은 이러한 사랑의 시로 그 여자를 맞이하였습니다. "이는 내 뼈 중의 뼈요 살 중의 살이라 이것을 남자에게서 취하였은즉 여자라 칭하리라."

하나님께서는 태초에 남자와 여자를 서로에게로 인도하여 한 몸이 되게 하셨으며, 오늘날도 여전히 남자와 여자가 한 몸으로 연합하여 거룩한 가정을 이루게 하십니다. 아담과 하와의 혼인 때에 하나님께서는 "이러므로 남자가 부모를 떠나 그 아내와 연합하여 둘이 한 몸을 이룰지로다"라는 원칙을 선언하셨습니다. 혼인은 하나님께서 친히 이루신 연합이기 때문에 하나님께서는 이 연합이 깨어지는 것을 매우 미워하십니다. 우리 주 예수 그리스도께서도 "하나님이 짝지어 주신 것을 사람이 나누지 못할지니라"(마 19:6) 하셨고, 또한 "누구든지 음행한 이유 외에 아내를 버리고 다른 데 장가 드는 자는 간음함이니라"(마 19:9)고 말씀하셨습니다. 우리의 연약함을 아시는 주님께서는 "음행을 피하기 위하여 남자마다 자기 아내를 두고 여자마다 자기 남편을 두라"(고전 7:2)고 하셨습니다. 이것은 우리의 몸이 성령의 전(殿)으로 보존되고 우리의 몸으로 하나님께 영광을 돌리기 위함입니다.

3. 목사는 혼인의 목적을 밝힌다.

하나님의 말씀은 우리에게 혼인의 목적에 대하여서도 가르쳐 줍니다. 첫째, 남편과 아내는 신실한 사랑과 기쁨 가운데서 각각 서로에게 속하여 있어야 하며 자기의 유익을 구하지 아니하고 상대에게 자신을 온전히 주어야 합니다. 온전한 사랑 가운데서 한 몸이 된 두 사람은 현세와 내세에 관련된 모든 일에서 서로를 신실하게 도우면서 살아야 합니다. 둘째, 하나님께서는 하나님나라를 내다보시면서 혼인하여 다음 세대를 이어가도록 하셨습니다. 하나님께서 사람을 창조하신 후에 "생육하고 번성하여 땅에 충만하라"고 복을 주셨으므로 남편과 아내는 이 복 아래에서 생육하고 번성할 것입니다. 하나님께서 그들에게 자녀를 주시기를 기뻐하시면 그들은 그 자녀가 여호와를 참되게 알고 경외하도록 양육하여야 합니다.

4. 목사는 혼인의 비밀도 설명한다.

　사도 바울은 남편과 아내가 혼인으로 연합하여서 하나가 되는 것은 그리스도와 그의 교회의 관계를 나타낸다고 가르칩니다. 그리스도와 교회의 연합은 큰 비밀입니다. 그리스도께서 교회의 머리이신 것처럼 남편은 그의 아내의 머리입니다. 그리스도께서 그의 교회를 끝까지 사랑하시고 교회를 위하여 자신을 주셔서 거룩하고 흠이 없게 하려고 하시는 것처럼, 남편도 자기의 아내를 자기 자신의 몸처럼 사랑하고 돌보고 보호하여야 합니다. 교회가 그리스도에게 순종하는 것처럼 아내는 모든 일에서 하나님의 뜻을 따라 남편에게 순종하고 그를 존경하며 그의 사랑의 돌봄에 의탁하여야 합니다. 경건한 여인들의 본을 따라서 하나님을 믿고 남편에게 복종하여야 합니다.

　남편과 아내는 그리스도를 경외함으로 피차 복종하여야 합니다. 그들은 상대의 죄와 부족함을 마음으로 용서하고 모든 선한 일에서 서로를 도와야 할 것입니다. 사랑으로 연합되었으므로 세월이 갈수록 그들의 혼인 생활에서는 그리스도와 교회의 연합이 더욱 충만하게 나타날 것입니다.

5. 목사는 혼인의 약속을 해설한다.

　타락한 이 세상에서는 죄로 말미암은 어려움과 고난과 슬픔이 여전히 있으며, 혼인의 복을 받은 사람들도 예외는 아닙니다. 바울 사도가 가르쳐 주신 것처럼, 혼인한 사람들은 또한 혼인하였기 때문에 겪는 어려움이 있습니다. 그렇지만 그들은 생명의 은혜를 상속받을 자로서 하나님께서 항상 아버지와 같은 손길로 그들을 돕고 보호하여 주실 것이고, 심지어 그들이 전혀 기대하지 않을 때에도 그리하여 주실 것이라는 약속을 믿을 수 있습니다. 그들이 서로의 죄를 용서하는 것처럼, 하나님께서 그리스도 때문에 그들의 죄를 용서하여 주시고 그들의 혼인을 거룩하게 하여 주시며 하나님나라를 위하여 사용하신다는 약속이 있습니다. 남편과 아내가 함께 하나님의 말씀을 따라서 살 때에 하나님께서는 그들에게 이렇게 복을 약속하십니다. "여호와를 경외하며 그의 길을 걷는 자마다 복이 있도다. 네가 네 손이 수고한 대로 먹을 것이라. 네가 복되고 형통하리로다"(시 128:1-2).

6. 신랑과 신부가 서약하기 위하여 일어서면 목사는 혼인의 의무를 말한다.

신랑과 신부는 주님께서 혼인의 관계에서 그대들에게 요구하시는 것이 무엇인가를 하나님의 말씀에서 들으십시오.

신랑 ○○○, 그대는 그리스도께서 그의 교회를 사랑하시고 위하여 자신을 내어주심 같이 그대의 아내를 사랑하십시오. 그리스도를 경외하면서 아내의 머리로서 아내를 인도하며, 아내를 자기의 몸처럼 사랑하고 보호하고 양육하십시오. 그대의 아내는 그대와 함께 영원한 생명을 유업으로 받을 사람이므로 지식을 가지고 함께 살면서 귀하게 여기십시오. 그리하면 그대의 기도가 막히지 않을 것입니다. 그대의 가족을 부양하고 가난한 사람을 돕기 위하여 그대의 직장에서 매일 신실하게 일하십시오.

신부 ○○○, 그대는 그대의 남편을 사랑하고 교회가 그리스도에게 복종하듯이 그대의 남편에게 순종하십시오. 그리스도를 경외하면서 남편의 지도를 받고, 모든 선한 일에서 그를 도우십시오. 그대의 가정과 식구를 정당하게 돌보며, 외모로 꾸미지 말고 믿음과 사랑과 거룩함으로 단장하십시오.

두 사람은 항상 서로를 돕고 서로에게 신실하여야 합니다. 주님께서 그대들에게 주신 소명을 교회와 이 세상에서 부지런히 이행하십시오. 그리하여 하나님께서 두신 그 자리에서 복이 되십시오.

우리의 은혜로우신 하나님께서 그대들이 남편과 아내로서 이러한 주님의 교훈을 따라서 함께 살 수 있는 힘과 신실함을 주시기를 원하며, 그대들이 하늘과 땅을 지으신 주님의 이름에서 도움을 찾기를 원합니다.

7. 목사는 '오른손을 들어 서약하겠습니까?'라고 말한 후 혼인 서약을 받는다.

(신랑에게)

신랑 ○○○, 그대는 여기에 있는 신부 ○○○을/를 그대의 정당한 아내로 맞이하기로 주님 앞에서 또한 여기에 모인 증인들 앞에서 서약하십니까? 그대는 이 사람을 신실하게 사랑하고 지도하며, 보호하고 부양하며, 부부의 도리와 정조를 지키기로 서약하십니까? 또한 이 사람을 결코 버리지 않고, 기쁠 때나 슬플 때나, 살림이 넉넉하거나 가난하거나, 건강하거나 병들거나, 죽음이 그대들을 나누기까지는 언제든지, 거룩한 복음을 따라서 거룩함 가운데서 진실하게 함께 살 것을 서약하십니까?

대답: 예, 그대로 서약합니다.

(신부에게)

신부 ○○○, 그대는 여기에 있는 신랑 ○○○을/를 그대의 정당한 남편으로 맞이하기로 주님 앞에서 또한 여기에 모인 증인들 앞에서 서약하십니까? 그대는 이 사람을 사랑하고 복종하며 도와주고, 부부의 도리와 정조를 지키기로 서약하십니까? 또한 이 사람을 결코 버리지 않고, 기쁠 때나 슬플 때나, 살림이 넉넉하거나 가난하거나, 건강하거나 병들거나, 죽음이 그대들을 나누기까지는 언제든지, 거룩한 복음을 따라서 거룩함 가운데서 진실하게 함께 살 것을 서약하십니까?

대답: 예, 그대로 서약합니다.

신랑과 신부 두 분, 우리는 어떤 선한 것도 우리 스스로에게서는 기대할 수 없습니다. 따라서 그대들은 주님 앞에 나아가 기도하여야 합니다. 우리도 주님께서 그대들을 능하게 하여서 이 서약을 이루게 하시며 주님의 복이 내리기를 그대들을 위하여 그리고 그대들과 함께 기도합니다.

8. 목사가 감사기도를 한다.

하늘에 계신 전능하신 아버지, 주님께서는 태초에 사람이 혼자 있는 것이 좋지 않다고 말씀하시고 남자에게 돕는 배필을 지어 그에게 인도하셨사오며, 두 사람이 하나 되는 것으로 그리스도와 교회의 신비한 연합을 이 땅 위에 나타내게 하셨사옵나이다. 주님께서는 오늘도 이 두 사람을 혼인의 관계로 인도하여 주시고 두 사람이 서로에게 자신을 주고 하나가 되게 하여 주셨사옵나이다. 주님의 이름으로 서약하는 이 자리에 주님께서 친히 함께하시며 이 혼인을 거룩하게 받아 주심을 깨닫고 저희들이 주님께 감사드리고 찬송을 드리옵나이다.

주님께 구하옵나니 주님의 이름으로 서약한 이들에게 성령으로 충만하게 하여서 이들이 참된 믿음 가운데서 주님의 뜻을 따라 함께 살게 하여 주시옵소서. 이들을 도와 주셔서 이들이 죄의 세력에 저항하고 주님 앞에서 거룩한 삶을 살도록 하여 주시옵소서. 주님의 얼굴빛을 이들에게 비추어 주셔서 이들이 역경에서나 순경(順境)에서나 아버지와 같은 주님의 손길로 인도를 받게 하여 주시옵소서.

아브라함과 이삭과 야곱에게 주신 언약의 약속을 따라서 이들에게도 주님의 복을 내려 주시옵소서. 주님께서 이들에게 자녀 주시기를 기뻐하시면 주님의 언약을 이들과 이들의 자녀들에게도 확정하여 주시고, 이들이 주님을 경외하는 가운데 그 자녀들을 주님의 이름의 영광과 교회의 건설을 위하여 양육하도록 지혜와 능력을 내려 주시옵소서.

이들로 하여금 주님의 아들 예수 그리스도와 연합하여 살게 하여 주셔서 참된 사랑으로 조화를 이루고 이웃의 유익을 위하여 살게 하여 주시옵소서. 이들로 하여금 모든 교회와 함께 어린양의 혼인 잔치가 열릴 위대한 날을 소망하게 하여 주시옵소서.

자비로우신 아버지, 우리의 기도를 들어주시옵소서. 아버지와 성령과 더불어 유일하고 참된 하나님이시요 영원히 다스리시는 예수 그리스도의 이름으로 기도하옵나이다. 아멘.

9. 목사가 공포를 한다.

신랑 ○○○ 와/과 신부 ○○○, 이제 나는 그대들이 남편과 아내임을 성부와 성자와 성령의 이름으로 선언합니다. 하나님께서 짝지어 주신 것을 사람이 나누지 못할 것입니다.

모든 자비의 아버지여, 은혜 가운데서 그대들을 이 거룩한 혼인의 상태에 들어가게 하여 주신 하나님께서 그대들을 진실한 사랑과 신실함으로 묶어 주시고 풍성한 복을 내려주시며, 모든 경건과 사랑과 연합 가운데서 두 사람이 함께 거룩한 삶을 오래 누리게 하여 주시기를 원합니다. 아멘.

제133문 주일 오후(혹은 저녁)예배에서 결혼식을 겸할 수 있는가?

결혼은 예배의 순서와 요소에 속하지 않으며, 또 세례와 성찬처럼 성례가 아니기 때문에 주일 예배에서 결혼식을 시행할 수 없다. 총회는 건덕을 위하여 직원의 임직식 역시 주일에 시행하지 않도록 여러 차례 결정한 바가 있다. 하물며 결혼식은 주일예배에서 병행할 수 없고, 심지어 주일에 행하는 어떤 결혼식도 교회 앞에 광고할 수 없다.

제134문 결혼식의 장소가 반드시 예배당이 되어야 하는가?

우리 헌법은 결혼식이 예배당에서 교인들과 더불어 시행하는 예식이라는 것을 강조하고 있지 않다. 예배당의 장소가 적합하지 못하고 또 불신자를 염두에 두는 등 여러 가지 이유로 예배당이 아닌 다른 장소 즉 일반 예식장이나 다른 장소를 이용할 수 있다. 결혼식 사진을 잘 찍기 위해 예배당 조명의 문제를 거론하기도 하고, 하객들이 식사하는 것이 불편하다고 생각해서 예배당이 아닌 예식장을 이용하기도 하는데 가능하면 결혼 당사자가 출석하는 예배당에서 교인들과 함께 시행하는 것이 바람직하다.

제135문 결혼서약을 당사자들이 읽고 서약하는 것이 바람직한가?

결혼예식에서 중요한 순서가 서약이다. 이 서약은 결혼 당사자들이 하나님과 주례자, 그리고 증인들 앞에서 공적으로 서약하는 것이다. 결혼 후에는 이 서약을 이루기 위해 힘써야 한다. 그런데 결혼 당사자가 자신의 입으로 서약하는 것이 마음에 와 닿을 것이라고 하면서 하기를 요구하는 경우도 있는데, 이 서약은 당사자들만의 문제에 국한된 것이 아니라 주례자가 하나님을 대신하여 결혼 당사자들에게 묻는 내용이기에 '예'라고 말 한마디만 하는 것으로 생각해서는 안 된다.

제136문 결혼식에서 성찬을 행할 수 있는가?

결혼식에서 성찬을 행할 수 없다. 왜냐하면 결혼식이 설사 예배의 형식을 취한다고 할지라도 주일의 공 예배와 구별되어야 하기 때문이다. 또 성찬은 개인의 식탁이 아니요 교회의 온 회중이 참여하는 교회의 공적 식사이므로 가정과 가정의 결합이라는 사적인 명분을 위하여 이를 이용하는 것은 옳지 않다. 대한예수교장로회 총회(합동) 역시 제88회 총회(2003년)에서 이 같은 결정을 내린 바 있다.

제137문 결혼식에서 축가나 그 외의 축하의 순서를 어디에 두는 것이 좋은가?

예배를 마친 후에 축하 순서에 둠으로 예배와 축하 순서를 구별하는 것이 바람직하다.

제138문 결혼을 금할 경우가 있는가?[144]

주례자는 깊이 유의하여 결혼이 하나님의 법을 범하거나 국가 법률에 저촉됨이 없도록 하며, 가정의 화평과 안위를 손상시키지 않기 위하여 이 혼인

---

144. 교회정치 문답조례 181문답.

에 반대되는 것이 없다는 쌍방의 증명을 확보하여야 한다.
1. 결혼은 한 남자 한 여자가 하는 것이므로 한 남자가 두 명 이상의 아내를 가지거나, 한 여자가 두 명 이상의 남편을 가지는 것은 불법이다.
2. 부인이나 남편이 사망한 사실이 확실하지 않은 경우 재혼할 수 없다.
3. 합법적인 이유로 이혼한 경우가 아니면 재혼할 수 없다.

제139문 합법적인 이유로 이혼할 수 있는 경우는 어떤 것인가?

　　42회 총회(1992년)는 다음과 같이 개혁주의 신학원리에서 기독교인의 이혼과 재혼에 관한 결의를 하였다(제44, 50, 53회 총회에서 재확인하였다).
1. 음행한 이유 없이 이혼할 수 없다(마 19:3-9).
2. 불신자인 배우자가 신앙 유지를 불가능하게 하면서 이혼을 강요할 경우
　　(하나님과 불신 배우자 중 택일하지 않으면 안 될 경우 이혼할 수 있다.)
3. 배우자가 이단 사상에 빠져, 가족의 바른 신앙 유지에 지장을 주면서 이혼을 요구할 때 이혼할 수 있다. 이단은 사도신경 고백 거부와 삼위일체 하나님을 부인하며, 교단 총회에서 이단으로 규정지은 집단에 한한다.
4. 배우자의 결혼 전의 부정을 이유로 하여 이혼할 수 없다.
5. 불법으로 이혼한 사람 중 교회의 직분을 받아 봉사하는 자가 있다면 반드시 시벌하여야 하며 해벌 후에도 영구히 교회 직원으로 임명할 수 없다.

제7조 (장례식)

제140문 교회예식에서 장례식은 결혼식과 어떤 차이가 있는가?

　　결혼식과 장례식은 성례가 아니다. 그런데 결혼식과 장례식의 차이가 있다. 개혁교회에서는 결혼식을 교회적인 일로 생각하지만, 장례식은 교회적인 일이 아니라 가족의 일로 생각한다. 그래서 장례식은 유가족이 주도하여 치러야 한다. 교회가 자기 가족의 장례에 신경을 써주지 않는다고 하면서 서

운해 해서는 안 될 것이다. 하지만, 동양적인 문화에 의하면 장례식이 무엇보다 중요한 의식이다. 교회가 사람의 죽음에 대해 무심하다라는 인상을 줄 필요는 없다. 오히려 유가족을 적극적으로 위로하고, 장례식에 참석하는 불신자들에게 복음을 전하는 기회로 삼아야 할 것이다.

제141문 장례식에서 염두에 두어야 할 점에는 어떤 것이 있는가?

1. 죽은 자를 위해 시행하는 미신적인 행위는 절대적으로 삼가야 한다. 예를 들어 성수 뿌리기, 죽은 자를 위한 기도, 별세자의 무덤이나 관 앞에 촛불을 켜거나 향을 피우거나 배례하는 일 등이다.
2. 시나 찬송을 부르고 합당한 성경을 낭독하며 설교를 하고, 특별히 비참한 일을 당한 자로 하나님의 은혜를 받게 하며 저희의 슬픔이 변하여 영원한 유익이 되게 하며, 위로를 받도록 해야 한다. 또 유족들을 위로하는 데 힘을 쓰고 신앙이 없이 생활하다가 별세한 자에 대한 소망은 언급하지 않아야 한다.

제142문 죽은 자가 신자인데도 장례식에서 그를 위해 어떤 것도 할 수 없는가?

1. 죽은 자가 신자든 불신자든 죽은 자를 위해 어떤 것도 할 수 없다. 중세교회와 천주교의 관습에는 시신을 향하여 혹은 시신 옆에서 무릎을 꿇거나 기도하는 관습, 관이나 매장지에 성수를 뿌리는 것이나, 죽은 자를 위하는 기도 등이 있었다. 이런 것 때문에 16세기의 종교개혁가들이나 웨스트민스터 예배지침(1645년)은 시신을 운구해서 장지에 옮기기까지 어떤 의식도 갖지 말고 즉시 매장하라고 하였다(10장 장례예식).
2. 장례식에서 고인과 관련해서 드리는 기도는 고인의 출생 이후 지금까지 인도하신 하나님의 은혜를 생각하며 감사의 기도를 드릴 수 있다.

제143문 장례식 예배를 타 종교의 의식과 섞어서 해도 되는가?

유족의 자녀가 많아서 타 종교에서 장례식을 관장하는데, 한 자녀가 기독교인이어서 교회가 찾아가서 위로를 해야 할 수도 있다. 이런 경우에 장례식장에서 예배를 하는 것이 합당할까? 이럴 경우에 믿지 않는 이들에게 복음을 전할 수 있는 기회일 수도 있겠지만, 한편으로는 기독교가 혼합주의에 물든 것처럼 보일 수도 있다. 대통령이나 유명인의 장례식에서 여러 종교가 돌아가면서 종교의식을 치러주는 경우를 생각해 보면 될 것이다. 이럴 경우에는 자리를 옮겨서 슬픔을 당한 신자 유족을 위로하는 기도 등을 할 수 있겠다.

제144문 불신자의 장례를 기독교식으로 치를 수 있는가?

불신자의 장례를 기독교식으로 치를 수 있다. 그러나 유족들을 위로하고 복음을 전하는 전도의 계기로 삼을지언정 별세한 자에 대한 소망은 언급하지 않아야 한다.

제145문 장례식의 설교는 어떠해야 할까?

1. 예배의 형식을 취하나 주일 공예배와는 다른 성격을 가지고 있다. 또 이를 통해 죽은 자를 위하는 것은 아무것도 없다.
2. 장례가 예배의 형식을 취하는 것 특히 장례식 때 기도와 설교에 대해 교회역사에서 많은 토의가 있어 왔다. 웨스트민스터 총회에서는 이 문제를 가지고 6일 동안 토의한 바가 있다. 쟁점은 매장 후의 설교였다. 이로써 목사의 과도한 설교 부담으로 이어져 목사의 업무를 지치게 하고, 둘째는 부자와 가난한 성도를 구별해서 부자를 위해서 설교를 남용하는 결과를 낳았다고 하여(장례 설교에 대한 수고비를 받음), 다음과 같이 결론을 내렸다. 즉 매장 후에 시행하는 '명상'(추모)과 이를 위한 회합만을 허락하였다. 네덜란드 개혁교회는 1590년대에 이와 관련하여 장례 설교 대신에 '감사의

말'로 할 것을 규정하였고, 돌트 교회정치(1618년)는 장례식에서 예배는 없다고 규정하기에 이르렀다.
3. 따라서 목사는 감사의 말로 고인을 추모하며, 유족들에게는 위로와 소망의 말로 권면하고, 특히 불신 가족을 염두에 두고 전도의 계기로 삼아야 할 것이다.

제146문 예배당에 시신을 놓고 예배할 수 있는가?

2000년(50회) 총회에서 '교회당 내의 예배실에 시신을 가져다 놓고 예배를 드리는 일이 개혁주의 표준문서상으로나 성경적으로 잘못된 일이 아닌가?'라는 질의가 있었다. 거룩한 장소에 시신을 가져다 놓고 예배하는 것이 잘못된 것이 아닌가 하는 생각이다.
1. 우리 정서로서는 용납하기 힘들 수 있지만 장례식장을 이용하기 전에는 예배당에 관을 놓고 장례예식을 치르곤 했다.
2. 지금도 구미 등에서는 왕족들뿐만 아니라 신자의 시신을 예배당에 옮겨 놓고 발인식을 가지는 것을 볼 수 있다. 발인하기 전에 관을 열어 놓고 고인의 얼굴을 마지막으로 볼 수 있는 기회를 가지기도 한다.

제147문 신자의 시신을 화장(火葬)해도 되는가?

전통적으로 기독교의 장례는 주로 매장을 선호했다. 신자의 죽음을 잠에 비유하듯이 다시 깨어날 것이기 때문에 매장을 선호했다.
1. 신자의 시신이 매장되는 곳은 그의 시신이 부활하는 곳이 될 것이다. 신자의 몸은 썩어가겠지만 신자는 죽는 순간 그 영혼이 하나님께로 가서 안식한다. 마지막 날에 그리스도께서 다시 오실 때 신자의 몸과 영혼이 결합하여 마지막 심판을 받는다. 그렇다면 신자의 장례식은 슬픈 예식이 아니라 새로운 생명을 받게 되는 예식이다. 요즘에 '천국환송예배'라는 표현을 쓰는 경우가 있는데 이 용어를 사용하는 것이 좋으냐의 문제를 놓아두더라

도 우리는 신자의 장례식이 소망스러운 예식이라는 것을 알아야 한다.
2. 화장은 불교, 힌두교 등에서 선호하는 장례예식이다. 시신을 불에 태워서 완전히 재로 날려 버리는 것은 윤회에 대한 사상 때문이다. 불로 태워서 이생에서의 삶을 완전히 절멸시킨 후, 다른 생으로 태어나서 윤회의 사슬을 다시 돈다고 믿기 때문이다. 화장에 이런 배경이 있기에 기독교가 화장을 터부시하곤 한다.
3. 종교적인 신념이 아니라 현실적인 이유로 화장이 늘어가고 있다. 대한민국의 전 국토가 무덤이라고 할 정도가 되었고, 이제 매장지가 거의 없기 때문에 화장을 하고 납골당에 유골을 모셔두는 것이 늘어가고 있다. 화장을 해서 시신이 가루가 되면 어떻게 부활이 가능하냐고 말할 필요가 없다. 매장하더라도 세월이 오래 흐르면 시신은 다 흙으로 돌아가 버리기 때문이다. 신자가 화장을 한다고 해서 부활을 부인하는 것이 아니다. 하나님께서는 얼마든지 죽은 자를 살려내실 것이라고 믿는다면 화장을 무조건 금할 이유는 없다. 매장이 기독교적인 장례에 걸맞은 것임에도 불구하고 말이다.

제148문 추도식을 해도 되는가?

고인이 돌아가신 날짜에 맞추어서 추도식을 하는 경우가 있다. 가족들이 모여서 돌아가신 분을 추억하면서 믿음의 길을 잘 달려갈 것을 다짐하려는 마음을 가질 수 있다.
1. 제사를 할 수 없기에 대신 추도식을 하는 것은 아닌지 돌아보아야 한다. 추도식이 불순한 동기, 아니면 돌아가신 분에 대한 섬김을 위해 하는 것이 아닌지 잘 생각해야 할 것이다.
2. 장례식에서 어떤 경우에도 돌아가신 분에게 아무것도 할 수 없는 것처럼 추도식도 마찬가지다. 이것을 유가족들에게 분명하게 명심시켰다면 추도식을 인도해 달라고 목회자에게 요구할 때 그것을 거부할 이유는 없다고

본다. 목사는 그 가정을 위로하고 권면하기 위해 그 요구에 응할 수 있다.
3. 한국 고유의 제사처럼 식사를 차리는 것에 대해서도 그것이 죽은 혼령이 찾아와서 그 음식을 먹는다고 생각하면서 차린다면 하지 말아야 할 것이다. 하지만, 추도식을 한 후에 같이 식사의 교제를 나누는 것이 잘못된 것은 아니다. 어쨌든 교회는 산 자와 죽은 자를 심판하실 그리스도께 자신을 의탁해야 할 것이다.

제8조 (병자에게 안수)

제149문 병자에게 안수할 수 있는가?

교회에서 헌법에 따라 성직을 받은 자 외에 환자를 위하여 안수를 하는 일은 삼가야 하며, 다른 자가 안수할 경우 당회장의 허락과 지도를 받아야 한다. 2000년 총회(제50회)는 "안수 기도는 성경대로 하되 건덕을 세우는 범위 내에서 한다."고 결정하였다.

제150문 병자 심방과 관련하여 구체적인 규정이 있는가?

직분자는 심방을 해야 한다. 특히 목사와 장로는 심방을 게을리 하지 말아야 한다.
1. 장로는 교인을 정기적으로 심방해야 한다. 목사도 심방을 해야 하는데, 여러 가지로 곤란을 당한 성도, 소외된 성도들을 심방해야 한다. 특히, 목사는 병자 심방을 하여 그들이 고독 가운데 침체를 겪지 않도록 도와야 한다.
2. '병자 심방'과 관련하여 웨스트민스터 예배지침(1645년)에서 다음과 같이 규정하였다. 일제강점기까지는 한국 장로교회가 이 조항을 가지고 있었으나 해방 이후 예배지침을 개정하면서 이를 생략하고 말았다:

"목사는 맡겨진 양떼들을 권고하고 권면하며 책망하고 위로해야 한다. 목사는 저희가 건강할 때는 죽음을 예비하도록 권고하고, 병중에 있을 때는 하나님께서 피곤한 심령에게 하나님의 말씀을 전하는 좋은 기회로 주신 때로 알아, 사랑을 가지고 병자의 심령에 영적인 도움을 주어야 한다. 그리고 병자에게 자신의 삶을 돌아보고 하나님을 향한 심령 상태를 살피게 한다. 병자가 거리끼는 것이나 의심, 시험이 닥친 것이 있다고 하면, 지도하고 해결해 주어 만족하고 안정하게 할 것이며, 병자가 하나님을 바로 섬기려 하고 거룩한 길로 행하였으면, 또한 그의 심령이 죄악감으로 상하였거나 하나님의 은총을 받지 못한 것에 낙심하였으면, 그리스도를 통하여 오는 하나님의 긍휼을 전심으로 믿는 자는 주 안에서 생명과 구원을 얻으리라는 복음을 보여 주어 그를 일으켜 세우는 것이 합당하다. 마지막으로 목사는 그 기회를 병자 주변에 있는 사람들이 자신의 죽음을 생각해 보고 주님께로 돌아와 그와 화평을 누리도록 권면하는 기회로 삼아, 건강할 때 병고와 죽음과 심판을 예비하게 하고, 저희의 정한 날이 지나가는 동안 소망 가운데 영광의 주님을 기다리게 해야 한다."[145]

---

145. "Concerning Visitation of the Sick" *The Directory for the Publick Worship of God*, 1645. 388-389.

제2부

교회정치

제1문 왜 교회에 '정치'(政治)가 필요할까?

1. 그리스도의 교회에 있는 모든 것이 좋은 '질서' 가운데 있어야 하기 때문이다. 이러한 이유를 고린도전서 14장 40절에서 볼 수 있다: "모든 것을 품위 있게 하고 질서 있게 하라." 이 구절은 33절에서 이어지는 말씀이다: "하나님은 무질서의 하나님이 아니시오 오직 화평의 하나님이시니라"(33절). 즉 하나님은 품위와 질서를 통해 화평을 원하신다.

2. 바울은 고린도전서 14장에서 교회생활에 대해 몇 가지 원리를 제시하고 있다. 왜냐하면 지금 이 교회에 무질서가 가득하였기 때문이다. 교인들이 여러 파로 분열되고 지체들이 서로 온갖 지식을 가지고 상대방을 헐뜯고 있었고, 이에 대해 바울은 하나님이 어떤 분이신지를 다시 가르치고 있다. 즉 하나님은 무질서가 아니라 화평을 요구하는 분이라는 것을. 그런데 화평은 질서 이상의 의미를 가지고 있다. 이 화평은 그리스도께서 십자가에서 흘리신 자기의 피로 인하여 자기의 교회에 주시는 선물이다. 이로써 교회는 하나님과 화평을 누리게 되고, 또 교인 사이에도 화평을 누리게 되었다. 이 화평 때문에 질서가 있게 되었다. 따라서 교회에 요구되는 질서는 법을 위한 법, 질서를 위한 질서, 규정을 위한 규정이 아니라 화평을 목표로 하는 질서이다.

3. 벨직 신앙고백서(1561년) 제32조는 바로 이와 같이 질서를 위한 질서를 찾는 행위, 교회의 화평이 아니라 질서 자체를 과도하게 찾는 것에 대해 다음과 같이 고백하고 있다:

> "우리는 오직 조화와 일치를 보존하고 증진시키며 모든 사람이 하나님께 순종하고 나가도록 하는 것에 적합한 것만을 받아들인다."(벨직 신앙고백서 제32조)

제2문 교회가 어떤 곳이기에 교회에 정치가 있어야 하는 것일까?

1. 교회는 그리스도의 몸으로서 영적이지만 질서가 있는 곳이기 때문이다.
2. 교회는 교인인 사람으로 이루어져 있지만 그리스도가 통치하는 곳이기 때문이다.
3. 교회는 하나의 교회, 거룩한 교회, 사도적인 교회 뿐 아니라 공교회(보편교회)를 지향하기 때문이다.
4. 따라서 교회정치는 성경적이면서도 가장 최소한의 규정을 갖추며 또 유연성을 가져야 한다. 지배가 아니라 봉사의 법이 되어야 하며, 세상에서 모범적인 법이 되어야 한다.

제3문 '교회정치' 용어 외에 적합한 다른 말이 없을까?

1. 교회역사를 보면 다음과 같이 몇 가지 용어들이 사용되었다: 교회질서(Church Order), 교회(헌)법(Church Constitution)/교회정치(Church Government, Church Polity). 이 외에도 Church Forms(틀, 형태), Church Articles(조항), Church Discipline(규율), Church Ordinances(칙령), Draft(법령) 등. 한국 장로교회도 초창기 '규칙'이란 용어를 사용했다.[146]
2. 이러한 용어에 대해 오해가 있다. 이 용어들은 결국 권위와 순종을 전제하는 것인데(비록 '질서'라는 말이 '법'이라는 말보다 약간 온건한 느낌을 준다고 할지라도) 민주주의 시대에는 더 이상 사용될 수 없는 구식 구조가 아닌가? 교회는 법이나 질서가 아니라 은혜와 사랑이 지배되어야 하지 않을까? 또 이 용어들은 당회나 노회, 총회라는 치리회의 권위를 변호하기 위한 것이 아닌가? 치리/통치/정치-이 용어들은 세상에 어울리는 것이 아닐까? 이런 식으로 사람들은 이 용어들에 강하게 반발하면서 이를 구시대의 것으로 말하며 이 시대에는 더 이상 의미가 없다고 주장한다. 그러나 세상의 법은

---

146. '대한예수교장로회 규칙' (1907).

역사나 문화의 요청에 의해서 그 개념이 변천하지만 교회의 질서/법/조항은 시대의 변천에 상관없이 성경에 일치해야 한다. 따라서 세상의 잣대가 아니라 성경의 잣대를 가지고 이 용어를 살피는 것이 중요하다.

제4문 그렇다면 '교회정치'와 유사한 각 용어들이 강조하고 뜻하는 것이 무엇인가?

1. 교회(헌)법: '교회(헌)법'은 법 이전에 '권리'를 가리키는데 즉 법적 관계, 법적 질서를 말한다. 왜냐하면 교회의 '법'(권리)은 그리스도께서 십자가에서 획득하신 '의'(義)라는 '특별 은혜'에서 나온 '법'(권리)이기 때문이다. 즉 교회의 법은 의인으로서 신자와 교회의 권리를 가리키며, 은혜로 회복된 의/화평의 권리를 가리킨다. 이 점에서 세상의 법과 교회법이 대조가 된다. 즉 세상의 법과 질서 역시 '의'(정의: Ius)를 말하지만 이는 정죄와 보응을 목표로 하는 반면, 교회의 법은 그리스도 안에 있는 의와 화평을 드러내기 위한 목표를 가지고 있기 때문이다. 교회법은 법이나 규정 그 자체가 목적이 아니라, 화평이 목적이 되어야 한다(고전 14:33, 40). 따라서 목사가 교회법조항을 목회적인 시각에서 다루기 위해서는 무엇보다 화평의 복음을 교회에 전하는 것에서 시작해야 할 것이다. 예를 들어서 목사와 당회는 결코 이혼을 권할 수 없다. 도리어 화평과 희생과 자기 부인을 권해야 한다.

2. 교회정치(통치/치리): 이 말은 교회에 그리스도의 치리가 계속되게 하는 의미를 가지고 있다. 여기에는 오직 그리스도만이 교회를 치리하신다는 사상이 그 기저에 놓여 있다. 그래서 교회정치는 그리스도의 왕(王)직과 아주 밀접한 관련을 맺는다. 그리스도께서 왕으로서 모든 권세를 가지고 있다(마 28:18). 따라서 교회의 치리는 그리스도의 손 안에 있다. 그리스도는 자기의 말씀과 성령을 통하여 자기 통치를 수행해 나가신다. 그의 왕(王)직을 통해 화평의 능력이 인간 생활에 실현된다.

3. 교회 질서: 로마천주교에서 말하는 질서는 계급적인 것으로서 사제와 신

자 사이의 근본적 구별이 있다. 그러나 성경은 '화평'을 주는 질서를 말한다. 이 화평은 하나님의 질서로 우리에게 선사되었는데, 이 질서는 성령의 질서, 구원의 질서를 말한다. 즉 하나님은 전하는 자를 보내시며 또 그를 통해 복음의 말씀을 듣게 하시며 그리고 이 들음에서 믿음이 나온다(롬 10:14 이하). 그리고 이 믿음으로 주님의 이름을 부르게 된다. 이러한 구원의 질서가 교회 생활의 질서에 기초가 된다. 왜냐하면 말씀과 성례와 권징은 사람의 구원을 위해서 사용되기 때문이다. 교회에서 질서를 강조한다고 해서 이는 성직자와 평신도의 구별을 가져오지 않으며, 대신 직분자의 소명, 치리회에 대해 질서를 강조하므로 직분이 교회 한복판에서 구원을 전달하는 기능을 하도록 한다. 또 교회 질서에서 성례에 대한 규정을 언급하는데, 교회 질서는 언약의 너비(폭)를 유지할 뿐 아니라 (신앙고백 후 받는 세례에 근거하여) 언약의 거룩도 말한다. 권징은 바로 교회의 거룩과 관련하여 실시된다.

제5문 그래도 교회는 정치나 법, 질서보다는 사랑이 역사하고, 또 성령이 역사하고 선교 지향적이어야 하지 않는가?

1. 이러한 질문은 시대마다 항상 첨예하게 교회에 제기되어 왔다. 예를 들어 2세기 몬타누스파(156년 혹은 172년에 활약), 16세기 재세례파, 19세기 다비(N. Darby) 등이 교회에서 직분과 질서, 법을 거부한 대표적인 경우이다.
2. 이 사상은 독일 라이프찌히 법학부의 법학자로서 독일법과 교회법 교수 쉼(Rudolph Soehm, 1841-1917)에게서 나타나는데, 1892년의 저서 〈교회법〉 제1권에서 그의 핵심 논지를 볼 수 있다: 첫째, 교회법은 교회의 본질과 상충한다. 둘째, 왜냐하면 교회의 본질은 영적인 것이나 법의 본질은 세상적인 것이기 때문이다.

쉼은 신약 교회가 모든 시대 교회의 모델이라고 주장하면서 그 교회는 형식과 법적 조직이 없는 교회, 그리스도가 머리가 되시는 교회, 그의 성령의 은사로 모든 지체를 인도하시는 교회, 그래서 은사적이며, 사랑의 능력이 나타나는 교회, 이를 다시 축약하면 그 교회는 성령의 교회, 사랑의 교회라고 하였다. 그러나 이 교회는 1세기 말이 될 때 '법의 교회'가 되었다고 하였다.[147] 중세시대는 교회의 제도화로 성령의 여지가 없었으며 16세기 루터의 종교개혁 역시 완전하지 못하여서 '위정자가 다스리는 교회 정치'(The Territorial Form)의 손에 들어가고 말았다고 하였다. 이런 사상은 에클레시아(=순수한 교회)와 교회(교회주의)를 구분하는 신학자 에밀 브룬너 (1889-1966)에서 발견할 수 있다.

3. 이러한 쉼의 사상에 대해 평가를 내리자면 첫째, 그의 '영' 개념은 근대적인 것으로서 교회의 본질을 '영'으로 말할 때 그는 이를 내재적, 불가시, 불가해한 것으로 이해하였다. 그러나 신약을 보면 성령은 이 세상의 교회에 임재, 활동하였으며 성령강림으로 물질의 유무상통이 이루어졌다(사도행전 2장). 또 성령이 감독자를 세우신다(행 20:28). 둘째, 은사와 직분의 관계를 서로 반대되는 것으로 보나, 성경은 이 둘이 서로 상충하는 것으로 보

---

[147] 1세기 말에 로마의 클레멘트가 고린도에 보낸 서신에서 알 수 있다고 하였다(클레멘트 1서 42-44). 서신 내용을 보면 젊은이들이 성령과 은사에 반대한 것이 아니라 직분자의 공식 임명 즉 질서에 저항했다는 것을 지적한다. 본서의 저작 계기는 회중 중의 일부 젊은이들이 반항을 선동하여서 교회의 기존 지도자들을 해임하는데 성공하였고(3:3, 44:6, 47:6), 이러한 소식이 로마에 도착했을 때(47:7) 거기에 있는 회중의 지도자들이 이렇게 올바른 행동과 질서를 깨뜨린 것과 이것이 고린도 회중들의 훌륭한 이름에 가한 손상에 의해서 엄청나게 고통을 당했으며, 고린도 회중에게 평화와 질서를 회복시키려는 노력으로 이 긴 편지를 썼고 중재자들을 급파하기까지 하였다(63:3; 65:1), J.B. Lightfoot&J.R. Harmer 공역, M.W. Holmes 수정편집, 이은선 한역, 속사도교부들, 서울: 기독교문서선교회, 1994, p.38 (J.B. Lightfoot&J.R. Harmer ed., *The Apostolic Fathers*, London, 1891: repr. Grand Rapids: Baker, 1984). 특히 57:1-2를 보면 다음과 같은 내용이 나온다: "그러므로, 반항의 토대를 놓았던 여러분은 여러분의 마음의 무릎을 꿇고 장로들에게 복종하고 회개로 인도하는 치리를 받아들여야만 합니다. 여러분의 혀의 오만하고 거만한 완강함을 내려놓으면서 굴복하는 것을 배웁시다…." 여기서 쉼은 클레멘트가 성령의 능력을 신뢰하지 아니하고 교회 질서를 유지하려는 규정을 요청하는 '작은 믿음'에 대해 언급한다. 바로 그 규정을 통하여 〈법의 교회, Rechtskirche〉가 생성되었다는 것이다.

지 않는다. 셋째, 그는 법에 대해 부정적인 개념 즉 강제의 뜻으로서 법을 인식하고 있으나 그러나 교회법은 비강제의 성격을 가지고 있다. 심지어 출교도 강제가 아니다. 교회와의 관계 단절은 그 당사자가 먼저 시작하므로 발생한다. 교회법의 내용은 오히려 지배가 아니라 봉사(막 10:44)의 법이며, 또 예배를 중심으로 하는 법이며, 주께서 살아계시기에 교회법은 폐쇄적이지 않고 항상 새로운 방향을 향하여 열려 있는 살아 있는 법이다.

4. 따라서 교회정치가 적절하게 기능할 때 사랑과 성령의 역사가 꺼지거나 선교의 불이 사라지는 것이 아니라 도리어 이 모든 것을 보완할 수 있다. 아니 나아가 역사에 반복되어 온 실수와 오류를 예방하고 교회를 마비시킬 수 있는 논쟁을 미리 방지할 수 있으며 보다 더 바람직한 선교를 수행할 수 있다.

제6문 우리의 경우 '교회헌법'(Church Constitution)이라는 명칭을 가지고 이 안에 웨스트민스터 신앙고백, 대소교리문답, 예배지침, 교회정치, 권징조례를 담고 있는데, 다른 교파에서도 그렇게 하고 있는가?

1. 교회의 신앙고백서(신조)와 정치체제를 헌법이라는 이름으로 하나의 문서에 기록하고 있는 것은 미국교회의 영향이다. 본래 개혁주의 전통은 신앙고백서와 교회정치를 하나로 묶지는 않는다.[148] 그러나 시간이 지나면서 서구 교회도 점점 이를 따르고 있다. 이는 처음에는 '조항', '규례'로 시작해서 '헌법'으로 발전한 것이라고 볼 수 있다.[149]

2. 우리의 경우 '교회헌법'(Church Constitution)이라는 이름으로 교리표준(웨스

---

148. 배광식, 『장로교정치제도 어떻게 형성되었나?』(서울: 토라출판사, 2006), 146-147.
149. 황규학, 『교회법이란 무엇인가?』(서울: 에클레시안, 2007), 44. 예를 들어 다음을 보라: The Reformed Church in America Constitutions(1874); The America Constitutions of the Presbyterian Church(1788); The Constitutions and laws of the Church of Scotland (1997).

트민스터 신앙고백서와 대교리문답 및 소교리문답)과 관리표준으로 나누고, 관리표준은 다시 예배지침, 교회정치, 권징조례, 헌법적 규칙으로 구분된다.

제7문 지금 우리에게 있는 '교회정치'는 어디에서 왔는가?

1. 교회정치의 역사적 뿌리는 종교개혁의 전통에 두고 있다. 개혁가들은 성경을 따라서 교회의 교리, 교회의 생활 뿐 아니라 나아가 교회의 구조를 개혁하였다. 이들이 주창한 장로회정치 기본 원리(예를 들어, 지역 교회에서 다수의 장로들에 의한 치리, 사역자 사이의 동등, 지역과 지역을 초월한 치리회-권징이 시행되는 교회의 법정-를 통한 지역 교회들의 연합, 그리고 치리회의 권위에 대한 복종 등)는 성경에 기반을 두고 있다.

2. 물론 교회는 시작부터 규정과 질서를 모르지 않았다. 다만 12세기가 되어서야 학문적으로 사용하게 되었다. 고대 교회에도 직분/예배/성례/도덕에 관한 지침이나 규정을 다루는 문서를 볼 수 있다. 예를 들어 '디다케'(Didache, 12사도의 가르침. 약 75년)에서 도덕과 예배에 대한 가르침 뿐 아니라 교회생활에 대한 규정(선지자/감독/집사에 대한 규정 등)을 볼 수 있다.

3. 중세에 접어들며 스콜라철학이 발전하면서 로마법과 더불어 교회법 연구가 활발하게 되었고 교회법이 신학과목이 되었다.

4. 종교개혁가 루터는 로마천주교의 교회법령을 교황의 폭정의 도구로 보았다. 1520년 12월 10일 중세교회와 단절하는 상징으로서 비텐베르크에서 동료 교수들과 학생들이 보는 데서 로마교의 교회법령을 불태우기도 하였다. 부써(1491-1551)에 의해서 영향을 받은 칼빈(1509-1564)은 저서 '기독교강요'에서 교회정치에 대해 서술하였고, 1541년 제네바 교회의 '교회정치'(Ordonnances Ecclesiastiques)를 작성하였다. 이로써 교회에 대한 신약의 교훈을 교회정치에 적용하여 예배와 사역에서 질서를 시도하였다. 당시 대부분의 개혁주의 신앙고백서들이 교회정치 형태에 대해 상세하게 고백한 점과, 교회정치의 중요한 내용이 신조의 일부가 된 점은 주목할 만하

다. 이후 칼빈은 프랑스, 네덜란드, 스위스, 헝가리, 영국, 나중에는 남아프리카와 캐나다에 이르기까지 개혁주의 교회정치의 발전에 크게 공헌하였다.

5. 한편 웨스트민스터 총회(1643-1649)에서 작성한 '교회정치'가 스코틀랜드에서 채택되고 미국에서 수정, 채용되는데, 우리나라 장로교회 교회정치는 바로 이와 같은 미국 장로교회 선교사들을 통하여 큰 영향을 받게 되었다.

6. 이상에서 종교개혁 이후 지금 우리에게 영향을 끼친 교회정치 관련 문서는 다음과 같다:

제네바에서 교회와 예배조직에 대한 조항(1537년): 개혁가 칼빈이 제네바에서 청빙을 받아 온 직후 여러 목사들과 함께 작성한 것으로 권징의 시행, 시편찬송, 자녀교육을 위한 교리문답, 결혼법의 제정 등이 담겨 있다.

제네바 교회정치(1541년, 1561년): 칼빈이 추방 후에 스트라스부르크에서 머물다가 다시 돌아와서 작성한 것으로, 여기에는 4대 직분(목사 교사 장로 집사)과 4대 공적 기관(목사회, 치리회, 아카데미, 종합구빈원)이 강조되었다.

프랑스 권징서(1559년 5월): 프랑스 개혁교회가 최초의 총회에서 신앙고백서 작성에 이어 교회개혁을 위해 작성한 교회정치이다.

벨직 신앙고백서(1561): 귀도 드 브레가 작성하여 유럽의 개혁교회들이 받은 것으로서 제27-32조에서 교회에 대한 고백을 볼 수 있다.

돌트 교회정치(1619): 칼빈주의 5대 교리를 작성한 바로 그 돌트 총회에서 네덜란드 개혁교회가 채택한 교회질서로서 오늘까지 이 골격을 유지하고 있다.

스코틀랜드 제1권징서(1560년): 개혁가 요한 녹스가 주도하여 작성한 스코틀랜드 장로교회의 교회정치이다.

　스코틀랜드 제2권징서(1578년): 스코틀랜드 제2권징서를 보완한 것으로 앤드류 멜빌이 주도하여 작성하였다. 이로써 스코틀랜드 장로교회는 종교개혁의 정점에 이르게 되었다.

　웨스트민스터 교회정치(1645년): 웨스트민스터 총회에서 작성한 것으로 신앙고백서, 대·소교리문답, 예배지침과 함께 하나의 교회를 위하여 작성한 교회정치이다.

제8문 한국 장로교회 초창기에 헌법 개정이 몇 차례에 걸쳐서 또 어떻게 이루어져 왔는가?

1. 1907. 9. 17. 독노회 조직과 함께 12신조(인도 자유장로회에서 만듦), 소교리문답과 교회정치(전문, 4조 14항, 세칙 7항)를 채택하였다.[150] 교회정치는 전체 4조와 세칙으로 간단하게 이루어져 있다: 1조 교회 2조 예배절차 3조 직원 4조 교회의 치리

2. 1919. 10. 4. 조선예수교장로회 제8회 총회에서 곽안련 선교사가 번역한 핫지(J. A. Hodge)의 『What Is Presbyterian Law As Defined By The Church Courts?』(장로교회 헌법이란 무엇인가?)의 국한문 번역인 『교회정치문답조례』를 한국 장로교회의 참고서로 정식 채용하였다.[151]

3. 1922년 최초의 완전한 헌법을 가지게 되었다(조선예수교장로회 제11회 총회): 1. 신조(서문과 12신조와 인가식) 2. 성경교리문답 107개조 3. 조선예수교장로회 정치 24장과 부록 4. 예배모범 19장 5. 권징조례 14장.[152]

---

150. 1905년 조선예수교장로회공의회 (조선인 총대가 함께 참여)에서 이미 준비한 것을 임시로 일 년 채택하기로 하고 이후 제4회 독노회 (1910년)에서 확정한 것이다.
151. 제8회 총회록, 40.
152. 서문을 보면 본 헌법 제정의 편성 방법은 웨스트민스터 헌법의 목차를 모방하여 조선장로회 치리회 상 가장 중요하고 적합한 장점을 편집한 것이라고 하였다. 곽안련은 이 헌법에 대하여 다음의 5가지로 구성되었다고 하였다: 1907년에 채택된 신조, 웨스트민스터 소

4. 1934년 한글 사용법의 변화와 함께 소폭의 개정이 이루어졌다:[153] 총 21장 122조 및 부록.[154] 이후 일제강점기 말기에 일본기독교단으로 바뀌면서 이 헌법이 무용지물이 되다가 1945년 해방이 되면서 이 헌법을 다시 사용하게 되고 1954년까지 하나의 장로교에서 장기간 기본법으로 사용되었다.

제9문 고신교회의 설립(1952년) 이후 헌법 개정이 몇 차례에 걸쳐 또 어떻게 이루어져 왔는가?

제1차 개정(제6회 총회[1956년 9월]에서 채택 및 노회 수의 결정, 제7회 총회[1957년 9월] 개정 공포, 단 1958년 3월 1일부터 시행): 교회정치

제2차 개정(승동측과 합동의 일환으로 1960년 12월 13일 승동교회에서 모인 양측의 합동총회[제11회 고신 총회/제46회 계속 총회]에서 노회 수의 결정, 1961년 2월 8일 개정 공포):[155] 교회정치[157]

교리문답, 미국교회들의 것을 어느 정도 본떠서 만든 정치, 북장로교회의 것을 전반적으로 따르면서 일부 수정한 권징조례, 남장로교회의 것을 전반적으로 따르면서 일부 수정한 예배모범(해리 로즈, 최재건 역, *미국 북장로교 한국 선교회사*, 374. 참고. C.A. Clark, *The Korean Church and the Nevius Methods of Korea*, 335).

153. 1922년에 채용된 헌법은 1928년 17회 1929년 18회 양 총회를 통하여 1차로 개정, 공포되고 1934년에 2차로 개정된다. 1929년의 개정은 정치 권징조례 예배모범 등 소위 관리상 헌법을 중심으로 한 것이고, 1934년 헌법 개정은 소위 도리상 헌법을 개정한 것이다. 1934년의 헌법 개정은 엄밀한 의미의 개정이라고 할 수 없고, 번역을 다시했다는 의미에서 개역이다. 따라서 이 개정은 노회 수의 과정도 없고 공포 과정도 없었다(박용권, 194).

154. 오병세, "우리 교회헌법의 과거와 현재" (*월간고신* 107, 1990년), p. 59.

155. 1960년 8월 승동측 목사들과 고신측 목사들의 비공식적인 만남에서 시작되어 제10회 총회(1960년 9월 20일)는 승동측과의 합동추진위원회(9명, 황철도 윤봉기 한상동 박손혁 송상석 추국원 전성도 조수완 남영환 목사)를 구성하고 1960년 10월 25일에 대전 중앙교회당에서 이틀 동안 승동측의 합동위원회와 합동에 대한 협의를 그야 말로 4개월 만에 초급행으로 마무리하였다. 이 협의안은 나중에 각 총회에 보고하는데 특별히 여기서 우리의 관심을 끄는 것은 다음과 같다. 첫째, 합동총회의 일자와 장소는 1960년 12월 13일, 서울 승동교회이며 둘째, 합동원칙으로는 ① 신조: 우리는 웨스트민스터 신앙고백에 의하여 대한예수교장로회 헌법에 명시한 12신조와 ② 신학: 우리는 칼빈주의 개혁신학에 의하여 합동할 것을 원칙으로 한다고 하였다. 셋째, 합동방안에서는 양측에서 각 5인씩 선출하여 헌법

제3차 개정(제21회 총회[1971년 9월]에서 채택 및 노회 수의 결정, 제22회 총회[1972년 9

수정위원회를 구성하고 합동에 필요한 최소한도의 헌법수정과 규칙을 작성하여 총회에 제안하도록 하였다. 그래서 승동측에서는 김윤찬 고성모 정일영 정규오 심 천, 고신측에서는 황철도 한상동 송상석 박손혁 전성도가 각각 헌법수정위원이 되었다. 넷째, 교리, 정치, 생활 면 등은 헌법과 예배모범과 권징조례를 엄수키로 한다고 하였다.

이러한 골자를 포함하여 고신측은 양측의 합의안을 1960년 11월 22일에 부산 남교회당에서 제10회 총회 속회로 모여 채용하게 된다. 그리고 드디어 고신측과 승동측은 1960년 12월 13일 서울 승동교회에서 역사적인 합동을 하는 총회로 모인다. 이날 합동 총회는 합의안을 따라 대한예수교장로회 제45회 계속 총회가 되었다. 이때 양측의 헌법 및 수정위원의 제안으로 제시된 수정안은 다음과 같다:

대한예수교장로회 헌법 및 규칙 수정안
一. 헌법
1. 현재 사용하고 있는 양측 헌법을 수정하되 해 기준은 1934년 수정 위원이 정정 재판한 〈조선 예수교 장로회 헌법〉을 〈대한예수교장로회 헌법〉으로 개칭하여 기본으로 사용키로 하고 합동에 필요한 최소한의 수정을 다음과 같이 하기로 한다.
2. 정치 제4장 2조 목사의 자격 중 끝에(77페이지) "칭애를 받는 자라야 가합하니라."를 "칭애를 받고 연령 27세 이상 된 자라야 가합하니라."로 수정
3. 정치 제4장 4조 목사 칭호 중(83페이지) 9항 선교사를 10항으로 하고 9항으로 종군목사 "종군목사는 노회에서 안수를 받고 배속된 군대에서 전도하며 성례를 거행한다."를 삽입키로 수정
4. 정치 제5장 3조(83페이지) 장로의 자격 "27세"를 "30세"로 수정
5. 정치 제11장 2조(102페이지) 노회조직 "노회는 일정한 지방 내에 모든 목사(5인 이상을 요함)와 각 당회에서 총대로 1인씩 파송하는 치리장로로 조직하나니 만일 관리 목사 2인 이상을 두는 경우에는 목사의 수에 의하여 장로를 파송할 것이니라."를 "장로회는 일정한 지방 내에 모든 목사(5인 이상 됨을 요함)와 각 당회에서 총대로 세례교인 200명 미만 1인, 200명 이상 500명 미만 2인, 500명 이상 3인씩 파송하는 치리 장로로 조직하나니라."로 수정
6. 정치 제12장 2조 총회의 조직(111페이지) 중 "매 15당회"를 "매 7당회"로 말미에 "당회 수가 15 미만 하는 경우에는 8당회 이상"을 "당회 수가 7 미만 되는 경우에는 4당회 이상"으로 수정
7. 정치 제15장 1조(125페이지) 목사 자격 "목사는 신학 졸업 후 강도사 시취에 합격되고 청빙을 받은 자라야 할지니라."를 "목사는 신학을 졸업하고 총회에서 시행하는 강도사 시취에 합격하고 2년간 교역 시무 후 노회에서 시행하는 목사 시취에 합격되고 청빙을 받은 자라야 할지니라."로 수정
二. 규칙
1. 총회 규칙은 잠정적 조치로 예장 측 규칙을 기본으로 사용키로 한다.

월] 개정 공포): 웨스트민스터 신앙고백서 및 대소교리문답(번역), 교회정치, 권
징조례, 예배모범

제4차 개정(제30회 총회[1980년 9월]에서 채택 및 노회 수의 결정, 1981년 3월 인쇄):
신앙고백 및 교회정치, 권징조례, 예배모범[157]

---

2. 고신측 총회 규칙 중의 "출판위원" "구제위원"과 "학생지도위원"은 존속하기로 한다.
3. 고신측은 고시부원 12인 재단부원 9인 군목부원 12인 농촌부원 6인 재판부원 15인 신문인사 15인을 선정 보충하고 예장 측은 출판위원 7인 구제위원 9인 학생지도위원 7인 복음병원 이사 9인을 선정 보충.

사실 고신측, 승동측 양측은 이미 1934년 헌법에서 수정된 개정헌법을 가지고 있었다. 고신측은 1957년에 개정 공포한 헌법을 가지고 있고, 승동측은 이보다 앞선 1955년에 개정된 헌법을 가지고 있었다. 따라서 양측은 1934년 헌법을 기준으로 하고 약간의 수정을 하여 양측의 합동 개정헌법을 만들게 되었던 것이다.

156. 그러나 이 헌법은 1963년 9월에 환원총회(13회)를 가지므로 더 이상 사용되지 않고, 1958년의 헌법을 다시 사용하게 된다. 이는 1974년 개정헌법 서언에서 이전 헌법에 대하여 1962년의 합동헌법이 아니라 1958년의 헌법을 적시하는 것에서도 알 수 있다.

157. 제16회 총회(1966년 9월)는 고신교회의 정체성과 관련하여 아주 중요한 결정을 하였다. 즉 경북노회장 장성도 목사가 청원한 교단 표준문서 정비에 대한 연구의 건이 상정되었는데, 이를 신학교육부에서 처리하여 다음과 같이 보고를 받고 허락하였다: "표준문서 작성은 3개년 계획으로 하고 공천부에 맡겨 7인 위원 인선하도록 하다." 아래는 표준문서연구위원회의 조직이다: 위원장(박손혁), 서기(한학수), 회 계(서완선), 분과위원 및 과목 담당: 웨스트민스터 신앙고백서(오병세), 대교리문답서(이근삼), 소교리문답(홍반식), 정치(한학수), 권징조례 및 예배모범(서완선), 검토위원(박손혁 한명동). 동 위원회는 제17회 총회(1967년 9월)에서 진행 결과를 보고하게 되고, 제18회 총회에서 위원장 박손혁 목사의 병환으로 위원장 사면 건을 받고 한명동 목사로, 권징조례 담당을 전성도 목사로 보선하였다. 표준문서연구위원회 구성 이후 3년이 지난 제19회 총회(1969년 9월)는 마침내 이들이 연구한 표준문서 중에서 웨스트민스터 신앙고백서와 대교리문답을 본 장로회 신조로 채용하게 되는데 이는 장로교의 한국 선교가 시작된 지 85년째 되는 해였다. 이제야 고신 교회가 교리표준문서를 가지므로 장로교회로서 제대로 된 면모를 갖추게 된 것이다. 그러나 아직 교회정치와 예배모범과 권징조례는 총회에서 심의를 마치지 못하였고 그래서 제20회 총회(1970년 9월)는 표준문서연구위원회에서 보고한 헌법을 목사 8인 장로 7인 총 15인을 헌법수정위원(위원장 송상석, 서기 김희도, 부서기 진학일, 회계 지득용, 위원: 민영완 이재근 박은팔 박헌찬 김장수)으로 선정하여 이들에게 맡겨 1년간 검토 수정하여 내년 총회에 보고토록 한다. 이윽고 제21회 총회(1971년 9월)는 헌법수정위원회의 보고를 받고 각 노회에 수의토록 하였으며, 제22회 총회(1972년 9월)는 헌법수의 집계심의 특별위원이 집계 심의한 결과 다음과 같이 보고하고 총회장이 헌법개정된 것을 선포하였다: 신앙고백서 및 대

제5차 개정(제41회 총회[1991년 9월]에서 채택 및 1992년 4월 노회에서 수의하도록 결정, 제42회 총회[1992년 9월] 개정 공포): 교리표준 및 관리 표준 전반

제6차 개정(제60회 총회[2010년]에서 노회 수의 결정, 제61회 총회[2011년 9월, 12월 1일] 개정 공포):[158] 헌법전문, 교리표준(번역) 채용. 관리표준(예배지침/교회정치/권징조례)

제10문 제6차 헌법 개정(2011년)에서 관리표준의 경우 기존의 순서인 『교회정치』→『권징조례』→『예배지침』이 왜 『예배지침』→『교회정치』→『권징조례』의 순서로 바뀌었을까? 그 이유가 무엇일까?

지난 2011년 헌법 개정 이전까지 익숙한 순서는 『교회정치』→『권징조례』→『예배지침』이었다. 그런데 이 순서가 왜 『예배지침』→『교회정치』의 순서로 바뀌게 되었을까? 이 순서의 변화는 과연 본질적인 것이었을까? 『예배지침』→『교회정치』→『권징조례』 순서의 의미는 아주 분명하고 단순하다. 즉 『교회정치』에서 규정하는 교회직원과 치리회인 영적 정부와 영적 정치는 본래 공예배와 『예배지침』을 지키기 위해 존재한다는 것을 부각시키기 위해서이다. 그래서 『예배지침』이 먼저 오고 이를 위해 존재하는 도구인 『교회정치』가 뒤에 오게 되었다. 그리고 『교회정치』 뒤에 『권징조례』가 나오는 것은 교회정치의 핵심과 내용은 다름 아니라 권징이라는 점을 말하고 있

교리문답 가 295 부 12 기권9(8노회 가결), 그 외는 제21회 총회회록 부록에서 그 결과를 다음과 같이 제시하고 있다: 一, 가 70 부 0, 二, 정치 ㉠ 가 78 부 12 ㉡ 가 79 부 11 ㉢ 가 88 부 2 ㉣ 가 89 부 1, 三, 권징조례 ㉠ 가 90 부 0 ㉡ 가 90 부 0 ㉢ 가 88 부 1 ㉣ 가 89 부 1 ㉤ 가 89 부 1 ㉥ 가 89 부 1 ㉦ 가 90 부 1.

158. 제60회 총회의 채택 결정으로 각 노회 수의 결과 교회정치는 부결되고, 나머지는 모두 가결되어 개정 공포가 되어 효력이 시작되었다. 다만 교회정치의 경우 다시 보완하여 제61회 총회에 제출하여 개정안이 통과되고 이후 각 노회의 수의를 거쳐 확정되고 총회장이 이를 2011년 12월 1일자로 공포함으로 발효되었다. 또 헌법적 규칙은 예배지침과 권징조례의 경우 2011년 6월 18일자로 효력이 발효되고 헌법적 규칙 제3장 교회정치는 제외되었으나 이 역시 수정 보완되어 2011년 12월 1일자로 효력이 발생되었다.

다. 따라서 2011년의 헌법 개정에서 관리표준의 항목 순서가 바뀐 것은 교회 정치와 권징조례가 존재하는 목적이 본래 교회의 공예배와 예배지침을 지키기 위한 것임을 확인할 뿐 아니라 오늘날 이 목적이 퇴색되어가는 잘못된 교회 현실을 바로잡기 위해서였다. 종교개혁가 칼빈(1509-1564)이 예배지침과 교회정치의 관계를 명확하게 정리해 주었다. 그의 글『교회개혁의 필요성』에서 칼빈은 예배를 영혼에, 교회정치를 몸에 비유하고 교회정치는 예배를 위해 존재함을 강조하였다: "교회의 통치와 목회의 직무, 그 밖의 질서가 성례와 함께 몸에 비유된다면, 한편 바르게 하나님을 예배하기 위한 규칙을 정하고 또한 인간의 양심으로 하여금 구원의 소망을 갖게 만드는 근거를 지시하는 교리는 영혼인 바, 바로 이 영혼이 몸에 호흡을 주며, 몸을 활기 있게 하고 활동하게 하며, 요컨대 몸으로 죽어 무용한 시체가 되지 않게 하는 것"이라고 말입니다. 우리 헌법『예배지침』제1조도 교회를 예배하는 공동체라고 정의하면서, 계속적인 하나님의 말씀이 정확하게 선포되어야 하고, 성례를 올바르게 집행하여야 하며 권징을 정당하게 시행함으로 그 정통성이 유지되어야 한다고 하였다. 여기도 권징을 시행하는 목적이 결국 하나님의 말씀이 바르게 선포되는 것과 성례를 올바르게 집행하는 것이라는 점이 강조되고 있다. 다르게 말하면 말씀이 선포되고 성례가 집행되는 현장이 공예배이기에, 교회정치의 내용인 권징의 목적은 결국 참 예배를 지키기 위한 것임을 알 수 있다.

제11문 교회정치와 관련한 결정을 내릴 때 어떤 해석이 필요한가?

1. 문학적 해석학: 이 조항이 문맥에서 어떤 의도/목적을 가지고 있는지 문학적으로 해석할 필요가 있다.
2. 구조적인 해석학: 이 조항이 전체 구조에서 차지하는 위치는 어떤 것인가?
3. 성경해석학: 이 조항은 성경 어디에 근거하고 있는가?
4. 역사적인 해석학: 어떤 역사적 상황에서 이 조항이 생성되었는가? 이 조

항이 작성된 목적과 의도는 무엇이었는가? 또 지난 역사에서 이 조항이 어떻게 해석되었는가? 과거에 어떤 기능을 하였는가?

5. 교의적 해석학: 이 조항이 우리의 신앙고백과 우리 교회의 신학 전통에서 어떤 의미를 가지고 있는가? 교회법은 지난 교회역사에서 신학 전통의 한 산물로 나타난 것이기 때문이다. 교회법은 이 전통에서 읽어야 하며, 이 점에서 같은 신학 전통을 가지고 있는 다른 교회헌법도 참고할 수 있다.

6. 현 상황의 분석: 이 조항이 지금 이 상황에 적용할 수 있는 것인가?

7. 목적론적 해석학: 교회헌법의 목적을 여기서 다루게 된다. 즉 교회헌법의 목적은 성도의 교제에 규모(질서)가 있게 하므로 성도와 교회에 하나님과의 화평, 성도 상호간의 화평을 가져다주는 것이라 할 수 있다. 교회법정의 진술이 타당할 때 교인과 교회는 거기서 안정을 느낀다. 교회에서 신자들의 생활과 교회 회의에 규모가 있어진다. 그래서 교회헌법은 교회헌법을 다루고 판결을 내리는 사람들을 위한 것이 아니라, 교회와 성도들의 바른 교제를 위해 존재할 수 있다.

이 모든 해석을 염두에 두고 법적 판결이 이루어져야 한다. 이 모든 해석학적인 범주들은 마치 모자이크처럼 서로 관련을 맺고 있다. 이와 같이 타당한 결정과 판결에는 고도의 해석학적인 작업이 요청되기 때문에 교회헌법은 정식으로 신학분과에 속한다. 〈성경〉과 〈신학적인 전통〉과 〈상황〉을 해석학적으로 잘 감안할 때 타당한 판결이 나오게 될 것이다.

제12문 교회정치는 교회 건설 즉 교회를 세우는 것(church building up)과 어떤 관련이 있는가?

신약성경은 그리스도의 몸인 교회를 세우는 것을 언급할 때 교회질서를 같이 말씀하고 있다(로마서 12:3-8; 고린도전서 12, 14장; 에베소서 4장; 베드로전서 2장 등). 교회정치는 목양적인 성격을 가지고 있다. 질서와 법 자체가 목적이 아니라 이 모든 것은 교회를 세우기 위한 것이며 교회의 화평을 위한 것이다.

따라서 교회정치는 설교자가 전하는 설교의 내용인 화평의 복음과 무관하지 않다. 그러므로 교회정치를 다룰 때 목사는 양떼에 마음을 두어야 한다. 역사적으로 종교개혁은 한마디로 그리스도의 교회를 세우는 운동이었다. 이 점에서 종교개혁의 주제를 교회를 세우는 것과 연관된 개념이나 용어로 구성할 수 있는데, 개혁가들은 여기서 교회질서와 교회정치를 중요하게 생각하였다.

제13문 개체 교회 안에서 신자가 무엇으로 하나가 될 수 있는가?

교리표준에서 제정하는 동일한 신앙고백과 관리표준에서 제정하는 예배지침, 교회정치, 권징조례에 복종할 때 우리가 교회 안에서 하나가 된다(교회정치 제12조 참고).

제14문 헌법의 관리표준인 예배지침과 교회정치, 권징조례 해설이 왜 필요한가?

1. 성경을 요약한 교리표준을 교회가 지키고 관리하기 위해서 예배지침과 교회정치와 권징조례가 우리에게 주어졌으나, 지금 현실은 위 책들이 교회에서 일부 지도자의 손에만 쥐어져 있는 형편이다. 따라서 본 해설은 이 책들이 교회의 책이 되어서 성경 찬송가처럼 교인의 손에 돌려주고, 들려주기 위한 목적을 가지고 있다.
2. 풍성한 교회생활에 대한 가이드, 교회생활의 지혜를 제공하는 것이 목적이다. 우리는 성경과 신앙고백과 교회정치는 하나라는 것을 믿는다. 따라서 각 조항들이 자칫 메마른 법조항으로 비칠 수 있는 것에 주목하여 성경과 신앙고백서, 여러 교회정치를 참고하고, 다양한 판례를 삽입하려고 노력하였다.
3. 역사에서 항상 교회를 위협했던 두 가지 극단 즉 무율법주의와 율법주의, 혹은 형식과 형식주의의 극단을 피하기 위해서이다.

제15문 본 해설이 왜 질문과 대답 형식을 취하는가?

    질문과 대답 형식이 교회헌법을 이해하는데 가장 효과적이라고 판단하였기 때문이다. 이러한 문답법은 일찍이 고대 그리스의 철학자 아리스토텔레스의 문답법을 통해 검증되었고, 우리의 교리표준인 교리문답이 취한 형식이며 J. A. 핫지의 『교회정치 문답조례』(1886년)가 취한 형식으로서 우리에게 익숙한 방식이기 때문이다.

제1장 교회정치 원리

제1조 (양심의 자유) / 제2조 (교회의 자유) / 제3조 (교회의 직원) / 제4조 (진리와 행위) / 제5조 (직원의 자격) / 제6조 (직원의 선거권) / 제7조 (치리권) / 제8조 (권징)

제16문 교회에 있어야 할 정치에 어떤 일정한 원리가 있는가? 있다면 이는 어디에서 연유되는 것일까?

1. 교회의 머리이신 주 예수께서는 자기 교회에 일정한 질서와 정치를 정해 주셨는데, 이를 통하여 지금도 자기 교회를 다스리고 통치하신다. 교회정치 원리는 바로 여기서 출발하는 것으로, 즉 교회정치 원리는 교회의 주가 되신 예수님의 주권과, 그의 복음과 그의 교회, 그의 나라에 대한 교회의 신앙고백에서 비롯되었다.

2. 개혁가 칼빈(1509-1564)은 자기의 저서 『기독교강요』에서 다음과 같이 교회정치의 필요성을 역설하였다:

"우선 다음과 같은 사실을 생각해보도록 하자. 곧 모든 인간 사회에서 전체적인 평화를 이루고 화합을 유지하기 위해서는 모종의 조직의 형태가 필요하다는 것이다. 더 나아가서 인간사에 있어서는 언제나 어떤 절차가 있는데, 공공의 예의를 위해서도 또한 인간성 자체를 위해서도 이것은 반드시 존중되어야 한다. 특히 교회에서도 이것을 준수하여야 한다. 교회는 질서가 잘 잡힌 체제 하에서 모든 일들이 가장 잘 유지되며, 또한 화합이 없이는 교회가 결코 교회일 수가 없는 것이다. 그러므로 교회의 안전을 보장하기 위해서는, '모든 것을 품위 있게 하고 질서 있게 하라'(고전 14:40)는 사도 바울의 명령을 부

지런히 좇아가야 하는 것이다."(4:10:27)

또 역시 칼빈이 주도하여 작성한 『제네바 교회정치』(1541년) 서문을 보라. 교회정치 및 그 원리가 예수 그리스도의 복음에서 비롯되었다는 것을 밝히고 있다:

"전능하신 하나님의 이름으로 우리 행정관들, 소의회와 대의회는 나팔과 소리와 대형시계가 울리는 가운데 우리의 오랜 전통을 따라 시민들과 함께 모여 무엇보다 시급한 일이 우리 주님의 거룩한 복음의 교리를 순수하게 유지하고 기독교를 보호하고 젊은이들을 신실하게 교훈하고 그리고 가난한 자들을 철저히 돌보기 위해서 병원이 세워져야 하는 일이라고 간주하였다. 하지만 이 모든 일은 생활의 정확한 질서와 규율이 없이는 이루어질 수 없으니, 이러한 법으로부터 모든 사회적 계층이 자신의 맡은 직분의 의무를 배울 수 있기 때문이다. 이러한 이유 때문에 우리는 주님이 자기의 말씀으로 우리에게 보여주시고 제정하신 영적인 통치가 우리 가운데 바람직한 형태로 도입되어 준수되는 것이 좋다고 여겼다. 그러므로 우리는 우리의 도시와 영지에서 예수 그리스도의 복음에서 비롯된 다음과 같은 교회정치를 따르고 지킬 것을 제정하고 명령하였다"[159]

제17문 현재 우리에게 있는 교회정치 원리 8개조는 어디에서 비롯되었는가?

1. 교회정치 8대 원리는 다음과 같다:
   제1조 (양심의 자유): 양심을 주재(主宰)하시는 이는 하나님뿐이시다. 그가

---

159. D.W.Hall & J.H.Hall ed., *Paradigms in Polity: Classic Readings in Reformed and Presbyterian Church Government*, pp.140-141.

신앙과 예배에 대하여 그 말씀에 위반되거나 탈선되는 사람의 명령이나 교리를 받지 않게 양심의 자유를 주셨다. 그러므로 누구든지 종교에 관계되는 각 항 사건에 대하여 속박을 받지 않고, 각자 양심대로 판단할 권리가 있으므로 누구든지 이 권리를 침해하지 못한다.

제2조 (교회의 자유): 1. 전조(前條)에서 설명한 바 개인 자유의 일례(一例)로 어느 교파 어느 교회든지 각기 교인의 입회 규칙과 세례교인 및 직원의 자격과 교회정치의 일체 조직을 예수 그리스도의 정하신 대로 설정(設定)할 자유권이 있다. 2. 교회는 국가의 권력을 의지하지 아니하고 오직 국가에서 각 종교 기관의 안전을 보장하며 동일시(同一視)함을 바라는 것뿐이다.

제3조 교회의 직원: 교회의 머리이신 주 예수께서 그 몸 된 교회에 덕을 세우기 위하여 직원을 세우셔서 복음을 전파하며, 성례(聖禮)를 거행하게 하실 뿐만 아니라, 신자로 하여금 진리와 의무를 준수하도록 권징(勸懲)을 시행하게 하신 것이다. 그러므로 교인 중 거짓 교리를 신앙하는 자나 행위가 악한 자가 있으면 교회를 대표한 직원과 전(全)교회가 당연히 책망하거나 출교(黜敎)할 것이다. 그러나 항상 성경이 교훈한 법규(法規)대로 행할 것이다.

제4조 진리와 행위: 진리는 선행(善行)의 기초이다. 진리가 진리 되는 증거는 사람으로 성결하게 하는 경향에 있으니 주께서 말씀하시기를 "열매로 그 나무를 안다"하심과 같다. 진리와 거짓이 평등하다고 하거나, 사람의 신앙이 어떠하든지 무관하다 하는 이 말들보다 더 패역하고 모순된 것은 없다. 신앙과 행위, 진리와 의무는 서로 연결되어 분리될 수 없다.

제5조 (직원의 자격): 제4조의 원리에 의거하여 교회가 직원을 선정하되 교회의 도리를 완전히 신복(信服)하는 자를 선택하도록 규칙을 제정(制定)할 것이다. 그러나 또한 사람에 따라 성격과 주의가 다르고, 교회규칙(敎會規則)에 대한 의견(意見)이 다를지라도, 교우와 교회가 서로 관용하여야 한다.

제6조 직원의 선거권: 교회 직원의 성격, 자격, 권한 및 선거와 위임의 규례(規例)는 성경에 기록되어 있으므로 어떤 회의에서든지 그 직원을 선정하

는 권한(權限)은 그 회에 있다.

제7조 치리권: 치리권(治理權)은 전 교회로서나 그 선정(選定)된 대표자로 행사함을 불문하고, 하나님의 명령을 따라 전달하는 것뿐이다. 곧 성경은 신앙과 행위에 대한 유일한 법칙이므로 어느 교회의 치리회든지 회원의 양심을 속박할 규칙을 자의로 제정할 권리가 없고, 오직 하나님의 계시(啓示)하신 뜻에 근거한다.

제8조 (권징): 교회가 이상 각 조의 원리를 힘써 지키며 교회의 영광과 복을 증진(增進)할 것이니 교회의 권징은 세계 교회의 머리이신 그리스도의 능력과 권위에서 온 것이므로 반드시 그 성격이 순전히 도덕적이고 영적이어야 하며, 도덕성과 신령성의 것이요, 국법에 의한 시벌(施罰)이 아니므로, 그 효력(效力)은 정치의 공정(公正)과 모든 사람의 공인(公認)과 만국 교회의 머리이신 주 예수 그리스도의 권고와 은총에 있다.

2. 이 교회정치 8대 원리는 제1조를 제외하고는 본래 미국 장로교회가 총회로 구성하기 전 1788년 뉴욕 대회(*대회는 노회와 총회 중간에 있는 치리회이다)와 필라델피아 대회에서 작성하여 그해에 출간한 '교회정치'의 서문에 실린 내용이다. 그해에 2개 대회가 4개 대회로 나누어지고(뉴욕 및 뉴저지 대회, 필라델피아 대회, 버지니아 대회, 캐롤라이나 대회) 다음 해인 1789년에 최초의 미국 장로회 총회가 열리게 된다. 1788년에 작성한 교회정치의 일반원리 8개 원리는 이후 미국장로회 총회의 정치 원리로 자리 잡게 되었다.

3. 다음은 그 서문이다. 여기서 왜 교회정치 원리가 필요한지를 역설하고 있다:[160]

"뉴욕 대회와 필라델피아 대회는 미국 장로교회의 연합 조직과 교회 정치 형태와 권징을 분명하게 하고 확정하는 것이 유익하다고 판단

---

160. The constitution of the Presbyterian Church in the United States of America containing the confession of faith, the catechism, the government and discipline, and the directory for the worship of God, 1884.

하고 지금까지 교회를 다스려 온 일반적인 원리 몇 가지를—이것들은 다음 계획의 기초적인 작업인데—양 대회의 감독 하에 서론의 방식으로 진술하는 것이 적절하다고 생각하였다. 이것이 어떤 주제에 대한 불완전한 견해로부터 종종 발생하는 몰지각한 곡해와 편협한 생각들을 어느 정도 예방하고 뿐만 아니라 제도의 여러 부분을 평이하게 하고 전체 계획을 명백하게 그리고 전적으로 이해가 되기를 바란다."

제18문 한국 장로교회는 언제부터 교회정치 원리 8개조를 채택하였는가?

조선예수교장로회 총회 제11회 총회(1922년)에서 공포한 '교회정치'부터 실리게 되었다.

제19문 '교회정치 원리' 8개조는 '장로회 정치 원리'와 어떻게 다르며 또 구별되는가?

1. 본 8개조는 장로교회에 독특한 정치 원리와 구별되는 것으로, 교회를 다스리는 일반적인 정치 원리를 가리키는 것이며, 장로회 교회정치와 권징조례의 토대가 되는 일반적인 원리라 할 수 있다.
2. 장로회 정치 원리는 곽안련 목사가 1919년 『신학지남』 잡지에 실은 글에 보면 다음과 같이 소개하고 있다:[161]

첫째, 교우들이 본 교회의 직원을 선택하는 것이 마땅하다.

둘째, 감독과 장로는 동일한 직분으로서 계급이 아니다.

셋째, 각 지교회 내에는 마땅히 여러 사람의 감독이 있을 것이니라.

넷째, 장립은 개인의 일이 아니요 노회의 일이니 치리회의 허락으로 될 일이다.

다섯째, 치리회는 계급을 따라 여러 층이 있을 것이니라.

---

161. 신학지남 2-2(1919), 101-116.

여섯째, 하급회에서 상급회에 상고할 권한이 있는 것이 합당하니라.

일곱째, 교회에는 홀로 그리스도만이 머리가 되며 우리는 다 동등한 형제이다. 따라서 교황이나 기타 머리가 있는 것은 불가하다.

제20문 장로회 정치 원리와 다른 원리를 가진 교회에 대해 말해보라

기독교세계의 각 교파들은 신앙고백 뿐만 아니라 다음과 같이 교회정치에서도 서로 다른 견해와 입장을 취하고 있다.

1. 감독정치형태(The Episcopal Form): 가시적 세계교회의 구조적 일치(따라서 지역교회를 평가절하한다), 성직자와 평신도의 구별, 성직자 간의 서열 등이 그 특징이다. 로마천주교와 영국국교회(=성공회)가 이 정치형태를 취하고 있다.[162] 근래 한국 감리교회는 개체 교회에서 목사청빙도 하며 또한 지방회와 연회, 총회에 평신도들도 참여하여 대의회 정치의 양상을 띠고 있다.

2. 국교회 혹은 지방교회 정치형태(The Territorial Form): 본래 루터파교회에서 시작하였으나, 이 체계를 이론적으로 세운 사람은 하이델베르크의 신학자 에라스투스이다(Erastus, 1524-1583). 츠빙글리의 국가관과 교회관을 추종하여 교회의 독립성을 반대하고 교회의 치리권을 국가에 돌릴 것을 주장하고 교회의 권징 행사는 비성경적이고 전제적이라고 하였다. 그러나 이 정치형태는 국가와 교회의 영역이 혼돈되고 있으며 따라서 교회는 교리와 생활 면에서 순정성을 지켜갈 수 없다.

3. 독립 혹은 자유정치형태(Independentism): 로마천주교와 집합교회 정치형태에 대항하여 개혁 신학에서 출발하였는데 주장자들은 '국가교회'(Caesaropapacy) 이상을 강하게 거부한 청교도들이었다. 교회들이 공동

---

162. van 't Spijker, *De Kerk*, 301ff. van 't Spijker는 여기에 두 종류를 더 부가한다: 첫째, 공의회(감독들의 모임-교황을 견제) 둘째, 루터교회의 지방교회 체제(군주가 감독의 권세를 대신). 참고: 희랍정교회/1500년경 슈퍼 인텐던트(superintendant)의 주도하에 있었던 스코틀랜드 교회.

의 문제로 의논할 수 있지만 각 회중에 대해 구속력은 없다. 각 지역 교회에서 권위는 회중 자체에 있으며 결정은 다수의 투표로 이루어지며 교회의 당회는 이 결정을 보완하는 기능을 담당한다. 투표에 의한 교인 다수의 결정으로 그리스도의 통치가 이루어진다고 본다(장로를 통한 그리스도의 통치가 아니라). 나중에 발전하면서 정기적인 총회가 인정되기도 하나 총회의 권위는 자문에 불과하다. 즉 총회는 장로회 정치처럼 다수회가 아니라, 로마천주교나 집합교회 정치형태처럼 상회가 아니라 자문의 역할을 가진 정기 모임으로 간주된다. 이 체제는 회중정치 형태(Congregational system)로 잘 알려져 있다. 이 체제는 개혁주의 전통을 가진 교회들 중에서도 볼 수 있다.

4. 집합교회 정치형태(Collegialism): 이 체제에서는 교회가 여러 지회(branches =지역교회들)를 가진 총회(단체)로 기능을 하게 된다. 각 개체 교회나 회중은 하나의 제도교회에 속한 지부일 뿐이다. 이 형태는 지역교회의 독립성을 부인하며 노회와 총회는 교회의 집합체이기 때문에 그 자체가 교회로 인정된다. 이 교회 집합체인 노회와 총회가 교회의 운영과 재산을 관리한다. 총회와 총회의 임원이 최고 권위를 가지고 있으며 지역교회의 직분자는 종속적인 권위를 가지고 있다. 총회가 교회의 규정을 결정하며 또 이 교회의 규정들은 교회정치의 성경적 그리고 신앙고백적 기준을 대체한다. 이 체제에서 교회의 교제는 교직제도(hierarchy)의 원리에 기초를 두고 있다. 예를 들면 시찰회, 노회, 총회는 성경의 원리에 따라 결정하는 것이 아니라 다수의 투표로 결정하는, 각각 분리된 상회 즉 개별적인 법적 실체가 되어 버린다. 여기서 치리회 의장은 그 교회의 대변인 역할을 한다.

제21문 지금도 미국 장로교회가 교회정치 원리 8개조를 가지고 있는가?

미국 최대의 장로교회(PCUSA)를 비롯하여 본 교단과 우호관계에 있는 미국 장로교회(PCA) 등이 지금도 이 8대 원리를 고수하고 있다.

제22문 한국 장로교회가 지금도 교회정치 원리 8개조를 가지고 있는가?

1. 현재 예장통합교단은 일찍이 6개 원리로 축소한 것을(1954년) 가지고 있는 반면, 예장합동교단과 예장고신교단은 8대 원리를 그대로 고수하고 있다. 이 8대 원리는 교회정치와 관련하여 하나라도 빠뜨릴 수 없는 원리임에도 불구하고 이를 축소한 것은 이에 대한 큰 오해이다. 이는 원문을 바르게 이해하지 못한 결과이며, 번역된 8개 원리의 제목만 보고서 판단한 것으로 보인다. 즉 통합측은 특히 3, 5, 6조를 묶어 교회의 직원과 선택으로 하였는데, 이는 번역된 3, 5, 6조가 외견상 모두 '교회의 직원'에 대한 조항으로 보이기 때문에 그렇게 한 것으로 추정된다. 그러나 원문은 각각 서로 다른 원리로 말하고 있다.

2. 합동과 고신을 비롯한 한국의 대부분 장로교회가 8대 원리를 비록 고수하고 있지만, 8대 원리에 각각 붙인 명칭을 보면 일부 잘못 번역한 것이 더러 있다. 이는 8대 원리가 원문에 있는 대로 제대로 소개되지 못하였기 때문이다. 심지어 박윤선 목사의 『헌법주석』도 이 오류를 바로잡지 못하고 있다.

제23문 교회정치 8대 원리의 내용을 다시 약술할 수 있는가?

본 헌법 교회정치 제1-8조에 나타난 명칭을 다시 아래와 같이 재정리하였다. 왜냐하면 현재 일부 명칭은 번역과 편역을 거듭하면서 본래의 내용을 잘 드러내지 못하고 있기 때문이다:

제1조 판단의 권리(Right of Judgement): 각 개인은 자기 양심을 따라 판단할 권리를 가지고 있다.

제2조 교회의 자유(Corporate Judgement): 1조 원리를 따라 각 교회가 조직, 성찬의 자격, 사역자와 교인의 자격을 판단할 권리를 가지고 있다.

제3조 교회의 직원(Officers): 주께서 자기 교회를 세우기 위해 친히 직원을 주셨다.

제4조 진리와 행위(Truth and Goodness): 신앙과 행위, 진리와 의무는 서로 연결되어 분리될 수 없다.

제5조 견해의 다양성(Different views): 사람에 따라 성격, 주의가 다르고, 교회규칙에 대한 의견이 다를지라도 서로 관용해야 한다.

제6조 교인들에 의한 선거권(Election by People): 교회직원의 자격이 성경에 있지만 직원을 선정할 권리는 어떤 교회이든 불문하고, 그 교회의 교인에게 있다.

제7조 교회의 권세(Church Power): 교회가 가진 권세는 오직 하나님의 명령을 따라 섬기고 선언하는 것에 불과하다.

제8조 교회의 권징(Church Discipline): 교회의 권징은 그리스도의 능력과 권위에서 온 것이므로 그 성격이 순전히 도덕적이고 영적이어야 한다.

제24문 교회정치 제1원리(판단의 권리: Right of Judgement)의 내용은 무엇에 대한 것인가?

1. '개인이 양심에 따라 판단할 권한'에 대한 것으로 하나님만이 양심의 주재가 되시어 신앙 혹은 예배에 대한 문제에 대하여 '하나님의 말씀에 위배되는 사람의 교리와 명령으로부터 사람의 양심을 자유롭게 하셨다.'는 내용이다.

2. 이는 우리 헌법 교리표준의 하나인 웨스트민스터 신앙고백서 20장(기독신자의 자유와 양심의 자유) 2조에서 그대로 인용한 것이다.

3. 지금 우리 헌법 교회정치에 실린 제1조는 1788년 미국 장로교회의 헌법에 최초로 실린 원문과 약간 차이가 있는데, 즉 현재 제2원리 즉 2조 2항은 본래 제1원리에 속한 것이다. 1922년판 교회정치에서는 제자리에 있다가, 1930년판 교회정치에서부터 제2원리의 일부가 되었다.[163] 그리고 통합측

---

163. 제1원리의 번역 역사를 간략히 보면 다음과 같다: 1. 곽안련 역 '교회정치 문답조례'(1917

의 경우 본래 제1조에 속하였다가 제2조 2항이 된 이 내용을 1971년에 아예 삭제하고 만다.

제25문 제1원리에 나오는 '신자의 자유' 혹은 '양심의 자유'는 무엇을 가리키는가?

신자가 자유를 빌미로 삼아 시민적이든 교회적이든 어떤 합법적인 권세나 그 권세의 행사를 반대한다면 이는 하나님의 규례를 저항하는 셈이다. 또 본성의 빛, 신앙과 예배와 교제에 대하여 기독교가 밝힌 원리, 그리고 경건의 능력과도 배치된다. 따라서 신자에게 자유의 목적은 우리 사는 날 동안 주님 앞에서 두려움 없이 거룩하고 의롭게 그분을 섬기는 것이다.[164] 그렇다면 신자의 자유는 곧 오직 하나님이 양심을 주재하시는 분이라는 고백, 하나님의 주권에 대한 고백이라고 말할 수 있다. 어떤 교회의 치리회나 어떤 국가나 인간이 아니라 오직 하나님께서 사람의 온전한 순종에 최종적인 권한을 가지고 있다는 뜻이다.

년): 하나님께서 양심의 주재가 되사 양심을 주셨나니 성경에 위배되는 사람의 교훈 및 명령과 성경에 없는 신앙과 예배에 관계된 사건에 대하여 사람의 양심을 자유하게 하셨느니라. 2. 1922년판 교회정치: 사람의 양심의 주재는 오직 하나님뿐이시니, 그가 양심의 자유를 주사 신앙과 예배에 대하여 성경의 위배되거나 위월되는 교훈과 명령의 강제를 받지 않게 하셨느니라. 시고로 사람이 종교에 관계되는 각항사에 대하여 타의 속박을 받지 않고 기타 자기의 양심대로 판단할 권리가 있나니, 이 권리는 일반 각인에게 다 있는데 유모든지 침해하지 못할 것이라. 소이로 오제의 소원은 타종교든지 국세를 의지하여 행치 않고 오직 국가에서 보호하며 안전케 하며 각교를 평균일시케 하는 것 밧게난 더 요구치 아니하나니라. 3. 1930년판 교회정치: 양심의 주재는 하나님뿐이시라. 그가 양심의 자유를 주사 신앙과 예배에 대하여 성경의 위반되거나 위분한 교훈과 명령을 받지 않게 하셨나니, 이런 고로 일반 인류는 종교에 관계되는 각항 사건에 대하여 속박을 받지 않고 각기 양심대로 판단할 권리가 있은즉, 유모든지 이 권리를 침해하지 못할 것이니라.

164. 웨스트민스터 신앙고백서 20:3-4.

제26문 그렇다면 치리회의 그릇된 결정에 대해 어떻게 신자가 자유로울 수 있는가?

여기에 근거하여 성도와 교회는 교회의 성결과 화평을 위하여 순차대로 상소, 소원할 권리 즉 상소권을 가지고 있다(교회정치 제24조, 제97조를 참고하라).[165]

제27문 신자가 각자 양심대로 판단할 권리란 어떤 것인가?

1. 하나님의 말씀을 살펴서 그 참뜻을 결정하는 것은 모든 신자에게 속한 자유와 의무이다. 그러나 의식주의자들은 이를 부인하며 교회의 직원들이 성령의 도구이기에 이들에게 무조건 순종해야 한다고 가르친다. 그러나 성경에 따르면 신자 각자가 모든 영을 시험하여 하나님께로부터 온 것을 판단할 권리를 가지고 있다. 이와 같이 신자가 각자 양심대로 판단할 권리는 하나님께서 주신 권리이다.

2. 따라서 신앙에 대해서는 국가가 신조와 교회정치를 강요할 수 없다. 나아가 교회 역시 국가에 대하여 보호와 안전, 모든 사람에게 보편적이고 공평한 것 이상을 넘어 국가의 후원을 바라서는 안 된다.

제28문 교회정치 제1원리에 의하여 '각자 양심대로 판단할 권리'를 가진 신자가 국가에 대해 바랄 수 있는 것은 무엇인가?

1. 교회의 보호와 안전에 필요한 것 이상의 것, 동시에 모든 사람에게 보편적이고 공평한 것 이상의 것을 국가로부터 바라서는 안 된다.

2. 이 내용은 원래 교회정치 8대 원리에서 제1원리(신자의 자유 혹은 양심의 자유)

---

165. 『돌트 교회정치』 31조 역시 다음과 같이 고백하고 있다: "어떤 사람이 소회(小會)의 결정이 부당하다고 판단할 때 대회(大會)에 상소할 수 있다. 대회에서 다수가 동의한 결정은 하나님의 말씀과 교회정치에 상충하는 것으로 증명되지 않는다면 구속력이 있는 것으로 받아야 한다."

에 속한 것이지만, 1930년판 교회정치에서부터 제2원리의 일부가 되었다. 이는 결정적인 오류이다.

제29문 또 국가가 교회에 대해 할 수 없는 것에는 어떤 것이 있는가?

국가는 어떤 특정 형태의 교회정치제도를 강요하거나 부과할 권리가 없고 또 교회에 관한 어떤 부분에서도 특별한 지지와 후원을 승인할 권리가 없다.

제30문 교회정치 제2원리(교회의 자유, Corporate Judgement)가 무엇인가?

1. 제1조의 원리를 따라 각 교회가 조직, 성찬의 자격, 사역자와 교인의 자격을 판단할 권리를 가지고 있다는 내용이다.
2. 그러나 이 권리를 행사할 때 성찬 참여의 조건을 너무 느슨하게 하거나 너무 엄격하게 하므로 과오를 범할 수 있다는 것을 기억해야 한다. 따라서 이런 경우에는 교회가 권리를 부적절하게 사용했다고 할 수 있다(교회정치 문답조례 7-8문답).

제31문 교회정치 제3원리(교회의 직원: Officers)는 무엇인가?

1. 교회의 머리이신 주께서 자기 교회를 세우기 위해 친히 직원을 주셨다는 내용이다. 이는 웨스트민스터 신앙고백서 30장 1조에서 선언하는 대로다: "주 예수님께서는 자기 교회의 임금이시오 머리로서 국가공직자와는 구별하여 교회 직원들의 손에 치리를 맡기셨다." 따라서 우리는 직원을 주신 분이 예수 그리스도이기에 그가 또한 교회의 직원을 부르시며 세우시는 것을 고백하며, 이에 직원의 소명과 임직과 서약을 귀히 여긴다.
2. 그렇다면 주께서 친히 왜 무슨 목적으로 교회에 직원을 주셨는가? 제3조에서 서술한 대로 복음을 전파하고 성례(聖禮)를 거행하며 신자들이 진리와 의무를 준수하도록 권징(勸懲)을 시행하기 위해서이다. 이 세 가지 목적

은 흔히 '교회의 표지'라고 불리는 것으로 이 셋을 통하여 교회를 볼 수 있다. 이는 다음의 신조에서 확인할 수 있다: "우리는 이 참 교회가 우리 주님께서 우리에게 가르치신 방식대로 영적으로 통치되어야 한다고 믿는다. 하나님의 말씀을 설교하고 성례를 시행하기 위해서 사역자 혹은 목사들과, 목사들과 함께 교회 회의(당회)를 구성할 감독들과 집사들이 있어야 한다. 이런 식으로 이들은 참 신앙을 유지하고, 참 교리가 있는가를 살펴야 하며, 그래서 죄를 범하는 자들이 영적인 방법으로 징계를 받게 해야 하며, 가난한 자들과 고통당하는 자들이 필요를 따라 도움을 입고 위로를 받게 해야 한다. 바울이 디모데에게 보낸 서신에서 준 규례를 따라 충성된 사람이 선출될 때, 위에서 말한 대로 교회 안에서 모든 것이 질서대로 이루어지게 될 것이다."(벨직 신앙고백서 30조 교회의 통치)

3. 따라서 직원은 그리스도가 하시는 사역의 도구요 그리스도의 통치가 나타나는 기관이며, 성부의 돌봄과 성자의 말씀과 성령이 인도하는 도구이다. 그리고 직원이 말씀을 전하고 복음의 능력이 나타나며 믿음을 고양하고 치료를 가져오고 권징을 시행하고 자비를 베풀 때 세상 끝날까지 함께 하시겠다는 그리스도의 약속(마 28:20)이 직원의 봉사를 통해 구현된다.

4. 그러므로 직분의 권위는 그들의 인격에 있지 않고 그들이 전하는 '말씀'과 그들의 '봉사'에 있다.

제32문 교회정치 제4원리(진리와 행위: Truth and Goodness)는 무엇인가?

진리와 행위(의무)에 대한 것으로서, 진리는 행위의 유일한 원천이며 또 행위는 진리의 열매이다. 즉 신자는 바른 교훈(진리)과 바른 생활(행위)을 가져야 하며, 이를 위해 교회의 직원들은 권징을 행하기도 한다. 즉 권징의 내용은 진리와 함께 행위, 둘 모두를 포함한다.

제33문 교회정치 제5원리(견해의 다양성: Different views)는 무엇인가?

좋은 성품과 원리를 가진 사람이라 할지라도 견해가 다를 수 있다. 따라서 이 모든 것에서 개인과 교회는 서로에 대해 관용하면서 상대방을 비방하거나 판단해서는 안 된다(롬 14:1-23; 고전 10:32; 고후 6:3; 마 7:1; 약 4:11).

제34문 교회정치 제6원리(교인에 의한 선출: Election by People)는 무엇인가?

1. 교회직원의 자격이 성경에 있지만 직원을 선정할 권리는 어떤 교회이든 불문하고, 그 교회의 교인에게 있다. 즉 목사 청빙과 장로, 집사, 권사의 직원은 교인의 선출을 통해 이루어진다.
2. 직원을 선정하는 과정에 교인이 참여하는 권리는 명백하게 성경과 신약 교회의 관습에 뿌리를 두고 있다. 이는 종교개혁을 통해 되찾은 권리이며 벨직 신앙고백서(1561년) 31조에 아주 분명하게 언급되고 있다: "우리는 하나님 말씀의 사역자와 장로, 집사는 교회를 통한 합법적인 방법으로 즉 하나님의 이름을 부르면서, 하나님의 말씀이 가르치는 대로 적절한 절차를 따라 선출되어야 할 것을 믿는다."
3. 이는 인기 경합이 아니며, 교회에는 권력 브로커나 선거 전문가나 비례 대표가 존재하지 않는다. 오직 다른 사람을 온전케 하는 일을 위해 필요한 은사가 있는지를 분별하는 것만이 있어야 한다.
4. 최근 제비뽑기의 방법이 거론되고 있고 또 실제로 시행하는 교단도 있다. 그러나 제비뽑기로 선출을 완전히 대체하는 것은 만인 제사장직에 도전하는 것이나, 다만 선출과 병행을 할 경우에는 유익할 수 있다. 북미기독개혁교회(CRCNA)는 2003년 총회에서 다음과 같이 결정하였다: "직원 선출 시 제비뽑기를 사용하는 것은 회중의 투표가 선출 과정의 부분일 경우 허용된다."[166]

---

166. Henry DeMoor, *Christian Reformed Church Order Commentary* (Grand Rapids:Faith

제35문 교회정치 제7원리(교회의 권세: Church Power)는 무엇인가?

1. 교회의 머리이신 주께서 교회의 직원의 손에 주신 권세는 천국을 열고 닫는 권세인데, 이는 복음의 설교와 권징의 해벌로 시행된다. 그러나 이러한 권세는 어디까지나 오직 하나님의 명령을 따라 '섬기고' '선언하는' 것에 불과하다.

2. 세베대의 아들들이 어머니를 설득하여 그들이 감히 하지 못하는 요청을 예수님께 하였다. 주의 나라에서 하나는 주의 우편에 다른 하나는 주의 좌편에 앉게 해달라는 것이었다. 이때 다른 제자들이 이를 듣고 분개하였다. 이들 역시 같은 자였다. 이에 예수님께서 다음과 같이 말씀하셨다: "예수께서 제자들을 불러다가 이르시되 이방인의 집권자들이 그들을 임의로 주관하고 그 고관들이 그들에게 권세를 부리는 줄을 너희가 알거니와 너희 중에는 그렇지 않아야 하나니 너희 중에 누구든지 크고자 하는 자는 너희를 섬기는 자가 되고 너희 중에 누구든지 으뜸이 되고자 하는 자는 너희의 종이 되어야 하리라 인자가 온 것은 섬김을 받으려 함이 아니라 도리어 섬기려 하고 자기 목숨을 많은 사람의 대속물로 주려 함이니라"

제36문 교회정치 제8원리(교회의 권징: Church Discipline)가 무엇인가?

교회의 권징은 교회의 영광과 복에 기여하는 목표를 이루어야 한다. 이를 위해 교회의 권징은 그리스도의 능력과 권위에서 온 것이므로 그 성격이 순전히 도덕적이고 영적이어야 하며, 사람의 권세가 아니라 하나님의 말씀과 교회의 머리이신 그리스도에게 근거한 것이어야 한다. 이로써 교회에 바른 교훈과 경건한 생활이 있게 하며 선을 격려하고 악행에서 돌이키는 회개가 있게 해야 한다.

Alive, 2010), 35.

제2장 교회

제9조 (교회의 의의) / 제10조 (교회의 구별) / 제11조 (교회의 회집)

제37문 교회에 대해 무엇을 믿고 고백하는가?

1. 교회는 하나님의 부르심을 받은, 과거와 현재와 미래에 있어서 그리스도를 믿는 택한 백성의 거룩한 공회이다(참고. 웨스트민스터 신앙고백 25장; 하이델베르크 교리문답 64문답).

2. 이 고백을 다시 구분하면 다음과 같다:

첫째, 하나님의 부르심을 받은: 교회는 하나님의 부르심을 입은 '회중'(會衆, 히브리어-'카할'; 헬라어-'에클레시아')이다. 목자이신 예수 그리스도께서 자기의 양을 부르신다.

둘째, 과거와 현재와 미래에 있어서: 교회는 '세상의 처음부터 마지막 날까지 모든 인류 가운데서 영생을 위하여 선택하신 자들'(하이델베르크 교리문답 54문답)이다. 교회는 하나님께서 각 족속과 방언과 나라에서 선택하시고 부르신 자들이며(계 5:9) 각 시대마다 부르신 자들이다. 심지어 아합 왕과 같은 폭정 시대에도 교회는 있었으며 하나님의 백성이 없었던 시대가 없었다.

셋째, 그리스도를 믿는: 그리스도를 진실하게 믿는 신자들이 있는 곳에 교회가 있다. 오직 이 믿음으로 교회의 회원이 된다. 신자들의 모임 자체가 교회가 아니다. 목자의 뜻에 거스르고, 무리에 들지 아니한 불순종하는 양, 진실한 믿음을 가지지 않는 자가 있을 수 있기 때문이다. 따라서 교회는 구원을 예수 그리스도 안에서 기대하여 그의 이름을 부르는 자들이며, 그의 피로 씻음을 받고 성령으로 거룩하게 되고 인침을 받은 자들이다.

넷째, 택한 백성: 교회는 하나님의 관점에서 볼 때 하나님께서 택하시어 오직 하나님만 아시는 곳이며, 이 점에서 교회는 믿음의 대상이 된다.

다섯째, 거룩한 공회: 교회를 거룩하다고 할 때 그 기초는 우리의 거룩에 있지 않고 하나님께 있다. 즉 하나님의 행위, 하나님의 역사, 하나님의 부르심에 있다. 우리가 윤리적으로 도덕적으로 흠이 없기 때문에 교회가 거룩하다고 말하지 않는다. 또 교회를 공회라고 하는 것은 교회는 보편적이기 때문이다. 시간과 공간을 초월하기 때문이다. 교회는 과거 현재 미래에 걸쳐서 그리고 온 세계에 뻗어 있다. 그러나 이 보편성은 역사적 통계적 양적 의미가 아니라 '기독적'의 의미를 함께 가지고 있다. 즉 그리스도가 있는 곳에 교회가 있고 그리스도만이 교회의 기초이며 질적으로 머리이신 그리스도에게까지 자라가야 한다.

제38문 교회를 왜 한편으로 보이지 않는 교회라고 부르는가?

하나님만 아시는 교회이기 때문이다. 우리의 눈으로는 전 세계에 산재한 교회의 크기와 믿음을 정확하게 볼 수 없다. 북한과 이슬람 지역의 교회를 생각해보라.

제39문 교회를 어떤 점에서는 보이는 교회라고도 부를 수 있는가?

교회의 표지 즉 복음의 전파, 성례와 권징의 정당한 시행에서 교회를 볼 수 있기 때문이다.

제40문 교회는 왜, 어떻게 회집하는가?

지상의 모든 성도들이 한 곳에 회집하여 교제하며 하나님을 예배할 수 없기 때문에 각 처소에 개체 교회를 설립하고 예수 그리스도를 믿는 무리들의 유익을 따라 일정한 장소에서 하나님께 예배하며 성결하게 생활하며 그리스도의 나라를 확장하기 위하여 성경의 교훈과 교회 헌법에 의하여 공(公)예배로 모이는 것이 합당하다(갈1:22, 계1:4-20).

제41문 교회는 어떤 사람들로 구성되는가?

교회는 예수를 믿는다고 고백하는 자들과 그 언약의 자녀들로 구성된다. 예수를 믿는다고 고백하는 자들 뿐 아니라 왜 자녀들도 교회에 포함되는가? 하나님은 아브라함과 영원한 언약을 맺고 약속하시기를 그 뿐 아니라 또한 그 후손의 하나님이 되실 것이라고 하셨다(창 17:7). 또 베드로의 설교를 통해서도 '이 약속은 너희와 너희 자녀와 모든 먼 데 사람 곧 주 우리 하나님이 얼마든지 부르시는 자들에게 하신 것이라'(행 2:39)고 하셨다. 그래서 유아도 어른과 마찬가지로 하나님의 언약과 하나님의 교회에 속하였고, 또한 어른 뿐 아니라 유아에게도 그리스도의 피에 의한 속죄와 믿음을 일으키시는 성령이 약속되었기에 유아도 언약의 표인 세례를 통하여 그리스도의 교회에 연합되었다고 할 수 있다. 따라서 교회는 언약의 자녀들까지 포함된다.

제12조 (각 개체 교회) / 제13조 (개체 교회의 분류) / 제14조 (개체 교회의 설립) / 제15조 (개척교회의 관리)

제42문 개체 교회를 어떻게 정의할 수 있는가?

예수를 믿는다고 고백하는 자들과 그 언약의 자녀들이 일정한 장소에서 그 원대로 합심하여 하나님을 경배하며 경건하게[167] 생활하고, 예수의 나라를 확장하기 위하여 성경에 교훈한 대로 연합하고, 제정된 교회 정치에 복종하며, 공동예배로 회집할 때 이를 개체 교회라 한다.

제43문 개체 교회로 회집하는 주된 목적은 무엇인가?

1. 경배(예배): 공예배가 개체 교회로 회집하는 가장 첫째 목적이다.

---

167. 제12조에는 '성실하게 생활하고'로 되어 있으나, 이 문구가 인용된 '교회정치 문답조례'(1884년)나, 1922년판 교회정치에 나타난 번역을 볼 때 오역임이 분명하다. '거룩하게' 혹은 '경건하게'로 고치는 것이 옳다.

2. 경건한 생활: 제12조(각 개체 교회)의 내용은 본래 '교회정치 문답조례'(1884년)에서 나온 것인데 여기서는 '경건한 생활'(혹은 '거룩한 생활'; godly living)로 되어 있다(33-34문답). 1922년판 교회정치 2장 4조에서 이를 '성결하게 생활하고'로 번역을 하였고 이후 통합과 합동측 역시 이 번역을 지금까지 고수하고 있으나, 고신 교회는 1957년 교회정치에서부터 현재 번역을 취하게 되었다. '성실한 생활'은 오역으로 보인다. 교회정치 문답조례 34문답은 교회설립의 주된 목적을 예배와 거룩한 생활, 이 두 가지로 말하면서 예배는 하나님께 기도와 찬양을 드리는 것과 하나님으로부터 교훈을 받는 것을 말하며, '거룩한 생활'은 하나님의 말씀을 받고 적용하면서 서로 동정하며 서로 도우며 사는 생활을 가리킨다.
3. 연합: 믿음 안에서 서로 연합을 이루어 하나인 교회를 유지하기 위함이다. 지체로서 서로를 섬겨 그리스도의 몸을 세우기 위함이다.
4. 예수 그리스도의 나라 확장: 결국 교회가 세워지는 것을 통해 예수 그리스도의 나라가 이 땅에 확장된다.

제44문 개체 교회가 회집하는 목적을 이루기 위해 어떻게 해야 하는가?

1. 교회에 가입해야 한다. 어떠한 사람도 그의 지위나 신분을 막론하고 여기에서 물러나 혼자 있는 것에 만족해서는 안 되며, 모든 사람은 각각 교회에 가입하고 연합되어야 할 의무가 있다. 모든 신자는 교회에 속하지 않은 자들에게서 떠나 어느 곳에서든지 하나님께서 세우신 이 모임에 가입할 의무가 있다. 그들은 심지어 통치자들이 반대하고 군주의 칙령들이 금할지라도 그리고 죽음이나 육체적인 형벌이 따른다고 할지라도 그렇게 해야 한다. 그러므로 교회에서 물러나는 자나 가입하지 않는 자는 모두 하나님의 규례를 거슬러 행하는 것이다(벨직 신앙고백서 28조 참고).
2. '성경의 교훈'을 따라 해야 한다: 성경이 최고의 권위를 가지고 있다.
3. 제정된 교회정치에 복종해야 한다. 이는 세례 서약 시 네 번째 서약에 해

당하는 내용으로서 교회중심의 생활을 뜻한다. '여러분은 이제부터 교회의 관할과 치리에 복종하고 성결과 화평을 이루도록 노력하기로 서약합니까?' 교회의 관할과 치리에 복종하는 것은 우리가 벗어야 할 것이 아니라 주 예수께서 교인의 목에 주시는 멍에이다. 교회의 관할과 치리에 복종하는 목적은 교회의 성결과 화평을 이루기 위함이다. 이 성결과 화평은 다름 아니라 예수 그리스도께서 십자가에서 자기의 희생을 통하여 획득하시고 자기의 교회에 주신 은혜요 복이다.

제45문 어떤 개체 교회를 장로교회(a particular Presbyterian church)라고 부를 수 있는가? (교회정치 문답조례 36문답)

1. 예수 그리스도의 제자임을 고백하고 제자의 길을 걸어가는 그리스도인들로 구성되어야 한다.
2. '웨스트민스터 신앙고백서'와 '장로회 교회정치'의 원리에 입각해야 한다.: 장로교회의 근간이 무엇인지를 가리키고 있다.
3. 한 사람 이상의 치리장로를 선출하여 치리회인 당회를 조직해야 한다.: 치리장로가 있어서 당회가 구성되어야 장로교회의 면모를 갖추게 된다.
4. 자원하는 마음으로 주 안에서 치리회의 권위에 순복해야 한다: 교인들이 주 안에서 치리회의 권위에 복종할 때 비로소 장로교회가 된다.

제46문 개체 교회를 어떻게 분류할 수 있는가?

조직교회와 미조직교회이다.

1. 조직교회(an organized church): 세례교인과 임직 받은 직분자 특히 시무 장로가 있는 교회, 즉 당회가 있는 교회를 가리킨다.
2. 미조직교회(an unorganized church): 임직 받은 직분자 특히 장로가 없는 교회, 즉 당회가 없는 교회를 가리킨다.

제47문 개체 교회가 어떻게 해서 비로소 조직교회, 완전한 교회가 될 수 있는가?

1. 장로를 세워 치리회인 당회를 구성하여 치리가 있을 때이다. 이때 장로교회로서 완전한 개체 교회를 가리킨다.

2. 당회를 통한 치리가 교회에 있을 때 비로소 완전한 교회, 조직교회라고 부르는 것은 교회는 설교가 있는 곳일 뿐 아니라 동시에 권징이 있는 곳이기 때문이다. 권징이 필요한 것은 순수한 설교가 교회에 유지되기 위해서이다. 그리스도는 자기의 말씀과 성령을 통하여 자기의 권세를 교회에 시행하시며 교회를 치리 즉 다스리신다. 특별히 목사의 설교와 당회의 권징을 통해서 예수 그리스도가 교회에 현존하시며, 자기의 치리를 드러내신다.

따라서 교회는 신자들이 자의로 모이는 곳 이상으로 무엇보다 믿음의 교제가 시행이 되는 회중이다. 즉 그리스도의 이름을 고백하고 교회의 권징에 복종하는 약속을 통하여 가입하는 성도의 교제다. 여기에는 마태복음 16장, 18장에 있는 약속, 천국을 매고 푸는 약속이 포함되어 있다.

그래서 권징은 교회의 합법적인 통치로서, 그리스도께서 주시는 명에라고 부를 수 있다. 그리스도의 명에는 이중적인 뜻을 가지고 있는데 첫째, 교인 각자가 그리스도께 대해서 가지는 자세이며 둘째는, 성도의 교제권 안에서 교인 각자가 가지는 자세이다.

3. 반면 로마천주교는 하나의 가시적인 세계교회를 강조하면서 지역교회를 평가절하한다. 여기서 지역교회는 하나의 지회(支會)에 불과하다. 이에 대하여 장로교회는 지역교회를 강조한다. 이것은 여기서 시작하고 마치기 때문이 아니라, 현실과 아무런 관련이 없는 추상적인 교회에 대한 사상을 반대하기 때문이다. 성도는 역사 속에 있는 교회, 자기가 거주하는 지역의 교회에서 말씀의 봉사를 매개로 구원을 얻는다.

그러나 지역교회를 강조한다고 하여 지역교회가 교단과 상치하는 것으로 보는 것은 잘못이다. 성경은 교회를 말할 때 지역교회에 대해서 또한 지역을 초월한 교단의 교회들에 대해서도 사용하고 있다(갈 1:13, 22; 고전 15:9; 행9:31).

제48문 미조직교회는 왜 원칙적으로 집사와 권사를 세울 수 없는가? (참고. 교회정치 제36조 해설)

1. 물론 특별한 사정에 의하여 집사, 권사를 선택 임직할 수 있는 길은 있다. 이때 당회장은 노회에 협조당회원 2인(목사 1인, 장로 1인)을 청해서 할 수 있다.
2. 그런데 왜 미조직교회가 원칙적으로 집사와 권사를 세울 수 없을까? 도대체 그 이유가 무엇일까? 대답은 간단하다. 장로회 정치 체제를 갖춘 장로교회에서는 교회의 영적인 제반 문제에서 장로회인 당회의 주도를 강조하기 때문인데, 제121조(당회의 직무)를 보면 당회의 직무 중 하나는 '집사와 권사의 선택, 고시 및 임직'(7항)이다. 따라서 당회가 없이 교회직원을 세우는 것은 장로교회에서는 불가능한 일이다. 따라서 교회를 세울 때 장로를 가장 먼저 세워야 한다. 그래야 조직교회로서 온전한 교회의 모습을 갖추게 된다. 또 장로를 세울 때 한 사람이 아니라 최소 두 사람 이상을 세우는 것이 좋다. 왜냐하면 당회가 치리회로서 재판회가 될 경우가 있는데 목사와 함께 최소한 장로 2인이 되어야 재판회가 이루어지기 때문이다(장로 1인은 기소위원이 되어야 하고, 그는 재판회의 회원이 될 수 없다).

제49문 시무장로 1인이 시무하는 준당회로 이루어진 교회가 조직교회가 될 수 있는가?

있다. 왜냐하면 시무장로 1인이 있는 준당회이든 2인 이상이 있는 완전당회이든(정치 제112조) 당회는 당회이기 때문이다. 비록 준당회이지만 당회가 구성되어 있기에 조직교회라고 말할 수 있다.

제50문 미조직교회가 목사를 청빙할 때 그를 위임목사로 청빙할 수 있는가?

없다. 교회정치 제42조 1항에 따르면 위임목사는 조직교회의 청빙을 받고 노회의 허락으로 위임 받은 담임목사로 정의하기 때문이다. 장로회 정치 체제에서 교회는 당회가 조직되어야 온전한 모습을 갖추기에 원칙적으로 집사, 권사를 세울 수 없는 것은 물론이고 목사를 청빙할 때도 위임목사로 청빙할 수 없다, 따라서 교회를 설립할 때 가장 먼저 장로를 먼저 세워서 온전한 치리회를 구성하는 것이 중요하다. 그런데 혹 조직교회임에도 불구하고 위임목사를 청빙하지 않고 전임목사를 청빙하는 경우가 있는데 이것 역시 올바른 태도가 아니다. 조직교회가 담임목사를 청빙하는 것은 곧 위임목사를 청빙하여 당회와 함께 그가 온 회중에 대해 온전한 치리를 행사하도록 하는 것과 같기 때문이다. 전임목사가 아니라 위임목사가 되어야 목사 위임식을 통해 목사와 교인들이 각각에 대해 서약을 하므로 비로소 목양적 관계에 들어가게 되며, 특히 교인은 겸손하고 사랑하는 마음으로 목사가 교훈하는 진리를 받으며 치리에 복종하기로 서약을 하게 된다.

제51문 미조직교회에서 장로장립과 목사위임식을 동시에 할 수 있는가?

제66회 총회(2016년)는 동시에 할 수 없다고 결정하였다. 왜냐하면 아직 장로가 세워지지 못하여 당회가 없는 미조직교회는 위임목사 청빙을 할 수 없기 때문이다(교회정치 제42조 1항). 따라서 먼저 장로장립식을 하여 당회를 조직하고 나서 그 이후에 위임목사 청빙을 하여 목사 위임식을 하는 것이 정상적인 순서라고 할 수 있다. 그런데 기장(기독교장로회) 측은 미조직교회가 당회 조직을 허락받고 공동의회에서 장로가 피택되어 고시에 합격하였을 때는 위임목사를 청빙할 수 있다고 규정하고 있다(교회정치 제22조 1항).

제52문 목사가 없이 교인들만 회집하여 교회를 세울 수 있는가?

시무장로와 교인은 있으나 시무목사가 없는 교회를 궐위(闕位)교회라고 부른다. 노회가 파송한 당회장이 있다고 할지라도 그러하다. 궐위교회는 속히 목사를 청빙하여 교회에 설교와 성례가 중단되지 않도록 해야 한다.

제53문 당회가 구성되어 있다고 할지라도 현재 담임목사가 공석 중인 교회(임시 당회장이 파송된 교회)가 조직교회가 될 수 있는가?

조직교회이다. 왜냐하면 당회가 구성되어 있기 때문이다. 다만 시무목사가 없는 궐위교회라고 불릴 뿐이다.

제54문 은퇴목사들로 구성된 회중을 교회라고 부를 수 있는가?

시무장로가 없기에 당회가 구성될 수 없고 따라서 조직을 갖춘 장로교회라고 부를 수 없다.

제55문 개체 교회 설립은 누가 허락하는가?

소속 지역 노회에 청원하여 노회의 허락을 받는다(제15조 2항 참고). 장로교회에서 노회는 각 당회가 파송총대들에게 위임한 권위에 근거하여 그리스도의 권위를 가지고 노회의 구역 내에 있는 개체 교회, 당회, 목사 및 교역자, 소속 기관 및 단체를 다스리고 돌보며 살피는 것을 그 직무로 하기 때문이다(교회정치 제132조 노회의 직무 참고). 개체 교회 설립은 소속 지역 노회의 권한이라고 할 수 있다.

제56문 개체 교회를 설립하고자 할 때 또 어떤 조건을 갖추어야 하는가?

1. 교인의 수가 장년교인(원입, 학습, 세례에 상관없이) 20인 이상이어야 한다.
2. 다음의 서류를 구비하여야 한다:
   1) 설립(분립)교회의 명칭과 소재지
   2) 설립(분립) 일자
   3) 교인들이 서명 날인한 명단

4) 장년 신자 수와 가정 수

5) 어린이, 청소년 등 장년 이외의 교인 수

6) 예배당 상황(대지와 교회당 평수 및 계약서 또는 권리증 사본 등)

7) 교회의 재정 상황

8) 부근 교회와의 거리(*부근 교회와 직선거리 300M 이상 유지해야 한다-헌법적 규칙 3장 제2조)

9) 지역사회 환경의 현황(호구 수, 문화와 생활정도 등)

10) 당회와 공동의회 회의록 사본(분립)

제57문 개체 교회 설립 조건 중에서 교인의 수가 20명 이상의 그리스도인이 되어야 한다는 규정이 있다. 그런데 이때 장년의 연령을 몇 세 이상으로 보아야 하는가?

학습문답과 세례문답 대상자 자격의 기준이 되는 만 14세 이상으로 보는 것이 적절하다(교회정치 제23조 2-3항; 제67회 총회, 2017년).

제58문 개체 교회를 설립하려면 부근 교회와 얼마나 간격을 두어야 하는가?

부근 교회와 직선거리 300M 이상 유지해야 한다(헌법적 규칙 3장 제2조). 이와 관련하여 제26회 총회(1976년)는 500M를 결정하였고 이후 제32회 총회(1982년), 제39회 총회(1989년)에서 이를 재확인하였으나, 제40회 총회(1990년)에서 지금의 300M 규정을 결정하였다. 이후 제55회 총회(2005년)에서 이를 재확인하였다. 이를 미루어 볼 때 특히 도시 교회에서 이 문제를 가지고 교회 사이에 상당한 갈등이 있었다는 것을 알 수 있다.

제59문 개체 교회가 설립되기 전까지 회중은 누가 관리하는가?

1. 설립 전까지 개척교회의 지위는 기도소이다(제19조 1항). 이러한 기도소의 설립은 개체 교회의 당회, 노회(전도부 등) 혹은 노회가 파송한 전도목사가

주체가 되어서 할 수 있다.
2. 교회설립 허가를 받기 전까지는 동일한 노회 지역이든 다른 노회 지역이든 그 교회를 개척한 교회가 관리한다.
3. 그러나 교회 설립허락은 개척교회 소속 지역노회만이 할 수 있다.
4. 설립허락 청원을 받은 노회는 설립될 곳의 형편과 여건을 소상하게 살펴서 합당하면 허락하고, 당회장을 파송한다(제16조 2항).

제60문 개척교회라 할 수 있는 기간은 통상 언제까지로 볼 수 있는가?

흔히 개척교회라는 용어를 남발하여 사용하는 경우가 있다. 이에 대해 총회는 다음과 같이 결정하였다: 노회에서 교회설립을 허락받을 때까지로 한다(제48회 총회, 1988년).

제16조 (개체 교회의 분립과 합병) / 제17조 (개체 교회의 폐쇄) / 제18조 (개체 교회의 소속 노회 변경) / 제19조 (개체 교회의 변경) / 제20조 (타 교단 교회의 가입)

제61문 개체 교회를 분립할 수 있는가?

1. 개체 교회를 분립하려면 그 교회 당회와 공동의회의 결의로 노회의 허락을 받아야 한다.
2. 청원을 받은 노회는 분립될 곳의 형편과 여건을 소상하게 살펴서 합당하면 허락하고, 당회장을 파송한다(제16조 2항). 참고. 분립 청원의 서류 구비에 대해서는 제14조 3항에서 설명하고 있다.
3. 행정 처리의 경우 분립되는 교회의 경우 교회 명칭을 새롭게 정하며, 당회장과 항존직원의 수와 아울러 장로 이름을 노회에 보고하여 허락을 받아

야 한다. 당회와 제직회의 횟수는 새롭게 시작된다.[168]

제62문 두 개 이상의 개체 교회를 합병할 수 있는가?

1. 두 개 이상의 개체 교회를 합병하려면 우선 각 청원 교회의 당회와 공동의회가 결의한다.
2. 그 회의록 사본과 각 청원 교회 회원들이 연서 날인한 청원서를 시찰회를 경유하여 노회에 제출한다.
3. 행정 처리의 경우 어느 예배당을 사용할 것과 담임목사는 누구로 할 것인가, 그리고 교회의 명칭이나 항존직원의 수와 그 명부를 작성하고, 또 어느 교회를 계승할 것인지, 또는 새롭게 시작할 것인지를 미리 작성하고 노회의 허락을 받아야 한다.[169]

제63문 개체 교회를 폐쇄하고자 할 때 당회와 공동의회의 결의 없이 할 수 있는가?

1. 원칙적으로 당회와 공동의회의 결의가 있어야 하며, 노회에 청원하여 허락을 받아야 한다.
2. 교회의 당회와 공동의회가 기능을 발휘할 수 없을 경우에는 시찰회의 청원으로 노회의 허락을 받아야 한다.
3. 그 교회의 청원이 있거나 또는 청원이 없어도 노회가 그 교회의 폐쇄를 필요로 인정할 때 할 수 있다. 이때 노회는 위원을 파송하여 제반업무를 처리하게 할 수 있다. 그러나 이에 대해 통합과 기장 교단은 개체 교회 교인들의 의사에 반하여 노회가 직권으로 교회를 합병은 물론 분리, 폐쇄할 수 없다고 규정하고 있다.[170]

---

168. 임택진, 『장로회 정치해설』(서울: 한국장로교출판사, 2002), 60.
169. 임택진, 『장로회 정치해설』, 60.
170. 이종일, 『헌법으로 보는 교회생활 500문 500답』, 29.

제64문 개체 교회를 폐쇄할 때 잔여 재산을 어떻게 하는가?

노회의 허락 없이 개체 교회를 폐쇄하거나 교회재산을 임의로 처분할 수 없다. 노회가 어떤 개체 교회를 폐쇄하기로 결의할 때는 잔여 재산의 처분 방법도 결의해야 하며 이러한 결의 없이 목사나 교인이 임의로 사용하면 교회재산의 횡령 혹은 유용이 될 수 있다.[171]

제65문 개체 교회가 소속노회를 변경할 수 있는가?

1. 당회 및 공동의회에서 결의를 해야 한다.
2. 관계된 양 노회의 결의가 있어야 한다(당회록 사본과 공동의회 결의서 및 사유서와 당회원이 연서 날인한 청원서를 관계 양 노회에 제출).
3. 그러나 노회의 구역은 원칙적으로 총회가 결정하는 지역구분과 이에 대해 규정한 헌법적 규칙에 따라 설정해야 한다(교회정치 제136조 노회구역 설정 및 변경 참고).
4. 총회의 허락을 받아야 한다(양 노회는 결의된 노회록 사본과 청원서 및 의견서를 각각 총회에 제출한다).

제66문 개체 교회 설립 후 변경이 있을 때는 어떻게 해야 하는가?

1. 교인 수에 변경이 있을 때: 장년 교인수가 20인 미만의 상태로 2년이 경과되면 노회의 결의에 따라 이를 기도소로 변경할 수 있다(*이때 목사의 호칭은 전도목사이다, 제57회 총회, 2007년). 추후 교회 설립의 여건이 회복되면 교회설립청원 수속을 거쳐야 한다.
2. 명칭이나 주소를 변경하고자 할 때: 공동의회에서 결의하고 관할 시찰회를 경유하여 노회의 허락을 받아야 한다.

---

171. 이종일, 『헌법으로 보는 교회생활 500문 500답』, 31.

제67문 다른 교단에 속한 교회가 본 교단에 가입하고자 할 때 어떻게 해야 하는가?

1. 지역 관할 노회에 청원하여 허락을 받아야 한다.
2. 다음의 서류를 구비하여 지역 관할 시찰회를 경유, 노회에 청원한다:
    1) 전에 소속되었던 교단과 교회의 명칭 및 소재지
    2) 교회 연혁
    3) 교인 수(원입, 학습, 세례, 유아세례, 주일학교 학생 수)
    4) 교역자 현황
    5) 제직 현황
    6) 예배당 상황(대지와 교회당 면적, 계약서 또는 권리증 사본 등)
    7) 공동의회 회의록 사본 및 교인 서명날인
    8) 교회가입 신청서
3. 가입청원을 받은 노회는 이를 신중히 살펴 합당하면 허락하고 당회장을 파송한다. 단, 교회 부동산은 총회유지재단에 편입시켜야 하며 임대 교회는 그 재산권을 노회에 귀속시켜야 한다.

제68문 교단을 탈퇴한 교회가 다시 본 교단에 가입하고자 할 때 어떻게 해야 하는가?

제20조(다른 교단 교회의 가입)에서 규정하는 동일한 절차를 따라야 한다.

제3장 교인

제21조 (교인의 의의) / 제22조 (교인의 구분) / 제23조 (교인의 신급별 문답자격)

제69문 교회정치에서 왜 직원(직분)과 직원의 회인 치리회 뿐 아니라 또 '교인'을 다루는가? 주 예수께서 교회의 정치를 '직원'의 손에 주셨다고 하지 않았는가?

교회정치는 직원, 직원의 회인 치리회뿐만 아니라, 교회 즉 직원으로 부름 받지 않은 교인에 대해서도 말하고 있다. 왜냐하면 그리스도의 교회는 그리스도의 몸으로서, 지체―교인들―로 구성되기 때문이며, 그리고 교회와 교인에게서 일어나는 모든 것이 품위와 질서가 있어야 하기 때문이다. 따라서 교회정치는 교인의 지위에 대해서도 말하고 있다. 교회는 당회의 독주를 허용하지 않을 뿐 아니라 당회가 교인이 선출된 대표로 나서는 일종의 민주주의도 경계한다. 교회에는 오로지 그리스도의 통치만이 있을 뿐이다.

제70문 일반적으로 교인은 어떤 자라고 말할 수 있는가?

성부 성자 성령 삼위일체이신 하나님을 믿는 자인데, 그리스도인이라 칭한다.

제71문 그런데 교회정치에서 교인이라 함은 통상 어떤 사람을 가리키는가?(제22조 4항)

특별히 지정된 경우를 제외하고는 교회의 정회원 된 세례교인(입교인)을 뜻한다. 즉 신자는 세례 시에 서약과 세례의식을 받음으로 통해, 유아 시에 세례를 받은 자는 입교 서약을 통해 교회의 교인이 되며 교회의 정식 회원이 된다. 특히 세례 서약과 입교 서약 중의 하나는 다음과 같다: "여러분은 이제부터 교회의 관할과 치리에 복종하고 (교회의) 성결과 화평을 이루도록 노력하기로 서약합니까?" 바로 이 서약에 나오는 것처럼 신자는 교회의 관할과 치리에 복종하고자 하는 서약과, 교회의 성결과 화평을 이루도록 노력하겠다는 서약을 함으로써 교회의 교인이 되기 때문이다.

제72문 교인을 신급에 따라 어떻게 구분할 수 있는가?

1. 원입인: 예수를 믿기로 작정하고 공예배에 참석하는 자
2. 학습인: 신앙을 고백하고 학습을 받은 자
3. 유아세례교인: 언약의 자녀로서 세례를 받은 자(단, 입교서약을 하기까지는 교인의 권리를 행사하지 못한다)
4. 세례교인(입교인): 학습인으로 세례를 받은 자와 유아세례교인으로 입교서약을 한 자

제73문 유아가 세례를 받기 위해 문답을 받으려면 어떤 조건을 갖추어야 하는가?

1. 유아세례문답 대상자는 2세 이하로 하고, 최소한 부모 중 1인이 무흠 세례교인(입교인)이어야 한다(웨스트민스터 신앙고백서 28:4).
2. 유아세례 받기를 원하는 부모는 그 뜻을 목사에게 알리고 부모 중에서 1인 혹은 양친이 세례 받을 아이를 정한 시간에 당회 앞으로 데리고 와서 문답을 받아야 한다(예배지침 제21조 유아세례식).

제74문 입양한 유아에게 세례를 줄 수 있는가?

"하나님의 언약 안에서 출생하지 않은 유아라는 이유로 지금은 교인의 자녀로 합법적으로 입양한 자녀가 된 유아에게 자기의 교회에 주신 하나님의 약속의 표와 인인 세례를 배제하는 것은 정당하지 않다."(네덜란드 개혁교회,

1972-3년 총회)

제75문 부모 대신 조부모가 유아세례 시 서약을 할 수 있는가?

"부모가 교회의 교인이 아니지만 조부모 중에 한 사람이 교인일 경우, 또 조부모가 유아의 신앙양육의 책임을 지는 조건으로 그 유아에게 세례를 베풀 수 있다."(네덜란드 기독개혁교회, 1965-6년 총회)

제76문 원입인이 학습인이 되기 위해 문답을 받으려면 어떤 조건을 갖추어야 하는가?

원입인으로 6개월 이상 공예배에 참석하는 14세 이상자로 한다. 단, 특별한 경우에는 당회의 결의로 6개월이 미달되어도 문답할 수 있다.

제77문 세례 받기 위해 어떤 자격을 갖추어야 하는가?

만 14세 이상이 되어야 하며, 학습인으로 6개월 이상 경과한 자로 하는 것을 원칙으로 한다. 6개월의 기간을 제시한 것은 이 동안에 공예배 출석과 또 여러 형태로 이루어지는 신앙의 훈련을 염두에 둔 것이다.

제78문 교회정치에서 교인이라 함은 통상 어떤 사람을 가리키는가?

특별히 지정된 경우를 제외하고는 교회의 정회원 된 세례교인(입교인)을 뜻한다.

제24조 (교인의 권리) / 제25조 (교인의 의무)

제79문 교인의 권리는 언제부터 시작하는가?

1. 유아세례교인과 학습교인의 경우 당회의 문답과 교회 앞에서 입교서약과 세례 받은 이후

2. 입교인의 경우에는 이명증을 가지고 와서 당회가 받은 이후
3. 입교인이 이명증을 가지고 오지 않은 경우는 등록 6개월 경과 후 당회의 결의로 교인권을 줄 수 있다.

제80문 교인의 권리에는 어떤 것이 있는가?

1. 성찬 참여권: 교인은 세례를 통해 그리스도의 몸에 접붙임 된 자이기에 그리스도의 몸과 피에 참여하기 위해 주의 상인 성찬에 허용된다. 그러나 수찬정지 이상의 시벌을 받은 자와 원입, 학습교인은 이 권리가 없다. 성찬 참여는 교인의 권리이다! 당회로부터 수찬정지의 시벌을 받지 않았다면 성찬 참여를 주저해서는 안 된다. 성찬에 참여하지 않을 권리는 없다. 당회가 이 문제를 결정할 권한을 가지고 있다.
2. 공동의회 회원권(교회정치 제150조 참고): 공동의회 회원이 되어서 교회의 예산·결산을 다루고, 직원 선거에 참여할 수 있다.
3. 교인으로서의 모든 청구권: 순서를 따라 치리회에 진정, 청원, 소원, 상소할 권리를 가리킨다. 진정은 어떤 부당한 일에 대해 특정한 요구를 하는 것이며, 청원은 자기와 교회에 필요한 것을 요청하는 것이며, 소원은 행정사건에 대해 하회가 그 책임을 이행하지 아니하거나 위법한 행동이나 결정한 일에 대해 변경을 구하는 것이며, 상소는 소송 사건에 대해 하회의 판결을 취소하거나 변경하고자 해서 상회에 서면으로 제출하는 것을 말한다. 심지어 교인은 당회를 경유하여 노회에도 어떤 서류를 제출할 수 있으며 당회가 이를 거부할 때에도 이유서를 첨부하여 직접 노회에 서류를 제출할 수 있다.
4. 영적 보호를 받을 권리: 심방과 기도, 기타 영적인 보호를 받을 권리가 있다.
5. 개체 교회에서 법규에 의한 선거 및 피선거권을 가진다(단, 무단 6개월 이상 본 교회 예배에 참석치 않으면 위 권리를 상실한다).

제81문 교인의 권리를 헌법을 벗어나 개체 교회 내규를 통해 제한할 수 있는가? 예를 들면 만 18세 이상으로 나이를 제한하거나, 주일 공예배 출석 외에 기타 모임(구역예배 혹은 목장 모임 등)에 함께 참여하지 않는 교인에게 공동의회 회원권을 제한할 수 있는가?

없다. 헌법을 벗어나서 개체 교회의 내규를 통해 교인의 권리를 제한하는 것은 공교회의 신앙에 도전하는 것이라고 할 수 있다. 따라서 만 14세 이상이 되어서 세례를 받거나 입교를 하여 교인이 되었으나 개체 교회 내규에서 정한대로 만 18세가 되지 못한 이유로 교인의 권리, 특히 공동의회의 회원권을 제한하는 것은 옳지 않다. 또 교인이 신고 없이 교회를 떠나 교회의 의무를 다하지 못한 경우를 제외하고(교회정치 제28조 교인의 자격) 특히 주일 공예배 참석 외에 기타 모임의 참석이나 다른 의무(헌금, 전도 등)를 이행하지 않는 것을 가지고 교인의 권리를 제한하는 것은 적절하지 않다.

제82문 교인의 권리 중에서 상회(上會)에 소원, 상소할 권리란 무엇인가?

1. 교회의 질서와 행정에 대하여 쟁론이 있을 때 성경의 교훈대로 교회의 성결과 화평을 위하여 순차대로 상회에 상소할 수 있다(교회정치 제97조).
   * 상소: 하회에서 판결한 재판사건에 대하여 불이익을 당한 자가 취소 또는 변경을 그 상회에 서면으로 제출하는 것(권징조례 제106조)으로 하회 판결 고지일로부터 15일 내에 해야 한다.
   * 소원: 하회가 행정사건을 다룸에 있어서 책임을 이행하지 않거나 위법한 결정 등에 대해서 하회의 치리 하에 있는 자 중 1인 이상이 그 상회에 이의를 제기하여 그 변경을 구하는 경우(권징조례 제136조)이며, 하회 결정 후 15일 내에 할 수 있다.
2. 그러나 이 권리를 남용해서는 안 된다.
   가. 우선 성경에서 충분한 동기와 근거를 찾으라. 즉 성경을 우선 펴라.
   나. 그 다음에 교회정치에서 동기와 근거를 찾으라.

다. 빌립보서 2장의 말씀대로 나에게 겸손과 온유와 사랑이 있는가를 확인하라

라. 화평할 준비가 되어 있는가?

3. 교인이 가진 상소권의 근거는 어디에 있을까? 교인은 누구나 할 것 없이 예수 그리스도께서 십자가에서 이루신 사역을 믿음으로써 하나님의 은혜로 말미암아 하나님의 의와 하나님과의 화평이라는 권리를 획득하였다. 이것이 모든 신자의 권리에 기초가 된다. 직원이든 아니든 간에 모두 동등한 권리를 가지고 있다. 따라서 신자의 양심을 구속할 이는 하나님과 성경 이외에 없다. 신자가 성경에 상소할 수 있는 것은 신자에게 있는 양심의 자유 때문이다. 나아가 하나님의 의와 법이 실행되므로 화평이 회복되기 때문이다. 하나님은 재판장이시며, 재판장을 사용하시는 분이시다. 그러므로 우리는 이 법과 재판에서 화평을 도모해야 한다.

제83문 교인이 목사의 설교에 대해 공적으로 이의를 제기하려면 어떻게 해야 하는가?

목사의 설교가 성경과 신앙고백에 상치할 만큼 심각한 오류가 있다고 판단될 때에는 그 근거를 제시하여 질문이나 이의가 담긴 문서를 작성하여 당회에 제출할 수 있다. 교인은 교회 안에서 일어나는 모든 문제에 대해 공적으로 문의와 질의도 할 수 있고, 진정과 청원을 할 수 있는 권리를 가지고 있다. 그러나 이러한 질서를 밟지 아니하고 목사의 설교에 대해 사람들에게 험담하거나 비방하는 것은 옳지 않다.

제84문 원로목사가 추대 받은 교회에서 직원선출을 위해 소집한 공동의회에 참여할 권리가 있는가?

할 수 없다. 원로목사나 은퇴목사는 노회에 소속한 노회원으로서 당회에 속한 교인이 아니므로 장로나 집사가 될 수 없는 것은 물론, 어떤 개체 교회

의 무흠교인으로도 등록할 수 없다. 해당 교회의 내규에 따라 허락한다는 예외의 특권 외에는 어떠한 경우라도 교회에서 투표권을 가질 수 없다.[172] 당회의 요청이 없으면 당회에 참석하지 못한다.[173]

제85문 성도가 성도를 사회 법정에 소송할 수 있는가? 이에 대해 총회는 어떤 결정을 하였는가?

총회는 이 문제에 대해 다음과 같이 결정하였다. 얼마나 이 문제가 총회와 교회와 성도들에게 첨예하였는지를 알 수 있다.

1. 성도 간의 소송문제(교회법을 거치지 않고 사회법정에 형사소송을 제기한 것)가 신앙적이 아니므로 하지 않는 것이 총회 입장이다(제23회 총회, 1973년).

2. 제23회 총회결의 98항 '사회 법정에서의 성도 간의 소송행위가 결과적으로 부덕스러울 수 있으므로 소송을 남용하지 않도록 하는 것이 총회의 입장이다.'라고 수정하자는 동의가 성립되어 가부는 투표로 하기로 하고 투표하니 가72 부7 기권1표로 동의가 가결되다(제24회 총회 1974년).

3. 신자가 교회법대로 송사하지 않고 일반 법정으로 송사를 우선하는 것은 성경 고전 6:1-11대로 하는 것이 원리이다(제41회 총회, 1991년).

4. 대전노회 노회장 OOO 목사가 건의한 성도 간의 소송문제는 제23회 총회 시 결의한 것을 제24회 총회가 번복한 것에 대한 답변으로 제41회 총회 시 행정부가 내린 정의를 받아들인 것을 재확인하다(제45회 총회, 1995년).

5. 제45총회에서 대전노회가 질의한 "제23회 총회가 성도 간의 소송문제(교회법을 거치지 않고 사회법정에 형사소송을 제기한 것)가 신앙적이 아니므로 하지 않는 것이 총회 입장이다."고 결의한 것을 제24회 총회가 번복하여 "남용하지 말라."고 재차 가결한 것으로 혼돈을 초래함으로 본 총회의 입장을

---

172. 교회정치 문답조례 96문답.
173. 교회정치 문답조례 86문답.

밝혀 달라는 질의는 제23회 총회에서 결의한대로 "신앙적이 아니므로 하지 않는 것이 총회의 입장이다."(제46회 총회, 1996년).

6. 고린도전서 6장의 가르침과 관련하여 총회의 신학적 입장에 대한 문의 건은 "고소하지 않는 것이 원칙이나 부득이한 경우에만 할 수 있다."로 투표하여 가결하다(제58회 총회, 2008년).

7. 서부산 노회장 OOO 목사가 청원한 제58회 총회가 "고소하지 않는 것이 원칙이나 부득이한 경우에만 할 수 있다."는 결의 철회 건은 '고소하지 않는 것이 원칙이나 교회 치리회를 우선으로 하되 부득이한 경우에만 할 수 있다.'로 수정하기로 가결하다(제62회 총회, 2012년).

8. 경인노회장 OOO 목사가 청원한 "제24회 총회의 성도 간 불신법정소송가능을 제23회 총회의 불가로 환원하는 건"은 지난 제62회 총회에서 "세상 법정에 고소하지 않은 것이 원칙이나 교회 치리회를 우선으로 하되 부득이한 경우에 할 수 있다."고 결의대로 하기로 가결하다(제63회 총회, 2013년).

9. 경인노회장 OOO 목사가 발의한 제24회 총회 결정. 성도 간의 불신(사회)법정 소송 가능을 제23회 총회 결정인 불가로 환원, 요청하는 건은 제62회 총회의 결정대로 따르기로 가결하다(제64회 총회, 2014년).

10. 고신총회와 고려총회 통합 합의문 중에서(제65회 총회, 2015년).

"대한민국 광복 70주년, 선교 130여 년의 역사적인 해에 대한예수교장로회 고신총회와 고려총회가 하나님의 뜻을 따라 예수 그리스도 안에서 하나됨을 이루고자 한다. 고신총회와 고려총회는 성경대로 믿고 고백하며 가르치고 살아가는 개혁주의 신학과 신앙에 따라, 일제강점기의 신사참배 강요와 공산주의자들의 만행에 순교로 대처하였으나 안타깝게도 1976년 제26회 총회 시에 '신자 간의 사회법정 소송에 대한 이견'으로 분열되었다. 그러나 분열의 원인이 된 사회법정 소송문제는 고린도전서 6장 1-10절의 말씀에 의지하여 '성도 간의 사회법정 소송은 원칙적으로 불가하다'라는 원리가 옳은 줄로 믿고, 고신총회와 고려총회는 통합하고자 한다. 양 총회의 통합은 성경적으로나 한국교회사적으로 이 시대 우리를 향한 하나님의 기뻐하시는 뜻임을 인식하고 다음과 같이 합의한다."

11. 유지재단 이사장 OOO 목사가 발의한 성도 간의 소송의 건은 제23회, 제45회, 제64회 총회 등에서 성도 간의 소송 문제가 신앙적이지 않으므로 하지 않도록 결의 및 재확인 하였음에도 불구하고 사회법정에 재산 반환 요청에 따른 부당이득 소송을 제기한 자는 성도 간의 소송은 불가하므로 화해를 독려하는 것으로 가결하다.

12. 고신총회와 고려총회 통합추진위원회가 청원한 대로 고린도전서 6장 1-10절의 말씀의 가르침에 따라 "의료법인, 학교법인, 유지재단, 은급재단, 고신언론사 등 운영상 부득이한 경우는 예외로 할지라도 총회 산하의 목회자와 교회와 성도는 사회법정 소송은 불가한 것"을 전원 찬성으로 가결하다(제65회 총회, 2015년).

13. 경서노회장 OOO 목사가 발의한 "제64회 총회에서 '부득이한 경우'에 대해 성경과 신학에 맞는 것인지 질의의 건"은 제62회 총회에서 신자 간의 분쟁이 있으면 먼저 교회 치리회를 거치라고 결정을 했고, 교회 치리회가 우선이며 부득이한 경우에만 불신법정에 갈 수 있다고 결정했다. 이 결정의 의미는 범죄자가 교회 치리회에 복종하지 않는 경우에 할 수 있다는 뜻으로 인식되었다. 그리고 제63회 총회에서는 제62회 총회 결의를 재확인했으나 작년 제64회 총회에서는 '부득이한 경우'를 상세 규정했는데 곧 부득이한 경우란 '교회법으로 할 수 없는 일, 형사사건, 재정문제이다'라고 한 것이나 이것은 하나님의 말씀을 믿는 우리의 신앙과 신학에 정면으로 위배되는 치명적인 결정이다. 형사문제야 어떤 일을 고소하는 사람이 형사문제로 삼으면 형사문제가 되는 것이고, 또 교회 안에서 흔히 일어나는 사건이 재정문제인데 결국 이 결의는 불신법정 고소 금지를 해제해 버린 결과가 되고 말았고, 지금 한국교회는 교회 치리회를 완전히 무시하고 모든 문제를 세상법정으로 가져가서 어려움을 당하

고 있는 교회가 얼마나 많음에도 불구하고 고신이 이 문제를 아예 공식적으로 인정해 버리는 결과를 가져오게 되었으므로 교회가 성경적 원리에 따라 바르게 치리를 해야 하는 것으로 가결하다(제65회 총회, 2015년).

14. 수도남노회장 OOO 목사가 발의한 '불신법정 고소 문제에 대한 질의 및 건의안'은 지난 제64회 총회는, 불신법정 고소 문제에 대해 "부득이한 경우에 할 수 있다."는 제62회 총회 결의를 확인하면서 '부득이한 경우'란 "교회가 처리할 수 없는 일, 형사사건 및 재정문제이다."로 규정하는 결의를 하였으나 이 결의는 마태복음 18장 15-18절에서 예수님이 말씀하신 치리절차에 대한 지침과 고린도전서 6장 1-8절에 기록된 사도 바울의 교훈에 정면으로 위배되는 결의로 사료되는 바, 이에 대한 총회의 신학적인 견해가 어떠한지를 다시 한번 살펴 명백하게 밝혀주시기를 건의한 건은 성도 간의 사회법정 소송은 불가한 것으로 가결하다(제65회 총회, 2015년).

제86문 교인의 의무에는 어떤 것이 있는가?

교인은 성경과 교리와 신앙의 도를 힘써 배우며 전하고 성경 말씀대로 실행하기를 힘써야 하며, 예수 그리스도의 삶을 본받는 모범적인 생활을 해야 하며, 그리스도의 장성한 분량에 이르도록 힘써야 한다. 또 성경의 진리를 보수하고 교회법규를 준수하며 교회헌법에 의지하여 치리함에 순복하여야 한다(헌법적 규칙 3장 제3조 2-3항). 구체적으로 다음과 같은 의무를 가지고 있다:

1. 공예배(주일예배, 오후예배/저녁예배)와 수요기도회 참여할 의무
2. 헌금(의무헌금인 십일조와 주일헌금 및 성의헌금)의 의무
3. 전도(영혼구원을 위하여 헌신)의 의무
4. 봉사(교회 내외의 활동을 위한 섬김)의 의무
5. 교회치리에 복종할 의무

제87문 교인의 의무 중에서 교회치리에 복종할 의무란 어떤 것인가?

1. 세례서약 시 넷째 서약의 내용에서 볼 수 있다: "여러분은 이제부터 교회의 관할과 치리에 복종하고 성결과 화평을 이루도록 노력하기로 서약합니까?" 교회의 관할과 치리에 복종하는 것은 다른 말로 하면 교회중심의 생활을 가리키는 것으로 직분자를 통한 지도와 다스림에 순종하는 것을 가리킨다.
2. 이와 관련하여 교인은 자녀들에게 세례를 받게 할 뿐만 아니라 교회의 보호 아래 두어 정치와 권징에 복종하도록 양육하여야 하며, 자녀가 성장하면 교회의 모든 의무를 이행하도록 관리하여야 한다(권징조례 제7조).

제88문 교인이 교인의 의무를 다하지 않을 때 어떻게 해야 하는가?

교회의 정회원으로서 거룩한 주일을 범하거나 미신행위나 음주나 흡연, 구타하는 등의 행동이나 고의로 교회의 헌금의 책임을 이행하지 않는 자는 교회법도를 따라 다스려야 한다(헌법적 규칙 3장 제3조).

제89문 장로가 주일을 범하거나 구타하는 행위를 고의로 하였다면 어떻게 다스려야 하는가?

원칙적으로 장로뿐만 아니라 직분자는 직임을 면함이 당연하다(헌법적 규칙 3장 제3조 1항). 그러나 당사자에게 충분한 소명의 기회를 제공해야 하며 또 정당한 재판 절차를 통해 시벌이 행해져야 한다.

제26조 (교인의 이명) / 제27조 (교인의 신고) / 제28조 (교인의 자격) / 제29조 (교인의 복권)

제90문 교인이 이명(移名) 이외의 다른 방법으로 교회를 떠날 수 있는가?

사망, 출교, 이명의 경우가 있을 뿐이다(교회정치 문답조례 238문답). 출교는 권징조례 상의 시벌 중에서 최고의 시벌로, 불신자와 같이 인정하여 교인명부에서 제명하고 교회 출석을 금지하는 것이다. 이명이란 교인이 타 지역으로 이사하는 등의 이유로 인하여 다른 지역 교회로 교인의 이름을 옮기는 것을 가리킨다(교회 이동이 아니라 이름 이동이다).

제91문 이명 없이 다른 교회로 가서 입회할 수 있는가?

그런 일은 무질서한 것이다. 끝까지 본 당회 관할 아래 있으니 마땅히 책벌할 것이요, 만일 그 교인을 받은 당회가 그 교인이 행한 무질서한 일을 알게 되었으면 그 교인을 불러 알아듣게 타이르고 그 명부에서 삭제하고 원 당회로 통지하여 치리하게 해야 한다. 다른 교파로 옮겨 갔으면 그 이름을 본 교회 명부에서 삭제해야 한다(교회정치 문답조례 239문답).

제92문 교인의 이명(이명증)에 대해 어떤 규정이 있는가?

1. 이명청원: 이거하거나 기타 사정으로 교회를 떠날 때 소속 당회에 청원하여야 한다.
2. 다른 교회로 이거한 후 6개월 이내에 청원한다.
3. 이명절차가 끝나기까지는 이전 교회의 치리회 아래 있다.
4. 이명증서 발급 후 3개월 이내에 반송된 때에는 원 교적에 복원된다.
    * 만약 받은 이명서를 1년 이내에 본 교회(혹은 목사의 경우 본 노회)로 환부하면 당회(혹은 노회)는 수취한 후에 회의록에 기록할 것이나 전일 시무하던 직분은 계속될 수 없다(1980년판 권징조례 11:108).
5. 이명증서를 받아 교인으로 등록되면, 이명증을 접수 받은 교회의 당회는 즉시 이명한 교회에 접수 사실을 회보해야 하며, 이명을 허락할 수 없는 경우에는 이명증서를 반송하여야 한다.
6. 교인의 이명증에는 책벌사항을 명기하여야 한다.
    * 시벌 중인 교인의 이명: 시벌된 교인의 이명증서 발급은 해벌 전까지는

불가하나, 이사로 거리상 불편할 시는 시벌 사항을 명시하여 이명증서 발급이 가능(교회정치 문답조례 253문답)

* 책벌 하에 있는 교회의 직원은 그 치리회의 결의가 있어야 복직된다.

제93문 장로가 다른 교회로 이명을 가면서 이명증을 받아 가지고 갔으나, 그 교회에 이명증을 제출하지 아니하고 본 교회로 다시 돌아올 때 그의 신분은 어떻게 되는가?

1. 이명증서 발급 후 3개월 이내에 반송된 때에는 원 교적에 복원된다.
2. 그러나 전일 시무하던 직분은 계속될 수 없다(1980년판 권징조례 11:108). 시무하려면 본 교회의 투표와 위임을 받아야 한다.[174]

제94문 이사하지 않은 교인이 이명증을 요구할 경우 어떻게 해야 하는가?

원칙적으로 불가하나 당회가 기타 사정을 고려할 수 있다.

제95문 이명증 발부는 누가 하는가?

다른 기관에서 할 수 없고 당회의 이름으로 발부한다. 당회의 고유 권한이다.

제96문 이거하는 주소나 이거하는 교회의 이름을 적시하지 않은 이명증 발부가 가능한가?

원칙적으로 불가하다. 왜냐하면 이단이나 불건전한 교회로 이명할 수 있기 때문이다. 속히 이거하는 주소와 교회를 정할 수 있도록 권고할 것이다.

제97문 다른 교단이나 교파로 이명 갈 때에 이명증을 발부할 수 있는가?

이런 일이 종종 일어난다. 일찍이 1851년 미국의 구파 장로회총회는 개체

---

174. 이종일, 『헌법으로 보는 교회생활 500문 500답』, 92.

교회 당회의 재량에 맡겼다(교회정치 문답조례 256문답). 그러나 이명증은 원칙적으로는 신학과 신앙이 동일한 자매교회나 이에 동의하는 교류하는 관계에 있는 교단이나 교파로 이명 갈 때에 발부하는 것이 정당하다.

제98문 당회가 이거해오는 교인의 이명증 접수를 거부할 수 있는가?

남아프리카의 경우 백인 교회가 흑인 신자의 이명 접수를 거부한 사례가 있다. 만약 당회가 거부할 경우 정당한 이유를 제시해야 한다. 타 교단(교파)에서 온 교인의 경우에는 당회가 책임을 가지고 신앙과 행실을 살펴야 할 것이다.

제99문 어떤 교인이 이사를 하여 그 지역의 고신 교회에 이명증을 제출하였으나 해당 교회가 수평 이동하는 교인을 받지 않는다는 이유로 이명증 접수를 거부할 수 있는가?

거절할 수 없다. 한편으로 아무 이유 없이 교회를 이동하는 소위 수평이동 교인을 받지 않는다는 명분은 건전하고 그럴 듯하지만, 사도신경에 있는 대로 지역을 초월하는 공교회를 고백한다면 이사하는 교인의 이명증 접수 거부는 있을 수 없다. 이는 교회의 통일과 일치를 깨뜨리는 것이라고 할 수 있다. 우리는 인간적인 이상보다는 신앙고백을 우선시하고 이를 따라야 한다. 다만 수평이동을 하는 교인과 이사를 하여 이거하는 교인을 신중하게 구별하여 처리하는 것이 바람직하다.

제100문 이명증에는 어떤 내용이 기재되어야 하는가?

1. 이거하는 교회 이름
2. 유아세례교인 이름
3. 직분이름/시벌사항/장기결석이 2년 이상이 지났을 경우 이 사실 등(1980년판/권징조례 12:115)

4. 성찬에 허용될 수 있는지의 여부에 대하여/이거 교회 당회의 보살핌을 요청하는 내용 등.

제101문 이명증은 어떤 역할을 하는가?

원칙적으로 한 지역에서 다른 지역으로 이사를 하는 교인에게 당회가 발부하는 것으로, 그 교인의 신앙과 행실에 대하여 증거하는 추천서(천거서)의 역할을 하며 이로써 그 교인이 이거하는 교회의 당회는 그를 교인으로 받고 성찬에 허용한다.

제102문 이명증은 교회역사에서 언제부터 실행되어 왔는가?

1. 이명증 혹은 천거서는 교회의 연합/일치가 존재하는 한 항상 있어 왔다.
2. 사도시대: 에베소의 형제들이 아가야로 떠나는 아볼로에게 천거서를 주었으며(행 18:27), 바울은 로마교회에 자매 뵈뵈를 추천하였고(롬 16:1), 고린도후서 3:1을 볼 때 사람들은 당시 이러한 추천서를 사용한 것을 알 수 있는데 이 모든 것은 교회들의 유대와 성도의 유익을 위하여 도움이 되었다.
3. 교부시대에도 시행되었다. 한 지역에서 다른 지역으로 여행을 하는 사람은 추천서를 가지고 가야만 영접을 받을 수 있었다. 왜냐하면 교회가 속임을 당할 수 있기 때문이었다:

"주님의 이름으로 오는 모든 사람은 환영을 받아야 합니다. 그러나 그때 그 사람을 시험하십시오. 그러면 여러분은 통찰력을 가지고 진실한 것과 거짓된 것을 발견할 것입니다. 오는 사람이 그냥 지나가는 사람이라면 그를 도우십시오. 그러나 그가 2일 이상, 혹은 3일 이상을 머물게 해서는 안 됩니다. 그러나 그가 여러분 가운데 정착하기를 바란다면 장인이라면 자기의 생계를 위하여 일하게 하십시오. 그러나 그가 장인이 아니라면 그가 기독교인으로서 여러분들 가운데 게으름을 부리지 않고 어떻게 살아갈 것인가를 여러분의 판단에 따라서 결정하십시오. 그러나 그가 이러한 방식으로 협력하기를 바라지 않는다면 그때 그는 그리스도를 가지고 장사를 하고 있는 것입니다. 그러한 사람들을 경계하십시오"(디다케 12:1)

"예루살렘에 있는 주의 형제 야고보나 혹은 그의 제자들의 추천서를 받아오지 않는 사역자는 믿지 마시오"(클레멘트의 설교 중에서)

4. 16세기 교회- 이때에도 있었다. 그러나 박해가 심할 때에는 위험하여 아는 사람이 그 회중에 있을 경우 서로 증거를 해주었다. 한편 박해로 인하여 난민들이 교회에 점점 증가하면서 이를 악용하는 자들이 생겨났는데 왜냐하면 난민들은 대부분 재산을 두고 떠나는 자들이 많았기에 가난하였고, 이를 틈타서 방랑하는 나그네들이 교회에 들어와서 교인들의 마음을 얻고 교회를 위협하는 일이 생겼기 때문이다. 그래서 이러한 악용에 대하여 화란의 엠든 노회(1571년)는 이거하는 교우에 대하여 신앙과 행실을 증거하는 이명증을 발부할 때 신중하게 할 것을 결의하였다. 또 충분한 이유가 없으면 이명증을 발부하지 않도록 하였으며, 특히 가난한 자의 이명증 발부에 유의할 것을 결정하였다. 왜냐하면 타교회에 짐을 지우지 않기 위해서였다. 만약 가난한 성도의 이명증 발부 시에는 가난한 정도와 함께 이름/이거하는 지역/직업/여행경비까지 기재하도록 하였다. 또 이명증 발부 시 반드시 당회의 의장과 서기가 날인을 할 수 있도록 하였으며, 이명증의 유효기간을 삼 개월로 정하기도 하였다.

5. 한국교회: 초창기, 적어도 해방 이전까지는 이명증이 정착되어 있어서, 매년 교세통계에 이명증서로서 받은 입교인 수, 이명증서로서 이거한 입교인 수, 이명증서가 없는 자의 수를 적시하도록 하였다. 예를 들어서 1924년 총회에 보고된 통계를 보면 경남노회의 경우, 목사 12명, 장로 57

명, 장립집사 3명, 남자 조사 21명, 남자 전도인 13명, 여자 전도인 9명, 영수 216명, 서리집사(남) 303명, 서리집사(여) 128명, 조직교회 36개, 미조직교회 197개, 기도소 30, 예배당 수 226, 세례 받아 입교한 수 601명, 세례 받은 유아 중 성찬에 참여한 자 30명, 이명증서로 받은 입교인 110명, 해벌한 교인 30명, 금년에 성찬에 참여한 자 중 제명한 자 379명, 별세한 교인 56명, 이명증서로 이거한 교인 195명, 책벌한 교인 104명, 출교한 교인 24명, 성찬에 참여하는 세례인 도합 4171명, 의무 잃은 교인 147명……등이 나온다.

제103문 이명증이 교회생활에서 왜 중요한가?

1. 교회의 일치와 연합을 유지하기 위하여, 교회가 하나라는 고백에 근거해서 성찬에 허용하는 추천서가 되기 때문이다.
2. 이단이나 교회분열을 일으키는 자들, 교회를 떠돌아다니는 자들로부터 교회를 보전하고 지키기 위해서이다.
3. 교회 중심의 생활을 하기 위해서이다. 교회중심의 생활은 곧 하나님 중심/성경 중심의 생활로 이어지기 때문이다. 성도는 주께서 세우신 직원의 치리와 목양을 통하여 양육을 받는다.

    교회는 우리가 우리의 자유의지로 선택하기 전에 하나님께서 예수 그리스도 안에서 택하시고 부르신 자들의 모임과 회중이기 때문이다. 성도는 하나님의 섭리를 시인하고 공경의 자세를 가지고 가까운 지역 교회에 가입하고 연합해야 한다. 그러나 알미니안파 신자들과 펠라기안파 신자들은 교회를 신자의 자유의지에 따라서 교회를 선택하는 것으로 본다. 선택의 시대를 살고 있는 오늘 우리에게 교회 중심의 생활은 아주 중요하다.
4. 교인은 어느 때 어디서 범죄하였든지 그의 교적이 있는 치리회에서 재판을 받기 때문이다.

제104문 이명(이명증)과 관련하여 본 교단 총회가 내린 결정에는 어떤 것이 있는가?

1. 교인이 이명 수속을 법규대로 철저히 시행하기로 하다(두 교회 교적부에 실려 있는 일이 절대 없도록) (제18회 총회, 1968년).

2. 시무장로가 같은 지역교회로 이명 하였을 때 시무장로로 피택 받는 것은 해 교회의 재량으로 할 것(제39회 총회, 1989년).

3. 해외선교사 노회원 자격 문제는 해 지역 총노회에 이명하여 주고 본 노회의 정회원권은 없으며 언권회원으로 한다(제40회 총회, 1990년).

4. 해 교회에서 벌을 받고 떠나면서 해벌 받은 장로가 이명 받은 교회에서 장로로 지명 투표할 때 면직이 아니라면 지명투표할 수 있다(제40회 총회, 1990년).

5. 해외에 거주하는 목사가 해외의 총회나 노회에 소속될 경우 고국 노회에 소속이 될 수 없으며 반드시 이명서를 가지고 가되 이명서는 가급적 한 노회 기간 안에 이명해가도록 하다(제42회 총회, 1992년).

6. 해당 목사의 이명증이 해 노회에 접수되어 접수통보가 온 후에는 소환할 수 없고 아직 이명접수 통보가 오지 않았을 때는 소환할 수 있다(제43회 총회, 1993년).

7. 이명증 접수 시 부득이한 경우 팩스로 문서를 먼저 접수하고 추후에 본 이명증을 접수할 수 있도록 허락해 달라는 청원 건과 서명날인 난에 인장과 같이 자필서명(사인)도 유효하도록 허락해 달라는 청원 건은 허락하기로 가결하다(제50회 총회, 2000년).

제105문 교인의 지위와 관련하여 우리가 알아야 할 중요한 규정에는 어떤 것이 있는가?

1. 신고: 교인이 학업, 병역, 직업 기타 사유로 교회를 6개월 이상 떠나 있을 경우 당회에 신고해야 한다(제27조).

2. 자격정지: 신고 없이 교회를 떠나 의무를 행치 않고 6개월을 경과하면 회원권이 정지되고, 1년이 지나면 실종교인이 된다(제28조).
3. 복권: 회원권을 상실한 자가 본 교회에 돌아왔을 경우 6개월이 경과한 후 당회의 결의로 복권할 수 있다(제29조).
4. 교인권(회원권) 부여: 다른 교회 교인이 이명서 없이 본 교회에 출석한 지 6개월이 경과하면 당회의 결의로 줄 수 있다(제28조).

제106문 당회에 신고도 없이 본 교회를 떠나 교인의 의무(공예배 출석, 헌금 등)를 하지 않은 지 6개월을 경과한 교인이 다시 교회로 돌아와서 직분자를 선출하는 공동의회에 참석할 수 있는가?

할 수 없다. 교회정치 제28조는 신고 없이 교회를 떠나 의무를 행치 않고 6개월을 경과하면 회원권이 정지된다고 규정하고 있다.

제107문 이명증을 가지고 이거해 온 교인(세례교인 혹은 입교인)이 온 지 2개월이 되지 않아 직분자를 선출하는 공동의회에 참석할 수 있는가?

할 수 있다.

첫째, 이명증을 당회가 받는 즉시 그는 교인으로 등록되기에(교회정치 제26조 3항) 발언권, 선거권, 결의권을 가질 수 있고 공동의회에서 직분자를 선출할 수 있는 자격이 있다. 다만, 피선거권은 교회정치의 규정이 정하는 대로 본 교회에 등록한 후 일정한 기간이 지난 후에 주어진다(장로는 3년, 집사, 권사는 각각 2년).

둘째, 그러나 이명증 없이 본 교회에 출석한 세례교인 혹은 입교인은 출석한 지 6개월이 경과하면 당회의 결의로 회원권을 줄 수 있다.

제4장 교회직원

제30조 (교회 창설직원) / 제31조 (교회 항존[恒存]직원)

제108문 주 예수께서 교회 창설직원으로 세우신 자들은 누구인가? 이들은 왜 항존직원에 속하지 않는가?

사도들이다(마 10:1-8). 그리스도는 자기가 원하는 열두 제자를 택하시고 이들을 사도라 부르셨다(막 3:13; 눅 6:13). 그리고 자기와 함께 있게 하셨다(막 3:14). 이는 사도직의 기본요건으로, 예수님과 함께 있으며 직접 듣고 본 것이 그리스도의 증인으로서 미래의 일을 위한 기반이 되었다. '보내사 전도도 하며 귀신을 내쫓는 권세'를 주신 것은 사도의 사명이었다. 이는 그리스도가 행하신 것과 동일한 일이다. 그리스도는 이들을 통해 하나님의 작정을 따라 새 언약 안에서 하나님의 백성을 찾으시고 열두 제자와 함께 자신을 그 터로서 선언하셨다(마 10:1; 엡 2:20-22; 고전 3:10). 사도직은 이렇게 터(foundation)이기 때문에 반복될 수 없는 단회적인 직분이다. 그러니 '사도적 계승'(apostolic succession)이라는 말은 내적으로 모순을 포함하고 있다. 누구나 이 터 위에 계속 교회를 세워갈 수 있다. 사도들의 터 위에 새 언약의 교회를 세운다(마 16:18; 엡 2:20-22; 벧전 2:4-9).[175] 따라서 사도는 항존하는(ordinary and perpetual) 직원이 아니다.

제109문 그렇다면 교회에 항존하는(ordinary and perpetual) 직원에는 어떤 것이 있는가?

목사와 장로와 집사이다(행 20:17, 28; 딤전 3:1-13; 딛 1:5-9). 주일학교 교사나

---

175. 허순길, 『봉사신학개론』(서울: 영문, 1992), 20-24.

성가대원 역시 교회를 섬기는 자들이지만 우리는 이러한 봉사자들과 항존직원을 엄격하게 구별한다.

제110문 왜 특정 직원을 항존직원으로 부르는가?

1. 그 직무의 성격이 통상적이고(ordinary) 항존하는(perpetual) 것이기 때문이다. 교회의 머리이신 주 예수께서 직원을 세우시어 행하게 하신 직무는 복음의 전파, 성례의 거행, 권징의 시행이다. 이 직무는 교회가 있는 곳에는 통상적으로 또 항상 있어야 할 직무이다:

"교회의 머리이신 주 예수께서 그 몸 된 교회에 덕을 세우기 위하여 직원을 세우사 복음을 전파하며 성례를 거행하게 하실 뿐만 아니라, 신도로 진리와 의무를 준수하도록 권징을 시행하게 하신 것이다"(교회정치 원리 제3조)

2. 스코틀랜드장로교회 『제2권징서』(1578년)에서 목사, 장로, 집사 세 직분은 교회에 있어야 할 세 가지 직무 혹은 기능에서 나왔다고 고백하고 있다:

"교회의 전체적인 정치는 다음의 중요한 세 가지로 구성된다: 교리(doctrine), 권징(discipline), 나눔(distribution). 성례의 시행은 교리와 연관이 있다. 그리고 이 구분의 요소들을 따라서 교회에서 세 가지 종류의 직분이 나온다. 즉 사역자들과 설교자들, 장로들 혹은 다스리는 자들, 집사들 혹은 나누는 자들. 이 모든 직분들은 하나의 일반적인 용어로 불릴 수 있는데 곧 교회의 사역자들이다."(스코틀랜드 제2권징서 2:2-3)

3. 『웨스트민스터 교회정치』(1645년)에서 항존하는 직원과 이제는 그친 특수한 직원을 다음과 같이 비교하여 설명하고 있다:

"그리스도께서 그의 교회를 세우고 성도를 온전케 하기 위해 임명하신 직분자들 중에서, 사도와 복음 전하는 자와 선지자들과 같은 '특수한'(extraordinary) 직분은 이제 그쳤다. 다른 직분자는 통상적이고 (ordinary) 영구한 것인데(perpetual), 목사와 교사와 교회의 다른 치리자와 집사이다."

제111문 성경은 오로지 세 직원만을 말하는가? 다른 직원은 언급하지 않는가? 반드시 세 직원인가?

1. 성경은 직분에 대해서 체계적인 설명을 하고 있지 않고 있다. 신약성경은 교회 안에 다양한 은사와 봉사 및 기능이 있다는 것을 보여주고 있다. 사도, 선지자와 교사(행 13:1-3; 엡 2:20), 전도자(엡 4:11) 등도 나오고 있다. 이는 교회를 부요하게 만드시는 성령의 사역의 결과라 말할 수 있다. 그리스도는 법적으로 몇몇 직분을 일시에 세우셔서 교회에 주시지 않고, 교회생활에서 필요를 따라 봉사하는 과정에서 직분들이 생기게 하셨다. 따라서 이는 우리가 아는 이 세 가지 직분의 모습이 신약성경 속에서 단순하게 발견될 수 없는 이유가 된다. 신약 교회가 형성되기까지는 역사가 있었다. 이 동안에 성령께서는 그리스도의 교회의 건설을 위해서 항구적으로 필요한 봉사의 직분들을 세우게 하셨는데, 이것이 바로 항존직원이다.[176]
2. 항존직원을 세 직원에 국한시켜 더 많이도 더 적게도 하지 않은 것은 다수 교회가 판단할 때에 교회에 꼭 있어야 할 통상적이고 항존할 직무인 설교와 성례거행과 권징시행, 이를 위한 감독의 일이 세 직원으로 적합하다고 여겼기 때문이다. 한편 개혁가 칼빈은 여기에 '교수'(doctor)의 직분을 더하였다.
3. 다음의 개혁주의 신앙고백서와 교회정치에서도 세 종류의 직원을 말하고

---

176. 허순길, 봉사신학개론, 25-28.

있다:

가. 벨직 신앙고백서 30조(1561년)

"우리는 이 참 교회가 우리 주님께서 우리에게 가르치신 방식대로 영적으로 통치되어야 한다고 믿는다. 하나님의 말씀을 설교하고 성례를 시행하기 위해서 사역자 혹은 목사들과, 목사들과 함께 교회 회의(당회)를 구성할 감독들과 집사들이 있어야 한다. 이런 식으로 이들은 참 신앙을 유지하고, 참 교리가 있는가를 살펴야 하며, 그래서 죄를 범하는 자들이 영적인 방법으로 징계를 받게 해야 하며, 가난한 자들과 고통당하는 자들이 필요를 따라 도움을 입고 위로를 받게 해야 한다."

나. 돌트 교회정치 2조(1618년)

"세 직분이 구분되어야 한다.: 말씀의 사역자, 장로, 집사. 어떤 목사들은 신학생들을 교육시키는 일을 위해 또 다른 목사들은 선교 사역을 위해서 구별된다."

4. 한편 카이퍼(A. Kuyper, 1837-1920)와 바빙크(H.Bavinck, 1854-1921)는 그리스도의 삼중 직분, 즉 그리스도가 선지자요, 왕이요, 제사장이신 것에서 세 직분의 기능을 제시하였다. 즉 그리스도 선지자직에서 목사(설교자)의 기능을, 왕직에서는 장로의 기능을, 대제사장직에서는 집사의 기능을 도출하였다. 그러나 이러한 체계화는 직분의 고유한 특성을 이해하는데 방해가 될 수 있다. 오히려 그리스도의 삼중 직은 모든 신자의 삼중 직과 깊은 관련을 가지고 있다.[177] 왜냐하면 성령의 기름부음이 모든 신자에게 거하기 때문이다. 이로써 모든 신자들은 교회에서 은사를 따라서 봉사할 수 있다.

제112문 직원들 사이에 높음과 낮음의 우열이 있는가?

없다. 목사들 간의 높음과 낮음, 장로들 간의 높음과 낮음, 집사들 간의 높

---

177. 하이델베르크 교리문답 31문답.

음과 낮음뿐만 아니라 각 직원들 사이에도 높음과 낮음이 없다. 교직제도 (hierarchy)는 개혁주의 전통과 부합되지 않는다.[178]

제113문 한국 장로교회는 항존직원을 어떻게 이해하고 있는가?

1. 고신

    1980년 교회정치: 장로(가르치는 장로와 다스리는 장로)와 집사

    1992년 교회정치: 목사와 교인의 대표자인 장로와 집사

    2011년 교회정치: 목사와 장로와 집사

2. 1905년 조선예수교장로회 규칙(한국 장로교회 최초의 교회정치): 장로와 집사

3. 타 교단

    합동-장로, 집사

    통합-장로, 집사, 권사

    기장-목사, 장로, 권사, 안수집사

4. 한국 장로교회에서 항존직원을 목사 장로 집사로, 혹은 장로 집사로 이해한 것은 한국 장로교회에 영향을 끼친 미국 북장로교회와 남장로교회의 입장 차이에서 비롯되었다:

    * 북장로교회: 교회정치 문답조례 55문답-세 직분: 교회에 항상 존재할 통상적인 직원

    * 남장로교회: 두 직분(장로와 집사)

제114문 항존직원을 두고 미국 북장로교회와 남장로교회의 입장은 어떻게 다르며 어떤 근거에서 이런 차이가 있는가?

장로직분을 두고 미국 장로교회에서 북장로교회를 대표하는 챨스 핫지(C. Hodge, 1797-1878)와 남장로교회를 대표하는 쏜웰(J.H. Thornwell, 1812-1862)의

---

178. deMoor, 『The Christian Reformed Church Order Commentary』, 23.

논쟁[179]을 통해 설명할 수 있다. 한국장로교회는 여기에 영향을 받았다. 핫지와 쏜웰의 논점을 비교하면 다음과 같다:

핫지: 당대 북장로교회를 대표
1. 신약에서 감독(헬, 에피스코포스)과 동의어로 사용되는 장로(헬, 프레스뷔테로스)는 말씀의 사역자인 설교자를 지칭한다. 이는 가장 최상의 항존직이다.
2. 오늘날 설교자 아닌 장로는 영어로 엘더(elder)인데, 이는 평신도로서 교인을 대표한 자라고 할 수 있다. 설교자를 지칭하는 장로(프레스뷔테로스)와 평신도로서 교인을 대표하는 장로(엘더)는 구별되어야 한다.
3. 따라서 장로(엘더, elder)는 목사가 임직할 때 안수할 권리가 없다.
4. 직분간의 관계: 목사는 성직자이며 장로는 평신도이다. 따라서 노회개회성수는 장로가 없이 목사만 있어도 가능하다.

쏜웰: 당대 남장로교회를 대표
1. 신약에서 감독(헬, 에피스코포스)과 장로(헬, 프레스뷔테로스)가 서로 동의어로 사용되는 것은 성경적이다. 그러나 두 종류의 장로를 구분한다. 즉 가르치는 장로와 다스리는 장로이다. 따라서 엘더(elder)는 교인을 대표하는 자가 아니라 선출된 장로이다.
2. 따라서 장로(엘더, elder)는 목사 임직 시 안수할 권리가 있다. 왜냐하면 목사의 임직은 치리회에 속한 일이기에 치리회 회원으로서 한다.
3. 노회의 개회성수는 동등한 수의 목사와 장로로 가능하다.

---

179. Soon Gil Huh, 『Presbyter in volle rechten 』(Diss., Groningen, 1972)를 참고.

이러한 논쟁은 웨스트민스터 총회(1643-1649)가 장로를 항존직으로 명확하게 제시하지 않은 점과 더욱이 두 사람 모두 칼빈을 그 근거로 제시하지만 칼빈 또한 다스리는 장로의 기원에 대한 성경적 근거를 명확하게 제시하고 있지 않은데서 비롯된 것으로 보인다. 즉 칼빈과 웨스트민스터 총회는 장로의 근거를 목회서신에서 찾지 않고 고린도전서 12:28, 로마서 12:8에서 찾는다.

제115문 권사도 항존직원인가?

1. 2011년 개정된 교회정치에서 교회의 항존직에 준하는 직원으로 바뀌었다.
2. 권사제도의 기원: 권사제도는 한국교회에서 1955년부터 시작되었고 1922년부터 규정한 여집사의 직무를 그대로 계승하였다. 그리고 이때 여집사 조항이 사라진다.:

> "당회가 여집사를 선택한 경우에난 그 직무난 환자 피수자, 과부, 고아, 기타 환난 당한 자를 위로하며 권고하되 하사던지 당회 감독하에서 행하게 할지니라(1922년 교회정치 13:5 여집사)"

> "여집사를 선택할 필요가 있으면 당회난 진실하고 성결한 여인 중에서 자벽선정할 수 있으나 기도로 임직하되 안수식은 없나니라(1922년 교회정치 13:9 여집사 선택)"

3. 본 교단의 경우 권사 제도는 두지 않기로 가결한 적이 있었으나(제21회 총회 1971년), 이후 5년 뒤인 제26회 총회(1976년)에서 노회 수의를 결정하였고(당시 10노회 중 9노회에서 가 284표, 부 70표) 제27회 총회(1977년)에서 신설하였다.
4. 따라서 이후 다음의 내용으로 교회정치를 개정하였다(제29회 총회, 1979년):

1) 제3장 제15조 임시직원

   교회사정에 따라 아래의 직원을 안수 없이 임시로 둔다. 단 모든 임시직원의 임기는 1년으로 하나 권사의 임기는 종신으로 하되 매 3년마다 당회 결의로 시무케 할 수 있다.

2) 제3장 15조 3항 권사

   가. 자격 - 여신도 중 만 50세 이상 된 입교인으로 무흠히 3년간 교회에 봉사하고 공동의회에서 투표하여 총 투표수 3분의 2 이상의 가표를 얻은 자로 한다.

   나. 직무 - 당회의 지도대로 교인을 심방하되 특히 병자와 시험 중에 있는 자와 연약한 교인을 돌아보아야 한다

5. 이후 권사직을 항존직원에 삽입하려는 청원이 있었는데, 제49회 총회(1999년)는 이러한 청원에 대해 현행대로 하기로 가결하였으나, 마침내 2011년 새 개정안에서 45세 이상의 준항존직원으로 속하게 되었다.

제116문 권사가 항존직에 준하는 직원이라 할 때 이는 어떤 뜻을 가지고 있는가?

첫째, 항존직원처럼 안수를 허용하지 않는다는 뜻이 있으며, 둘째, 그럼에도 선출과 임직에서는 항존직원에 준한다는 뜻을 가지고 있다(제65회 총회, 2015년).

제117문 어떤 과정을 거쳐 항존직원이 될 수 있는가?

1. 다음의 신앙고백서는 교회직원에게 있어야 할 합당한 소명의 필요성에 대해 규정하고 있다. 하나님께서 주시는 내적인 소명으로는 부족하며, 교회를 통해 그 소명이 확인되어야 한다:

"어느 누구도 그 직분에 합당한 소명을 받지 않고서는 그 직분을 수행할 수 없다"(『돌트 교회정치』 3조)

"우리는 하나님 말씀의 사역자와 장로, 집사는 교회를 통한 합법적인 방법으로 즉 하나님의 이름을 부르면서, 하나님의 말씀이 가르치는 대로 적절한 절차를 따라 선출되어야 할 것을 믿는다. 그래서 허용되지 않은 방법으로 취임하는 것을 적절하게 감시해야 하며, 또 자기의 부름이 하나님으로부터 온다는 설득력 있는 증거를 얻기 위해서 하나님으로부터 부름 받는 때를 기다려야 한다"(벨직 신앙고백서 31조)

2. 위 두 개혁주의 문서에서 합당한 소명의 필요성을 강조하게 된 배경에는 당시 로마천주교의 경우는 고위층이 직원을 임명하였고, 재세례파는 내적인 확신을 강조하였기 때문이다.
3. 따라서 항존직원의 소명은 적어도 다음의 절차를 포함하여 확인될 수 있다:
첫째, 교인의 합법적인 선출이 있는가?
둘째, 시험(고시)에 합격하였는가?
셋째, 임직에서 서약과 안수가 합법적으로 이루어졌는가?

제32조 (교회 항존직원의 시무정년)

제118문 항존직원의 시무정년은 언제까지인가?

1. 만 70세까지로 하되 정년 되는 해 연말까지로 한다(*교회직원의 임직 또는 시무와 관련되는 연령은 만으로 계산하며, 호적상의 생일을 기준한다. - 헌법적 규칙 3장 제4조). 그런데 흔히 만(滿)이라 하면 생일을 기산점으로 하여 다음 생일까지이므로 '만 70세까지'를 '만 71세가 되는 생일 전까지'로 이해할 수 있으나, 이 조항의 뜻은 만 70세가 되는 생년월일이 기준이라는 의미이다.
2. 이는 제21회 총회에서 노회 수의하여 제22회 총회(1972년)에서 개정 공포

한 결정이며. 통합측도 1971년에 목사, 장로, 집사의 시무정년 연한을 70세로 개정하였다.

3. 70세라는 기준은 어디에서 비롯된 것일까? 시대에 따라 변할 수 있는 것일까? 만약 그렇다면 나이 적시는 헌법적 규칙에 두어도 무방할 것이다.

제119문 항존직원(권사직을 포함)이 정년 전에 은퇴할 수 있는가? (제73조)

1. 정년 전에 은퇴하려면 장로 집사 권사의 경우는 소속 당회의 허락을, 목사의 경우는 노회의 허락을 받아 은퇴할 수 있고, 그러나 다시 복직은 할 수 없다(제32조).
2. 특수한 사정으로 정년 이전에 퇴임하게 될 때 은퇴직을 부여하고자 하면 60세 이상이어야 하며 이에 미달하여 퇴임하는 자는 은퇴직이 될 수 없다(제73조).

제120문 개체 교회가 당회나 공동의회를 통해 교회직원의 정년을 임의로 정하거나 내규로 정할 수 있는가?

없다. 이는 교회정치의 규정과 상충되는 것이다. 당회나 공동의회는 교회정치의 규정과 어긋나는 결의를 하거나 또 내규를 정할 수 없다. 정년보다 앞서 은퇴를 하려면 개인이 자의를 따라 당회의 허락을 받아서 할 수 있다(제62회 총회, 2012년).

제33조 (교회 준직원[準職員])

제121문 준직원에 속한 자들은 누구인가? 왜 이들을 준직원이라고 부르는가?

1. 강도사와 목사후보생(신학대학원생)이 여기에 속한다. 강도사는 강도 즉 설교 자격을 취득한 자로서 치리권은 없으며, 목사후보생은 남자 입교인으로서 무흠 5년을 경과하고 노회 허락을 받아 신대원에서 교육을 받는 자

로서 전도사와 같은 자격을 인정받는 자를 가리킨다.
2. 이들을 준비직원으로 부르는 것은 준비 성격을 띤 직원이란 뜻을 가지고 있기 때문이다. 왜냐하면 이들은 목사라는 직원이 되기까지 많은 훈련과 시험을 거쳐야 할 위치에 있기 때문이다.
3. 직무(제90조): 당회 허락으로 개체 교회의 제직회 회원, 미조직교회에서는 당회장의 허락으로 제직회 임시회장이 될 수 있다.
4. 준직원은 개인으로는 당회에 속하고 직무상으로는 노회에 속한다.
5. 신덕이 불량하거나 노회 지도에 순응하지 아니하면 노회는 그 인허와 승인을 취소할 수 있다(제90조).
6. 이동(제91조): 직무상 노회에 속하므로 소속 노회의 허락을 받는다. 즉 이명증서와 이력서를 이거하는 노회에 제출하여 허락을 받는다. 당회장의 허락으로 임시 시무이동을 하였을 경우는 6개월 이내로 노회에 이명 수속을 하여야 한다. 개인적으로는 그 당회에 속하므로 가족과 함께 교인 이명 증서를 가지고 시무교회에 제출하면 된다.
7. 교회를 사면한 강도사 및 목사후보생의 신분 및 소속: 사면하더라도 해당 노회에서 지도 관리한다(제56회 총회).
8. 강도사 고시: 제57회 총회(2007년)에서 부활, 제58회 총회(2008년)에서 시행세칙을 확정하여 시행하였고, 제59회 총회(2009년)는 위 세칙을 재확인하고 진행 중인 헌법 개정에 맞추어서 1년을 연기하였으며, 제60회 총회(2010년) 결정에 따라 2011년 4월 정기노회에 수의한 교회정치 개정안이 부결되었으나, 제61회 총회(2011년)가 다시 가을 노회에 수의하여 개정·공포에 이르게 되었다. 출제과목은 다음과 같다: 성경/설교(기록설교 제출)/교회정치/성경 신학/교의학/교회사/구두시험.
9. 박윤선 목사가 그의 저서 헌법주석에서 다음과 같이 준직원에 대해 지적

하였다:[180]

목사후보생은 자격 심사의 기회를 많이 가져야 한다. 첫째, 자기 자신을 엄밀히 검토하되…둘째, 그는 배우는 데 있어서 또는 신앙생활 훈련에 있어서 속성주의를 버려야 한다.

제34조 (교회 임시직원)

제122문 임시직원에는 어떤 직분이 있는가?
1. 고린도전서 12장에 보면 삼직 외에 여러 가지 은사들이 나오는데, 여기에 근거하여 삼직을 돕는다는 뜻에서 교회가 임시직을 두게 되었다.
2. 전도사(제92조-제93조를 참고), 서리집사(제94조-제95조를 참고)가 여기에 속한다.

제123문 권찰은 교회의 직원인가? (제95조)
1. 권찰은 본래 교회의 직원이 아니다. 구역을 돌보는 임무를 받은 보직이라고 할 수 있다. 한국교회에서 권찰제도는 구역 내의 초신자를 교회에 정착시키는 훌륭한 복음전도의 매개체가 되었으며, 교인의 상황을 보고하고 직접 살피고 권면하는 일을 하는 중요한 역할을 하였다.
2. 그래서 제95조를 보면 첫째, 당회나 목사가 무흠 2년 이상 된 세례교인 중에서 신앙이 독실한 자를 권찰로 세워 교인 심방하는 일을 맡길 수 있으며 둘째, 그 임기는 1년이고 셋째, 집사 중에서 겸무하게 할 수 있다고 하였다.
3. 그런데 2011년 개정안에서 권찰에 대한 규정을 제95조(교회 임시직원의 자격)에 둠으로써 권찰 역시 마치 임시직원인 것처럼 오해의 여지를 준 것은

---

180. 박윤선, *헌법주석*(서울:영음사, 1991), 36.

사실이다. 이전의 교회정치(1992년)에서는 권찰을 헌법적 규칙 3:41에 두었다.

제124문 집사와 서리집사가 어떻게 다른가?

1. 집사는 항존직원이나, 서리집사는 임시 직원이다.
2. 집사의 임기는 70세까지이나, 서리집사는 1년으로서 연임할 수 있다.
3. 집사는 제직회의 당연직 회원이지만, 서리집사는 당회의 허락으로 회원이 된다.
4. 집사는 공동의회에서 2/3의 득표를 얻어서 선출되나, 서리집사는 당회 또는 목사(당회장)가 선임할 수 있다.

제125문 서리집사는 한국교회에서 언제 어떻게 시작되었는가?

1. 1891년에 미국 북장로교회 소속 선교사들이 작성한 『북장로교 선교회 규범과 세칙(Presbyterian Northern Mission Rules and By-Laws)』[181]의 1896년의 부가 세칙(B항 현지인 사역자들)에서 볼 수 있다:

> III. 서리집사는 지회의 교인들이 선출하거나 담당 선교사가 임명한 현지 그리스도 교인으로 한다. 이들은 안수 받지 않고 일시적으로 집사의 직분을 수행한다.

2. 조선예수교장로회 교회정치에서는 1922년 교회정치에서 비로소 나타난다. 본래 장립집사를 다루는 곳에서 '당분간'이라는 단서조항과 함께 당회와 장립집사를 도와서 제직회 사무를 처리하기 위하여 선정되었다. 다음

---

181. 곽안련 저, 박용규 김춘섭 역, 『한국교회와 네비우스 선교정책』(서울: 대한기독교서회, 1994), 99-109. C.A. Clark, 『The Korean Church and the Nevius Methods of Korea』(New York, Chicago: Flemmiing H. Revell, 1930), 75.

의 조문을 보라:

제6장 장립집사(1조: 집사의 직임, 2조: 자격, 3조: 직무)

제4조 제직회(집사회의 대변)

지교회의 전 당회와 집사 등이 합하야 제직회를 조직할 수 있으니, 회장은 목사가 겸하고 서기 회계를 선정하고 왕왕 회집하나니, [단 당분간은][182] 당회가 각기 형편에 의하야 제직회 사무를 처리하기 위하야 선정한 서리집사와 조사 영수에게 제직회원의 권리를 줄 수 있나니라. 미조직교회에서난 목사 조사 영수 서리집사 등이 해 제직회의 사무를 임시로 집행하나니라……(1922년 교회정치)

3. 당회가 각기 형편에 의하여 제직회 사무를 처리하기 위하여 당분간 선정된 서리집사는 1930년 교회정치에서는 '임시직원'이라는 정식으로 신설된 이름으로 전도사, 전도인과 함께 열거되고 있다:

제3조 임시직원(신설): 전도사/전도인/남녀 서리집사(임기 1년) (1930년 교회정치)

제35조 (교회직원의 선거와 투표)

제126문 왜 교회직원을 목사 한 사람이나 당회의 임명이 아니라 교인의 선거와 투표를 통해 선출하는가?

1. 누구도 직분에 합당한 소명을 받지 않고서는 그 직분을 수행할 수 없기 때문이며, 또 교회에서 합법적인 선출을 통해 비로소 하나님의 부르심을 확

---

182. 1930년판은 이 문구를 삭제.

신할 수 있기 때문이다. 직분자는 교인의 대표가 아니며 교인으로부터 벗어난 자도 아니며 당회의 종도 아니다. 오직 주님께 책임을 져야 할 자들이다. 돈을 주고 직분을 산 것이 아니라는 확신이 있어야 한다.

2. 왜냐하면 바울은 '사람들에게서 난 것도 아니요 사람으로 말미암은 것도 아니요 오직 예수 그리스도와 …하나님 아버지로 말미암아' 사도가 되었다고 말하기 때문이다(갈 1:1). 이런 뜻에서 가룟 유다를 대신하여 다른 한 사람을 세울 때에도 감히 한 사람을 거명하지 못하고 두 사람을 천거하여 그 둘 중에 누가 유다를 이어서 사도가 되어야 할지를 주께서 제비를 통해서 선언하시도록 하였다(행 1:23-26). 이 말씀은 목사뿐만 아니라 장로와 집사, 권사에게도 해당된다. 어느 누구도 하나님께로 말미암아 부름을 받지 않고서는 그 직무를 정당하게 수행할 수 없다.[183]

3. 한 사람이 교회직원을 임명할 권위가 있다는 주장을 하는 사람들은 아마도 바울이 디도에게 한 말을 인용할 것이다: "내가 너를 그레데에 남겨 둔 이유는 남은 일을 정리하고 내가 명한 대로 각 성에 장로들을 세우게 하려 함이니"(딛 1:5). 또 바울이 디모데에게 한 말도 인용할 것이다: "아무에게나 경솔히 안수하지 말고 다른 사람의 죄에 간섭하지 말며 네 자신을 지켜 정결하게 하라"(딤전 5:22). 그러나 이는 성경을 오해한 결과이다. 누가는 바울과 바나바의 주관으로 교회가 장로들을 선출하였다고 증거하고 있다: "각 교회에서 장로들을 거수로 택하여"(행 14:23).[184] 따라서 바울이 자신에 대해 주장한 것 이상의 권한을 디모데와 디도에게 부여했다고 보기는 어려울 것이다. 사실 우리는 레위인, 제사장들의 경우에 여호와의 명령에 의하여 이런 절차를 따른 것을 볼 수 있다. 제사장으로 위임되기

---

183. 칼빈, 『기독교강요』 4:3:13.
184. 한글개역개정성경은 '각 교회에서 장로들을 택하여'로 번역하고 있으나, 여기 '택하여'로 번역된 헬라어 케이로토네오는 '거수로 선출하다'의 의미로도 쓰이는데, 칼빈은 이 의미를 취하고 있다.

전에 그 당사자들이 회중 앞에 나갔던 것이다(레 8:4-6; 민 20:26-27). 이와 마찬가지 방식으로 맛디아도 사도들의 무리에게 지명되며, 일곱 집사를 선출한 것도 동일한 방식을 통해서였다. 사람들이 보고 인정한 것이었다(행 1:15 이하; 6:2-7).[185]

제127문 직원을 세울 때 어떤 자세를 가져야 하는가?

경건한 두려움을 가져야 한다. 누가는 신자들이 장로를 세울 때 금식과 기도로 임했다고 전하고 있다(행 14:23). 그들은 자신들이 가장 심각한 일을 하고 있다는 것을 깨달았으므로, 최고의 두려움과 신중을 기하지 않고는 감히 그 어떠한 일도 시도하려 하지를 않았다. 그리고 그들은 기도를 통하여 하나님께로부터 성령의 지혜와 분별을 구하였다(참조, 사 11:2).[186]

제128문 교회직원을 선택할 때 왜 선거운동을 할 수 없는가?

1. 선거 투표는 무흠 세례교인이 기도하는 마음으로 비밀히 할 것이다. 교회에서나 어떤 회에서든지 특정한 사람의 성명을 기록하여 돌리거나 방문하여 권유하거나 문서로나 집회를 이용하여 선거 운동하는 일은 일절 금한다. 이를 어겼을 경우, 그 치리회는 적절히 시벌한다.
2. 왜 선거운동을 일절 금하는 것일까? 합법적인 선출을 하기 위해서이다. 직분은 하나님이 세우신 것이며, 하나님께서 특정한 사람을 직분으로 부르시기 때문이다. 합법적인 선출을 통해 하나님의 소명에 대한 확신을 가질 수 있기 때문이다.

---

185. 칼빈, 『기독교강요』 4:3:15.
186. 칼빈, 『기독교강요』 4:3:12.

제129문 직원 선거 시 선거권과 피선거권을 가질 수 없는 사람들은 어떤 자들인가?

1. 병환, 여행, 기타 부득이한 사유 외에 무고히 계속 6개월 이상 본 교회에 출석하지 아니한 교인이다.

    이는 이미 제28조(교인의 자격)에서 명확하게 규정한 대로다. 교인이 신고 없이 교회를 떠나 의무를 행치 않고 6개월을 경과하면 회원권이 정지된다. 만약 회원권을 상실한 자가 본 교회에 돌아왔을 경우 6개월이 경과한 후 당회의 결의로 회원권을 복권시킬 수 있다(제29조). 따라서 교인은 학업, 병역, 직업 기타 사유로 인하여 교회를 떠나 6개월 이상 경과하게 될 경우에는 소속 당회에 이를 신고하여야 한다(제27조 교인의 신고).

2. 직원을 투표하는 당일을 시점으로 권징조례에서 치리회가 정하는 시벌 중 정직 이상의 시벌을 받은 자, 국법에 의하여 금고 이상의 처벌을 받은 자이다.

    왜냐하면 공동의회의 회원 자격은 그 개체 교회 무흠 세례교인(입교인)으로 규정하기 때문이다(제150조). 무흠에 대한 보다 상세한 규정은 제38조를 참고하라.

제130문 본 교회로 전입을 온 교인의 경우 선거권과 피선거권을 어떻게 적용할 수 있는가?

1. 전입교인의 경우 본 교회 등록 후 경과 기간을 적용하여 집사와 권사는 본 교회 등록 후 2년을, 장로는 본 교회 등록 후 3년을 지나야 해당 직원에 대하여 피선거권을 가질 수 있다(장로의 경우-제65조 7항; 집사의 경우 제76조 4항; 권사의 경우 제85조 4항).

2. 이와 관련하여 전입교인의 정의가 정확하게 필요한데 즉 본 교단(자매교회 포함) 소속 교회에서 전입을 온 교인과 타 교파와 타 교단에서 전입을 온 교인의 구분이 필요하다. 다음은 합동 교단 총회의 결정이다. 참고가 될

것이다:

> 서울노회장 이덕수 목사가 청원한 정치 5장 4조 장로자격 중 무흠 5년에 대한 질의는 본 교단에 속한 교회에서 무흠 5년으로 해석함이 옳다고 가결하다(합동 74회 총회 1989년).

3. 또 무흠의 시한에 대해서는 장로의 경우 이전교회에서 4년, 집사와 권사의 경우는 3년의 무흠 이상의 시벌을 받지 않은 자라야 한다. 왜냐하면 장로의 경우 자격 중 하나는 무흠 7년이요, 집사 및 권사의 경우는 무흠 5년이라는 자격을 갖추어야 하기 때문이다(제38조 3항을 참고하라).

제131문 직원 선거 시 투표와 관련하여 어떤 표가 무효가 되고 어떤 표는 유효가 되는가? 또 총투표 수에 가산할 수 있는 표와 가산할 수 없는 표는 어떤 것인가?

1. 선거 투표할 때 정원수를 초과 기명한 표는 무효이고 정원수 이내를 기명한 표는 유효하다. 예를 들어 장로나 집사 권사를 선출할 시 5명의 정원을 정하고 투표하였을 때 6명 이상을 기록한 표는 무효가 되고, 그러나 4명 이하를 적었다고 할지라도 유효가 된다는 뜻이다.
2. 다음의 표는 총투표 수에 가산을 한다: 잘못 기록한 무효표, 백표.
3. 그러나 다음의 표는 총투표 수에 가산하지 않는다: 지정한 투표용지를 사용하지 않은 무효표, 기권.

제132문 공동의회에서 합법적인 선출이 위의 규정을 따라서 이루어지지 않았을 때 어떻게 할 수 있는가?

공동의회의 결의 취소 혹은 무효에 대해 소속 치리회인 당회에 행정 건으로 소송할 수 있다(참고. 권징조례 제6조, 제11조.2.4).

제36조 (집사와 권사의 선택과 임직 권한)

제133문 왜 조직교회만이 집사와 권사를 선택할 수 있는가?

1. 원칙적으로 당회가 없는 미조직교회에서는 집사, 권사를 선택·임직할 수 없다. 다만 특별한 사정에 의하여 집사, 권사를 선택 임직할 수 있는 길을 터놓았는데, 이때에도 당회장이 협조 당회원 2인(목사 1인, 장로 1인)을 노회에 청한 후에야 선택할 수 있다.

2. 그 이유가 무엇일까? 대답은 간단하다. 장로회 정치 체제를 갖춘 장로교회에서는 교회의 영적인 제반 문제에서 장로회인 당회의 주도를 강조하기 때문인데, 제121조(당회의 직무)를 보면 당회의 직무 중 하나는 '집사와 권사의 선택, 고시 및 임직'(7항)이다. 따라서 당회가 없이 교회직원을 세우는 것은 장로교회에서는 불가능한 일이다. 따라서 교회를 세울 때 장로를 가장 먼저 세워야 한다. 그래야 조직교회로서 온전한 교회의 모습을 갖추게 된다. 또 장로를 세울 때 한 사람이 아니라 최소한 두 사람 이상을 세우는 것이 좋다. 왜냐하면 당회가 치리회로서 재판회가 될 경우가 있는데 목사와 함께 최소한 장로 2인이 되어야 재판회가 이루어지기 때문이다(장로 1인은 기소위원이 되어야 하고, 그는 재판회의 회원이 될 수 없다).

제134문 명예집사와 명예권사를 세울 수 있는가?

1. 제32회 총회(1982년)에서 공로장로와 함께 명예권사는 헌법정신에 위배됨을 확인한 바 있고. 제56회 총회(2006년)에서 이를 재확인하였다. 2011년 개정안에서는 이를 본 조항에서 성경과 헌법정신에 의거 세울 수 없다고 규정하였다.

2. 왜냐하면 모든 직분은 봉사(헬라어, 디아코니아)이기 때문이다. 모든 봉사가 직분은 아니지만 모든 직분은 봉사이다. 봉사가 아닌 직분은 있을 수 없다. 그리스도께서 직분자로서 봉사의 길을 걸었기 때문이다. 따라서 봉사

가 아닌 명예를 위해 직분을 세우는 것은 성경과 개혁주의 신조에 상치하는 것이다.

제37조 (장로와 집사 및 권사의 선택 투표)

제135문 장로, 집사, 권사의 선거는 허락 후, 즉 장로는 노회의 허락 후, 집사는 당회의 결의 후 1년 이내에 여러 번 할 수 있는가?

1. 그렇지 않다. 허락 후 1년 이내에 실시하고
2. 단회로 실시해야 한다. 이 말은 선거가 단 1회로 그쳐야 한다는 뜻이다. 당일 주일에 시간 격차를 두어서 재선거를 실시할 수 없고, 또는 다른 주일에 다시 재선거를 할 수 없다는 뜻이다.
3. 2차까지 투표할 수 있다. 단, 투표 전에 공동의회장의 선언이 있어야 한다.
4. 2차 투표 시 득표순으로 적당한 인원의 후보자를 선정하여 투표하게 할 수 있다.

제136문 직원 선거를 다른 날짜에 나누어 시행할 수 있는가?

없다. 다음의 결정을 보라:

장로 피택 시 공동의회를 다른 날짜에 나누어 시행하는 것이 헌법적 규칙 제3장 제27조 1항에 부합한지요?」라고 한 건은 ① 단회로 하되 2차까지 할 수 있고 ② 공동의회를 다른 날짜에 나누어 시행하는 것은 적법하지 않은 것으로 가결하다(제51회 총회, 2001년).

동대구노회장 OOO 목사가 제출한 "헌법적 규칙 제3장 제27조 1항에 대한 해석 청원"은 위 현행법대로 교회직원 선택(장로, 집사, 권사)을 위한 공동의회는 일 년 이내에 1회만 할 수 있는 것이며 당회가 이를 어기는 것은 불법인 것으로 확인 가결하다(제55회 총회, 2005년).

전라노회장 OOO 목사가 질의한 "교회정치 제48조 장로선택, 헌법적 규칙 제27조 1항과 2항에 따라 장로와 집사 선택 투표 시 단회로 실시하되 2차까지 할 수 있다고 되어 있는데 1차 투표와 2차 투표의 시한이 언제까지인지를 밝혀달라는 건"은 헌법적 규칙 제27조에 따라 제51회 총회에서 결정한 사항으로 당일임을 확인하다(제56회 총회, 2006년).

제137문 예정된 시일과 장소에서 공동의회가 소집되어 장로 집사 권사의 선거를 실시하였으나 원하는 인원의 직원이 선출되지 않아서 공동의회를 정회하고 다음 주일에 다시 속회하여 재선거를 할 수 있는가?

할 수 없다. 단회로 실시한다는 규정을 어기는 것이다.

제138문 1차 투표 결과 산표로 인하여 당선자 선출이 어려울 경우 2차 투표를 하기로 하고 적당한 인원의 후보자를 선정하여 2차 투표를 할 때 본래 선출하기로 한 인원의 정수 이내로 제시하여 선정하는 것이 옳은가?

이는 불법이다. 이는 교인이 선택하여 선거할 수 있는 선거권을 무시하는 행위라 할 수 있기 때문이다. 따라서 예를 들면 정수의 2배수 혹은 1.5배수의 인원 등을 제시하는 것이 옳다.

제139문 2차 투표 시 찬반으로 투표할 수 있는가?

할 수 없다. 그 이유는 결과적으로 이를 통해 사람이 인위적으로 직분을 세우는 것이 되기 때문이다. 나아가 이는 하나님의 뜻을 묻는 것이 아니며 직분을 부르시는 하나님께 맡기는 것이 아니기 때문이다.

제140문 장로나 집사(권사) 선출 시에 찬성하는 표수뿐만 아니라 반대하는 표수와 기권하는 표수를 발표하거나 보고하는 것이 옳은가?

목사 청빙의 경우나 특정인을 염두에 둔 지명 투표의 경우는 찬성하는 표수뿐만 아니라 반대하는 표수와 기권하는 표수를 기록하고 발표할 수 있으나, 일반적으로 장로나 집사(권사) 선출의 경우는 투표수의 2/3 득표로 이루어지는 것이기에 총 투표수와 찬성하는 표수만 기록하거나 발표하는 것이 옳다. 이는 특정인을 두고 하는 지명 투표가 아니기에 반대 표수와 기권 표수 등을 기록할 필요가 없다. 목사 청빙 투표의 경우는 참석 수의 2/3의 득표가 있어야 하기에 참석 수와 반대 표수, 기권 표수를 반드시 기록해야 한다.

제38조 (무흠의 규정)

제141문 교회 직원의 자격 중에 무흠(無欠) 시한(時限)이라는 것이 있다. 이는 성경 어디에서 기원한 것이며, 각 직원마다 해당하는 무흠 시한은 어떻게 되며, 또 이와 관련되는 규정에 대해 자세히 말해보라.

1. 무흠(無欠)이라는 용어는 신약성경 목회서신에서 '책망할 것이 없는'(blameless)이라는 말에 해당하는 것으로, 특히 장로와 집사의 자격을 언급할 때 다음과 같이 제시되었다:

디모데전서 3:2, 감독은 '책망할 것이 없으며'
디모데전서 3:10, '책망할 것이 없으면' 집사의 직분을 맡게 할 것이요
디도서 1:5-6, 내가 너를 그레데에 남겨 둔 이유는 남은 일을 정리하고 내가 명한 대로 각 성에 장로들을 세우게 하려 함이니 '책망할 것이 없고'(한 아내의 남편이며 방탕하다는 비난을 받거나 불순종하는 일이 없는 믿는 자녀를 둔 자라야 할지라)

2. 헬라어로 '안에필레임프토스'인데 이 용어는 이전 한글개역성경에서는 '흠이 없으며'로 번역되었는데, 여기서 소위 '무흠'(無欠)이라는 용어가(교회 정치에서 직분의 자격 중 무흠 7년, 5년 등을 말한다) 나오게 되었다. 위의 실례 외에 다음의 성경에서 비교해서 볼 수 있다: 딤전 5:7; 6:14. 여기서 말하는 책망은 교회가 공적으로 부가하는 시벌을 가리킨다고 볼 수 있다. 교회에서 말하는 시벌은 권징조례에서 정직 이상의 책벌을 가리킨다.

그런데 만약 사소한 일까지 흠과 책망의 내용에 포함시킨다면 흠 없고 책망 받지 않을 사람이 이 세상에서, 아니 교회에서도 찾을 수 없을 것이다. 교회의 직원은 교인의 신앙과 생활을 돌보고 본이 되어야 하기에 그 직무를 수행하기 위해 적어도 공적인 책망 즉 정직 이상의 책벌을 받을 만한 일이 없는 사람이 되어야 한다. 그래서 목회서신에서 직원의 자격을 말할 때 이 자격에 이어서 다른 자격 조건들이 나오는 이유는 나머지의 자격 조건들은 결국 책망할 것이 없는 생활이 어떤 것인지를 구체적으로 설명하는 것이라 할 수 있다.

3. 이 무흠 규정은 다음과 같이 임직에는 적용되나 복직 또는 재임에는 적용되지 않는다:

목사	장로	집사	권사	목사 후보생	전도사	서리집사	권찰
7년	7년	5년	5년	5년	5년	2년	2년

4. 무흠의 시한: 그 직원을 투표하는 당일을 기점으로 거꾸로 역산하면 된다. 예를 들어 2014년 3월 1일에 직원을 선거한다면, 장로의 경우에는 무흠 시한이 7년이므로 투표일을 기점으로 2007년 2월 28일까지 정직 이상의 책벌이 없어야 한다는 뜻이다.

5. 무흠의 한계: 무흠이라 함은 권징조례에서 치리회가 정하는 시벌 중 정직 이상의 책벌을 받은 사실이 없거나 국법에 의하여 금고 이상의 처벌을 받

은 사실이 없는 것을 의미한다(단, 집행유예의 경우 형의 집행이 종료가 되는 시점을 가리킨다). 정직 이상의 책벌은 권징조례 제11조(시벌의 종류와 내용)에 의하여 정직, 면직, 수찬정지, 출교이다.

6. 전입교인의 경우 본 교회 등록 후 경과 기간을 적용하여(장로는 본 교회 등록 후 3년을, 집사와 권사는 2년을 지나야 피선거권을 가질 수 있다는 규정) 전입 이전 교회에서 4년 동안 무흠 이상의 시벌을 받지 않은 자라야 장로 자격에 해당하며, 또 3년 동안 무흠해야만 집사 및 권사의 자격에 해당할 수 있다. 그래서 전입교인의 경우 무흠 시한(장로-7년, 집사 및 권사-5년)을 이와 같이 산정한다.

7. 본 교회 등록 전 이전 교회에서 시벌을 받은 자는 해벌 후부터 무흠 기간을 적용한다.

제5장 목사

제39조 (목사의 의의)

제142문 교회정치가 다른 항존직원에 비해서 상대적으로 목사에 많은 지면을 할애하는 이유가 무엇일까?

1. 본 교회정치에서는 제39조-제62조에 이르기까지 24조항을 다루고 있다. 반면 장로의 경우는 13조항, 집사는 9조항을 각각 다루고 있다.

   * 1922년 조선예수교장로회 정치는 총24장에서 7장을 다루고 있다(특별히 '목사후보생 및 강도사'를 별도로 취급하여 설치의 원인/관할/강도인허/시취과목/실지시취/자격의 범위/인허문답인허식/시취 중 이전/ 등을 다루었다).

   * 개혁주의 교회정치의 근간이라 할 수 있는 『돌트 교회정치』(1619년)는 목사에 대해 4-19조항을, 장로와 집사에 대해 20-23조항을 각각 할애하였다.

2. 이와 같이 다른 직원에 비해 목사에 많은 지면을 할애하는 이유는 목사가 가지고 있는 직무의 성격 때문이다. 특히 말씀을 봉사하는 직무이기 때문이며, 그래서 이 직무는 교회생활의 중심부에 위치하고 있다고 할 수 있다. 주 예수 그리스도는 말씀의 봉사를 통해서 자기의 백성을 교회로 인도하며 보전하신다. 그래서 목사의 봉사는 교인에게 지대한 영향을 끼친다. 목사 역시 사람이기에 선한 영향을 끼칠 수 있지만 동시에 악한 영향을 끼칠 수 있다. 따라서 목사의 영향력이 선한 것이 되도록 교회정치가 충분히 다루고 있다:

> "목사는 노회의 안수로 장립을 받아 그리스도의 복음을 전파하며, 성례를 집례하며, 교인을 축복하며 장로와 협력하여 교회를 치리하는

자이다."(제39조)

제143문 목사가 가진 직무의 의의를 반영한 호칭에는 어떤 것이 있는가?

1. 감독(에피스코포스, 행20:28): 그리스도의 양 무리를 감독하는 자
2. 목자 또는 목사(포이메인, 엡 4:11, 렘 3:15; 벧전 5:2-4): 신령한 양식으로 양 무리를 먹이는 자
3. 장로(프레스뷔테로스, 벧전 5:1-3): 양 무리의 모범이 되고 그리스도의 집과 나라를 치리하는 자
4. 그리스도의 종/사역자(디아코노스, 고후 3:6): 그리스도를 위하여 봉사하는 자
5. 교회의 사자(앙겔로스, 계 2:1): 하나님이 보내신 자
6. 그리스도의 사신(프레스뷔오): 하나님의 뜻을 전파하고, 그리스도로 말미암아 하나님과 화목하도록 권하는 자
7. '목회자[187] 또는 교사'(디다스칼로스, 딤전 2:7, 딤후 1:11, 딛 1:9): 바른 교훈으로 권면하며 거역하는 자를 책망하여 깨닫게 하는 자
8. 전도자(유앙겔리스토스, 딤후 4:5): 구원의 복된 소식을 전하는 자
9. 청지기(오이코노모스, 눅 12:42, 고전 4:1-2): 하나님의 비밀을 맡은 자(복음과 성례라는 비밀)

이 모든 칭호는 결국 목사의 직무가 가지는 의의에 대해 말하고 있다.

제144문 목사에 대해 이러한 호칭을 붙이는 것은 성경 외에 어디에서 또 볼 수 있는가?

1566년에 작성된 제2스위스 신앙고백서(개혁주의 신앙고백서 중 하나)에서 볼 수 있다:

---

187. 2011년판부터 삽입되었다.

"감독은 교회를 감독하고 살피면서 교회의 먹을 것과 기타 필요한 것들을 공급하는 자이다. 장로는 교회의 연장자로서 사실상 교회의 원로와 아버지가 되어서 건전한 권면으로 교회를 다스리는 자이다. 목자는 주님의 양 무리를 보살핌과 동시에 교회의 필요한 것들을 공급하는 자이다. 교사는 참된 믿음과 경건을 교훈하고 가르치는 자이다. 그러므로 지금의 교회의 사역자들은 감독, 장로, 목사, 교사라고 불릴 수 있다."(제2스위스 신앙고백-1566년-제18장 교회의 사역자와 직분과 제도에 관하여)

제145문 로마천주교와 달리 목사의 호칭에는 왜 제사장이 없는가?

제사장은 목사의 호칭에 두지 않는다. 왜냐하면 모든 신자가 제사장이기 때문이다.

제40조 (목사의 자격)

제146문 목사가 되기 위해 갖추어야 할 자격에는 어떤 것이 있는가?

1. 남자 세례교인으로 무흠하게 7년 이상을 경과한 자
2. 목사의 신학적 자격은 총회직영 신학대학원 졸업자로서 강도사 자격을 취득한 자

목사는 성경을 신학적으로 깊이 알아야 된다. 그렇지 못하면 생명의 양식이 되는 성경을 바르게 모르므로 그리스도의 양 무리를 만족하게 먹일 수 없다.[188] 모든 경험이 가르치는 대로 무식은 죄에 버금가는 것으로서 과오라는 풍성한 열매를 맺는 원인이 된다. 소수라 할지라도 능력이 있고 잘 준비되어 있으며 또 신실한 목사가, 교육을 받지 못하고 열심만 있는 큰

---

188. 박윤선, 『헌법주석』, 39.

무리보다 선을 이루는데 훨씬 더 효과를 낸다.[189] 좋은 목사가 되려면 무엇보다 좋은 신학 교육을 받아야 한다.

3. 총회가 정하는 수련 봉사기간을 필한 자(제89조를 보라)
   - 강도사 자격 인허 후, 단독 교회, 부교역자, 각 기관 간사, 사회복지 시설 등에서 교역자로 2년 이상 시무한 후.
   - 군종장교후보생과 세계선교위원회에서 추천받은 선교사후보생은 신학대학원 졸업 후.
   - 외국에 소재하고 있는 인정된 학교의 입학허락을 받은 자로서, 신학대학원 교수회의 추천을 받은 자는 신학대학원 졸업 후.
   - 50세 이상 된 전도사가 본 교단에서 20년을 봉사하고 신학대학원을 졸업할 경우 즉시 목사고시에 응시할 수 있도록 하다(제34회 총회, 1984년).
   - 강도사가 2년 기간 중에 방위복무를 한 것은 단독목회사역에 가산하기로 하다(제38회 총회, 1988년).
   - 직장 산업선교에 시무한 강도사의 목사고시 자격은 현행 간사제도와 동일하게 적용하기로 하다(제39회 총회, 1989년).
   - 본 교단 강도사로 인허된 선교사 후보자가 OMF 등에서 2년간 선교활동이나 경험을 쌓았을 때는 목사고시에 응시할 자격을 주기로 하다(제41회 총회, 1991년).
   - 군 미필자는 강도사 사정에 응할 수 없으며 만일 군 미필자가 강도사 인허를 받았을 경우 군복무 연한은 강도사 시무연한에 계산할 수 없음을 재확인하다. 방위복무자도 동일함(제43회 총회 1993년).

4. 노회의 목사 고시에 합격한 자(제175조를 참고하라)
   한국교회의 교회정치는 '웨스트민스터 교회정치'(1645년) 원문에서 많이 변천되어 왔기 때문에 목사후보생이 목사가 되기까지 통과해야 할 시

---

189. Charles Hodge, 『The Church and its polity』(London 1879).445-46.

험에 대해 비교적 엄격하지 않는 편이다.¹⁹⁰ 그러나 원문에서는 후보자의 인격-신중함과 겸손과 자질, 나아가 성경 원어 실력, 논리학과 철학의 습득 능력, 정통교리를 변호하는 능력, 논문 작성 및 발표, 논증 등을 시험하되, 설교를 제외하고 최소한 이틀 동안, 필요하면 며칠이라도 시험할 것을 요구하였다. 이는 아무에게나 경솔히 안수하지 않기 위해서이다(딤전 5:22).

5. 신앙이 진실한 자.
6. 교수의 능력이 있는 자
7. 행위가 복음에 적합한 자
8. 자기 가정을 잘 다스리는 자
9. 신(信), 불신(不信)간에 신임과 존경을 받는 자

제147문 미혼자가 목사가 될 수 있는가?

서부산노회장 OOO 목사가 제출한 '미혼 강도사의 목사안수에 관한 문의'는 미혼 강도사는 결혼한 후에 안수하도록 가결하다(제55회 총회 2005년). 한편 제64회 총회(2014년)는 고려신학대학원 교수회에서 1년 동안 연구하여 보고된, "미혼자라도 개교회의 청빙이 있을 시에는 (목사 임직)을 할 수 있다."라는 제안을 찬성 91명, 부결 194명으로 부결하였다.

제148문 이혼한 경력이 있는 자가 목사로 임직할 수 있는가?

1. 불법으로 이혼한 사람은 목사로 임직할 수 없으나, 합법적으로 이혼한 사람은 임직할 수 있다:
2. 이와 관련하여 총회가 다음과 같이 다루었다:

---

190. 박윤선, 『헌법주석』, 40.

불법으로 이혼한 사람 중 교회의 직분을 받아 봉사하는 자가 있다면 반드시 시벌하여야 하며 해벌 후에도 영구히 교회직원으로 임명할 수 없다(제42회 총회, 1992년).

제42회 총회 시 결의된 불법으로 이혼한 사람 중 교회의 직분을 받아 봉사하는 사람이 있다면 반드시 시벌해야 하며 해벌 후에도 영구히 교회 직원으로 임명할 수 없다는 결의는 재론하기로 가결하고 1년간 보류하도록 가결하다(제43회 총회, 1993년).

불법으로 이혼한 자가 교회로부터 벌을 받은 후 원만한 신앙생활로 해벌을 받았어도 영구히 교회의 직분을 받을 수 없다는 것은 헌법 제46조 1항과 55조 1항(장로, 집사자격)에 준하기로 하다(제44회 총회, 1994년).

이혼한 경력이 있는 사람이 교회에서 목사, 장로로 임직할 수 있는지에 대한 질의는 제42회 총회 결의대로 직분을 받을 수 없는 것으로 가결하다(제50회 총회, 2000년).

"이혼한 경력자 임직 불가의 총회 결의는 조건 불문하고 모든 경우에 유효한 것인지에 대한 질의 건"은 교회 헌법 신앙고백 제24장 5조-"만약 결혼 후에 간음한 사실이 있을 때, 순결한 편이 상대편을 죽은 것으로 간주하여 이혼소송을 하고, 이혼 후에 다른 사람과 결혼하는 것은 합법적이다."라고 명시했으므로 합법적으로 이혼한 경우와 배우자가 이단에 빠져 끝내 회개치 아니하고 돌아오지 아니한 경우에는 임직이 가한 것으로 하다(제53회 총회, 2003년).

제149문 지체(신체) 장애인이 목사가 될 수 있는가?

될 수 있다. 제38회 총회(1988년)는 다음과 같이 결정하였다: "장애자 목사 안수 제한을 해제하고 목사 안수하기로 하다."

제150문 타 교단 신학대학원 졸업자가 어떤 절차를 밟아 본 교단에서 목사 안수를 받을 수 있는가?

1. 타 교단 신학교 졸업자에 대해 강도사 자격부여는 고려신학교에서 1년 이상 수학하여 결정한다(제18회 총회, 1968년).
2. 타 신학 졸업자의 목사 안수는 본 교단 헌법적 규칙에 의하여 본 대학 신학대학원에서 30학점을 이수한 후에 강도사 사정에 응할 수 있도록 하다(제42회 총회, 1992년).

제151문 목사의 소명에 어떤 것이 포함되는가?

1. 청빙이 있는가? 개체 교회의 당회와 공동의회를 통해 이루어진다.
2. 시취(목사 고시)에 합격하였는가? 소속 노회의 주관으로 이루어진다.
3. 임직에서 서약과 안수가 있었는가? 소속 노회의 주관으로 예식서를 토대로 서약과 안수 등을 통해 이루어진다.

제41조 (목사의 직무)

제152문 목사의 직무에는 어떤 것이 있는가?

1. 교인을 위하여 기도하는 일(행 6:2-4; 20:36): 목사는 회중의 입이기 때문이다.
2. 성경 봉독과 설교
3. 찬송 지도
4. 성례 거행
5. 축복하는 일(민 6:23-26; 계 1:4-5)

6. 교인을 교육

7. 교인을 심방

8. 장로와 협력하여 치리권을 행사하는 일

제153문 웨스트민스터 교회정치(1645년)는 목사의 직무에 대해 무엇이라고 말하는가?

목사는 교회에서 일상적이고 영구한 직분인데,[191] 복음의 시대에 관하여 예언(預言)한다.[192]

1. 백성의 입으로서 그의 양 무리를 위해 또 양 무리와 함께 하나님께 나아가 기도하는 것이 그의 직무에 해당한다.[193] 사도행전 6:2-4와 20:36을 보면 설교와 기도가 동일한 직분의 다른 부분들로서 연결되어 있다.[194] 장로(즉 목사)의 직분은 병든 자를 위하여 기도하는 것인데, 심지어 사적으로 할지라도 하나님의 복주심이 특히 약속되었으므로 그의 직분의 공적인 행사에서 이것을 직무의 한 부분으로서 실행해야 할 것이다.[195]

2. 공적으로 성경을 낭독하는 것이 그의 직무에 해당한다. 그 증거로는,

　1) 유대인 교회에서 제사장과 레위인에게 말씀을 공적으로 읽는 것이 맡겨졌다.[196]

　2) 복음의 사역자들은, 율법 아래의 제사장과 레위인처럼, 다른 규례들뿐 아니라 말씀을 나누어줄 광대한 책임과 위임을 받았다. 이사야 66:21과 마태복음 23:34에서 우리 구주는 그가 파송할 신약의 직분자들을

---

191. 렘 3:15-17
192. 벧전 5:2-4; 엡 4:11-13
193. 행 6:2-4; 행 20:36
194. 약 5:14-15
195. 고전 14:15-16
196. 신 31:9-11; 느 8:1-3, 13

구약의 선생과 같은 이름으로 부르셨다.[197] 위의 명제들은, 따라서 (그 의무가 도덕적 성격의 것이지만) 그 정당한 귀결로 성경을 공적으로 낭독하는 것이 목사의 직무에 해당한다는 것을 증명한다.

3. 말씀의 설교로 양 무리를 치는 것이 그의 직무에 해당하는데, 그는 말씀에 따라서 가르치고 승복하게 하고 책망하며 권면하고 위로해야 한다.[198]
4. 하나님의 말씀과 그리스도의 교훈의 초보를[199] 쉽게 제시하는 교리문답 교육을 하는 것이 그의 직무에 해당하는데, 이것은 또한 설교의 일부이다.
5. 하나님의 다른 비밀들을 나눠주는 것이 그의 직무에 해당한다.[200]
6. 성례를 집례하는 것이 그의 직무에 해당한다.[201]
7. 하나님 편에 서서 백성에게 축복하는 것이 그의 직무에 해당한다. 민수기 6:23-26과 요한계시록 1:4-5(여기에서는 동일한 복과 그 복을 주시는 분이 명백히 언급되었다), 그리고 이사야 66:21을 비교하라.[202] 이사야가 복음 시대를 예언하면서 말한 제사장과 레위인은 복음 시대의 목사를 가리키며, 따라서 목사는 직분으로 말미암아 백성을 축복한다.[203]
8. 가난한 자를 돌보는 것이 그의 직무에 해당한다.[204]
9. 그는 또한 목사로서 양 무리를 다스릴 권세를 가지고 있다.[205]

제154문 위에서 규정하는 직무 외에 목사에게 또 다른 직무가 있는가?

1. 각급 치리회의 회장이 될 수 있다: 당회장/노회장/총회장(9:102-103. 치리회

---

197. 사 66:21; 마 23:34
198. 딤전 3:2; 딤후 3:16-17; 딛 1:9
199. 히 5:12
200. 고전 4:1-2
201. 마 28:19-20; 막 16:15-16; 고전 11:23-25
202. 민 6:23-26; 계 1:4-5; 사 66:21
203. 신 10:8; 고후 13:13; 엡 1:2
204. 행 11:30; 행 4:34-37; 행 6:2-4; 고전 16:1-4; 갈 2:9-10
205. 딤전 5:17; 행 20:17, 28; 살전 5:12; 히 13:7, 17

장의 직권 참고). * 장로는 각급 치리회의 회장이 될 수 없다(정치 9:102).

2. 제직회/공동의회 의장(당회장이 겸함)
3. 따라서 목사는 회의법을 숙지하는 것이 꼭 필요하다.

제42조 (목사의 칭호)

제155문 칭호를 가지고 목사를 구분하라

1. 위임목사: 조직교회의 청빙을 받고 노회 허락으로 위임 받은 담임목사(제49조 위임목사를 참고하라)
2. 전임목사: 개체 교회의 청빙으로 노회에서 허락받아 전임으로 시무하는 목사
   * 전임목사와 부목사의 연임(제44조): 특별한 이유가 없으면 계속 시무
3. 부목사: 담임 목사를 보좌하는 목사
4. 전도목사: 노회의 허락을 받아 특수한 곳에 파송 전도하는 목사.[206] 전도목사의 계속 시무에 대하여 제47조를 보라. 전도목사의 허락은 어디서 할 수 있는가? 교회정치에서는 '노회의 허락'이라고 하였는데 지난 1992년 교회정치에서는 '상회의 허락'이라고 하였다. '상회' 안에 당회가 포함되는 것인가? 아래의 결정을 보라: 전도목사는 당회의 결의로 당회장이 파송할 수 있음을 확인하다(제35회 총회, 1985년).
5. 기관목사: 신학교, 병원, 학교, 기타 기관에서 가르치고 전도하는 목사. 개체 교회의 시무를 겸할 수 없으나 당회장의 허락으로 임시로 봉사할 수 있다(제46조).
6. 종군목사: 총회의 파송을 받아 군대에서 전도하는 목사
7. 선교사: 다른 민족이나 타 문화권에 전도하기 위하여 파송 받은 목사

---

206. 2011년 개정판에서 이전의 '교회가 없는 지역에서'가 '특수한 곳에'로 바뀌었다.

8. 무임목사: 일정한 시무처가 없는 목사
9. 은퇴목사: 정년이 되거나 혹은 특수한 사정으로 퇴임한 목사이다. 60세 이상이 되어야 이 칭호를 붙일 수 있다(제73조).
10. 원로목사: 한 개체 교회에서 20년 이상 시무한 목사가 노후에 시무를 사면할 때, 그 교회에서 추대 절차를 따라 공동의회에서 추대 결의하고, 노회의 허락을 받아 추대 받은 목사

제156문 신학교의 교수는 어떤 직무를 맡은 자인가?

1. 한국교회의 교회정치는 신학교에서 가르치는 교수에 대해 그 지위와 직무를 명확하게 설명하고 있지 않다.
2. 그러나 칼빈이나 『웨스트민스터 교회정치』는 교회의 직원을 말할 때 목사 장로 집사 외에 교수를 포함할 만큼 중요하게 간주하였다. 『돌트 교회정치』는 다음과 같이 규정하고 있다:

"신학교 교수의 직무는 성경을 강해하고, 이단과 오류에 대하여 순전한 교리를 변증하는 것이다."(18조)

3. 총회가 신학교의 교수의 목회겸직 금지에 대해 다음과 같이 결정하고 확인한 바가 있다:

신학교의 교수가 개교회를 실질적으로 담임하여 목회하는 것은 교수 겸직을 금하고 있는 고려학원 정관에 위배되며 또 무인가 신학교에서 정기적으로 강의하는 것은 법적으로 본교 발전을 위해 매진해야 할 교수 양식에 비추어 볼 때 온당치 못한 일이다(제61회 총회[2011년]에서 결정, 제65회 총회[2015년]는 재확인).

제43조 (은퇴목사와 원로목사의 예우와 권한)

제157문 은퇴목사는 어떤 목사인가?

만 70세 정년이 되거나 혹은 특수한 사정으로 퇴임한 목사이다. 단, 목사를 포함한 항존직원은 특수한 사정으로 퇴임하고자 할 때 60세 이상이 되어야 은퇴직을 부여받을 수 있으며, 이때 목사의 경우에는 노회의 허락을 받아야 한다.

제158문 은퇴목사 자격은 어느 시점부터 주어지는가?

"은퇴목사 자격은 노회에서 은퇴식을 한 자로 규정하기로 하다."(제37회 총회, 1987년).

따라서 노회에서 은퇴선언이 있은 후부터 은퇴목사가 된다고 할 수 있다.

제159문 교회가 은퇴목사에 대해 어떻게 예우할 수 있는가?

1. 한 개체 교회에서 20년 이상 시무한 목사가 노후에 은퇴 시 원로목사로 추대되어 은퇴하고자 할 때 그 교회에서 생활비를 정하여 예우한다.
2. 은퇴목사의 예우는 총회은급제도에 의거 시행하되 총회은급제도에 가입하지 않은 목사는 은퇴할 때에 시무했던 교회에서 그 형편에 따라 응분의 예우를 한다.

제160문 은퇴목사가 노회에서 어떤 권한을 가지는가?

1. 은퇴한 목사는 노회의 언권과 투표권이 있고, 은퇴와 함께 소속 치리회의 상비부원 또는 각 위원회의 위원이 될 수 없다.
2. 은퇴목사가 교회를 개척할 경우 설교를 맡을 수 있다. 단, 소속 노회는 당회장을 파송하여 치리권을 행사하게 한다.

제161문 은퇴목사를 당회장으로 청할 수 있는가?

없다. 은퇴목사는 개척교회에서 임시로 설교를 맡아 봉사하는 외의 행정권은 가질 수 없다.

제162문 은퇴목사가 노회에서 어떤 문제에 대해 동의(動議)안을 내거나 동의안에 대해 재청(再請)을 할 수 있는가?

은퇴목사는 노회에서 언권과 투표권이 있고, 피선거권은 없다(교회정치 제43조 4항). 은퇴목사는 은퇴와 함께 소속치리회의 상비부원 또는 각 위원회의 위원도 될 수 없다.

제163문 은퇴목사의 소속 노회는 어떻게 정하는가?

1. 은퇴목사의 소속은 은퇴 시의 교회가 소속한 노회에 속하나, 이명 절차에 따라 목사의 주거지역 노회에 소속할 수 있다.
2. 은퇴목사는 소속 치리회에서 소속증명을 발급받을 수 있다.

제164문 은퇴목사가 타 노회로 이명할 수 있는가?

이명할 수 있으며(제60회 총회, 2010년), 법적인 사유 없이 이명을 거부할 수 없다(제61회 총회, 2011년).

제165문 교회 주보에 원로목사를 기명할 시에 순서가 어떠해야 하는가?

"총회주소록과 교회 주보에 은퇴목사(원로목사)와 은퇴장로(원로장로)를 기명할 시 그 순서는 시무하는 목사와 장로를 우선적으로 하고 그외는 담임목사의 재량에 맡기기로 가결하다."(제48회 총회, 1998년)

제166문 원로목사가 되기 위해 어떤 자격과 절차를 밟아야 하는가? (참고. 제42조 10항)

1. 한 교회에서 20년 이상 시무(시무기간 산정은 그 교회에서의 전임, 임시, 위임목사로서의 전 시무기간을 통산한다. 제54회 총회 결의사항)
2. 당회의 발의
3. 공동의회의 추대 결의
4. 생활비 책정
5. 노회의 허락(이는 곧 노회의 결의가 있어야 한다는 뜻이다-제67회 총회, 2017년)

제167문 원로목사 추대식을 반드시 해야 원로목사가 되는가?

1. 반드시 추대식을 해야 원로목사가 되는 것은 아니다. 원로목사는 공동의회에서 투표 가결하여 노회에 청원한 후 노회가 허락하므로 원로목사가 된다. 즉 위임목사는 본인의 서약과 교인의 서약이 있고 위임국장이 공포하므로 위임목사가 되나 원로목사는 본인 및 교인의 서약이 필요 없으므로 교회가 청원한 것을 노회가 허락하기로 가결하면 즉시 원로목사가 된다.

제168문 목사의 시무사임을 받지 않고도 원로목사를 허락할 수 있는가?

없다. 반드시 시무사임서를 제출하여야 한다. 원로목사는 원로목사가 된 것을 공포하거나 선언하는 절차가 없으므로 굳이 추대식을 하지 아니하여도 노회가 허락하는 것과 동시에 원로목사가 된다.

제169문 노회에서 원로목사로 허락 받은 목사가 원로목사 추대식이 있기 전까지 어떤 지위를 가지고 있는가?

노회의 허락 받는 즉시 은퇴 및 원로목사가 되므로 그는 당회장을 맡을 수는 없다. 굳이 추대식을 하지 않더라도 그의 신분은 이미 원로목사이기 때문이다. 다만 정기노회에서 다음 정기노회 사이에 은퇴가 예정되어 있어서 사전에 시무사임을 제출하였다면 노회의 허락으로 은퇴일자를 특정하여 "20**년 *월 **일 은퇴하기로 한 청원은 허락하고 원로목사로 추대할 수 있도록 가결"하는 노회들도 있다. 그럼에도 불구하고 일반 행정에 관한 것을 제외하고는 당회장권을 행사해서는 안 될 것이다. 특히 노회 결의 이후에는 인사권에 관여하지 않는 것이 바람직하다.

제170문 공동의회에서 원로목사 추대를 위해 필요한 의결정족수는 무엇인가?

1. 1980년 교회정치에서는 총 투표수 2/3를 얻어야 했다(20조 4항).
2. 1992년 교회정치에서는 당회의 발의로 공동의회에서 추대결의를 한다고만 하였다(헌법적 규칙 11조). 또 '그 교회에서 추대 절차에 따라' 추대 받을 것을 말하였다.
3. 2011년 교회정치의 경우 1992년 교회정치의 본문과 동일하다. 따라서 1992년의 교회정치에서부터 원로목사 추대는 예우적 차원에서 추대하는 것이기에 이 추대의 정신을 따라서, 그리고 통상 회의법 상 이에 대한 의결정족수가 명시된 것이 아닌 만큼 다수결로 의결하는 것이 옳다. 원로장로의 경우 추대에 필요한 의결정족수는 다수결이다(제47회 총회, 1997년).

제44조 (전임목사와 부목사의 연임)

제171문 특별한 사정이 있어서 전임목사와 부목사를 시무할 수 없도록 하고자 할 때 어떤 절차를 밟을 수 있는가?

전임목사와 부목사는 특별한 이유가 없으면 계속 시무할 수 있다.

제45조 (부목사의 시무와 권한)

제172문 부목사가 그 교회 당회장 직무를 대리할 수 있는 경우는 언제인가?

당회장 유고 시, 당회의 결의로 할 수 있다.

제173문 부목사가 당회에 참석할 수 있는가?

1. 있다. 다음의 결정을 보라:

"부목사 당회원 자격에 대한 문의"는 교회정치 제11장 제82조 "당회는 개체 교회 시무목사와 장로로 조직한다."에 근거하여 당회원 자격이 있음을 확인 가결하다(제55회 총회, 2005년).

2. 한국교회에서 부목사 명칭이 언제부터 사용되었는가?
   1) 조선예수교장로회 제6회(1917년) 총회 보고에서 '목사의 칭호' 중 '부목사'의 명칭 적정은 명년까지 유안할 일이라고 결정하였다. 한편 이때 '동사목사'는 선교사와 같이 일 보는 자라고 설명하였다.
   2) 1930년 헌법: 동사목사가 위임목사/임시목사 다음에 나오고 있다.
   3) 1955년 헌법: 목사의 호칭 중에서 위임목사/임시목사/부목사/원로목사/공로목사/무임목사/전도목사 등을 언급하는데, 동사목사 대신 부목사로 대체되었다.
   4) 이후 기장 헌법 1967년판에 부목사가 다음과 같이 신설되었다: 위임목사를 보좌하는 목사인데 임기는 1년이며, 위임목사가 위탁할 때에는 당회장의 직무를 대행할 수도 있다.

   이후 1975년 헌법에서는 다음과 같이 개정된다.:

   담임목사를 보좌하는 목사다. 임기는 1년이며, 중임될 수 있고, 담임목사 사임 시 함께 사임한다.

5) 고신 1980년 교회정치에서 동사목사가 삭제되고 부목사가 다음과 같이 신설되었다:

목사를 돕는 임시목사인데 재임 중에는 당회원권이 있고, 당회장 유고 시에는 이를 대리할 수 있다.

3. 한편 부목사에게 당회원권이 없다고 주장하는 논지는 다음에서 볼 수 있으나, 근거가 약하다:

"투표를 받지 아니하며 지교회 교인들에게 치리에 복종할 서약도 없는 부목사에게 당회원권을 부여한다 함은 양심의 자유 원리에 어긋나는 규정으로 보인다. 당회장 유고 시에 대리권을 부여한다 함도 합당하게 여겨지지 아니한다. 당회의 청함에 의하지 아니하고 당회장을 대리한다니 당회권 침해라고 본다."[207]

제174문 부목사 제도는 목사 사이의 동등이라는 개혁주의 원리를 깨는 것이 아닌가?

1. 다음의 신앙고백서와 교회정치를 보라:

"말씀의 사역자들은 이들이 어느 곳에 있든지 모두 동등한 권세와 권위를 가지고 있다. 왜냐하면 이들은 모두 교회의 유일한 머리요 보편적인 유일한 감독이신 예수 그리스도의 사역자들이기 때문이다."(벨

---

207. 박병진, 『한국장로교회 헌법 100년 변천의 개관』(서울: 성광문화사, 1988), 67.

직 신앙고백서 31조, 1561년; 그 외 프랑스 신앙고백서 30조, 제2스위스 신앙고백서 18:16을 참고하라)

"교회든 목사든 장로든 집사든 다른 교회와 목사와 장로와 집사 위에 어떤 방식으로든 군림할 수 없다."(『돌트 교회정치』 84조)

2. 목사 간 동등 원리가 왜 개혁주의 교회정치에 중요한가? 교회의 머리이신 예수의 권세 아래에 있어야 할 교회에, 부당한 교권이 침투하는 것을 방지하기 위해서이다. 사역자는 경력/나이/지위에 따라서 높고 낮음이 없다.

제175문 부목사가 현직으로 시무하는 교회를 담임하려면 어떻게 해야 하는가?

1. 부목사는 현직으로 시무하는 개체 교회를 사임 후 2년 이내에는 담임할 수 없다. 단, 개체 교회 담임목사가 은퇴할 때에는 은퇴하는 목사의 동의를 얻어 담임하는 목사로 청빙 받을 수 있다.
2. 이 조항은 부목사뿐만 아니라 강도사, 전도사 등 부교역자에게 해당한다:

"부목사 외에 강도사 전도사도 해당되는지에 대한 질의는 헌법 정신상 부교역자는 다 포함이 되는 것으로 하다."(제54회 총회, 2004년)

제176문 부목사가 시찰부원이 될 수 있는가?

될 수 없다: '부목사는 시찰위원이 될 수 없는 일 임'을 확인하다(제56회 총회, 2006년).

제46조 (기관목사의 겸직 금지)

제177문 본 교단과 관계없는 기관에서 일할 때에도 기관목사로 부를 수 있는가?

엄격하게 말하면 기관목사가 일하는 곳은 본 교단의 치리회에 소속된 기관이어야 한다.[208]

즉 본 교단에 속한 신학교, 병원, 학교, 기타 등이다(제42조). 제67회 총회(2017년)는 원칙적으로 이와 같이 기관목사의 범위를 재확인하였으나, 동시에 "고신교단의 소속이 아닌 경우에라도 초교파적으로 한국 교회에 잘 알려져 공신력이 있는 기관에서 사역하는 목사도 기관목사로 인정하고, 그외의 기관은 교단 교회와 복음의 유익의 정도를 노회에서 살펴서 기관목사로 허락하는 것으로 하며, 개인 영리를 목적으로 기관을 운영하는 목사는 기관목사로 인정하지 않는 것으로 한다."고 결정하였다.

제178문 기관목사는 누가 청빙을 하는가?

전도목사, 종군목사와 함께 그 기관의 결의로 노회에 청원한다(제50조).

제179문 기관목사가 소속 기관 뿐 아니라 개체 교회를 시무할 수 있는가?

1. 원칙적으로는 겸하여 시무할 수 없다.
2. 그러나 임시로 당회장의 허락으로 봉사할 수 있다.

제180문 기관목사가 소속한 기관에서 퇴직한 후에 노회에서 목사로서 지위는 어떻게 되는가?

기관에서 퇴직한 이후 만 70세 이전까지는 무임목사로 혹 개체 교회의 청빙을 받아 시무목사가 될 수 있으나 70세 이후에는 은퇴목사가 된다. 단,

---

208. 김종석, 『목회행정을 위한 교회정치』(서울: 쿰란출판사, 1995), 111-12.

본인이 만 60세 이상이 되었고 또 은퇴를 자원할 경우 절차를 따라서 은퇴목사가 될 수 있다(교회정치 제73조 은퇴직의 규제).

제47조 (전도목사의 계속 시무)

제181문 전도목사의 사역지는 어디인가?

1. 전도목사는 원칙적으로 노회(전도부 혹은 관련부서)의 허락을 받아 파송되어, 교회 설립을 목적으로 교회가 없는 곳에서 전도하는 목사라고 할 수 있다.
2. 교회정치는 제42조에서 전도목사의 정의를 '특수한 곳'에 파송되어 전도하는 목사라고 규정하였으나, 이전 교회정치에서는 '교회가 없는 지역'이라고 하였다. '특수한 곳'이란 어디를 가리키는 것일까? 사역지가 분명하지 못하면 기관목사와 혼동할 수 있다. 자칫 전도목사 제도를 남용해서는 안 될 것이다. 또 타 노회 구역으로 전도목사를 파송하는 것을 남발하는 것 역시 진지하게 고려할 필요가 있다.

제182문 전도목사의 기한은 언제까지인가?

1. 오늘날 전도목사의 제도를 남용하는 사례가 많다. 즉 개척교회를 시작할 때 노회의 전도목사로 파송을 받은 목사가 그 교회가 상당히 성장하여 입교인 수가 50명 이상이 되는데도 불구하고 당회를 조직하지 않고 장로회 정치를 하지 않는 경우가 있다.
2. 따라서 전도목사의 기한은 없다고 할지라도 완전한 교회를 설립한 후에는 위임 혹은 임시(*전임) 목사의 청빙을 받아야 한다(제28회 총회, 1978년).

제183문 전도목사가 시찰회에 소속할 수 있는가?

총회는 전도목사가 시찰회에 소속할 수 없음을 확인하였다(제56회 총회, 2006년).

제184문 전도목사와 기관목사가 어떻게 다른가?

전도목사는 교회정치 제5장 제34조 4항에 의거(*1992년 교회정치) "상회 허락을 받아 교회가 없는 지역에 파송되어 전도하는 목사이다"라고 확인하고, 대학캠퍼스에서 성경공부를 인도하는 것이나 병원, 호스피스 사역이나 교도소 사역을 하는 목사는 기관목사로 호칭하도록 가결하다(제57회 총회, 2007년).

제185문 전임목사가 청빙을 받았으나 기도소로 변경될 경우 그의 호칭은 어떻게 되는가?

임시목사로 청빙을 받았으나 기도소로 변경될 경우 노회의 허락을 받아 전도목사로 호칭하는 것을 가결하다(제57회 총회, 2007년).

제48조 (목사의 임직과 위임)

제186문 목사의 임직과 위임이 어떻게 다른가?[209]

목사임직이란 강도사를 목사로 세우는 예식이다. 위임은 노회가 목사를 청빙 받고 시무할 교회의 담임목사로 세우는 예식이다. 임직을 받지 않고서는 위임을 받을 수 없다. 위임목사의 자리에서 물러나 목양적 관계가 소멸되어도 목사의 신분에는 영향을 주지 않는다.

제187문 목사가 임직하기 위해 어떤 절차를 밟아야 하는가?

1. 교회정치에 의거 목사 자격을 구비해야 한다(제40조 목사의 자격을 참고하라).
2. 개체 교회 또는 기타 기관에서 청빙을 받아야 한다.
3. 노회의 허락
4. 노회에서 안수로 임직

---

209. 교회정치 문답조례 608문답.

제188문 성경과 『웨스트민스터 교회정치』(1645년)는 목사 임직에 대하여 어떤 교훈을 주고 있는가?

1. 정당한 소명이 없이는 아무도 말씀의 사역자의 직분을 스스로 취해서는 안 된다.[210]
2. 임직은 교회 안에서 항상 계속되어야 한다.[211]
3. 임직은 어떤 사람을 교회의 어떤 공적 직분에 엄숙히 구별하여 세우는 일이다.[212]
4. 모든 말씀의 사역자는 임직 위원인 설교권을 가진 노회원들이 금식하고, 기도하며 안수함으로써 임직되어야 한다.[213]
5. 임직의 모든 일을 주관하는 권한은 전체 노회에 있으며, 개교회가 둘 이상이면, 그 개교회들이 직분자와 회원에 있어서 고정되었든지 고정되지 않았는지에 상관이 없이, 임직할 수 있다.[214]
6. 목사로 임직될 사람들이 어떤 특정한 교회나 혹은 다른 사역의 책임을 지도록 미리 생각하는 것이 하나님의 말씀과 일치하고 또한 매우 자연스럽다.[215]
7. 목사로 임직될 사람은 사도들의 규칙에 따라서 삶과 목회적인 능력에서 충분한 자격이 있어야 한다.[216]
8. 그는 그를 임직할 자들에게 검증을 받고 옳다 인정함을 받아야 한다.[217]

[시험을 치르고]

---

210. 요 3:27; 롬 10:14-15; 렘 14:14; 히 5:4
211. 딛 1:5; 딤전 5:21-22
212. 민 8:10-11, 14, 19, 22; 행 6:3, 5-6
213. 딤전 5:22; 행 14:23; 행 13:3
214. 딤전 4:14
215. 행 14:23; 딛 1:5; 행 20:17, 28
216. 딤전 3:2-6; 딛 1:5-9
217. 딤전 3:7, 10; 딤전 5:22

9. 어떤 개교회에 속한 자들이 그 사람을 반대한다는 정당한 이유를 들어 이의를 제기한다면, 그 사람은 결코 그 개교회를 위한 목사로 임직되어서는 안 된다.[218]

10. 도시에서든지 아니면 이웃 마을에서든지 질서 있게 연합한, 설교권이 있는 노회원들은 각각 그들의 지역에 있는 회중들을 위해 안수할 권한을 가진 자들이다.[219]

11. 특별한 경우에는 안정된 질서가 확립될 때까지 특별한 어떤 일들을 할 수 있으나 가능한 한 규칙에 가까이 준해서 할 것이다.[220]

12. 지금은 (우리가 겸손히 생각하는 대로) 급히 필요한 목사직을 위하여 특별한 방법으로 임직할 때이다. [현재의 대리 목사를 위하여 특별한 방법으로 임직할 때이다.]

---

218. 딤전 3:2; 딛 1:7
219. 딤전 4:14 네 속에 있는 은사 곧 장로의 회에서 안수 받을 때에 예언으로 말미암아 받은 것을 조심 없이 말며.
220. 대하 29:34-36 그런데 제사장이 부족하여 그 모든 번제 짐승의 가죽을 능히 벗기지 못하는 고로 그 형제 레위 사람이 그 일을 마치기까지 돕고 다른 제사장의 성결케 하기까지 기다렸으니 이는 레위 사람의 성결케 함이 제사장들보다 성심이 있었음이라 번제와 화목제의 기름과 각 번제에 속한 전제가 많더라 이와 같이 여호와의 전에서 섬기는 일이 순서대로 갖추어지니라 이 일이 갑자기 되었을지라도 하나님이 백성을 위하여 예비하셨음을 인하여 히스기야가 백성으로 더불어 기뻐하였더라
대하 30:2-5 왕이 방백들과 예루살렘 온 회중으로 더불어 의논하고 이월에 유월절을 지키려 하였으며 이는 성결케 한 제사장이 부족하고 백성도 예루살렘에 모이지 못한 고로 그 정한 때에 지킬 수 없었음이라 왕과 온 회중이 이 일을 선히 여기고 드디어 명을 발하여 브엘세바에서부터 단까지 온 이스라엘에 반포하여 일제히 예루살렘으로 와서 이스라엘 하나님 여호와의 유월절을 지키라 하니 이는 기록한 규례대로 오랫동안 지키지 못하였음이더라

제189문 목사 임직을 노회가 행할 때 어떤 순서가 있어야 하는가? (헌법적 규칙 2장 제2조)

1. 서약

노회장은 목사위원 중 임직위원을 선정하고 설교 후 취지를 설명하고 임직 받는 자에게 다음과 같이 서약하게 한다.

1) 구약과 신약성경은 하나님의 말씀이며, 신앙과 행위에 대하여 정확무오한 유일의 법칙으로 믿습니까?
2) 본 장로회 교리표준인 신앙고백, 대교리문답과 소교리문답은 구약과 신약성경에서 교훈한 도리를 총괄한 것으로 알고 성실한 마음으로 믿고 따르겠습니까?
3) 본 장로회 관리표준인 예배지침, 교회정치, 권징조례를 정당한 것으로 승낙합니까?
4) 주 안에서 동역자 된 형제들에게 순종하기로 서약합니까?
5) 목사의 성직을 구한 것이 하나님을 사랑하는 마음과 그 독생자 예수 그리스도의 복음을 전파하여 하나님의 영광을 나타내기를 진심으로 서약합니까?
6) 어떤 핍박이나 반대를 당할지라도 인내하고 충심으로 복음의 진리를 보호하며, 교회의 성결과 화평을 힘써 도모하여 근실히 사역하기로 서약합니까?
7) 신자이며 겸하여 목사가 될 것이므로 자기의 본분과, 타인에 대한 의무와, 직무에 대한 책임을 성실히 실행하여 복음을 영화롭게 하며, 하나님께서 그대에게 명하사 관리하게 하신 교회 앞에서 경건한 모범을 보이도록 서약합니까?

2. 안수 및 악수례

노회장은 서약을 마친 후, 임직 받는 자로 무릎을 꿇게 하고, 사도의 규례에 따라 임직위원과 노회 대표자들의 안수와 함께 노회장이 기도하고 악수례를 행한다(갈 2:9; 행 1:26).

3. 공포

"( )씨는 대한예수교장로회 ( )노회 목사 된 것을 내가 성부와 성자와 성령의 이름으로 공포합니다. 하나님의 은총 베푸심과 그리스도의 은혜와 성령이 충만하기를 기원합니다. 아멘."

4. 권면

노회장 또는 임직위원이 임직 받은 목사에게 권면(딤후 4:1-2)하고, 노회는 이 사건을 회의록에 기록한다.

제190문 위의 목사 임직식은 역사적으로 어디에서 기원되었는가?

『웨스트민스터 교회정치』(1645년)에서 볼 수 있다:

1. 임직은 임직될 자가 섬길 그 교회에서 거행될 것이며, 임직의 날에는 회중이 엄숙히 금식하여 더욱더 간절히 그리스도의 규례들과 그들의 유익을 위한 그의 종의 수고에 복 주시기를 위해서 기도할 것이다. 노회가 그 장소에 올 것이요, 아니면 노회에서 파견한 말씀의 사역자가 적어도 서너 명이 갈 것이며, 그중에서 노회가 지명한 자가 교중들에게 그리스도의 사역자들의 직분과 의무에 대하여 또한 교중이 그들의 사역을 위하여 그들을 어떻게 영접해야 할 것인지에 대해서 설교할 것이다.

2. 설교 후에 설교자는 회중 앞에서 이제 임직될 자에게, 성경에 따라서 그리스도 예수에 대한 그의 믿음과 개혁 신앙의 진리에 대한 그의 확신, 이 소명에 임하는 그의 신실한 의도와 목적, 기도와 읽기와 묵상과 설교와 성례의 집행과 징계 등을 근실히 하고 맡겨진 모든 목회적 의무를 행하기에 부지런할 것, 오류와 분열에 반대하여 복음의 진리와 교회의 통일성을 유지하는 데에 열심할 것과 성실할 것, 그 자신이나 그의 가족이 책망할 것이 없고 양 무리의 본이 되도록 관심을 기울일 것, 온유한 심령으로 그의 형제들의 권면과 교회의 징계에 기꺼이 그리고 겸손히 순복할 것, 그리고

모든 어려움과 핍박에 직면해서도 자기의 임무를 계속하려는 굳은 의지 등을 요구할 것이다.

3. 이상의 모든 것에 대하여 그가 분명히 밝히고, 하나님의 도움으로 기꺼이 할 것을 공언하고 노력할 것을 약속한 후, 설교자는 동일하게 교중에게 다음의 것들을 요구한다. 즉 그를 기꺼이 그리스도의 사역자로 받고 인정할 것인가, 주 안에서 그들을 다스릴 때 기꺼이 그에게 순종하고 복종할 것인가, 그의 직분의 모든 부분에서 즐거이 그를 지지하고 격려하고 도울 것인가를 물을 것이다.

4. 이와 같이 서로 약속을 한 후, 노회 혹은 임직을 위해 파송된 목사들은 그에게 안수함으로써 그를 목회의 직분과 사역으로 엄숙히 구별할 것이다. 안수는 다음과 같은 취지로 짧은 기도와 축복과 함께 행할 것이다: "자기 백성을 구속하시기 위해서 예수 그리스도를 보내신 하나님의 크신 자비를 감사하오며, 또한 성부 하나님 우편에 오르시사 거기에서 그의 성령을 부어 주시고 사람들에게 사도와 복음 전하는 자와 선지자와 목사와 교사를 선물로 주심을 감사하옵고, 그의 교회를 모으시고 세우심을 감사드리며, 또한 이 사람을 이 큰 일에 적합하게 준비시키시고 소원을 주심을 감사드리옵나이다. (여기에서 노회원들이 그의 머리에 손을 얹는다.) 이제 구하옵나니, 그를 성령으로 적합하게 하여 주시며, (우리가 그분의 이름으로 이 거룩한 봉사에 이렇게 구별하는) 이 사람이 모든 일에서 그의 목회의 일을 완수하게 하옵시고, 그리하여 그 자신과 그에게 맡겨진 주의 교중을 함께 구원하도록 하시옵소서."

5. 이상의 혹은 이와 같은 형식의 기도와 축도가 끝난 후에 설교자는 간단히 그를 권면하되, 그의 직분과 일의 위대함, 게을리 할 경우에 자신과 그의 교중에게 닥칠 위험, 성실할 경우에 이 세상에서와 오는 세상에서 따라올 복에 대해서 생각하도록 권하고, 또한 마찬가지로 교중을 권면하되, 그들이 이미 했던 엄숙한 약속을 따라서 그를 주 안에서의 그들의 목사로 대

하면서 행동하도록 권할 것이다. 그리고 나서 그와 그의 양떼를 모두 하나님의 은혜에 부탁하는 기도를 하고 시편을 부른 후에 축도로 모임을 폐할 것이다.

제191문 임직식(장립식)은 어떻게 하는가?

후보자들은 예배당의 가장 편안한 자리에서 무릎을 꿇고 사회를 보는 목사는 설교단에서 내려와 후보자 앞에 선다. 이때 노회의 다른 목사들도 후보자 주위에 모인다. 사회자는 사도들의 모범을 따라서 안수함으로 기도하여, 엄숙하게 그를 복음사역의 거룩한 직분자로 장립한다(헌법적 규칙 2장 제2조 2항; 교회정치 문답조례 624문답).

제192문 목사 임직에서 안수를 반드시 해야 하는가? 이때 안수는 어떤 의미를 가지고 있는가?

1. 목사의 소명은 대개 회중의 선출, 시취(시험), 청빙 그리고 임직예식의 절차를 따라서 이루어진다. 웨스트민스터 교회정치(1645년)는 임직할 때 '금식하고 기도하며 안수함으로써 임직한다'고 규정하였다. 따라서 안수는 임직예식 중의 하나에 불과하다. 설교와 임직 받는 자와 회중의 약속, 기도와 축복, 권면과 함께 임직순서를 이루고 있다.
2. 개신교회에서 안수는 일찍이 교회의 자유에 속한 사항이었으나 서서히 규정으로 자리잡게 되었다. 종교 개혁가들이 초창기에 안수를 주저하였는데 이는 로마교회의 미신 때문인데 즉 안수와 동시에 직분의 은사가 함께 임한다고 생각하였기 때문이다. 로마천주교는 안수를 성례로서 이를 통해 신비한 방식으로 그 직분에 은사가 임한다고 믿었다.
3. 성경에 나오는 안수: 레위인에게 안수한 것은 주의 것이라는 뜻을 가지고 있다(민 8:10, 12). 예수님이 아이들에게 안수하였으나 직분을 세울 때 안수한 적은 없다. 즉 사도를 세울 때에(마 10:1; 눅 6:13). 또 맛디아를 세울 때

에도 마찬가지. 바울과 바나바 역시 안수를 통해 세워졌다는 기록이 없다. 몇 번의 경우에 안수를 통해 성령이 임한 경우가 있다(행 8:17-19). 사도행전 6장에서 일곱 사람을 세울 때에 안수하였다.[221] 바울과 바나바는 임직할 때가 아닌 선교사로 파송될 때에 안수를 받았다. 안수를 통해 소명의 실행을 받았다. 그러나 여기서 직분의 은사가 임하였는지의 기록은 없다. 안수시에 직분의 은사가 임한다는 생각은 딤후 1:6과 딤전 4:14에 근거한 것으로 보인다. 그러나 여기서 안수는 상징 즉 성령을 통해 성령의 은사가 임하며 또 그가 부름 받았다는 것의 상징이다.

4. 그래서 17세기 네덜란드의 교회정치학자 푸치우스(Voetius)는 목사 임직 시 안수가 반드시 필연적인 것이라고 보지 않았으나 선한 것이라고 보았고(Pol. Eccl. III, 452, 575, 579), 칼빈은 교회의 봉사를 위해 헌신하였다는 뜻에서 안수한다고 하였다:

"물론 손을 얹는 일에 대한 명확한 명령은 존재하지 않는다. 그러나 사도들이 이를 계속해서 사용했으므로, 매우 조심스럽게 이를 지키는 것을 명령에 준하는 것으로 보아야 할 것이다. 그리고 사역의 위엄을 이런 식의 표징을 통해서 사람들에게 높이 드러내는 것이 유익하며, 뿐만 아니라 안수를 받는 사람에게도 이제는 자기가 자기의 것이 아니요 하나님과 교회를 섬기는 일에 매인 자가 되었음을 경고하는 것이 유익할 것이다. 더욱이 안수의 진정한 원래의 의미를 회복한다면, 그것이 허망한 표징이 되지도 않을 것이다…. 이 예식 역시 성령에게서 나온 것이므로 미신적으로 잘못 악용되지만 않는다면 이 예식도 무용한 것이 아니라는 것을 느껴야 할 것이다…"(기독교강요 4:3:16 임직의 예식)

---

221. 행 6장의 일곱 사람은 장로인가? 집사인가?

5. 한편 미국 북미개혁교회(CRCNA: Christian Reformed Church in North America)는 1973년 총회에서 다음과 같이 가이드라인을 제시하였다:

> 안수식은 성례가 아니라, 교회가 목사의 소명과 임직을 공적으로 확증하는 상징적인 행위이다. 안수는 그 자체로서 유익하지만(useful), 필수적인 것(essential)은 아니다.[222]

6. 따라서 안수는 하나님의 계명이 아니어서 반드시 필수적인 것은 아니나, 교회에 유익하다. 따라서 임직식에서 안수에 지나치게 치중하는 것은 지양하며, 안수와 함께 목사의 서약이 신실할 수 있도록 서약에 보다 강조를 두어야 할 것이다.

제193문 목사 임직식에서 누가 안수를 하는가?

1. 노회장이 목사위원 중에서 선정한 임직위원(헌법적 규칙 2장 제2조 1항), 노회의 대표자들(2장 제2조 2항)
2. 누가 안수를 하는가, 장로도 목사 안수에 참여할 수 있는가는 문제는 교회 역사에서 항상 쟁점이 되어 왔다.
   1) 칼빈: 『기독교강요』에서 디모데전서 4:14에 나오는 '장로회의 안수'에서 장로는 목사로 보았기에, 안수에는 오직 목사가 참여한다고 하였다. 이는 칼빈이 초창기에는 장로의 기원을 목회서신이 아니라 로마서 12:8과 고린도전서 12:28의 '다스리는 자'에서 찾았기 때문이다. 이어서 『웨스트민스터 교회정치』, 『돌트 교회정치』 역시 목사만 목사 안수에 참여하는 것으로 규정하였다:
   2) 『웨스트민스터 교회정치』(1645): 모든 말씀의 사역자는 임직위원인 설

---

222. *Act of Synod* (1973), 64.

교권을 가진 노회원들이 금식하고, 기도하며 안수함으로써 임직되어야 한다.[223]

3) 『돌트 교회정치』(1619): "임직은 예배 시간에 임직을 인도하는 목사의 안수와 임직을 위해 채택한 예시서 사용으로 이루어진다."

3. 목사 안수에 목사가 아닌 장로가 참여할 수 있는가 하는 논의의 핵심은 디모데전서 4:14에서 '장로의 회'에 의한 안수를 언급하고 있는데, 이 장로의 회에 목사가 아닌 장로도 그 일원이 될 수 있는가에 달려 있다. 그래서 목사뿐 아니라 장로를 동등한 감독으로 보는 교회와 교단에서는 장로도 장로회의 일원으로 목사 안수에 참여하였으나, 그렇게 보지 않는 교회는 당연히 목사의 안수에 배제하게 된다.

종교개혁 이후 개혁교회들은 계속 체계적인 성경주해를 통해 더욱 성경적인 직분관을 확립하기 위해 노력해왔는데 미국의 미국정통장로교회(OPC), 미국 장로교회(PCA), 이 양 교회들은 모두 고신교회와 우호관계에 있는데, 장로를 목사와 동일한 감독으로 이해한다. 이는 19세기 미국 남장로교회가 받아 온 전통의 결과이다. 그래서 이 교단은 장로도 장로회의 동등한 일원으로서 목사 안수에 참여한다.

한편 미국 북장로교회는 찰스 핫지의 견해가 대표적인 것인데 목사와 장로는 서로 다른 성경적 근거를 가진 직분이요 장로교회는 '소교구 감독제도'(parochial episcopacy)라고 하여 목사 중심의 교회정치를 강조했다.[224]

---

223. 딤전 5:22, 아무에게나 경솔히 안수하지 말고 다른 사람의 죄에 간섭하지 말며 네 자신을 지켜 정결케 하라.
　행 14:23, 각 교회에서 장로들을 택하여 금식 기도하며 그들이 믿는 주께 그들을 위탁하고.
　행 13:3, 이에 금식하며 기도하고 두 사람에게 안수하여 보내니라.
224. C. Hodge, *The church and its polity* (1879)를 보라. 핫지는 이 책에서 치리장로가 목사 안수에 참여할 수 있는가라는 문제를 다루었다('Whether Ruling elders may join in the Impositions of Hands when Ministers are Ordained': "….1842년 총회에서 치리장로가 안수할 권리가 있는지 질문에 대한 투표 결과, 만장일치로 부결되었다. 그러나 이 대답이

찰스 핫지의 조카 J. A. Hodge가 쓴 『교회정치 문답조례』(원래 이름은 『What Is Presbyterian Law As Defined By The Church Courts』으로 1882년에 발행한 것을 곽안련 선교사와 박병진 목사가 각각 이를 일부만 번역하여 출간하였으나 최근 예장합동총회에서 주관하여 완역본을 내었다-배광식 외 역, 『교회정치 문답조례』(서울: 대한예수교장로회총회, 2011)가 이 미국 북장로교회의 견해를 대변하고 있다. 따라서 미국 북장로교회의 전통은 목사 안수에 장로는 참여할 수 없다. 장로는 장로회의 일원이 아니기 때문이다. 다음은 『교회정치 문답조례』가 규정하는 내용이다:

> 목사 장립식 때 누가 안수를 하는가? 소속 노회의 목사들과 언권회원들이 목사 장립식에서 안수를 한다…. 치리장로들은 노회의 회원들로서 후보자의 자격을 심사할 책임은 갖지만 장립식에 참여하지는 못한다. 1842년 구파 총회는 최근까지 장로교의 일관된 규례를 준수할 것을 권고했다. 다시 말하면 설교 장로와 감독만이 이 예식에 참여할 수 있게 했다. 다음 해와 1844년에 총회는 장로교의 헌법이나 전통이나 헌법의 문자나 정신에서도 종교개혁 후 유럽과 미국 장로교회의 원리와 관례 어느 곳에서도 목사 장립에 안수하는 권한이 없다고 확언했다. 1860년 신파 총회도 똑같이 분명히 했다(교회정치 문답조례 626문답).

4. 한국교회는 처음부터 미국의 북장로교회, 남장로교회 선교사들을 통해

토론 없이 이루어졌고, 또 이 주제에 대하여 관심 있는 회원들이 없는 동안 이루어졌기 때문에, 재고하는 투표를 하기로 했고, 그래서 다른 미결 안건들과 함께 1843년 총회로 넘겨졌다. 한편 켄터키 대회는 이 주제에 대하여 장로에게도 권한이 있다는 것을 결정하였고, 서부 렉싱톤 노회 역시 같은 결정을 내리게 되었다. 이 주제에 대하여 위원회는 헌법이나 교회의 관습에서 치리장로가 목사 안수에 참여하는 것을 허락하지 않는다는 결의안을 제출하였고, 총회는 다음의 투표 결과로 이 안을 채택하였다: 찬성 138, 반대 9. 기권1. 여기서 반대 9 중 장로는 4명…."

서 영향을 받다보니 양 교회의 직분관을 모두 받아들이게 되었다. 즉 두 교회의 전통적 견해가 교회정치에 용해되었다. 고신교회의 경우 1980년의 교회정치에서는 '장로와 집사' 두 직분을 규정하므로 미국 남장로교회의 전통을 따라 목사와 장로가 동등한 장로라는 것을 전제하였으나, 1992년과 2011년 교회정치에서는 목사, 장로, 집사 세 직분을 말하므로 목사와 장로를 구별하게 되었다. 이는 어쩌면 큰 변화라고도 할 수 있으나, 그 배경은 알 수 없다.

5. 장로가 목사 안수에 참여할 수 있는가는 문제는 디모데전서 4:14의 '장로의 회'에 목사를 포함하여 지금의 장로가 포함될 수 있는가에 있다. 따라서 다음의 질문들, 디모데전서 3장에 나오는 감독은 목사만을 가리키는가? 장로도 포함되는가? 바울이 밀레도에서 고별사를 한 에베소 교회의 장로들은 목사들인가 지금의 장로도 포함되는가? 이 질문에 먼저 답해야 한다.

제194문 임직식에서 악수례는 어떻게 하는가?[225]

안수 및 기도가 끝난 후에 새로 장립된 목사는 일어나서 사회를 본 목사와 악수하고 그 다음에 노회의 모든 회원들과 순서대로 악수를 한다. 이때 목사로 장립한 이들에게 다음과 같이 말한다: '우리와 함께 거룩한 사역에 참여하게 되었으니 교제의 악수를 청합니다(갈 2:9).' 이 경우에도 치리장로들은 노회의 회원이지만 악수례에 참여하지 못한다.

제195문 목사 및 기타 직원 임직식에서 소위 세족(洗足)식을 할 수 있는가?

할 수 없다(제53회 총회, 2003년). 가능하면 헌법에서 규정한 임직식의 순서와 절차를 따라 그 의미를 충분히 되살리면서 행한다면 굳이 세족식을 할 필

---

225. 교회정치 문답조례 626문답.

요가 없을 것이다.

제49조 (위임목사)

제196문 위임목사의 경우 누가 무엇을 누구에게 위임하는 것인가?

1. 노회가 주관하여 한 개체 교회로부터 청빙을 받은 목사에게 그 개체 교회를 위임한다는 뜻이다. 이는 교회의 머리요 목자이신 주 예수께서 노회를 통하여 청빙을 받은 위임목사에게 해 교회를 위임하여 목양하도록 하는 것과 같다. 위임목사가 되므로 목사와 교인은 목양적 관계에 들어가게 된다. 용어를 이해할 때 교회 편에서 본다면 '위임목사'이지만, 목사 편에서 말하면 '수임목사'라 할 수 있다.

2. 따라서 위임의 주관은 노회이지 위임목사를 청빙하는 교회가 아니다. 다만 노회는 행정의 편의를 위하여 대개 시찰회에 일임을 하고, 그래서 시찰회가 노회를 대신하여 위임국을 설치하여 위임식을 관장한다(위임국장은 해 노회의 위임목사가 맡는다, 제48조). 그러므로 개체 교회는 원칙적으로 위임식과 관련하여 순서에 관여할 수 없으나, 원만한 위임식을 진행하기 위하여 위임국과 개체 교회가 서로 협의할 수는 있다.

제197문 어떻게 해야 위임목사가 되는가?

1. 당회의 결의-OOO 목사를 위임목사로 청빙하기 위한 공동의회를 소집한다는 결의
2. 공동의회에서 2/3 이상의 찬성
3. 청빙서 작성, 무흠 세례교인 과반수의 날인과 공동의회장의 의견을 첨부하여 시찰회를 경유하여 노회에 청원
4. 노회의 허락
5. 노회 주관으로(위임국장은 해 노회 위임목사가 맡는다) 위임식 거행(위임식은 시무

할 교회에서 거행) (제48조)

6. 위임목사의 서약과 교인의 서약

제198문 위임식을 반드시 해야 하는가?

1. 노회에서 위임목사로 허락을 받고, 또 위임식을 거행해야 이때부터 위임목사가 된다. 위임식을 거행하기까지는 전임목사로 간주된다.
2. 위임식은 어떤 순서로 진행되는가?(헌법적 규칙 제2장 제3조)

   (1) 서약

   노회는 예정한 시일과 장소에서 위임위원으로 예식을 거행하게 할 것이요, 설교 후에 위임 받는 목사와 그 교회에 각각 다음과 같이 서약하게 한다.

   1) 위임받는 목사에게(거수로)

   가. 청빙서를 받을 때에 원하던 대로 이 교회의 목사직을 담임하기로 서약합니까?

   나. 이 직분을 받는 것은 진실로 하나님께 영광을 돌리며, 교회를 유익하게 하고자 함이니 이를 본심으로 서약합니까?

   다. 하나님의 도와주시는 은혜를 받는 대로 이 교회에 대하여 충심으로 목사의 직무를 다하고, 범사에 근신 단정하여 그리스도의 복음 사역에 부합하도록 행하며, 목사로 임직하던 때에 승낙한 대로 행하기를 서약합니까?

   2) 교인에게(거수로)

   본 교회 교인들에게 다음과 같이 서약하게 한다.

   가. (   )교회 교우 여러분은 목사로 청빙한 (   )씨를 본 교회 위임목사로 받습니까?

   나. 여러분은 겸손하고 사랑하는 마음으로 그의 교훈하는 진리를 받으며, 치리를 복종하기로 서약합니까?

다. 목사가 수고할 때에 위로하며, 여러분을 가르치고 인도하며 신령한 덕을 세우기 위하여 진력할 때에 도와주기로 서약합니까?

라. 여러분은 저가 본 교회 목사로 재직 중에 한결같이 약속한 그 생활비를 어김없이 지급하며, 주의 도에 영광이 되고 목사에게 안위가 되도록 모든 요긴한 일에 도와주기로 서약합니까?

(2) 공포

"교회의 머리되신 주 예수 그리스도의 이름과 (   )노회의 권위로 (   )씨가 본 교회 위임목사 된 것을 공포합니다. 하나님의 은총 베푸심과 그리스도의 은혜와 성령의 충만하기를 기원합니다. 아멘."

(3) 권면

위임위원이 위임목사와 교회에게 각각 권면한 후 축도로 폐한다.

제199문 합법적인 절차를 밟아서 위임목사가 되었으나 이 위임목사의 신분에 변화가 있을 수 있는가?

1. 위임식을 노회 허락 후 1년 이내에 거행하지 않고 1년이 경과하는 경우: 전임목사로 간주한다. 단, 위임식을 사정에 따라 연기할 경우 노회의 승인을 받으면 1년 동안 연장할 수 있다.
2. 위임을 받았으나 이후에 시무장로가 없어서 당회가 없어지고(폐당회), 또 당회가 없어진 후(폐당회) 2년이 경과되면 자동적으로 전임목사가 된다. 이 때 노회는 즉시 위임해제 통고 위원을 본 교회에 파송하여 위임해제를 선언해야 한다.

제200문 위임목사가 위임에서 언제 해제될 수 있는가?

1. 자동으로 해임되는 경우: 만 70세의 정년이 넘을 경우, 사망했을 경우
2. 자유나 권고에 의한 사임 및 사직의 경우(제58-59조), 혹은 권징조례 상의 재판에 의하여 면직의 책벌을 받는 경우. 그러나 정직의 경우 그 담임을 해제

할 수 있으나 상소하게 되면 담임을 해제하지 못한다(권징조례 제92조 8항).

제50조 (목사의 청빙)

제201문 목사와 교회가 청빙에 대하여 각각 어떤 자세를 가지는 것이 합당한가?

1. 목사 청빙은 시취(시험), 임직(서약과 안수)과 함께 목사의 소명을 확인하는 중요한 절차 중 하나이다. 물론 한 교회에서 시무하는 목사가 다른 교회로 청빙을 받는 경우 시취와 안수는 다시 필요하지 않다.

2. 목사를 청빙하는 것은 개체 교회가 가지고 있는 고유 권한으로서 이는 감독정치체제와 다른 장로정치체제를 가진 장로교회의 공통 원리이다. 교회는 목사를 청빙하므로 그 목사와 목양적 관계를 맺게 된다. 교회는 목장과 같아서 목자가 필요하며, 목사를 목자로 모셔 영적인 양식을 얻고 시온의 대로로 인도를 받아야 한다. 이를 위해 교회는 기도하며 하나님의 뜻을 물어야 한다. 무엇보다 주님은 교회에 설교를 통해 자기 교회를 인도하시기에, 신실하게 말씀을 선포하는 설교자를 찾아야 할 것이다. 또 목사는 교사로서 다음 세대의 자녀와 교인을 잘 가르치는 자가 되어야 하며, 성도들과 목양적 관계를 바람직하게 맺을 수 있는 자가 되어야 할 것이다. 그렇다면 이것 이상으로 목사에게 요구하는 것은 원칙적으로 옳지 않다. 다른 이력이나 석, 박사의 학위가 목사에게 필요하지 않으며, 연령을 제한한 것도 바람직하지 않다. 고신 교회에 속한 목사라면 누구나 기본적으로 신학대학원을 졸업하고 총회와 노회로부터 공적인 자격을 인정받은 자라고 할 것이다.

3. 한편 목사의 입장에서 볼 때 청빙은 주의 종으로서 인정을 받게 되는 공적

인 증거가 되기에 큰 기쁨이요, 영광이다.[226] 따라서 목사는 나서 자원하여 교회를 찾는 것이 아니라 조용히 하나님이 부르시는 때를 기다리며 교회가 필요로 하고 찾는 대상이 되어야 한다. 목자는 많으나 청빙할 만한 목사가 별로 많지 않은 세간의 탄식이 실제가 되어서는 안 될 것이다.

4. 그런데 최근 언제부터인가 교회신문에 실리는 '담임목사 청빙' 광고를 보면 목사가 청빙 대상이 아니라 모집 대상이 되고 있다. 목사가 기도하며 하나님의 부르심을 기다리는 것이 아니라 목사가 나서 지원하도록 하고 있다! 이는 모집광고에서 여러 조건(나이, 학력 등)을 내세우는 것과 함께 목사와 교회의 속화를 가속화 시키는 것이라 할 수 있다.

제202문 한 교회에서 얼마의 기간을 지나야 다른 교회의 청빙을 받을 수 있는가?

1. 본래 청빙을 받아 위임목사가 되는 것은 목사와 교인 사이에 영구적인 목양적 관계에 들어간다는 것을 뜻한다(교회정치 문답조례 660문답). 그러나 때로 목사가 시무 중에 다른 교회의 청빙이 왔을 때 주께서 어느 교회의 봉사를 더 필요로 하시는지를 숙고할 수 있을 것이다.
2. 본 교단 교회정치는 위임목사의 경우 목사와 교인 사이의 목양적 관계를 염두에 두고 3년 이내에는 위임한 교회를 사임하지 못한다(제49조)고 규정하고 있다.
3. 외국교회의 경우를 보면, 네덜란드에서 1771년 프리스란트 주에서 최소한 2년을 규칙으로 정한 바가 있는데, 1899년 흐로닝언에서 열린 총회에서도(28조) 이를 확정하였다. 물론 교수나 선교사로 청빙 받을 경우, 또 질병 등의 경우는 예외적인 사유가 되었다.[227]

---

226. 허순길, 『개혁교회의 목회와 생활』(서울: 총회출판국, 1994), 30-33.
227. H Bouwman, *Gereformeerde Kerkrecht(I)* (Kampen 1928), 417.

제203문 개체 교회 혹은 기관에서 목사를 청빙하는 절차가 어떠한가? (제50조)

1. 위임목사(조직교회에서만 청빙 가능), 전임목사의 경우

   1) 개체 교회 당회의 결의(목사 청빙을 위한 공동의회 소집 결의)

   2) 공동의회에서 참석회원 2/3 이상의 찬성표(*투표수 2/3가 아닌 것에 유의해야 한다. 장로나 집사, 권사의 경우에 투표수 2/3 이상의 득표로 선출하는 것과 엄연히 다르다. 그렇다면 참석회원 2/3와 투표수 2/3의 차이는 어디에 있는 것일까? 공동의회에 참석하였지만 투표하지 않고 기권 즉 선거권(투표권)을 포기하는 회원이 있을 수 있기 때문에 양자의 차이가 분명하게 드러난다.)

   3) 청빙서 작성

   4) 무흠 세례교인 과반수의 날인과 공동의회장의 의견을 첨부, 시찰회를 경유하여 노회에 청원

   5) 부목사 이동 시, 동일한 노회에서 전임목사의 이동 시에는 노회 임원회의 결의로 이동하고 후에 노회에 보고한다.

2. 전도목사, 기관목사, 종군목사의 경우: 그 기관의 결의로 노회에 청원한다.

제204문 노회가 미조직교회에 파송한 당회장이 단독으로 목사청빙투표를 하는 공동의회를 주관할 수 있는가?

할 수 없다. 당회장권 행사는 가능하나 목사청빙 건은 협조당회를 구성하여 처리해야 한다(제59회 총회, 2009년). 한편 교회정치 제120조(미조직교회 당회장)는 당회장이 당회의 일반 직무는 처리할 수 있지만 문제가 되는 것은 시찰회의 협조를 얻어 처리하고, 권징 건은 소속 노회원 중에서 목사, 장로 각 2인씩의 협조 당회원을 노회에 청하여 처리한다고 하였기에, 이 경우는 시찰회의 협조를 얻어 협조 당회원을 구성하되, 교회정치 제36조 1항에서 규정하는 대로 미조직교회에서 특별한 경우에 집사, 권사를 선택 임직하고자 할 때 당회장이 협조 당회원(목사 1인, 장로 1인)을 노회에 청하여 선택 임직할 수 있다는 규정에 준하여 처리하는 것이 적절하다고 판단된다.

제205문 공동의회를 거치지 않고 목사를 청빙하는 경우는 어느 때인가?

1. 당회에서-부목사, 선교사, 전도목사
2. 노회 상비부(해당 상비부)에서-전도목사
3. 총회 상비부-총회 소속 기관목사, 종군목사, 총회 파송선교사
4. 기타 기관(혹은 이사회)-교단의 기관목사, 신학교의 교수

제206문 부목사를 청빙하는 절차는 어떠한가? (제52조)

1. 개체 교회 당회에서 당회원 3분의 2 이상의 찬성을 얻어야 한다.
2. 청빙서에 당회원 과반수의 날인과 당회장의 의견서를 첨부하여 시찰회를 경유하여 노회에 청원한다.
3. 청원을 받은 노회의 형편에 따라 노회 임원회에 맡겨 처리하게 할 수 있다.

제51조 (목사의 청빙투표)/제52조 (부목사의 청빙처리)

제207문 목사 청빙을 위한 공동의회는 어떻게 소집하는가?

1. 당회의 결의로 공동의회를 소집한다. 목사를 청빙하는 우선권은 당회에 있다. 당회에서 집사 등을 포함하여 목사 청빙위원회를 구성할 수도 있다.
　　당회에서 청빙할 목사가 결정되면 투표 일주일 전에 OOO 목사 청빙을 위한 공동의회를 언제, 어디에서 개회한다고 광고 혹은 통지해야 한다.
　* 만일 당회가 목사 청빙을 위한 공동의회 소집을 경시하거나 거부하거나 할 때 교인 중에서 노회에 소원할 수 있다(교회정치 문답조례 592문답).
2. 당회장(공동의회장)이 기도로써 개회한다.
3. 투표 여부를 먼저 묻는다. 청빙투표를 위한 안건이 상정과 함께 이에 대한 처리여부를 묻고 이에 대하여 투표하기로 결의하면 즉시 투표에 들어간다.
4. 참석회원 2/3 이상의 찬성을 얻는다(*투표수 2/3가 아닌 것에 유의하라).
5. 청빙서를 작성한다.

6. 기도와 축도로 폐회한다(교회정치 문답조례 598문답).

제208문 위임목사 청빙을 위한 공동의회에서 A후보자를 두고 투표하였으나 부결되었을 때 1개월 후에 B후보자에 대해 청빙투표를 할 수 있는가?

교회정치 제51조에 의해 목사위임투표는 노회의 동일한 회기 내에는 1회만 가능하다. 그래서 정기노회는 연 2회(봄, 가을) 회집되기에 봄 노회가 개회하는 시점에서 가을 노회가 개회하는 이전까지, 또 가을 노회가 개회하는 시점에서 봄 노회가 개회하는 직전까지를 한 회기로 볼 수 있다. 따라서 이 규정은 당회와 회중이 신중하게 목사위임투표에 임해야 할 것을 교훈하고 있다.

제209문 목사 청빙을 위한 공동의회에서 당회가 2명의 후보자를 추천하여 그 중에서 1명을 선택하게 할 수 있는가?

할 수 없다. 목사청빙투표는 여러 명의 후보자 중에 한 명을 선출하는 선거가 아니다. 특정인에 대한 가부 즉 한 편을 묻는 투표이기 때문이다. 따라서 목사청빙투표는 가부(O, X)를 묻는 투표이므로 복수후보 추천이 불가능하다. 1명을 추천하여 가부를 물어야 한다. 그래서 청빙서에는 찬성표의 수뿐만 아니라 반대표의 수와 기권표의 수까지 상세하게 기록해야 한다(교회정치 제54조 목사청빙서).

제210문 전임으로 시무하던 목사가 위임투표에서 부결되었을 때 그의 지위는 어떻게 되는가?

전임목사가 된다(교회정치 제51조 2항).

제211문 후임목사를 청빙할 때 현 당회장이 사회하여 결의할 수 있는가?

조직교회에서는 할 수 없다. 교회정치 제51조(목사의 청빙투표) 2항은 이에 대해 명확하게 규정하고 있다: "후임목사를 청빙할 시에는 현 당회장이 사회하여 결의할 수 없다." 현 당회장이 그 공동의회를 사회하여 결의할 수 없을 뿐 아니라, 설사 사회를 보지 않더라도 후임목사 청빙을 위한 공동의회를 열려면 현 당회장이 시무사임을 하여 노회로부터 시무사임의 허락을 먼저 받아야 한다. 왜냐하면 한 개체 교회에 두 사람의 당회장이 있을 수 없기 때문이다. 단, 미조직교회의 경우 본인이 노회가 파송한 현 당회장일 때 사회하여 결의할 수 있다. 그러나 시찰회의 협조를 얻어 협조 당회원을 구성하여 청빙 건을 처리해야 한다.

제212문 목사 청빙을 위한 공동의회에서 누가 의장이 되는가? (제118-119조)

1. 노회에서 파송한 임시 당회장의 경우 사회권 및 결의권이 있다
2. 그러나 노회가 파송하지 아니한 임시 당회장, 즉 목사 청빙을 위하여 인근 교회 목사로 임시 당회장 및 임시 공동의회 의장으로 청함을 받은 목사는 사회권만 행사한다.
3. 현재 시무목사 및 당회장이 은퇴를 앞두고 후임목사를 청빙할 시는 사회하여 결의할 수 없다(제51조).
4. 전임목사이면서 당회장인 목사의 경우 본인의 위임목사 청빙 건을 위한 공동의회에서는 사회할 수 없다. 당회장 본인에 관한 안건을 처리하기 때문이다(제119조).

제213문 목사 청빙을 위한 투표에서 공동의회장의 의무가 무엇인가?

투표에 들어갈 때 소수라도 심히 반대하면 회장은 그들을 설득하고 권면해서 화합하여 만장일치로 표결되도록 한다. 그러나 다수가 반대할 경우, 회장은 투표를 연기하도록 권하는 것이 옳다. 만일 거의 만장일치가 되거나 다수가 청빙을 강력하게 주장한다면, 회장은 모두가 동의하도록 설득한 후에 투표에 들어간다(교회정치 문답조례 598문답).

제54조 (목사청빙서)

제214문 청빙서 서류는 어떻게 작성하는가?

1. 목사청빙청원서 작성(총회가 정한 서식 참고. 총회 홈페이지, 총회자료실에서): 수신-노회장
2. 청빙서 3통 작성(다른 노회 목사 청빙 시, 단. 같은 노회의 목사 청빙 시는 2통)

　　청빙서는 청빙 받는 목사에게 교부되지만, 노회 역시 보관하기 때문에 소정의 부수가 필요하다:

　　(○○)교회 교인들은 귀하께서 목사의 재덕과 능력이 있어 우리 영혼의 영적 유익을 선히 나누어 주실 줄로 확신하여 귀하를 본 교회 (○○)목사로 청빙하오며, 겸하여 귀하께서 시무하는 기간에는 본 교인들이 범사에 편의와 위로를 도모하며, 주 안에서 순복하고, 주택과 생활비 월(○○○)원×연(○○개월)를 드리기로 서약하는 동시에 이를 확실히 증명하기 위해 서명 날인하여 청원하오니 허락하심을 바랍니다.

　　　　　　　　　　　　　　　　○○○○년 ○○월 ○○일
　　　　　　　　　　　　　증 인　공동의회장　　서명　날인
　　　　　　　　　　　　　　　　　　　(○○○) 목사 귀하

　　　　　　　　　　　　　　　　첨부 : 세례교인 연서날인

3. 공동의회장 의견서 3통(다른 노회 목사 청빙 시, 단. 같은 노회의 목사 청빙 시는 2통)

제215문 목사 청빙 시 공동의회장 의견서는 어떻게 작성하는가?

　　총투표, 찬성표, 반대표, 기권표의 수를 상세히 기록한다. 왜냐하면 목사

청빙 투표는 특정인에 대한 가부 즉 한 편을 묻는 투표이며, 투표수 2/3가 아니라 참석자의 2/3의 득표를 요구하는 것이기에 찬성표와 반대표, 기권표를 자세하게 기록해야 한다.

제216문 목사에게 생활비를 제공하는 것이 합당한가?

1. 목사에게 제공하는 생활비는 근로자가 받는 급여(給與)와 다른 성격을 가지고 있다. 급여는 노동의 대가로 받는 비용이지만, 목사의 경우에는 청빙서에 나온 대로 '범사에 편의와 위로를 도모하며' 목사 및 그 가족을 부양하는 생활비이다. 목사로서 그리스도를 봉사하는 일은 어떤 비용으로 환산할 수 없는 것이기 때문이다. 그렇다고 해서 생활비는 사랑의 선물도 구제도 아니다. 목사를 부양하기 위해 마땅히 드려야 할 생활비이다. 칼빈은 목사의 생활비를 교회가 경시하는 것은 곧 하나님을 조롱하는 것이라고 하였다.[228]

2. 다음은 종교개혁 당시 한 신앙고백서에 나온 목사의 생활비에 대한 조항이다:

> "신실한 사역자들 역시 (좋은 일꾼의 경우처럼) 그 보상을 받을 만하다. 그들이 생활비나 자신과 가족의 생활에 필요한 모든 것을 받았다고 해도 잘못이 아니다. 왜냐하면 사도는 고린도전서 9:14과 디모데전서 5:17-18 등과 같은 곳에서 교회가 이를 제공함이 당연한 이유를 보여주고 있기 때문이다. 목회 사역을 위하여 사는 사역자들을 정죄하고 공격하는 재세례파들도 이 사도적 교훈에 의거하여 비슷한 비난을 받는다"(제2스위스 신앙고백 18장).

---

228. K. de Gier, *De Dordtse kerkorde. Een praktische verklaring* (Houten 1989), 71.

제217문 청빙하는 목사의 생활비가 부족할 때 노회는 어떻게 해야 하는가?

1. 1911년 제5회 독노회는 이에 대해 다음과 같은 결정을 내렸다:

"목사 청원하는 교회가 월급 15원 이상 되지 못하면 청원치 못할 것이요, 할 수 있는 대로 20원 이상으로 힘써 권면할 일"

2. 한편 1885년 미국 장로교회의 구파 총회는 교회와 목사가 완전히 서로 만족할지라도 사례비가 불충분하기 때문에 노회가 청빙서를 인정하지 않은 적이 있다((교회정치 문답조례 612문답).

제218문 목사가 목회 외에 다른 부업을 가질 수 있는가? 또 목사의 부인은 할 수 있는가?[229]

1. 과거에 목사 부인이 부업에 종사한 것은 사례비가 턱없이 적기 때문이었다. 16-17세기 생활이 어려운 시절에 한때 목사의 부업뿐 아니라 목사 부인에게 부업이 허용된 적이 있었다. 다만 교회가 소홀히 되는 않는 범위에서. 이때 이들이 가진 부업은 주로 교사나 공증인 등의 일이었다. 왜냐하면 당시 이 직업이 태반 부족하였기 때문이다. 목사의 경우 농업이나 상업의 일이 허용될 경우에는 당회와 시찰회의 결정이 있어야 했고, 시찰회가 감독을 하였다. 왜냐하면 연구와 봉사가 등한시 되지 않기 위해서였다.

2. 그러나 어느 시대든 교회는 목사가 부업을 가지는 것에 항상 반대하였다. 그 이유는 재세례파의 원리 즉 영육 이원론에 기초해서가 아니라 복음을 전하는 자는 복음으로 말미암아 살리라는 말씀에 근거해서이다.

3. 그래서 제64회 총회(2014년)는 미자립교회 목사가 경제적인 이유로 다른

---

229. Dordtse KO, article 12; De Gier, *De Dordtse kerkorde*, 812-82; Bos, *De Orde der Kerk*, 53; Van de Heuvel, *De Hervormde Kerkorde*, 247.

직업을 가질 수 없다고 결의한 바가 있다. 미자립교회 교역자의 부양은 총회 차원에서 대책을 세워 목회에 전념할 수 있도록 해야 한다.

4. 한편 제45회 총회(1995년)는 목사 부인이 직업을 가지는 것을 원칙적으로 할 수 없지만 교회 형편 상 당회의 허락이 있을 경우에는 예외로 한다고 하였다.

제219문 목사가 시무 중 사망하였을 경우 유가족 부양은 누구의 책임인가?

『돌트 교회정치』(1619년)는 이를 교회의 책임으로 규정하고 있다. 다음을 보라:

목사가 직분의 의무를 나이나 질병이나 혹은 다른 이유로 더 이상 수행할 수 없더라도 말씀의 사역자의 권한을 유지한다. 목사가 봉사하는 교회는 그를 적절한 방법으로 부양할 것이다. 동일한 의무가 목사의 미망인과 자녀들에게도 해당한다(13조).

제220문 청빙서에는 누구의 날인을 받아야 하는가? (제50조)

무흠 세례교인이, 과반수가 날인해야 한다.

제55조 (청빙승인)

제221문 청빙서를 어느 노회에 제출해야 하는가?

청빙서는 청빙 받은 자를 관할하는 노회에 제출한다. 그 노회가 허락하면 청빙 받은 목사에게 교부한다. 단, 노회의 허락 없이 교회나 기관이 청빙서를 직접 목사에게 교부하지 못한다.

제222문 본 노회 부목사가 타 노회 전임(위임)목사로 청빙을 받았을 경우에 임원회 결의로 이를 처리할 수 있는가?

할 수 없다. 노회의 승인을 받아야 된다(제64회 총회, 2014년).

제223문 노회가 개체 교회가 청빙을 청원한 목사를 거절할 수 있는가?[230]

1. 청빙 청원을 거절할 수 있는 권한이 노회에 있다.
2. 1875년 총회(미국 장로교회)는 청빙서 주는 것을 거부한 결정에 대해 제기한 어떤 목사의 소송과 소원에 답변을 해 주었다. 총회는 '노회는 이 문제에 관련해서 재량권을 가지고 있으며, 이 결정권은 교회정치 15장 9조에 분명하게 명시되어 있다. 그러므로 이 상소는 기각한다'고 했다.

또 1885년 구파총회는 교회와 목사가 완전히 서로 만족할지라도 사례비가 불충분하기 때문에 노회가 청빙서를 인정하지 않은 적이 있다.

제224문 노회가 청빙 받는 목사의 수락 없이 청빙을 승인할 수 있는가?[231]

1. 목사가 노회의 승인 없이 청빙서를 직접 받거나 시무처를 옮길 수 없지만, 동시에 노회는 본인의 청빙 수락 없이 그의 청빙을 명할 수 없다.
2. 그러나 목사의 사임은 본인의 승낙이 없어도, 목사가 원하는 것과 상반되게 노회가 합당하다고 인정하면 시행할 수 있다. 이때 목사는 상회에 소원할 권한이 있다.

---

230. 교회정치 문답조례 612문답.
231. 교회정치 문답조례 670문답.

제56조 (다른 노회 목사의 청빙)

제225문 다른 노회에 소속한 목사를 청빙할 때는 어떤 절차를 밟아야 하는가?

1. 교회 또는 기관이 청빙서를 작성하여 노회에 제출한다.
2. 노회에서 그 청빙이 허락되면 그 청빙서를 청빙 받은 목사가 속한 노회로 조회한다.
3. 청빙서를 받은 노회에서 그 청빙이 허락되면, 청빙서는 청빙 받은 목사에게 교부하고, 그 노회는 이명서를 청빙한 노회로 발송한다.
4. 이명서를 접수한 노회는 발송한 노회에 이명접수 회신을 한다.

제226문 노회의 준회원이 한 개체 교회의 위임이나 전임목사로 청빙을 받을 수 있는가?

　1992년 개정헌법 교회정치 12장 제92조(노회원의 자격)에 의거하여 청빙이 불가하다고 제61회 총회(2011년)가 확인하였다.

제57조 (다른 교단 목사의 가입)

제227문 다른 교단 목사가 본 교단 노회에 가입하려면 어떤 절차를 밟아야 하는가?

1. 소속될 노회의 목사 2명 이상의 추천을 받고 관할 노회에서 준회원의 자격을 얻어야 한다.
2. 본 교단 직영 신학대학원 졸업자와 동등한 자격을 구비하여야 한다.
3. 본 교단 직영 신학대학원에서 30학점을 취득하는 신학훈련을 받아야 한다.
4. 노회에서 목사고시에 합격한 후, 그 노회에서 목사 서약을 하여야 한다.
5. 외국에서 임직 받은 장로회 목사도 같은 절차를 거쳐야 한다.
6. "타교단 목사가 본 교단에 가입할 때(교회정치 제91조) 각 노회는 학력과 신

학 졸업과정과 목사장립 확인 등을 엄격하게 하고 철저히 감독하도록 지시하다."(제41회 총회, 1991년)

7. 교회 가입과 함께 하는 목사가입 외에는 불가하다고 총회에서 결의하였다.

제228문 다른 교단의 은퇴목사가 본 교단 노회에 가입할 수 있는가?

할 수 없다. 이는 교회정치 제57조에 불합치하기 때문이다(제66회 총회, 2016년). 제57조는 시무 중인 목사를 전제하고 가입 문제를 다루고 있기 때문이다.

제229문 다른 교단 소속 교회의 부목사가 본 교단의 노회에 가입할 수 있는가?

총회는 현재까지 타 교단 소속 부목사의 편목 허입을 허락하지 않고 있다. 다만 해외의 우수 신학교를 졸업한 경우에는 우수인력 양성 차원에서 예외로 하기로 하였다(제59회 총회, 2009년; 제63회 총회, 2013년).

제58조 (목사의 사임)

제230문 목사가 담임목사의 직분을 사임할 수 있는가?

목양 관계는 목사와 교인들이 서로 동의함으로써 성립된 관계가 아니라, 노회의 승인을 받아 성립된 관계이다. 이와 같은 이유로 노회가 아닌 목사와 교인들이 이 관계를 임의대로 취소시킬 수는 없다. 노회가 이에 관한 유일하고 완전한 권한을 가진다. 목사는 임의로 담임목사의 직을 그만둘 수 없으며, 다른 교회의 청빙에 응할 수 없다. 마찬가지로 교인들도 노회의 승인 없이 담임목사를 그만두게 하거나 다른 목사를 담임목사로 청빙할 수 없다.

제231문 어떤 경우에 개체 교회가 목사의 사임을 요구할 수 있는가?

1. 부도덕한 일이나 이단성에 연루된 죄과가 나타날 경우에는 반드시 노회

의 재판에 회부되어 처리해야 한다(교회정치 문답조례 658-659문답).
2. 목사의 사역에 나태와 무능이 나타나는 경우이다. 이때 노회는 양측의 말을 정확히 듣고 그 목사의 무능함이 확실하다면 그를 권고하여 사임하도록 해야 한다.
3. 그러나 목사와 교인 사이에 상호 적응 부족과 협력 부족으로 생긴 불화가 원인이 되었다면, 노회는 목사와 교인 대표자의 설명을 청취한 후 처리한다(제58조 2항). 비록 현실적으로 심각한 불화가 있을 경우에도 조치가 취해질 때까지는 인내할 수 있어야 한다. 불화 가운데 목사가 계속 시무하는 것이 양측에 유익한지, 아니면 관계를 해제하는 것이 유익한지를 노회가 판단할 때까지 이 목양적 관계는 취소될 수 없기 때문이다.
4. 한편 사소한 이유로 인하여 목양 관계를 해제할 수는 없다. 위임목사와 교인 간의 목양적 관계는 영구적인 것으로 목사의 선한 영향력은 해를 거듭할수록 더해지기 때문이다.
5. 만약 목사의 시무를 원하지 않는 청원을 노회에 제기할 경우 당회가 직접 할 수 있고, 혹은 교인들이 당회를 통하여 시찰회를 경유, 노회에 청원할 수 있다. 또는 당회의 소집으로 공동의회를 개최, 결의하여 할 수도 있다. 노회는 이 청원에 근거하여 목사와 교인 대표자의 설명을 듣고 결정할 수 있다. 그러나 교인의 일부가 이 일에 대하여 노회에 직접 청원할 수는 없다.[232]

제232문 목사의 사임을 청원하고자 할 때 어떤 절차를 밟는가?

목사의 무능과 나태가 나타나는 경우 교회는 다음과 같이 절차를 밟는다,
1. 교인들이 은밀하게 기도하면서 목사를 돕는 일에 더욱 힘쓴다.
2. 장로들은 목사의 결점을 찾아내거나 발견할 권리는 없으니, 힘써 기도하면서 그 사실을 목사에게 알린다.

---

232. 이종일, 『헌법으로 보는 교회생활 500문 500답』, 62.

3. 목사가 듣지 아니하면 노회 안의 목사로 하여금 양편을 화목하게 하도록 해본다.
4. 그래도 듣지 않으면 당회가 목사에게 사임을 권고한다.
5. 그래도 듣지 않으면 당회의 결의로 노회에 청원한다. 혹은 당회와 공동의회가 사임 청원을 시찰회를 경유, 노회에 제출한다.

제233문 공동의회에서 담임목사의 재신임 여부를 물을 수 있는가?

담임목사는 그가 위임목사이든 전임목사이든 노회의 허락으로 시무하게 되므로 개체 교회가 공동의회에서 재신임을 묻는 것은 적법하지 않다(제61회 총회, 2011년).

제234문 당회가 노회의 결의도 없이 목사사임을 처리할 수 있는가?

목사의 청빙 및 이동, 사면은 노회가 관장하는 직무이므로 당회가 노회의 결의도 없이 목사의 사임을 허락할 수 없다.

제235문 어떤 이유로 목사가 자기의 사임을 자유롭게 노회에 제출할 수 있는가?

1. 1980년 교회정치는 여기서 '목사가 본 교회에 대하여 난처한 사정이 있어서'라고 부가설명을 하고 있다. 그렇다면 사면할 만큼 난처한 사정이란 어떤 것인가? 박윤선 박사는 헌법주석에서 다음과 같이 설명하였다:[233]

첫째, 교회가 성장하지 않기 때문일 수 있다. 물론 목사가 오래 참으며 목회해야 되지만, 때로는 그곳을 떠나는 것이 하나님의 뜻일 경우도 있다. 바울은 비두니아로 가서 전도하고자 하였으나 주님의 뜻은 그를 마케도니아로 가도록 섭리하셨다(행 16:6-10).

---

233. 박윤선, 『헌법주석』64-65.

둘째, 교회가 배척하기 때문일 수 있다. 배척하는 자들의 이유가 타당하고 또 그들의 수가 다수일 경우는 물론이고, 배척하는 자의 수가 소수일지라도 그들의 이유가 타당하고 교회의 유익을 위해서 건의한다면 목사는 고요히 주님의 뜻을 찾아야 하며, 하나님의 영광과 전도에 저해되는 일이 없도록 용단을 내려 사임하는 것이 현명하다. 교회는 성결할 뿐 아니라 또 평화로워야 한다(히 12:14). 목사 한 사람 때문에 교회가 불안 중에 지나서는 안 된다.

제59조 (목사의 사직)

제236문 어떤 경우에 목사가 자유로이 사직할 수 있는가?

1. 목사가 한번 소명을 받는다면 그는 평생 동안 교회 봉사에 매여 있다고 할 수 있다. 이는 중대한 이유 없이 자기 직분을 내려놓을 수 없다는 뜻이다. 그러므로 목사직을 경솔히 여기고 사직해서는 안 된다.

2. 그렇다면 어느 경우에 목사가 자유로이 사직하고자 하여 노회에 사직원을 제출할 수 있는가? 1980년 교회정치는 '시무로 교회의 유익을 주지 못할 경우로 각오할 때'라고 설명을 하였다. 이에 대해 박윤선 박사는 목사의 자질과 은사를 받지 못하고 목사직을 받은 것이 오착이라고 깨달을 경우라고 하였다. 이때는 목사직을 더 이상 탐내지 않고 깨끗이 사직하는 것이 옳다. 누구든지 은사와 자질을 받지 못한 채 성직을 메고 있으면 결국 본의 아니게 외식하고 한평생 잘못 살게 된다. 그렇게 되면 훗날 주님 앞에서 외식하는 자에게 내리는 무서운 벌을 받게 될 것이다(마 25:41-45).[234]

---

234. 박윤선, 『헌법주석』 67.

제237문 어떤 근거로 노회가 목사의 사직을 권고할 수 있는가?

1. 목사가 성직에 합당한 자격을 상실한 때
2. 심신이 건강하고 또 사역할 처소가 있음에도 정당한 이유 없이 5년간 시무를 하지 아니할 경우

제238문 목사의 신분으로 공무원이 되거나 국회의원이 될 수 있는가?

"이는 안수 목적에 위반되는 일이니 마땅히 목사직을 사직할 것이요, 본인이 사직하지 아니할 때는 노회로 하여금 사직케 함이 가하오며 국회의원에 입후보하는 목사는 시무 사면함이 가하오며"(대한예수교장로회 총회 제37회, 1952년)

제60조 (본 교단 이탈 목사)

제239문 본 교단을 이탈한 목사를 어떻게 처리하는가?

제적한다. 권징조례 제10조(이탈한 교회 직원과 교인의 처리) 1항에서도 "범죄한 일은 없어도 교회의 직원이나 교인이 임의로 관할을 배척하거나, 교회를 설립하거나, 이명서 없이 다른 교단에 가입하면, 치리회는 두세 번 권면해 본 후 불응하면 그 이름을 명부에서 삭제한다."고 규정하고 있다.

제240문 개체 교회가 소속 노회로부터 행정보류 혹은 노회탈퇴 이후에 교단을 이탈하여 제적된 목사가 노회에 재가입하려면 얼마의 기간이 지나야 하는가?

1년이 지나야 한다(권징조례 제10조 이탈한 교회직원과 교인의 처리 4항). 이는 노회로부터 행정보류하거나 노회 탈퇴하는 것을 보다 신중하게 하라는 뜻일 것이다. 한편 제25회 총회는 일찍이 행정보류를 교단을 탈퇴하는 행위로 규정하였다.

제241문 본 교단 목사가 본 교단과 우호적인 관계에 있는 교단에서 사역하고자 할 때 어떻게 해야 하는가?

노회의 지도를 따라 사역해야 한다(제66회 총회, 2016년).

제242문 어떤 경우에 목사를 면직할 수 있는가? (참고. 권징조례 제171조)

1. 이단 종파에 가입하거나(제60조), 이단을 주장하는 경우(권징조례 제171조)
2. 불법으로 교회를 분립하는 경우
3. 교리상으로나 도덕상으로 교인을 크게 실족하게 한 경우
4. 기타 하나님의 영광을 크게 훼손하게 한 중죄를 범한 경우

제243문 목사에 대한 권징재판은 어떻게 이루어지는가? (권징조례 제92조를 참고하라)

1. 복음의 명예와 발전은 목사의 명성에 관계되므로, 노회는 목사의 개인 및 직무상 행위를 신중히 살펴야 한다.
2. 목사라고 편호하거나 죄를 경하게 여기지 말고 공정하게 판결해야 한다.
3. 사소한 일로 소송하는 것을 경솔히 접수하지 말아야 한다.
4. 목사의 권징은 그의 소속 노회가 집행함이 원칙이나 목사의 소재 사항을 따라 그 지역노회에 위탁할 수 있다.
5. 위임목사를 정직시킬 때는 그 담임을 해제할 수 있으나, 상소하게 되면 담임을 해제하지 못한다.

제244문 면직이 된 목사의 치리권은 어디에 있는가? 노회인가? 당회인가?

면직으로 평교인이 되었기에 그의 치리권은 노회가 아니라 소속 교회의 당회에 있다(권징조례 제92조 6항). 따라서 그가 원하는 교회에 교인의 이명서를 보내서 그 교회에 속해야 한다.

제61조 (목사의 복직)

제245문 사직한 목사가 복직하기 위해서는 어떤 절차를 밟아야 하는가?

1. 소속했던 노회에서 시무처가 다른 목사 3인의 추천서를 첨부하여, 복직 청원서를 그 노회에 제출한다.
2. 노회는 자유사직자 또는 권고사직자의 사직 이유가 충분히 해소된 여부를 살핀 후, 노회원 재적 3분의 2 이상의 찬성결의로 복직을 허락할 수 있다.
3. 목사의 복직이 허락되면, 임직 때와 같은 서약을 하여야 한다.

제246문 면직된 목사를 복직시키고자 할 때는 어떻게 해야 하는가?

소속했던 노회가 권징조례의 절차대로 하되(권징조례 178조 해벌의 절차 참고), 임직식은 하고 안수는 하지 않는다(권징조례 제92조 7항). 왜냐하면 면직은 권징조례 상의 시벌을 받아 직을 면한 것이기에 해벌도 권징조례 상의 해벌 절차를 밟아야 한다.

제247문 사직한 자의 복직 절차와 권징조례 상의 시벌로서 면직된 자의 복직 절차에 어떤 차이가 있는가?

차이가 없다.

1. 시벌로서 면직된 목사의 복직: 노회원 재적 3분의 2 이상의 출석에 3분의 2 이상의 찬성으로 해벌한다(권징조례 제178조 1항, 2017년 7월 10일 개정 공포).

그러나 이전에 총회는 이에 대해 노회에서 다수결로 할 수 있다고 하였다(제54회 총회, 2004년; 제55회 총회, 2005년; 제57회 총회, 2007년). 그러다가 노회원 재적 3분의 2 이상의 찬성으로 변경되었다가 제66회 총회의 결정으로 노회 수의를 통해 2017년 7월 10일에 개정 공포한 대로 '노회원 재적 3분의 2 이상의 출석에 3분의 2 이상의 찬성'이라는 요건으로 다시 변경되었다. 왜 이렇게 다수결에서 노회원 재적 3분의 2 이상으로 하였다가 다시 노회원 재적 3분의 2 이상의 출석에 3분의 2 이상의 찬성으로 더욱 엄하고 까다롭게 되었을까? 이는 면직된 목사의 복직이 사직된 목사의 복직의 요건인 '노회원 재적 3분의 2 이상의 찬성'보다 더욱 엄해야 한다는 생각이 그 기저에 깔린 것으로 보인다. 그러나 이 결정은 앞으로 계속해서 논란의 소지가 있을 것으로 보인다. 어떤 면에서는 사직된 목사의 복직이 더 엄해야 한다고 해석할 수 있는 여지 또한 충분히 있기 때문이다.

2. 사직된 목사의 복직: 노회원 재적 3분의 2 이상의 찬성

제62조 (목사의 휴무)

제248문 목사가 시무 중 휴무할 수 있는가?

1. 휴무 이유: 신체 요양, 신학 연구, 기타 사정
2. 휴무 기간: 6개월 이하 단기간-당회의 협의, 6개월 이상 장기간: 노회의 허락
3. 안식년: 시무 6년 후 7년째로 하는 것을 원칙

제6장 장로

제63조 (장로직의 기원)

제249문 장로는 어떤 직분이기에 교회에 꼭 필요한가?

1. 장로는 '감독'이요 '하나님 교회의 목자'(행 20:28)로서 하나님 백성의 영적 성장에 책임을 진 자들이다.
2. 따라서 교인 안에, 그리고 교인을 통하여 그리스도의 사역이 살아있는 것을 위하여, 또 말씀이 신실하게 선포되는 것을 위해서, 나아가 성례가 정당하게 시행되며, 교인들이 하나님나라를 위할 일꾼으로 세워지고 있는지를 살피는 일을 한다.
3. 장로는 목사와 집사와 함께 교회의 책임 있는 지도자로서 교회를 다스리는 직분이다.

제250문 구약에서도 장로를 언급하고 있는가?

장로회 교회정치의 모델은 '장로'라는 이름에 있으며, 장로교회는 다른 교회정치체제의 교회와 달리 '장로' 직분의 필연과 기능을 강조한다.
1. 신약의 장로직은 구약의 장로직에 그 기원을 두고 있다. 구약과 신약이 한 권의 책으로서 두 책 사이에 불연속성뿐만 아니라 연속성 역시 존재하는 것처럼, 장로직의 기원을 고찰할 때도 불연속성과 연속성을 모두 감안해야 할 것이다.
2. 먼저 연속성에 대해서 결론을 내린다면 '장로들의 회'(딤전 4:14)는 구약의 이스라엘에 일찍이 존재하였으며 그래서 '장로들의 회'는 구약과 신약의

교회를 다스리기 위해 하나님께서 세우신 것이라고 할 수 있다.[235]

1) 출애굽 이전(출 3:16-18): 이스라엘 장로들이 이미 백성 중에서 권위를 행사하는 자리에 있었다.
2) 이후 중요한 일이 있을 때마다 소집하고 알렸고(출 17:5; 18:12), 이후 행정과 사법적인 일로 모세를 돕기 위해 70명의 '장로들의 회'가 조직된다(출 24:1, 9; 민 11:16; 신 25:7-9).
3) 가나안 정착 이후에도 있었다(신 19:11-12; 21:1-8; 수 20:4; 신 27:1-8; 31:9-11).
4) 사사 시대에도 도시와 지방에서 정치, 군사, 사법적 권위를 행사하였다.
- 장로들의 결정으로 언약궤를 실로에서 가져왔다(삼상 4:3).
- 백성을 대표, 사무엘에게 나아와 왕을 요구(삼상 8:4-5, 10)
- 다윗이 장로들의 청을 받아 즉위(삼하 3:17)
- 솔로몬의 성전에 언약궤를 옮길 때 장로들과 모든 지파의 두목들이 소집(왕상 8:1-3)
- 솔로몬이 절대군주가 된 후에 장로의 특권이 상실
5) 바벨론 포로 시대: 거기서도 감독과 다스림의 지도력을 발휘하였다(렘 29:1; 겔 8:1).
6) 포로 후 유대 지역: 에스라 5:3-11를 보라.
7) 기원전 2세기 무렵: 장로들의 공회가 형성, 70명 혹은 71인으로 구성되었고 훗날의 산헤드린 공회의 전신이 된다(마카비1서 12:6; 14:20).
8) 회당제도: 유대의 지역사회마다 회당이 존재(유딧 6:16)하여 장로들이 회당의 활동을 지도하였다. 즉 다스림과 입회의 허락, 예배와 질서를 감독하는 '장로들의 회'가 존재하였다. '장로의 회'가 없는 회당은 생각할 수 없을 만큼 정착되었으며, 이들은 권징도 담당하였다.

그래서 복음서를 보면 회당의 장로들은 그리스도인을 출교하기도

---

235. 허순길, 『잘 다스리는 장로』, 11-28.

하였고(요 9:22; 눅 6:22), 또 장로들의 회에서 선출된 것으로 보이는 회당장이 예수님께서 안식일에 병을 고치신 일에 대하여 분개한 일을 들 수 있다(눅 13:14).

산헤드린 공회를 말하자면, 처음에는 '장로들'(프레스뷔테로이)로 불렀다. 그러다가 제사장 및 서기관 출신과 구별하여 지칭하는 말로 사용되었다. 이는 신약에서 산헤드린 공회를 제사장과 서기관과 장로의 세 집단으로 말하는 것에서 그 정황을 알 수 있다. 때로는 이 공회 전체를 가리켜 '장로들의 회'(프레스뷔테리온/눅 22:66; 행 22:5)로 불리기도 하였다. 이상에서 볼 때 유대인으로 이루어진 초기 신자들은 이들에게 친숙한 이 직분을 사도들의 지도 아래 교회 안에서도 계속 유지하였다.

3. 한편 이 직분에는 불연속성 역시 존재하는데 구약에서 장로는 신정국가 안에서 종교적인 것 뿐 아니라 행정과 사법적인 기능까지 담당하였기 때문이다. 신정국가의 상황이 지금은 더 이상 우리에게 없기 때문에 구약의 장로들이 하던 일의 원칙을 오늘 우리에게 적용할 때 변치 않는 진리와 변하는 외적 상황을 세심하게 구별할 필요가 있다.

제251문 그렇다면 교회역사에서 언제부터 장로직이 왜곡되었는가?

키프리안(Cyprian, 200-258/카르타고의 감독)이 감독직의 기능상 우위를 강조하고, 251년에는 〈공교회의 일치: The Unity of The Catholic Church〉에서 감독 중심의 교회일치를 주장하면서 장로직의 왜곡이 시작되었다고 할 수 있다. 신약성경은 감독과 장로를 같은 것으로 보지만, 이후 중세교회는 이 둘을 구분하여 감독은 성례시행과 함께 사제를 임명할 수 있는 권한이 있지만, 장로는 감독을 돕는 자로서 성례시행만 할 수 있는 신부(사제)로 보았다. 이후 시간이 흐르면서 교회 회의에서 점점 로마교회 감독의 위치가 고양되면서 본격화되어 계급구조적인 감독주의-주교/대주교/총대주교/교황-로 확산된다(7세기). 그래서 종교개혁까지 감독 정치가 보편적으로 수납이 되었고 교황제가 서구 교회의 통제 아래 존재하게 되었다.

제252문 교회역사에서 장로직이 어떻게 회복되었는가?

16세기 종교개혁은 한편 교회정치의 개혁이라 할 수 있는데 무엇보다 장로직을 성경대로 회복한 것이었다. 루터교회는 장로의 명예를 회복시키기는 하였으나 직분으로 받지는 못하였다. 스위스 취리히의 개혁가 츠빙글리 역시 교회의 통치를 당회가 아니라 시정부에 위임하였다.

1. 외콜람파디우스(Oecolampadius, Bazel)와 부써(Bucer, Strassburg)

1530년 경 외콜람파디우스는 마태복음 18:15-18에 기초하여 교회의 권징을 위해서 일종의 견책자(성경의 장로와 동등한 자)들을 세웠다. 이것은 시 당국에 독립하는 치리 기구였다:

> "교회의 권위를 가져가는 이러한 당국들은 적그리스도보다도 참기 힘들다…그리스도는 당신의 형제가 죄를 범하면 당국에 가라고 하지 아니하고 교회에 가라고 하셨다."[236]

이것이 부써에게 영향을 미치게 되어 부써는 1532년 목사의 설교에 개입하고 신자들의 신앙훈련을 책임지는 목양자(Kirchenpfleger)를 세웠다. 그는 이들을 초대교회의 장로와 동일시하였다.

2. 칼빈: 칼빈의 업적 중 하나는 성경을 따라서 '다스리는 장로'를 세운 것인데(롬 12:8; 고전 12:28), 이것은 위 두 사람으로부터 영향을 받은 것으로 보인다. 그는 성경을 따라 그리스도만이 교회의 왕으로서 자기의 권세를 정부(루터와 츠빙글리의 경우)가 아니라, 또 교회 위에 군림하는 성직자들(로마천주

---

[236]. 외콜람파디우스가 츠빙글리(Zwingli)에게 보낸 서신 중에서, Lukas Vischer, *The Ministry of the Elders in the Reformed Church*, Brene 1992, 31.

교)이 아니라, 장로들의 회 지도 아래 있는 교회에 있다고 하였다. 따라서 장로직의 회복은 칼빈을 통해 이루어졌으며, 이후 장로교회와 개혁주의 교회를 통하여 보전되어 왔다. 다음은 칼빈이 저술한 기독교강요와 그가 주도하여 작성한 문서에서 장로직에 대해 언급한 내용이다:

1) 『기독교강요』 4권 3장 8절
"여기서 주목할 점은 지금까지 우리는 말씀 사역을 담당하는 직분들만을 살펴보았다는 것이다. 이미 인용한 대로 바울은 에베소서 4장에서 다른 직분들에 대해서는 언급하지 않는다(엡 4:11). 그러나 로마서(12:7-8)와 고린도전서(12:28)에서 다른 직분을 언급하고 있다. 곧 능력을 행하는 자, 병 고치는 은사, 통역하는 자, 다스리는 자, 구제하는 자 등이다. 이것들 가운데 두 가지는 일시적인 것이어서 길게 다룰 필요가 없으므로 생략하기로 한다. 그러나 이것들 가운데 두 가지는 영구적인 것이다. 곧 다스리는 자와 구제하는 자가 그것이다.

다스리는 자들(고전 12:28)은 사람들 중에서 선출하여 세운 장로들로서 감독들과 더불어 도덕적인 과실을 책벌하고 권징을 시행하는 책임을 맡은 자들이었던 것으로 믿어진다. "다스리는 자는 부지런함으로…할 것이니라"(롬 12:8)는 바울의 진술을 달리 해석할 수 없기 때문이다…그러므로 이 다스리는 직분은 모든 시대마다 필요한 것이다."

2) 1537년 『제네바에서 교회와 예배 조직에 대한 조항』
본 문서는 제네바 시의회가 파렐과 칼빈의 종교개혁을 공식적으로 허락한 후 칼빈을 비롯한 목사들이 시의회에 제출한 것이다. 본 규정서는 다음과 같은 내용을 담고 있다: 첫째, 권징의 시행에 관하여(성찬의 성결과 신앙고백의 일치), 둘째, 시편찬송 사용에 관하여, 셋째, 자녀들의 교육에 관하여(교리문답과 세례), 넷째, 결혼법의 개정에 관한 것 등이다. 그리고 이것을 위해서 목사와 평신도로 구성된 감독기구를 제안하였다.

3) 1541년 9월 13일(1561년 개정)의 『제네바 교회정치』
칼빈이 제네바에서 추방되어 스트라스부르크에서 목회를 하다가 제네바로 다시 돌아온 이후 작성한 것으로 시의회에서 통과하게 된다. 위 문서 서문에서 첫째, 주의 복음 진리가 순수하게 견지되며 둘째, 바른 질서와 체제를 가진 교회로 확립되며 셋째, 후대를 담당할 청소년들이 바르게 교육되며 넷째, 빈곤자를 위한 병원이 적절하게 운영되기 위해 네 개의 직분이 존재해야 한다는 것을 강조하였다: 목사, 교사, 장로, 집사.
특히 장로가 목사와 협의하여 성도들의 삶을 교정하도록 장로의 직무를 강조한 것은 칼빈이 스트라스부르크에 있을 때 부써, 카피토가 주도하는 교회개혁을 보고 배운 것이었다. 거기서 개혁가들과 협력하여 교회를 감독하며 치리했던 자들은 '목양자'(Kirchenpfleger)로 불렸다. 칼빈은 12명의 장로를 세웠는데(2명은 25인 소의회에서, 4명은 60인회에서, 6명은 200인회에서 각각), 그 후보자는 시의회 의원이면서 모범적인 평신도로 구성하였고, 그 임기는 1년으로 하였다.

제64조 (장로의 권한)
설교와 교훈은 그의 전무책임이 아니나, 각 치리회에서는 목사와 같은 권한으로 제반 사무를 처리한다(딤전 5:17; 롬 12:7-8).

제65조 (장로의 자격)
1. 40세 이상 65세 이하의 남자 세례교인으로 무흠하게 7년을 경과한 자
2. 신앙과 행위가 복음적이고 본이 되는 자

3. 상당한 식견과 통솔력이 있는 자

4. 공적, 사적 생활에 부끄러울 것이 없는 자

5. 자기 집을 잘 다스리는 자

6. 성품이 원만하며 덕망이 있는 자(딤전 3:1-7)

7. 본 교회에 등록한 후 3년 이상 경과된 자

제253문 장로가 되기 위해 갖추어야 할 연령기준이 어떠한가?

만 40세 이상 65세 이하이다. 교회에서 통용하는 연령 계산은 만으로 하며 호적상의 생일을 기준으로 한다. 호적상의 생일이란 40세 이상은 만 40세 해의 생년월일부터이며, 65세 이하라는 말은 65세 되는 해의 생년월일부터 다음 해의 생년월일 전날까지를 말한다. 예를 들면 국가에서 경로우대 적용 즉 노령연금이나 지하철의 무임승차권 발부가 65세 되는 해의 1월 1일 부터가 아니라 생년월일 그날부터 적용되는 것으로 생각하면 된다(헌법적 규칙 3장 제4조). 제15회 총회에서 30세 이상으로, 제52회 총회에서(2002년) 35세 이상으로, 2011년 헌법 개정을 통해서는 40세 이상으로 상향되었다.

제254문 장로가 되려면 반드시 장립집사가 되어야 하는가?

세례교인으로 무흠하게 7년을 경과한 자면 된다. 따라서 장로의 자격을 장립(안수)집사에 반드시 국한 시킬 이유가 없다. 그러나 2011년 개정 헌법에 의해 당회가 장로 후보자를 추천할 수 있으므로, 당회가 장립집사를 후보자로 추천하는 방법을 취할 수 있다(제67조 참고).

제255문 과거에 권징조례 상의 시벌을 받은 경력을 가진 자가 장로가 될 수 있는가?

무흠 7년을 경과하면 된다. 즉 시벌을 받았다고 하더라도 해벌을 받은 지 7년을 지나면 장로의 자격을 갖추었다고 할 수 있다(제38조를 참고하라). 또 여기서 말하는 시벌은 정직 이상의 시벌을 가리킨다. 따라서 근신, 견책을 받은 자는 무흠 조항에 저촉되지 않는다.

제256문 왜 여성은 장로가 될 수 없는가?

이는 남녀평등의 문제가 아니라 직무의 문제이다. 성경은 가정에서 남편이 머리가 되는 것처럼 하나님의 집에서도 남성이 머리가 된다는 것을 가르치고 있다. 장로의 의무가 교회에서 공적인 권위를 가지고 다스리고 가르치는 것이므로 여자는 장로가 될 수 없다고 분명히 가르치고 있다(딤전 2:12). 바울을 통해 디모데전서 2:13-15에서는 남녀관계가 왜 단정해야 하는지 상세하게 그 이유를 아담과 하와의 역사를 들어서 설명하였다. 즉 창조(13절), 타락(14절), 구원(15절)의 역사에서 그 이유를 제시하였다:

창조(13절): "이는 아담이 먼저 지음을 받고 하와가 그 후며"
타락(14절): "아담이 속은 것이 아니고 여자가 속아 죄에 빠졌음이라"
구원(15절): "그러나 여자들이 …그의 해산함으로 구원을 얻으리라"

제257문 미혼자가 장로가 될 수 있는가?

없다. 제46회 총회(1996년)는 미혼자는 장로로 장립을 받을 수 없음을 가결하였다. 장로는 가정이 있어서 가정에서 먼저 잘 다스리는 자가 되어야 하고, 그래야 그 동일한 원리를 가지고 하나님의 교회를 잘 다스릴 수 있기 때문이다.

제258문 재혼한 사람은 장로가 될 수 없는가?

장로의 자격 중에서 '한 아내의 남편이 되어야 하며'(딤전 3:2)라는 조건은 건전한 결혼생활, 일부일처의 성실한 결혼생활을 강조하는 말씀이다. 따라서 합법적으로 이혼하고 재혼한 사람이라면 장로가 될 수 있다.

제259문 이혼한 경력을 가진 자가 장로가 될 수 있는가?

웨스트민스터 신앙고백서 24장 5항에 근거하여("혼인 후의 간음의 경우, 순결한 편이 이혼 소송을 제기하고, 이혼한 후에는 간음을 범한 편이 죽은 것처럼 다른 이와 재혼하는 것은 합법적이다.") 합법적으로 이혼한 경우(이단에 빠져 끝내 회개하지 않고 돌아오지 않는 경우)에는 될 수 있다(제53회 총회, 2003년). 즉 배우자가 이단에 빠져 있을 경우에는 임직이 불가하고, 이단에 빠진 배우자와 이혼한 경우에는 임직이 가능하다는 의미이다.

제60회 총회에서는 합법적인 이혼을 더욱 구체화하여 제시하였다. 음행한 연고(마 19:3-9), 불신자인 배우자가 신앙유지를 불가능하게 하면서 이혼을 요구할 때, 배우자가 이단에 빠져 가족의 바른 신앙생활 유지에 지장을 주면서 이혼을 요구할 때이며 이 경우 이단은 사도신경 고백 거부와 하나님을 부인하며 총회에서 이단으로 규정지은 경우로 결의하였다. 그러나 배우자의 결혼전 부정을 이유로 이혼하는 것은 합당하지 않다고 보았다. 또한 제42회 총회에서는 불법으로 이혼한 사람 중 교회의 직분을 받아 봉사하는 자가 있다면 반드시 시벌하여야 하며, 해벌 후에도 영구히 교회직원으로 임명할 수 없다고 결의하였다.

제260문 다른 교회에서 전입 온 자가 장로가 되려면 어떤 절차를 밟아야 하는가?

본 교회에 등록한 후 3년 이상 경과된 자가 되어야 한다. 또 이전 교회에서 무흠 4년을 지난 자가 되어야 한다(제38조 무흠의 규정을 보라).

제261문 불신 자녀를 둔 자가 장로가 될 수 있는가?

없다. 왜냐하면 장로는 하나님의 집을 다스리는 자이다. 그러자면 장로는 먼저 자기 집부터 잘 다스릴 줄 알아야 한다. 자기 집을 잘 다스리는지 판단할 수 있는 잣대는 그의 자녀들의 행동이다. 그래서 '자기 집을 잘 다스려 자녀들로 모든 공손함으로 복종하게 하는 자라야 할지며'(딤전 3:4)라고 말씀하고 있다. '할지며'라고 한 것은 할 수도 있고, 또 할 수 없어도 무방하다는 뜻이 아니라 반드시 갖추어야 할 요건이라는 것을 강조하기 때문이다. 디도서 1:6에서도 '방탕하다는 비난을 받거나 불순종하는 일이 없는 믿는 자녀를 둔 자라야 할지라'고 하였다. 만약 장로가 방탕하거나 불순종하는 자녀를 잘 다스리지 못하면서 어떻게 교인을 돌보며 다스릴 수 있겠는가?

그런데 여기서 말하는 자녀들은 아직 부모의 권위 아래에 있는 자들을 가리킨다. 교회에서 입교하거나 세례를 받은 자녀들이나 이미 결혼한 자녀들은 부모가 직접적인 책임을 질 수 없다. 이들은 스스로 하나님 앞에서 책임을 지고 살게 된다.[237]

제262문 배우자가 다른 교회에 출석하거나, 또 배우자가 교인들에게 본이 되지 않는 자가 장로가 될 수 있는가?

네덜란드 총회는 이 문제에 대해 이보다 더 나은 사람이 있을 경우에는 위에서 언급한 사람은 선출되어서는 안 되나, 이보다 더 나은 사람이 없을 경우 그리고 당사자는 모든 점에서 탁월한 요건을 갖추었다면 선출할 수 있다고 하였다.[238]

제263문 아버지와 아들이, 혹은 형제가 함께 장로가 될 수 있는가?

성경은 이에 대해 말하고 있지 않으며, 따라서 원칙적으로 이의가 있을 수 없다. 오히려 12사도 중에는 형제들이 있었다: 베드로와 안드레, 야고보와 요한.

---

237. 허순길, 『잘 다스리는 장로』, 129-30.
238. de Gier, *De Dordtse Kerkorde*, 117.

제264문 장로가 되려는 자가 왜 성품이 원만해야 하는가?

바울이 디모데전서 3:2-7에서 언급한 장로의 자격을 보면 15가지 중에서 대인관계에 대한 것이 상당수 있다. 예를 들면 구타하지 않고, 다투지 않으며, 관용하고, 자기 집을 잘 다스리고, 나그네를 잘 대접하고 등이다. 그 이유는 성품이 원만하지 못한 사람은 양을 거칠게 다루고 해칠 수 있기 때문이다.

제265문 장로가 되려면 어느 정도의 식견을 가져야 하는가?

디모데전서 3:2에 보면 장로는 '가르치기를 잘' 해야 한다고 하였다. 장로가 양떼를 치는 수단은 하나님의 말씀이다. 그래서 하나님의 양떼를 치기 위해서 장로는 마땅히 성경을 가르칠 수 있어야 한다. 따라서 장로가 가르치기 위해 가져야 할 식견은 세상적인 식견이 아니다. 물론 다스리는 장로가 목사처럼 성경을 잘 알고 잘 가르칠 수는 없다. 그러나 장로는 교인에게 성경을 펴 말씀으로 권고하고 격려할 수 있어야 하며, 거짓 교회를 분별하고 물리칠 수 있어야 한다. 장로가 양을 치기 위해 맡은 사명 중 하나는 흉악한 이리를 물리쳐 양을 보호하는 것이기 때문이다(행 20:28-31).

제66조 (장로의 직무)

제266문 장로의 직무가 무엇인가?

1. 다음과 같이 규정하고 있다:

- 목사와 협력하여 행정과 권징을 관리하는 일
- 교회의 영적 상태를 살피는 일
- 교인을 심방, 위로, 교훈하는 일
- 교인을 권면하는 일
- 교인들이 설교대로 신앙생활을 하는 여부를 살피는 일

- 언약의 자녀들을 양육하는 일
- 교인을 위해 기도하고 전도하는 일
- 목회에 필요한 제반사항을 목사에게 상의하고 돕는 일

2. 위 직무를 자세히 보면 장로의 직무가 다분히 '목양'의 성격을 지니고 있음을 알 수 있다. 종교개혁 당시에 장로직을 회복할 때 붙인 호칭 중에 '목양자'(Kirchenpfleger)가 있는 것을 보아서도 알 수 있다. 따라서 장로는 모두 목양 장로이다. 이 점에서 최근 장로를 구분하여 사역장로, 치리장로, 목양장로 명칭을 사용하는 것은 장로의 본래 기능인 목양보다는 기타 사역에 치중한 현실에서 장로의 본질적 기능을 반성하고 이를 회복하고자 하는 동기임을 충분히 이해하지만 교회 일선에 있는 성도에게 더 큰 혼선을 가져올 수 있다. 그럼에도 불구하고 성경과 신앙고백과 헌법이 규정하고 있는 대로 장로가 목양자로서 교인을 심방하여 위로, 교훈하며, 권면하며 또 교인들이 목사의 설교대로 신앙생활을 하는 여부를 살피는 일을 회복할 수 있어야 한다.

3. 장로가 목양자가 되기 위해서는 무엇보다 심방을 할 수 있어야 한다. 오늘날 심방을 교역자의 일로 여기고 있는 것은 성경과 신앙고백, 교회역사나 헌법이 가르치는 바가 아니다. 현재 장로의 심방은 결혼식이나 장례식, 혹은 병원 심방에 그치고 있는데 교회역사에서 장로의 심방이 사라진 것은 중세를 지나면서 설교가 약해지고 대신 미사가 강조되면서였다. 각 집에 찾아가서 교인의 생활을 살피는 대신에 교인이 교회에 나와서 고해성사를 하고 성찬에 참여하도록 하였다. 그런 것이 종교개혁을 통해 고대교회의 전통이 다시 회복되었다. 이와 같이 회복된 모습을 지금 우리 교회정치 조항에서도 충분히 볼 수 있다. 그러므로 이제 성경과 신앙고백과 종교개혁의 전통으로 돌아가서 장로는 심방을 통해 직분의 개혁, 교회의 개혁을 이루어야 한다. 목사가 설교한 대로 살피기 위해서 즉 감독하기 위해서

는 규모 있게 심방해야 하고, 충분한 시간을 낼 수 있어야 한다. 나아가 교인을 살피기 위해 성경을 알아야 하고 영혼을 사랑하는 마음이 있어야 한다.[239] 장로는 어떤 사역보다도 구역(지역)이나 교구장로의 일에 우선권을 두어야 한다. 1년에 최소한 1회 이상은 교구나 구역에 속한 가정을 공적으로 심방하여(적어도 중학생 이상이 되는 가족은 모두) 교인의 영적인 상태를 일일이 살피며 교훈하고 위로하며 권면할 수 있어야 한다. 예를 들면 공예배에 부지런히 출석하는지, 기도생활을 하는지, 성경을 매일 읽는지, 가정예배를 드리는지, 목사의 설교를 이해하는지, 헌금생활과 봉사생활을 성실하게 하는지, 자녀들을 신앙으로 양육하는지 등이다.

제67조 (장로의 선택)

제267문 장로를 선출하기까지의 과정이 어떠한가?

1. 당회의 결의로 노회의 허락을 받는다(조선예수교장로회 제17회 총회, 1928년).
2. 공동의회에서 투표수 3분의 2 이상의 득표로 선출한다.
    * 이때 당회가 후보를 추천하여 공동의회에서 선출할 수 있다.

제268문 장로를 선출할 때 당회에서 후보자를 추천하여 할 수 있는가?

할 수 있다. 이것이 장로회정치체제의 특징이다. 뿐만 아니라 당회가 교회의 모든 신령한 일에서 주도하여 할 수 있다. 당회가 후보자를 추천하는 것이 일면 타당한 것은 누구보다 당회원이 가장 교인을 잘 알기 때문이다. 목사와 장로의 직무는 교인의 신앙과 생활을 살피며 교훈하고 위로하며 권면하는 것이기 때문이다.

---

239. 김헌수 외, 『성경에서 가르치는 집사와 장로』(서울: 성약출판사, 2013), 273 이하.

제269문 장로 후보자를 세울 때 노회로부터 허락받은 수와 비례하여 어떻게 제시할 수 있는가?

1. 최소한 두 배수 이상을 제시하는 것이 바람직하다. 왜냐하면 사람의 선택이 아니라 하나님과 그리스도의 명령으로 세우고 선택하는 것이기에 가능하면 인위적인 요소는 배제하기 위해서이다.
2. 이에 대해 개혁가 칼빈은 사도들이 유다를 대신하여 한 사람을 세우고자 했을 때, 그들은 감히 한 사람을 분명히 거명하지 못하고 두 사람을 천거하여 그 둘 중에 누가 유다를 이어 사도가 되어야 할지를 주께서 제비를 통해서 선언하시도록 하였다고 했다(행 1:23-26).[240]

제270문 미조직교회(당회가 구성되지 않은)에서 장로를 세울 때 위에서 말한 조건 외에 어떤 것이 더 필요한가?

세례교인(입교인 포함)이 30명 이상 있어야 한다. 단, 농어촌교회(면 소재지는 제외)는 20명 이상이다(제113조).

제271문 조직교회에서 장로를 세울 때 장로 1인에 대하여 일정한 입교인의 비율을 정하는 것이 옳은가?

1. 이에 대해 교회정치가 규정하는 것은 없다. 그러나 본래 당회를 처음 조직할 때의 정신을 살리면 좋을 것이다.
2. 조선예수교장로회총회 제18회 총회(1929년)에서 '장로는 무흠 입교인 30명에 일인 비례로 선택할 것이라'는 헌법개정안이 노회에 수의한 바 있으나 수의과정에서 부결된 적이 있다. 당시는 선교 50년을 전후한 시점으로서 이미 장로직이 명예직이 되고 남발되고 있어서 교회나 사회에서 문제가 되고 있던 터인데, 이런 배경에서 장로의 수를 제한하고자 하는 개정안

---

240. 칼빈, 『기독교강요』, 4:3:13.

이 총회에서 노회에 수의하기로 하였으나 결국 수의과정에서 부결된 것은 안타까운 일이 아닐 수 없다. 반면 동 총회는 장로 선출에 대해 노회의 승인을 받도록 하였다.

제272문 노회로부터 장로 선출을 허락 받은 이후 언제든지 이를 시행할 수 있는가?

아니다. 1년 이내에 선출해야 한다(제37조 장로와 집사 및 권사의 선택투표).

제68조 (장로의 임직)

제273문 장로를 선출한 이후 임직까지의 과정이 어떠한가?

1. 당회의 지도로 6개월 이상 교육을 받는다.
2. 노회가 관장하는 노회 고시에 합격한다.
    * 단 타 교단 장로가 절차를 따라서(제68조 참고) 시무장로로 취임하려고 할 때 노회의 시취를 거친다.
3. 개체 교회에서 서약과 안수로 임직한다.
4. 피택 후 1년 이내에 임직식을 하여야 한다. 단 노회의 허락을 받을 경우 연장될 수 있다.

제274문 장로의 순서를 정하고자 할 때 어떻게 하는 것이 좋은가?

이 순서는 서열이 아니다. 장로의 명단이나 명부를 작성하고자 할 때 순위를 가리킨다.

"장립 및 취임 순으로 하고 동시 임직되었을 때는 연령순으로 하기로 하다"(제32회 총회, 1982년).

제275문 장로로 피택되었으나 결정적인 범죄 사건이 있어서 장로 고시를 취소하거나 연기할 수 있는가?

확실한 범죄 사건으로 고소 고발이 있고 권징할 필요에 의해 재판이 있을 경우에는 고시를 연기하거나 취소하는 것이 바람직하다. 만약 재판결과가 무흠 규정에 저촉하는 것이 될 경우(교회정치 제38조 무흠의 규정에 의하면 무흠의 한계는 권징조례에서 치리회가 정하는 시벌 중 정직 이상의 책벌을 받은 사실이 없거나 국법에 의하여 금고 이상의 처벌을 받은 사실이 없는 것을 말한다.) 장로 피택을 취소할 수 있고, 그러나 무흠 규정에 저촉되지 않는 가벼운 시벌인 경우라 할지라도 교회의 덕을 세우기 위해 당회장이나 치리회의 판단에 따라 고시를 연기하거나 취소할 수 있다.

제276문 휴무 등으로 복직하는 경우 장로의 순서를 어떻게 하는 것이 좋은가?

1. 본 교회에서 사임하여 휴무장로로 있다가 절차에 의해 재시무를 한 장로는 본래의 자리로 돌아가지만, 다만 면직이나 사직을 하였다가 절차에 의해 복직을 한 경우는 마지막 순서에 두는 것이 합리적이다.[241]

제277문 시무장로가 목사 후보생이 되었을 때 그의 신분이 어떻게 되는가?

여전히 시무장로이다. 단, 유급으로 본 교회에서 목회를 하거나 또 목사가 될 때에는 그 시무가 정지된다.[242]

제278문 장로의 임직 순서는 어떻게 이루어지는가? (헌법적 규칙 2장 제5조)

1. 서약: 당회는 예정한 시일과 장소에서 임직원으로 예식을 거행하게 할 것이요, 설교 후에 당회장은 취지를 설명하고, 임직 받은 자와 그 교회에게

---

241. 신현만,『교회재판 이렇게 한다』, 412-413.
242. 이종일,『헌법으로 보는 교회생활 500문 500답』, 97.

각각 다음과 같이 서약하게 한다.

 (1) 임직 받는 자에게(거수로)

    1) 구약과 신약성경은 하나님의 말씀이며, 신앙과 행위에 대하여 정확무한 유일의 법칙으로 믿습니까?

    2) 본 장로회 교리표준인 웨스트민스터 신앙고백, 대교리문답과 소교리문답은 구약과 신약성경에서 교훈한 도리를 총괄한 것으로 알고 성실한 마음으로 믿고 따를 것을 서약합니까?

    3) 본 장로회 관리표준인 예배지침, 교회정치, 권징조례를 정당한 것으로 승낙합니까?

    4) 본 교회 장로(집사, 권사)의 직분을 받고 하나님의 은혜를 의지하며 진실한 마음으로 본직에 관한 범사를 힘써 행하기로 서약합니까?

    5) 교회의 화평과 연합과 성결을 위하여 진력하기로 서약합니까?

 (2) 교인에게(거수로)

(　)교회 회원들이여 (　)씨를 본 교회 장로(집사, 권사)로 받고 성경과 교회정치에 가르친 바를 따라서 주 안에서 존경하며 위로하고 복종(집사와 권사에게는 "협조"로)하기로 맹세합니까?

2. 안수: 당회장은 서약을 마친 후, 임직 받는 자로 무릎을 꿇게 하고, 임직위원과 전 당회원의 안수와 함께 당회장이 기도하고 악수례를 행한다(권사는 안수하지 않는다).

3. 공포: "(　)씨는 대한예수교장로회 (　)교회 장로(집사, 권사)된 것을 내가 성부와 성자와 성령의 이름으로 공포합니다. 하나님의 은총 베푸심과 그리스도의 은혜와 성령이 충만하기를 기원합니다. 아멘."

4. 권면: 임직위원이 임직자와 교회에게 각각 권면한 후 축도로 식을 마친다.

제69조 (휴무 장로)

제279문 호칭으로 장로를 구분하라.

1. 시무장로: 개체 교회에서 시무 중에 있는 장로
2. 휴무장로: 시무규례를 따라 쉬거나 사임한 장로
3. 무임장로: 시무하는 본 교회를 떠나 다른 교회로 이거하고, 그 교회에서 취임 받지 않은 장로
4. 은퇴장로: 정년이나 혹은 특수한 사정으로 60세 이상이 되어서 퇴임한 장로
5. 원로장로: 한 개체 교회에서 20년 이상 시무하여 공동의회를 통해 추대된 장로

제280문 사역장로, 목양장로, 치리장로 등의 호칭을 사용할 수 있는가?

총회는 일부 교회가 이러한 명칭을 사용하여 혼돈을 주므로 이 호칭을 사용하지 않기로 하였다(제62회 총회, 2012년). 그러나 이러한 호칭을 사용하게 된 배경을 충분히 이해할 필요가 있다. 장로는 본래 모두 목양장로이고 치리장로, 사역장로임에도 이 용어를 굳이 사용하는 것은 오늘날 목양과 치리보다는 행정에 치중하는 현실을 바로잡기 위한 것으로 보인다. 또 장로의 수가 많음으로 인하여 직무를 분담하고자 하는 선한 뜻이 있는 것으로 보인다. 그렇다면 우리 헌법 교회정치가 규정하는 범위 내에서 휴무장로 제도나 장로 윤번제(교회정치 제69조)를 통해 이를 얼마든지 개선할 수 있을 것이다.

제281문 피택장로라는 호칭 혹은 명칭을 사용할 수 있는가?

사용할 수 없다. 총회는 헌법에 명기된 호칭이 아닌 것은 사용하지 않기로 하였다(제50회 총회, 2000년). 이 결정은 집사와 권사의 경우에도 해당이 되어 피택집사, 피택권사의 호칭이나 명칭을 사용할 수 없다.

제282문 어떻게 하여 휴무장로가 되는가?

1. 시무 중에 있는 장로가 당회의 정한 윤번 시무규례에 따라 시무를 쉴 때
2. 시무 중에 있는 장로가 시무를 사임하게 될 때(사임에 대해서는 제74조를 참고하라. 장로가 건강상의 이유나 교회에 덕을 세우지 못할 경우에 자의로 사임할 수 있고, 또는 당회의 결의로 권고사임 할 수 있다.)

제283문 당회에서 휴무장로의 지위가 어떠한가?

1. 휴무기간 중이라 할지라도 장로의 직위는 계속된다. 다만 장로로서 공적 일을 하지 않을 뿐이다. 스코틀랜드 제2치리서(1578)를 보면 장로가 한번 부름을 받았다면 다시는 그 직분에서 떠날 수가 없다고 규정하고 있다:

  "6. 장로들은 그 직무를 행하기에 적합한 하나님의 은사를 가지고서 그 직분에 한번 부름을 받았다면, 다시는 그 직분에서 떠날 수 없다."(제6장 장로들과 그들의 직분)

2. 단, 당회 성수를 위한 정원에는 계산되지 않는다.

제284문 장로의 윤번시무란 어떤 것인가? 역사적으로 어떻게 이루어졌는가?

1. 스코틀랜드 장로교회에서 볼 수 있는데, 이후 미국 북장로교회를 통해서 한국 교회에 도입되었다.

  "7. 비록 일정한 수의 장로들이 특정한 회중들에서 선출될 수 있다고 할지라도, 그들 중 일부는 적절한 기간 동안 다른 사람들로 교체할 수 있다. 마치 율법 아래에서 성전을 봉사할 때 규례를 따랐던 레위인에게 있은 것처럼 말이다."(스코틀랜드 제2치리서 6장)

2. 미국 장로교 총회는 우여곡절 끝에 1857년에 임기제나 다름없는 윤번제 도(rotary eldership)를 도입하게 되는데, 즉 장로 직분은 종신이지만 봉사 기간은 개체 교회의 재량에 맡겼다. 즉 개체 교회가 공동의회를 통해서 장로의 봉사 기간을 종신으로 혹은 임기를 정해 세울 수 있다고 하였고, 임기제의 경우에는 3년으로 규정하였다.[243] 현재까지 이러한 전통을 이어받은 교회는 미 정통장로교회(OPC)이다. 이러한 1857년의 새로운 규정은 핫지(J. A. Hodge)가 쓴 『What Is Presbyterian Law?』(원제: 『장로교회 헌법이란 무엇인가?』, 1886년 5판/1882년 1판)에 그대로 반영이 되었다. 이 책은 1917년 곽안련 선교사에 의해서 한글로 번역되었고(제목: 『교회정치 문답조례』), 1919년 조선예수교장로회 총회에서 참고서적으로 채용된다:

"치리장로는 임기를 정하여 선출을 할 수 있는가? 지교회가 무흠입교인 투표에 의하여 일정 기간 동안 시무할 치리장로를 선출하는 것이 가능하다. 장로직분은 항존적이지만 직분과 직무의 이행과는 엄연히 구별이 있고 시무장로와 직무를 이행하지 않은 장로와의 구별도 있다…."(교회정치 문답조례 541문답)

"얼마 동안의 임기를 가지고 선출하는가? 장로의 임기는 3년을 넘지 못한다…."(교회정치 문답조례 542문답)

3. 이제 조선예수교장로회 총회 1922년판 교회정치 13장 장로 집사 선거 및 임직에서 윤번 규정을 볼 수 있다. 즉 장로시무의 기한을 3년으로 정하였고, 그리고 기한이 마치면 다시 치리하는 직무를 받지 못하는 경우가 있다고 하였다:

---

243. 허순길, 『잘 다스리는 장로』, 212.

"치리장로 급(及) 집사의 직은 종신항존직인즉 본인이 임의로 사면하지 못할 것이오 사면할 사(事) 외에난 교회도 임의로 해제하지 못할 것이니라."(5. 임기)

"하 지교회서던지 무흠한 세례교인 과반수의 투표로 장로 급(及) 집사의 시무기한과 반차를 정할 수 있난데, 그 규례는 좌(左)와 여하니라
(一) 기한은 3개년 이상으로 할 것
(二) 반은 3반으로 분하고 매년에 일반씩 교체할 것
(三) 기의 임직한 장로난 시무기한이 만료되고 다시 치리하난 직무를 받지 못할지라도 그 직은 항존할 것인즉 당회 혹 노회에 선거를 받아서 상회에 총대로 파송될 수 있나니라"(8. 시무반차).[244]

4. 이러한 윤번 규정이 1930년판 교회정치에서 바뀌게 된다. 시무기한이 3년이었던 것이, 이제는 3년마다 시무투표를 하게 하여, 이를 통해 계속 시무할 수 있도록 하였다:

"치리장로 급 집사의 직은 종신직이니라. 단 3년 일차씩 시무를 투표할 수 있고, 그 표결 수는 과반을 요하느니라"(1930년판 교회정치 13장 장로 집사 선거급 (及) 임직 4. 임기).

5. 그러나 이 윤번 규정은 기장측은 1967년부터, 통합측은 1971년부터 삭제를 하였고, 반면 고신 총회는 1992년 개정 이전까지 다음과 같이 장로의 선출과 임기의 항목에서 이를 고수하였다:

---

244. 8조 시무반차 조항은 1930년판에서 삭제.

"치리장로와 집사의 칭호는 종신이지만 시무정년은 만 70세이다. (단, 3년마다 1번 씩 시무투표를 할 수 있고, 그 표결수효는 3분지 2 이상으로 한다. 노회는 시무투표 시일을 정하여 각 당회장으로 실시하게 하고 노회에 보고하게 한다)"(1972년 교회정치 14장 장로 집사의 선거와 임직 71조 임기)

"치리장로와 집사의 칭호는 종신이고 시무정년은 만 70세가 되면 자동적으로 시무 중지가 된다(단, 3년 마다 한번 씩 시무투표를 할 수 있고, 그 표결수효는 3분지 2 이상으로 하며 노회는 시무 투표 시일을 정하여 각 당회장으로 실시하게 하고 노회에 보고하게 한다)"(1980년 교회정치 14장 장로 집사의 선거와 임직 72조 임기).

제285문 장로의 윤번시무에 대한 규정을 개체 교회에서 제정할 수 있는가?

1. 있다. 이를 위해 당회원 2/3 이상의 결의를 얻어야 한다.
2. 1992년 개정을 통해 윤번 규정이 비록 '휴무장로'에 대한 조항에서 원래 내용은 삭제가 되고 틀만 유지하는 정도에 그치게 되었다고 할지라도 이 규정에 따르면 70세 시무까지 윤번의 방식을 포함한 일체의 규례는 개체 교회의 당회에서 정할 수 있도록 여지를 두고 있다. 따라서 각 교회의 형편을 따라서 적절하게 이 제도를 사용하면 교회에 큰 유익이 될 것이다.

제286문 시무장로가 1인이 있는 교회에서 윤번시무가 가능한가?

원칙적으로는 당회가 윤번시무의 규정을 어떻게 정하는가에 달려 있다. 그러나 장로의 윤번시무 규정은 장로 2인 이상이 되는 당회에서 그 의미가 있다고 할 수 있다. 왜냐하면 시무장로 1인이 있는 준당회에서 윤번시무 규정에 의해 그 시무장로가 일정 기간 휴무하게 되면 사실상 당회가 조직되지 않은 미조직교회처럼 되고 이로써 치리회의 기능이 온전히 나타날 수 없기 때문이다.

제287문 성경은 장로의 시무기간에 대해 말하고 있는가?

1. 시무의 기간이 종신인지 한시적인지에 대해서 명확하게 말하고 있지 않다.
2. 다만 사도시대의 경우 장로와 집사의 직분이 종신으로 선출되었다는 인상을 성경을 통해서 받는 것이 사실이다.
3. 이런 이유 때문에 많은 교회들이 후일에 직분이 종신이라고 판단하게 되었다.
4. 그러나 역사적으로는 칼빈의 원리를 따라서 형성된 개신교회는 다음과 같은 이유로 한시적 봉사를 더 선호하였다:[245] 첫째, 교회 내부에서 독재와 교권주의를 예방하기 위해서. 둘째, 교회치리에 교인의 영향을 보다 더 증대시키기 위해서. 셋째, 교회에 잠재해 있는 다양한 능력과 은사가 가능하면 더 많이 드러나도록 하기 위해서였다. 그래서 칼빈과 제네바 교회는 장로의 임기를 1년으로 정하였다. 한편 『돌트 교회정치』(Dordtse Kerkorde, 1619)는 장로의 임기를 2년으로 정하였다: "장로들과 집사들은 2년을 봉사하며, 교회의 상황과 유익이 달리 요구하지 않을 경우 매년 1/2은 교체되며 나머지는 그 자리에 있게 될 것이다."(27조 장로와 집사의 봉사 기간)[246]

제288문 임기제가 목사에게도 해당되는가?

최근 목사의 시무에 임기제를 도입하는 경우를 더러 볼 수 있다. 그러나 이는 교회역사에서 유례없는 일이다. 목사에게는 다른 기준이 적용된다. 목사는 이 직분을 얻기까지 여러 해를 준비할 필요가 있기 때문이며, 목사의 봉사는 한 사람의 인생 전체를 요구하는 것이기 때문이다. 그래서 목사는 직분을 받을 때 하늘의 주님께 무조건적으로 자신을 드리게 된다. 따라서 교회가 목사를 판단할 충분한 이유가 없는 이상 목사는 이 직무로 부르신 봉사를

---

245. H. Bouwman, Gereformeerde Kerkrecht(I), 601-02.
246. de Gier, De Dordtse Kerkorde, 148.

떠날 수 없다.

제70조 (무임장로)

제289문 다른 교회에서 장로로 시무하다가 본 교회에 와서 시무장로가 되려면 어떤 절차를 밟아야 하는가?

1. 본 교회에 등록한 후 3년 이상 경과해야 한다.
2. 당회의 결의로 노회의 허락을 받는다.
3. 공동의회에서 투표수 2/3 이상의 득표를 얻는다.
4. 다른 교단에서 전입 온 장로의 경우 노회의 시취를 거친다(제68조).
5. 본 교회에서 취임을 한다(다시 안수는 하지 않는다).

제290문 개체 교회가 교회를 분립하여 시무장로가 분립된 교회로 파송되었을 경우에 그의 지위는 어떻게 되는가?

시무장로이다. 그곳에서 다시 시무장로로 취임할 필요가 없다.

제291문 장로의 자격 "만 65세 이하"(교회정치 제65조 장로의 자격) 요건이 무임장로의 장로 취임 시에도 해당되는가? 즉 만 65세 이상의 무임장로가 해 교회에서 장로로 취임될 수 있는가?

장로의 자격 중에 만 65세 이하의 규정은 무임장로의 취임에 해당되지 않는다. 그래서 만 65세 이상이 되고 만 70세가 되지 않았다면 취임이 가능하다.

제71조 (협동장로)

제292문 무임장로를 협동장로로 세우려면 어떤 절차를 거쳐야 하는가?

1. 당회의 결의로 가능하다.
2. 당회와 제직회에 참석하여 발언권을 가진다.

제72조 (은퇴장로와 원로장로)

제293문 원로장로가 되려면 어떤 절차를 밟아야 하는가?

1. 한 개체 교회에서 20년 이상 시무하여야 한다(무흠 시무기간으로 통산된다).
2. 공동의회에서 결의하여 추대되어야 한다.
3. 당회와 제직회에서 언권을 가진다.

제294문 은퇴한 지 2년이 지난 장로를 원로장로로 추대할 수 있는가?

할 수 없다. 교회정치 제72조(은퇴장로와 원로장로)에서 '노후에 퇴임할 때'는 은퇴할 그 시점을 가리키며, 추후에 추대하는 것은 불가하다(제59회 총회, 2009; 제63회 총회, 2013).

제295문 공동의회에서 원로장로 추대에 필요한 의결정족수는 무엇인가?

다수결이다: "원로장로 추대 시 공동의회에서 2/3로 결정할 것인지 과반수로 해야 할 것인지에 대한 질의 건은 공동의회 결의에 명시된 것이 아닌 것은 다수결이 적법이다(제47회 총회, 1997년)."

제296문 은퇴장로는 제직회에서 어떤 권한이 있는가?

은퇴장로는 원로장로가 되지 아니하고 퇴임한 장로로서, 제직회에서는 어떤 권한도 없다.

제297문 협동장로, 휴무장로, 무임장로(무임집사, 무임권사)로 있다가 정년이 되어 퇴임할 때에 이들에 대한 호칭은 각각 어떻게 되는가?

휴무장로는 본 교회에서 임직하여 시무한 적이 있고, 협동장로는 비록 해 교회에서 임직하지도 시무장로로 취임하지 않았지만 제한적으로 당회와 제직회에서 언권회원으로 있었기에(교회정치 제71조, 협동장로는 당회와 제직회에서 발언권을 가진다) 은퇴 후 은퇴장로의 호칭이 각각 가능하나, 그러나 무임장로의 경우는 해 교회에서 임직은 물론 시무를 한 적이 없기에 은퇴식에 참여하는 것이나 은퇴장로의 호칭을 부여하는 것은 적절하지 않다.

제298문 무임장로가 은퇴직을 부여받아서 은퇴장로의 호칭을 할 수 있는가?

할 수 없다. 해 교회에서 임직은 물론 시무를 한 적이 없기에 은퇴식에 참여하는 것이나 은퇴장로의 호칭을 붙이는 것은 적절하지 않다. 그러나 장로라는 호칭은 사용할 수 있을 것이다.

제73조 (은퇴직의 규제)

제299문 교회직원이 정년 전에 퇴임하게 될 때 은퇴직을 부여받고자 할 때 어떤 조건을 갖추어야 하는가?

만 60세 이상이 되어야 하며, 소속 노회(목사) 혹은 소속 당회(장로, 집사, 권사)의 허락으로 은퇴할 수 있으나 다시 복직할 수 없다.

제74조 (장로의 사임과 사직)

제300문 장로가 어떤 경우에 자의로 사임 혹은 사직할 수 있는가?

1. 첫째, 건강상의 이유 등 일신상의 형편에 의하여 둘째, 교회에 덕을 세우지 못할 경우이다.

2. 이때 당회에 청원하여 허락을 받아야 한다.

제301문 장로가 범죄한 것이 없지만 교인의 태반이 장로의 시무를 원하지 아니하여 당사자의 의사와 상관없이 사임 혹은 사직시킬 수 있는가?

1. 이때 당회에서 재적 2/3 이상의 출석과 출석 2/3 이상의 결의가 있어야 한다.
2. 공동의회에서 2/3 이상의 결의가 있어야 한다.

제302문 자유로 사임하여 휴무장로가 된 자가 다시 재시무할 수 있는가?

당회의 결의를 얻으면 된다.

제303문 권고사임을 받아 휴무장로가 된 자가 다시 시무하려면 어떤 절차를 밟아야 하는가?

다시 시무하고자 하면 당회의 결의로 공동의회에서 투표수 3분의 2 이상의 득표를 얻어야 한다(1992년 교회정치 제50조 휴무장로).

제304문 장로의 시무 여부를 묻는 신임 투표를 할 수 있는가?

당회의 결의로 할 수 있다(제38회 총회 결의). 장로의 시무여부를 묻는 신임투표의 의결정족수는 다수결이다. 특별히 의결정족수가 명시되지 않는 경우에는 당회, 공동의회에서 다수결이 원칙이다. 즉 신임투표는 다수결로, 불신임투표는 의사 및 의결정족수는 각각 3분의 2 찬성을 요한다.

제305문 시무장로 혹은 목사의 자녀가 불신 결혼을 하거나 혹은 이혼을 할 경우 어떻게 해야 하는가?

총회는 치리회에서 살펴서 지도하는 것으로 결정한 바 있다(제60회 총회, 2010년). 이 문제에 대해 세례를 받거나 입교한 자녀들과 이미 결혼을 한 자녀들에 대해 부모가 직접 책임을 지지 않는 것이 원칙이다.

제75조 (장로의 복직)

제306문 장로로서 사직된 자가 장로의 직을 회복하고자 할 때 어떤 절차를 밟아야 하는가?

1. 소속했던 당회에 복직청원서를 제출한다.
2. 당회는 그 사직 이유가 충분히 해소된 여부를 살핀 후, 당회의 결의로 노회 허락을 받아 공동의회에서 투표수 3분의 2 이상의 득표로 복직을 허락할 수 있다.
3. 장로의 복직이 허락되면 임직 때와 같은 서약을 하여야 한다.

제307문 권징조례 상의 시벌을 받은 장로가 장로의 직을 회복하고자 할 때 어떤 절차를 밟아야 하는가? (권징조례 제178조; 해벌절차에 대해서는 권징조례 176조를 참고하라).

1. 정직만 당했을 경우는 해벌로써 직분까지 회복되어 시무할 수 있다(유기정직의 경우는 시벌기간이 만료되었다면 해벌절차 없이 자동 해벌이 된다).
2. 그러나 정직에 수찬정지까지 당했으면 당회의 해벌과 교인의 투표를 통해 시무할 수 있다.
3. 면직된 경우는 해벌되어 복직되어도 첫째, 교회에서 3년 이상이 경과되어야 하고 둘째, 합법적으로 다시 피선되어야 하며 셋째 임직식을 행하여야 시무할 수 있다.

제7장 집사 및 권사

제308문 집사는 어떤 직분이기에 교회에 꼭 필요한가?

1. 집사는 교회에 '신실한 청지기'의 사명을 감당하는 것을 위해 부름 받은 직분이다. 어떤 교인의 넉넉한 것을 가지고 다른 교인의 부족한 것을 보충하여 온 교인이 함께 균등하도록 하는(고후 8:14) 것을 위해 구제 사역을 주도하는 일을 한다.
2. 또 집사는 사회의 불의를 직시하며 교인들이 공동체와 세계를 위해 봉사할 수 있도록 격려하는 일도 해야 한다. 교인들이 주께 드린 헌물에 대해 좋은 청지기가 되어 분별력과 관대한 마음을 가지고 잘 분배할 수 있어야 한다.
3. 집사는 목사, 장로와 함께 책임 있는 지도자로서 예수님께서 제자들의 발을 씻기면서 말씀하신 것처럼(요 13:12-17) 교회가 섬김의 집이 될 수 있도록 주도해야 할 것이다.

제309문 집사직의 기원을 성경 어느 곳에서 찾을 수 있는가?

1. 신약성경 사도행전 6장에서 찾을 수 있는데(6:1-6), 예루살렘 교회 가난한 성도의 구제를 위해 일곱 사람이 선출된 것에서 비롯된다. 이들이 하는 일은 가난한 성도의 식탁을 '봉사'(디아코니아, '봉사')하는 것으로서 사도들의 직무인 기도와 말씀을 전파하는 '봉사'(디아코니아)와 근본적으로 동일한 것이었다. 이 직분은 예루살렘 교회에 국한되지 않고 빌립보 등 다른 교회에서도 세워졌다(빌 1:1; 참고. 딤전 3:8-13).
2. 이러한 집사직은 처음부터 사도직과 구별되는 고유한 직무를 가진 직분이었으며, 나중에 장로의 직무와도 구별되었다. 교인들은 교회가 회집할 때마다 사랑의 선물을 가져왔는데, 이는 자신을 교회의 주님께 먼저 드린

열매요 은혜에 참여하는 것이었다. 그리고 나면 집사들은 주님의 이름으로 필요한 자들에게 나누어주는 일을 하게 되었다.

제310문 구약시대에는 집사가 없었는가?[247]

1. 하나님은 구약시대에는 집사직을 주시지 않았지만 그 시대의 가난한 자들을 결코 잊지 않으셨고, 계명을 통해 집사직의 직무에 대한 동기를 제공하셨다(신 6:5, 10:19; 레 19:18, 34. 그 외 구약에 나타난 식사를 통해서 집사직의 동기를 찾을 수 있다-신 12:7-12; 16:1-17; 시 132:15).[248]

2. 구약시대에는 회중 전체가 가난한 자들에 대해 일차적인 책임을 가지게 하셨다. 넓은 뜻에서 구약에서 돌봄의 대상이 된 자들은 가난한 자 뿐 아니라 고아와 과부, 나그네와 이방인, 외국인, 레위인으로서 우선 가족이 이들을 돌보아야 했고 나아가 사회가, 그리고 왕과 국가가 함께 책임을 지도록 하셨다.

3. 그러나 구약시대와 달리, 교회와 국가가 더 이상 동일하지 않은 시대인 신약시대에 와서 예수 그리스도는 구약 백성에게는 없는 집사의 직분을 교회에 특권으로 주시어 가난한 자들을 봉사하게 하셨다.

제311문 교회역사에서 집사직이 어떻게 변질되었는가?

집사직은 본래 교회 안에 가난한 사람을 구제하기 위해 세워졌으나, 2세기에 이르러 교회 안에 교권 체제가 점점 자리를 잡으면서 집사 직분이 변질되었다. 즉 가르치는 일을 맡은 소수의 장로들이 감독이란 이름을 독점하고 특수한 자리를 차지하게 되고, 다른 장로들과 집사들은 이들에게 종속하게

---

247. 코넬리스 반 담, "구약에서 가르치는 집사의 직분", 김헌수 외, 『성경에서 가르치는 집사와 장로』, 39-82.
248. D. Koole and W.H.Velema rd., *Zichtbare liefde van Christus: Het diakonaat in de gemeente* (Kampen 1991), 11-17.

되었다. 결과적으로 감독은 구약시대의 대제사장의 위치에 비교되는 자리를 차지하게 되고, 장로들은 일반 제사장의 자리를 차지하게 되었으며, 집사들은 제사장들을 돕는 레위인으로 보여지게 되었다. 성찬 시 떡과 잔을 분배한다든지 성경을 봉독하고 예배 시의 광고, 교중의 정돈 등을 하였다. 처음에는 집사들이 구제사역을 도왔으나 시간이 흐르면서 이 봉사는 수도사들이나 하는 일이 되었다. 이와 같이 집사직은 구제라는 본래의 기능을 서서히 잃게 되었다. 또 교회의 재정은 구제가 아니라 다른 목적으로 사용되었고 교인들도 감사의 표가 아니라 속죄를 위하여 헌금을 하였다. 결과적으로 이런 변질된 전통을 가진 로마천주교회와 영국국교회 같은 곳에서는 현재도 집사가 구제하는 일을 하지 않고, 구약의 레위인들처럼 말씀과 성례의 봉사를 돕고 있다.[249]

제312문 집사직이 종교개혁을 통해서 어떻게 다시 회복되었는가?[250]

1. 종교개혁은 성경에 의한 직분의 개혁이기도 하였다. 그러나 루터는 교회에서 집사의 위치를 성경적인 바른 자리로 회복시키지 않았다. 루터파 교회는 구제의 사역을 시민 정부에 맡기게 되고 집사라는 이름을 큰 도시 교회의 주임목사를 돕는 부목사에게 사용하였다. 이는 영국국교회에서처럼 오늘도 영어로 집사를 가리키는 디컨(deacon)이라는 명칭은 주임목사를 돕는 목사를 언급한다.

2. 집사를 세워 구제의 사역을 맡긴 개혁자는 칼빈이었다. 당시 칼빈은 제네바교회에 두 종류의 집사를 도입하였다. 어떤 집사들은 물질적으로 가난한 사람들을 돌보고 다른 집사들은 병자들을 돌보았다. 그런데 차츰 가난한 자를 돕는 일만이 교회 집사의 사명으로 교회 안에 정착이 되고, 병자

---

249. 허순길, 『개혁교회의 목회와 생활』, 100.
250. 허순길, 『개혁교회의 목회와 생활』, 100.

를 돕는 일은 기독교 사립기관에 맡겨지게 되고 교회는 직접 혹은 간접으로 이를 돕게 되었다.

제313문 사회안전망과 사회복지가 날로 확대되는 오늘날에도 집사직이 교회에 반드시 필요한가?

하나님은 만약 우리가 율법을 지키면 그분의 백성 중에 가난한 자가 없을 것이라고 말씀하셨다(신 15:4). 그러나 마치 우리가 다 율법을 지켜 행하지 못하리라는 것을 염두에 두신 것처럼(참고, 신 15:9), 바로 이어서 우리 안에 가난한 자들이 항상 있을 것을 말씀하셨다(신 15:11). 예수님께서도 같은 말씀을 하셨다(요 12:8). 아무리 복지제도가 잘 되어 있더라도 사람의 죄와 연약, 불완전 때문에 도움을 필요로 하는 자들은 항상 우리 주위에 있다. 그래서 집사는 목사와 장로와 함께 항존직원이다.

제76조 (집사의 자격)

1. 35세 이상 65세 이하의 남자 세례교인으로 무흠하게 5년을 경과한 자
2. 좋은 명성과 진실한 믿음과 지혜와 분별력이 있는 자
3. 행위가 복음적이고 생활에 모범이 되는 자(딤전 3:8-13)
4. 본 교회에 등록한 후 2년 이상 경과된 자

제314문 집사가 되기 위해 갖추어야 할 연령 기준이 어떠한가?

35세 이상 65세 이하이다. 집사의 요건에 본래 나이 제한이 없었으나, 제36회 총회(1986년)에서 30세 이상 65세 이하로 규정하였고, 2011년 헌법 개정을 통해 지금의 연령으로 상향조정되었다. 교회에서 통용하는 연령계산은 만으로 하며 호적상의 생일을 기준으로 한다. 호적상의 생일이란 35세 이상은 만 35세 해의 생년월일부터이며, 65세 이하라는 말은 65세 되는 해의 생년월일부터 다음해의 생년월일 전날까지를 말한다. 예를 들면 국가에서 경

로우대 적용 즉 노령연금이나 지하철의 무임승차권 발부가 65세 되는 해의 1월 1일부터가 아니라 생년월일 그날부터 적용되는 것으로 생각하면 된다(헌법적 규칙 3장 제4조).

제315문 시벌을 받은 자가 장립집사가 되기 위해 얼마의 기간을 거쳐야 하는가?

1. 세례교인으로 무흠하게 5년을 경과한 자라고 하였으니, 시벌을 받았다고 할지라도 적법하게 해벌을 받은 지 5년을 지나면 된다(제38조를 참고하라). 단, 여기서 말하는 시벌은 정직 이상의 시벌을 가리킨다. 따라서 근신, 견책을 받은 자는 무흠 조항에 저촉되지 않는다.
2. 본래는 무흠 기간을 3년 이상으로 하였으나(제31회 총회, 1981년), 제42회 총회(1992년)에서 무흠 5년으로 상향되었다.

제316문 여자는 왜 집사(장립)가 될 수 없는가?

성경은 여성 집사를 허용하지 않는다. 사도시대의 교회에서 여집사가 피택되거나 장립되었다는 증거는 없다. 당시에 예수님과 사도들을 섬긴 여성들은 공적인 지위를 가진 자들이 아니었으며, 집사와 아내와 함께 가난한 사람을 돌본 자들이었다. 이는 남녀평등의 문제가 아니라 직무의 문제이다. 성경은 가정에서 남편이 머리가 되는 것처럼 하나님의 집에서도 남성이 머리가 된다는 것을 가르치고 있다. 여성이 장로가 될 수 없는 이유와 동일하다. 그러나 한국교회에서는 권사와 서리집사 제도를 통해서 여성의 역할과 기능을 충분히 활용하고 있다고 하겠다.

제317문 이혼한 경력이 있는 자는 집사가 될 수 없는가?

다음의 결의를 보라: '이혼한 경력자 임직 불가의 총회 결의는 조건 불문하고 모든 경우에 유효한 것인지에 대한 질의 건'은 교회 헌법 신앙고백 제24장 5조-"만약 결혼 후에 간음한 사실이 있을 때, 순결한 편이 상대편을 죽

은 것으로 간주하여 이혼소송을 하고, 이혼 후에 다른 사람과 결혼하는 것은 합법적이다" 라고 명시했으므로 합법적으로 이혼한 경우(배우자가 이단에 빠져 끝내 회개치 아니하고 돌아오지 아니한 경우)에는 임직이 가한 것으로 하다(제53회 총회, 2003년).

제318문 다른 교회에서 전입 온 자가 집사가 되려면 어떤 절차를 밟아야 하는가?

본 교회에 등록한 후 2년 이상 경과된 자가 되어야 한다. 또 이전 교회에서 무흠 3년을 지난 자가 되어야 한다(제38조 무흠의 규정을 보라).

제319문 불신 배우자를 둔 자가 집사가 될 수 있는가?

배우자가 불신자의 경우 장립집사는 디모데전서 3:8~17과 교회정치 제7장 제55조의 집사의 자격에 배치됨으로 불가하다(제48회 총회, 1998년).

제320문 집사는 왜 치리회의 회원이 될 수 없는가?

1. 스위스 제네바 교회는 원칙적으로 집사는 치리회의 회원이 될 수 없다고 하였다. 왜냐하면 치리회는 교인의 영적 문제를 다루는 반면 집사들은 물질의 문제를 가지고 교인을 봉사하는 직원이기 때문이다. 이 영향으로 이후 개혁주의 계열의 교회정치에서 집사는 당회와 노회의 회원이 될 수 없도록 규정하고 있다.

2. 그러나 벨직 신앙고백서(1561년) 30조는 당회에 집사를 포함하고 있고, 교회역사에서 집사가 치리회의 회원이 된 적이 있기도 한다. 네덜란드의 경우 16세기 후반 몇 개 노회에서 집사도 노회의 총대로 참여한 적이 있다(예, 1586년 6월 2일에 모인 북홀란드주 노회에서 장로 대신에 집사가 참여-할렘 시찰회에서). 또 네덜란드의 신학자이면서 교회정치학자인 푸치우스(G. Voetius, 1589-1676)는 직분자의 선출 및 목사 청빙 건과 관련해서는 집사와 함께 당회를 개최할 것을 주장하였다. 또 네덜란드 기독개혁교회 신학교 교수를 지낸

판 트 스페이커(van 't Spijker)는 다음과 같이 주장하였다: "집사를 당회에 포함하는 것은 성경과 신앙고백, 개혁가의 사상에 부합하는 것이며 고대 교회의 전통과 개혁주의 전통을 따르는 것이다."[251]

제77조 (집사의 직무)

제321문 집사의 직무가 무엇인가?

1. 당회의 지도를 받아 첫째, 교회의 봉사 둘째, 서무 셋째, 회계 넷째, 구제에 관한 사무를 담당한다.
2. 그러나 『웨스트민스터 교회정치』(1645년)는 오직 한 가지만 말하고 있다. 즉 가난한 자를 위한 구제이다. 다음을 보라:

> "성경은 집사를 교회에서 별개의 직분자로 제시한다. 직분은 항상 있어야 한다. 말씀을 설교하거나 성례를 집례하는 것은 이 직분의 소관이 아니요, 특별히 가난한 자들의 필요를 따라 나누어주고 돌보는 일에 마음 쓰는 것이 그들의 일이다."

3. 오늘날도 집사의 본래 직무를 강화하기 위하여 교구(지역)장로를 두듯이 교구(지역)집사를 두는 것을 검토할 수 있다. 봉사, 서무와 회계 등의 일은 굳이 (장립)집사가 아니어도 할 수 있다.

---

251. van 't Spijker, "Historisch overzicht, diakonie, diakonaat, diaken, diakones" In: D. Koole and W.H Velema co-ed., *Zichtbare liefde van Christus*, (Kampen: Kok, 1991), 93.

제322문 집사가 설교를 할 수 있는가? 스데반 집사는 설교를 했지 않는가? (교회정치 문답조례 122문답)

스데반은 집사로서 설교한 것이 아니었다. 집사가 세워진 것은 사도들이 기도와 말씀 전하는 것을 전무하게 하고 대신 식탁 봉사를 하기 위한 것이었다. 그래서 집사에게는 가르치는 자격이 요구되지 않았다. 스데반과 빌립은 집사의 직분과 전도인의 직분, 즉 두 가지 직분을 가진 것으로 보인다(행 6:5-10).

제78조 (집사의 선택)

제323문 집사를 선출하기 위하여 어떤 절차를 밟아야 하는가?
1. 집사의 선택은 당회의 결의로 공동의회에서 투표수 3분의 2 이상의 득표로 선출한다.
2. 당회가 후보를 추천하여 공동의회를 통하여 선출할 수 있다.

제324문 미조직교회에서 집사를 선출할 수 있는가? (제36조)

집사와 권사의 선택과 임직은 조직교회만이 할 수 있다. 단 특별한 사정에 의해 미조직교회에서도 집사 권사를 선택 임직코자 하면 협조당회원 2인(목사 1인, 장로 1인)을 노회에 정하여 선택 임직할 수 있다(제47회 총회, 1997년 개정).

제325문 명예집사를 세울 수 있는가? (제36조)

성경과 헌법정신에 의거 세울 수 없다.

제79조 (집사의 임직)

제326문 집사를 선출한 이후 임직까지의 과정이 어떠한가?

1. 당회의 지도로 6개월 이상 교육을 받는다.
2. 당회가 관장하는 고시에 합격한다.
3. 개체 교회에서 서약과 안수로 임직한다.

제327문 교회에서 집사회를 허용할 수 있는가?

1. 치리회의 감독 아래 허용할 수 있다. 그러나 소속기관 및 임의 단체가 치리회의 감독을 받지 않거나 정당한 지도를 거부할 때는 권고할 수 있고, 권고도 듣지 않으면 법적 조치와 해산을 명할 수 있다(제157조 소속회와 소속기관).
2. "헌법에는 집사회 조직이 명시되어 있지 않으나 필요할 때 임시로 허락할 수 있다"(대한예수교장로회(합동) 제50회 총회, 1965년).[252]
3. 그러나 교회정치 문답조례는 다음과 같이 적극적으로 집사회를 규정하고 있다:

> "집사는 개인적인 의무로 활동할 수 없고, 함께 모여 집사회를 조직해야 한다. 집사회는 회장과 서기와 회계를 택해 그들의 임무를 규모 있게 수행하며, 가난한 자를 찾고 병중에 있는 사람을 심방하고 낙심한 자를 어떻게 위로할 것인가를 결정한다. 집사회는 들어온 헌금과 사용한 헌금의 기록과 회계장부를 철저히 보관해야 하고 동의를 얻기 위해 당회에 적당한 때에 제출해야 한다."(교회정치 문답조례 132문답)

---

252. 최연식 편, 『총회주요결의와 교회회의』(서울: 대한예수교장로회총회, 2007) 363.

제328문 집사의 임직식 순서는 어떻게 이루어지는가? (제68조 장로의 임직을 참고하라)

제80조 (휴무집사)

제329문 호칭으로 집사를 구분하라.
1. 휴무집사: 시무집사가 시무를 쉬게 된 집사
2. 무임집사: 시무하는 본 교회를 떠나 다른 교회로 이거하고, 그 교회에서 취임 받지 않은 집사
3. 은퇴집사: 정년이나 혹은 특수한 사정으로 60세 이상이 되어서 퇴임한 집사

제330문 어떻게 하여 휴무집사가 되는가?
1. 시무 중에 있는 집사가 일신상의 형편으로 당회의 허락을 받아 자유로이 할 수 있다.
2. 당회의 결의로 권고 휴무하게 할 수 있다.

제331문 휴무집사가 다시 시무하고자 하면 어떻게 해야 하는가?
당회원 2/3 이상의 결의를 얻어야 한다.

제81조 (무임집사)/제82조 (은퇴집사)

제332문 다른 교회에서 집사로 시무하다가 본 교회에 와서 시무집사가 되려면 어떤 절차를 밟아야 하는가?
1. 본 교회에 등록한 후 2년 이상 경과해야 한다.
2. 당회의 결의가 있어야 한다.

3. 공동의회에서 투표수 2/3 이상의 득표를 얻는다.
4. 본 교회에서 취임을 한다(다시 안수는 하지 않는다).

제83조 (집사의 사직과 사임)

제333문 집사가 어떤 경우에 '자의로' 사임 혹은 사직할 수 있는가?
1. 범죄는 없을지라도 일신상의 형편이 있거나 노약하거나 교회에 덕을 세우지 못할 경우이다.
2. 이때 당회에 청원하여 허락을 받아야 한다.

제334문 집사가 범죄한 것이 없지만 '당사자의 의사와 상관없이 권고를 받아' 사임 혹은 사직될 수 있는가?
1. 교인 태반이 불신임할 경우: 공동의회에서 2/3의 찬성으로 할 수 있다.
2. 교인 태반의 불신임과 무관할 경우: 당회원 2/3 이상의 찬성으로 할 수 있다.

제335문 권고를 받아 사임한 집사가 다시 시무하려면 어떤 절차를 밟아야 하는가? (제80조)
　당회원 2/3 이상의 결의를 얻으면 된다.

제84조 (집사의 복직)

제336문 집사로서 사직된 자가 집사의 직을 회복하고자 할 때 어떤 절차를 밟아야 하는가?
1. 소속했던 당회에 당회원의 추천으로 복직청원서를 제출한다.
2. 당회는 그 사직 이유가 충분히 해소된 여부를 살핀 후, 당회의 결의를 거쳐, 공동의회에서 투표수 3분의 2 이상의 득표로 복직을 허락할 수 있다.

3. 집사의 복직이 허락되면 임직 때와 같은 서약을 하여야 한다.

제337문 권징조례 상의 시벌을 받은 집사가 집사의 직을 회복하고자 할 때 어떤 절차를 밟아야 하는가? (권징조례 제178조; 해벌절차에 대해서는 권징조례 제176조를 참고하라).

1. 정직만 당했을 경우는 해벌로써 직분까지 회복되어 시무할 수 있다(유기정직의 경우는 시벌기간이 만료되었다면 해벌절차 없이 자동 해벌이 된다).
2. 그러나 정직에 수찬정지까지 당했으면 당회의 해벌과 교인의 투표를 통해 시무할 수 있다.
3. 면직된 경우는 해벌되어 복직되어도 첫째, 교회에서 3년 이상이 경과되어야 하고 둘째, 합법적으로 다시 피선되어야 하며 셋째, 임직식을 행하여야 시무할 수 있다.

제85조 (권사의 자격)
1. 45세 이상 65세 이하의 여자 세례교인으로 무흠하게 5년을 경과한 자.
2. 행위가 복음에 적합하고 생활에 모범이 되는 자.
3. 좋은 명성과 건전한 판단력을 가진 자.
4. 본 교회에 등록한 후 2년 이상 경과된 자.

제338문 권사가 되기 위해 갖추어야 할 연령 기준은 어떠한가?

1. 45세 이상 65세 이하의 여성이다.
2. '45세 이상'이라는 기준은 제39회 총회(1989년) 시에 이전의 '50세 이상'에서 하향조정된 것이다. 장로와 집사의 연령기준은 조금씩 상향된 것과는 대조를 이룬다. 심지어 '40세 이상'으로 더욱 하향하자는 안건이 제49회 총회(1999년), 제53회 총회(2003년)에서 상정된 적도 있다.
3. 교회에서 통용하는 연령계산은 만으로 하며 호적상의 생일을 기준으로

한다. 호적상의 생일이란 45세 이상은 만 45세 해의 생년월일부터이며, 65세 이하라는 말은 65세 되는 해의 생년월일부터 다음해의 생년월일 전날까지를 말한다. 예를 들면 국가에서 경로우대 적용 즉 노령연금이나 지하철의 무임승차권 발부가 65세 되는 해의 1월 1일 부터가 아니라 생년월일 그날부터 적용되는 것으로 생각하면 된다(헌법적 규칙 3장 제4조).

제339문 권사가 되기 위해 그 외에 필요한 자격에는 어떤 것이 있는가?

1. 세례교인으로 무흠하게 5년을 경과한 자. 집사의 경우와 같다(제76조 집사의 자격을 참고하라).
2. 본 교회에 등록한 후 2년 이상 경과된 자.
3. 준항존직원이므로 배우자가 불신자일 경우에는 당회의 재량에 맡긴다(제48회 총회, 1998년).

제86조 (권사의 직무)

제340문 권사의 직무는 무엇인가?

1. 당회의 지도 아래 교인을 심방하는 일이다. 권사의 주요 일은 심방이라 할 수 있다. 그러나 이 일은 당회의 지도 아래 해야 한다. 신령한 일을 감독하고 심방하며 교인을 권면하고 교훈하는 것은 본래 장로의 일이기 때문이다. 따라서 권사는 심방할 권리가 있다 하여 당회의 지도를 받지 않고 '게으름을 익혀 집집으로 돌아다니고 게으를 뿐 아니라 쓸데없는 말을 하며 일을 만들며 마땅히 아니할 말'(딤전 5:13)을 삼가야 한다.
2. 특히 병자와 궁핍한 자, 환난 당한 자를 돌아본다. 또 시험 중에 있는 자와 연약한 자를 위로하고 격려한다. 이 일은 본래 권사제도가 도입되기 전 여성 집사에게 주어진 임무였다(조선예수교장로회 총회 1922년 교회정치 13:5 여집사).
3. 다시 말하면 권사에게 주어진 직무는 교회역사에서 사실상 집사의 직무

이다.[253] 즉 집사는 가난한 자를 구제할 뿐 아니라, 병자와 궁핍한 자, 환난 당한 자를 돌아보며 시험 중에 있는 자와 연약한 자를 위로하고 격려하는 일을 해야 했다. 때로는 집사의 아내들이 남편을 도와서 이 일을 조력하기도 하였다(딤전 3:11의 '여자들'은 집사의 아내들을 가리킨다). 또 예수님 당시와 초대교회에 갈릴리의 많은 여성들이 물질로 사도들을 섬긴 것처럼 비록 공적인 직원은 아니지만 집사의 아내와 함께 조력하는 여성들이 많았다.

4. 이런 맥락에서 미국 남장로회는 조례에서, '만약 필요하다면 교회 당회가 경건한 여인들을 지명하여 병중에 있는 자나 죄수들, 가난한 과부나 고아나 일반적으로 낙심해 있는 자들을 돌보게 할 수 있다'고 하였다(교회정치문답조례 124문답).

5. 따라서 한국교회에서 교회직원으로서 권사의 직무는 여성이 상당수를 차지하고 있는 한국교회의 현실에서 본래 장로의 직무와 집사의 직무를 부분적으로 취합한 것이라 할 수 있다.

6. 이외에도 권사의 직무는 교회의 덕을 세우기 위하여 힘을 쓰는 것이다. '교회의 덕을 세우는 것'은(오이코도메오, 고전 14:4) 자기의 덕을 세우는 것과 대조되는 것으로, 교회라는 하나님의 '집'(오이코스)을 세워가는 것을 뜻한다.

제87조 (권사의 선택) * 제78조 집사의 선택을 참고하라

제341문 명예 권사를 세울 수 있는가? (제36조)

성경과 헌법정신에 의거 세울 수 없다.

---

253. de Gier, *De Dordtse Kerkorde*, 142.

제342문 감리교회의 권사로 봉사하던 자가 남성의 경우에는 집사로 여성의 경우에는 권사로 취임할 수 있는가?

할 수 없다(제64회 총회, 2014년). 비록 감리교회에서 권사의 직분을 받았다 하나 이는 고신교회의 장로회정치 및 직제와 다를 뿐 아니라 고신교회의 교리표준(웨스트민스터 신앙고백서, 대교리문답, 소교리문답)를 가지고 서약하여 임직 받은 자가 아니기에 집사 및 권사와 동일한 직분으로 받을 수 없다. 따라서 헌법에서 정하는 집사와 권사의 자격을 갖추어야 한다.

제88조 (권사의 임직, 휴무, 사직 및 복직)

1. 권사의 임직은 안수 없이 임직하는 것 외에 집사의 임직 절차, 순서와 동일하다(제79조).
2. 권사의 휴무, 사직 및 복직에 관한 절차, 무임권사와 은퇴권사에 대한 규정은 집사의 관계조항에 준한다(제80-84조를 참고하라).

제8장 준직원과 임시직원

(준직원은 제33조를, 임시직원은 제34조를 각각 참고)
1. 준직원: 강도사, 목사후보생
2. 임시직원: 전도사, 서리집사

제89조 (준직원의 자격)

제343문 강도사는 어떤 자인가?
1. 총회에서 실시한 강도사 자격 심사를 받아 설교할 자격을 취득한 자
2. 노회의 지도를 따라 사역하는 자
3. 교회 치리권은 없는 자. 성례, 축도를 할 수 없다.

제344문 강도사가 목사 임직을 받기 위해 목사고시를 청원하기까지 얼마의 수련봉사기간을 거쳐야 하는가?
1. 원칙: 강도사 자격 취득 후 2년의 수련봉사를 거친다. 즉 담임교역자, 부교역자, 각 기관 간사, 사회복지 시설 등에서 교역자로서. 모두 2년으로 통일하였다. 이전에는 부교역자가 3년인 반면, 농촌 미자립 교회나 미조직교회, 개척교회의 경우는 1년이었다.
2. 예외: 그러나 수련기간에 예외인 자들이 있다. 군종장교후보생과 세계선교위원회에서 추천받은 선교사후보생은 신학대학원 졸업 후에, 또 외국에 소재하고 있는 인정된 학교의 입학허락을 받은 자로서, 신학대학원 교수회의 추천을 받은 자는 신학대학원 졸업 후에 강도사 인허 취득 없이 곧장 목사고시를 청원할 수 있다.

제345문 목사후보생이 되기 위해 갖추어야 할 자격은 어떤 것인가?

1. 남자 세례교인으로 무흠하게 5년을 경과한 자
2. 모범적인 신앙과 목사 됨에 합당한 자질이 있는 자
3. 목사직을 희망하여 노회 허락을 받고 그 지도대로 신학대학원에서 교육을 받는 자
4. 그래서 목사후보생은 전도사와 같은 자격자로 인정한다.

제346문 교단 직영 신학교인 고려신학대학원에 입학을 먼저 하고 차후에 노회 허락을 받을 수 있는가?

그럴 수 없다(제50회 총회, 2000년). 목사직을 희망하여 목사 후보생이 되려는 자는 먼저 출석하는 교회가 소속한 노회에서 일정한 심사를 통해 허락을 받아야 한다. 이후에 고려신학대학원에 입학시험을 치를 수 있다. 목사직을 희망하는 자에 대해 노회가 심사를 하고 허락하는 것은 그 사람을 목사직으로 부르시는 하나님의 소명을 확인하는 절차로 이해할 수 있다. 심지어 출석하는 교회의 당회와 공동의회에서 그 부르심을 확인할 수 있으면 더할 나위 없이 바람직한 것이라 할 수 있다.

제90조 (준직원의 직무)

제347문 강도사나 목사후보생이 제직회의 회원이 될 수 있는가?

1. 있다. 그러나 당회의 허락이 있어야 한다.
2. 미조직교회에서는 당회장의 허락으로 제직회 임시회장이 될 수 있다.

제348문 노회가 어떻게 강도사와 목사후보생을 관리하는가?

1. 준직원은 개인으로는 당회에 속하나, 직무상으로는 노회에 속하기 때문에 (제89조) 노회의 관리를 받는다. 이들의 관리 책임은 전적으로 노회에 있지,

당회나 신학대학원에 있지 않다. 비록 일부의 책임은 있다고 할지라도.
2. 따라서 노회는 목사후보생의 경우 신학대학원에 위탁교육을 하였다고 해서 후보생의 관리를 소홀히 할 수 없다. 신학대학원에 위탁교육을 맡길 때에도 신중하게 일정한 심사를 통해 입학 허락을 해야 하며, 이후에도 수시로 이들의 자격 전반을 항상 감독해야 한다. 1년 1차례 노회에 참관하는 일 뿐 아니라, 노회의 해당부서에서는 정기적으로 이들을 면접하여 이들의 목회적 소명을 검증할 수 있어야 한다.
3. 따라서 신덕이 불량하거나 노회 지도에 순응하지 아니하면 노회는 그 인허와 승인을 취소할 수 있다.

제349문 강도사나 목사후보생의 권징조례 상의 시벌은 어느 치리회에서 하는가?

교회정치 제90조 2항은 이들의 관리에 대해 잘 규정하고 있다. 노회는 이들의 신덕이 불량하거나 노회 지도에 순응하지 아니하면 그 인허와 승인을 취소할 수 있다. 따라서 이들의 시벌은 노회에서 관장한다.

제350문 왜 목사후보생에게 철저한 교육이 필요한가?(교회정치 문답조례 568문답)

철저한 교육이 필수적인 이유는 목사의 거룩한 사역을 무력하고 무지한 사람에게 맡기는 것이 대단히 수치스러운 일이며, 교회에도 위험하기 때문이다.

제351문 목사후보생이 설교할 수 있는가?[254]

이는 확실하게 강도사를 인허하는 목적에 모순되는 것이며 교회에 위험

---

254. 교회정치 문답조례 577.

한 일이다. 가르치고 설교하는 사람은 반드시 교회 치리회의 관리 감독을 받아야 한다. 총회는 강도사 인허를 받지 않는 사람은 설교하지 못하도록 규정하였다. 그러나 목사후보생은 담임목사가 노회의 지도를 받아 주일학교에서, 혹은 방학 때에 기도회나 예배 때에 그들의 은사를 시험하기 위해 설교를 할 수 있다.

제91조 (준직원 및 전도사의 이동)

제352문 강도사, 목사후보생, 전도사가 시무지를 이동할 때 어떤 절차가 있어야 하는가?

1. 직무상 노회에 속하므로 소속 노회의 허락을 받는다.
2. 이명 증명서와 이력서를 이거하는 노회에 제출하여 허락을 받는다.
3. 당회장의 허락으로 임시 시무이동을 하였을 경우에는 6개월 이내로 노회에 이명 수속을 한다.
4. 개인으로는 그 당회에 속하므로 가족과 함께 교인 이명증서를 시무교회에 제출한다.

제353문 준직원의 인사(이동)와 관련하여 노회에서 어느 상비부가 관장하는 것이 옳은가?

목사의 경우는 임사부가 관장하나 준직원의 경우는 행정부가 맡는 것이 옳다(제61회 총회, 2011년).

제354문 시무하는 개체 교회를 사면한 강도사 및 목사후보생의 신분 및 소속은 어떻게 되는가?

개체 교회에서 사면하더라도 해당 노회에서 지도관리를 받아야 한다(제56회 총회, 2006년).

제92조 (전도사의 자격) / 제93조 (전도사의 의무)

제355문 전도사는 어떤 자를 가리키는가?
1. 25세 이상 65세 이하의 무흠 입교인으로 5년을 경과한 자
2. 노회의 전도사 고시에 합격한 자

제356문 강도사와 전도사의 시무정년(은퇴)은 몇 세인가?

원칙적으로는 교회정치 제32조 1항("교회 직원의 시무정년은 70세까지로 하되 정년 되는 해 연말까지로 한다.")에 있는 대로 항존직원처럼 이들의 시무정년도 만 70세이며, 정년 되는 해 연말까지이다. 전도사를 흔히 임시직원이라 하여 특히 서리집사처럼 임기를 1년으로 이해하는 경우가 있는데 이는 잘못되었다. 그런데 강도사의 경우 강도사 인허를 받고 목사로 임직하지 못하고(혹은 임직하지 않고서) 강도사로 정년까지 시무하는 것에 대해서는 해당 노회가 잘 살펴서 지도할 필요가 있다.

제357문 전도사의 의무가 무엇인가?

당회나 목사가 관리하는 개체 교회의 직무를 돕는 것이다.

제94조 (서리집사의 선택)

제358문 서리집사를 어떻게 선임할 수 있는가?
1. 개체 교회의 형편에 따라 당회나 목사가 선임한다. 당회가 없는 미조직교회에서는 목사가 선임할 수 있다.
2. 무흠 세례교인으로 2년을 경과한 자(제95조)
3. 25세 이상 70세까지의 자로 신앙과 덕행에 본이 되는 자(제95조). 본래 "70세 미만의 자"라고 하였으나 제66회 총회의 결정으로 노회 수의를 거쳐

"70세까지의 자로" 2017년 7월 10일에 개정 공포되었다.

4. 임기는 1년이다. 그러나 연임할 수 있다.
5. 이들이 맡는 직무는 집사가 하는 일로서, 즉 당회의 지도를 받아 첫째, 교회의 봉사 둘째, 서무 셋째, 회계 넷째, 구제에 관한 사무를 담당한다(제77조 참고).

제359문 농어촌 미자립교회의 경우 서리집사의 연령 제한에 예외를 둘 수 있는가?

그렇게 할 수 없다(제64회 총회, 2014년). 농어촌 미자립교회에서는 고령의 교인이 다수를 차지하다 보니 만 70세가 넘어도 서리집사로 봉사할 수 있도록 예외를 두자는 제안이 있었지만 총회는 이를 허락하지 않았다.

제95조 (교회 임시직원의 자격)

제360문 무임집사와 무임권사에게 교회의 일을 맡길 수 있는가?

공동의회에서 선택되어 취임까지 당회의 결의로 서리집사의 직무를 줄 수 있다.

제361문 권찰은 어떠한 자인가?

1. 권찰은 본래 교회의 직원이 아니다. 구역을 돌보는 임무를 받은 보직이라고 할 수 있다.
2. 임기는 1년이며 집사 중에서 겸무하게 할 수 있다.

제9장 교회 치리회

제96조 (치리회의 의의) / 제97조 (치리회의 구분) / 제99조 (치리회의 권한)

제362문 치리와 치리회의 뜻이 무엇인가?

1. '치리'(治理)라는 말은 '다스리는 행위'를 가리킨다. 그렇다면 누가 누구를 다스린다는 말인가? '치리'-이는 교회와 그리스도의 관계를 가리키는 중요한 용어로서, 교회를 최종적으로 다스리는 분은 교회의 머리요 왕이신 예수 그리스도밖에 없다는 교회의 중요한 신앙고백이다. 그래서 성도와 교회는 예수 그리스도의 치리 혹은 정치가 미치는 곳이며, 이를 통해 진정한 하나님나라가 세워진다. 하나님나라는 성도와 교회를 통해 예수 그리스도의 통치가 나타날 때 이 땅에 임한다. 왜냐하면 하나님나라 사상에서 중요한 요소는 치리(통치)이기 때문이다. 다음의 고백을 보라. 즉 교회에서 예수님의 치리가 누구의 손에 주어졌다고 고백하는가를:

> "주 예수님께서는 자기 교회의 임금이시오 머리로서 국가공직자와는 구별하여 교회 직원들의 손에 '치리'를 맡기셨다"(웨스트민스터 신앙고백서 30:1).

2. 그런데 이러한 그리스도의 치리는 한 사람이 아니라, 회(會)에 속해 있다. 또 목사들의 회가 아니라, 가르치는 장로(목사)와 다스리는 장로들의 회인 치리회에 있다. 이것이 장로회 정치의 핵심이다(장로+회). 다음의 고백을 보라:

"보다 나은 치리와 교회를 더 잘 세우기 위하여 일반적으로 대회 또는 공회의라고 불리는 회의가 있어야 한다. 개체 교회의 감독자와 다른 직분자들은 파괴가 아니라 교회를 세우도록 그리스도께서 그들에게 주신 그들의 직무와 권세에 의해 이런 회의를 소집하고, 교회의 유익을 위하여 마땅하다고 판단될 때마다 회의에 참석하여야 한다."(웨스트민스터 신앙고백서 31:1)

제363문 그렇다면 치리회는 어떤 회의로 구성되는가?

1. 당회, 노회, 총회가 있는데 이는 정규의 단계를 따른 회의이다.
2. 시찰회와 제직회, 공동의회는 정규의 단계에 의한 치리회가 아니다.

제364문 각 치리회는 고유한 특권과 권한을 각각 가지고 있는가? (참고. 제100조)

1. 그렇다. 각 치리회는 각 사건을 적법하게 처리하기 위하여 고유한 관할 범위와 특권을 가지고 있다. 따라서 각 치리회가 고유 관할 범위와 고유 특권을 넘어설 경우 교회역사에서 흔히 볼 수 있는 부당한 교권이 형성된다. 이 점에서 각 치리회는 서로에 대해 동등한 권세를 가지고 있으며, 또 치리회 사이의 관계를 소회 대회라 부를 수 있다.[255] 각 치리회의 고유한 관할 범위와 특권은 다음과 같이 대체적으로 정리할 수 있다:

* 당회의 고유한 특권: 교인에 대한 치리(항소와 상고 시 노회와 총회는 간접 치리권)
* 노회의 고유한 특권: 목사에 대한 치리(상고 시 총회가 간접 치리권)
* 총회의 고유한 특권: 헌법을 제정 해석하는 전권, 노회 설립 합병 폐지 전권.

---

255. 박형룡,『교의신학』(교회론) 1:3:7:2-3)

2. 각 치리회가 고유한 범위와 특권이 있다고 할지라도 교회의 성결과 화평을 위하여 순차대로 정규의 단계를 따라 상회에 상소할 수 있다(제97조). 또 순차대로 상급 치리회의 지도감독을 받는다(제100조). 이 점에서 치리회는 서로에 대해 상회, 하회의 관계를 가진다.

제365문 치리회가 가진 권한에는 어떤 것이 있는가?

1. 각 치리회는 교회의 질서와 성결과 평화를 유지하기 위하여 헌법과 교회 규례에 따라 행정과 권징을 관장할 수 있는 권한이 있다.
2. 필요한 때는 헌법에 근거하여 자체의 규칙을 제정할 수 있다. 그러나 양심을 속박하는 규칙은 제정할 수 없다.

따라서 교회가 항상 경계해야 할 것은 '교회정치는 모든 종류의 법전 중에서 가장 작은 규모를 가져야 하며 교회 규정의 요약이 되어야 한다. 규정을 위한 규정, 계명을 위한 계명이 되어서는 안 된다. 신자의 자유가 중요하다.'[256] 교회법과 신자의 자유에 대해서는 칼빈의 기독교강요 4권 10장을 참조하라.[257] 경건한 규칙을 많이 만들어 교회에 강제로 임의적인 멍에를 부과하여 거짓 종교를 심었던 유대교, 중세교회, 천주교를 경계해야 한다.

3. 칼빈은 치리회의 권한에 대해 기독교강요 제4권에서 세 가지를 언급하는데 첫째는 신조에 대한 권세 둘째, 법 제정의 권세 셋째, 재판의 권세를 말하였다(8-12장).

스코틀랜드 제2권징서(1578년)는 1장에서 교회에서 시행되는 두 종류의

---

256. W. van 't Spijker, "Het juk van Christus" (De Wekker 41, 641: 22Aug 2003).
257. 칼빈은 당시 로마교 교회법의 무용성과 어리석음을 지적하면서 이런 것들을 제정해놓고 순종을 강요한 것과 또 그 법령의 수효가 너무 많아서 경건한 양심들이 이로 인하여 억눌림을 당하며 또 그림자들을 집착하는 나머지 그리스도께 이를 수 없도록 만들어 일종의 유대교에 빠지게 하였다고 비판하였다.

권세를 말하였는데 주께서 주신 권세(마 16/18장)는 영적 정부인 교회의 직분자를 통해서 시행된다. 이 권세는 다양하게 시행되는데, 주로 교사를 통하여 시행되기도 하고 또 재판의 형태로 직분자의 회에서 시행되기도 한다. 전자를 가리켜서 질서의 권세(potestas ordinis)라고 부르고, 후자를 가리켜서 재판의 권세(potestas jurisdictionis)라고 부른다고 하였다.

제366문 치리회가 가진 권한의 성격은 어떤 것이라 말할 수 있는가?

1. 국법상 시벌하는 권한은 없고 도덕과 영적 사건에 대하여 교인으로 교회의 법을 순종하게 할 권한을 가지고 있다.
2. 왜냐하면 이 세상 나라와 그리스도의 나라는 서로 다른 차원에 속하기 때문이다(요 18:36). 교회는 세상 정권의 세력을 가지면 안 되고 정권을 의탁하여 교인을 벌할 수 없다(눅 12:13-14). 교회의 치리는 도덕적이고 영적이어서 그리스도의 신령한 법에 순종케 할 권리를 가질 뿐이다.

제367문 치리회가 내리는 결정의 권한은 최종적으로 어디에 있다고 할 수 있는가?

1. 교회의 왕이요 머리이신 그리스도께서 교회직원들의 손에 정치와 천국의 열쇠를 주셨고, 그래서 각 치리회는 하나님께서 주신 이 권한(권세)을 가지고 있다. 그러나 최종의 권한은 성경과 하나님이시다. 우리 교회가 채택한 8대 '교회정치 원리' 중 제7원리가 이를 잘 고백하고 있다:

> "치리권(church power)은 전 교회로서나 그 선정된 대표자로 행사함을 불문하고, 하나님의 명령을 따라 전달하는 것뿐이다. 곧 성경은 신앙과 행위에 대한 유일한 법칙이므로 어느 교회의 치리회이든지 회원의 양심을 속박할 규칙을 자의로 제정할 권리가 없고, 오직 하나님의 계시하신 뜻에 근거한다."(교회정치 원리 제7조)

"각 치리회는……양심을 속박하는 규칙을 제정할 수 없다."(1992년 교회정치 10:77:1)

2. 따라서 치리회가 성경에 상치하는 결정을 내렸을 경우(교회의 질서와 행정에 대하여) 성경의 교훈대로 교회의 성결과 화평을 위하여 순차대로 상회에 상소할 수 있다(제97조). 그러므로 각 치리회는 성경과 교회법에 맞게 결정을 내려야 할 것이다.
3. 이런 이유 때문에 각 치리회는 성경봉독과 기도로 시작하고 마친다. 치리회의 최종의 권한이 주께 있음을 고백하기 위하여.
 - 1922년 조선예수교장로회 교회정치 10:10, 노회 개회 및 폐회 규칙(그러나 1930년부터 이 조항이 삭제):

"노회는 매 회집 시에 편의대로 강도(講道)하난 것이 가하고, 기도로 개회하고 폐회할 것이니라"
 - 1922년 조선예수교장로회 교회정치 12:8, 총회의 의식(149조에 그대로 계승)

"총회는 마땅히 기도로써 개회하고 폐회하나니…"
 -『돌트 교회정치』(1619년) 29조: "모든 치리회의 개회 폐회 시는 기도와 감사로 주의 이름이 불려야 한다."

제368문 치리회의 결정은 항상 구속력이 있는가?

1. 성경과 일치하는 치리회의 결정은 구속력이 있으며 여기에 순종해야 한다. 그러나 그것이 성경에 일치하기 때문만이 아니라, 그것들을 만드신 권세 때문에 존경과 복종으로 받아들여야 한다(웨스트민스터 신앙고백서 31:2). 치리회의 결정에 순종하는 것은 법과 형식 이상의, 사랑으로 역사하는 믿음의 문제이다.

2. 성경과 상치될 경우 순차를 따라 상회에 상소할 수 있다.

제369문 치리회의 결정은 항상 옳으며, 그래서 무조건 순종해야 하는가? 신자가 치리회의 결정에 대해 어떤 자세를 가지는 것이 합당한가?

1. 다음의 고백을 보라:

"모든 대회나 공의회는 사도시대 이후부터 총회이든 지방회이든 간에 오류를 범할 수 있었고 많은 회의들이 실로 오류를 범하였다. 그러므로 회의를 믿음과 생활의 법칙으로 삼지 말고, 믿음과 생활의 보조수단으로 사용하여야 한다."(웨스트민스터 신앙고백서 31:3)

2. 따라서 개인의 신앙생활에 유익을 주는 치리회가 되어야 한다(살전 5:12-13).
3. 개인의 신앙생활에 해독을 끼치는 치리회가 항상 있었다는 것을 잊지 말라(마 26:59; 마 10:17; 행 4:15; 6:15). 타락한 치리회는 죄인을 벌하거나 진리를 매장한다. 이런 치리회는 교회사에서 많이 있었다. 따라서 노회나 총회를 가리켜서 성(聖) 노회, 성(聖) 총회라고 부르는 것은 고려해야 한다. 그러나 로마 천주교회는 그들의 교회관을 따라서 그렇게 한다.
4. 그러므로 신자는 치리회에 대하여 맹종할 것이 아니라 비판적으로 순종해야 한다.[258]

제370문 총회의 결정이 성경에 위배되며 교단 헌법에 위배되며 헌법적 규칙에 위배되었을 때 어떻게 해야 하는가?

총회는 이에 대해 "총회는 성경과 헌법과 헌법적 규칙에 위배되는 결정을 가결할 수 없다."고 원칙적인 입장을 밝힌 바 있다(제47회 총회, 1997년).

---

258. 박윤선,『헌법주석』, 127-129.

제371문 치리회가 어떤 성경적인 근거에 의해 그러한 권한을 가지고 있는가?

1. 이러한 권세를 '천국의 열쇠'라고 불리는데, 이를 통해 천국이 열리기도 하고 닫히기도 하기 때문이다. 사도행전 15장에서 볼 수 있는 예루살렘 총회가 이러한 권세를 가지고 모인 치리회였다.[259]
2. 다음 성경은 이에 대한 중요한 참고 성구이다: 마태복음 18:16-18; 고린도전서 14:29-33; 사도행전 15장.
3. 웨스트민스터 총회(1643-1649)에서 중요한 이슈 중 하나는 교회정치의 형태 및 치리회가 가진 신적 권위에 대한 것이었다.[260] 이와 관련하여 웨스트민스터 신앙고백서 30-31장을 보라.

제372문 이러한 교회의 권한, 혹은 치리회의 권한에 대해 조직신학 교회론이 어떻게 다루고 있는가?

고려신학대학원 유해무 교수의 '개혁교의학'은 교회론에서 '교회의 열쇠'라는 제목으로 다루고 있고, 루이스 벌코프의 '조직신학'은 교회론에서 '교회의 권세'라는 주제로 다루고 있다.

---

259. M. Bouwman, Voetius over het gezag der synoden(Vrije Universiteit Dissertatie) (Amsterdam: SJ.P. Pakker, 1937), pp.113-158. 이에 대해 회중주의자들의 반론을 보라: 첫째, 특히 사도행전 15장의 경우 여기 회합은 노회의 성격을 가지고 있지 않다. 노회는 두 교회 이상이 모여야 하는데 오직 한 교회 즉 예루살렘 교회의 회중들만 모였기 때문이다. 둘째, 노회의 형식을 취하고 있지 않다. 즉 안디옥 교회의 대표가 왔지만 이들이 교회의 직분자라는 것을 증명할 수 없으며, 더구나 예루살렘 교회는 장로와 사도들과 또 회중들이 참여하였다. 셋째, 이 회합은 사도들의 회합이지 평범한 노회가 아니었다. 넷째, 사도들의 회합이기에 이 회합은 유일무이한 성격을 가지고 있다.
260. 이에 대하여는 J.R. De Witt, JUS DIVINUM: The Westminster Assembly and the Divine Right of Church Government (Kampen: Kok, 1969)를 보라.

제373문 장로교회와 달리 다른 교파는 치리회의 권위에 대해 어떤 입장을 취하고 있는가?

1. 장로교회는 치리회의 결정을 '조언'(advice) 이상으로 구속력을 가진다고 믿지만, 회중교회는 노회와 총회의 결정이 개체 교회에 주는 조언에 불과하다고 생각한다.
2. 그러나 이 권위는 각 지역교회들의 희생을 강탈하면서 파괴하는 권위가 아니라, 도리어 각 지역교회들을 '세우는 권위'이다(고후 10:8; 13:10).

제374문 치리회가 궁극적으로 지향하는 목표는 무엇인가?

성경의 교훈대로 교회의 성결과 화평을 도모하는 것이다. 이것이 치리회가 궁극적으로 지향하는 목표이다. 교회의 성결과 화평은 예수 그리스도께서 십자가에서 자기의 피를 흘리신 열매이며, 복음의 핵심이다. 따라서 교회의 모든 질서와 행정과 권징과 정치는 그 자체가 목표가 아니라, 교회의 성결과 화평을 위한 도구이다.

제375문 왜 집사는 치리회의 회원이 될 수 없는가?

치리회의 회원은 목사와 장로로 조직한다. 집사가 될 수 없는 것은 목사와 장로보다 열등해서가 아니라 직무의 성격이 다르기 때문이다. 즉 목사와 장로는 교인의 신령한 일을 총찰하지만, 집사는 물질을 가지고 교인을 봉사하기 때문이다. 그러나 목사 장로 집사 직분의 본질은 모두 섬김이며, 함께 교회의 성결과 화평을 이루는 점에서 서로 동등하다고 할 수 있다.

제376문 치리회가 다룰 수 있는 사안은 어떤 것인가?[261]

1. 교회적 사안만을 다루어야 한다. 비상시국에 겸허한 청원이나 국가 공직

---

261. 웨스트민스터 신앙고백서 31:2, 4.

자의 요청을 받아 양심상 행하는 조언 외에는 국가와 연관된 시민적 사안에 개입하지 말아야 한다.
2. 대회와 공회의의 직무는 다음과 같다. 즉 믿음에 관한 논쟁을 판단하며, 하나님께 드리는 공예배와 교회의 치리를 더 잘 정비하는 데에 필요한 법칙과 지침을 제정하고, 행정오류에 대한 불평들을 접수하여 권위 있게 재판한다.

제98조 (치리회의 회집)

제377문 치리회는 얼마나 자주 회집해야 하는가?

당회는 매년 1회 이상, 노회는 매년 2회 이상, 총회는 1년에 1차 회집한다. 그러나 당회와 노회는 필요가 있으면 적법한 절차를 따라서 얼마든지 회집할 수 있다. 당회의 회집에 대해서는 제115조를, 노회의 회집에 대해서는 제128조를 각각 참고하라.

제100조 (치리회 결정의 성격)

제378문 각 치리회가 내리는 결정은 어떤 의미를 가지고 있는가?

1. 각 치리회는 독립된 개체가 아니므로 어느 회에서든지 법대로 결정된 사안은 '총회 산하 교회가 준거할 수 있는 결정'이 된다(행 9:31; 고전 12:26 참고).[262]
2. 왜냐하면 우리는 하나의 거룩한 공교회를 고백하기 때문이다. 이 말은 같은 성격의 사안에 대해 어느 개체 교회의 당회의 결정이나, 어느 노회의 결정이나 총회의 결정이 같아야 한다는 뜻이다. 따라서 어느 치리회이든

---

262. 2011년 개정 이전 판에서는 '전국교회의 결정이 된다'고 하였다.

지 이런 고백을 가지고 신중하게 결정해야 할 것이다.

제101조 (치리회 결의의 방법)

제379문 치리회의 결의는 어떻게 하는가?
1. 치리회의 결의는 헌법에 명시된 사항이 아닌 한 다수결로 한다. 예를 들어서 원로장로 추대의 경우 헌법에 명시된 것이 없기에 다수결로 한다.
2. 치리회의 결의가 가부동수인 경우에는 부결된 것으로 본다.

제380문 치리회가 아닌 제직회와 공동의회의 결의는 어떻게 하는가?

치리회의 결의 방법에 준하는 것이 옳다. 그래서 공동의회에서 원로장로 및 원로목사를 추대할 경우 명시된 것이 없으므로 다수결로 하는 것이 맞다. 참고로 공동의회에서 목사청빙투표의 경우 참석 수의 2/3의 찬성이, 기타 직원의 선출 경우에는 투표수 2/3 이상의 찬성, 교회 기본재산의 취득 및 매매의 경우 역시 투표수 2/3 이상의 찬성으로 결의할 수 있다.

제102조 (치리회의 회장) / 제103조 (치리회 회장의 권한)

제381문 치리회에서 회장을 선정하는 목적이 무엇인가?
1. 사무를 질서 있고 신속하게 처리하기 위해서이다.
2. 이를 위해서 회장 자신은 가능하면 발언을 적게 해야 한다. 회원들이 침묵하지 않고 발언할 수 있도록 유도할 뿐 아니라 발언자들이 순서대로 말할 수 있도록 해야 한다.
3. 따라서 회장은 이러한 일을 가장 적합하게 할 수 있는 자가 되도록 윤번제가 아니라 선출을 해야 한다.

제382문 치리회의 회장은 왜 목사가 되어야 하는가?

개신교회는 종교개혁 직후부터 목사가 치리회의 회장이 되었다. 목사에게 회장직을 맡겨서 목사 중에서 선출하도록 하였다. 장로를 회장에서 배제한 것은 교권주의 때문이 아니라, 목사가 치리회를 인도하는데 보다 더 적합하다고 판단하였기 때문이다. 다만 동일한 목사가 연임을 하지 못하도록 하였고, 이로써 모든 목사의 동등을 유지하여 교권주의의 원리가 뿌리부터 자리를 잡지 못하도록 하였다.[263]

제383문 치리회 회장은 어떤 권한을 가지는가?

1. 그 회의 규칙에 따라 회의를 소집하여 개회와 폐회 주관
2. 회무의 질서를 유지하며, 의안을 처리하기 위한 일체의 권한 보유
3. 규칙 준수 및 질서유지를 위한 제반조치
4. 회원 상호간의 언권 침해행위 방지
5. 회원 상호간의 모욕 또는 풍자적인 언행금지조치
6. 안건 심의의 숙의와 신속한 처리
7. 회의 중 이석(離席)의 제지
8. 안건 설명과 결정 공포
9. 비상정회 선포

제104조 (치리회의 서기)/제105조 (서기의 의무와 임무)

제384문 치리회 서기의 임무가 무엇인가?

1. 결정 사항 및 회의록을 정확하게 기록한다.
2. 회의록 및 각종 서류를 보관한다.

---

263. De Gier, *De Dordtse Kerkorde*, 217.

3. 회의록 일부에 대한 등본을 청구할 시에 교부한다(이때 서기가 날인한 등본을 각 치리회에서는 원본과 같이 취급한다).

제385문 회의록을 정확하게 기록하고 보관하는 것이 왜 그렇게 중요한가?

1. 서기는 결정사항에 대해 정확히 기록하고, 파악하며 또 보전할 수 있어야 한다.
2. 이는 첫째, 교회나 교회들이 그때 그 상황에서 결정한 사항을 정확하게 알기 위함이며(치리회의 결정 하나하나가 교회생활에 유익하고 중요하다). 둘째, 동일한 사안에 대해 불필요하게 다루어지는 것을 예방하기 위해서이다. 셋째는, 지금 우리가 지난 세대 우리 조상들의 결정을 통해 많은 유익을 얻는 것처럼, 나중 세대 역시 우리의 결정에서 큰 유익을 얻도록 하기 위해서이다. 역사의 교훈은 너무나 소중한데, 이는 교회정치의 영역에서도 예외가 아니다. 최근 16세기 제네바교회 당회록 연구나, 각 교파 및 교단의 헌법 연구가 국내외에서 이루어지고 있는 것은 아주 고무적인 일이다.
3. 네덜란드 해방파(31조파) 개혁교회의 경우 16세기 최초의 노회 회의록을 시작으로 최근에 이르기까지 모든 총회의 회의록과 타 교단은 물론 영어권의 자매 및 교류 교회의 총회 회의록까지 소속 교단 홈페이지에서(www.gkv.nl) 쉽게 볼 수 있게 하였고, 또 내용을 검색할 수 있도록 하여 교회생활에 큰 유익을 주고 있다.

제106조 (회의록 검사기준) / 제107조 (회의록 시정지시)

제386문 각 치리회가 하회의 회의록을 검사하는 기준은 무엇인가?

1. 기록 사항이 사실대로 되어 있는지의 여부
2. 규칙대로 되었는지의 여부
3. 결정이 교회의 법에 합당한지의 여부

4. 결정이 지혜 있고 공평하며 교회에 덕을 세우도록 되어 있는지의 여부이다. 이를 위하여 치리회는 하회의 회의록을 1년에 1차씩 검사하여야 한다.

제387문 상회가 하회의 회의록을 검사하여 잘못된 부분이 발견되면 해당 하회에 대해 어떤 조치를 취할 수 있는가?

1. 사소한 착오의 경우에는 회의록 하단에 착오된 사실을 기록하고 추후에 재발하지 않도록 계책하는 내용을 기록한다.
2. 중대한 착오의 경우에는 해당 하회로 하여금 시정하도록 지시할 것이며, 그 하회는 지체 없이 이를 시정한 후 그 결과를 상회에 보고하여야 한다.
3. 만일 해당 기일 내에 시정하지도 않고 또 보고도 하지 아니할 경우 상회가 직접 이 문제를 다루어서 결정한다.

제388문 당회 회의록과 노회 및 총회의 회의록은 어떻게 작성하는가? (제123조, 제133조)

1. 당회 회의록에는 결의사항만을 명백히 기록한다(제123조).
2. 노회 및 총회 회의록에는 회무처리와 결의사항을 명백히 기록한다(제133조). 또 공적인 결의사항을 담은 요약을 작성한다.

제108조 (수습위원회 및 전권위원회)[264] / 제109조 (전권위원회의 구성) / 제110조 (전권위원회의 업무범위) / 제111조 (전권위원회 결정의 효력과 상소)

제389문 노회와 총회가 개체 교회나 노회, 총회의 어려운 문제를 수습하기 위하여 파송하는 특별위원회에는 어떤 것이 있으며, 그 성격과 권한은 어떠한가?

1. 첫째, 수습위원회다.

특정사건이 수습되도록 활동 권한을 위탁한 위원회이다. 따라서 위원회는 수습의 내용과 방법을 자유롭게 결정할 수 있으며, 또 경우에 따라 수시로 변경할 수 있다. 위원회의 성격상 지도와 제안과 종용, 충고, 권면 등의 한계 등을 벗어날 수는 없다. 만일 당사자가 수습내용을 받아들이지 않을 때는 어찌할 수 없고, 위원회는 수습활동 결과를(수습이 되었든 아니 되었든 간에) 본회에 보고하므로 임무가 종료된다.

2. 둘째, 전권위원회다. 치리회(노회, 총회)를 대행하는 전권을 가지고 특정 사건에 대해 위탁하는 위원회이다. 상회권을 발동하여 심사 처결할 수 있다. 그러나 재판권은 없고, 행정권만 가지고 있다.

1) 다룰 안건: 행정 건뿐이다. 재판 건은 취급하지 못한다. 재판 건은 재판국이나 재판회를 통하여 반드시 재판해야 한다.[265] 행정 건 중에도 소원 건은 행정 재판이니 당당한 재판사건이므로 전권위원회에서 다룰 수 없다. 만일 심결했다면 그것은 위헌적인 심결이니 불법이요 무효로 돌

---

264. 허순길 박사는 전권위원회의 기원에 대하여 한국장로교 선교 공의회 시대에 공의회가 잠정적으로 장로회의 규칙대로 완전성립까지 전국교회에 대하여 전권으로 처리하는 상회가 되고자 한데서 시발하였다고 하였다 (허순길, 『한국장로교회사』, 139).
265. 2011년 교회정치에서 개정되기 전까지는 전권위원회에 재판권을 줄 수 있었다.

아간다.²⁶⁶

2) 권한(행정권): 재판권은 없고 오직 행정권만 있으며 재판권을 부여하는 결의도 할 수 없다. 따라서 사정에 따라 노회전권위원회의 경우는 당회장과 당회원의 권한을 일시 정지하고 다른 목사를 임시 또는 대리 당회장으로 임명하는 등 수습하게 할 수 있다. 총회전권위원회의 경우는 노회장과 임원들의 권한을 일시 정지하고 수습할 수 있다. 그러나 권한을 일시 정지할 경우에는 목사가 예배나 회무를 방해하는 등 공동체의 기능이 마비될 정도로 비상사태가 돌발할 시는 마땅히 정지할 수 있다. 그러나 편의주의나 감정적으로 본 안건을 심의하기도 전에 권한을 정지시키는 일은 인권침해의 여지가 있으며, 당사자의 반발로 인하여 또 다른 문제가 발생할 소지가 많으므로 가능한 한 본 안건을 신속히 처리하는 것이 우선이다.
3) 구성: 노회전권위원회의 경우는 7명(목사4, 장로3) 이상으로 구성하고, 총회전권위원회의 경우는 9명(목사5, 장로4) 이상으로 각각 구성하되 공천위원회에서 2배수 공천하여 투표로 선정한다.
4) 결정 효력과 상소: 고지하는 즉시 효력을 발생하고, 고지일로부터 15일 이내에 상소할 수 있다. 전권위원회의 결정은 본 치리회에 보고한다.

제390문 노회전권위원회가 해 교회의 당회장과 당회원의 직무를 일시 정지시킬 수 있지만(교회정치 제110조), 해 교회의 집사와 권사, 서리집사, 교인의 권한도 일시 정지할 수 있는가?

노회전권위원회는 노회를 대행하는 전권을 가지고 해 교회의 특정 사건을 수습하기 위해 사정에 따라 기존 치리회의 당회장과 당회원의 직무를 일시 정지시킬 수 있다. 그러나 이는 가능한 한 신중하게 해야 한다. 나아가 전

---

266. 최연식 편저, 『총회주요결의와 교회회의』, 529.

권위원회는 사정에 따라 집사와 권사, 서리집사와 교인의 권한을 권징조례 제11조(시벌의 종류와 내용) 2항(4)에서 규정하는 행정 건으로 내리는 시벌을 통해 일시 정지할 수 있다. 예를 들면 사정에 따라 제직회나 공동의회의 회원 권을 일시 중지시킬 수 있고, 혹은 무흠 규정에 저촉되지 않는 견책, 근신, 시무정지 등의 시벌을 통해 이들의 권한을 일시 정지시킬 수 있다.

제391문 노회와 총회가 개체 교회나 노회, 총회의 어려운 문제를 수습하기 위하여 수습위원회나 전권위원회 같은 특별위원회 외에 다른 종류의 특별위원회를 파송할 수 있는가?

얼마든지 할 수 있다. 전문적인 지식을 요구하는 안건이나 복잡한 사건은 수습위원회나 전권위원회 외에 그 성격에 부합하는 종류의 특별위원회를 구성하여 그 위원회에 맡겨 심의하게 한 후 본회에 보고하게 할 수 있다. 예를 들어, 권면위원회는 특정 사건에 대해 권면이 필요하다고 인정이 될 경우 본회가 권면 내용을 정하여 위원들에게 맡겨 권면할 것을 위탁하는 것이다. 그러므로 권면위원회는 본회가 결의한 권면 내용대로 권면할 뿐이며, 권면 후에는 본회에 그 결과를 보고하므로 그 임무가 종료된다. 이 외에도 연구위원회, 조사처리위원회, 화해위원회 등은 각각 연구, 조사처리, 화해를 목적으로 구성하여 임무를 위탁할 수 있다. 그 구성은 전권위원회를 제외하고는(교회정치 제109조) 노회나 총회가 임의대로 할 수 있으며, 업무 범위는 본회에 그 결과를 보고하므로 그 임무가 종료된다.

제10장 당회

제112조 (당회의 조직과 구분) / 제113조 (당회의 조직요건) / 제114조 (준당회의 직무처리)

제392문 당회의 조직은 어떻게 이루어지는가?

개체 교회의 시무목사와 시무장로로 조직한다. 시무장로라고 하였으니 시무목사 외에 시무장로는 없고 무임장로나 협동장로만으로 당회가 조직될 수 없다.

제393문 당회를 조직하려면 어떤 요건을 갖추어야 하는가?

세례교인 30명 이상(단, 농어촌교회는 20명 이상. 그러나 면소재지는 제외)과 장로의 자격자가 있어야 한다. 여기서 세례교인 30명은 당회를 조직하기 위한 요건이지 장로 1인을 세우기 위한 조건은 아니다. 그런데 이와 관련하여 주목할 것은 조선예수교장로회 제18회 총회(1929년)가 '장로는 무흠 입교인 30명에 일인 비례로 선택할 것이니라'고 헌법을 개정하기로 결의하였으나 노회 수의 과정에서 부결되었다는 점이다.

제394문 당회를 조직하였으나 후일 교인이 줄어들어 당회의 조직요건에 미달되면 당회는 어떻게 되는가?

당회를 조직하는 요건에 미달되었기에 폐당회가 된다. 즉 당회가 없어진다. 그러나 통합 교단은 즉시 폐당회가 되는 데 따른 혼란을 방지하지 하기 위해 2년 이상의 유예 기간을 주고 있다.[267] 참고가 될 수 있을 것이다.

---

267. 이종일, 『헌법으로 보는 교회생활 500문 500답』, 105.

제395문 왜 시무장로가 2명 이상이 되어야 완전당회라고 부르고, 1명만 있는 경우를 준당회라고 부르는가?

1. 준당회에서도 일반 당회직무를 다 처리할 수 있다.
2. 그러나 그 장로의 치리문제나 기타 사건에서 장로가 불복할 경우 당회가 본래의 기능을 제대로 독립적으로 수행할 수 없고 노회의 협력이 필요하기 때문이다(제114조). 이런 이유로 시무장로가 1명만 있는 경우를 준당회라고 한다.
3. 따라서 일반적으로 당회가 없는 미조직교회 또는 폐당회 된 교회는 재판국 구성이 불가능하므로 노회에 위탁판결을 할 수 있으나(헌법적 규칙 4장 제15조), 그러나 준당회의 경우에도 장로를 상대로 하는 재판 시 노회에 위탁판결을 청원해야 한다.
4. 준당회라고 할지라도 장로에 관련된 행정 건은 당회장이 처리할 수 있다(제45회 총회). 예를 들면 장로가 제출한 장로 시무사임을 당회장이 처리할 수 있으나 장로 치리건은 당회장이 처리할 수 없다.

제115조 (당회의 회집) / 제116조 (당회의 소집요건) / 제117조 (당회의 개회성수)

제396문 언제 당회가 회집될 수 있는가?

1. 1년에 1차 이상 회집해야 한다.
2. 다음과 같은 경우에 당회장이 소집한다.
    첫째, 당회장이 필요할 때
    둘째, 장로 중 2인 이상의 소집 청원이 있을 때
    셋째, 노회가 소집을 지시할 때
3. 노회나 총회와 달리 당회는 교회의 필요를 따라 언제라도 모일 수 있는 상설 치리회이다. 당회가 보다 책임 있는 치리회가 되기 위해서는 정기적

으로 모이는 것이 옳다. 종교개혁 이후 개신교회에서는 매월 1회 혹은 매주일 정기적으로 회집하도록 규정을 정하였고, 그래서 특별한 일이 없으면 회집을 연기할 수 없도록 하였다.[268] 특별한 경우에 당회가 회집할 수 있으나, 엄격하게 말하면 당회는 정기회와 임시회로 구분할 수 없다. 당회 회집의 차순을 기록할 때에도 정기회와 임시회를 각각 구분하여 이어갈 필요가 없다. 본래 언제라도 모일 수 있는 상설치리회이기 때문이다. 본 조항에서 당회를 1년에 1차 이상 회집하면 된다고 한 것은 최소한의 법적 조건을 말한 것이기는 하나, 장로교회에서 치리회인 당회가 주도적 지도력을 가지고 있다는 점을 생각할 때 이 점은 재 고려가 필요하다.

제397문 당회가 회집하였으나 목사가 참석하지 아니하였다면 당회를 개회할 수 있는가?

1. 당회에 장로 2인이 있으면 목사 1인, 장로 1인 출석으로 개회 성수가 되고, 3인 이상이면 목사 1인, 장로 2인 출석으로 개회 성수가 된다.
2. 따라서 목사 1인이라도 출석하지 아니하였으면 개회할 수 없다.

제398문 당회장이 없는데 장로들만으로 당회를 개회할 수 있는가?

원칙적으로 없다. 당회장이 결원이 되었다면 노회는 즉시 임시 당회장을 파송해야 하며, 당회장이 출타나 병으로 잠시 부재중인 경우에는 당회의 결의로 부목사나 혹은 같은 노회 소속의 목사 중에서 임시 당회장이 되어 사회를 보게 해야 한다. 그러나 당회장이 참석할 수 없는 매우 부득이한 상황이라면 장로 중의 한 사람의 진행으로 당회를 개회할 수 있으나, 노회의 판단을 받아야 한다.[269]

---

268. de Gier, *De Dordtse Kerkorde*, 200; De Moor, *Christian Reformed Church Order Commentary*, 215-16.
269. 교회정치 문답조례 220문답.

제399문 특별한 경우에 당회를 소집할 때 일부 회원에게 소집의 일시 및 시간, 장소 등의 사항이 전달이 되지 못하여 이를 몰랐다면 이때 소집되어 당회가 내린 결정은 유효한가?

이때 당회의 회집은 불법이며, 그러한 모임에서 내린 결정 역시 무효이다. 네덜란드의 경우 일찍이 1581년 총회는 이런 경우에 소집된 당회가 불법이라고 결정한 바가 있다.[270] 따라서 당회의 회집 시에는 시무하는 당회원 전원이 소집 사항을 인지하도록 통보하여야 한다.

제400문 성수가 되지 아니하였는데도 당회의 회무를 처리할 수 있는가?

없다. 개회성수에 대한 규정은 절차상 필요한 조항 이상의 의미를 가지고 있는데, 즉 치리회 자체를 존재하게 하는 중요한 법이다. 회원이 성수에 미달할 경우는 치리회를 구성할 수 없으며, 어떠한 유기적 기능도 행사할 수 없다. 만약 성수에 미달함에도 불구하고 회를 열었다면, 비록 중대한 사건에 대해 의논을 하고 결정을 내렸다고 하더라도 비공식적으로 인정될 뿐이다. 따라서 당회에 정식으로 채택되고 보고되어야 효력을 갖게 된다. 당회원들이 비공식적으로 자주 모여서 사안을 의논한다고 할지라도 이 모임을 당회라고 할 수 없다(교회정치 문답조례 221문답).

제401문 당회는 공개회의인가? 비공개회의인가?[271]

장로회의 모든 치리회는 공개회의이다. 그러나 모든 사람에게 알려서는 안 될 사안이나 그 외 비공개로 재판해야 하는 경우에는 비공개로 회집할 권리가 있다. 결국 당회의 공개는 회의 내용의 공개를 의미하고, 회의의 공개 여부는 해 당회의 결의에 따라야 한다. 그런데 최근 당회가 공개회의라고 해

---

270. de Gier, *De Dordtse Kerkorde*, 200-01.
271. 교회정치 문답조례 286 문답.

서 당회실을 폐지하는 근거로 삼고, 당회실의 역기능만을 부각시키는 것은 바람직하지 않다. 당회실의 순기능도 있으므로 당회실의 폐지 여부에 신중을 기하는 것이 옳다.

제118조 (당회장) / 제119조 (임시 당회장) / 제120조 (미조직교회 당회장)

제402문 당회장을 구분할 수 있는가?

1. 노회가 파송한 당회장: 당회의 성수에 포함되며 결의권도 있다.

   첫째, 위임목사-그 개체 교회의 당연직 당회장

   둘째, 전임목사-노회의 결의로 당회장이 될 수 있다

   셋째, 개체 교회 위임목사가 결원되었을 때 노회에서 파송한 당회장

2. 노회가 파송하지 아니한 임시 당회장: 권한은 사회권만 행사하며, 개회성수에 포함되지 않고 결의권이 없다.

   첫째, 개체 교회 위임목사가 병중에 있거나 출타할 때 그를 대리한 임시 당회장(당회의 결의로 임시 당회장을 청할 수 있다. 이때 해 교회 부목사도 당회의 결의로 당회장 직무를 대리할 수 있다-교회정치 제45조).

   둘째, 당회장 유고 시 혹은 당회장 본인에 관한 안건을 처리할 때 청한 임시 당회장(본 노회 목사 중에서 청한다.)

   셋째, 전권위원회가 본 교회 당회장의 권한을 일시 중지하고 대신 임명한 임시 혹은 대리 당회장(교회정치 제110조)

제403문 개체 교회 위임목사가 결원되었을 때 노회에서 파송한 당회장은 임시 당회장인가? 정식 당회장인가?

임시 당회장은 위임목사의 질병이나 출타로, 기타 당회장의 유고 시나 당회장 본인에 관한 안건을 처리할 때 해 당회의 청함을 받은 1회용 당회장이

라 할 수 있다. 그러나 개체 교회 위임목사의 결원에 의해 노회가 파송한 당회장은 그 교회에 목사를 청빙하여 노회가 허락할 때까지 그 교회에 치리권을 행사하는 정식 당회장이 된다. 그 임기는 청빙 받은 당회장이 올 때까지이므로 임시 당회장과는 성격이 전혀 다르다.

제404문 당회가 조직되지 않은 미조직교회 당회장의 직무는 어떤 것인가?
1. 당회의 일반 직무는 당회장이 처리한다.
2. 문제가 되는 것은 시찰회의 협조를 얻어 처리한다.
3. 권징건은 소속 노회원 중에서 목사, 장로 각 2인씩의 협조 당회원을 노회에 청하여 처리한다.
4. 행정록을 작성하여 매년 1차 노회의 검사를 받아야 한다.

제405문 부목사와 은퇴목사가 당회장이 될 수 있는가?
　은퇴목사는 당회장이 될 수 없으나, 부목사의 경우는 당회장 유고 시 당회의 결의로 그 교회 당회장 직무를 대리할 수 있다(제45조).

제121조 (당회의 직무)

제406문 당회의 직무에는 어떤 것이 있는가?
1. 교인들의 신앙과 행위를 총찰
2. 제반 예배 주관
3. 학습 입교 및 세례(유아세례 포함)의 문답과 시행
4. 성찬 예식의 주관
5. 공동의회 소집권
6. 교인의 이명증서 교부 및 접수와 제적
7. 집사와 권사의 선택, 고시 및 임직

8. 장로의 피택 요청과 임직

9. 교회직원의 임면(任免)

10. 각종 헌금의 실시와 재정 감독

11. 노회의 총대장로 파송

12. 노회에 대한 상황보고 및 청원

13. 소속기관과 단체, 부설기관 감독 지도

14. 교회의 기본재산 관리

제407문 당회의 직무와 관련하여 2011년 개정안에서 어떤 점이 개정되었는가?

1. 2011년 개정안에서 빠진 직무 중에 하나는 '범죄자와 증인을 소환하여 심문하고 시벌하고 해벌하는 권한'에 대한 내용이다. 이 직무를 생략한 것은 개정판의 결정적 오류로 보인다. 왜냐하면 당회는 본래 '교회 법정'(Church Courts)이기 때문이다. 종교개혁 직후 당회를 지칭하는 여러 용어 중에 하나가 바로 '교회 법정'이었다. '교회정치 문답조례'에서도 당회의 둘째 권한으로 이 재판권을 제시하고 있다(239-246문답). 핫지(J. A. Hodge)가 쓴 『교회정치 문답조례』의 영어 원제목인 『교회 법정에서 정하고 있는 장로교회 헌법이란 무엇인가』(What Is Presbyterian Law As Defined By The Church Courts?)에서 보는 것처럼 당회를 포함하는 치리회를 '교회 법정'으로 부르고 있는 것은 장로교회의 가장 큰 특징이기 때문이다.

2. 2011년 개정판에서는 당회의 직무를 서술할 때 '당회가 주도하는 지도력'을 볼 수 없는 것이 아쉽다. 예를 들어서 셋째 넷째 직무를 이전 판에서는 다음과 같이 규정하였다: '학습과 세례 받을 자를 문답하며, 부모를 권면하여 유아세례를 받게 한다. 유아세례 받은 자를 문답하여 입교시켜 성찬에 참석하게 한다'. 즉 당회는 단순하게 '학습 입교 및 세례(유아세례 포함)의 문답과 시행'만 하지 않는다. 그 이상으로 이 일에 주도권을 가지고 임한다. 유아세례의 경우에 부모를 권면하여 유아세례를 받게 하는 일을 해야

하고, 또 적절한 때가 되면 유아세례 받은 자를 문답을 '시켜' '성찬에 참여하게 해야 한다.' 교인 자녀의 경우 세례에서 시작하여 성찬까지의 목표를 향하여 당회가 주도권을 가지는 것을 개정판에서는 소극적으로 제시한 것은 장로회정치에서 당회의 지도력을 과소평가하는 것이라고 할 수 있으며 더구나 장로교회의 언약 신앙을 분명하게 대변하고 있는 유아세례와 성찬과 관련해서 당회의 소극적인 면을 서술한 것은 장로교회의 정체성을 약화시켰다는 책임을 면할 수 없다.

3. 개정판에서 새롭게 첨가한 것 중에 하나는 10번 째 직무에서 '재정 감독'이다. 이 조항은 통합측의 교회정치에서 옮겨온 것으로 보인다(통합 교회정치 67조).

제408문 '교인의 이명증서 교부 및 접수'가 왜 당회의 직무가 되는가?

이명증서 교부는 교인의 퇴회(退會)요, 이명증서 접수는 교인의 입회(入會)이다. 따라서 이명증서 접수와 교부는 단순히 사무적인 일이 아니라 교회의 출입을 지키는 교회의 문지기로 부름 받은 당회의 사명이다. 천국의 열쇠를 맡았기에 당회는 항상 깨어 있어 하나님을 두려워하며 영혼을 보살피는 목자의 심정으로 해야 한다.[272]

제409문 헌금의 목적과 수집 방법, 수집 일시 등은 제직회가 정할 수 있는가?

할 수 없다. 헌금의 목적과 헌금의 실시 여부, 실시 방법과 실시 일시에 관한 것은 당회의 고유한 직무이다(교회정치 제121조 10항).

제410문 당회가 어느 경우에 교인을 명부에서 제적할 수 있는가?

1. 이명 증서를 교부한 후 그 이명을 접수했다는 회보가 왔을 때

---

272. 임택진,『장로회 정치해설』, 211.

2. 교인이 사망하였을 때

3. 교인이 재판에 의해 출교가 확정되었을 때

4. 교인이 이명서 없이 다른 교단에 가입하였을 때(권징조례 제10조)

제411문 교인이 이단에 가입하거나 이단의 교리를 신봉할 때는 당회가 어떻게 처리하는가?

정상에 따라 정직, 면직 또는 출교를 하여야 한다(권징조례 제10조).

제412문 당회가 어떤 목적으로 공동의회를 소집하는가?

1. 교회직원의 선거사항(선출, 권고사면, 청빙 등)을 위해

2. 교회의 기본재산을 취득, 처분하고자 할 때

3. 교회의 예 결산 심의를 위해

4. 상회가 지시할 때

5. 이외 당회가 제시한 사항을 위해

제413문 당회가 노회에 대해 어떤 의무와 권리를 가지는가?

1. 교회의 상황보고를 할 의무를 가지고 있다. 정기적인 교인교세보고 뿐 아니라 특별한 상황을 보고할 의무가 있다.

2. 또 동시에 노회에 청원할 권리를 가지고 있다. 예를 들어 목사 청빙, 장로 증원 등이다.

제122조 (노회의 장로총대 선정기준)

제414문 개체 교회의 당회가 노회에 장로총대를 파송할 때 몇 명을 선정하여 보낼 수 있는가?

다음과 같은 기준 중 하나를 택하여 장로총대를 선정하고 노회에 파송한다.

1. 시무목사 수에 따라 같은 수의 장로총대를 선정할 수 있다
2. 세례교인 수에 따라 다음과 같이 장로총대를 선정할 수 있다
   1) 세례교인 300명까지 1명
   2) 세례교인 301명~600명까지 2명
   3) 세례교인 601명~1,000명까지 3명
   4) 세례교인 1,000명을 초과할 때는 매 1,000명당 1명씩 증원 선정한다.

제415문 당회가 총대를 선정하여 노회에 파송하는 것이 필수인가? 선택인가?
1. 필수 사항이다. 이는 당회의 직무 중 하나이다. 그러나 당회가 총대장로를 파송하는 일을 경시하거나 당회가 파송한 총대가 직무를 유기하여 지각하거나 결석하면 노회가 이에 대하여 당회를 견책할 수 있다.

제416문 당회가 장로총대를 선정하는 기준이 있는가?
윤번제를 실시하여 교대로 선정하든지 혹은 이와 무관하게 특정인을 선정하는 것은 전적으로 당회의 소관이다. 윤번제를 정하여 교대로 가는 것만이 능사가 아니다. 개혁교회는 동일한 사람이 계속 가는 것이 유익하지 않다고 하면서도 윤번제에 매이지 않았다. 특별히 어려운 사안이 논의가 될 때에는 거기에 합당한 자격을 가진 사람을 파송하였다. 따라서 당회가 매번 총대를 선정하는 것이 가장 적절하다.[273]

---

273. de Gier, *De Dordtse Kerkorde*, 215.

제123조 (당회 회의록) * 제106/107조 참고

제124조 (각종 명부의 비치)

제417문 당회가 비치할 명부에는 어떤 것이 있는가?

1. 원입인 명부: 공예배에 참석은 하지만 아직 학습을 받지 않은 교인의 명부.
2. 학습인 명부: 신앙을 고백하고 학습을 받은 자의 명부. 학습 연월일과 시행자를 기입.
3. 유아세례교인 명부: 언약의 자녀로서 세례를 받은 자의 명부. 세례 연월일과 시행자를 기입.
4. 세례교인(입교) 명부: 학습인으로 세례를 받은 자와 유아세례교인으로 입교서약을 한 자. 입교 및 세례 연월일과 시행자를 기입.
5. 이명 명부: 이명서 접수와 교부한 교인의 명부. 접수 및 교부 연월일 기입.
6. 결혼 명부: 교인의 결혼 명부. 결혼 연월일과 주례자 기입.
7. 실종인 명부: 신고 없이 교회를 떠나 의무를 행하지 않고 1년을 경과한 자의 명부
8. 시벌과 해벌 명부: 시벌과 해벌 연월일을 기입.
9. 별세 명부: 별세 연월일을 기입.

제418문 위 명부가 왜 그렇게 중요한가?

1. 교인의 신앙과 행위를 총찰하는 등 당회의 본래 직무(제121조)와 관련되기 때문이다.
2. 위 명부에 근거해서 당회는 매년 2월 중에 교인교세보고서를 작성하여, 시찰회를 거쳐 노회에 보고해야 한다. 물론 교세보고서에는 이 외에도 교회직원, 교인의 출석 인원, 재정현황, 미자립교회 및 복지기관, 선교사 후원현황 등이 포함된다. 그러나 1945년 해방 이후부터는 교세보고서가 많

이 축소되어 교인의 이명 현황, 시벌과 해벌 인원, 실종교인의 인원 등의 통계항목 자체가 사라진 것은 유감이 아닐 수 없다. 해방 이전까지 총회록을 보면 당회의 명부에 근거해서 교인 및 교세 보고가 상세하게 실려 있다. 이는 해방 이후 이명증서의 교부와 접수, 시벌과 해벌 등이 교회에서 급속도로 사라졌다는 방증이 된다.

제125조 (당회 폐지)

제419문 당회가 없어지는, 즉 당회가 폐지되는 경우는 어떤 경우인가?

1. 당회 조직 후 시무장로가 없는 경우이며, 이때 자동적으로 폐당회 즉 당회가 폐지된다.
2. 시무장로가 없는 경우는 시무장로의 사망, 이명, 혹은 교회로부터 시무정지 이상의 책벌을 받았을 때이다.
3. 그러나 교인이 턱없이 부족할 경우에는 어떠한가? 제113조를 참고하라. 2년의 유예기간을 주는 타교단의 사례를 참고할 수 있다. 그러나 다음의 결정 역시 참고할 수 있다:

> 당회 존폐에 대하여 세례교인 수 표준이 어떠합니까 함은 10인 미만이 되면 당회라고 칭하기 난한즉, 근처교회와 연합하는 것이 가하나 노회가 형편을 살펴서 작정할 것이오며(조선예수교장로회 18회 총회, 1929년)

제11장 노회

제126조 (노회의 의의)[274]

제420문 노회가 왜 반드시 필요한가? 성경적으로 역사적으로 증명하라.

1. 장로교회의 특징 중 하나는 당회 외에 노회와 총회 등 치리회가 있다는 점이다. 종교개혁은 시작부터 성경적인 교회 조직이 필요하다는 것을 공감하였다. 동일한 신앙과 동일한 고백을 토대로 (개체)교회들은 하나이며, 그래서 서로 연합해야 한다는 것을 인식하였다. 또 함께 신앙과 행위의 순결을 보전하며 함께 협력하고 서로를 섬길 필요도 절감하였다. 그래서 종교개혁이 일어난 도시와 나라에서 지금의 노회에 해당하는 조직이 세워지게 되었다.[275]

2. 예수님은 교회들이 연합하는 것을 중요하게 여기셨고(요 10:16), 이를 위하여 기도하셨다(요 17:20-21). 예수님은 신자들이 한 교회에 회집해야 함을 말

---

[274]. 제126조 (노회의 의의)에서 '그리스도의 몸 된 개체 교회가 나뉘어 여러 개체 교회가 되었으므로…'에서 '개체 교회'라는 용어가 두 번 나오는데 전자의 경우 문맥에 전혀 맞지 않게 삽입되었다. 개정과정에서 빚어진 실수로 보인다. 이전 해당조항에서는 '개체'라는 용어가 없다.

[275]. 스위스의 제네바, 베른, 로잔에서는 콜로퀴(Colloquy) 혹은 클라스(Classe)가 있어서 성경토론과 목사에 대한 치리권 행사를 위해서 모임을 가졌다. 엠든에서는 코에투스(Coetus)라 하여 인근에 있는 설교자들이 매주 모였다. 영국의 경우 여러 난민 교회들 사이에 관계를 유지하기 위한 수단으로서 콜로퀴움(Colloquium)이 있었다. 프랑스에는 지방마다 노회가 있었고, 이외에 별도로 설교자들이 매주 모여서 신학적/실천적인 주제를 가지고 토론하였던 콜로퀘(colloques)가 있었다. 네덜란드 남부 지역은 프랑스의 영향을 받아 여러 노회로 구분이 되었고, 나중에는 다시 여러 시찰로 구분되었다. 1571년 엠든 총회와 1619년 돝트 총회에 이르면서 시찰회와 노회가 구성이 되었다. 스코틀랜드는 1574년과 1578년 어간에 노회가 구성되는데, 1592년에 의회가 제2권징서를 승인하므로 장로교정치제도-당회, 노회, 대회, 총회를 기초로 하는 스코틀랜드 국가교회가 처음으로 탄생하였다.

쓺하신 것이 아니라 한 목자 곧 우리 주님 아래 있는 것과 사랑과 통치 안에서 서로 하나가 되기를 기도하며 일하셨다. 사도들도 교회가 연합해야 할 필요와 교회가 서로 복종할 것을 가르쳤다. 사도행전 11장, 15장, 21장에서 증명되듯이 초대교회는 한 노회의 정치 아래에 존재하였다.[276]

제421문 노회를 통한 교회의 연합을 중시하는 장로교회의 원리는 다른 교파와 연합 원리와 비교할 때 무엇이 다른가?[277]

1. 로마천주교: 개체 교회들의 상호 연합이 아니라, 교직제도(hierarchy)로 인하여 모든 것을 위에서부터 결정하고 조정을 하여 획일적인 연합을 이루려고 한다.
2. 회중정치: 당회나 노회, 총회의 결정이 구속력이 있지 않고, 교회의 교인이 최종결정을 내린다. 개체 교회들의 연합에서 내린 결정은 하나의 조언에 불과하다.
3. 지방정치(territorial system): 루터파교회와 국가교회 등이 여기에 속하는데, 개체 교회의 상호연합보다 정부나 국가에 더 권위를 두고 있다.
4. 그러나 이에 대해 장로교회는 하나님의 말씀, 특히 신약의 원리를 따라 각 교회가 함께 연합하여 각 문제를 해결하기 위하여 치리회로 모인다는 사상을 가지고 있다.

제422문 (개체)교회들이 연합하여 노회로 모이는 목적이 무엇인가?[278]

1. 교리의 순결과 온전함을 보존하여 신앙을 증진시키기 위해서이다.
  개인이나 한 교회는 이단을 받아들이기 쉽기 때문에 교회가 연합하여 하나의 정치를 세우고 진리를 위해서 서로 감독하고 함께 이단을 색출하고 건

---

276. 교회정치 문답조례 302문답.
277. de Gier, *De Dordtse Kerkorde*, 213.
278. 교회정치 문답조례 303-05.

전한 교리를 보호하며 거짓 선생들을 잠잠케 할 수 있다.
2. 교회행정과 권징을 동일하게 하기 위해서이다.

　　한 교회에서 옳다고 인정하는 것을 다른 교회에서 그르다고 해서는 안 될 것이다. 동일한 입회 규정과 회원의 신앙 행위를 위한 동일한 재판법과 시벌과 해벌 절차가 있어야 하며, 잘못 시행된 권징은 바로잡아야 한다. 이런 일은 참된 연합체 안에서만 가능하다.

3. 배교와 부도덕을 방지하기 위해서이다.

　　교회는 교인들에 대한 책임뿐 아니라 함께 연합하여 세상에 대해 함께 책임을 가지고 부도덕을 방지하기 위한 일에도 힘써야 한다.

4. 교회의 전반적인 사항과 목사의 제반 신상문제의 처리를 위해서이다.

제127조 (노회의 조직)

제423문 각 노회는 어떻게 조직되는가?

1. 일정한 지역 안에 있어야 한다. 따라서 무지역 노회(본 교단의 경우는 구 서경노회)는 원칙적으로 바람직하지 않으나, 총회가 인정하는 특수 노회는 예외로 한다. 그러나 이것도 어디까지나 임시적인 것이 되어야 한다.
2. 시무교회가 각기 다른 목사 30인 이상이어야 한다.
3. 당회 12개처 이상에서 장로를 파송할 수 있어야 한다. 목사는 노회에 교적을 둔 회원이나 장로는 당회에서 파송되어야 하는데, 12개처 이상에서 파송된 장로가 있어야 한다.

제424문 두 노회가 동일한 지역을 함께 점유할 수 있는가?[279]

　　허용할 수 없다. 두 노회가 동일한 지역을 점유하는 일은 헌법에도 맞지 않

---

279. 교회정치 문답조례 312; 136조 참고.

고, 헌법의 정신에도 위배되며 하나님의 말씀이 가르치는 바와도 상반된다.

제128조 (노회의 회집) / 제129조 (노회 개회성수)

제425문 노회가 언제 모이는가?

1. 정기노회: 연 2회 이상(봄, 가을) 예정된 시일과 장소에서 회집한다. 개회 2주 전까지 통지한다.
2. 임시노회: 정기노회 외에 특별한 일이 있어서 회집한다. 다음의 경우이다:
   첫째, 노회 임원회의 결의가 있을 때
   둘째, 시무처가 다른 목사회원 2인과 장로총대 2인 이상의 청원이 있을 때 회집할 시일 7일 전에 상정안건을 총대 전원에게 통지하여야 하며 특별한 사정이 없는 한 그 통지서에 기재된 안건만 처리한다.

제426문 노회가 개회되는 조건이 무엇인가?

1. 예정한 시일과 장소에서 회집한다.
2. 본 노회에 속한 시무처가 다른 목사회원 3인과 장로총대 3인 이상이 회집해야 한다.

제427문 합법적인 요건을 구비하여 임시노회 소집청원을 하였음에도 불구하고 노회장이 임시노회를 소집하지 아니할 권한이 있는가?

1. 합법적인 요건을 다 구비하였음에도 불구하고 청원을 받아들이지 않을 시는 권리남용을 이유로 상회에 소원을 제기할 수 있다.[280] 회장은 임시노회의 필요성을 가지는 회원들이 원하는 일이니 즉시 소집해야 한다. 교회정치 문답조례 416문답에서는, '만일 청원자들이 임시노회 시일과 장소를

---

280. 이종일, 『헌법으로 보는 교회생활 500문 500답』, 120-21.

구체적으로 정하였으면 회장은 이를 임의로 변경할 수 없고 청원대로 회집해야 한다'고 하였다.[281]
2. 안건이 몇 건 이상 되어야 한다는 규칙도 정할 수 없고 단 한 건이라도 청원이 있으면 회장은 소집해야 한다. 문제는 안건이 몇이냐가 아니라 청원 권자의 청원이다. 합법적인 청원이 있을 때는 즉시 소집해야 하는 것이 회장의 직무이다.[282]

제428문 임시노회에서 통지서에 기재되지 아니한 안건도 토의하여 결의할 수 있는가?

1. 회집할 시일 7일 전에 상정안건을 총대 전원에게 통지하여야 한다.
2. 특별한 사정이 없는 한 통지서에 기재된 안건만 처리한다. 왜냐하면 통지되지 않은 안건을 처리하게 되면 그 안건만을 처리하는 것으로 알고 출석하지 않은 회원들의 결의권을 박탈하는 결과가 되며 이는 회원을 기만한 처사가 되기 때문이다.[283]

제130조 (노회원의 자격) / 제131조 (노회원의 의무 이행)

제429문 칭호별로 구분된 각 목사가 노회에서 가지는 자격이 어떻게 다른가?

일반적으로 치리회의 회원권이라 하면 발언권, 선거권, 피선거권, 결의권을 의미하며 이 4가지를 향유하는 회원을 정회원이라 한다. 회원의 권리는 동등하여 이 4가지를 모두 향유하나 그 회의 성격과 구성원 그리고 사정에 따라 발언권 이외의 권리의 전부 또는 일부를 제한하는 경우도 있다. 예컨대 목사회원의 경우 그 시무형편에 따라 회원권을 달리하도록 규정하고 있다.

---

281. J. A. Hodge, *What Is Presbyterian Law As Defined By The Church Courts?*, 237.
282. 신현만, 『교회재판 이렇게 한다』, 462.
283. 이종일, 『헌법으로 보는 교회생활 500문 500답』, 122.

목사회원의 회원권을 달리하는 것은 노회의 성립 요건이 각 개체 교회를 근본 바탕으로 하기 때문이다.

1. 위임목사 전임목사 부목사 전도목사 기관목사 종군목사 선교사: (발)언권, 선거권(투표권), 피선거권, 결의권 모두를 가진 회원
2. 무임목사: (발)언권만 있는 회원
3. 은퇴목사: (발)언권과 선거권(투표권)은 있으나 피선거권과 결의권은 없는 회원. 소속 치리회의 상비부원 또는 각 위원회의 위원이 될 수 없다(제43조 6항).

제430문 장로총대는 언제 노회원의 자격을 가지는가?

1. 장로총대는 서기가 추천서를 접수하여 호명하면 회원권이 있다. 여기서 말하는 추천서는 각 당회가 총대장로로 선정하고 노회에 접수한 문서이다. 이것으로 합법적인 노회원의 자격을 얻는다. 임기는 1년이다. 장로교회는 회중교회를 염두에 두고서 파송총대에게 주는 천서를 발행할 때 이를 통해서 천국열쇠의 권한을 위임하는 것으로 믿었다. 이를 접수할 때 노회와 총회의 회원이 되었다. 그러나 회중교회는 이 위임장을 단순히 신임장으로 생각한다.

2. 개신교는 16세기부터 각 교회가 발행한(당회장과 당회 서기가 공식으로 날인한) '천서'를 통해서 당회가 총대에게 모든 권한을 합법적으로 위임하였으며, 또 총대들은 이로써 노회의 권위를 서로 확인하였다. 천서에 근거하여 각 교회는 서로를 신뢰하고 나아가 하나님의 말씀을 토대로 동일한 신앙고백을 작성하고 받아들였다. 물론 이 천서의 근거는 교회에 있는 모든 권위의 근거가 하나님의 말씀에 있다고 믿는 고백이다.

제431문 당회에서 가을 정기노회로 파송한 장로총대의 임기는 언제까지인가? 또 익년 봄 정기노회 시 세례교인 수나 또는 부목사 수의 변동에 의해 임기가 바뀔 수 있는가?

총회는 장로총대의 임기를 1년으로 해석하였다. 본래 장로총대는 1년에 2회 열리는 정기노회 때마다 추천서를 접수하여 회원권을 가지게 된다. 그러나 총회는 조직 노회인 가을 정기노회 총대로 파송을 받은 장로는 세례교인 수 또는 부목사 수의 변동과는 관계없이 1년간 회원권을 유지할 수 있다고 유권해석을 내렸다(제65회 총회, 2015년). 따라서 장로총대는 가을 정기노회에서 서기가 추천서를 접수하여 호명하면 회원권이 시작되어 익년 봄 노회 회기까지 계속된다.

제432문 노회장의 자격이 어떠한가?

1. 노회의 사무를 질서 있고 신속하게 처리할 수 있는 자(교회정치 제102조)
2. 조직교회 담임목사: 2011년에 개정된 것으로 이는 조직교회에서 당회의 운영을 경험한 자라는 자격일 것이다. 당회의 운영을 해 보지 않은 자가 노회의 운영을 하기 어렵다는 판단에서 본 조항이 삽입되었다. 목사에 국한한 것은 목사가 장로보다 우등하기 때문이 아니라 회장의 직무가 목사에게 더 적합하다고 판단하기 때문이다. 이는 종교개혁 초기부터 교회의 관습이었다.[284]

제433문 노회원이 특별한 이유 없이 노회 출석을 게을리 할 때 어떻게 하는가?

1. 당회가 총대를 파송하지 아니할 경우: 노회는 그 당회를 권면한다.
2. 선정된 총대장로가 특별한 이유 없이 출석을 게을리 할 경우: 노회는 그 당회로 그를 책망하게 한다.

---

284. de Gier, *De Dordtse Kerkorde*, 217.

3. 노회의 회원된 목사가 특별한 이유 없이 노회 출석을 게을리 할 경우: 노회는 그 목사 회원과 당회를 책망해야 한다.

제132조 (노회의 직무)

제434문 노회의 직무를 총괄해서 어떻게 말할 수 있는가?

그 구역 안에 있는 당회, 개체 교회, 목사, 강도사, 전도사, 목사후보생, 소속기관 및 단체를 총찰하는 것이다. '총찰'(總察)이라는 말은 각 당회가 위임한 권위에 근거하여 노회가 그리스도의 권위를 가지고 구역 내에 있는 교회, 당회, 목사 및 교역자, 소속기관 및 단체를 다스리며 돌아보며 살피는 것을 뜻한다.

제435문 노회의 가장 중요한 직무가 무엇인가?
1. 목사의 자격고시, 임직, 위임, 해임, 전임, 이명 및 권징의 관리와 처리
2. 전도사 및 목사후보생의 고시, 교육, 이명 및 권징의 처리

제436문 노회에서 목사 장로 전도사 고시를 취급하는 노회 고시부에 장로회원이 부원이 될 수 없는가?

해당 노회의 재량에 따라서 할 수 있다(제60회 총회, 2010년).

제437문 준직원(강도사, 목사후보생)의 인사는 노회의 어느 부서에서 맡는 것이 적절한가?

행정부가 맡는 것이 적절하다(제61회 총회, 2011년).

제438문 각 당회에서 제출한 안건과 관련하여 노회의 직무가 무엇인가?
1. 각 당회에서 제출한 건의, 청원, 문의(질의) 및 진정의 접수 처리

2. 각 당회에서 제출한 소원, 상소 및 위탁판결의 접수 처리

　이처럼 각 당회에서 건의, 청원, 문의, 진정뿐 아니라 소원, 상소, 위탁판결을 요청할 수 있는 것은 교회들이 서로 연합되어 있기 때문이다. 모든 교회들과 전 교회에 구속력이 있는 것은 하나님의 법 이외는 없다. 법의 잘못된 적용은 교회의 개인은 물론 몸 전체에 그릇된 것이다. 따라서 고통 받는 한 지체는 그와 함께 고통 받는 전 교회에 소원, 상소할 권리, 나아가 위탁판결을 요청할 권리가 있다. 구약 당시에 모세가 상소하는 법정을 세웠으며(출 18:25, 26) 예수님 당시에는 산헤드린 공회가 있어 회당들은 거기에 복종하였다. 당시 초대교회들은 고립되어 있은 것이 아니라, 사도의 지도하에 연합하여 있었고 공의회의 공인된 권위 아래 있었다(행 15:5-6, 19-20).[285]

　회장은 당회에서 제출한 안건을 질서 있게 처리해야 한다.

제439문 노회가 개체 교회와 관련하여 어떤 직무를 가지고 있는가?

1. 교회의 신성과 화평을 위한 개체 교회 시찰(제137-39조 참고)
2. 개체 교회의 설립, 분립, 합병, 폐지 및 당회조직 관장
3. 개체 교회 및 미조직교회의 목사청빙 관장: 그래서 교회에 설교와 성례가 중단되지 않도록 한다.
4. 개체 교회 장로의 선택, 임직 및 자격고시 관장
5. 개체 교회와 미조직교회의 전도사업의 지도 권장과 교육 강화로 인한 영적유익 도모
6. 개체 교회 및 미조직교회의 재정 및 관리의 방침 지도
7. 각 당회의 당회록 및 미조직교회의 행정록의 검사와 그 합법여부 표시
8. 개체 교회와 산하기관의 재산권 문제 처리

---

285. J. A. Hodge, 191(교회정치 문답조례 327문답).

제440문 총회와 관련하여 노회가 어떤 직무를 가지고 있는가?

1. 총회 제출의 청원, 건의, 문의, 진정, 소원, 상소 및 위탁판결의 처리
2. 총회 제출의 노회상황 보고
3. 총회총대 선출
4. 총회 지시 실행

제441문 노회가 이명 온 목사를 거절할 수 있는가?

1. 원칙적으로 하자 없는 이명 증서를 가지고 온 목사의 경우는 거절할 수 없다.
2. 그러나 시벌 하에 있는 목사의 이명, 혹은 교리와 생활에 문제가 있는 목사의 경우 심사 후 상당한 이유가 있으면 거절할 수 있다. 네덜란드의 경우 17세기 소위 칼빈주의 교리를 배격하는 항의파 목사의 이명 접수를 거부한 경우가 있다.
3. 만약 정당한 이유 없이 이명을 거절할 경우 해당 목사는 총회에 소원할 수 있다.

제442문 노회가 은퇴목사의 이명을 거절할 수 있는가?

은퇴목사도 이명할 수 있으며(제60회 총회, 2010년), 노회는 법적인 사유 없이 은퇴목사의 이명을 거부할 수 없다(제61회 총회, 2011년).

제443문 이명하는 목사가 이명증을 접수하고자 할 때 부득이한 사정으로(소속한 노회와 이명하는 노회의 일시와 장소 등이 잘 맞지 않는 등) 이명하는 노회에 팩스로 먼저 접수할 수 있는가?

부득이한 사정이 있을 경우 먼저 팩스로 접수를 하고 차후에 이명증을 접수할 수 있다. 또 청원 서명 날인 란에 인장과 같이 자필 서명도 유효하다(제50회 총회, 2000년).

제133조 (노회 회의록) * 제105조 참고 / 제134조 (노회의 각종명부)

제444문 노회가 비치할 명부에는 어떤 것이 있는가?

　시무목사 명부, 부목사 명부, 기관목사 명부, 선교사 명부, 무임목사 명부, 은퇴목사 명부, 원로목사 명부, 별세목사 명부, 강도사 명부, 목사후보생과 전도사 명부, 개체 교회 명부(설립, 분립, 합병, 폐쇄 연월일 명기)이다.

제445문 노회가 어느 때에 노회원의 명부에서 특정 회원의 이름을 삭제할 수 있는가?

　첫째, 사망 시 둘째, 이명한 목사의 이명 접수 회보가 해당 노회의 서기로부터 도착했을 때 셋째, 본 교단을 이탈하여 타 교단으로 갔을 경우(교회정치 제60조, 권징조례 제10조) 넷째, 노회의 허락 없이 수년 간 노회에 불참하거나 주소가 불명이어서 노회가 제명하기로 결의할 때 다섯째, 면직, 사직의 경우 여섯째, 기타 사유로 노회에서 제명하기로 결의되었을 때이다.

제135조 (노회의 설립, 분립, 합병 및 폐지) / 제136조 (노회구역 설정 및 변경)

제446문 노회를 설립, 분립, 합병, 폐지할 경우에 어떤 절차를 밟는가?

1. 노회의 설립, 분립, 합병 및 폐지는 관계 노회의 결의와 총회의 허락을 받아야 한다.
2. 제1항의 경우에 총회는 결의로 조사위원을 파송하여 사무를 처리하고 총회에 보고 한다.
3. 총회는 제2항의 그 보고를 받아 노회 명부를 정리하고 폐지된 노회의 목사, 강도사, 목사후보생 및 전도사의 이명을 총회에서 처리한다.

제447문 노회의 구역을 설정하고 변경하는 절차는 어떠한가?

1. 노회의 구역은 총회가 결정하는 지역 구분 기준에 따라 설정하며 헌법적 규칙으로 정한다.
2. 노회의 구역변경은 노회가 분립될 때 또는 특별한 이유가 있어 노회 구역을 재조정할 필요가 있을 때에 총회는 관계 노회의 의견을 들어 변경할 수 있다.

제448문 해당 노회를 이탈한 교회를 다른 노회가 받을 수 있는가? 또 이런 노회에 대해 어떤 조처를 취할 수 있는가?

해당 노회를 이탈한 교회를 다른 노회가 받는 것은 공교회의 신앙을 거스르는 것이라 할 수 있기에 이런 일은 결코 있을 수 없다. 왜냐하면 해당 노회의 구역과 관할을 자의로 이탈함으로써 하나의 그리스도의 몸인 교회의 질서와 화평을 깨뜨린 것이기 때문이다. 교회정치 제100조(치리회 결정의 성격)에서도 각 치리회는 고유한 권한은 있으나 독립된 개체가 아니라고 하였다. 만약 이를 위반하는 노회에 대해서는 권징조례 11:2:3(치리회의 시벌에 과하는 벌)에 근거하여 결의무효, 상회총대 파송정지, 치리회 해산 등의 시벌을 과할 수 있다.

제137조 (시찰회) / 제138조 (시찰위원) / 제139조 (시찰위원의 직무)

제449문 노회가 관내의 일정구역 단위로 시찰회를 두어서 개체 교회를 시찰하는 이유가 무엇인가?

1. 시찰의 영어 단어는 'visitation'인데, 이는 라틴어 'visitare'에서 온 것으로서 방문 혹은 심방을 뜻한다. 그래서 교회 시찰은 교회를 방문하여 교회의 상태를 살피기 위해 노회가 구역단위로 세운 조직이다.
2. 베드로는 룻다에 사는 성도들을 방문하였고(행 9:32), 바울은 수리아와 길

리기아를 다니며 교회들을 견고하게 하였다(행 15:41). 특히 바울은 자주 교회를 방문하여 교회를 세우는데 힘을 썼다.

3. 그러다가 시간이 흐르면서 특히 중세시대에 교회시찰은 주로 감독을 통하여 시벌을 과하기 위하여 시찰하기도 하였고, 때로는 국가공직자와 함께 시찰을 하기도 하는 등 본래의 목적이 변질되기도 하였다.
4. 왜곡된 교회시찰이 성경적으로 회복된 것은 1546년 칼빈이 제네바교회에 도입하면서였다. 칼빈은 '교회정치'에 교회시찰에 대한 규정을 삽입하였는데 시찰의 목적은 제네바 지역 교회들의 순수한 교리 유지와 성실한 권징을 위해서였다.[286] 그래서 이러한 시찰을 통하여 교회들의 화평을 추구하였다(고전 14:33, 40).
5. 따라서 시찰활동은 교회들이 상호감독을 통하여 교회의 화평을 세우기 위한 것이라 할 수 있으며, 이러한 활동은 어디까지나 주님의 말씀에 수종을 드는 사역이며, 상호 감독의 행위이며 고자세의 권리행사가 아니다. 형제로서 하는 것이다.[287]

제450문 시찰위원은 어떻게 선정하는가?

1. 시찰회 단위로 총대원 중에서 관내의 시무목사와 총대장로 중에서 선정한다.
2. 시찰위원 수는 노회가 정한다.
3. 따라서 시찰위원은 개체 교회를 시찰하고 중요사건을 협의 지도하며 노회에 보고한다.

---

286. Philip E. Hughes ed., & trans., *The Register of the Company of Pastor of Geneva in the Time of Calvin*, 82.
287. 박윤선, 『헌법주석』, 151-52.

제451문 시찰위원의 직무는 무엇인가?

1. 개체 교회의 교역자 청빙을 협의, 권고, 지도한다.
2. 개체 교회의 연합사업을 기획 지도한다.
3. 개체 교회가 노회에 제출하는 서류를 살펴 전달한다.
4. 각 교회의 형편을 시찰할 수 있으며, 집회 관례를 협의 지도한다.
5. 교회 상황과 위임받은 사건의 처리결과를 노회에 보고한다.

제452문 시찰회가 치리의 권한을 가지는가?

아니다. 치리회가 아니므로 임의로 치리관계의 사건에는 관여하지 못한다. 그러나 노회가 위임한 사건은 처리할 수 있다.

제453문 시찰회가 각 교회의 형편을 어떻게 시찰할 수 있는가?

각 교회의 목사, 장로를 방문하고 또 당회, 제직회에 참석하여 다음의 내용으로 질문하여 교회의 형편을 시찰할 수 있다(시찰위원 특별 심방 시 문답 예라 할 수 있다). 아래의 문답은 조선예수교 장로회 1922년 헌법에서 시작하여 고신의 경우 1980년 헌법까지 있었으나, 1992년판부터 생략된 것으로 2011년 개정에서도 볼 수 없다.

1. 목사에 대한 문답
   - 진실한 마음으로 복음의 말씀을 힘써 전하십니까?
   - 공적 예배를 드리기 위하여 항상 부지런히 예비하십니까?
   - 교인의 집을 자주 심방하며 1년에 몇 번씩 심방하며….
   - 우환 중에 있는 자를 특별히 심방하십니까?
   - 매일 자기 영혼과 다른 사람의 영혼을 위하여 성경을 연구하는 시간이 합하여 몇 시간이 되십니까?
   - 지난 1년간 어떤 새 서적을 읽으셨습니까? 어떤 신문과 잡지를 읽으십니까?

2. 장로에 대한 문답
  - 할 수 있는 대로 구역 내에 있는 교인을 심방하여 권면하며 같이 기도하십니까?
  - 교인을 살펴보고 당연히 치리할 사람을 당회에 보고하십니까?
  - 우환 당한 자를 부지런히 심방하십니까?
  - 본 교회의 기도회에 항상 출석하며 친히 설교도 하고 기도도 하십니까?
  - 자기 집의 권속을 회집하고 가족 기도회를 드리십니까?
  - 매일 예정하고 은밀히 기도하는 시간과 성경을 연구하는 시간이 있습니까?

3. 당회에 대한 문답
  - 정기회로 왕왕 회집하십니까?
  - 교회 청년을 교육하며 그 행위를 살피십니까?
  - 유아들에게 어린이 문답과 소교리문답과 본 교회 신조를 교수하는 방침이 있습니까?
  - 성례는 1년에 몇 번씩 시행합니까?
  - 총회 혹은 노회에서 작정한 각항 연보를 수합하였으며 각각 얼마나 되십니까?

4. 제직회에 대한 문답
  - 본 교회 목사의 생활비는 얼마나 드리십니까? 그 생활비가 족한 줄로 생각하십니까? 매 정한 기일에 즉시 지불하십니까?
  - 본 교회 교인들이 각종 연보를 합당하게 드리십니까?
  - 제직회는 몇 회씩 회집합니까?

제454문 시찰회가 노회에 제출하는 서류를 전달하지 않을 권한이 있는가?

1. 시찰회는 원칙적으로 노회에 제출하는 서류를 기각할 권한이 없다. 다만 서류의 형식이 바로 되었는지를 검토하고 지도할 뿐이다. 따라서 서류의

내용이 아니라, 서식 등이 바로 되도록 지도하여 경유하여야 한다.
2. 시찰부장이 서류 경유를 거부할 때는 육하원칙에 의거, 상세히 기록한 문서 즉 부전(附箋: 법률용어로 무슨 서류에 어떠한 의견을 써서 덧붙이는 쪽지를 가리킨다.)을 첨부하여 노회 서기에게 접수한다. 만일 노회 서기도 이유 없이 접수하지 아니하면 이 사실을 기록한 부전을 다시 첨부하여 총회로 가져갈 수 있다.

제455문 교회가 청하지 아니하였는데도 시찰위원들이 교회를 방문할 수 있는가?

요청이 없어도 필요하면 해당 교회와 당회, 제직회 기타 기관회의에 방청할 수 있으며, 발언권을 가진다.[288]

제140조 (노회 자체규정)

제456문 각 노회는 세부적인 조직과 운영에 관하여 자체규정을 제정할 수 있는가?

할 수 있다. 단, 헌법에 근거한 것이어야 한다.

---

288. 이종일, 『헌법으로 보는 교회생활 500문 500답』, 124.

제12장 총회

제141조 (총회의 의의)

제457문 총회는 장로교회에서 어떤 의의를 가지고 있는가?

1. 본 장로회의 최고 '치리회'(judicatory: 법정)이다.
2. 그 명칭은 대한예수교장로회 고신총회라 한다(The Kosin Presbyterian Church in Korea / KPCK).

제458문 어떤 의미에서 총회를 최고의 법정 혹은 '치리회'(judicatory)라고 부르는가?[289]

총회가 상소 사건의 최고심이요 또한 최종 심의회가 되기 때문이다. 당회의 재판사건이 상소에 의해 차례로 노회와 대회까지 올라갈 수 있고 교리와 헌법에 관한 사건은 총회에 상고할 수 있으며, 이 같은 상고건에 대한 총회의 처결은 전체 교회의 결정이요 최종 심의회의 결정이니 다시 변경할 회가 없고, 추후 총회에서도 이 같은 전 총회의 처결을 돌이킬 수 없다.

제459문 왜 장로회의 최고 치리회를 '총'회(general synod)라고 부르는가?

1. 본래 '총회'는 같은 신앙고백이라면 세계 어디에 있든지 교회들이 총대를 보낼 수 있는 치리회가 되어야 한다는 것이 종교개혁 당시의 이상이었다. 그들은 교회가 그리스도의 몸이 한 나라나 한 민족에게 국한되지 않고 계시된 것으로 보았다. 칼빈이 교회 연합의 향상을 위해서라면, 신앙고백 안에서 일치를 얻는 것이라면 바다와 대양을 건너가리라고 한 말은 우리에

---

[289]. J. A. Hodge, 260(교회정치 문답조례 458문답).

게 잘 알려진 말이다.²⁹⁰ 벨직 신앙고백서 27조도 다음과 같이 고백을 한다: "이 거룩한 교회는 어떤 특정한 장소나 어떤 사람들에게 국한되거나 제한되지 않고 전 세계에 뻗어 있고 흩어져 있다. 그러나 한 분 동일한 성령 안에서 믿음의 힘에 의하여 마음과 뜻이 연결되고 연합되어 있다."

2. 그러나 실제로 이러한 이상이 이루어지지 않았을 때, '총'(general)의 의미를 자기 나라에 국한시켜야 한다는 사상이 점점 전면에 부상하게 되었다. 그래서 적어도 16세기 말부터 총회의 개념이 제한적으로 사용되기를 시작하여 지금에 이르게 되었다.

제460문 총회가 대표하는 것은 무엇인가?²⁹¹

본 교단에 속한 모든 개체 교회를 대표한다. 그러나 소속한 노회가 파송한 총대들이 이 교회들을 대표한다.

제142조 (총회의 조직) / 제143조 (총회 총대 선정기준) / 제144조 (총회의 개회 성수)

제461문 총회는 어떻게 조직하는가?

각 노회에서 파송한 목사와 장로로 조직하되, 목사와 장로는 그 수를 같게 한다.

제462문 노회는 총회총대를 어떤 기준에 따라 선정하는가?

다음과 같은 선출 기준 중, 하나를 택하여 투표로 선정한다.
1. 당회를 기준하는 경우: 매 6당회당 목사 장로 각 1인씩을 선정하고, 그 끝

---

290. de Gier, *De Dordtse Kerkorde*, 249.
291. J. A. Hodge, 260(교회정치 문답조례 459).

수가 3당회를 초과할 때는 목사, 장로 각 1인씩을 추가 파송한다.
2. 세례교인을 기준하는 경우: 세례교인 1,200명당 목사, 장로 각 1인씩 선정하고, 그 끝수가 600명을 초과할 때는 목사, 장로 각 1인씩을 추가 파송한다.

제463문 총회가 개회하려면 어떤 요건을 갖추어야 하는가?

1. 예정한 시일과 장소이어야 한다.
2. 노회의 과반수가 되어야 한다.
3. 총대 목사, 장로의 각 과반수가 출석해야 한다.

제145조 (총회의 직무)

제464문 총회의 직무가 무엇인가?

1. 소속 개체 교회와 치리회의 모든 사무와 그 연합 관계를 총찰한다.
2. 하회에서 제출하는 건의, 청원, 진정, 상소, 소원, 문의와 위탁판결을 접수 처리한다.
3. 각 노회 회의록을 검사한다.
4. 헌법의 제정, 개정 및 해석할 전권(專權)을 보유한다.
5. 노회를 설립, 합병, 분립, 폐지하며 노회의 구역을 제정한다.
6. 교회의 분쟁을 수습하고, 화평과 성결의 덕을 증진 유도한다.
7. 신학대학원을 설치하고 경영 관리하며, 교역자를 양성하고, 강도사 고시를 시행한다.
8. 교육, 선교 및 구제에 관한 일을 계획 실천한다.
9. 국내외의 개혁주의적 교회들과 친교를 도모한다.

제465문 총회의 직무를 다시 구분하여 정리해보라.

1. 최고 법정으로서 하회에서 다룰 수 없어 제출하는 건의, 청원, 진정, 상소, 소원, 문의와 위탁판결을 접수 처리한다.
2. 총회에 속한 전체 교회의 화평과 성결, 교육, 선교, 구제 등의 일을 관장한다.
3. 헌법을 제정, 개정 및 해석을 한다.
4. 노회의 일을 감독한다: 노회록 검사, 노회의 설립, 폐지, 분립, 합병 등을 관장한다.
5. 신학대학원을 설치하고 경영 관리하여 교역자를 양성한다.
6. 국내외 개혁주의 교회들과 친교 및 연합에 힘쓴다.

제466문 총회가 위 직무 외에 비교회적인 사안을 다룰 수 있는가?

1. 없다. 오직 도덕과 영적 사건 즉 교회에 속한 일만 다룰 수 있다(제96조 참고). 경제적, 정치적, 학문적인 사안은 다룰 수 없다.
2. 이는 로마천주교의 입장과 분명히 대조가 된다. 로마천주교는 교회가 모든 생활 영역에 대해 권한을 가지고 있으며, 국가와 사회의 모든 생활 분야는 교회를 봉사하기 위한 것이라고 가르친다. 반면에 칼빈주의, 개혁주의에서는 국가적 영역과 사회적 영역이 교회의 영역과 분명하게 구별되는 고유한 영역을 가지고 있음을 인정하고 있다. 따라서 교회는 소속 개체 교회와 치리회의 모든 사무와 그 연합 관계를 총찰할 뿐이다.[292]

제467문 총회가 하회와 어떻게 다른가?

1. 총회는 전체 교회를 대표한다.
2. 총회는 상소에 대한 최고 및 최종 법정이다.
3. 총회만이 교회헌법을 해석할 수 있다.

---

292. de Gier, *De Dordtse Kerkorde*, 253.

4. 총회만이 헌법을 변경할 수 있다(노회의 동의로).

5. 총회는 교회들의 연합을 묶는 연대이며, 다른 교파들과의 교류를 관장한다.

6. 총회는 교회의 덕행을 감독한다.

7. 총회는 교역자가 증가할 수 있도록 준비한다.

8. 총회는 상설체가 아니며, 다음 해 새 총회가 소집될 때까지 파회한다.

제146조 (총회의 회집) / 제147조 (계속총회)

제468문 총회는 얼마나 자주 모여야 하는가? (제98조 참고)

1. 1년에 1차 회집한다(당회는 매년 1회 이상, 노회는 매년 2회 이상).

2. 어거스틴 당시 고대 교회에서도 1년 1차 회집하였으며 종교개혁 당시 스위스, 프랑스, 스코틀랜드, 헝가리 역시 그렇게 하였다. 반면 네덜란드의 경우는 총회가 매년 회집함으로써 교회의 권한이 확대되는 것을 우려하여 3년에 1차 회집하도록 하였다.[293]

제469문 총회가 임시총회를 소집할 수 있는가?

1. 총회는 상설체가 아니다. 따라서 총회는 회기가 끝나면 해산하게 됨으로써 파하게 되고 회원도 없어진다. 따라서 임시총회를 소집할 수 없다(제61회 총회, 2011년에 재확인하였다).

2. 당회와 노회는 폐회될 때에 파회된 것이 아닌 만큼 필요하면 연중에 몇 번이라도 모일 수 있다. 그러나 총회는 1년에 한번 모였다가 폐회될 때에 파회되므로 연중에 한번만 모인다. 다만 총회의 파회 후 교단의 필요한 사무는 총회가 지시한 범위 내에서 위원회나 상설부에 의하여 처리된다. 총회는 일시적인 회합에 불과할 뿐 상비 단체가 아니니 총회를 교단과 동일

---

293. de Gier, *De Dordtse Kerkorde*, 250.

시하지 말아야 한다. 그것은 모였다가 흩어진 후에는 없어진다. 이와 같은 제도는 본래 '총회'라는 이름으로 교권을 만드는 병폐를 막기 위한 것이다.[294] '파회한 후 일 년 동안은 지교회의 어떤 종류'의 일이든지 총회의 권위로써 관여하지 못한다.[295]

제470문 총회 총대의 회원권은 언제 시작하여 언제 마치는가?

총대는 서기가 추천서를 접수 호명한 후부터 회원권이 있으며, 총회가 파회하면 총대권도 소멸된다.[296]

제471문 총회 총대 선정에서 어떤 기준이 있는가? (헌법적 규칙 3장 제6조)
1. 장로총대는 한 교회에서 2인을 초과하지 못한다.
2. 총회 총대수 선정 기준은 매 5년마다 조정할 수 있다.

제472문 총회 총대를 선정하는 노회에 결석(불참)한 자를 총대로 선출할 수 있는가?

없다. 왜냐하면 노회에 결석하는 회원은 선거권과 피선거권이 없기 때문이다(제63회 총회, 2013년).

제473문 계속 총회는 언제 회집되는가?
1. 총회가 성원 미달로 유회되었거나 또는 장기간 정회되었을 때이다.
2. 계속총회의 회원은 원 총회시의 총대가 회원이 되며, 원총대 유고 시는 부

---

294. 정주채, "총회장은 없다", http://www.kscoramdeo.com. 사실 총회장 선거 과열은 여기서부터 비롯된다고 할 수 있다. 선거공영제 시행, 제비뽑기, 기탁금 시행, 불법선거운동금지 등으로는 선거과열을 막을 수 없다. 제도적으로 비상설치리회의 성격을 회복하여 현재 총회와 총회장에게 집중된 권한을 분산시키는 것이 가장 본질적인 해결책이 될 것이다.
295. 박윤선, 『헌법주석』, 165.
296. 이종일, 『헌법으로 보는 교회생활 500문 500답』, 135-36.

총대가 대리할 수 있다.

제148조 (총회장의 지위와 직무 대리)

제474문 총회장의 법적 지위가 무엇인가?

1. 총회장은 총회를 대표하고 총회 업무와 산하기관을 총괄한다.

그러나 총회장은 문자 그대로 장로회 최고 의결기관의 의장이라는 것을 기억해야 한다. 즉 총회장은 행정기구의 장(President)이 아니라 회의기구인 총회의 의장(Moderator)이다. 따라서 총회의 개회 중에는 사회자로서 직무를 수행하고 파회한 후에는 의원내각제의 대통령처럼 교단의 대표자로서 상징적인 지위를 지닌다.[297]

2. 총회의 회장 유고 시는 부회장이 대리하고 부회장도 유고시는 회원인 직전 회장으로부터 역순위로 전(前) 회장이 대리한다.

제149조 (총회 개회와 폐회)

제475문 총회는 어떻게 개회하고 폐회하는가?

1. 기도로 개회하고 폐회한다.
2. 특히 폐회하기로 결정한 후, 회장이 다음과 같이 선언하고 축도함으로 폐회한다.

"교회가 내게 위탁한 권한으로 지금 총회는 파(罷)함이 가한 줄 알며, 이 총회와 같이 조직한 총회가 다시 아무 날 아무 곳에서 회집함을 공포합니다."

---

297. 이종일, 『헌법으로 보는 교회생활 500문 500답』, 138.

제13장 교회 회의 및 소속기관

제150조 (공동의회)

제476문 공동의회 회원은 누가 되는가?

1. 그 개체 교회 세례교인(입교인)이라면 누구나 공동의회의 회원권을 가진다 (제24조 교인의 권리 참고). 아직 성년이 되지 못하였다고 할지라도 가능하다.
2. 신고 없이 교회를 떠나 교인의 의무를 행치 않고 6개월을 경과한 교인은 회원권이 정지된다.
3. 다른 교회 교인이 이명 증서를 가지고 등록되면 즉시 회원권을 가진다. 그러나 이명서 없이 본 교회에 출석할 경우에는 6개월이 경과해야 당회의 결의로 회원권을 주어진다(제28조 교인의 자격).
4. 권징조례 상의 시벌 중에서 정직 이상의 시벌 아래에 있는 교인은 회원권이 없다.

제477문 공동의회는 얼마나 자주 모여야 하며, 어떻게 회집하는가?

1. 1년 1차 이상 정기적으로 회집해야 한다.
2. 당회의 결의가 있어야 한다.
3. 당회장이 소집하되, 일시, 장소, 안건을 1주일 전에 공고한다.

제478문 당회장이 당회의 결의 없이 단독으로 공동의회를 소집할 수 있는가?

없다. 반드시 당회의 결의가 있어야 한다.

제479문 당회가 언제 공동의회를 소집해야 하는가?

1. 당회가 필요하다고 판단할 때

2. 제직회의 청원이 있을 때

3. 무흠 세례교인 1/3 이상의 청원이 있을 때

4. 상회의 지시가 있을 때

제480문 당회가 제직회의 청원이나 무흠 세례교인 1/3 이상의 청원에도 불구하고 공동의회 소집을 거절할 수 있는가?

1. 당회의 판단에 따라 결정하되, 모든 문제가 그런 것처럼 이 문제에 있어서도 노회를 염두에 두어야 한다. 이 문제가 교인들의 소원이나 진정을 통해 노회 앞에 올 수 있기 때문이다(교회정치 문답조례 280문답).[298]

2. 이에 대해 1922년판 교회정치 9장 제11조에서는 '전기 청원서를 접수할 시에난 특별한 사고가 없으면 소집하는 것이 가하니라'고 하였고, 개혁 측은 '당회가 거부할 수 없고'라고 하였다. 또 임택진 목사 역시 '당회장이나 당회원을 상대로 공동의회 소집을 청원할 때는 당회가 공동의회 소집을 거부할 수가 없다. 당회의 의사를 내세워 공동의회 소집을 거부하거나 지연시키지 못한다.'고 하였다.[299]

제481문 노회가 소집을 명하여도 당회가 공동의회를 소집하지 않을 수 있는가?

공동의회는 당회의 결의로 당회장이 소집하는 것이기에, 노회나 총회는 소집을 위한 지시만 할 뿐 직접 소집할 수는 없다.[300] 노회의 지시에도 불구하고 당회가 소집에 불응할 시 노회는 당회장과 당회원의 권한을 일시 정지하고 임시 또는 대리 당회장을 통하여 행정권으로 수습할 수 있다.

---

298. J. A. Hodge, *What Is Presbyterian Law As Defined By The Church Courts?*, 165.
299. 임택진, 『장로회 정치해설』, 279.
300. 이종일, 『헌법으로 보는 교회생활 500문 500답』, 143.

제482문 공동의회 회장은 누가 되는가?

1. 그 개체 교회 당회장이 겸한다.
2. 당회장 유고시는 당회가 임시회장을 청한다(제118조 당회장을 참고하라). 이때 당회장은 결의권이 없다.

제483문 공동의회는 어떻게 개회되는가?

1. 예정한 시일과 장소에 회집한 회원으로 가능하다.
2. 그러나 회집한 수가 너무 적으면 회장은 시일을 다시 정하여 회집하게 할 수 있다.

제484문 공동의회가 개회되었으나 회집한 수가 적을 때, 어떤 기준에 의하여 그 수의 범위를 결정할 수 있는가?

조선예수교장로회 총회 1924년(제13회 총회)는 이에 대해 회장의 생각대로 할 것이라고 해석을 내렸다.

제485문 공동의회가 의결할 수 있는 안건에는 어떤 것이 있는가?

1. 당회가 제시한 사항.
2. 개체 교회 예산과 결산 사항.
3. 개체 교회 기본재산의 취득과 처분에 관한 사항.
4. 직원의 선거 사항.
5. 상회가 지시한 사항.

제486문 공동의회가 위 안건을 의결할 수 있는 권리에 대해 설명해보라.

1. 공동의회가 의결할 수 있는 안건을 보면 이는 교인으로서 가지는 권리와도 깊은 연관이 있다(제24조 교인의 권리 참고).
2. 교인의 권리는 종교개혁을 통해 비로소 다시 회복되는데, 이는 누구나 예

수 그리스도의 십자가로 인하여 믿음을 통해 하나님의 은혜로 의롭게 되는 권리를 가지는 데서 비롯된다. 특히 당시 스코틀랜드 교회(존 낙스가 1560년에 작성된 제1치리서에서 볼 수 있다)와, 요한 아 라스코가 목회한 런던난민교회에서 교인에게 돌려 준 다양하고도 실제적인 권리를 확인할 수 있다. 그중 가장 중요한 기능은 목사, 장로, 집사를 선출할 수 있는 권리였고, 둘째는 집사들이 집행하는 교회재정문제와 관련해서도 참관인으로 참여하여 자기 의견을 개진할 수 있는 권리이며, 셋째는 소극적이지만 치리회가 시벌을 결정하고 이를 공적으로 선포하기 이전 모든 교인에게 동의를 구해야 했다.[301]

제487문 공동의회에서 공고된 안건 외에 다른 기타 안건을 다룰 수 있는가?

없다. 공동의회는 소집 일시와 장소와 안건을 미리 1주일 전에 공고해야 하기 때문에, 공동의회 중 회원이 새로운 안건을 제안할 수 없다. 공동의회에서는 기타 토의 시간이 없다.

제488문 공동의회의 결의는 어떻게 하는가?

공동의회 결의는 명시된 사항이 아닌 것은 다수결로 한다(1992년 교회정치 헌법적 규칙 5:2). 명시된 사항이란 예를 들면 목사 청빙이나 기타 직원 선거는 각각 참석 수 2/3 이상의 결의나 투표 수 2/3 이상의 결의가 필요하나 그 나머지는 과반수가 되지 않아도 수가 많은 편으로 결정한다는 뜻이다.

---

301. 자넷 맥그레고, 최은수 역, 『장로교 정치제도 형성사』(서울: 솔로몬, 1997), 88-89.

제151조 (제직회) / 제152조 (미조직교회의 제직회) / 제153조 (제직회의 직무 한계)

제489문 제직회의 회원은 누가 되는가?

1. 그 개체 교회 시무목사, 장로, (장립)집사, 권사는 당연 회원이다.
2. 또 당회의 결의로 강도사, 전도사, 서리집사에게 회원권을 줄 수 있다.
3. 협동장로(제71조 참고)는 제직회에서 발언권이 있으나, 원로장로(제72조 참고)는 제직회의 허락을 얻어서 발언권을 가질 수 있다.
4. 무임집사와 무임권사의 경우 당회의 결의로 서리집사의 직무를 맡길 수 있다(제95조).

제490문 휴무장로가 제직회에 참석할 수 있는가?

없다. 일정한 기간 동안 장로의 시무에서 사임하였기에 휴무 기간에는 제직회의 회원이 될 수 없다.

제491문 당회가 없는 미조직교회의 경우 제직회는 어떻게 운영되는가?

1. 당회가 없으므로 강도사, 전도사, 서리집사에게 회원권을 줄 수 있는 당회의 결의를 원천적으로 할 수 없다.
2. 따라서 미조직교회의 경우는 당회를 구성할 때까지 목사, 강도사, 전도사, 서리집사가 제직회 사무를 집행한다.

제492문 제직회는 언제 소집되는가?

1. 회장이 제직회 소집을 필요로 할 때
2. 회원 3분의 1 이상의 요청이 있을 때

제493문 제직회 회장 및 임원은 어떻게 선정하는가?

1. 제직회 회장은 당회장이 겸한다(제118조 참고).
2. 그러나 서기와 회계는 제직회에서 선정한다.

제494문 제직회는 어떻게 개회되는가?

제직회 개회는 교회에 공고한 후, 예정한 시간에 출석한 자로 개회한다.

제495문 제직회가 다루어 의결할 수 있는 사항은 어떤 것인가?

1. 공동의회에서 의결한 예산집행 사항
2. 예산 추가경정 사항
3. 보통재산과 특별헌금 관리사항
4. 기타 중요사항

제496문 제직회에서 의결할 수 있는 사항 중에서 기타 중요한 사항은 어떤 것인가?

1. 제직회는 헌법이 허용한 직무의 범위를 넘어 공동의회나 당회의 고유 직무를 침범하는 어떠한 결의도 할 수 없다. 따라서 제직회는 '기타 중요사항'이 의결 사항에 있다고 해서 예를 들면 목사 청빙이나, 장로 및 기타 직원의 선거 문제를 다룰 수 없다.
2. 단, 당회나 공동의회로부터 위임받은 안건은 의결 처리할 수 있다.
3. 그러나 한편 제직회는 공동의회를 비상으로 소집하는 청원을 할 수 있으므로(제150조 참고), 이를 제직회의 기타 중요한 사항에서 다룰 수는 있다. 즉 당회가 공동의회가 다루어야 할 안건이 있음에도 불구하고 정상적으로 공동의회 소집을 하지 않을 경우 제직회에서 이 사안을 다룰 수 있다.

제154조 (연합당회) / 제155조 (연합제직회)

제497문 연합당회란 어떤 목적으로 조직하며, 어떤 성격을 가지고 있는가?
1. 한 지역 안에 2개 이상의 당회가 있어서 교회 공동사업의 편리를 위하여 연합당회를 조직할 수 있다.
2. 그 회원은 각 당회원 전원으로 하되 치리권은 없다.

제498문 연합제직회란 어떤 목적을 위해 조직하며, 어떻게 운영되는가?
1. 한 지역 안에 2개 이상의 개체 교회 제직회가 그 지역의 합동재정, 전도사업, 종교교육 등 교회 발전을 위한 공동사업을 위하여 연합제직회를 조직할 수 있다.
2. 그 회원은 이 회에 가입한 모든 개체 교회의 제직회장과 각 제직회에서 파송한 총대로 한다.

제156조 (소속기관) / 제157조 (소속회와 소속기관)

제499문 소속회와 소속기관은 어떤 조직을 가리키는가?
1. 소속회는 치리회에서 임명하는 직할 조직체를 뜻한다. 예를 들면 당회 산하에는 성가대, 주일학교, 기타 위원회를 둘 수 있으며, 노회 및 총회 산하에는 각종 상비부서 및 특별위원회가 속한다.
2. 소속기관은 치리회 감독하에 있는 부속기관을 뜻한다. 대표적으로 당회 산하에는 남녀 전도회가 이에 속한다. 노회 산하에는 각종 연합회와 노회 산하에 평신도 신학교, 각종 학원이 속하며, 총회 산하에는 각종 전국연합회와 병원, 학원 등이 속한다.

제500문 각급 치리회는 소속회와 기관을 어떻게 관리하는가?

1. 소속회 및 기관을 조직하고자 하면 그 치리회의 허락을 받아야 한다.
2. 소속회 및 기관의 정관, 회칙, 임원선정, 사업계획 등은 그 치리회의 승인을 받아야 한다.
3. 소속회 및 기관은 그 치리회의 감독 하에 교육, 선교, 구제 등 교회 발전을 위한 사업을 하여야 하며, 재정검사를 받아야 한다.
4. 치리회는 소속기관 및 임의 단체가 치리회의 감독을 받지 않거나 정당한 지도를 거부할 때는 그 대표에게 권고하고 그 권고도 듣지 않으면 그 기관 또는 그 단체에 대하여 법적조치와 해산을 명할 수 있다.

제501문 남녀 전도회가 당회의 허락 없이 대외 행사를 할 수 있는가?

할 수 없다. 기관은 치리회의 감독 아래에 있기에 허락을 받아야 한다.

제502문 남녀 전도회가 당회의 허락 없이 임의로 그 명칭을 변경하거나 회칙을 개정할 수 있는가?

할 수 없다. 기관은 치리회의 감독 아래에 있기에 승인을 받아야 한다.

제14장 선교 및 교단(단체) 교류

제158조 (목적)

제503문 교회가 선교에 힘쓰는 목적이 무엇인가?

1. 하나님께서는 모든 사람이 구원받기를 원하셔서 교회에 복음을 전하도록 명하셨으므로 교회는 선교에 주력하여야 한다.
2. 여기서 말하는 선교는 본래 그 대상이 국내전도와 해외선교를 모두 포함하는 광의의 뜻으로 사용되었지만, 여러 번의 개정을 거치면서 해외선교만을 다루는 조항으로 바뀌었다.

즉 1922년판 교회정치 18장은 '선교사회'라는 제목으로 1조에서 '조선선교사'를 다루고 있는데, 여기에 먼저 등장하는 것이 '전도목사'이고 그 다음에 '선교사'가 나온다. 이곳의 '전도목사'는 1930년판 교회정치에서 존속하다가 1955년판 교회정치에서부터는 3장 교회직원으로 이동하게 된다. 다음은 1922년 교회정치 18장 선교사회 중의 일부이다:

1. 조선선교사
1) 전도목사: 하 노회에서든지 해 경내에 목사 없는 교회가 심다(甚多)하여 각 지교회에서 강도와 성례를 발행하기 불능하면 해 노회가 타 노회나 상회에 청원하야 방조함을 구할 수 있나니, 어떤 노회든지 해 청원에 의하여 전도목사를 파송할 시에난 천서를 선급할 것이니라
2) 선교사: 총회는 교회를 설립하기 위하여 하처(내외지)에든지 선교사를 직접 파송할 수 있나니라. 차등 사(事)를 위하여 관하 노회에 권론(勸論)하여 지교회에 청빙 없는 자라도 전도목사 혹 선교사로 장립하게 할 수 있나니라. 연하나 선교사로 종사하기 불원하는 자를 강권

하지 못하겠고 자원하는 자라야 파송함이 가하며, 전도목사 혹 선교사의 봉급과 기타 비용은 파송하는 치리회가 담당할지니라.

제504문 관할 지역 안에 목사가 없는 교회(허위교회; vacant church)가 있을 때 노회는 어떻게 해야 하는가?[302]

1. 노회는 총회가 위임하여 설정해 준 지역을 살펴서 지역 안에 있는 모든 교회에서 복음이 신실하게 선포되고 있는지 알아보아야 한다.
2. 만약 관할 지역에서 허위교회가 있다면 담임목사가 청빙될 때까지 그 교회에 사역할 목사를 파송하여 예배를 정기적으로 드릴 수 있게 한다. 또 노회는 재정상의 도움도 줄 수 있어야 한다.
3. 또 노회는 관할 지역을 잘 살펴 선교를 위해 전도목사를 파송하여 교회를 개척한다.

제505문 타 노회 지역에 파송된 전도목사는 누가 책임지는가?

1. 교회 설립까지는 그 교회를 개척한 교회가 관리한다.
2. 그러나 교회 설립을 허락할 때부터 개척교회 소속 지역노회가 결정한다
   (제15조 개척교회의 관리).

제159조 (총회파송선교사) / 제160조 (한국주재선교사)

제506문 총회 파송선교사는 어떤 자인가?

1. 총회 파송선교사는 목회자 혹 전문인 중에서 선발한다.
2. 총회 파송선교사는 총회가 정하는 특수 지역에서 사역하는 교포선교사도 포함한다.

---

302. 교회정치 문답조례 674-675.

3. 총회 파송선교사는 총회세계선교위원회의 지도 감독을 받으며, 총회세계선교위원회는 선교비 조달의 책임을 진다.

제507문 선교사의 교적은 어디에 있는가?

1. 선교사의 교적은 파송 받을 때의 소속 노회 또는 파송하는 기관의 소속 노회에 둔다.
2. 다음의 결정을 보라: "해외선교사 노회원 자격 문제는 해 지역 총노회에 이명하여 주고 본 노회의 정회원권은 없으며 언권회원으로 한다."(제40회, 1990년)

제508문 한국주재선교사는 어떤 자를 가리키는가?

1. 외국교회에서 파송된 선교사가 한국 내에서 선교하고자 하면 본국 교회의 파견증서를 총회에 제출하고, 총회는 그에게 소정의 과정을 거치게 한다.
2. 그 후에 해당 노회 또는 기관과 협의하여 선교사역에 임해야 한다.

제509문 목사 선교사의 파송 시 파송식에서 안수를 하는 것이 옳은가?

1. 본 교단에서 발행한 예전 예식서는 선교사의 파송식에서 안수를 허용하지 않는다. 파송식의 중요한 순서는 서약에 있다. 물론 직분자의 임직식이나 목사 위임식에서도 서약이 가장 중요한 순서라 할 수 있다.
2. 그런데 임직식이나 위임식에서 하는 것처럼 목사 선교사의 파송식에서 (재)안수를 하는 것은 옳지 않다. 교회의 질서에 오해와 혼란을 가져온다. 16세기의 종교 개혁가들은 심지어 직분의 임직에서도 안수를 주저하였는데 이는 로마천주교의 미신 때문인데 이들은 안수가 성례로 이를 통해 신비한 방식으로 그 직분에 은사가 임한다고 믿었다.
3. 따라서 선교사 파송 시에 안수를 하는 것은 안수를 오용하는 것이므로 하지 않는 것이 옳다. 선교사의 서약이 신실할 수 있도록 서약에 보다 강조

를 두어야 할 것이다.

제160조 (목적) / 제161조 (자매교회 관계) / 제162조 (우호 관계) / 제163조 (외국 교회 단체와의 협력 관계)

제510문 우리가 타 교단(단체)과의 교류에 힘쓰는 목적이 무엇인가?

1. 교회의 머리이신 그리스도께서 그의 몸인 교회와 연합하신 것처럼 성도 간의 교제를 부탁하셨기에 개혁주의 교회와의 연합과 협력에 주력하도록 한다.
2. 벨직 신앙고백서 27조에서 고백하는 것처럼 교회는 어떤 특정한 장소나 어떤 사람들에게 국한되거나 제한되지 않고 전 세계에 뻗어 있고 흩어져 있다. 따라서 교회는 본래 하나의 교회이다. 비록 시대가 지나면서 다양한 역사적인 변천에 의해 다양한 교파와 교단이 생기게 된 것이 우리의 현실이라 할지라도 하나를 추구하는 명령은 계속된다.

제511문 '교단'이라는 용어를 사용하는 것이 적절한가?

교단이라는 용어는 일제 강점기 때 일본의 조선 기독교 말살 정책의 수단으로 사용된 용어이므로 '고신총회' '고신교회'라는 용어를 사용하되, 대외적인 연합활동을 위해 '교단'용어를 사용하는 것은 양해하기로 총회가 결정하였다(제66회 총회, 2016년).

제512문 외국교회와 자매교회를 맺으려면 어떤 조건이 선행되어야 하는가?

본 교단과 신학 및 생활이 일치해야 한다. 이때 자매관계를 체결하여 친선을 도모하며 협력한다.

제513문 본 교단과 자매관계에 있는 교회를 열거하라.

1. 고신교회는 출발(1952년)부터 역사적인 교회들이 고백해 온 사도신경 속의 '거룩한 공교회'를 믿을 뿐만 아니라 고신교회가 이 가운데 있음을 의식하고 세계에 산재한 교회들과의 교제를 추구해왔다. 1967년 화란 개혁교회와 자매교회를 맺은 이후 이러한 교회연합은 상호간에 큰 유익을 가져왔다.[303]

2. 외국에서 본 교단 출신으로 조직된 총회

    1) 재미 총회 2) 대양주 총회 3) 유럽 총회

3. 외국교단[304]

    1) 화란개혁교회(자유파)(The Reformed Churches in the Netherlands(Liberated)): 1967년 결연.

    2) 화란기독개혁교회(The Christian Reformed Churches in the Netherlands): 1999년 결연(제49회 총회)

    3) 캐나다개혁교회(The Canadian & American Reformed Churches): 1992년 결연.

    4) 호주자유개혁교회(The Free Reformed Churches of Australia): 1976년 결연.

    5) 남아프리카공화국개혁교회(The Reformed Churches of South Africa): 1979년 결연.

    6) 대만개혁종장로교회(臺灣改革宗長老敎會): 2013년(제63회 총회)

---

303. 허순길, 『한국장로교회사』(서울: 영문, 2008), 573.
304. 자매교회와 관련하여 교회정치 제161조와 허순길 박사가 제시하는 교단 사이에 차이가 있다. 즉 허순길 박사에 의하면 남아자유개혁교회, 일본개혁교회, 미정통장로교회 역시 자매관계 교회에 속한다. 허순길, 575. 그러나 관련 총회의 기록을 볼 때 허 박사의 기록을 오류라고 볼 수 있다.

제514문 자매교회와 어떻게 서로 관계를 유지하며, 하나를 이루어갈 수 있는가?[305]

1. 자매교회의 교인의 이명을 인정한다.
2. 자매교회의 목사를 강단에 허용한다.
3. 자매교회의 총회에 총대를 파송하여 조언과 권면할 뿐 아니라, 사절단 및 방문단을 보내어 친선을 도모한다.
4. 교리와 예배와 생활이 하나님의 말씀에서 벗어나지 않도록 서로 감독하며 서로 봉사한다.
5. 교회의 관습이나 교회정치와 관련하여 덜 중요한 일에서 우리와 서로 다르다고 하여 정죄해서는 안 되며 서로 관용해야 한다. 모든 교회는 각각 고유한 규정을 가질 수 있다. 신자의 자유를 서로 고려해야 한다.

제515문 본 교단과 우호관계를 가지려면 어떤 조건을 갖추어야 하는가?

본 교단의 신학과 생활에 동의하고 친선을 도모하기 원하는 교단과 우호관계를 체결하고 협력한다.

제516문 본 교단과 우호 관계를 가진 교단에는 어떤 곳이 있는가?

1. 대한예수교 장로회총회(합동): 1963년(13회 환원총회).
2. 미국정통장로교회(The Orthodox Presbyterian Church): 1993년 결연.
3. 일본기독개혁파교회(The Reformed Church in Japan): 1981년 결연.
4. 남아프리카 자유개혁교회(The Free Reformed Churches in South Africa): 1982년 결연.
5. 미국 장로교회(The Presbyterian Church in America)

---

305. de Gier, *De Dordtse Kerkorde*, 416.

제517문 현재 본 교단과 교류를 진행 중인 교단이 있는가?

2018년 9월 기준으로 예장 합신(제65회 총회, 2015년)과 예장 순장(제67회 총회, 2017년)과 교류를 위해 각각 교류추진위원회가 활동 중에 있다. 그리고 제67회 총회에서는 헌법적 규칙을 개정하여 본 교단과의 관계를 복음선교를 함께할 수 있는 선교적 관계, 동일한 신앙을 고백하는 신학적 관계, 이명서를 주고 받을 수 있는 교회적 관계로 매년 설정할 수 있도록 결의하였다.

제518문 우호 관계에 있는 교단에 속한 교회의 교인을 성찬에 허락할 수 있는가?

본 교단의 신학과 생활에 동의하고 또 친선을 도모하기 원하여서 우호 관계를 체결하고 협력하는 관계에 있기에 성찬에 허락하지 못할 이유가 없다.

제519문 본 교단과 협력관계에 있는 외국교회단체는 어떤 곳인가?

1. 국제개혁주의교회협의회(The International Conference of Reformed Churches)이다. 이 협의회는 1982년 10월 화란의 흐로닝언에서 창립되어 1997년 제4차 협의회는 우리나라 서울의 서문교회에서 열린 바 있으며 현재 20여 교파교회들이 속해 있다. 이 협의회는 순수한 개혁주의 신앙과 신학의 노선을 걷는 교회들의 유일한 국제적 협의체이다.[306]

2. 본 교단은 일찍부터 개혁주의 신앙고백 안에서의 교회의 일치를 귀중하게 여겼다. 다양한 신앙과 신학을 가진 교회들을 하나의 조직 속에 수용하는 기구 안에서의 혼합적 일치를 거절하면서 '세계기독교연합회'(WCC), 개혁교회연맹(The Alliance of Reformed Churches), '개혁주의 에큐메니칼 협의회'(The Reformed Ecumenical Council), '국제기독교협의회'(ICC)에 가담하지 않았다.[307]

---

306. 허순길, 『한국장로교회사』, 577.
307. 허순길, 『한국장로교회사』, 575-76.

제520문 타 교단 교회의 목사를 고신 교회의 강단에 설교자로 세울 수 있는가?

자매관계나 우호관계에 있는 교단의 목사를 고신 교회의 강단에 설교자로 세우는 것에는 문제가 없을 것이다. 그런데 그 외 자매 및 우호 관계에 있지 않는 교단의 목사의 경우는 어떠한가? 총회는 최근 이를 개체 교회의 당회의 재량에 맡겼다(제53회 총회, 2003년). 그러나 본 교단의 신학과 생활에 일치할 때 혹은 동의할 때 자매 및 우호 관계를 맺는 규정을 참고할 때 타 교단 목사의 고신 교회 강단 허락은 신중하게 결정되어야 한다. 제40회 총회(1990년)는 국내에서는 우호관계에 있는 예장합동총회 소속 교회와만 강단 교류를 허락하였고, 기타 교단 소속 강사는 노회의 허락을 받도록 하였다. 이보다 더 일찍이는 강단 교류는 국내외를 막론하고 칼빈주의 보수교단으로 본 교단 정신(신앙, 신학, 생활)에 맞지 않는 교단은 거부하기로 결정하였으며(제21회 총회, 1971년), 만약 위 결의 사항을 위배하고 강행할 경우 노회는 응분의 처리를 가할 것이라고까지 하였다(제27회 총회, 1977년).

제15장 재산

제164조 (재산의 구분) / 제165조 (개체 교회의 재산) / 제166조 (노회의 재산) / 제167조 (총회의 재산) / 제168조 (재산의 보존과 관리) / 제169조 (재산 권리의 제한) / 제170조 (기본재산의 처분) / 제171조 (미조직교회의 재산 관리)

제521문 교회헌법에서 규정하는 재산을 어떻게 구분하는가?

1. 기본재산: 부동산과 그 회의 결의에 따라 기본재산으로 정하는 재산
2. 보통재산: 위에서 정하는 기본재산 이외의 재산

제522문 개체 교회의 재산과 노회의 재산과 총회의 재산에는 각각 어떤 것이 포함되며 또 운영되는가?

1. 개체 교회의 재산

    1) 개체 교회가 조성한 재산

    2) 개체 교회 산하기관과 단체의 재산

    3) 기타 교회가 기증받은 재산

2. 노회의 재산

    1) 노회가 조성한 재산

    2) 개체 교회가 신탁한 재산

    3) 노회 산하 기관과 단체의 재산

    4) 기타 노회가 기증받은 재산

3. 총회의 재산

    1) 총회가 조성한 재산

    2) 노회나 개체 교회가 편입한 재산

3) 총회 산하 기관과 단체의 재산

4) 기타 총회가 기증받은 재산

제523문 개체 교회, 노회 및 총회 기본 재산 중 부동산은 어떻게 보존, 관리하는가?

1. 대한예수교장로회 고신총회 유지재단에 편입 보존함을 원칙으로 한다.
2. 단, 유지재단에 편입하지 않은 개체 교회의 부동산은 그 개체 교회 명의로 보존할 수 있으나 총회 유지재단의 지도를 받아야 한다.

제524문 총회유지재단에 편입한 재산은 개체 교회 교인들의 결의 없이 처분할 수 있는가?

1. 없다. 개체 교회, 노회 및 총회가 총회유지재단에 편입한 재산은 유지재단 이사회가 선히 관리하지만, 편입된 재산에 대하여 편입주의 청원 없이는 어떠한 처분결의도 할 수 없다.
2. 개체 교회가 총회유지재단에 편입한 재산은 그 교회 당회가 관리한다.

제525문 기본재산을 취득, 매도, 증여, 교환, 담보, 용도변경을 하려면 어떤 절차를 밟아야 하는가?

1. 개체 교회는 순차에 따라 당회에서 2/3 이상의 결의와 공동의회에서 2/3 이상의 결의가 있어야 한다.
2. 노회와 총회는 정기회에서 2/3 이상의 결의로 한다.
3. 총회유지재단에 편입된 재산의 경우, 위에서 정한 절차에 따라 결의한 후, 동 재단의 승인을 얻어야 한다.

제526문 개체 교회에서 기본재산과 보통재산을 각각 어떻게 관리하는가?

1. 기본재산: 당회가 관리

2. 보통재산은 제직회가 관리
3. 부동산: 개체 교회 명의로 등기

제527문 당회가 없는 미조직교회에서 재산관리는 어떻게 하는가?

당회가 조직될 때까지 제직회가 관리한다.

제528문 소속한 교회를 이탈하는 자가 그 재산에 대한 지분을 주장할 수 있는가?

1. 제169조 재산 권리의 제한을 다음과 같이 "개체 교회의 재산은 교인에게 지분권이 없는 재산이므로 그 교회를 이탈하는 자는 그 재산에 대한 권리를 포기한 것으로 한다."라고 규정하고 있으나, 그러나 대법원 판례는 개체 교회 재산권 제한에 대한 교단헌법 규정은 효력이 없는 것으로 나와 있다(대법원 93.1.19. 91다1226호 판결).
2. 교회재산은 교인들의 총유에 속한다. 총유라고 하는 것은 각자가 소유권을 행사할 수 있는 '공동소유'와 다른 개념으로, 공유와 합유에 말하는 '지분'이 인정되지 않고 단체의 구성원으로서 단체재산에 대한 수익권을 가질 뿐 그 수익권을 타인에게 양도할 수 없다는 점에서 공유나 합유와 판이하게 다르다.[308]

제529문 일반법에 의하면 개체 교회가 교단을 이탈하거나 또는 소속한 교회를 이탈하는 자가 2/3 이상이 될 경우 교회재산은 어떻게 되는가?

1. 교인의 2/3 이상의 동의가 없는 일부 교인에 의한 교회분열과 교회재산분할은 허용되지 않는다.
2. 이에 대해 대법원 판결(2006년 4월)을 참고하라: 종전의 교회의 분열을 인

---

308. 황교안, 『검사님 이럴 땐 어떻게 해야 되나요?』(서울: 만나, 1994), 153-55.

정하고 교회의 재산에 대해 분열 당시 교인의 총유라는 판례에서 변경하여, 교회의 분열을 인정하지 않고 사단법인 정관변경 규정에 준하여 교인 2/3이상의 결의가 있는 경우에는 교단탈퇴를 인정할 뿐 아니라 교회재산도 탈퇴한 교단 교인의 총유라고 판결하였다. 즉 2/3 이상의 교인의 결의가 없는, 일부 교인들의 탈퇴 시에는 교회분열은 허용하지 않으며 재산 분할도 허용하지 않는다.[309]

3. 따라서 분열 시 쌍방이 모두 2/3 이상의 교인이 되지 못할 경우에는 공동의회를 통해 교인들이 함께 모여서 해결을 보는 방법이 아니고서는 다른 방법이 없다.[310]

제530문 일반법에 의하면 분열된 교회의 한쪽 당사자가 공동의회의 결의를 거치지 않고 일방적으로 재산을 가지고 갔을 경우 어떻게 되는가?

절도죄에 해당한다(대법원 84.8.21. 83도2981호 판결).[311]

제172조 (회계연도)

제531문 개체 교회, 노회 및 총회의 회계연도는 어떠한가?

1. 개체 교회: 매년 1월 1일부터 12월 31일까지를 원칙으로 하되 그 교회 사정에 따라 변경할 수 있다.

---

309. 사건의 개요: 사건명 : 2004다37775 소유권말소등기; 당사자 : 원고 기독교성결교회 신서교회, 피고 신서교회; 원고 교회의 목사인 A는 소속 교단과 갈등을 빚자 지지 교인들을 모아 소속 교단을 탈퇴하여 피고 교회를 세우고 교회 건물을 피고 교회 명의로 등기하였음; 이에 원고는, 피고에 대하여 위 등기의 말소를 구하는 소송을 제기하였고, 1심은 종전 판례의 입장에 따라 원고의 청구를 기각하였고, 원심도 같은 이유로 원고의 항소를 기각하였음)(2006년 4월 22일자 동아일보 기사 참고).
310. 양인평 외 2인, 『가이사 법과 한국교회』(서울: 새물결플러스, 2009), 83.
311. 황교안, 『검사님 이럴 땐 어떻게 해야 되나요?』, 72.

2. 노회: 임원을 선임하는 정기노회의 회집 익일부터 동일한 정기노회의 차기회집 당일까지.
3. 총회: 총회 회집 익일부터 차기 총회 회집 당일까지.

제173조 (경상비 관리) / 제174조 (감사)

제532문 개체 교회 경상비 관리에 어떤 원칙이 있는가?

1. 추가경정예산: 개체 교회의 회계는 공동의회에서 통과한 예산범위 안에서 집행하되, 예산에 변경을 가할 필요가 있을 때에는 그 교회의 예산편성 절차에 준하는 과정을 거쳐 제직회의 결의를 얻어 집행한다.
2. 예산과목 외의 지출: 공동의회에서 통과된 예산 항목에 없는 지출은 당회의 제안으로 제직회 결의에 의하여 지출할 수 있다.
3. 현금 보관과 증빙서: 현금은 금융기관에 예치하고 지출에는 증빙서를 비치하여야 한다. 단, 개체 교회 제직회가 현금보관 한도액을 정했을 경우 회계는 이를 성실하게 관리하여야 한다.
4. 예비비: 세출예산에는 예산총액의 100분의 1이상에 해당하는 금액의 예비비를 계상하여야 한다.
5. 회계보고: 개체 교회의 회계는 정기제직회에 회계보고서를 제출하여야 한다.
6. 세계(歲計)잉여금 처리: 매 회계연도 세계잉여금은 차입금의 상환과 지난 연도에 이월 사용하는 분을 제외하고는 적립하여야 하며, 이 적립금은 그 회 또는 개체 교회의 기본재산으로 한다.

제533문 개체 교회와 노회, 총회에서 어떻게 재산상황과 회계를 감독할 수 있는가?

1. 개체 교회, 노회 및 총회는 1년에 1차 이상 재산상황과 회계를 감사하여야

한다. 이를 위해 감사를 선정할 수 있다.
2. 이를 위해 회계책임자는 각종 재무자료를 성실하게 제시하여야 한다.

제534문 개체 교회 예결산위원회의 선정권은 어디에 있는가?

교회정치 제12조(당회의 직무)에서 교회직원의 임면권은 당회의 직무이므로 예결산위원회의 선정은 당회의 소관이다(제64회 총회, 2014년). 그러나 원칙적으로 개체 교회의 예산 수립은 제직회의 임무 중 하나이므로 예결산위원의 선정은 당회가 추천하여 제직회의 동의를 구하는 것이 적절하다.

제16장 각종 고시

제175조 (목사고시) / 제177조 (강도사 고시) / 제178조 (전도사 고시)

제535문 웨스트민스터 교회정치(1645년)은 목사 시취(試取)에 대해 어떻게 말하고 있는가?

1. 시취할 자를 형제처럼 온유한 심정으로 대하되 특히 각 사람의 신중함과 겸손과 자질을 볼 것이다.
2. 그는 성경 원어 실력에 관하여 시험을 치되, 시험은 히브리어와 헬라어 성경을 읽고 어느 부분을 라틴어로 번역하는 것으로 한다. 여기에서 결점이 드러나면 다른 학문에서는 좀 더 철저히 조사를 하되 논리학과 철학을 습득했는가를 시험할 것이다.
3. 어떤 신학자들의 저서들을 읽었으며 가장 통달하고 있는지, 또한 신앙의 근거들에 대한 지식을 갖고 있으며, 그 안에 포함된 정통 교리를 모든 불건전하고 그릇된 주장들에 대항하여, 특히 현대의 오류들에 대항하여 변호할 능력이 있는지를 시험할 것이다. 또한 그에게 제시하는 성경 구절의 뜻과 의미를 잘 알고 있으며, 양심의 문제들에 대한 지식, 그리고 성경의 연대기와 교회의 역사에 대한 지식이 있는지를 시험할 것이다.
4. 만일 이전에 공적으로 설교하여 판단할 수 있는 자의 인정을 받은 일이 없다면 노회는 그에게 상당한 시간을 배정하여 노회 앞에서 주어진 성경 본문을 강해토록 할 것이다.
5. 그는 그에게 주어진, 신학의 일반적 논제나 논쟁에 관한 논문을 라틴어로 배정된 기간 안에 작성할 것이며, 노회에서 그 논문을 요약한 명제를 발표하고 그에 대한 논증을 할 것이다.
6. 그는 사람들 앞에서, 곧 노회 혹은 노회가 임명한 몇몇 말씀의 사역자가

임석한 가운데서 설교를 해야 한다.
7. 그가 부름을 받은 자리와 관계하여 그의 은사의 정도를 고려할 것이다.
8. 설교의 은사를 시험하는 것을 제외하고, 그는 두 날에 앞에서 이야기한 과목들의 시험을 치를 것이며, 노회가 필요하다고 판단하는 경우에는 더 여러 날 동안 시험을 볼 것이다.
9. 이전에 목사로 임직되었다가 다른 임지로 옮기려 하는 사람은 그의 임직 증명서와 그의 능력과 행실에 대한 증명서를 가져올 것이며, 그 자리에서 설교함으로써 그 자리의 적임자인지의 여부를 판단할 것이고, (만일 필요하다고 판단되면) 더 시험할 것이다.
10. 이 모든 데서 검증이 되면 그는 섬길 교회로 파송될 것이고, 거기에서 세 날에 설교하고 교인들과 대화를 나눔으로써 교인들을 세우기 위한 그의 은사를 시험하고 그의 삶과 행실에 대해 묻고 더 잘 알게 되는 시간과 기회를 가질 것이다.
11. 설교의 은사를 시험하기 위해 정한 이 세 날 중 끝날에 노회는 그 회중에게 공한(公翰)을 보내어 공적으로 낭독한 후 교회의 문에 게시함으로써 다음의 사실을 알릴 것이다. 즉 그 회중이 지명한 충분한 수의 회원들이 아무 날 노회에 출석하여 그 사람을 그들의 목사로 세우는 데에 동의하고 찬동함을 표할 것이며, 혹시 그렇지 아니할 경우에는 모든 그리스도인다운 분별력과 온유함으로 이의를 진술할 것이다. 약정한 날에 그를 반대하는 정당한 이의가 없고 교인들이 동의를 한다면 그때 노회는 임직의 순서로 나아갈 것이다.

제536문 목사고시 과목에는 어떤 것이 있는가?

1. 제출과목
   1) 논문: 신학의 요긴한 문제에 대한 논문.
   2) 주해: 성경 중 한 장 혹 몇 절에 대한 주해.

3) 기록설교: 고시 설교에 사용할 설교 1통.
2. 당일 응시과목 : 예배지침, 교회정치, 권징조례, 목회학, 설교
3. 구두시험: 필기고사(제출과목 및 당일 응시과목)에 합격한 자에게 성직과 목회에 관한 사항과 성경과 신학에 대해 구두로 고시하고, 이외에도 노회는 공석에서 만족하다고 인정되기까지 다른 방법으로 고시할 수 있다.

제537문 강도사 고시와 관련한 규정 및 시행세칙에는 어떤 것이 있는가?

1. 고시자격: 강도사 고시에 응하고자 하는 자는 고려신학대학원에서 목사 후보생 과정을 이수하고 졸업한 자라야 한다.
2. 제출서류: 응시자가 제출해야 할 서류는 다음과 같다.
    1) 고려신학대학원 졸업증명서
    2) 이력서
    3) 신학대학원 전 과정 성적증명서
    4) 당회장 평가서
3. 고시시기: 고시시기는 매년 4월 정기노회 20일 전까지로 한다.
4. 고시과목: 고시과목은 성경, 성경 신학, 교리, 교회사와 면접으로 한다. 단 재시자는 불합격한 과목만 응시한다.
5. 출제위원: 출제위원은 각 과목 당 고려신학대학원 교수 1명과 신학위원 1명에게 위촉한다.
6. 예제발표: 출제위원들은 출제예상문제를 고시일로부터 최소 3개월 전까지 발표한다.
7. 커트라인: 면접 외의 각 과목들의 커트라인은 60점으로 한다. 단 특별한 문제가 있다고 사료된 시에는 위원 2/3 이상의 결의로 조정할 수 있다.
8. 합격자발표: 고시가 끝나는 당일에 하며, 14일 이내로 교단 신문에 공고한다.

제538문 강도사 인허 및 소양 교육에 대한 규정에는 어떤 것이 있는가?

1. 각 노회는 정기노회 시에 총회장이 발행한 강도사 인허증을 전달한다. 이후부터 강도사 자격을 갖는다.
2. 강도사 소양교육: 강도사 고시에 합격한 목사후보생들에게 소양교육을 실시한다. 교육기간과 내용, 그리고 강사 선정 등은 신학위원회가 정한다. 단 각 노회가 시행하는 목사고시에 응하려면 강도사소양교육 수료증을 제시하여야 한다.

제539문 타 교단 출신의 본 교단직영 고려신학대학원생이 졸업 후 본 교단의 강도사 고시에 응하고자 할 때는 어떻게 해야 하는가?

고려신학대학원 재학 시 노회로부터 신학계속허락을 2회 받아야 하며, 만약 1회를 받았을 경우에는 졸업 후 노회의 지도와 감독을 1년 받은 후에 응시할 수 있는 자격이 있다(제63회 총회, 2013년).

제540문 목사후보생은 강도사 인허를 어떻게 받는가? (헌법적 규칙 제2장 예배지침 제4조 강도사 인허증 전달식)[312]

1. 노회는 강도사 인허할 자에게 다음과 같이 서약한다.
    1) 구약과 신약성경은 하나님의 말씀이요 신앙과 행위에 대하여 정확무오한 유일의 법칙으로 믿습니까?
    2) 웨스트민스터 신앙고백서 및 대교리문답과 소교리문답은 구약과 신약성경의 교훈한 도리를 총괄한 것으로 알고 진솔한 마음으로 받아들일

---

312. 본래 2011년 헌법에서 헌법적 규칙 제2장 예배지침 제4조는 '강도사의 인허식'이었으나 제62회 총회(2012년)가 '강도사의 인허증 전달식'으로 수정하였다. 이와 관련하여 교회정치 제177조 4항 "강도사 인허식은 노회가 시행한다"를 "강도사 인허증 전달식은 노회가 시행한다"로 수정해달라는 청원이 제64회 총회(2014년)에 있었으나 이에 대해 총회는 표현의 차이는 있으나 의미상 큰 차이는 없으므로 현행대로 하기로 가결하였다.

것을 승낙합니까?
3) 주님의 몸된 교회의 화평과 연합과 성결함을 위하여 헌신하기로 맹세하십니까?
4) 주 안에서 본 총회 산하의 노회의 당회의 치리를 복종하기로 맹세하십니까?

2. 인허공포

인허 받을 자가 서약한 후에 회장이 기도하고 인허할 자에게 다음과 같이 선언한다.

"교회의 머리 되신 주 예수 그리스도의 이름과 노회의 권위로 (000)씨가 고신총회 강도사로 인허되었음을 선언하며, 하나님의 은총 베푸심과 그리스도의 은혜와 성령이 충만하기를 기원합니다. 아멘."

3. 인허증 전달식

노회장이 인허 받을 자에게 인허증을 전달한다.

제541문 강도사 인허 기간은 얼마 동안 지속되는가?

1. 우리 헌법은 이 사항에 대하여 분명하게 규정하지 않고 있다. 다만, 노회는 강도사의 설교가 교회에 덕을 끼치지 못한다고 여길 때에, 또 신덕이 불량하거나 노회의 지도에 순응하지 아니할 때에 언제든지 강도사 인허를 취소할 수 있다(교회정치 제90조 2항 참고).
2. 미국 북장로교회 1872년 총회는 인허기간을 4년으로 정한 바가 있다.

제542문 전도사고시는 어떻게 시행하는가?

1. 제출서류: 전도사고시 청원서, 이력서, 당회장 추천서.
2. 고시과목: 성경, 소교리문답, 교회정치, 교회사, 면접 등.

제176조 (장로고시) / 제179조 (집사와 권사의 고시)

제543문 장로고시는 어떻게 시행하는가?

1. 주관: 소속노회
2. 필기고사: 성경, 소교리문답, 교회정치, 기타(소속 노회가 정한 과목).
3. 구두시험: 필기고사에 합격한 자에게 구두로 고시한다.

제544문 집사와 권사 고시는 어떻게 시행하는가?

1. 주관: 당회
2. 고시 과목은 장로고시 절차에 준하여 시행한다.

제17장 헌법 개정 / 18장 부칙

제180조 (헌법 개정의 제안) / 제181조 (헌법 개정위원회 설치) / 제182조 (헌법 개정의 절차와 방법) / 제183조 (헌법 개정의 기준)

제545문 교회의 헌법을 개정할 수 있는가?

그렇다. 교회헌법은 영구한 법이 아니므로 교회가 필요한 경우에는 아무런 거리낌이 없이 규례를 변경할 수 있고 과거에 시행하던 규례들은 폐기할 수도 있다.[313] 부활하신 주께서 살아계시기에 교회헌법 역시 살아 있다. 즉 교회법은 폐쇄적이지 않고 새로운 방향을 향하여 열려 있다. 그러나 헌법 개정은 당회나 노회가 하지 못한다. 총회에서 수정되지 않는 이상 열심히 지키도록 노력해야 할 것이다.

제546문 헌법 개정은 어디에서 제안할 수 있는가?

총회 산하에 있는 노회의 발의로 제안된다. 개인이나 당회가 직접 할 수 없다.

제547문 헌법 개정의 절차가 어떠한가?

1. 노회의 발의로 시작할 수 있다.
2. 헌법개정위원회 설치: 총회가 헌법을 개정하기로 결의하면 15인(목사 12인, 장로 3인)로 구성하여 연구 검토한다. 이때 위원은 총회에서 다수결로 선출하고, 한 노회에서 2인을 초과하지 못한다. 여기서 개정위원회는 자구 수정이나 소폭의 수정을 넘어 대폭적이고도 전면적인 개정을 하고자 할 때

---

313. 기독교강요 4:10:32.

세우는 것임을 기억해야 한다.
3. 헌법개정안 성안 및 홍보와 설명회: 헌법개정위원회는 헌법개정안이 제안된 날로부터 6개월 이내에 헌법개정안을 성안(成案)하여야 하고, 바로 그 다음 총회 시까지 적당한 방법으로 홍보하고 설명회를 개최하여야 한다.
4. 총회의 결의: 총회에서는 재적 과반수 출석과 출석 회원 3분의 2 이상의 찬성으로 결의하여야 한다.
5. 헌법수의: 총회는 결의된 성안을 각 노회에 보내어 수의하게 한다.

제548문 헌법 개정의 기준이 어떠한가?

1. 교리표준: 신앙고백, 대교리문답, 소교리문답을 개정 시-총회 산하 노회의 3분의 2와 전 노회원 투표수 3분의 2의 가표를 얻고, 그 다음 총회가 채택함으로 개정된다.
2. 관리표준: 예배지침, 교회정치, 권징조례를 개정 시-총회 산하 노회의 과반수와 전(全) 노회원의 투표수 과반 수 이상의 가표를 얻은 후, 총회장은 그 결과를 즉시 공포 실시한다.
3. 헌법적 규칙: 총회 재적 과반수와 출석회원 2/3 이상의 찬성을 얻어야 하며, 총회장이 그 결과를 공포 실시한다.

제549문 본 헌법 관리표준의 각 조항에서 명시되지 않은 것을 어떻게 보충되는가?

헌법적 규칙으로 정해놓고 있다.

제550문 헌법이나 규칙에 의한 모든 정치, 권징 서식에서 무엇을 표준으로 삼는가?

총회표준문서이다.

제3부

권징조례

제1장 총칙

제1문 개정된 권징조례의 특징과 권징의 정의는 무엇인가?

　제60회 총회에서 2011년 4월 각 노회에 수의하도록 한 본 권징조례가 통과되어 총회장이 공포함으로서 바로 시행하게 되었다. 그러나 권징조례는 대대적으로 개정되었고 구(舊) 권징조례보다 시행함에 있어 불편한 점이 있었을 것으로 생각된다. 새로운 부분이 많아 익숙하지 못하기 때문이다. 개정 권징조례는 국법과 밀접한 관계가 있으며 유사한 제도가 많으나, 교회정치 원리 제8조 '권징'을 인용하자면, "그 성격이 순전히 도덕적이고 영적이어야 하며 도덕성이며 신령성의 것이요 국법에 의한 시벌이 아니다"라고 했다. 그러나 권징법의 실체는 징계법이고 절차는 형사법으로 이해하면 되고, 제2조 권징의 목적에 있는 대로 진리를 보호하며 그리스도의 권위와 영광을 옹호하며 악행을 제거하고 교회의 정결과 덕을 세우며 범죄자의 영적 유익을 도모하는데 있음을 잊어서는 안 된다. 그러나 때로는 '법이 있고 교회가 있느냐, 교회가 있고 법이 있느냐'는 논리로 교회의 유익을 위해 편법 또는 탈법을 용인한다. 이것은 교회가 안정되었을 때에는 좋지만, 그것이 관례가 되면 교회가 혼란스러울 때 바로 잡을 방법이 없게 된다. 그리고 권징조례는 일종의 재판 규례이기 때문에 재판(부)국의 판결에 도움을 주기 위한 해석을 붙이기도 했다. 그래서 힘들더라도 법을 바로 세워 시행해야만 질서가 서고 흔들리지 않는다. 특히 이번 권징조례해설에는 권징서식을 해당 문항에 적어 놓았다. 많은 참고가 될 것이다.

　권징조례 제1조에 의하면, "권징은 예수 그리스도께서 교회에 주신 권한을 행사하며, 그의 설립하신 법제도를 시행하며 교인 직원 및 각급 치리회를 권고하는 것"이라고 했다.

　이 조문에서 권징의 주체는 각 치리회 즉 당회, 노회, 총회를 말한다. 그리고 권징의 객체는 헌법과 헌법이 위임한 제 규정 등을 위반하여 죄를 범한 교인, 직원, 각 치리회이다. 이러한 권징권의 원천과 근거는 예수 그리스도이며, 권리의 행사와 권고하고 징계하는 교회재판을 권징의 방법으로 삼는다. 그러므로 권징권은 예수 그리스도께서 교회에게 주신 권한을 행사하는 것이다.

"권고하라. 교회에 말하고 판단하지 아니하랴, 판단하기를 감당하지 못하겠느냐 판단할만한 지혜 있는 자가 이같이 하나도 없느냐 모든 사람 앞에서 꾸짖어"라는 말씀을 볼 때 이는 권징법의 성경적 근거가 된다(이성웅).

1) 이번 개정 신법에 있어서 권징조례의 소송절차는 대부분 형사소송법상의 절차와 대동소이하다.
2) 교회의 권징은 도덕상의 문제, 신령상의 문제에 관한 처벌이지 국법위반으로 인한 처벌이 아니라는 점을 알아야 한다[교회정치 제1장 교회정치원리 제8조(권징)]. 중세시대의 종교 재판이었던, 재산 몰수형, 종신 징역형, 신체형 그리고 생명형의 일종인 화형 같은 것은 생각할 수 없다.

제2문 권징은 곧 벌을 시행하는 시벌(施罰)을 가리키는가?

개혁교회는 권징을 벌과 동일시하지 않는다. 교회의 치리 행위에 대하여 '권징하다'(παιδεύω)는 말이 사용되었는데, 그것은 신약에서 주로 '교훈' '훈련' '교정' '양육' 등의 의미를 가졌고, '벌한다'는 의미로 쓰인 예는 매우 드물다. 사실상 기독교의 권징은 교훈과 교정과 훈련 등을 그 주요 목적으로 한다. 그러므로 이 일은 사랑의 원리로 시행되는 것이다."[314] 따라서 여기서 '상호 권징'의 의미가 있다. 서로 돌아보는 것이다(롬 15:14; 갈 6:1; 살전 5:11; 히 3:12-13; 약 5:19-20).

---

314. 박윤선, 『헌법주석』, 182.

제3문 권징은 성경 어디에 근거를 두고 있는가?

1. 권징에서 '권'(權)은 예수그리스도께서 교회에게 주신 권한을 행사하는 것이다. 성경에서 '권고하라' '교회에 말하고' '판단하지 아니하랴' '판단하기를 감당하지 못하겠느냐' '판단할만한 지혜 있는 자가 이같이 하나도 없느냐' '모든 사람 앞에서 꾸짖어' 라는 말씀 등은 권징법의 충분한 성경적 근거가 된다(이성웅).

2. 좀 더 자세히 살펴보면 먼저 구약에 나타난 권징으로서 우선 모태 약속이라 불리는 창세기 3장 15절에서 여자의 후손과 뱀의 후손 즉 경건한 자와 경건치 않은 자를 구별한 것에서 예를 들 수 있고, 인류의 첫 조상이 에덴동산에서 추방된 것 역시(창 3:22-24) 거룩을 위한 권징으로 볼 수 있다. 창세기 12장 이하에서 세상과 구별하기 위해 아브라함을 부르신 것이나, 아브라함의 자손 중에서 이스마엘 대신 이삭이, 에서 대신에 야곱이 부름 받은 것도 권징의 차원에서 이해할 수 있다. 또 가나안 족속의 멸망(신 7:1-11; 20:15-18)이나, 다른 신에게 희생을 드리는 자는 '멸할지니라'(출 22:20; 레 27:29; 신 17:2-7)라고 한 것에서 볼 수 있다. 이러한 권징의 목적은 성도를 외적으로는 세상과 구별하고 내적으로는 하나님을 섬기는데 거룩하게 되기 위함이다.

나아가 신약에 나타난 권징을 볼 수 있는데, 마태복음 18장 18절(마 16:19; 요 20:23)에서 언급하는 '천국의 열쇠'에서 그 근거를 찾을 수 있다. 또 사도행전 5장의 아나니아와 삽비라가 징계를 받는 것이나 사도행전 8장의 마술사 시몬이 징계를 받는 것에서 예를 찾을 수 있고, '사단에게 내어 줌'의 표현(고전 5:5; 딤전 1:20)은 권징을 가리키는 것이라 할 수 있다.

제4문 권징에 대해 개혁주의 신앙고백서는 어떻게 고백하고 있는가?

1. 웨스트민스터 신앙고백서(30장)

이 직원에게 천국의 열쇠가 맡겨져 있는데, 그 주어진 힘으로 직원들은 각각 죄를 정하기도 하고, 사할 수도 있으며, 회개하지 않는 자에게는 말씀과 권징으로 천국을 닫고, 회개한 죄인에게는 필요에 따라 복음의 사역과 권징의 해제에 의해서 천국을 열어줄 권한을 가지고 있다

2. 하이델베르크 교리문답(제83, 85문답)

"천국의 열쇠는 무엇입니까? 거룩한 복음의 설교와 교회의 권징인데, 이 두 가지를 통하여 믿는 자에게는 천국이 열리고 믿지 않는 자에게는 닫힙니다."(제83문답)

"교회의 권징을 통해서 어떻게 천국이 닫히고 열립니까? 그리스도의 명령에 그리스도인의 이름을 가진 자가 교리나 생활에서 그리스도인답지 않을 경우, 먼저 형제로서 거듭 권고할 것입니다. 그렇지만 자신의 오류나 악행에서 돌이키기를 거부한다면, 그 사실을 교회 곧 치리회(治理會)에 보고해야 합니다. 그들이 교회의 권고를 듣고도 돌이키지 않으면, 성례에 참여함을 금하여 성도의 사귐 밖에 두어야 하며, 하나님께서도 친히 그들을 그리스도의 나라에서 제외시킬 것입니다. 그러나 그들이 참으로 돌이키기를 약속하고 증명한다면, 그들을 그리스도의 지체(肢體)와 교회의 회원으로 다시 받아들입니다."(제85문답)

3. 벨직 신앙고백서(제29조 참 교회와 거짓 교회의 표지에 관하여)

"…참 교회는 다음의 표지에 의해서 알 수 있다. 그 교회는 복음을 순수하게 전한다. 그 교회는 그리스도께서 제정하신 대로 성례를 순수하게 집행한다. 죄를 교정하고 벌하기 위하여 교회의 권징을 행한다…"

제5문 권징의 목적은 무엇인가?

1. 권징의 목적은 진리를 보호하며 그리스도의 권위와 영광을 옹호하며 악행을 제거하고 교회의 정결과 덕을 세우며 범죄자의 영적 유익을 도모하는 데 있다(제2조).

2. 개혁가 존 칼빈이 저술한 '기독교강요'(4:12:5)에서도 다음 세 가지를 언급

하고 있다:

첫째, 하나님과 관련하여: 그리스도의 권위와 영광을 옹호

둘째, 교회와 관련하여: 교회의 정결과 덕을 세우며 진리를 보호하며 악행을 제거하고 성찬 보호

셋째, 하나님의 진노가 회중에게 임하지 않도록 하기 위하여(참고. 하이델베르크 교리문답 제82문답; 고전 11:27-34)

넷째, 범죄자(죄인)와 관련하여: 범죄자의 영적 유익을 도모하기 위해(죄인의 구원/ 살후 3:1-4; 고후 2:7; 7:12)

제6문 교회의 권징과 국법상의 처벌은 어떤 점에서 각각 유사하며 각각 다른가?

1. 이번 개정 권징조례에서 소송 절차는 대부분 형사소송법상의 절차와 대동소이하다.
2. 그러나 교회의 권징은 도덕상의 문제 신령상의 문제에 관한 처벌이지 국법위반으로 인한 처벌이 아니라는 점을 알아야 한다[교회정치 원리 제8조(권징)]. 중세시대의 종교재판과 같이 재산 몰수형, 종신징역형, 신체형, 생명형의 일종인 화형 같은 것은 생각할 수 없다.

제7문 학습교인도 권징의 대상인가?

권징의 대상은 통괄적으로 교회와 치리회이지 교회 밖의 사람은 권징의 대상이 아니다. 그러면 학습교인은 권징할 만한 시벌이 생길 때 어떻게 하는 것이 좋은가? 구헌법 헌·규 제9장 제1조 권징은 학습이상의 교인과 직원의 범죄라고 했으나 본 헌법 권징조례에는 권징조례 제4조(권징의 대상) 1.교회에 세례교인 이상으로 등록되어 있는 자. 2.교회의 직원. 3.총회를 제외한 각급 치리회라고 정하고 있다. 학습교인에 대한 언급은 없다. 그러나 예배지침 제6장 신앙고백 제23조(신앙고백의 제도)에 의하면, 모든 그리스도인은 먼저 예

수 그리스도를 자신의 구주로 영접하고 성경적으로 지도하는 교회의 다스림에 복종한다는 신앙고백을 하여야 하는데 그 공적인 제도가 학습과 입교의 예식이라 하였다. 그리고 학습식(권징조례 제24조): 1.학습인의 문답. 2.학습의 서약. 3.학습의 공포까지 나와 있으니 일반 원입교인 같이 취급할 수 없다고 생각할 수 없다. 그러므로 세례를 베풀 수 없는 범죄를 저질렀다면 세례를 적당한 기간 동안 유예할 수도 있고 치리회의 결의에 따라 취소하고 다음에 다시 학습을 세울 수 있다고 본다. 예를 들어 한쪽은 학습은 받았는데 결혼식 하기 전에 임신한 것이 드러나니 학습을 취소하고 적당한 기간 후에 다시 학습을 세워서 세례 받게 하는 것을 본 적이 있다.

제8문 아직 입교하지 않은 유아세례 교인이 권징의 대상이 될 수 있는가?

다음의 결정을 참고할 수 있다:

"경남노회에서 조회한 바 '유아 세례교인이 장성할 때까지 성찬에 참여치 못한 자가 범죄하면 어떻게 처리할까?' 함은, 책망하여 회개치 아니하면 제명할 수 있다."(조선예수교장로회 제18회 총회, 1929년)

제9문 죽은 자가 권징의 대상이 될 수 있는가?

로마천주교회는 건물, 교구, 심지어 죽은 사람에게까지 권징을 시행하였다. 예를 들어 제5차 종교회의(콘스탄티노플, 553년)에서는 이미 428년에 죽은 네스토리안이던 데오도르(Theodore of Mopsuestia)를 출교한 적이 있다. 왜 죽은 자는 권징의 대상이 될 수 없는가? 이유는 간단하다. 권징의 목적은 현재 생존한 범죄자가 회개를 하여 그에게 유익(=구원)을 가져오기 위한 것이기 때문이다. 그러나 죽은 자에게는 시벌을 행함으로 회개를 기대할 수 없기 때문이다.

제10문 교회의 부속 기관이 권징의 대상이 될 수 있는가?

1. 될 수 있다. 헌법적 규칙 제1장 총칙 제2조(적용범위)를 보면 총회헌법 및 헌법적 규칙, 총회규칙 등의 적용범위를 말할 때 대한예수교장로회 총회와 총회에 속한 노회, 당회 및 산하기관, 유관기관, 단체 등에 적용한다고 하였다.
2. 2011년 개정 이전 권징조례에서 이것을 분명히 하고 있다: "치리회는 소속 기관 및 임의단체가 치리회의 감독을 받지 않거나 정당한 지도를 거부할 때는 그 대표에게 권고하고 그 권고도 듣지 않으면 그 기관 또는 그 단체의 해산을 명할 수 있다"(구. 헌법적 규칙 5:5 소속기관 및 임의단체의 감독)

제11문 권징의 대상이 되는 범죄는 어떤 것이 있는가?

현대 형법은 죄형법정주의를 채택하고 있다. 죄와 거기에 따른 형벌은 반드시 법으로 정하여져 있어야 한다는 점이다. 그러므로 법률로 금하지 않으면 죄가 성립되지 않고 죄가 성립되지 않으면 벌도 줄 수 없으므로, 법 없는 곳에 죄도 없기 때문에 죄 항목이 명백히 규정되고 거기에 따른 법도 법률로 자세히 규정되어야 한다. 그러나 교회법은 각론이 아니라 포괄적이다. 구헌법에는 4개항이 들어 있는데 신헌법에는 10개 항목으로 추가하여 좀 더 구체적으로 명기했다.

권징조례 제5조 권징의 범위에 의하면, 교인과 직원 및 각 치리회가 다음 중 하나 이상의 죄과(罪過)를 범한 때에는 재판에 의한 권징절차를 거쳐 시벌한다.

1. 성경에 위배된 치리회의 결정과 교인, 직원 또는 치리회의 위법사건
    1) 구약과 신약성경 66권은 하나님의 말씀이며 신앙과 행위에 대하여 정확무오한 유일의 법칙으로 믿지 않는 이단이나 신신학적인 성경 해석이 포함된다. 목사임직, 직원임직 서약에 포함되는 항목이다.
    2) 십계명에 대한 중대한 범죄행위가 드러날 때

2. 타인으로 죄를 범하게 한 일

  1) 비록 자신은 죄를 범하지 않을지라도 다른 사람으로 하여금 죄를 짓도록 유도하거나 교사하는 것을 뜻한다.

  2) 혹 사정이 악하지 아니할지라도 즉 고의나 목적 없이 과실로 인한 것일지라도 결과적으로 자기 언행의 영향을 받아 다른 사람이 범죄하다면 그 책임을 면할 수 없다는 것이 본법의 정신이다. 즉 과실범 미필적 고의까지 처벌의 대상으로 삼은 것이다(조긍천).

3. 성경을 기초해서 교회가 정한 교리, 법규 또는 관례에 위배된 일

  헌법의 웨스트민스터 신앙고백서 및 대교리문답과 소교리문답을 부인하거나 비판하는 행위와 예배지침, 관리표준, 권징조례 및 총회결의 등이 다 포함된다.

4. 덕을 세움에 방해되게 한 일

  이 조항은 어떻게 보면 참으로 막연한 용어이긴 하나 엄격한 범죄의 구성요건을 갖추지 않으면 안 된다고 보아야 한다.

  1) 고의적인 방해가 있어야 한다. 단순한 과실로 덕을 세우는데 방해되는 일까지 포함시켜서는 안 된다(조긍천).

  2) 적극적인 방해가 있어야 한다. 교회의 중요한 일을 하는데 시기 질투로 덕을 세움에 방해가 될 수 있으나 그것을 본조에 해당하다고 보기보다는 적극적이고 조직적인 방해 공작은 권징의 대상이 될 수 있다고 본다.

5. 예배를 방해한 행위

  예배란 본 헌법 예배지침에 규정한 주일 성수, 주일예배(낮, 밤 또는 오후), 말씀의 선포, 성례(세례와 성찬), 신앙고백, 금식일과 감사일, 기도회, 주일학교, 시벌과 해벌 등 모두가 하나님께 드리는 행위에 있어서 방해 받아서는 안 된다. 그래서 방해 행위란 예배의 시작에서 마침까지 정상적이고 보편적인 의식의 순서와 진행을 곤란하게 하거나 혼란에 빠지게 하는 행위를 말한다. 즉 예배 중 난폭한 언어 모욕적인 욕설 물리적 행사, 협박, 폭행, 악기를 이용한

소음, 기물손괴 등을 말하며 목사 강금, 설교 방해, 위계 위력 사술로 목사를 유인하여 예배를 못 드리게 하는 것도 포함 된다(이성웅).

6. 이단적 행위와 이에 적극적으로 동조한 행위

우리가 보통 말하기를 이단이란 전통이나 권위에 반항 하는 것으로 정통신앙에 반대되는 신앙이나 세력을 지칭하는 용어이다. 그리고 사도신경을 신앙고백하지 않은 종파를 말할 수 있다. 물론 우리 총회가 결정하고 유사기독교 연구위원회가 확인한 이단확정을 말할 수 있다. 물론 단순한 도리 오해나 성경 해석상의 잘못이나 착오로 인하여 실수할 수 있는 것을 말하는 것이 아니라, 이단적 교훈을 주장하고 가르치며 자기 주장을 굽히지 않고 고의적으로 전파할 때, 권하여도 듣지 않으면 권징의 대상에 들어갈 수밖에 없다(조긍천). 참고로 통합측 헌법권징론 해설에 의하면, 이단, 이단성, 사이비, 사이비성, 신학적 문제성, 윤리적 문제성, 목회적 문제성으로 나누어 설명하고 있다.

7. 허위사실을 유포하여 교인 또는 직원의 명예를 훼손시킨 행위

허위사실은 객관적 진실에 부합하지 않는 사실을 불특정 또는 다수인에게 전파하는 것을 말한다. 일반적으로 명예훼손이 성립되기 위해서는 공연성(公演性)과 적시성(摘示性)의 요건이 필요하다.

8. 온라인(인터넷, 핸드폰, 팩스)과 사이버 공간에 비 진리적이거나 불순한 자료를 게시하거나 교회의 건덕과 개인의 신상을 해치는 자료를 유포하는 행위

9. 직권을 남용하거나 직무를 유기한 행위

여기서 말하는 직권남용이나 직무유기는 주로 직권이나 직무를 갖고 있는 직원 즉 항존직 또는 임시직 또는 각 치리회와 그 임원을 말한다.

10. 파렴치한 행위로 국가 재판에 의해 금고 이상의 형이 확정된 범죄행위

(양심범의 경우는 제외됨)

오늘날 사회의 다변화는 교회의 다변화를 가져 왔다. 파렴치한 행위란 말은 형법상 범죄의 분류에는 존재하지 아니하나 일반사회에서는 도덕적으로

비열한 충동으로 인해서 행하여지는 살인죄, 재산죄(사기횡령, 방화죄, 성폭력, 음주운전뺑소니) 등 염치가 없는 죄는 교인이라고 예외는 아니다. 금고 이상의 형이 확정된 범죄 행위란 말은 형법에는 구류, 금고(禁錮), 징역의 3종이 있는데 징역은 수형자를 교도소에 구치하여 정한 노역에 복무하게 하는 것이며, 금고는 교도소에 수감되지만 노역에 복무시키지 않는 것을 말한다. 그러나 구류형은 1일 이상 30일 이내 동안 교도소 또는 경찰서 유치장에 구치하는 형벌로 폭행, 과실상해, 협박과 주로 경범죄 처벌법에 규정 되어있다. 종종 사회법정의 재판의 결과로 무흠 적용을 주장하는데 사회법 범과가 교회법에 위반 될 때 교회법으로 권징해야 한다. 무흠에 적용되는 시벌을 할 때 무흠에 관계 되는 것이다. 물론 사회법을 어겨도 교회법에 해당되지 않는 것이 양심범의 경우이다. 양심범은 자기의 종교적, 도덕적, 정치적, 신앙 신념, 사상 등에 의하여 자기에게 법규범을 침해할 의무가 있다고 믿고 죄를 범하는 것을 의미한다. 예를 들면 국기에 대한 경례, 주일 성수 등을 이유로 법을 어겼다고 벌을 받는다 해도 그것은 교회법으로 권징할 수 없다는 말이다. 그래서 교회정치 제38조 2항 "무흠의 한계"에도 밝혀 두고 있다.

11. 재판(부)국의 판결에 순응하지 아니하는 행위

각 치리회의 재판(부)국 판결에 불복하여 상소(항소 또는 상고)·재심청원 등을 하는 행위는 당사자의 절대적인 권리인 상소권의 정당한 행사이므로 여기의 판결에 순응하지 아니하는 행위가 아니다. 다만 재판정(법정)을 벗어나서 그 판결에 불만을 품고 폭언, 폭행, 협박, 모욕적인 언행, 기물파괴 행위 등을 말한다. 재판이 확정된 후에도 계속적인 앞에 서술한 행위도 포함된다.

12. 치리회 석상에서 폭언, 폭행, 기물파괴 행위

치리회(당회, 노회, 총회, 재판국 포함)에서 난폭한 언어, 강한 협박, 모욕(신체적 장애를 꼬집어 비아냥거리는 것 등) 등 사람의 신체에 대한 직접적 간접적 압박을 가하거나 치리회 석상에서 회의용 책 물병을 던지거나 가래를 뱉거나 팔이나 옷을 잡아당기거나 하는 행위 치리회 석상에서 이용되고 있는 모든 물건

(문서 전자기록 특수 매체 기록) 파괴 행위를 포함한다. 이런 행위는 재판 절차 없이 치리회의 결의로 즉시 가중 처벌할 수 있다(권징조례 제8조 2항).
13. 사건 담당직원(재판국원, 기소위원)이 사건과 관련하여 금품을 수수한 행위

금품은 돈과 물품을 말하는 것으로 사건과 관련될 때의 일이다. 단순한 사교상의 관례나 의례로 주는 선물을 말하는 것이 아니라 직권, 직무가 있는 자가 그 직무에 관한 불법한 보수 또는 부당한 이익으로써 뇌물과 직무 직권 사이의 대가 관계가 포함되는 경우를 말한다.

제12문 재판 건과 행정 건은 어떻게 다른가?

권징조례 제6조에 의하면,
1. 교인과 직원과 치리회에 대하여 범죄사건으로 소송을 제기하면 재판 건이 되고 기타는 행정 건이 된다.
2. 재판 건일 경우 고소하는 원고가 있어야 한다. 고소자가 없으면 원고도 없고 피고도 없는 재판으로 있을 수 없다. 치리회라 할지라도 권징할 필요가 있을 경우에는 선임된 기소위원(원고)의 기소를 통하여 재판을 진행해야 한다.
3. 행정 건이란 권징재판에 의한 처벌을 요구하는 것이 아니라, 단지 행정적 처분을 변경 취소하여 줄 것을 청원하는 것이다. 대표적인 것이 소원건이다. 그러나 이러한 행정 건도 치리회가 직접 시행하든지 재판국으로 보내어 처리해야 한다. 치리회는 무흠에 해당되지 않는 행정 건만 취급하게 된다(교회정치 11:2:4). 권징조례 11:2:4를 보면 행정 건으로 내리는 시벌을 규정해 놓았다(교회정치 38:2). 그래서 치리회는 행정 건으로만 시벌을 결의하고 기소 없이 정직 이상의 벌을 가하는 것을 하지 못한다. 정직 이상의 시벌은 기소위원의 기소를 통하여 재판부 또는 재판국에서만 행해야 한다. 예를 들면 정직, 면직, 수찬정지, 출교 등은 권징재판을 통해서 결의해야 하고 견책, 근신, 시무정지, 회원권 정지 및 상회의 총대 건 정지 등은 행

정 건으로 치리회의 결의로 시행할 수 있다.
4. 행정 건을 처리할 때, 당사자에게 충분한 소명의 기회를 주어야 하고 관계 자료와 제반 정상을 참작하여 신속공정하게 처리한다.

제13문 교인의 자녀 관리와 권징은 어떤 관계가 있는가?

보이는 교회 내에서 출생한 모든 자녀들 역시 교인이다. 따라서 부모와 당회는 자녀들을 속히 세례를 받게 하고 교회의 보호 아래 두어 정치와 권징에 복종하도록 양육하여야 한다. 또 자녀가 성장하면 교회의 모든 의무를 이행하도록 관리하여야 한다.

제14문 시벌 시 지켜야 할 원칙에는 어떤 것이 있는가?

죄과를 범한 자의 책벌은 재판 절차를 거쳐서 행하여야 한다.
1. 모든 교인(직원)은 재판을 받아 자기를 방어할 권리를 가진다.
2. 재판을 받지 않고는 권징할 수 없다. 단, 재판국 석상에서 범한 제5조 제11항, 12항의 현장범죄에 대하여는 재판 절차 없이 재판국(권징치리회)은 즉시 가중 처벌할 수 있다.
3. 서기는 처리한 전말을 회의록에 명확하게 기록하여야 한다.
4. 재판은 3심제로 하며 제1심은 치리회인 당회에서, 제2심은 노회에서, 제3심은 총회상설 재판국에서 관장한다. 단, 특별한 경우에는 3심제가 적용되지 않는 경우가 있다. 예를 들면, 목사의 경우 당회 재판 없이 바로 노회 재판부터 시작한다.
5. 재판은 고소(고발)장이 재판(부)국에 접수된 후 6개월 이내에 끝마쳐야 한다.
6. 재판은 성경과 헌법 또는 헌법적 규칙에 의해 공정하게 행하여야 한다.

제15문 재판 절차(원고, 기소위원) 없이도 재판할 수 있는 경우는 어떠한가?

재판을 받지 않고는 권징할 수 없다.

1. 재판국 석상(재판회 또는 재판국 즉 권징치리회)에서 범한 제5조 제11항, 12항의 현장범죄에 대하여는 재판 절차 없이 치리회는 즉시 가중 처벌할 수 있다 (권징조례 제8조 2항).

   가끔 오해하기를 목사가 바로 즉결 처리한다고 시행하는 실수를 저지르는데 재판 절차, 즉 기소위원, 절차 일자, 소환 등이 없이 바로 시벌 한다는 말이다. 이 문구는 고소나 고발 없이도 현장 범죄이니 재판 절차만 없다는 말이지 치리회의 결정은 있어야 함을 알아야 한다. 치리회(재판국)에서 반항하여 행패를 부리는 것을 두고 하는 말이다.

2. 일종의 특례법이다. 본인이 범죄 사실을 자복할 때에는 증거조사 등의 재판 절차 필요 없이 재판부가 판결할 수 있음을 말한다(권징조례 제9조 1항).

   1) 범죄한 사실을 치리회에 자복할 때에 치리회는 그 내용을 청취·확인한 후 즉시 처결 할 수 있다.

   2) 성찬에 참여할 자격이 없다고 자복할 때 범죄사건이나 도리에 대한 오인이 아닌 줄로 확인되면 이를 임시로 허락하고 그 사실을 회의록에 기록하여야 한다.

3. 범죄한 일은 없어도 교회의 직원이나 교인이 임의로 관할을 배척하거나, 임의로 교회를 설립하거나, 이명서 없이 다른 교단에 가입하면, 치리회는 두세 번 권면해 본 후 불응하면 그 이름을 명부에서 삭제한다. 단 직원이나 교인에 대한 소송 사건이 있으면 재판할 수 있다(권징조례 10:1).

4. 이단적 행위와 이에 적극적으로 동조한 행위에 대해서도(권징조례 5:6) 정당한 재판 절차를 거치려면 오지 않을 것이고 정상적인 예배 행위를 부인할 것이고, 소란을 일으킬 것이니 재판 절차를 생략할 수 있는 경우가 있을 것이다(권징조례 10:5). 정직을 당한 지 2년 안에 회개의 결과가 없으면 다시 재판할 것 없이 치리회의 결의로 면직할 수 있다(권징조례 11:2:2).

제16문 치리회 석상에서 행한 범죄는 재판 절차 없이 즉시 처결할 수 있다고 하는데 무엇을 말하는가?

치리회에는 행정치리회와 권징치리회가 있다. 행정치리회란 행정안건을 심의하기 위한 통상적인 회의를 지칭하고, 권징치리회란 범죄 사건을 재판하기 위하여 권징치리회로 회집된 재판회 또는 재판국을 지칭한다. 그래서 즉결 처단할 수 있는 치리회란 권징치리회 석상을 가리킨다. 즉 재판석에서 행한 현행범은 일반 재판 절차를 생략하고 바로 권징할 수 있다(이종일).

제17문 즉결 처단(권징)의 절차는 어떠하여야 하는가?

권징치리회 석상에서의 현행범은 일반 재판에 관한 규례를 생략하고 재판회의 결의로 즉시 판결한다. 즉 원고나 기소장 낭독이나 죄증 설명서, 증인 등이 필요치 않다. 이유는 모든 사람이 현장에서 보았기 때문이다. 그러나 재판장이라 할지라도 재판부 결의 없이 시벌하지 못하고 결의에 의거 시벌한다. 단 이 경우 즉결처단의 전후 과정을 회록에 상세히 기록하여야 한다.

제18문 즉결 재판에 회부된 자가 연기를 청원하면 어떻게 처리하는가?

즉결 처단(즉석재판)은 재판회 석상에서 행한 범죄이기 때문에 쌍방이 흥분 상태에 있다. 따라서 피고가 재판의 연기를 청원하면 허락하여야 한다. 통상 피고는 2일 이상의 연기를 청원할 수 있고 청원이 있을 시 허락하여야 한다(이종일).

제19문 예배를 방해하거나 제직회 공동의회 등에서 폭행, 폭언 등 부도덕한 행위를 할 때 즉결 처단할 수 있는가?

즉결처단은 권징치리회(재판회국)석상에서 행한 현행범이라야 한다. 따라서 예배나 제직회 공동의회 등에서는 현행범이라 할지라도 즉석으로 처벌할 수 없고 재판에 관한 일반 규례대로 재판하여야 한다.

제20문 재판회가 아닌 장소에서의 현행범은 즉결 처단할 수 없는가?

재판회 석상에서 행한 범죄는 일반 재판 절차에 관한 규례를 생략하고 즉석에서 판결할 수 있다. 그러나 현행범이라 할지라도 그 범행 장소가 권징치리회(재판회)또는 재판부 석상이 아닌 제3의 장소라면 증인도 있어야 하는 등 여러 절차가 필요하니 즉결 처단하지 못한다.

제21문 이탈한 교회직원과 교인의 처리는 어떻게 하는가?

교회의 직원이나 교인이 총회가 이단으로 인정하는 교단에 가입하거나 교리를 신봉하면 정상에 따라 정직, 면직, 또는 출교를 하여야 한다.

권징조례 제10조 4항에 개체 교회가 소속 노회로부터 행정보류 또는 탈퇴 이후에 교단을 이탈하여 제적된 목사가 노회에 재가입하려면 1년이 지나야 한다. 이 부분은 제60회 총회가 결의하여 삽입하라 하여 삽입된 것이다. 한 가지 부연하고 싶은 것은 소속 노회 탈퇴는 곧 교단 탈퇴라는 점을 알아야 한다. 혹자는 노회는 탈퇴했지만 교단은 탈퇴하지 안했다는 말은 어불성설이다. 노회는 총회 소속이기 때문이다. 그리고 헌법적 규칙 권징조례 제17조에는 본 교단 헌법과 이 규칙에 의한 재판국의 재판에 계류 중에 있는 자(교회, 단체 포함)가 총회나 노회를 탈퇴하는 경우에는 항존직원은 권징조례 제1장 제11조 1항 5호 면직 시벌로 판결하며 재판에 계류 중이 아닌 항존직원은 권고 사직된 것으로 본다고 명기를 했다. 이것은 재판을 도피하려는 일을 통해 책임을 면할 수 없게 하기 위함이다.

제22문 시벌의 종류에 대한 구체적 내용은 무엇인가?

시벌의 종류는 다음과 같다.

1) 견책 : 상당한 과실이 있어 엄히 책망하고, 회개하여 스스로 시정하도록 촉구하는 것이다.

가장 가벼운 시벌이며 성경말씀으로 훈계하고 회개하게 하는 것이다. 물론 치리회록에 기록하여야 한다.
2) 근신 : 2개월 이상 6개월 이내의 기간 동안 죄과를 반성(반성문 제출)하고, 말이나 행동을 삼가게 한다. 종종 '근신도 벌인가?' 하는 질문을 받게 되는데 근신은 재판하지 않고 치리회의 결의로도 할 수 있으므로, 근신은 무흠에 해당하나, 시벌이다.

그러나 제65회 총회(2015년)는 '근신의 경우에 결의권이 있는 회의의 참석과, 결의권이 없는 모임이라 할지라도 순서를 맡는 경우를 자제한다'를 삽입하기로 결정하였다.

3) 시무정지 : 3개월 이상 1년 이내의 모든 시무를 정지하되 강도권은 예외로 한다.

목사의 경우 교회정치 제41조의 8항의 목사의 직무가 정지된다는 말이다.

(1) 치리회에서 당회장권을 정지하는 것과 시무정지와는 별개라고 생각한다. 그래서 시무정지란 담임교회 시무정지이니까 상회권(노회원권 등)은 포함되지 않는다. 즉 목사의 노회원권과 시무는 구별되어야 한다(제14문 참고).

(2) 목사 시무정지에서 강도권을 허락한 것은 정직과 구분하기 위해서이다. 목사직을 정직할 때는 강도권도 정지된다.

(3) 장로의 경우는 역시 교회정치 제66조 장로의 직무가 정지된다는 말이다. 그리고 당회원권이 정지된다고 하면 대표기도권도 정지된다고 본다.

4) 정직 : 맡은 직분을 정직(停止)시키되, 범죄의 경중 또는 그 동기 및 영향 등을 참작하여 6개월 이상 2년 이내의 기간 동안 직원의 신분은 보유하나 직무에 종사하지 못하며 정직기간 동안 수찬정지를 겸하여 과할 수 있다. 특히 기한을 명기했다. 이유는 무기(無期)를 해 놓으면 유기(有期)보다 짧게 해벌하려는 데 악용할 소지가 있기 때문이다. 그러나

수찬정지는 6개월 이상으로 무기로 할 수도 있도록 했다.
5) 면직 : 맡은 직분을 박탈하며 수찬정지를 겸하여 과할 수 있다.

직원의 직무와 직권뿐만 아니라 근본적이고 근원적인 자격이 박탈되므로 직원이 아니고 평교인이 되는 것이다. 치리회만 아니라 모든 산하 유관기관에도 어떤 직분도 담당할 수 없다.
6) 수찬정지 : 성찬에 참여하지 못하게 하는 것으로 죄가 중대하여 교회와 주의 성호에 욕이 되게 한 자에게 과하는 시벌로서, 6개월 이상 수찬을 정지한다.

성례식의 하나인 성찬예식에 참여할 권리 즉 세례교인의 권리를 정지시키는 시벌이다.
7) 출교 : 불신자와 같이 인정하여 교인명부에서 제명하고 교회에 출석을 금지하는 것으로 끝까지 회개하지 않는 중범죄자나 이단에 가입하여 돌아오지 아니한 자에게 과하는 시벌이다.

제23문 행정 건으로 시벌할 수 있는 한계는 어떠한가?

권징조례 제11조 2항 4호에 의하면,
① 치리회의 결의를 교정한다. ② 결의를 무효 혹은 취소한다. ③ 회원권 및 상회의 총대권을 정지한다. ④ 무흠에 해당하는 견책, 근신, 시무정지이다.

그러므로 행정 건으로 유흠에 해당되는 정직, 면직, 수찬정지, 출교 등의 시벌은 할 수 없다. 유흠에 해당되는 시벌을 하려면 고소자가 있어야 하고 기소위원이 기소를 해야 한다. 또 지금까지 전권위원회가 너무 월권하여 기소위원의 기소 없이 유흠에 해당되는 시벌을 해 왔다. 아무리 재판권을 겸한 전권위원회라 하더라도 기소가 없이 과한 시벌을 할 수 없다.

그래서 2011년에 개정된 교회정치 제111조(전권위원회 결정의 효력과 상소)에서도 노회 총회전권위원회에서도 행정 건으로 수습할 수 있다고 명기를 했다. 우리 총회에서도 행정 건으로 시벌할 수 있다는 결정이 있어 재판하지 않고는 시벌할 수 없는 데도 불구하고 정직, 면직 등도 행정 건으로 다루는 우를 범해 온 것이 사실이다.

① 최저와 최고기간을 정하는 유기 책벌로 규정한 것(근신, 정직, 수찬정지)과 시무내용을 구체적으로 설명한 것은 전권위원회나 재판부의 재량이 극심했기 때문에 기한을 정하였다.

② 시무정지와 정직이 다른 것은 시무정지는 행정 건으로 내리는 무흠에 해당하는 견책, 근신에 포함된다(권징조례 11:2:4).

③ 정직은 정직기간 수찬정지를 겸하여 과할 수도 있도록 한 것은 정직은 무흠에 관계되기 때문이다.

④ 정직만 당한 장로나 집사 권사는 해벌로서 직분까지 회복되어 시무할 수 있으나 정직에 수찬정지까지 당했으면 당회의 해벌과 교인의 투표 없이는 시무할 수가 없다고 했다(권징조례 178:5:4, 5).

제24문 정직과 시무정지의 차이는 무엇인가?

정직은 말 그대로 직분 자체가 정지되는 것이요 시무정지는 그가 하던 직무수행이 정지되는 것을 말한다. 예컨대 위임목사가 정직이 되면 목사직 자체가 정지되기 때문에 그의 시무가 정지됨은 물론 노회의 회원권도 정지된다. 그러나 위임목사(당회장권)가 시무정지 되면 노회원권은 그대로 있고 해 교회의 시무만 정지된다. 그러나 본 '권징조례 제11조 3항'에서 강도권은 예외로 한다는 말은 행정권만 정지되고 강도권을 부여한 것은 정직과 구분하기 위함이다. 목사의 강도권은 목사직을 정직하지 않는 한 정지할 수 없기 때문이다. 그러나 위임목사를 정직시킬 때에는 그 담임을 해제할 수 있으나 상소하게 되면 담임을 해제하지 못한다(권징조례 92:8). 그러므로 정직은 해벌과 동시에 복직이 되고 시무정지는 해벌한 동시에 원상회복 즉시 다시 시무하게 된다. 또한 정직은 유흠에 해당하는 시벌이므로 재판을 통하여야 하고 시무정지는 행정처분이므로 행정결의만으로 가능하다(이종일). 그러나 정직에 수찬정지까지 받았으면, 목사는 노회에서 장로, 집사, 권사는 당회에서 해벌과 교인의 투표 없이는 시무할 수 없다(권징조례 178:5:5 교회정치 문답조례 99:100문 참고). 이때 투표는 신임과 관계 되므로 총투표자의 3분의 2 이상을 얻어야 한다(교회정치 제75조, 제84조, 제88조). 그러므로 목사가 정직을 당하면 노회원권도 정지되므로 타교회의 청빙도 불가하며, 해벌 후에 청빙이 가능하다.

제25문 어떤 죄에 어떤 벌을 가하는가?

권징조례 제11조 2항에 의하면, 교회법은 종교적 규범이기 때문에 개별적 행위와 그에 따른 벌칙을 구체적으로 적시하지 않고 범죄의 의의와 형벌의 종류만을 규정한다. 따라서 죄목과 죄질 정황 피고의 뉘우침 정도에 따라 같은 행위라도 시벌의 정도가 다를 수 있다(이종일). 우리나라 형법 제51조에 ① 범인의 연령, 성행(性行), 지능과 환경. ② 피해자에 대한 관계. ③ 범행의 동기와 수단과 결과. ④ 범행 후의 정황을 양형의 조건으로 참작하여야 한다고 했는데 우리 권징 법에도 참고하면 좋을 것이다(이성웅).

우리 권징조례 제11조 2항에 의하면,
1) 입교인이 범죄하였을 때의 시벌은 ① 견책 ② 근신 ③ 수찬정지 ④ 출교 등이다.
2) 직원(항존 및 임시직원)에게 과하는 시벌은 ① 견책 ② 근신 ③ 시무정지 ④ 정직 ⑤ 면직 ⑥ 수찬정지 ⑦ 출교 등이다.
  단, 정직을 당한지 2년 안에 회개의 결과가 없으면 다시 재판할 것 없이 치리회의 결의로 면직할 수 있다(권징조례 제11조 2항 2호).
3) 치리회에 과하는 벌
  치리회가 범죄했거나 과오를 범했을 때 과하는 시벌은 결정취소, 결의

무효, 상회총대 파송 정지, 치리회 해산 등이다.

4) 행정 건으로 내리는 시벌

① 치리회의 결의를 교정한다. ② 결의를 무효 혹은 취소한다. ③ 회원권, 상회의 총대권을 정지한다. ④ 무흠에 해당하는 견책, 근신, 시무정지이다(제65회 총회 결의에 의한 수정).

5) 행정 건의 처리기준

치리회는 행정 건을 처리함에 있어 당사자에게 충분한 소명의 기회를 주어야 하고 관계 자료와 제반사항을 참작하여 신속공정하게 처리한다.

제26문 권고사임이나 권고사직도 시벌인가?

권고사임이나 권고사직은 치리회의 결의로 하는 행정처분이기 때문에 시벌이 아니다. 따라서 이에 불복하면 상소나 항소가 아니라 소원 건이 된다. 그래서 권고사임이나 권고사직은 권징조례에 의한 시벌 항목에 들어 있지 않고 교회정치에서 논하고 있다(교회정치 제59조 2항, 제74조 2항, 제83조, 제88조 2항). 그러나 권고사임 또는 권고사직 시키고자 할 때는, 장로의 경우 우선 당회 재적 3분의 2 이상 출석과, 출석 3분의 2 이상의 결의와 함께 교인 태반의 불신임여부를 물어야 하며 그 여부는 공동의회에서 출석교인 3분의 2 이상의 결정으로 한다(교회정치 제74조 2항). 그러나 집사, 권사의 경우는 당회원 3분의 2 이상의 찬성을 얻어서 권고사임 또는 사직하게 할 수 있다(교회정치 제83조, 제88조 2항). 다시 시무하게 할 때는 장로, 집사, 권사의 복직 절차를 거쳐야 한다(교회정치 제75조, 제84조, 제88조). 권고사직, 권고사임 자체를 볼 때는 큰 벌이라고 말할 수 있는 정도이니 권고사임이나 권고사직 할 때는 거기에 상응하는 시벌을 겸할 수도 있다.

제27문 국법에 의하여 유죄 판결을 받았다면 교회법에도 유죄가 되는가?

국법과 교회법은 범죄의 의의 및 유, 무죄의 판단기준과 형벌(권징)의 목적도 다르므로 국법에 의한 범죄가 교회법에 의해서는 선한 행위도 될 수 있다. 예를 들어 신앙과 양심의 자유에 관계되거나, 교회 공동체의 보호 또는 복음전파로 인한 실정법 위반의 사유라면 이에 해당한다. 반대로 국법에 무죄인 것이 교회법에서는 악한 행위가 되어 범죄가 될 수도 있다.

그러나 많은 경우에 국법으로 유죄를 선고 받으면, 교회법으로도 유죄의 소지가 많으므로 국법에 의하여 유죄 또는 무죄판결 받은 것이 교회재판의 중요한 참고 사항이 될 수 있다.

교회정치 제38조(무흠의 규정)에 의하면, 국법에 의해 금고 이상의 형을 선고 받은 후 일정기간(장로 7년, 집사 및 권사 5년)이 경과하지 않으면, 교회의 직원으로 선출될 수 없다. 법원에 의하여 금고 이상의 형이 확정되거나, 징역이 유예되었더라도 집행유예기간이 종료된 날로부터 무흠 기간이 기산된다.

제28문 피의자에게 재판을 하기 전에 시무정지 처분부터 할 수 있는가?

1. 재판 사건이 있을 때 치리회(또는 전권위원회)는 필요하다고 인정되면 재판 종결 이전에 시무정지 등 가처분을 할 수 있다. 물론 당사자는 이의 신청과 소원을 할 수 있다. 그러나 이때는 본 재판을 조속히 종결하여야 한다(권징조례 제89조).
2. 당사자의 시무정지 가처분 신청이 있거나 또는 없더라도 재판국 자체의 판단으로 사안이 중하다고 판단될 시는 본안이 최종 판결나기까지 시무정지할 수 있다. 그러나 이것은 어디까지나 가처분이기 때문에 본안 재판을 빠른 시일 안에 종결하여야 한다(교회정치 제9장 제110조 참조).

제29문 정직, 면직, 휴직(권고휴직), 사직(권고사직), 휴무는 어떻게 다른가?

1. 정직은 직분이 유기 또는 무기로 정지되고, 면직은 직분 자체가 박탈되며, 휴무는 교회정치 제69조 장로의 예를 들면 시무 중에 있는 장로가 당회의 정한 윤번 시무 규례에 따라 시무(직무수행)를 쉬거나 또는 시무를 사임하

게 되는 경우를 말한다. 사직은 직분을 상실하게 됨을 의미한다.
2. 정직과 휴무는 다 같이 직분수행을 하지 않는 상태이나 정직은 치리회에 의한 시벌이며 휴무는 자의 또는 권고에 의한 행정결정이다. 그러므로 정직은 해벌로 복직되고(수찬정지를 겸하면 교인의 투표를 받아야 함), 휴무는 치리회의 결의로 시무하게 되며, 면직과 사직은 다 같이 직분을 상실하나 면직은 권징시벌법에 의하여 재판을 통한 판결로 과하는 벌이며, 사직은 치리회의 결의에 의한 행정 건이다. 따라서 면직자는 시벌 하에 있고 휴무, 권고 사직된 자는 시벌 하에 있지 않다. 따라서 정직은 경우에 따라 차상급회로 상소할 수 있고 권고사직은 이의가 있으면 소원할 수 있다(이종일).

제2장 재판국에 관한 규례

제30문 재판부와 재판국의 종류와 구성은 어떻게 하는가?

　제12조 '당회 및 노회재판부는 필요시에 각각 당회 및 노회에, 총회 재판국은 상설로 총회에 설치한다'고 했다.

제31문 하회가 상회의 결정을 불복할 수 있는가?

1. 권징조례 제12조 4항에 의하면, 상회가 하회에 명한 일에 대해서 하회가 불순종하거나 이행하지 아니하는 경우에는 상회가 직접 처결할 수 있다.
　　이 말은 상회의 결정을 하회가 거부하지 못한다는 말이요, 이행하지 아니하면 직접 처결할 수 있다는 말이다. 이것을 실행하지 아니할 때 헌법적 규칙 제4장 권징조례 제18조 "총회결의의 효력"으로 제재할 수 있도록 하였다. 총회의 결의를 위배하는 자에 대하여 총회장은 총회임원회의 결의에 의하여 노회에 총회 총대권과 노회 총대권을 제한하도록 권고할 수 있고, 이 권고를 30일 내에 시행하지 아니할 경우에 총회장은 총회임원회의 결의로 제재할 수 있다고 한 것은 당회나 노회들이 상회의 결의를 순종하지 아니하여 상회의 질서를 어지럽히는 일을 방지하기 위함이다. 그러나 잘못 결의 되었다면, 그리고 그 증거가 명확하다면 차서를 따라 소원할 수 있다.

2. 시벌 받은 자가 회개의 증거가 없고 또 다른 범행을(세상 법정 소송 등) 자행할 때에는 재판하여 가중시벌 할 수 있다(권징조례 제172조). 그리고 권징조례 제11조 2항 2호에 의하면, 정직을 당한 지 2년 안에 회개의 결과가 없으면 다시 재판할 것 없이 치리회의 결의로 면직할 수 있다. 즉 재판 절차는 생략된다는 말이다.

제32문 소송 당사자가 재판국원을 기피신청 할 수 있는가?

제13조(재판국원의 제척, 기피, 회피)에 의하면, 권징조례 제13조 "재판국원의 제척, 기피, 회피"에 제척, 기피, 회피 등 단어를 쓰고 있다. 이것은 공정한 재판을 위해서는 편파성이 없고 중립적이며 선입견이나 편견이 없는 재판을 진행하기 위한 방법이다.

1) 제척(除斥): 재판국원이 제척사유가 있으면 당연히 재판에서 배제되는 것을 말한다. 상회 재판국에 소송당사자인 하회 회원이 재판국원이 되었을 때와 전심 재판에 관여한 자가 상소 재판국원이 되었을 때는 그 해 사건에는 관여하지 않는 것을 말한다(권징조례 제13조 2항). 이해관계라는 말이 그 뜻이다.

2) 기피: 소송당사자가 서면으로 재판국원을 제척시켜 달라는 경우이다.

3) 회피: 재판국의 직권으로도 제척 처리되지 않고 또 당사자의 기피신청도 없는 경우에 기피사유에 해당되면 재판국원이 자진하여 스스로 물러가는 것을 말한다.

그래서

1. 재판국원은 다음의 경우에는 그 사건의 심리재판에서 제외될 수 있다.
   1) 재판국원이 피해자인 경우.
   2) 재판국원이 피고인 또는 피해자와 친족관계에 있거나 있었던 경우.
   3) 재판국원이 당해 사건에 관하여 증인, 감정인이 된 경우.
2. 당사자(기소위원장, 피고인)는 전항 각호의 사유에 해당하는 경우 및 재판국원이 이해관계 당사자가 되어 불공평한 재판을 할 우려가 있는 경우 국원의 기피를 재판국에 신청할 수 있다.

물론, 재판국원이 1항 또는 2항의 사유에 해당하는 때에는 스스로 당해 사건의 심리·판결에서 회피할 수 있다(권징조례 제13조 5항).

재판국원 기피신청은 권징 1호 서식에 따른다.

제33문 권징조례 제13조 재판국원의 제척 기피 회피에 있어서 1. (2) 재판국원이 피고인 또는 피해자의 친족관계에 있거나 있었던 경우에 친족 관계의 범위는 어떠한가?

 헌법적 규칙 제4장 권징조례 제1조(제척, 기피, 회피) 1항에 의하면, 친족은 민법 제777조 친족의 범위가 8촌 이내의 혈족, 4촌 이내의 인척, 배우자로 되어 있다.

제34문 권징조례 제13조 재판국원의 제척 기피 회피에 있어서 기피신청이 있을 경우 어떻게 처리하는가?

 재판국은 기피신청에 대하여 기피사유가 정당하지 아니할 때에는 기각 결정을 하고 재판을 진행하며, 기피사유가 정당할 때에는 당해 재판국원을 당해 사건의 심리 판결에서 배제시키고 재판을 진행한다(권징조례 제13조 3항).

 그러나 정당한 이유가 있을 경우 당사자 교체 후 재판을 진행하여야 한다. 그러나 기피 신청이 소송의 지연을 목적으로 함이 명백한 때에는 결정으로 이를 기각한다(헌법적 규칙 제4장 권징조례 제1조 2항). 그리고 기피신청은 재판국원의 1/3을 초과할 수 없다. 기피 신청의 결정은 재적 2/3이상의 출석과 출석인원 과반수의 찬성으로 결정하되 변론이나 토론 없이 무기명 비밀투표로 정한다. 기피 신청된 국원은 투표할 수 없다(헌법적 규칙 제4장 권징조례 제1조 3항). 재판국장이 제척에 해당되면 조직에도 관여할 수 없다고 본다.

제35문 재판국원이 제척, 기피, 회피 당했을 때 보선은 어떻게 하는가?

 헌법적 규칙 제4장 권징조례 제2조(제척, 기피, 회피, 재판국원 보선)에 의하면, 권징조례 제2장 제13조 3항에 의거 제척, 기피, 회피가 확정된 때에는 정족수 미달 시 치리회(폐회 중에는 해 치리회 임원회)는 직권 또는 재판국의 신청에 의하여 즉시 재판국원을 보선하여 충원한다. 보선된 재판국원은 그 사건에 한하여 한시적으로 심판에 관여한다.

제36문 소송 당사자가 볼 때 기피신청이 이유 있음에도 이를 기각하고 재판을 진행할 경우 어떻게 하는가?

기피 신청인은 기피신청에 대한 기각결정에 불복하는 경우에는 결정서를 통보 받은 날로부터 10일 이내에 차상급 재판국에 불복 신청서를 제출하여야 한다. 불복 신청서를 받은 재판국은 불복 신청서를 받은 날로부터 20일 이내에 인용여부를 결정하여 확정된 결정서를 신청인과 당해 재판국에 통보하여야 한다(권징조례 제13조 4항).

제37문 평소 당회장과 대립관계에 있는 자(장로, 또는 집사 등)가 피고가 되었을 때 그 당회장이 재판회를 주관할 수 있는가?

소송의 직접 당사자가 아니라 할지라도 이해관계나 감정에 의한 재판의 우려가 있거나 소송 당사자와 대립관계에 있는 자는 기피신청의 대상이 되므로 피고와 평소 대립관계나 감정이 좋지 않은 관계에 있는 당회장은 해 사건의 재판장이 될 수 없다. 소송 당사자가(원고, 피고를 불문), 기피 신청을 하였음에도 불구하고 재판할 경우 소원이나 상소 이유를 삼을 수 있다. 그러므로 권징조례 제133조에 의거 상회에 위탁판결을 청원하여 처리할 수밖에 없다.

제38문 상급심 재판의 기속력이란 무엇인가?

제14조(상급심재판의 기속력)에 의하면, 상급재판국의 재판에 있어서의 판단은 당해 사건에 관하여 하급심을 기속한다.

이 말은 항소심에서 파기환송 또는 파기이송 하는 경우에 상급심의 판단이 당해 사건에 관하여 환송 또는 이송 받은 하급심을 기속 또는 구속하는 효력을 말한다. 특정사건에 있어서 원고나 피고가 1심이나 2심의 판결에 불복할 경우 1심은 2심으로, 2심은 3심으로 각각 상소를 하게 되는데, 이때 그 사건에 관하여 상급심의 판단은 하급심의 판단에 상관없이 의사적으로 지배를 한다는 뜻이다. 예를 들면 하급심에서 정직을 시켰다 하더라도 상급심에서 다른 판결이 났으면 하급심의 판결은 무시되고 상급심의 판결에 따라야 한다는 말이다.

제39문 당회 재판부는 어떻게 설치하는가?

당회 재판부(권징조례 제15조) 구성은 3인 내지 5인(당회장 포함)으로 구성한다.

1. 당회원 1인일 때 또는 장로 2인 경우에 1인이 피고가 될 때에는 당회 재판부를 구성할 수 없으므로 그 장로의 치리 문제나 기타 사건이 있어서 장로가 불복할 경우 노회에 보고하여 처리하게 할 수 있다(교회정치 제114조). 단 조직교회는 협조 당회원을 요청할 수 없다.

2. 미조직교회에서는 권징 건은 소속 노회원 중에서 목사, 장로 각 2인씩의 협조 당회원을 노회에 청하여 처리하면 된다(교회정치 제120조). 물론 협조 당회원은 노회의 위임을 받은 신분이기 때문에 당회원 자격이 아니라 노회원 자격이다. 그러므로 해 노회 총대원이 아니면 협조 당회원이 될 수 없다. 그리고 문제가 난해할 때에는 권징조례 제133조에 의해 위탁판결을 통하여서도 할 수 있다. 당회 재판부는 상설이 아니므로 임기는 필요 없으므로 그 사건이 종결되면 재판부도 해체된다.

3. 가령 장로가 여럿 있어 반수 이상 장로가 피소되었을 때에도 재판부 구성 3인, 또는 5인 기소위원 1인이 되지 않으면 노회에 위탁판결을 청원할 수밖에 없다(권징조례 제133조).

제40문 재판국원(노회, 총회) 보선은 어디서 하는가?

제 26조(국원의 임기 및 보선)에 의하면,

1. 총회 재판국원은 총회기간에 재판국에 결원이 발생하면 총회 공천위원회가 보선하고 폐회 후에 결원이 발생하면 총회 임원회가 보선한다. 다만 보선된 국원의 임기는 전임자의 잔여기간으로 한다(권징조례 제26조 2항).

2. 노회 재판부원은 결원이 생길 때에는 노회 공천위원회 또는 노회 임원회
가 보선한다.

제41문 목사, 장로, 집사 교인의 재판관할 건은 어떠한가?

1. 목사 외의 모든 직원과 교인에 관한 소송사건의 재판관할은 당회 재판부에 속하되 차서를 따라 노회와 총회에 항소, 상소할 수 있다(권징조례 제12조 2항, 권징조례 제18조). 즉 목사 외의 모든 직원과 교인은 당회재판을 거치지 않고, 바로 노회 재판부나 총회 재판국에 고소나 항소를 할 수 없다. 불복할 때 차서를 따라 노회와 총회에 항소, 상소할 수 있다.
2. 목사에 관한 소송사건 및 장로의 노회원 또는 총회원으로서의 행위에 관련된 소송사건의 재판 관할은 노회 재판부에 속한다(권징조례 제12조 3항).
    1) 목사: 목사의 신분과 소속이 노회이므로 목사가 시무하는 개체 교회의 당회에서 재판받을 수 없기 때문에 제2심인 노회 재판부가 관할하게 한다.
    2) 장로: 소속 개체 교회에서 노회 총대로 파송된 경우 장로 총대는 서기가 추천서를 접수하여 호명하면 회원권이 있으므로(교회정치 제130조 4항), 회원권이 성립된 후 노회원의 자격으로 범한 죄과에 대하여서는 목사와 같이 소속 노회 재판부에서 관할한다.

제42문 노회 재판부는 어떻게 구성하는가?

제12조(재판부의 설치 및 재판관할)과 제19조(구성)에 의하면, 당회 및 노회 재판부는 상설기구가 아니라, 재판 안건이 있을 필요시에 설치하게 되어 있다.
   1) 노회 재판부는 본 노회에서 선임된 재판부원 7인(목사 4인, 장로 3인)으로 구성한다. 다만 재판부원은 동일한 교회 파송총대 중 1인에 한하여 선임된다.
   2) 재판부원 7인은 총대 중 교회법에 상당한 식견을 가진 자 중에서 목사는

임직 15년 이상 장로는 임직 10년 이상 된 자 중에서 투표로 선임한다.

한 교회에서 파송총대 2명이 나오는 경우와 정치적으로 선임되는 것을 미연에 방지하여 공평한 재판이 이뤄지도록 하기 위함이다. 노회 재판부는 노회의 규칙에 의한 것이 아니고, 헌법의 권징조례 규정에 의하여 조직되므로 헌법기관임을 알아야 한다. 그런 의미에서 사건이 생기면 무조건 전권위원회를 구성하여 권한을 남용하는 것을 지양해야 할 것이다.

제43문 노회 재판부가 재판할 수 있는 재판 건은 무엇인가?

권징조례 제23조 "재판사항"에 의하면,
1. 노회에서 위탁받은 사건만 심리 판결할 수 있다.

노회에서 위탁받은 사건을 말한다. 위탁 받지 않은 것을 심리 판결할 수 없다. 노회가 어떤 고소 사건이 있을 때에 노회 재판부가 위탁 받으면서 앞으로 있을지도 모를 이와 연루된 다른 고소 사건이나 기타 모든 고소 사건을 재판부에 위임한다는 결의를 하기도 하고, 위탁 받을 때 일어나지 않은 사건도 심리 판결하는 것은 위헌이므로 당연히 무효이다(조긍천). 물론 모든 고소, 고발, 소원건은 노회의 결의를 거쳐 해 재판부에 보내져야 한다.
2. 당회 재판부의 판결에 대한 항소사건.

목사를 제외한 교회직원(장로, 집사, 권사, 서리집사, 강도사, 전도사 등)의 소송사건에 관한 당회 재판부의 판결에 불복하여 항소한 사건을 말한다.
3. 목사에 관한 소송사건 및 장로의 노회원 또는 총회원으로서의 행위에 관련된 소송사건.

이 경우 노회 재판부는 이들 소송사건에 관해서는 제1심이 되는 것이다.
4. 헌법이 정하는 행정 소원 사건.

당회장의 위법한 행정행위에 대한 행정(소원)소송, 당회결의의 취소 및 무효소송, 당회 상호간 권한에 관한 소송, 당회의 각종 선거무효 및 당선무효(장로 집사 권사의 선거)는 노회 재판부의 관할이다.

5. 당회장이 청원한 위탁판결 사건.
6. 당회 재판부의 불기소결정에 대한 항고사건.
　　당회 재판부의 불기소결정뿐만 아니라 불기소 간주로 인한 불복, 항고의 경우도 포함된다.
7. 총회 재판국이 지시한 사건.
　　목사는 1심이 노회이고 교인 및 직원은 1심이 당회이기 때문에 총회 재판국이 직접 시벌을 정하여 해 치리회에 시달하여 시벌을 지시하는 것을 말한다.

제44문 노회 재판부의 의결방법은 어떠한가?

　　재판부 회의는 재판부원 재적 3분의 2 이상의 출석으로 하되 목사가 과반수라야 하고 출석인원 과반수의 찬성으로 의결한다(권징조례 제22조 1항). 개회성수가 3분의 2 이상이라면, 노회 재판부원은 7명이니, 5명 이상 출석해야 하고 목사는 3명 이상이어야 한다. 그렇다면 개회성수는 결의 성수도 되어야 한다.

제45문 총회 재판국은 어떻게 구성하는가?

　　제24조(구성)에 의하면,
1. 총회 재판국은 총회에서 총대 중 재판국원 15인(목사 10인, 장로 5인)으로 구성한다. 다만 재판국원은 동일한 노회 파송총대 중 1인에 한하여 선임한다.
2. 재판국원은 교회법에 상당한 식견을 가진 자 중에서 목사는 임직 20년 이상 장로는 임직 15년 이상인 사람 중에서 공천위원회의 공천으로 선정한다.

　　이전에는 21인을 선정하도록 했으나, 심도 있는 판결을 위해서 15인으로 제한했다.

　　그리고 특별재판국(권징조례 제25조)도 재판국원 수는 9인(목사 5인, 장로 4인)으로 총회에서 공천위원회의 복수로 추천하여 투표로 선정한 것은 정치적인 영향을 배제하기 위함이다. 복수는 2배수 3배수 하든지 총회의 결의에 따른다.

통합측에서는 15인 중 2인 이상은 법학을 전공한 법학사 학위를 가진 자 중에서 공천위원회의 공천으로 선임하여야 한다고 했다. 총대가 아니더라도 3인 이내의 전문위원제도도 두고 재판 절차 등에 관한 사항에 대하여 자문에 응한다고 되어 있다.

그러므로 총회 공천위원회에서는 임직연한만 볼 것이 아니라, 좀 더 교회법에 대한 전문적인 지식이 있는 사람을 선정하는데 신경을 써야할 줄 믿는다.

제46문 총회 재판국의 의결방법은 어떠한가?

제28조(의결방법)에 의하면, 재판국 회의는 재판국원 재적 3분의 2 이상의 출석으로 하되 목사가 과반수라야 하고 출석 국원 과반수의 찬성으로 의결한다.

즉 15인 중 목사 10명 장로 5명이니 3분의 2 이상은 10명이고 목사 과반수라 하면 6명 이상 목사여야 한다는 말로 목사 6명과 장로 4명이 있어야 개회성수가 된다는 말이다.

제47문 총회 재판국이 재판할 수 있는 재판 건은 무엇인가?

제29조(재판사항)에 의하면, 재판의 관할에 관한 권징법은 이른바 심급 관할을 인정하여 당회 재판부, 노회 재판부, 총회 재판국의 3심제도(三審制度)를 채택하고 있다. 그리하여 항소, 항고는 노회 재판부에서, 상고, 재항고는 총회 재판국에서 각 계급의 재판국이 가지는 관할 건을 부여하고 있다. 총회 재판국이 최종심(最終審)이란 3심제도에서 최종의 종국 재판을 하여 더 이상 상소할 수 없게 되는 것을 말한다.
1. 노회 재판부의 판결에 대한 상고사건 및 이의(불복)신청 사건.

노회 재판부의 판결이 제2심으로서의 판결이든 제1심(목사)으로서의 판결이든 노회 재판부의 판결은 상고심인 총회 재판국의 관할이다. 전자의 경우 노회 재판부의 판결에 불복 항소하여 항소심인 노회 재판부가 제2심으로서 재판하게 되는 것이며, 후자는 목사와 노회원 또는 총회원으로서의 장로의 사건을 노회 재판부가 제1심으로서 재판하고 그 판결에 불복이 있을 때 상고하여 상고심인 총회 재판국이 제2심으로서 재판하게 되는 것이다. 총회 재판국이 제3심으로서 재판하든 제2심으로서 재판하든 최후 종심으로서 상고심이 되는 것이다. 이의(불복)신청사건이란 노회 재판부의 기피기각 결정 등과 같은 노회 재판부의 결정사건에 불복하는 사건을 말한다. 당회 기소위원회의 불기소 처분 또는 불기소 간주(권징조례 제67조 4항)에 불복이 있어 노회 재판부에 항고를 하고 이 항고를 기각하기 때문에 그 기각 결정에 대하여 불복하여 총회 재판국에 재항고하는 경우(권징조례 제67조 3항)에 해당한다.

2. 헌법이 정하는 소원(행정)사건.

행정(소원)·결의 취소 등의 소원, 동등한 치리회간의 소원, 무효 확인 등의 소원, 선거무효소송 및 당선무효소송(권징조례 제6장 제164조, 제165조, 제166조) 등이 있다. 이들 행정(소원) 중 노회장의 위법한 행정행위에 대한 것, 노회 결의의 취소 및 무효, 노회 상호간 권한에 관한 소송, 노회의 각종 선거무효 및 당선무효소송 등은 총회 재판국의 관할이다.

3. 노회 기소위원회의 불기소 결정에 대한 재항고 사건.

노회 재판부가 제1심으로서의 관할사건에 있어서 노회 기소위원회의 불기소 처분 또는 불기소 간주에 불복이 있어 총회 재판국에 재항고하는 경우를 말한다. 노회 재판부가 제1심이든 제2심이든 결정에 대하여 최종심인 총회 재판국에 불복신청 하는 것은 전부 재항고이다. 이는 노회 재판부가 제1심으로 목사 사건이나 노회원 또는 총회원으로서의 장로사건을 재판하고 이러한 노회 재판부의 판결에 불복하는 것은 항소라 하지 않고 상고라고 하는 것과 같은 이치이다.

4. 기타 총회 재판국의 권한에 속한 사항.

재심 관할이 경우에 따라서 총회 재판국이 될 수도 있으며, 시벌이나 해벌에 있어서 총회 재판국의 권한이 있는 경우가 있다.

5. 총회는 재판사건을 직할 심리하거나 재판국(재판부)에 위탁할 수 있으며 재판국은 위탁받은 사건만 심리 판결한다. 단 파회 후에 발생한 긴급한 사건에 대해서는 총회 임원회의 결의로 위탁받은 사건을 심리 판결할 수 있다.

그렇다면 총회 임원회는 서류를 기각이나 반려할 권한이 있느냐? 그런 권한은 없다. 다만 미비한 서류가 발견되면 보충하도록 지도함이 필요하다. 쉽게 말하면 경유권을 가지게 함으로 총회 임원회가 접수를 대행하는 것이다. 그러나 총회 재판국에 직송할 수 있으며 사건의 심리 중 필요한 것을 총회 재판국이 요청할 때 그 서류는 경유할 필요가 없다.(제66회 총회 결의 사항: 총회재판국장 최 모 목사가 발의한 상고 건은 하회의 절차를 거쳐 총회 재판국으로 직접 접수 청원 건은 권징조례 113조, 125조에 의해 총회 재판국에 직접 접수하기로 가결했다.)

제48문 총회 재판국 판결에 중대한 잘못이 있다고 인정되었을 시는 어떻게 하는가?

총회 재판국은 3심제도 중에 최종의 재판국이기 때문에,

권징조례 제156조 7항에 의한 재심사유가 될 때 재심 청구의 절차에 따라 재심청구를 할 수 있으나 재심청구권자는, ① 기소위원장 ② 책벌의 선고를 받은 자 및 법정대리인 ③ 책벌의 선고를 받은 자가 사망한 경우에는 그 배우자, 직계친족 또는 형제자매만이 할 수 있다(권징조례 제160조).

그리고 권징조례 제43조 (판결의 정정)에 의하면,

1. 재판국은 판결의 내용에 오산, 오기, 기타 오류가 있는 것이 명백한 때에는 직권 또는 당사자의 신청에 의하여 정정결정을 할 수 있다.
2. 전항의 신청은 신청의 이유를 기재한 서면으로 하여야 한다.
3. 재판국은 정정할 필요가 없다고 인정한 때에는 지체 없이 결정으로 신청

을 기각하여야 한다.

특별재판국을 요청하여 청구할 수 있다. 권징조례 제25조(특별재판국)에 의하면, '총회는 필요에 따라 특별재판국을 둘 수 있고'라는 말은 언제든지 특별재판국을 설치하여 재판할 수 있다는 말은 아니다. 따라서 재판 건을 상설재판국에 맡기지 않고, 곧바로 특별재판국을 설치하여 위임할 수 없다. 상설재판국의 판결을 검사해 본 결과 그 판결이 불법부당하다고 인정되어 본회가 거부한 때이며 더 나아가 해 사건을 이미 재판한 상설재판국에 환송하여 다시 심의케 하는 것은 불합리하고 부적절하다고 인정되면 새로운 구성원의 재판국이 필요하다고 인정되어 총회의 결정(출석회원 과반수 찬성)에 의하여 특별재판국을 구성하여 해 사건을 맡겨 처음부터 다시 재판케 할 수 있다.

제49문 재판국의 판결은 언제 확정되는가?

권징조례 제40조에 의하면,

1. 당회, 노회의 재판 판결의 판결이후 상소기간 이내에 상소하지 않으면 그대로 확정 및 집행된다.

권징조례 제40조 2항 "총회 재판의 판결은 선고한 날로 확정된다."(권징조례 제106조 5항 참조). 당회 노회의 재판 판결은 상소기간은 판결 고지일로부터 15일 이내에 할 수 있으니 그때 상소가 없으면 확정된다.

2. 상소하면 당회, 노회의 '판결'은 유효하지만 시행은 '상회의 판결'이 날 때까지 유보된다.

권징조례 제22조 '의결방법' 6항에 의하면, "본 노회가 폐회한 후 재판부에서 재판한 사건은 공포한 때로부터 본 노회의 판결로서 효력을 발생하고 본 노회에 보고한다."고 했다. 효력이 발생 한다는 것은 판결이 유효하다는 뜻이지 상급심의 최종 판단 없이 우선 집행하라는 뜻이 아니다. 물론 당회, 노회 재판부의 판결 시행은 상소가 없다면, 상소 기간이 지난 후 시행된다(권징조례 제40조 판결의 확정). 또한 권징조례 제22조(의결방법) 4항에 의하면, 재판부가 본 노회 회무 중에 위탁받은 안건을 판결하였으면, 그 판결을 즉시 보고하여 본 노회가 채택하면 노회의 판결로 인정된다. 여기서도 '인정 된다는 말'은 재판 결과가 인정 된다는 말이지, 상급심의 판단이 남았는데 집행한다는 뜻은 역시 아니다.

제50문 기소위원이 재판국원을 겸임할 수 있는가?

1. 기소위원(검사 역할)은 공소권을 행사하는 원고이므로 재판부원(판사 역할)을 겸임하지 못할 뿐 아니라 해 치리회 임원도 겸임하지 못한다(헌법적 규칙 제4장 권징조례 제19조 2항). 그러므로 기소위원은 공소권을 행사하는 원고이므로 재판부원(판사)을 겸임하지 못한다. 사실 전에는 재판부에서 기소위원을 정하기도 하고 전권위원회에서는 전권위원 중 한 사람을 기소위원으로 하여 일을 처리한 적이 있었고 기소위원이 투표권을 행사함으로 법리적으로 혼란을 초래해 왔다. 그래서 행정 건이 아닌 재판을 해야 할 때는 당회는 기소위원을 따로 선정해야 하며 노회는 필요시에 기소위원을 두고 있다[권징조례 제56조 (치리회의 기소)].

   1) 치리회는 고소자가 없는 분명한 범죄사건을 권징하기 위해 그 회원 중에서 필요한 수의 기소위원을 선정한다. 총회에 상설 기소위원을 설치하지 않는 것은 총회는 파하게 되면 총회 자체에서는 재판 건이 일어날수 없기 때문이다. 총회 중 범죄사건이 발각되어 고소를 하면 그때 기소위원을 선정할 수 있다. 또 하나 부연하는 것은 노회 기소위원은 재판부원과 동일한 교회 목사나 파송총대 장로는 선임할 수 없다(권징조례 제58조 1항).

   2) 헌법적 규칙 제4장 권징조례 제19조 "겸임금지"에 의하면,
      (1) 각 치리회의 재판부원 및 기소위원은 동일한 사건에 대하여 특별재판국 수습위원 또는 전권위원을 겸임할 수 없다.
         예를 들면, 전권위원회가 처리 못해서 재판부로 안건이 넘어 갔다면

그 사건을 동일인이 맡아 취급한다는 것은 법리적으로 맞지 않기 때문이다. 이유는 동일한 사건에 대해서는 영향을 미칠 수 있으므로 객관적인 판결에 도움이 되지 않기 때문이다.

(2) 각 치리회의 임원은 해 재판부원 및 기소위원, 특별재판국원, 수습위원 또는 전권위원을 겸임할 수 없다.

예를 들면, 국무위원이 판사나 검사가 될 수 없는 것과 같은 논리이며, 분쟁사건은 대부분 재판사건으로 비화하기 때문에 재판의 공정 또는 수습위원회 또는 수습전권위원회의 조정 재판의 중립성을 보장하기 위함이다.

제51문 전권위원회 등 특별위원회에 재판권이 있는가?

재판 건은 (1) 치리회가 직할 심리하든지(재판회로 변경하여), (2) 재판부의 권징조례에 의하여 재판권을 행사하여야 한다. 그러므로 그 명칭이 전권위원회라 할지라도 그 전권은 행정치리권의 전권을 의미할 뿐 권징치리권을 의미하지 않는다. 그래서 교회정치 제110조 1항에 의하면, 노회나 총회 모두 행정 건으로 수습할 수 있다고 하였고, 권징조례 제11조 2항 4호에 행정 건으로 내리는 시벌은 치리회의 교정, 결의 무효 혹은 취소, 회원권 및 총대권 정지, 무흠에 해당하는 견책, 근신, 시무정지라고 규정하였다. 전에는 투표로 전권위원회를 구성하여 재판권을 부여했으나 너무 남용되는 폐단이 많았다. 다시 말하면 전권위원은 행정부 기구요, 재판부는 사법부로 이해하면 된다.

제52문 재판국원 간에 의견이 대립될 때 합의 방법은 어떻게 하는가?

헌법적 규칙 제4장 제3조(재판국의 합의 방법)에 의하면,

1. 권징조례 제17조, 제22조, 제28조(의결방법) 중 시벌의 종류와 내용을 결정하는 합의에 있어서 의견이 3가지 견해 이상 분립하여 각각 재적 3분의 2 이상의 출석과 출석인원 과반수에 달하지 못하는 때에는 과반수에 달하

기까지 합의하되 심판의 합의는 공개하지 아니한다고 했다.

제53문 재판 비용의 예납이란 무엇인가?

1. 권징조례 제34조(재판비용의 예납)에 의하면,
   1) 고소인(고발인), 항소인, 상고인, 이의(불복)신청인, 재심청구인, 총회위탁 판결 청원인, 소원(행정)인이나 치리회는 재판 비용을 예납하여야 한다. 단, 당회 재판국은 예외로 한다.
   2) 재판비용의 예납절차와 비용의 액수는 헌법적 규칙으로 정한다.

   구헌법에는 제9장 제53조 제14항에 총회재판부의 비용은 총회가 지불하여야 한다고 되어 있다. 무질서한 소송의 남발을 막기 위한 방편도 되지만 소송당사자가 재판비용을 담당하는 것이 합리적이다. 노회나 총회나 재판사건을 처리하는데 너무 많은 경비가 드는 것은 주지의 사실이다. 조금이라도 예납하는 것이 순리이다. 혹자는 가난한 자의 권리를 막는 것이라고 하나 사회 법정 비용을 생각하면 절대 무리가 아니다.

2. 헌법적 규칙 제4장 권징조례 제4조 "재판비용 예납"에 의하면,
   1) 권징조례 제3장 제34조에 의한 재판비용의 예납절차는 재판을 수행할 당해 치리회(회계)에 예납하고 그 영수증 사본을 소장에 첨부하여야 한다.
   2) 재판비용의 예납금액은 다음과 같다.
      (1) 고소(고발), 항소 소제기 노회: 일백만 원, 총회: 이백만 원
      (2) 상고, 총회: 이백만 원
      (3) 이의(불복)신청, 재심청구, 항고, 재항고 위탁판결 청원: 노회; 일백만 원, 총회; 이백만 원
   3) 총회 특별재판국 청원의 경우에는 총회에서 특별재판국 청원이 의결되면 재판비용을 전항2.(2)에 의하여 예납하여야 한다.
   4) 예납한 재판비용의 금액은 재판의 결과를 불문하고 반환하지 않고 그

치리회에 귀속한다.
5) 다음의 각호의 경우에는 재판비용을 면제한다.
   (1) 권징조례 제3장 제2절 제52조 2항에 의한 치리회장과 임원이 고발을 한 때.
   (2) 권징조례 제3장 제3절 제62조 3항에 의한 치리회장이 직권으로 기소를 의뢰한 때.
   (3) 권징조례 제5장 제160조 1항에 의하여 기소위원장이 재심청구를 한 때.
   (4) 권징조례 제2장 제4절 제25조에 의한 기소위원장이 총회에 특별재판국원을 청원하고 총회에서 가결이 된 때.

제54문 교회 재판에도 변호인을 세울 수 있는가?

권징조례 제36조에 의하여 세울 수 있으나 변호인은 법률 및 교회법에 관한 식견이 있는 본 교단 목사 장로 중에 선임하여야 한다. 타교단 장로는 변호사 자격이 있다 하여도 교회 재판에는 불가하다. 변호인 선임서는 권징 제2호 서식에 의한다.

1. 변호인 된 자는 안건을 축조 가결하는 일에 참여할 수 없다. 이때는 퇴장하여야 한다.
2. 치리회가 원고가 되어(기소위원을 선정하여) 재판한 건이 상소되었을 때는 기소위원 또는 상회에서 선정한 협조위원이 치리회의 변호인이 된다고 한 것은, 즉 원 치리회를 대리하여, 자초지종 소송 대리자로서 또는 상회에서 선정한 협조위원(1인-2인)이 변호인이 된다. 국법에서 말하는 국선 변호사와 같다. 물론 개인이 상소심에서 원·피고 또는 소원인이 될 때에는 상회 회원이 아니라도 무방하다(조궁천).
3. 변호인은 여비(실비) 외에는 변호 보수를 받을 수 없다.

제55문 당사자 일방이 불출석할 때 재판을 어떻게 진행하는가?

권징조례 제37조(당사자 일방의 불출석)에 의하면,

기소위원장 또는 피고인이 변론기일에 2회 이상 출석하지 아니하거나 또는 출석하여도 변론을 하지 아니한 때에는 그 제출한 기소장, 답변서, 기타 준비서면에 기재한 사항을 진술한 것으로 보고 출석한 상대방에 대하여 변론을 명할 수 있다.

여기 변론기일은(형사소송에서는 공판기일) 재판일정을 말한다. 즉 상대가 없다고 재판을 연기할 수 없고 계속 진행할 수 있다.

1) 물론 이날에는 원고와 피고가 모두 참석하여야 한다. 상대방이 참석하든 말든 꼭 참석해야 한다. 기소위원장 또는 피고인이 변론 기일에 2회 이상 출석하지 아니하거나, 또는 출석하여도 변론을 하지 아니한 때에는 그 제출한 기소장, 답변서, 기타 준비서면에 기재한 사항을 진술한 것으로 보고 출석한 상대방에 대하여 변론을 하게 한다.

2) 답변서 : 피고인은 기소장 부본을 송달 받은 후 제1회 재판기일 전까지 권징 제7-3호 서식에 의한 답변서를 재판국에 제출해야 한다. 물론 기소장 부본을 송달할 때 답변서의 취지를 피고인에게 고지하여야 한다. 기소 제기 후에 피고인이 답변서를 제출하는 것이 일반적이나 기소전이라도 피의자 신분으로 기소위원회의 출석 요구서를 받은 후 답변서를 제출할 수 있는 것은 자명하다고 본다.

3) 준비서면 : 기소 제기 후 피의자가 피고인이 되고 기소위원회와 피고인이 재판정에서 구두로 주장, 입증하는 구두변론이 원칙이나 기소위원장의 공격, 방어방법과 그 진술을 서면으로 변론기일 전에 재판국에 제출하여 재판기일의 회수와 그 간격을 단축하고 변론의 집중을 도모하기 위하여 기소위원장이 준비서면을 제출할 수 있게 함이 타당하다. 기소위원장은 제1회 재판기일 이후부터 권징 서식 제7-5호 서식에 의한 준비서면을 제출할 수 있다. 기소위원장의 준비서면 제출시점을 제

1회 재판기일 이후로 함은 재판부의 기소위원에 대한 예단을 방지하기 위함이다(이성웅).
4) 재판부는 답변서 또는 준비서면의 부본을 상대방에게 즉시 송달하여야 한다.

제56문 재판국의 판결의 선고 기간은 기소가 제기된 날부터 얼마나 소요되는가?

권징조례 제38조(판결 선고기간)에 의하면,

1. 판결의 선고는 기소가 제기된 날로부터 당회 재판부는 30일 이내에 판결을 해야 한다.
   1) 고소(고발)장이 당회에 접수되면 10일 이내에 기소위원회에 이첩해야 하며 고소 고발장을 접수한 치리회장은 10일 내에 피고소인(피고발인)에게도 권징조례 제54조 4항에 의거 이를 송달해야 한다[권징조례 제55조(고소 및 고발과 조치)].
   2) 제64조(고소 및 고발에 의한 사건의 처리)에 의하면,
      기소위원회가 고소 및 고발에 의하여 죄과를 조사할 때에는 고소(고발)장을 치리회장으로부터 송부 받은 날로부터 20일 이내에 조사를 완료하여 기소 제기 여부를 결정하여야 한다. 다만, 필요한 경우 30일의 기간연장을 할 수 있다.
      그래서 당회 재판부가 기소가 제기된 날로부터 30일 이내에 끝내야 한다면 고소(고발)장이 치리회에 접수된 날로부터 종국판결하기까지 60일 걸리게 된다는 말이다.
2. 노회 재판부는 60일 이내이나, 다만, 항소심에 있어서는 기록의 송부를 받은 날로부터 90일 이내에 하여야 한다. 필요한 경우 30일의 기간을 연장할 수 있다.
3. 총회 재판국은 상고심이 되므로 항소심으로서의 노회 재판부과 마찬가지로 기록의 송부를 받은 날로부터 90일 이내에 하여야 하며 필요한 경우에

30일의 기간이 연장된다.

　그러나 재판기간의 규정은 재판의 신속성을 강조하기 위하여 훈시적으로 둔 규정이므로 강제규정은 아니지만 가능한 노력하여 이 규정을 지키면 좋고, 재판국이 이 재판기간을 어떤 상황에 의하여 초과하여 재판하더라도 그 재판이 무효가 되는 것은 아니다. 국가법도 그렇다(이성웅).

　그러나 정당한 이유 없이 법정기한을 넘겼거나 이유 없이 재판을 연기하면 상회로 소원할 수 있다(이종일).

제57문 재판국이 재판진행 중 재판을 중지할 수 있는가?

1. 판결로 인한 수익자가 없어졌거나 실익이 상실될 경우 재판을 중지할 수 있다. 단 원고와 피고가 동의하지 아니하면 중단하지 못한다(정치문답 제223문).
2. 증거불충분으로 인정될 때는 충분한 증거가 제출될 때까지 판결 선고를 보류할 수 있다. 그러나 무한정 보류하지 못하고 보류기한은 최소화 되어야 하나 판결 기일을 넘길 수는 없다.

제58문 재판의 판결은 어떻게 하며 집행은 어떻게 하는가?

1. 권징조례 제41조 '재판의 선고, 고지의 방식'에 의하면,
   1) 재판의 선고 또는 고지는 재판정에서는 재판서에 의하여야 하고 기타의 경우에는 재판서의 등본의 송달로 한다.
   　기타의 경우라 함은 결정 또는 명령이라도 고지의 형식을 취하지 아니할 경우에는 재판서의 등본을 송달함으로 한다.
   2) 재판의 선고 또는 고지는 재판국장이 한다. 판결을 선고함에는 주문을 낭독하고 이유의 요지를 설명한다.
2. 권징조례 제132조(종국판결과 집행)에 의하면,
   1) 집행은 확정된 종국판결에 의하여야 한다.
   2) 판결의 집행은 그 재판을 한 재판국이 속한 치리회장이 판결확정 후

30일 이내에 하여야 한다.
3) 판결의 집행은 판결서의 정본을 첨부한 서면으로 한다.
4) 당회장이 판결의 집행의무를 이행하지 아니하는 경우에는 노회장이 집행하고, 노회장이 판결의 집행의무를 이행하지 아니하는 경우에는 총회장이 집행하여야 한다.

　권징 제8-5호 서식 참고
3. 해 치리회는 재판을 집행했다는 보고를 권징 제8-6호 서식에 의하여 결심 재판국에 보내어야 한다.
4. 권징조례 제40조 '판결의 확정' 의하면,
1) 당회, 노회의 재판판결은 상소기간이 지나면 확정된다.
2) 총회 재판의 판결은 선고한 날로 확정된다.

　위의 2항을 두고 오해가 있다. 이는 상소기간이 지나지 않았다고 하여 판결의 선고까지 할 수 없다는 말은 아니다. 판결이 내부적으로 합의가 이루어지고 외부적으로 선고하여 성립이 되고 난 후에 상소의 방법으로 더 이상 다룰 수 없게 되어 그 내용을 변경할 수 없게 된 상태를 판결의 확정이라고 하고, 이러한 상태에 있는 판결은 확정 판결이라고 한다. 상소기간의 포기 또는 취하에 의하여 판결이 확정된다. 그러나 그 선고도 해당 재판국에서 판결이 선고되므로 상소할 수 있다. 최종심인 총회 재판국은 상소의 방법이 없으므로 선고와 동시에 판결이 확정된다. 그러므로 상급 재판국의 판결이 나기 이전까지 하급 재판부의 판결은 유효하다.

제3장 소송에 관한 규례

제59문 재판함에 있어서 어떤 사람에게 소환장을 발부하는가?

권징조례 제54조에 의하면,

재판국장은 피고인을 소환할 때에는 권징 제3-1호 서식에 의하여 소환장과 함께 소송에 관한 서류를 재판개정 10일전에 통지하여야 한다. 어떤 경우 재판부를 보면 관계서류 없이 소환장만 발부함으로 항의를 받는 적이 가끔 있다. 꼭 송달인에게 10일 넘어가지 않도록 주의해야 하고 반드시 등기우편 영수증이 있어야 한다.

제60문 고소와 고발은 어떻게 다른가?

고소란 피해를 입었다고 주장하는 당사자가 가해자를 처벌해달라고 가해자 소속치리회에 청원하는 것을 말한다. 피해자가 사망한 때에는 그 배우자, 직계친족 또는 형제, 자매는 고소할 수 있다(권징조례 제49조).

고발은 피해자가 아닌 제3자가 범죄사실을 적시하여 범죄자 소속치리회에 시벌해 줄 것을 청원하는 것을 말한다. 즉 누구든지 죄과가 있다고 인정되는 때에는 고발할 수 있다. 치리회장과 임원은 그 직무를 행함에 있어 죄과가 있다고 인정되는 자에 대하여 고발할 수 있다(권징조례 제52조).

어느 경우든 치리회가 선정한 기소위원이 원고가 된다.

제61문 누가 원고가 되는가?

1. 고소 또는 고발을 불문하고 소송을 제기하는 자가 있으면 소송을 제기하는 자가 원고가 된다.

권징조례 제30조 1항에 확실한 범죄사건으로 고소 고발이 있을 때.

확실한 범죄 사건이 있을 경우에 소속 치리회에 소송을 제기하게 되면 치리회는 재판을 하지 않을 수 없다. 그래서 고소 또는 고발을 불문하고 소송을 제기하는 자가 있으면 소송을 제기한 자가 원고가 된다.

권징조례 제31조(소송 당사자) 3항에 보면 소송 제기자와 대한예수교장로회 각급 치리회와 그 외에 제3자가 소송을 제기하면 원고가 된다고 하였다.

그러나 개인이 소송할 경우 관할치리회의 치리에 복종하고 있는 자라야 한다. 따라서 그 치리회원이 아니거나 불복하고 있는 자의 고소, 고발은 받을 필요가 없고 이런 사람은 원고가 될 수 없다. 물론 제3자라 할지라도 그 치리회 소속 회원이라야 한다. 치리회가 다르거나 불신자의 소송은 취급할 수 없다는 말이다.

2. 치리회의 기소위원이 원고가 된다.

권징조례 제30조 2항에 권징할 필요가 있어 재판을 할 필요가 있을 때.

특수한 사정에 의하여 고소하는 원고가 없을지라도 사안이 중대하여 치리회가 직접 치리하여야 할 필요성이 있을 때에는 치리회가 기소위원회에 넘겨(기소위원 선정)기소하게 하여 재판회 또는 재판국에 위임하여 처리토록 하거나 총회 같은 데는 회기 중에 일어난 일이라면 특별재판국을 설치하여 재판을 하는 것이다. 그래서 기소위원이 기소하여야(기소독점 주의) 기소위원이 원고가 된다. 본 교단 헌법 권징조례가 기소위원회의 기소를 따라야 함으로 고소, 고발을 불문하고 기소위원이 원고가 되어 소를 제기한다. 기소위원회가 기소를 하지 않으면 재판 개정을 할 수 없다.

3. 행정심판 청구(소원)나 치리회간의 소송은 당사자가 원고와 피고가 된다.

제62문 고소, 고발이 있으면 반드시 재판해야 하는가?

고소 고발장이 제출되면 해당 치리회장이 기소위원을 소집하여 기소하게 한다. 따라서 기소가 되면 재판을 열어 재판의 가치가 없거나 고소 고발 등이 위법일 때는 재판국이 기각할 수 있다. 그러나 다음의 3가지를 기준으로 삼아야 한다.

1. 권징조례 제30조 '재판개정을 요하는 소송' 3항에 의하면,

범죄의 충분한 증거가 있어 재판을 할 필요가 있을 때, 범죄에 대한 충분한 증거 없이 심증이 간다고 해서 재판을 하는 것은 금물이다. 그것은 범죄의 판단과 소송의 신중성을 기해야 한다. 다시 말하면 무성한 소문만 가지고 재판을 할 수는 없다. 범죄라고 규정할 때 그 구성요건을 깊이 살피고 그 구성 요건이 충족되었다 할지라도 보편타당성과 객관성을 가지지 않으면 안 된다는 것은 주관적 판단은 금물이라는 말이다. 혹시 사건이 중대할지라도 이상한 형편을 인하여 판결하기 곤란한 경우에는 차라리 하나님께 공의의 방침으로 실증을 주시기까지 유안하는 것이 재판하다가 증거부족으로 중도에 폐지하여 일반 권징의 효력을 손실하는 것보다 낫다(조긍천).

2. 권징조례 제30조 4항에 의하면,

피해를 입고 소송을 제기한 자가 마태복음 18:15-17 대로 권고해 보아도 효과가 없었다는 진술을 들은 치리회가 피차 화해하도록 권유해도 불응할 때.

재판하기 전에 화목을 권하는 것이고 피고인과 화해하도록 권하는 동안에는 재판을 열지 말아야 한다 그래서 원고가 고소장을 제출 시 마태복음 18:15-17을 이행하여 보았다는 진술이 있다 할지라도 최후로 다시 한번 원고, 피고를 불러 화목하게 하는 일을 하여야 한다. 이때 쌍방이 화목하게 되면 소는 취하된 것으로 간주하고 재판을 열 필요가 없거니와 불응하면 재판을 열 수밖에 없다(조긍천).

3. 재판여부는 해당 치리회(재판국)가 결정해야 한다.

권징조례 제33조(삼가야 할 소송)에 의하면,

소송서류를 접수할 때 다음과 같은 경우는 신중히 처리하여야 한다.

1) 평소에 피고인에 대하여 감정이 있는 자의 경우.

2) 성격이 불량한 자의 소송.

3) 벌 아래 있거나 재판이 계류 중에 있는 자의 소송.

4) 피고인의 처벌로 이익을 얻게 되는 자의 소송.

5) 소송하기를 좋아하는 성질을 가진 자의 소송.

6) 지각이 부족한 자와 미성년자의 소송.

제63문 고소, 고발(기소)은 언제든지 할 수 있는가?

모든 범죄에는 공소시효가 있다. 시효의 기산일은 단회적인 범죄는 죄를 범한 날이며, 계속적인 사건은 최종일이 기산일이 된다. 고소 및 고발자는 죄과를 범한 자를 알게 된 날로부터 1년을 경과하면 고소하지 못한다. 다만 고소할 수 없는 불가항력의 사유가 있을 때에는 사유가 없어진 날로부터 기산한다[권징조례 제50조 (고소 및 고발 기간)]. 고소 고발의 기간을 제한한 이유는 기소 제기 여부를 무한정 맡겨둘 경우에 법적 관계의 불확정 상태가 너무 오랫동안 계속되기 때문이다. 그러나 이것은 단순히 범죄사실을 아는 것만으로는 부족하고 적어도 범인이 누구인가를 추정할 수 있을 정도로 알게 된 날을 말한다. 단 여러 명의 공범이 있는 경우에는 공범 1인을 알면 고소 고발 기간은 진행한다(이성웅).

그리고 고소할 수 없는 불가항력의 사유라는 말은 객관적인 증거가 있어야 함은 물론이다.

제64문 재판 진행 중이라도 언제든지 고소를 취하할 수 있는가?

고소의 취하란 일단 제기한 고소를 철회하는 소송 행위를 말한다. 고소는 제1심 판결 선고 전까지 취하할 수 있으나, 고소를 취하한 자는 동일한 내용에 대하여 다시 고소하지 못한다[권징조례 제51조 (고소의 취하)]. 그래서 치리회의 권징권의 발동을 고소인의 의사에 의하여 좌지우지되는 것을 막기 위하여 제1심 판결 선고 전까지 취하한 것만 그 효력을 인정하고 후의 취하는 취하의 효력이 발생하지 않고 재판은 진행되는 것이다. 고소(고발)취하서는 권징 제4-2호 서식에 의한다.

제65문 소송할 제기할 시 고소(고발)인이 소속 치리회장에게 제출하여야 할 서류는 무엇인가?

권징조례 제53조(고소 및 고발의 방식)에 의하면,
1. 고소 및 고발은 서면으로 소속 치리회장에게 제출하여야 한다.
2. 고소장 및 고발장에는 다음 사항을 기재하고 서명날인 하여야 한다(권징 제4-1호 서식).
   1) 고소(고발)인 및 피고소(고발)인의 주소, 성명, 나이, 성별, 직분.
3. 죄증설명서에는, 범죄의 내용(범행일시, 장소, 상황 등)과 증거물(서증, 물증) 증인들을 자세히 기록하여야 한다.
4. 범죄의 사건별로 기록하되 범죄 사건마다 죄증설명서를 각기 제출해야 한다.
   단, 증인의 인적 사항은 보안상 개심 후 제출하여야 한다(이종일).
5. 피해로 인해 고소하고자 하면 마태복음 18:15-17의 교훈대로 권고해 보았다는 진술서를 제출하여야 한다.
6. 한 사람에 대한 여러 가지 범죄사건을 동시에 고소할 수 있다.
   재판비용 예납영수증(사본) 첨부[권징조례 제34조, 헌법적 규칙 제4장 권징조례 제4조 (재판비용 예납)].
   고소(고발)장은 권징서식 제4-1호에 의한다.

제66문 소송 서류 제출과 접수처리는 어떻게 하는가?

권징조례 제54조(서류제출과 접수처리 및 피고인의 소환)
1. 소송에 관한 서류는 사건마다 각각 두 통씩을 치리회장에게 제출한다.
   1) 권징조례 제53조 1항에 의하면, 고소 및 고발은 서면으로 원칙적으로 재판국 서기에게 제출하며 구두, 전화, 문자, 팩스에 의한 고소는 허용되지 아니한다. 그러나 치리회의 문서 수발업무는 서기의 권한이므로 각 치리회의 서기부서에 고소(고발)장을 접수시키면 접수하고 임원회의

경유는 임의적 조치사항임으로 직권으로 기소위원회와 피고소인(피고발인)에게 10일 이내에 송부하여야 한다. 이 기간은 효력규정이므로 서기부에서 반드시 준수하여야 하고 고의로 이 기간을 넘기면 직무유기 행위가 되어 또 하나의 고소사건을 낳게 하므로 즉시 처리함이 좋다. 물론 접수 때 신중을 기해야 한다. 판단하기 어려우면 치리회(재판국)에 바로 내어 놓고 문서 접수여부를 결정하게 하는 일이 더욱 바람직하다. 치리회가 당회인 경우에는 서기가 당회장에게 보고하여 당회결의에 의하여 기소위원회를 구성하고 난 후에 그 기소위원에 송부하면 되겠다(이성웅).

(1) 먼저 노회의 경우 서기는 당회나 시찰회의 경유 여부를 살필 것이다. 경유를 거절했다고 할 때 경유를 요청한 적이 있었다는 당회나 시찰회의 부전이 있으면 경유인이 없다고 해도 물론 접수할 수가 있는 합법문서이다.

(2) 총회 재판국에 재판사건을 상정할 때에는 총회 서기가 접수하여 총회임원회의 결의로 총회 재판국 서기에게 제출한다. 물론 상소이기 때문에 원심 재판국의 경유인이 있어야 하고 없다고 하더라도 부전이 붙어 있으면 합법문서이다. 고의로 기소위원회의 이첩기간(10일 이내)을 넘겨 직무유기 행위가 되어 또 다른 분쟁을 낳지 않도록 처리함이 좋다.

제67문 고소 및 고발장이 들어오면 치리회장이 어떻게 해야 하는가?

권징조례 제55조(고소 및 고발과 조치)에 의하면,

1. 치리회장이 고소(고발)장을 받은 때에는 10일 이내에 기소위원회에 이첩하여야 한다.

많은 경우 고소(고발)장이 바로 기소위원회로 접수 되는 것으로 착각하나 일단 치리회장에게 접수되어 기소를 이첩 받아야 한다.

1) 재판국장은 피고인을 소환할 때에는 소환장과 함께 소송에 관한 서류를 재판 개정 10일전에 통지하여야 한다(권징조례 제54조 2항).

　단순한 통지(엽서, 전화)로는 안 된다(권징 제3-1호 서식).
2. 고소(고발)장을 접수한 치리회장은 10일 이내에 피고소인(피고발인)에게도 권징조례 제54조 4항에 의거 이를 송달하여야 한다(권징조례 제55조 2항).

　피고소인(피고발인)도 자기의 범죄혐의 사실을 알고 기소위원회의 출석요구 시 대응방법과 조치를 준비하여야 하기 때문에 단순한 통지로는 안 되고 필히 송달형식을 취하여야 한다.

제68문 재판기일에 소송 당사자가 정당한 사유 없이 불참하면 어떻게 하는가?

1. 권징조례 제37조 "당사자 일방의 불출석"에 의하면,

　기소위원장 또는 피고인이 변론기일에 2회 이상 출석하지 아니하거나 또는 출석하여도 변론을 하지 아니한 때에는 그 제출한 기소장, 답변서, 기타 준비서면에 기재한 사항을 진술한 것으로 보고 출석한 상대방에 대하여 변론을 명할 수 있다.

　여기 답변서란 피고인이 기소장 부본을 송달 받은 후 제1회 재판기일 전까지 권징 제7-3호 서식에 의한 답변서를 말하며, 준비서면이란 기소위원장이 제1회 재판기일 후부터 권징 제7-5호 서식에 의한 준비서면을 말한다. 이렇게 함은 재판국의 기소위원에 대한 예단을 방지하기 위함이다.

2. 권징조례 제73조(피고인 또는 기소위원의 불출석) 1항에 의하면,

　피고인 또는 기소위원장(위임시 기소위원)이 재판기일의 통지를 받고 제72조의 불출석 사유 자료를 제출하지 않고 2회 이상 출석하지 아니한 때에는 당사자 출석 없이 궐석한 그대로 재판을 진행한다.

　소환장 재차 전달시 치리회는 또 다시 이유 없이 출석하지 아니하면 권징조례 제72조에 의해 궐석재판을 한다든가 정치문답조례 제353문에 의하여 시벌을 하겠다는 것을 명시해 두는 것이 좋다(조궁천).

제69문 장로(집사)를 고소하였으나 당회가 접수하지 않을 때는 어떻게 하는가?

당회가 고소장을 반려(기각)할 시에는 이유서(부전)를 첨부하여 반려하여야 한다. 이때 고소인은 그 이유서를 첨부하여 노회로 고소할 수 있다. 만일 당회가 이유서도 첨부하지 않고 반환하면 당회에 제소하였다는 사실을 육하원칙대로 본인이 기록하여(본인 부전) 고소장과 함께 노회로 제출할 수 있다(이종일).

물론 노회가 거부하면 같은 절차를 따라야 한다(조긍천).

제70문 억울한 풍문으로 인하여 심한 피해를 입고 있으나 발설자나 전달자를 알지 못하여 고소도 할 수 없을 때는 어떻게 할 수 있는가?

피해자는 당회(목사이면 노회)에 그 풍문을 조사하여 사실무근임을 밝혀 달라고 청원할 수 있다. 이를 조사 변명 청원이라고 한다[권징조례 제56조(치리회의 기소) 3항에 "훼방당한 교인이 치리회에 조사변명을 구할 때 그 치리회가 정당한 줄로 인정하면 위원을 선정하여 조사한다."고 되어 있다].

해 당해 치리회는 합당한줄 알면 조사위원을 선정하여 풍문을 조사하고 사실무근이면 사실무근임을 밝혀 풍문이 재발되지 않도록 회중에게 경고한다, 만일 발설자가 발견되고 고의성이 있을 때에는 절차에 따라 시벌할 수 있다. 이와 같은 조사 변명 신청이 들어오면 치리회는 다음과 같은 조치를 취한다.

1) 상당한 줄로 인정하면 위원 1인 이상을 선정하여 조사한다.
2) 풍설을 조사한 결과 신청인의 주장과 같이 낭설이면 신청인과 관계인들에게 낭설임을 회보한다.
3) 필요하면 교회 앞에 광고하고 다시는 이런 악성적 루머가 더 이상 퍼지지 않도록 주의와 경고를 한다.
4) 그 풍설의 진원지 즉 발설자를 찾으면 신청인의 고소가 없어도 필요하면 치리회(당회, 노회, 총회)가 기소위원을 선정하여 직접 기소할 수 있다.

5) 회보함으로 충분하다고 인정되면 그 치리회는 위원회의 회보를 접수하여 회록에 기록함으로 그 사건을 종결한다(권징조례 제56조 4항).

제71문 고소(고발)자가 없으나 분명한 범죄 사건을 권징하려면 어떻게 하는가?

권징조례 제56조(치리회의 기소)에 의하면,

1. 치리회는 고소자가 없는 분명한 범죄사건을 권징하기 위해 그 회원 중에서 필요한 수의 기소위원을 선정한다.

치리회는 필요시 기소위원회를 구성한다. 총회는 기소위원회가 상설되지 않은 것은 총회 재판국은 상소를 취급하는 최종심이기 때문이다. 그리고 총회는 파한 후에는 총회 기능이 없어지지만, 총회 현장에서 권징문제가 발생하여 기소위원회 구성이 필요시 구성할 수 있다.

2. 기소위원이 원고가 되어 판결이 확정될 때까지 시종 원고로서 행사한다.

이 말은 기소위원의 조사권을 의미한다. 피고의 죄상이 무엇인지 정확히 파악하고 증명하고 설명해야 한다. 그러므로 피고의 범죄 사실을 조사하고 증거를 수집하고 증인을 채용하는 등의 조사 업무를 수행하여야 한다. 즉 기소위원은 기소하기 전에 먼저 위임된 사건을 조사할 책임이 있다. 모든 조사를 마친 후 유죄 증명을 확신 할 때에 기소하여 재판을 진행하게 하는 것이다.

3. 상회에서 재판을 하게 될 때에는 상회원 중에서 협조자를 청구 할 수 있다.

이 말은 만일 소송안건이 상회에 송달된 때에는 상소 판결이 나기까지 기소위원이 본 건을 맡아 일한다. 필요하면 기소위원은 상회원 중에서 자기 방조자를 지명 청원할 수 있고, 상회는 그 청구에 의하여 본 회원 중 한 사람 혹은 두 사람을 선정하여 방조할 것이다. 이런 경우는 상설기소위원회가 아닌 총회에서 선정한 기소위원을 두고 하는 말이다.

4. 훼방당한 교인이 치리회에 조사변명을 구할 때 그 치리회가 정당한 줄로 인정하면 위원을 내어 조사한다.

제72문 재판 진행 중 원고, 피고 간에 화해가 되었을 경우에는 어떻게 하는가?

소송 당사자가 화해할 때에는 사건을 종결한다. 그러나 화해가 성립되더라도 그 범죄가 중하고 확실하여(교회와 사회에 해를 끼치는 경우 등), 정직 이상의 벌에 해당될 때에는 판결하여야 한다(이종일, 헌법으로 보는 교회생활 500문 500답).

제73문 당회 기소위원회의 구성은 어떻게 하는가?

권징조례 제57조(당회 기소위원회의 구성)에 의하면,
1. 당회 기소위원회는 당회에서 선임된 기소위원 1인 내지 2인으로 구성한다.
2. 기소위원회에 2인일 때는 임원으로 위원장과 서기를 두며, 임원은 위원의 호선으로 선임한다.

목사 1인 장로 1인일 때는 기소위원회를 구성할 수 없으니 노회에 위탁판결을 청원할 수밖에 없다. 조직교회는 협조 당회원을 요청할 수 없고, 교회정치 제120조에 의하면, 권징건은 소속 노회원 중에서 목사, 장로 각 2인씩의 협조 당회원을 노회에 청하여 처리하라고 했다.

제74문 노회 기소위원회의 구성은 어떻게 하는가?

권징조례 제58조(노회 기소위원회의 구성)에 의하면,
1. 노회 기소위원회는 노회 공천위원회에서 선임된 기소위원으로 구성한다. 단, 재판부원과 동일한 교회 목사나 파송 총대는 선임할 수 없다.
2. 기소위원회에 임원으로 위원장과 서기를 두며, 임원은 위원의 호선으로 선임한다.

노회 기소위원회는 노회 재판부와 마찬가지로 헌법기관이다. 선임방법은 해 노회의 규칙에 의하여 노회 공천위원회에서 공천하여 본회의에 조직 보고 함으로 선임하든지 노회 본회의에서 직접 선출 또는 노회 임원회에 위임하여 선출할 수도 있다.

제75문 기소위원회의 의결 방법은 어떻게 하는가?

권징조례 제59조(의결방법)에 의하면,

기소위원회의 회의는 기소위원 재적 과반수 이상의 출석과 출석인원 과반수의 찬성으로 의결한다. 가부 동수인 경우에는 불기소된 것으로 본다.

제76문 노회 기소위원의 임기와 보선 방법은 어떠한가?

권징조례 제3장 제2절 제58조에 정한다.

제77문 기소위원도 기피 신청할 수 있는가?

헌법적 규칙 제4장 권징조례 제1조 4항에 의하면,

기소위원에 대하여는 기피신청하지 못한다.

기소위원장 및 기소위원은 당사자의 일방(一方)이므로 제척, 기피, 회피의 대상이 될 수 없다. 죄과의 혐의가 있다고 판단하면 조사를 하여 기소여부를 결정하는 막강한 권한이 있으므로 불공정한 재판을 염려할 필요는 없다. 그러나 기소위원이 양심에 거리낌이 있으면 회피 제도를 활용하는 것이 좋다고 생각된다(이성웅).

제78문 피의자 심문은 어떻게 하는가?

권징조례 제60조(피의자 심문)에 의하면,

1. 기소위원장은 피의자를 소환하여 심문하고자 할 때에는 10일전에 피의자에게 통지하여야 한다.

고소(고발)장이 치리회에 접수되면 10일 이내에 기소위원회에 이첩하여 하고(권징조례 제55조), 기소위원회는 고소(고발)장을 면밀히 검토한 후 피의자를 출석시켜 심문하여야 하며 10일전에 통지하여야 한다. 그러나 이때 피의자의 심문단계는 소환이라는 용어보다는 출석요구서가 좋다고 생각한다(권징 제3-2호 서식).

2. 기소위원회는 피의자에 대하여 죄과(罪過)사실과 정상(情狀)에 관한 필요사항을 심문하여야 하며 그 이익 되는 사실을 진술할 기회를 주어야 한다.

　여기 피의자라 함은 기소위원회에 의하여 기소가 제기 당한 피의자를 말한다. 이런 자는 기소위원장이 기소위원회 모임 10일전에 권징 제3-2호 서식에 의하여 출석 요구서를 발부하여야 한다.

제79문 기소란 무엇인가?

　기소(起訴)란 검사가 일정한 형사사건에 대하여 법원의 심판을 구하는 행위를 말한다. 이를 공소의 제기라고도 한다.

　우리 헌법 권징조례에서 말하는 기소위원은 사법부의 검사에 해당된다. 치리회의 기소위원은 피해자를 위하여서만 기소하는 것이 아니라, 교회질서의 유지라는 공익의 측면에서 공익의 대표자로서 기소하는 것이다. 그러나 기소위원회는 범죄의 혐의가 있을 때에 반드시 기소해야만 하는 것은 아니다. 범인의 연령, 성행, 지능과 환경, 피해자와의 관계, 범행의 동기, 수단과 결과, 범행 후의 정황 등을 종합하여 기소하지 않음이 상당하다고 판단되는 때에는 불기소처분을 할 수 있다[헌법적 규칙 제4장 권징조례 제14조 (불기소 처분)]. 우리 헌법에는 기소의 제기 없이는 행정 건 외에는 재판할 수 없다.

제80문 기소 제기는 어떻게 하는가?

　권징조례 제62조 '기소 제기의 방식과 기소장'에 의하면,
1. 기소를 제기함에는 기소장을 관할 재판부에 제출하여야 한다.
2. 기소장에는 다음 사항을 기재하여야 한다.
　1) 피고인의 성명, 나이, 성별, 직분, 주소.
　2) 죄과명(罪過名)(권징조례 제5조 (권징의 범위) 1항-13항).
　　그러나 1항 3항 등과 같이 포괄적이고 개괄적인 죄과명은 구체적으로 기록하여야 한다.

3) 기소사실(죄과의 사실).

죄과(범죄)에는 누가, 언제, 어디서, 무엇을, 어떻게, 왜 등 육하원칙을 명시하여 사실을 명확하게 하여야 한다.

4) 적용 규정.

3. 치리회장은 당회 또는 노회의 임원회의 결의에 따라 죄과가 있다고 인정되는 자에 대하여 직권으로 기소위원회에 기소를 의뢰할 수 있다.

1) 기소 제기라 함은 기소위원회가 재판부에 대하여 특정한 권징사건의 심리, 판단을 서면으로 청구하는 법률 행위적 소송행위를 말한다. 기소 제기는 기소위원회의 조사절차의 종료를 의미함과 재판 절차의 개시를 의미한다.

2) 기소 제기는 서면에 의하여야 하며 구두나 이메일 팩스에 의한 기소 제기는 허용되지 않는다. 기소장은 권징 제7-1호 서식에 의한다.

3) 기소위원회가 기소장을 재판부에 제출할 때에는 피고인의 수에 상응하는 수만큼 기소장 부본(副本)을 첨부하여야 한다.

4) 권징조례 제55조 2항에 고소(고발)장을 접수한 치리회장은 10일 이내에 피고소인(피고발인)에게도 권징조례 제54조 4항에 의거 이를 송달하여야 한다.

기소통지서는 권징 제7-2호 서식에 의한다.

제81문 치리회장의 기소 의뢰권은 무엇을 말하는가?

권징조례 제62조 3항에 치리회장은 당회 또는 노회의 임원회의 결의에 따라 죄과가 있다고 인정되는 자에 대하여 직권으로서 기소위원회에 기소를 의뢰할 수 있다.

권징 재판에 있어서 기소위원회가 기소할 수도 있고 또한 기소를 안 할 수도 있으나, 기소권 행사의 전제로 고소(고발)가 선행되어야 한다. 그러나 고소(고발)의 예외로 고소(고발) 없이도 치리회장은 당회 또는 노회임원회의 결의로 기소위원회에 기소를 의뢰할 수 있는데 이러한 기소의뢰는 고소(고발)에 준하는 효력이 있다.

제82문 기소 취소는 어떻게 할 수 있는가?

 기소의 취소라 함은 기소위원회가 기소 제기를 철회(撤回)하는 법률적 행위를 말한다(이성웅). 기소권의 주체는 기소위원회이므로 기소의 취소는 기소위원회만이 할 수 있다. 불기소 처분이나 불기소 간주에 대하여 항고나 재항고의 경우에 상급 재판국에 의하여 기소명령이 있는 경우에는 그 명령을 받은 기소위원회는 기소를 취소할 수 없다(권징조례 제68조 2항). 왜냐하면 명령에 의한 기소 제기이며 명령에 의한 기소유지이기 때문이다.

1. 기소는 제1심 판결의 선고 전까지 취소할 수 있다(권징조례 제63조).

 여기서 제1심 판결 선고 전까지라는 말은 유죄, 무죄 판결뿐만 아니라 공소기각의 판결이 선고된 때에는 기소 취소가 불가하다는 말이다. 그러나 기소 취소의 사유에는 규정상 제한이 없다. 원칙적으로 기소 제기 후에 발생한 사정의 변화에 의하여 불기소 처분을 하는 것이 상당하다고 인정되는 경우에 기소 취소를 하는 것이나, 그 이외의 경우라도 기소 취소를 할 수 있다.

 1) 기소 제기 방식에 중대한 하자가 있거나 기소 제기 당시에 소송조건이 흠결된 때 등의 기소 제기가 부적합한 경우.

 2) 기소 제기 당시에는 소송조건을 구비했으나 소송 계속 중에 소송조건이 흠결된 경우.

 3) 기소의 유지(維持)가 불가능한 경우.

 4) 기소 제기 후 피해자와 합의한 경우.

 5) 사회정세의 변화 등에 의한 가벌성(可罰性)이 희박한 경우.

 등이 주로 기소 취소의 사유가 된다.

2. 기소 취소는 이유를 기재한 서면으로 하여야 한다(권징 제7-8호 서식).

3. 기소위원회는 고소 및 고발된 사건에 관하여 기소를 제기하거나 제기하지 아니하는 결정, 기소의 취소를 한 때에는 그 조치한 날로부터 10일 이내에 서면으로 고소인 및 고발인에게 그 취지를 통지하여야 한다(권징조례 제65조 1항).

기소 취소의 통지는 권징 제7-9호 서식으로 한다. 기소 취소는 불기소처분이 아니므로 권징조례 제67조의 항고나 재항고는 불가하다.

4. 제1심 판결에 대하여 상소심(上訴審)의 파기환송(破棄還送)이나 이송(移送)의 판결이 있거나 제1심 판결에 대한 재심소송 절차가 진행 중에 있는 때에는 기소 취소는 불가하다고 본다(이성웅).

제83문 기소 취소 후에 다시 재기소(再起訴) 할 수 있는가?

헌법적 규칙 제4장 권징조례 제13조 "기소 취소와 재기소"에 의하면,

권징조례 제63조 2항에 의한 기소 취소와 제66조에 의한 기소 취소로 인하여 기소기각의 결정이 확정된 때에는 기소 취소 후에 그 범죄 사실에 대한 다른 중요한 증거를 발견한 경우가 아니면 다시 기소를 제기할 수 없다고 하였다.

제84문 기소기각 판결은 어떻게 하는가?

권징조례 제83조(기소기각의 판결)에 의하면,

다음의 경우에는 판결로써 기소기각의 선고를 할 수 있다.

1. 피고인에 대하여 재판권이 없을 때.

피고인이 치리회(당회, 노회)인 경우나 교인을 막론하고 교단을 탈퇴하여 다른 교단에 가입했거나 다른 교회에 등록했을 때는 우리교단의 헌법이 적용될 수 없는 상태, 즉 우리교단 헌법의 관할 하에 있지 않으므로 기소기각의 판결을 하여야 한다. 가끔 교단을 탈퇴했다고 하면서 우리 교단에 소장을 내는 것은 불가한 일이다.

참고로 헌법적 규칙 제4장 권징조례 제17조(재판계류와 교단 탈퇴)에 의하면, 본 교단 헌법과 이 규칙에 의한 재판국의 재판에 계류 중에 있는 자(교회, 단체 포함)가 노회를 탈퇴한 경우에는 항존직원은 권징조례 제11조(시벌의 종류와 내용) 1항 5호 면직책벌로 판결하며 재판에 계류 중이 아닌 항존직원은 권고사직된 것으로 본다고 하였다.

2. 기소가 제기된 사건에 대하여 다시 기소가 제기되었을 때.

기소 취소에 대한 기소기각의 결정이 확정된 때에는 기소 취소 후 그 범죄사실에 대하여 다른 중요한 증거를 발견한 경우가 아니면 다시 기소를 제기하지 못한다는 말이다. 따라서 기소 제기가 된 때에는 판결로서 기소기각의 선고를 해야 한다.

3. 고소가 취하되었을 때.

물론 제1심 판결 선고 전까지 고소가 취하된 때를 말한다. 고발도 마찬가지이다. 동시에 소를 취하한 자는 동일한 내용에 대하여 다시 고소하지 못한다(권징조례 제52조).

4. 피해자가 사건에 대하여 처벌을 희망하지 아니하는 의사표시를 하거나 처벌을 희망하는 의사표시를 철회하였을 때.

이것 역시 제1심 판결 선고 전까지 하여야 한다.

제85문 기소기각의 결정은 언제하는가?

권징조례 제84조 "기소기각의 결정"에 의하면,

다음의 경우에는 결정으로 기소를 기각하여야 한다.

1. 기소가 취소되었을 때(권징조례 제63조).
2. 치리회장이 당회 또는 임원회의 결의에 의하여 기소의뢰를 취소하였을 때(권징조례 제62조 3항).

이 경우 기소의뢰를 취소한 경우를 말한다.

3. 피고인이 사망한 때.

기소기각 재판이 선고 또는 고지되면 소송은 그 심급에서 종결되며 구속력이 발생한다. 그러나 법리적으로 검토하면 기소위원장은 상소할 수 있고 피고인은 상소 이익이 없으므로 상소를 할 수 없다고 생각된다. 항소심 또는 상고심에서 기소기각 재판을 할 수 있음은 당연하다.

제86문 기소위원회는 고소 고발을 어떻게 처리하는가?

1. 권징조례 제64조 "고소 및 고발에 의한 사건의 처리"에 의하면,

　기소위원회가 고소 및 고발에 의하여 죄과를 조사할 때에는 고소(고발)장을 치리회장으로부터 송부 받은 날로부터 20일 이내에 조사를 완료하여 기소 제기 여부를 결정하여야 한다. 다만, 필요한 경우 30일의 기간연장을 할 수 있다.

　즉, 20일내에 죄과 사실과 정상에 관한 필요사항을 심문하고 조사하여 조사완료 처분으로 기소여부 즉, 기소 제기 또는 불기소처분(不起訴處分)의 결정을 내려야 한다.

　치리회가 당회인 경우에는 당회기소위원회는 상설기관이 아니므로 당회장에게 보고하여 당회를 소집하여 당회의 결의에 의하여 기소위원회를 구성하고 난 후에 기소위원회에 송부하면 되겠다.

2. 권징조례 제65조 "고소인 및 고발인에 결정 통지"에 의하면,
   1) 기소위원회는 고소 및 고발된 사건에 관하여 기소를 제기하거나 제기하지 아니하는 결정, 기소의 취소를 한 때에는 그 조치한 날로부터 10일 이내에 서면으로 고소인 및 고발인에게 그 취지를 통지하여야 한다.
   2) 기소위원회는 불기소의 결정을 한 때에는 피의자에게 즉시 그 취지를 통지하여야 한다.

3. 권징조례 제66조 "고소인 및 고발인에 기소부제기 이유통지"에 의하면,

　기소위원회는 고소 및 고발 있는 사건에 관하여 죄과가 되지 않거나 증명이 되지 않는 경우 등에 있어 기소를 제기하지 아니하는 결정을 한 경우에

고소인 및 고발인의 청구가 있는 때에는 10일 이내에 고소인 및 고발인에게 그 이유를 서면으로 통지하여야 한다.

제87문 기소장 변경은 어떻게 하는가?

권징조례 제77조(기소장의 변경)에 의하면,
1. 기소위원장은 재판부의 허가를 얻어 기소장에 기재한 기소사실 또는 적용규정의 추가 철회 또는 변경을 할 수 있다. 이 경우에 재판부는 기소사실의 동일성을 해하지 아니하는 한도 내에서 허가할 수 있다(권징 제7-7호 서식).
2. 재판부는 기소사실 또는 적용규정의 추가·철회 또는 변경이 있을 때에는 그 사유를 신속히 피고인 또는 변호인에게 고지하여야 한다.

제88문 기소장 부본의 송달은 어떻게 하는가?

권징조례 제69조(기소장 부본의 송달)에 의하면,

재판부는 기소의 제기가 있는 때에는 지체 없이 기소장의 부본을 제1회 재판기일 전 10일까지 피고인 및 변호인에게 송달하여야 한다.

이러한 기소장부본(起訴狀副本)의 송달제도는 피고인에게 충분한 방어준비의 기회를 주기 위함이다. 기소장부본의 송달이 없거나 제1회 재판기일 전 10일의 유예기간을 두지 아니한 송달이 있는 때에는 피고인은 심리개시를 할 때 이의 신청을 할 수 있으며, 이러한 이의 신청이 있다면 재판부는 재판기일을 변경하여야 한다. 피고인의 이의 신청은 늦어도 피고인의 모두진술(권징조례 제76조 4항)의 단계에서 하여야 하며, 피고인이 이의 신청을 하지 않고 권징 사건에 대하여 진술하면 그 하자는 치유된다(이성웅).

제89문 진정서도 기소위원회의 관할인가?

헌법적 규칙 제4장 권징조례 제14조 4항에 의하면, 고소(고발)장이 아닌 진정서 등은 접수한 치리회의 임원회의 결의로 처리할 수 있다.

고소(고발)장의 형식을 구비하지 아니하고 단순한 진정서 등은 기소위원회에 이첩할 필요가 없고 소속 치리회의 임원의 결의로 적절히 처리할 수 있다. 단, 행정지도, 권면, 범죄의 혐의가 있다고 판단되면 정식으로 고소(고발)의 권유 기소 의뢰, 만류 등 적절한 처리를 할 수 있다(이성웅).

제90문 기소위원회의 불기소 처분이란 무엇인가?

불기소 처분이란 기소위원회가 사건 조사를 한 결과 기소를 제기하지 않음을 결정한 것을 불기소 처분이라 하며, 이에는 협의의 불기소 처분과 기소유예로 나눌 수 있으며 양자를 합하여 광의의 불기소 처분이라 한다.

헌법적 규칙 제4장 권징조례 제14조(불기소 처분)에 의하면,

1. 권징조례 제3장 제3절 제64조에 의하여 기소위원회가 불기소처분의 결정을 하는 경우에 그 주문(主文)의 형태는 다음 각 호와 같이 한다.

   1) 기소유예 : 피의사실이 인정되나 정상을 참작하여 소추를 필요로 하지 않는 경우.

   고소, 고발 사건에 관하여 범죄의 혐의가 인정되고 소송조건이 구비되었으나 죄과를 범한 자(범인)의 연령, 성별, 지능과 환경, 범행의 동기, 수단과 결과 범행 후의 정황 등을 참작하여 기소를 제기하지 아니한 경우의 불기소 처분을 기소유예라 한다. 이러한 정상을 참작하여 재범(再犯)의 위험성이 없는 범인의 갱생(更生)을 도모한다는 점에서 특별예방주의에 입각한 제도이다(이성웅).

   물론 기소위원회가 기소유예의 결정을 하는 경우에는 피의자를 엄중히 훈계하고 개과천선할 것을 다짐하는 서약서를 받아야 한다. 다만 경미한 경우에는 그러하지 아니한다(헌법적 규칙 제4장 권징조례 제14조 2항). 물론 일부기소도 가능하다고 보면 일부 기소 유예도 허용된다고 본다.

   2) 혐의 없음.

   3) 죄가 안 됨.

4) 기소권 없음.
5) 각하는 헌법적 규칙 제4장 권징조례 제14조(불기소처분) 참고 바람.

불기소 처분 결정 및 통지서는 권징 제6-1호 서식으로, 불기소처분 이유서는 권징 제6-2호 서식으로 한다.

제91문 항고 및 재항고란 무엇을 말하는가?

1. 항고란 '판결' 이외의 재판인 '결정'이나 '명령'에 대한 상소를 말한다.
제1심의 결과가 결정 또는 명령이며 그에 대한 불복으로 상급법원에 제2심을 신청하면 항고가 되는 것이다. 교회법을 말하면 제1심은 당회 재판부가 하고 제2심은 노회 재판부가 한다. 항고장은 권징 제6-3호 서식에 의한다.
2. 재항고란 노회기소위원회의 불기소처분 또는 불기소 간주로 인하여 불복이 있을 경우에 총회 재판국에 항고하는 것을 재항고라고 하고 절차는 권징조례 제67조 1, 2, 3항을 준용한다(권징조례 제67조 4항).

제92문 항고는 누가 신청할 수 있는가?

당회 기소위원회로부터 불기소처분의 통지를 받은 고소인 고발인이다(권징조례 제67조 1항).

제93문 항고신청의 대상은?

범죄의 종류에 제한이 없고 당회 기소위원회가 불기소 처분한 결정이 그 대상이다. 처분의 형태 즉 기소유예, 혐의 없음, 죄가 안 됨, 기소권 없음, 각하(却下)의 5가지 형태를 망라하여 항고할 수 있다.

제94문 항고신청의 방법은 어떻게 하는가?

항고신청은 불기소처분의 통지를 받은 날로부터 10일 이내에 당회 기소위원회를 거쳐 서면으로(권징 제6-3호 서식) 노회 재판부에 제출해야 한다. 이

신청기간은 불변기간이므로 기간 경과 후의 항고 신청은 무효이며 항고서는 이유와 증거를 기재하여야 하고 당회 기소위원회가 거부하면 부전을 붙여 제기할 수 있다.

제95문 권징조례 제67조 1항 당회 기소위원회의 시정이란 무엇을 말하는가?

'시정한다'는 의미는 즉시 기소를 제기한다는 뜻이다. 항고신청이 이유 없다고 인정되면 항고서를 노회 재판부에 송부하여야 한다.

제96문 노회 재판부의 항고신청에 대한 결정은 어떻게 하는가?

권징조례 제68조(재판국의 결정)에 의하면,
1. 항고서 또는 재항고서와 그 기록을 수리한 노회 재판부 또는 총회 재판국은 60일내에 다음의 구별에 의하여 결정을 하여야 한다. 재판국은 필요한 때에는 증거를 조사할 수 있다.
    1) 신청이 이유 없는 때에는 기각한다.
    2) 신청이 이유 있는 때에는 기소를 명령한다.
2. 전항 제(2)호의 기소명령에 대하여는 이의(불복)신청 할 수 없다.
3. 당해 재판국이 1항의 결정을 한 때에는 그 정본을 항고인 또는 재항고인, 피의자와 관할 기소위원회에 송부하여야 한다.

제97문 재항고의 신청의 방법은 어떻게 하는가?

권징조례 제67조 3항과 1항 및 2항에 의하면,

노회 재판부가 항고를 기각하는 결정에 불복이 있는 항고인은 항고기각 결정 통지를 받은 날로부터 20일내에 노회 기소위원회를 거쳐 서면으로 총회 재판국에 재항고할 수 있다(권징 제6-4호 서식).

물론 기소명령에 대하여는 이의(불복)신청할 수 없다.

제98문 노회 기소위원회가 불기소 처분을 내릴 때 어떻게 하는가?

권징조례 제 67조 4항에 의하면,

노회 기소위원회의 불기소 처분 또는 불기소 간주로 인하여 불복이 있을 경우에 총회 재판국에 재항고 할 수 있다.

노회 기소위원회의 처분, 결정에 대한 첫 번째 불복절차이지만 총회 재판국이 최종심이라는 점에서 재항고라고 부른다.

제99문 노회 기소위원회의 불기소 간주에 대한 재항고란 무엇을 말하는가?

권징조례 제67조 4항에 '불기소 간주'란 말이 있다. 노회기소위원회가 노회장에게서 고소 고발장을 받은 날로부터 20일 또는 1차 기간 연장하여 30일이 지나거나(권징조례 제64조) 또한 10일 이내에(권징조례 제65조 1항, 제66조) 기소 제기 또는 불기소에 대한 아무런 통지가 없을 때에는 당회 기소위원회의 불기소 간주에 대한 항고와 마찬가지로 고소인(고발인)은 무조건 불기소한 것으로 간주하여 총회 재판국에 재항고할 수 있다(권징조례 제67조 2항). 그 외 모든 처리는 노회기소위원회의 불기소처분에 대한 재항고의 절차와 동일하다(권징조례 제67조 2, 3, 4항).

제100문 노회 기소위원회의 불기소처분에 대한 재항고 신청의 대상은 어떠한가?

노회 기소위원회가 불기소 처분한 결정이 그 대상이다. 처분의 형태가 기소유예, 혐의 없음, 죄가 안 됨, 기소권 없음, 각하(却下)의 5가지 형태 중 무엇이든 불문하고 재항고 할 수 있다(이성웅).

제101문 노회 기소위원회의 불기소 처분에 대한 재항고 신청의 방법은 어떠한가?

노회 기소위원회의 불기소 처분한 통지를 받은 날로부터 20일 이내에 노회 기소위원회를 경유하여 상급 재판국인 총회 재판국에 권징 제6-5호 서식에 의하여 제출한다(권징조례 제67조 3항). 이 기간 역시 기간을 변경할 수 없으므로 기간 경과 후 재항고 신청은 무효이며, 재항고서에는 이유와 증거를 기재하여야 할 것이다.

제102문 노회 기소위원회의 시정이란 무엇을 말하는가?

권징조례 제67조 3항에 의하면, 절차에 따라 총회 재판국에 재항고 할 때 이 경우 노회 기소위원회는 재항고가 이유 있다고 인정하는 때에는 그 결정을 시정하여야 한다. 여기에 대해서는 명문 규정은 없으나 노회 기소위원회가 당회 기소위원회에 기소명령을 해야 한다는 의미로 해석할 수밖에 없다(이성웅).

시정한다는 의미는 즉시 기소를 제기한다는 뜻이며 재항고 신청이 이유 없다고 인정되면 재항고서를 총회 재판국에 송부하여야 한다.

제103문 총회 재판국의 재항고 신청에 대한 결정은 어떻게 하는가?

권징조례 제68조(재판국의 결정)에 의하면,

총회 재판국은 60일내에 재항고 신청에 이유가 없으면 재항고 기각 결정을 하고, 재항고 신청에 이유가 있으면 노회 기소위원회에 기소명령의 결정을 한다. 물론 기소명령에 대하여는 이의(불복)신청을 못한다. 이 기각 결정 또는 기소명령 결정의 정본(正本)을 재항고인 피의자의 관할 기소위원회에 송부하여야 한다.

제104문 기소명령을 받고도 이행치 않을 때 불복 절차는 어떻게 하는가?

헌법적 규칙 제4장 권징조례 제14조 3항에 의하면,
1. 당회 기소위원회의 불복종에 대하여
   1) 당회 기소위원회가 고소인(고발인)의 항고에 의한 노회 재판부의 기소

명령을 받고도 10일 이내에 기소명령을 이행하지 아니하면 고소인(고발인)은 1차에 한하여 노회 재판부에 재차 항고하고 재차 기소명령을 받고도 당회 기소위원회가 기소 명령을 이행하지 아니하면 노회 재판부가 직접 재판할 수 있다.

2) 또 당회 기소위원회의 불기소처분에 대하여 고소인(고발인)이 항고하였으나 항고 기각을 당하고 고소인(고발인)은 총회 재판국에 재항고를 하였을 때에 재항고 신청에 이유 있다고 하여 총회 재판국이 당회 기소위원회에 기소 명령을 내렸는데도 이를 이행하지 아니하면 1차에 한하여 총회 재판국에 재차 재항고하고, 재차 기소명령을 받아와도 당회 기소위원회가 총회 재판국의 기소 명령을 이행하지 아니하면 이에 총회 재판국이 직접 기소 없이 재판할 수 있다. 이때 총회 재판국의 재판은 기소위원의 기소 없이 하는 재판이 된다. 이것은 기소위원회의 상급 치리회의 불복종에 대한 고소인(고발인)의 권리구제를 위한 수단이 되는 것이다.

2. 노회기소위원회의 불복종에 대하여

1) 노회기소위원회가 목사 등의 사건에 있어서 불기소 처분 결정을 한 경우에 고소인(고발인)은 총회 재판국에 재항고하여 기소명령을 받아 내었는데도 노회기소위원회가 기소명령을 이행하지 아니하고 불복종하면 역시 당회기소위원회의 불복종 때와 마찬가지로 재차 총회 재판국에 재항고하고 총회 재판국은 재차 기소명령을 내리고, 노회기소위원회가 기소를 하지 아니하면 총회 재판국이 직접 재판하게 된다. 이 모든 경우 불기소 처분 뿐만 아니라 불기소 간주의 경우도 위와 같은 절차를 밟아야 한다.

3. 재차 항고, 재항고의 경우에는 권징조례 제67조 1, 3항에 의한 기소 명령을 받은 당회기소위원회 또는 노회기소위원회 경유 등은 필요 없다. 왜냐하면 상급치리회의 재판국의 기소명령을 이행치 않고 있는 기소위원회의

시정을 위한 서류 경유는 법리에도 맞지 않다.

제105문 재판에 관한 일반 규례란 무엇을 말하는가?

재판을 진행함에 있어서 재판기일 전의 절차 즉 재판 준비절차가 필요하다. 재판 준비절차는 재판기일의 심리를 신속하고 능률적으로 하기 위한 절차이므로 재판기일의 심리절차가 유명무실하지 않도록 하기 위하여 재판기일 중심주의와의 관계에 있어서 그 한계를 정하지 않으면 안 된다. 재판 준비절차로는 기소장 부본의 송달(권징조례 제69조), 재판기일의 지정 및 변경(권징조례 제70조), 재판연기(권징조례 제71조)와 같은 사건의 실체 심리와 관계없는 절차적인 것과 증거제출(권징조례 제74조)과 같은 실제 심리와 밀접한 관계가 있는 것이 있다(이성웅).

제106문 재판국장은 재판기일이 정해지면 어떻게 하는가?

권징조례 제70조(재판기일의 지정 및 변경)에 의하면,
1. 재판국장은 재판기일을 정하여야 한다.
2. 재판기일에는 피고인을 소환하여야 한다(권징조례 제54조 2항 참조).
3. 재판기일을 기소위원장, 변호인에게 통지하여야 한다.

이들에게는 피고인과 달리 강제적 출석의무를 부담하지 아니하므로 소환이 아닌 통지의 방법에 의한다.

제107문 지정한 재판기일을 언제 변경할 수 있는가?

권징조례 제70조 4항에 의하면,

재판국장은 직권 또는 기소위원장, 피고인이나 변호인의 신청에 의하여 재판기일을 변경할 수 있다.

이때 재판기일의 변경 신청에는 재판기일 변경의 필요와 그 사유를 명시해야 하며, 그 사유가 계속되리라 예상되는 기간을 명시하여 진단서 등 서면

자료를 제출하여야 한다(권징조례 제72조 참조). 서면이 불충분하다고 판단되면 재판기일 변경신청을 기각한다.

제108문 재판기일의 연기는 어떤 때 하는가?

　권징조례 제71조(재판연기)에 의하면,

　재판기일에 원고나 피고가 출석하지 아니하였거나, 재판연기 청원이 있었을 때 재판회는 다음과 같이 처리한다.
1. 재판연기를 가결한다.
2. 다음 개정시일과 장소를 정한다.
3. 재판국장은 치리회 명칭과 국장, 서기의 날인한 소집통지서를 개정 10일 전에 원고, 피고 및 증인 등 관계자들에게 전달하여야 한다.

여기의 10일은 본인이 소환장을 받게 될 때의 시일을 의미하므로 충분히 도착하여 시일 안에 받을 수 있도록 여유 있게 보내야 할 것이다.
4. 소환장은 등기 우편으로 전달한 증거가 있어야 한다.

　내용 증명이나 배달 증명 속달등기 우편 등으로 송달함이 가장 좋을 것이다.

제109문 재판기일에 소송 당사자가 정당한 사유 없이 불참하면 어떻게 하는가?

　권징조례 제73조(피고인 또는 기소위원의 불출석)에 의하면,
1. 피고인 또는 기소위원장(위임시 기소위원)이 재판기일의 통지를 받고 제72조의 불출석 사유 자료를 제출하지 않고 2회 이상 출석하지 아니한 때에는 당사자 출석 없이 궐석한 그대로 재판을 진행한다.

　사실 피고인이 출석하지 아니하면 재판정은 원칙적으로 개정(開廷)할 수 없다. 그러나 피고인이 계속하여 출석하지 아니한다고 하여 재판 개정도 못한다면 재판 자체를 할 수 없다. 교회재판은 구속제도가 있을 수 없는 경우이므로 더욱 그렇다. 제72조의 불출석 사유자료를 제출하지 않고 2회 이상

출석하지 아니한 때란 계속하여 2회 불출석한 경우도 되겠지만 불출석 2회를 합산하여 2회가 되면 곧바로 2회의 재판기일에 바로 개정할 수 있다. 소환장 재차 전달시 재판국은 또 다시 이유 없이 출석하지 아니하면 권징조례에 의하여 재판을 진행한다는 것과 정문 제353문에 의하여 시벌을 명시해 두는 것이 좋다(조긍천).

다시 말하면 정당한 불출석이란 권징조례 제72조를 말한다. 이 경우에는 무단 불출석이 아니므로 불출석의 효력이 미치지 아니한다(이성웅). 즉 2회 규정에 제한을 받지 않는다는 말이다. 그럴 때에는 대리인을 참석시켜 재판을 빨리 진행 받도록 함이 옳다.

2. 피고가 부득이한 사연으로 정한 날짜에 출석 못하면 대리인을 출석하게 할 수 있다.

여기 대리인이라 함은 피고가 소환장을 받고 그 소환일에 출석하려고 하였으나 갑작스런 사고가 생겨 치리회에 출석할 수 없을 때에 그 자신을 대리하여 파송한 사람을 말한다. 대리인이 출석할 때는 두 가지를 구비하여야 하는데

1) 피고의 대리인으로 출석한 사람임을 증명하는 서류, 즉 피고가 사고로 인하여 불참하게 되어 부득이 대리인을 출석케 하는 것이므로 대리인 증명서를 피고가 작성하여 서명 날인하여야 한다.

2) 이유(사유)설명서를 제출하여야 한다. 피고가 출두일에 출석하지 못하고 대리인이 출석할 수밖에 없는 사고를 설명하는 사유서를 제출하여야 한다. 여기 사고란 불가항력적 사고를 의미하는 것으로 그 불참하는 것이 고의가 아니라 불가항력적 사고임을 재판국이 납득할 수 있도록 증명하고 설명하여야 한다. 만일 그 사유가 정당한 것으로 받아들여지지 않으면 대리인의 출석도 인정되지 않으므로 피소환인은 소환에 불응한 것으로 간주한다(조긍천).

3) 피고인이 의사무능력자(意思無能力者)인 경우에 법정대리인의 대리출석

(代理出席)이 가능하다.
  4) 피고인이 치리회인 경우 이때에 치리회는 소송행위를 할 수 없으므로 치리회의 대표자인 당회장 또는 그 대표권을 위임 받은 자의 대리 출석이 가능하다.
  5) 대리인 파송은 모든 피소환인에게 적용된다(원, 피고, 증인 기타 소환을 받은 사건 관계자). 또 기소위원장의 대리로서 다른 기소위원이 출석하면 개정이 가능하다.
3. 재판의 선고 또는 고지만을 할 경우에는 당사자의 출석 없이도 개정할 수 있다.
  판결만을 선고하거나 결정이나 명령을 고지만 할 경우에는 피고인, 기소위원장, 변호인의 출석 없이도 개정할 수 있다는 말이다.
4. 피고인이 퇴정하거나 퇴정명령을 받은 경우 피고인이 재판국장의 허락 없이 퇴정하거나 재판국장이 재판정의 질서 유지를 위하여 퇴정명령을 한 때에는 피고인의 출석 없이 심리 판결할 수 있다. 피고인의 귀책사유로 당사자로서의 출석권을 포기 또는 상실한 것이기 때문이다.
5. 일시퇴정(一時退廷)의 경우 재판국장은 증인 또는 감정인이 피고인 또는 어떤 재정인(在廷人)의 면전(面前)에서 충분한 진술을 할 수 없다고 인정한 때에는 그를 퇴정하게 하고 진술하게 할 수 있다. 피고인이 다른 피고인의 면전에서 충분한 진술을 할 수 없다고 인정한 때에도 같다(형.소 제287조 1항). 그러나 피고인을 퇴정하게 한 경우에는 증인, 감정인, 공동피고인의 진술이 종료한 후에 진술의 요지를 고지하여야 한다(형.소 제297조 2항). 이는 피고인 증인 신문권을 침해받지 않게 하기 위함이다(이성웅).

제110문 변호인과 대리인의 차이점은 무엇인가?

1. 변호인은 본 교단 목사와 장로여야 하나(권징조례 제36조 2항), 대리인은 집사, 권사 또는 세례교인이라도 관계가 없다.

2. 변호인은 자초지종 소송 법적 대리인(변호사와 같이)이 되어 그 업무를 수행하나 대리인은 소환 받은 자가 사고로 인하여 출석하지 못할 때 대신하여 출석하게 되는 것으로 그 소환일에만 유효하다. 즉 다른 날에 다시 대리인이 소환인을 대리하여 출석할 수 없고 전과 같은 이유로 피소환인을 대리하여 다시 출석하려면 처음과 같은 서류를 제출하여야 한다(조긍천).

제111문 피고인의 무죄 추정이란 무엇을 말하는가?

권징조례 제75조(피고인의 무죄추정)에 의하면,
피고인은 책벌(유죄)의 판결이 확정될 때까지는 무죄로 추정한다.
피고인뿐만 아니라 피의자도 포함된다.

1) 피고인은 유죄 판결이 확정될 때까지는 무죄로 추정한다. 따라서 당회 재판부나 노회 재판부에서 유죄 판결이 되었다고 하더라도 총회 재판국에 불복상소(상고) 중에 있는 경우라면, 상급심에서 유죄 판결이 확정되지 않았으므로 무죄로 추정하고 유죄 확정시까지 집행을 보류한다.
2) 재심청구(再審請求)가 있는 때에는 무죄가 추정될 수 있다는 견해가 있으나 유죄판결이 확정된 경우가 명백한 이상 재심청구가 있다고 하여 피고인에게 무죄는 추정될 수 없다. 결과가 명확치 않기 때문이다(이성웅).

제112문 재판의 절차에서 기소위원장의 진술이란 무엇을 말하는가?

권징조례 제76조 3항에 의하면, 기소위원장의 모두진술에 대해서
1) 재판국장은 기소위원장으로 하여금 기소장(고소 및 고발)에 의하여 기소의 요지를 진술하게 할 수 있다.

여기서 기소위원장의 기소요지는 죄과명(罪過名), 기소사실, 적용규정(권징조례 제62조 2항)을 말한다. 이러한 기소요지의 진술을 통하여 재판국의 소송 지휘의 기초를 제공하고 피고인으로 하여금 적절한 방어준비를 할 수 있게 하고 방청인에게는 재판정에서 사건의 핵심이 무엇인가

를 알 수 있게 하는 것이다.
2) 기소위원장의 모두진술은 의무적인 것이 아니라 재판부장의 재량 결정사항이다. 재판기일의 심리전에 피고인 및 변호인에게 기소장 부본이 송달되어(권징조례 제69조) 피고인 및 변호인은 이미 기소진술을 요하지 아니한다. 그러나 노회 재판부가 항소심으로서가 아니고 제1심으로 재판하는 경우에는 재판부의 지시가 있다면 필히 모두진술을 하여야 한다.

제113문 재판의 절차에 있어서 피고인의 진술은 어떻게 하는가?

1. 재판부장은 피고인에게 그 이익 되는 사실을 진술할 기회를 주어야 한다(권징조례 제76조 4항). 재판부장이 피고인에게 그 이익 사실을 진술할 기회를 주지 않고 피고인 심문단계로 넘어갈 때에는 재판 절차의 법규위반에 해당된다.
2. 피고인은 이익 사실의 진술 기회를 이용하여 기피신청(권징조례 제13조 2항), 재판기일 변경 신청(권징조례 제70조 4항)을 할 수 있다.
3. 기소장 본부 송달의 하자에 대한 이의신청은 늦어도 피고인의 모두진술 단계까지는 하여야 하며 이때까지 이의신청을 하지 않은 때에는 피고인은 이러한 절차의 하자를 다룰 수 없게 된다고 본다.

제114문 재판 절차에 있어서 피고인이 이의를 제출하면 어떻게 처리하는가?

1. 권징조례 제85조(피고인의 이의서 제출)에 의하면,
   피고는 다음과 같은 경우 이의서를 제출할 수 있다.
   이의서를 기록하여 정한 시간 안에 재판부 개정 전까지 접수시켜야 하고 만일 그렇지 못하면 이의서를 설명할 사람을 보내어 설명할 수 있다(권징조례 제73조 2항 참조).
   1) 재판회가 합법적 집회가 아닌 경우.

(1) 처음 소환장 등이 소환일 10일 전에 송달되지 아니하였을 때.

이것은 소원도 할 수 있고 후일 상소 이유도 삼을 수 있다.

(2) 소환장 등이 본인에게 전달되지 아니하였거나 최후 거주지 주소에도 개심 전에 송달되지 아니하였을 때.

(3) 소환장에 치리회 명칭과 재판부장과 서기의 날인이 없을 때.

2) 고소장이나 죄증설명서에 헌법 적용상의 하자가 있는 경우.

3) 기타 정당한 이의가 있는 경우.

소환할 때 엽서나 전화나 문자 메시지는 불가하다.

2. 권징조례 제86조(피고인의 이의 처리)에 의하면

피고의 이의가 정당한 때에는 다음과 같이 처리할 수 있다.

1) 합법적 재판의 개정을 위한 연기.

2) 소송 이의서 기각.

3) 고소장이나 죄증 설명서의 정정 지시.

제115문 재판 과정의 쟁론 시 재판부장은 어떻게 처리하는가?`

권징조례 제87조(재판과정의 쟁론)은 재판과정의 쟁론 시 재판국장의 직권 결정권에 대한 조문이다.

1. 재판과정에서 규칙이나 증거에 대하여 회원 간에 쟁론이 발생하면 재판국장은 쌍방의 주장을 들은 후 직권으로 시비를 결정한다.

1) 규칙의 해석에 대하여 쟁론이 있으면 쌍방의 해석을 들은 후 국장이 유권적 해설을 내릴 수 있다.

2) 규칙의 적용문제 역시 적용하든지 적용하는 것이 불법 또는 부당하다고 판단되면 국장은 직권으로 거부할 권이 있다.

3) 증거에 대한 쟁론 즉 그 증거의 신빙성에 대한 쟁론과 취사선택의 쟁론이 있을 때 재판국장은 직권으로 결정할 권이 있다.

2. 재판국원은 재판국장의 결정에 불복 항의할 수 있다.

그러나 재판국원들 중 불복하는 자는 그 결정에 대해 이의가 있으면 권징조례 제154조 1항에 의하여 이의서를 제출해야 한다.
3. 재판국장은 최종 합의가 된 안건을 즉시 가부 결정한다.
   재판국장은 이의서가 들어오면 재판국원에게 가부를 묻는 것이 아니라 재판국장의 직권으로 가부간 취결(수정/결정)한다.
4. 그 결정한 것은 회의록에 기재한다.
   이 경우 기소위원장(원고) 또는 피고의 요구가 있으면 이의서 내용을 회록에 기록하여야 한다.

제116문 재판국원의 결의권을 어떤 경우에 제한하는가?

   권징조례 제88조(재판국원의 회원 결의권)에 의하면,
1. 재판국은 휴회, 정회를 불문하고 속회 시마다 회원을 호명하고 결석 회원의 이름은 회의록에 기록한다.
   처음부터 끝까지 그 사건의 전부를 듣지 아니하면 최후 판결에 투표권이 없기 때문이다.
2. 재판과정에 시종 참석하지 아니한 회원은 결의권이 없다.
   재판 사건의 결심 공판을 하기 위하여서는 그 사건의 자초지종은 물론 그 정형과 세밀한 부분까지 완전히 파악하지 않으면 안 된다. 사건을 단편적으로만 알고 있거나 부분적인 말만 듣고서는 전체의 전후 사정과 내용을 정확하게 판단할 수 없기 때문이다.
3. 치리회 상호간의 소송사건은 상급치리회의 재판과정에서 그 치리회의 결의로 원고인과 피고인의 언권 또는 투표권을 정지시킬 수 있다.
4. 재판국원이 소속한 치리회의 재판사건을 다룰 때 해당 재판국원은 재판에 참석할 수 없다.
   그리고 권징조례 제106조 4항에 의하면, 상회에서 그 상소자에 대한 이의, 항의, 의견서를 낭독할 때 상소인과 피상소인은 그 사건을 심의 판결하는 일에 한하여 상회의 회원권이 중지된다.

제117문 치리회가 건덕을 위해 재판이 귀결될 때까지 피의자를 시무정지 또는 수찬 정지 시킬 수 있다는 것은 무슨 말인가?

권징조례 제89조(피의자)에 의하면,

치리회는 건덕을 위해 재판이 귀결될 때까지 피의자를 시무정지 또는 수찬정지 시킬 수 있으나 이런 경우에는 그 안건을 속히 판결함이 옳다(구헌법 제3장 제26조).

조긍천은 (1)재판의 귀결을 기다릴 수 없는 긴급성으로 직무를 정지 시키지 아니하면 회복할 수 없는 교회의 손해가 객관적으로 예견되어야 한다고 하였다(장로교헌법해설 246쪽 조긍천).

1. 회복할 수 없는 정도가 되어야 한다. 예를 들면 신, 불신간에 다 아는 재판 진행 중임에도 불구하고 계속되는 회복할 수 없는 범죄라면 직을 정직하고 재판해야 한다는 말이다.
2. 본조에서 말한 것처럼 피고인이 아닌 피의자(무죄자 신분)로서 소환장으로 부르는 것이 아니라 출석통지서를 발송하는 신분이다.

제118문 목사는 어떠할 때 기소 할 수 있는가?

권징조례 제92조(목사에 관한 재판규례)에 의하면,

1. 복음의 명예와 발전은 목사의 명성에 관계되므로 노회는 소속 목사의 개인적 행위나 직무상 행위를 신중히 살펴야 한다.

정치문답 제354문에 의하면, 목사에 대하여 기소할 만한 일은

(1) 목사의 악한 심지나 믿는 행위에 대하여 기소할 수 있음.

(2) 직분에 대하여 즉 이단을 교훈하든지 교회를 분리하게 하는 일을 행하든지 장립 시 서약을 위반하였으면 기소할 수 있음.

기소한 일에 대하여는

① 큰일이라야 받을 만하고
② 특별한 죄라야 받을 만하고 명백히 기록한 것이라야 받을 만하고
③ 재판기일 전 10일 이상 선기(先期)하여 원고의 소장과 증인을 기록하여 피고에게 환송할 일(권징조례 제54조 2항 참조).
2. 목사라고 편호하거나 죄를 경히 여기지 말고 공정하게 판결하여야 한다.
3. 목사에 대하여 사소한 일로 소송하는 것을 경솔히 접수하지 말아야 한다.

이 말은 사소한 일로서 기소하지 못하고 중대한 사건이어야 하고 확실한 사건이어야 하고 기록한 소장이어야 받을 수 있다.

그래서 조긍천은 "목사에 대한 사소한 사건은 취하하게 할 것이라고 하면서
(1) 노회나 재판국이 심사한 결과 안건이 사소한 사건이요(엄격한 의미의 재판사건이 되지 않음).
(2) 목사가 반성을 하고
(3) 교인들(고소, 고발자도)이 그 반성을 족한 줄로 인정하고
(4) 목사 시무에도 구애됨이 없으면 그 사건이 재발되지 않도록 하고
(5) 고소(고발)자로 하여금 취하하게 한다.

이 경우 사실상 소기의 목적이 달성되었으므로 더 이상 재판할 필요가 없다. 따라서 고소(고발)자로 하여금 소를 취하하게 함이 옳으나 끝까지 소를 취하하지 않을 때는 재판을 하지 않을 수 없다. 그러나 그 결과는 어차피 소를 취하하는 경우와 별다른 것이 없을 것이다."라고 하였다.

제119문 목사를 면직할 수 있는 경우는 어떠한가?

권징조례 제 171조 7항에 의하면,
다음과 같은 경우에 목사직은 면직할 수 있다.
1. 이단을 주장하는 경우.
교단에서 이단으로 규정한 집단이어야 하고 어떻게 이단을 주장하였는가

가 명백히 설명되어야 한다.
- (1) 이 경우 치리회나 재판부가 소환하여도 오지 않을 것이며 혹 치리회 앞에서 이단 주장을 굽히지 않으면 재판 계류 중에 교단을 탈퇴한 것으로 보고 면직 책벌로 판결할 수 있다(헌법적 규칙 제4장 권징조례 제17조 참조).
- (2) 권징조례 제8조 2항에 의하여 재판부 석상에서 범한 제5조 11항, 12항의 현장 범죄에 대하여는 재판 절차 없이 즉시 가중 처벌할 수 있다.

2. 불법으로 교회를 분립하는 경우.

교회를 불법 분리한다는 것은 교회설립, 분립, 합병, 폐지 등은 노회의 고유한 권한이므로 노회의 허락 없이 목사가 교회를 분립하는 경우를 말한다. 그러나 목사가 시무하던 교회에서 불화가 일어나 단순히 지지자들과 함께 나와 교회를 설립하든지 재산까지 일부 가지고 나와 교회를 설립하더라도 타교단에 가지 않는다면 정상 참작이 충분히 되어야 할 것으로 본다.

3. 교리상으로나 도덕상으로 교인을 크게 실족하게 한 경우.
4. 기타 하나님의 영광을 크게 훼손하게 한 중죄를 범한 경우.

제120문 면직된 목사의 신분은 어떠한가?

권징조례 제92조 6항 상반절에 의하면,

면직으로 평 교인이 된 목사는 그가 원하는 교회에 교인의 이명서를 보내어 그 교회에 속하게 하고
- 1) 개체 교회를 담임하던 목사가 면직은 되고 출교는 되지 아니하였으면 평 교인이 된다.
- 2) 평 교인이 된 후에는 담임하던 교회에 있지 못하고 그가 원하는 다른 교회로 이명서를 주어 보내되 이명서에는 그 정형을 자세히 기록하여야 한다(조긍천).

제121문 면직된 목사를 어떻게 해벌하는가?

권징조례 제92조 6항 하반절에 의하면,

면직 외의 벌을 해벌할 때는 시벌한 노회의 결의에 의하여 소속 당회가 해벌하여야 한다.

이는 면직 외에 수찬정지 같은 시벌을 받은 자가 본래의 신분이 목사이기에 쉽게 해벌할 수 없다는 것이요, 그래서 시벌한 노회의 결의에 의하여 소속 당회가 해벌한다는 것이다. 해벌이 되면 복직 가능성도 있어 신중을 기해야 한다는 뜻이 있는 것으로 생각된다(조궁천).

1) 해벌을 할 만한 만족한 증거가 나타났을 때 결의에 의하여 해벌을 하되 절차를 따라 해벌한다(권징조례 제176조 2항). 벌 아래 있는 자가 진실히 회개한 증거가 확실하고 겸손히 치리회(노회) 앞에 자복했을 때 노회(치리회) 재적 3분의 2 이상의 찬성으로 해벌한다(권징조례 제178조 1항).

2) 면직을 당한 자의 해벌 절차는 권징조례 제178조 3항을 참고하면 된다.

제122문 면직당한 목사의 복직 절차는 어떠한가?

권징조례 제92조 7항에 의하면,

면직된 목사를 복직 시키고자 할 때는 소속했던 노회가 권징조례의 절차대로 하되, 임직식은 하고 안수는 하지 않는다.

임직식은 한다는 말은 목사의 임직 때처럼 목사의 복직이 허락되면 임직 때와 같은 서약을 하여야 한다(교회정치 제61조 3항).

권징조례 제178조 5항 6호에 의하면, 목사가 복직이 된 후에는

1) 목사의 경우 임시 강도권을 허락한다.
2) 교회의 합법적인 청빙을 받아 시무를 할 수 있다.
3) 면직된 자가 복직 되었을 때 다시 안수는 하지 않는다.

참고로 사직된 목사의 복직 절차는 교회정치 제61조를 참고하기 바란다. 권고사직은 행정 건이고 시벌건이 아니다. 죄가 있다면 재판에 의하

여 시벌을 해야 한다.

제123문 정직된 목사의 신분은 어떠한가?

1. 정직 목사는 목사 직무는 행할 수 없으나 무흠 입교인과 같지 아니하며 개체 교회 교인이 아니므로 당회 관할에 있지 아니하고 노회 관할에 있다(정치문답조례 제360문).

   권징조례 제11조 2항 2호에 의하면, 정직을 당한 지 2년 안에 회개의 결과가 없으면 다시 재판할 것 없이 치리회의 결의로 면직할 수 있다.

2. 위임목사를 정직시킬 때는 그 담임을 해제할 수 있으나 상소하게 되면 담임을 해제하지 못한다. 물론 위임목사를 정직만 하고 그 위임은 해제하지 않을 수도 있다. 이런 경우는 교회의 혼란을 피하기 위하여 6개월 이상 유기정직이 바람직하고, 2년 정도의 정직일 경우에는 위임 해제까지 하는 것이 옳다. 그러나 정직을 당한 목사는 상소할 수 있다. 상소한다는 통지가 있으면 재판국이 담임해제 판결을 하였으면 상회의 판결이 날 때까지 그 판결은 정지되고 다만 정직상태에 있을 뿐이요 위임은 해제 되지 않는다. 그 담임을 해제한다는 말은 권고사임과 같다고 보면 된다.

제124문 정직 목사의 이름을 노회원 명부에서 삭제할 수 있는가?

면직하기까지는 정직 목사의 이름을 삭제할 수 없으며 별명부에 옮기는 것도 부당하다(정치문답 제350조).

제125문 목사가 시무하던 교회와 함께 노회를 탈퇴하거나 타교단으로 갔을 때 어떻게 처리하는가?

1. 목사가 개인적으로 노회를 탈퇴하거나 이단 아닌 타교단으로 갔을 때에는 두세 번 권면한 후 듣지 않을 때에는 노회 목사명부에서 삭제만 한다(권징조례 제10조 1항). 재판계류 중일 때는 면직 책벌로 판결하고 재판계류

중이 아닐 때는 권고 사직된 것으로 본다(헌법적 규칙 제4장 권징조례 제17조).
2. 목사가 교회와 함께 노회를 탈퇴하였으면 권징조례 제171조 7항 2호에 의하여 면직으로 처리해야 한다.

제126문 불신자도 증인이 될 수 있는가?

권징조례 제94조(증인의 자격)에 의하면,
1. 하나님의 살아계심을 확신하는 자.
2. 하나님의 공의의 심판을 확신하는 자.
3. 선서의 책임을 이해하는 자.
4. 원고나 피고가 수락하는 자.
5. 치리회가 증인으로 채택한 자.

불신자는 재판에 증인이 될 수 없다. 무흠 세례교인이어야 하고 증인선서에 대하여 책임을 지는 자라야 한다. 꼭 필요한 증인이 무흠 세례교인이 아닐 때는 재판국의 결의로 선서치 않고 증언할 수 있으나 불신자의 증언만으로 유죄판결의 근거로 삼지는 못한다(이종일. 헌법으로 보는 교회생활 500문 500답).

제127문 각각 다른 증인을 재판석에 동석시킬 수 있는가?

대질 신문을 제외하고는 동석 시킬 수 없다(권징조례 제98조 6항).
구헌법 개정증보판 권징조례 제39조 3항에 의하면, 증인은 한 사람씩 동석하게 하고 경우에 따라 대질심문도 한다고 하였다.

제128문 재판국 국원도 증인이 될 수 있는가?

권징조례 제96조(증인의 의무) 1항에 의하면,
재판국장은 사건에 관계되는 사람은 누구든지 증인으로 심문할 수 있다.
1992년 개정판 구헌법 권징조례 제39조 2항에도 재판회 회원이 증인되는 경우에도 선서를 하여야 한다고 했다. 단 증인이 되었던 재판국원은 해당

판결에는 참여하지 못한다(이종일).

제129문 증인자격과 의무를 제한을 받는 자는 누구인가?

1. 헌법적 규칙 제4장 권징조례 제5조(증인의 자격 제한)에 의하면,

    권징조례 제3장 제6절 제94조에 의한 증인의 자격 중 치리회의 임원 또는 임원이었던 자가 그 직무에 관하여 알게 된 사실에 관하여 직무상 비밀에 속한 사항임을 신고한 때에는 치리회장의 승낙 없이는 증인으로 심문하지 못한다.

2. 헌법적 규칙 제4장 권징조례 제6조(증인의 의무 제한)에 의하면,

    권징조례 제3장 제6절 제96조에 의한 증인의 의무 중,

    1) 교회의 항존직 또는 사회의 전문직에 종사하는 자가 또는 종사하였던 자가 그 직무상 알게 된 사실로서 타인의 비밀에 관한 것은 증언을 거부할 수 있다. 단, 본인의 승낙이 있거나 공익상 필요 있는 때에는 예외로 한다.

    2) 증언을 거부하는 자는 명백한 거부사유를 소명하여야 한다.

제130문 증인의 소환은 어떻게 하는가?

헌법적 규칙 제4장 권징조례 제7조(증인의 소환)에 의하면,

1. 권징조례 제3장 제6절 제96조 2항에 의한 증인에 대한 소환장은 재판개정 10일 이전에 송달하여야 한다.
2. 증인이 재판정에 있는 때에는 소환 절차 없이 신문할 수 있다. 하급 재판국의 판결과 다른 수습전권위원회의 결정은 판결 즉시 결정의 효력을 상실한다.
3. 재판국 또는 기소위원회의 신청에 의한 증인에게는 여비의 전부 또는 일부를 지급할 수 있다.

    총회의 여비규정에 따르면 될 것 같다. 참고로 일반법정에서는 전화로 연

락한 사람은 여비를 주지 않고 정식 소환장을 받은 사람에게는 지역 여비규정에 따라 지불한다.

4. 재판국장은 필요하다고 인정할 때에는 증인의 심문을 청구한 자에 대하여 심문사항을 기재한 서면으로 제출을 명할 수 있다(헌법적 규칙 제4장 권징조례 제10조).

5. 권징조례 제99조(증거의 관리)에 의하면,
   1) 증인 심문의 내용은 녹음하거나 정밀히 기록하여 증인의 확인 날인을 받는다.
   2) 이 기록은 상회나 다른 치리회에서도 사용할 증거가 된다.
   　　증인 심문이 끝나면 재판국 서기는 문답형식으로 간단명료하게 기록하여 회중에게 낭독하고 증인으로 하여금 확인하게 한 후 서명날인해서 보관하여야 한다. 이것이 재판심리의 증거물이 된다(조긍천).

제131문 증인으로 채택된 자가 소환에 불응하거나 증언하기를 불응하면 어떻게 하는가?

권징조례 제96조(증인의 의무)에 의하면,
1. 재판국장은 사건에 관계되는 사람은 누구든지 증인으로 심문할 수 있다.
2. 재판국장에 의해 증인으로 소환된 당사자는 출두하여 증인 심문에 응해야 한다.
3. 증인으로 채택된 자가 소환에 불응하면 처벌한다.
4. 증인으로 출두한 자가 증언하기를 불응하면 처벌한다.
5. 4항의 본죄의 성립요건은
   1) 악의적인 불응이다. 즉 재판을 방해할 목적이나 재판국을 능멸할 의도의 목적이 있어야 한다.
   2) 교회의 권징을 능멸하고 위해할 의도가 있을 때이다.
   3) 원고 또는 피고를 유리하게 하거나 위해하기 위하여 증언하기를 불응

할 때이다.

그러므로 이런 목적과 의도로 증인으로 소환 받고 출석하지 아니하거나 출석하였을지라도 증언하기를 불응하면 처벌을 하여야 한다. 그러나 단순히 증언하기가 어려운 여러 가지 사정에 의해서 곤란하거나 난처한 입장이 되어 소극적으로 피하거나 질문에 묵묵부답일 경우까지 처벌할 수 없을 것이다. 그러므로 본죄는 고의성이 있어야 하고 악의가 있을 때 시벌하는 것이 옳다(조긍천).

제132문 증인을 신문할 때 재판국장이 주의할 사항은 무엇인가?

권징조례 제98조 7항 신문상의 주의사항에 의하면,

1. 사건에 무관한 말이나 농담은 금한다.

사건에 관계없는 말이나 희롱의 일을 묻지 말아야 한다. 만일 이런 질문을 하는 재판국원이 있으면 재판국장은 발언을 중지하게 할 것이요 재발하지 않도록 주의를 주어야 한다.

2. 증인을 세운 자가 자기에게 유리하도록 그 증인에게 유도신문을 할 수 없다.

자기 증인에 대하여 자기에게 유리한 증언을 해주도록 암시하는 말이나 유도하는 질문을 하지 못한다.

제133문 증거조사위원이란 무엇인가?

권징조례 제100조(증거조사위원)에 의하면,

원고 피고가 다 같이 증거조사위원을 청원할 경우 재판국은 아래와 같이 목사와 장로 몇 명을 증거조사위원으로 선정한다.

1. 조사위원을 설치할 요건은
    1) 재판 진행 도중이라야 한다.
    2) 원고 피고 또는 증인의 요청이 있어야 한다.
    3) 청원인에게 부득이한 사정이 있어야 한다.

예컨대 사고가 있어 출석하여 재판을 받거나 증언할 형편이 못되거나 신병으로 인하여 입원 기타 출입이 어렵거나 증인의 경우 여러 사람 앞에서 증언하기가 신상에 곤란하고 난처한 일이 있을 경우인 것이다(조궁천)

4) 재판국의 결의에 의한다.

2. 증거조사위원의 자격은?

권징조례 제100조 1항에 증거조사위원은 본 교단에 속한 목사와 장로라야 한다.

그러나 본 치리회 회원이 아닌 다른 회원으로도 선정할 수 있다. 본 치리회 회원인 것이 상례일 것이나 증거조사위원은 증거수취만 잘 할 수 있으면 되기 때문에 반드시 치리회 회원일 필요는 없다. 예컨대 먼 곳에서 된 일은 그곳 관할 치리회가 그 사건을 더 잘 알 수 있을 것이므로 그 치리회 목사 장로 중에서 위원을 선정하는 것이 더욱 효과적일 수가 있다(조궁천). 그러나 요즈음은 교통 편리에 따라 빨리 갈수 있으므로 구태여 다른 치리회원일 필요는 없다고 생각된다.

3. 증거조사위원의 임무

권징조례 제100조 2항에 증거조사위원은 사건에 관계자들(원고, 피고, 증인들)을 정한 장소와 시일에 출석시켜 다양한 방법으로 조사하고 보고서를 작성하여 위원이 연서 날인한 후 재판국 서기에게 제출한다.

1) 증거조사를 위하여 필요한 관계인을 소환한다. 소환할 때에는 소환일시와 장소를 사전에 통지하여야 한다. 단, 증거조사위원이 직접 탐문 방문하여 조사할 수 있다.

2) 조사 시에는 구두로 심문(문답)하든지 서면으로 답변을 제출하게 할 수 있다. 구두문답 시에는 그 문답요지를 서면으로 작성하여(조사심문서) 본인들의 서명, 날인을 받아둠이 후일을 위하여 또 확실한 증거를 위하여 필요하다.

3) 수취한 증거(증언 및 원고 피고 심문조서나 진술서 등)에 위원들이 서명 날인

하여 재판국 서기에게 교부하면 조사위원의 임무는 끝난다.

권징조례 제100조 3항에 그 재판국은 증거조사위원의 보고서를 심사한 후 참작하되 채용여부는 회에서 결정한다고 하였다.

4. 증거조사의 방식은?

권징조례 제104조(증거조사의 방식)에 의하면,

1) 재판국장은 기소위원장, 피고인 또는 변호인에게 증거물을 제시하고 증거물이 서류일 때에는 그 요지를 알려준다.
2) 기소위원장, 피고인 또는 변호인은 서류나 물건을 증거로 제출할 수 있고 증인, 감정인 등의 심문을 신청할 수 있다.
3) 재판국은 전항의 증거신청에 대하여 결정을 하여야 하며 또는 직권으로 증거조사를 할 수 있다.

제134문 증거조사 후 기소위원장 및 피고인의 의견진술은 어떻게 하는가?

권징조례 제105조(증거조사 후의 기소위원장 및 피고인의 의견진술)

1. 피고인 신문과 증거 조사가 종료된 때에는 기소위원장은 사실과 규정 적용에 관하여 의견을 진술한다. 다만, 기소위원장이 재판기일에 출석하지 아니하는 때에는 기소장의 기재사항에 의하여 기소위원장의 의견진술이 된 것으로 본다.
2. 재판국장은 기소위원장의 의견을 들은 후 피고인과 변호인에게 최종의 의견을 진술할 기회를 주어야 한다.

제4장 하회가 처리한 사건을 상회가 취급하는 규례

제135문 상소(上訴)란 무엇인가?

권징조례 제106조 1항에 의하면,

하회에서 판결한 재판사건에 대해서 불이익을 당한 자가 취소 또는 변경을 그 상회에 서면으로 제출하는 것을 상소라 한다.

상소는 미확정의 재판에 대한 불복신청이란 점에서 확정재판에 대한 불복신청인 재심(권징조례 제5장 재심청구)과 구별되고 또한 상소는 재판에 대한 불복신청이라는 점에서 기소위원회의 불기소처분에 대한 항고, 재항고(권징조례 제67조)와 구별된다. 상급 재판국에 대한 구제 신청이란 점에서 당해 재판국에 대한 이의 신청과도 다르다. 상소제도는 오판(誤判)으로 인하여 불이익을 받은 피고인의 구제를 위한 제도이며, 이뿐만 아니라 법규해석의 통일을 위한 기능도 있다(이성웅).

제136문 상소심이란 무엇인가?

권징조례 제106조 6항에 의하면,

상소심(목사의 경우는 총회, 기타는 노회)에는 증거 조사를 할 수 있으되 상고심(총회)에는 부득이한 경우를 제외하고는 증거 조사를 생략한다.

상소심이란 상소가 있는 경우에 상소 법원이 재판에 필요한 사실 따위를 조사하는 일을 말한다. 상소심에는 부득이한 경우에만 증거조사를 취급할 수 있고 상고심에는 증거조사를 생략한다. 즉 제2심에서는 이미 원심에서 채취한 증거가 있은즉 그 증거를 서류상으로 재검증하고 부득이한 경우 즉 의심이 가는 부분에만 증거심문 등 증거조사를 취급할 수 있다. 최상급심(총회)은 서류심으로 재판의 적법성과 법 적용 및 해석의 오착이 없는가를 심사하는 법률심임을 알아야 한다. 그러기에 증인 심문 등의 증거조사 규례를 생략한다. 그러므로 총회 재판국이 마치 원심 재판국처럼 증인 심문을 일일이 하고 현장을 검증을 하는 것 등은 잘못된 관행이다. 그러나 목사에 관한 것은 2심이 총회 재판국이니까 할 수 있고, 기타(교회직원. 교인)는 노회에서 할 일이다. 상소 방법의 종류에 따라 항소심, 상고심, 항고심 따위로 나눈다. 물론 노회의 위탁판결은 총회 재판국이 1심이기 때문에 예외로 해야 한다.

제137문 일부 상소란 무엇을 의미하는가?

일부상소(一部上訴)는 재판의 일부에 대한 상소를 말한다(권징조례 107조 1항 참조). 일부상소에 있어서 재판의 일부란 1개 사건의 일부를 말하는 것이 아니라 수개의 사건이 병합 심리된 경우의 재판의 일부를 의미한다.

1. 일부상소가 허용되기 위해서는 재판의 내용이 가분(可分)이고 독립된 판결이 가능하여야 한다. 따라서 상소부분이 다른 부분과 논리적으로 연관성이 있거나 양형(量刑)상호작용을 하여 판결에 영향을 받을 때에는 일부상소가 허용되기 위해서는 원심 재판국이 재판 대상으로 삼는 수개의 범죄가 경합범의 관계에 있어야 한다.

2. 일부에 대한 상소는 그 일부와 불가분의 관계에 있는 부분에 대하여도 효력이 미친다(권징조례 제107조 2항). 이 말은 일부상소가 허용되지 않는 경우인데도 불구하고 일부상소가 있는 때에는 전부 상소가 있는 것으로 보아 그 효력이 미친다는 의미이다. 경합범의 관계에 있는 수개의 기소사실에 대하여 일부유죄. 일부무죄의 판결이 선고된 경우에 피고인이 유죄부분만을 상소하거나 기소위원장이 무죄 부분을 상소하는 것은 허용된다.

3. 일부상소를 할 때에는 상소장에 일부상소의 취지를 명시하고 불복부분을 특정하여야 한다. 불복부분을 특정하지 아니하면 전부 상소로 보아야 한다. 일부유죄, 일부무죄의 판결에 대하여 피고인이 상소한 때에는 무죄판결에 대하여는 피고인에게 상소의 이익이 없으므로 유죄부분에 대한 상소로 해석하여야 하며 기소위원장이 일부 상소한다고 할 때에는 무죄부분에

대한 상소로 보아야 한다.
4. 일부상소가 있으면 상소가 제기된 부분만 상소심에 소송이 계속 진행되고, 상소가 없는 부분에 대해서는 재판이 확정된다. 따라서 상소심은 일부상소 된 부분만 심판할 수 있고 상고심에 파기환송에 의하여 사건을 환송 받은 재판국도 일부상소 된 사건에서만 심판하고 확정된 사건을 심판할 수 없다.

제138문 상소 중 항소와 상고의 차이는 어떠한가?

엄밀히 말해서 우리 권징 법에는 상소를 항소(抗訴)와 상고(上告)로 나누고 있다.
1. 항소는 권징조례 제111조(항소할 수 있는 판결)에 의하면,
   제1심 재판부의 판결에 대하여 불복이 있으면 차상급 재판국에 항소할 수 있다.

여기서 제1심 재판부란 장로를 포함하여 평신도의 재판관할권을 가진 당회 재판부를 말한다. 즉 제1심 판결에 대한 상소가 항소이다. 평신도의 재판은 3심제도(당회, 노회, 총회)로서 항소, 상고의 순으로 불복이 가능하나 목사에 대한 재판은 3심제가 아니고 2심제이므로 목사에 대한 노회 재판부의 판결에 불복하여 총회 재판국에 상소할 경우 총회 재판국이 최종심이요 상고심이므로 항소라 하지 않고 상고라고 한다.

2. 상고는 권징조례 제124조(상고할 수 있는 판결)에 의하면,
   제2심 재판부 판결에 대하여 불복이 있으면 총회 재판국에 상고할 수 있다.

제139문 상소하는 방법은 무엇인가?

1. 제1심 또는 제2심 판결에 대하여 불복이 있으면 당사자는 판결 고지일로부터 15일 이내(권징조례 제106조 5항, 권징조례 제112조 2항)에 항소장(상고장)을 그 사건을 판결한 원심 재판부에 제출하여야 한다. 항소장은 당회 재판부

(목사는 노회 재판부), 상고장은 노회 재판부에 제출하여야 한다(권징조례 112조 1항, 제125조 1항).

2. 항소장(상고장)을 접수한 원심 재판부 서기는 그 항소장(상고장)과 소송사건에 관계되는 기록일체를 항소 재판국 서기에게 송부하여야 한다(권징조례 113조, 제125조 2항).

제140문 누가 상소할 수 있는가?

1. 기소위원장 또는 피고인은 상소할 수 있다(권징조례 제108조 1항).
2. 피해자가 사망한 때에는 그 배우자, 직계친족 또는 형제자매는 상소할 수 있다(권징조례 제49조 2항).

제141문 상소권은 언제 발생하는가?

1. 상소권의 발생은 하회의 판결 후 고지한 날로부터 15일까지이다(권징조례 제112조 2항).
2. 상소기간이 경과하면 상소권은 소멸한다.

　재판국이 당사자에게 직접 선고하는 경우에는 선고일로부터 기산하고, 재판국이 판결문을 우편으로 송달하는 경우에는 우체국 소인(일부인)날로부터 기산한다(권징조례 제142조 6항 1, 2호). 물론 등기우편에 의하여 송달하여야 한다(권징조례 제47조).

　권징조례 제48조(기간의 계산)에 의하면,
1) 기간의 계산에 관하여는 시로써 계산하는 것은 즉시로부터 기산하고 일, 월 또는 년으로 계산하는 것은 초일(당일)을 산입하지 아니한다.
2) 기간의 만기일이 공휴일에 해당하는 날은 기간에 산입하지 아니한다.

제142문 상소권은 언제 소멸하는가?

　상소권은 상소의 포기, 취하로도 소멸된다. 상소의 포기라 함은 상소권자가 상소기간 내에 재판국에 대하여 상소권을 포기한다는 의사표시적 소송행위를 말하고, 상소의 취하란 일단 제기한 상소를 철회하는 재판국에 대한 의사표시적 소송행위를 말한다.

권징조례 제108조(상소의 포기, 취하)에 의하면,
1. 기소위원장이나 피고인은 상소의 포기 또는 취하를 할 수 있다.
   1) 변호인 등 소송 대리행사자는 피고인의 동의를 얻어 상소를 취하할 수 있다. 따라서 피고인이 상소를 포기, 취하하면 변호인 등 상소 대리행사자는 상소하지 못한다.
   2) 상소 포기는 상소기간 내에 언제나 할 수 있으며 상소취하는 상소심의 종국판결이 있기 전까지는 언제든지 가능하다.
   3) 상소의 포기, 취하에 의한 상소권 소멸은 당해 심급의 판결에 관한 상소권에 국한 한다.
2. 상소의 포기 또는 취하는 서면으로 하여야 한다.
   항소 상고의 취하서 및 포기서는 권징 제9-2호 서식으로 해야 한다
3. 상소의 포기는 원심 재판부에, 상소의 취하는 상소 재판국에 하여야 한다. 다만, 소송기록이 상소 재판국에 송부되지 아니한 때에는 상소의 취하를 원심 재판부에 할 수 있다.
4. 상소의 포기나 취하의 청구가 있는 때에는 재판국장은 지체 없이 상대방에게 그 사유를 통지하여야 한다.
5. 상소인인 상회가 재판할 때에 무단결석을 하면 그 상소는 취하한 것으로 인정하고 그 하회의 판결이 확정된다.

그러므로 상소의 포기, 취하에 의하여 상소권이 소멸되므로 상소를 포기, 취하한 자 또는 상소의 포기, 취하에 동의한 자는 그 사건에 대하여 다시 상소를 제기하지 못한다.

제143문 상소심에서 하회 판결을 무효화 할 수 있는가?

하회 재판부의 구성이나(기피신청 같은 경우) 법적용에 중대한 하자가 있다면 무효판결이 아니라 그 하자를 시정하고 다시 갱심(更審)토록 원심을 파기하고 환송하여야 한다. 재판부의 구성이나 법 적용이 잘못되었다고 하회판결을 무효화한다고만 판결하면 재판 자체가 무효화 되어 죄인이라도 무죄가 되는 결과가 되기 때문에 하회 재판 자체를 무효화 한다는 판결은 있을 수 없다. 따라서 재판부 구성이나 법적용에 중대한 하자가 발견되면 하회 판결을 취소하도록 하여 환송하여 갱신하게 하든지 상회가 직접 심의하여 변경하여야 한다(이종일). 그래서 권징조례 제118조 8항, 제128조, 제131조는 항소 이유가 있다고 인정된 때에는 원심판결을 파기하고 다시 판결을 해야 한다고 명시하고 있다. 아울러 상급 재판국의 판단은 하급심에 대해 기속력이 있다(권징조례 제14조).

제144문 상소 방법 중 교정은 어떻게 이루어지는가?

권징조례 제110조(교정)에 의하면,
1. 하회의 재판결의 변경은 상회의 재판으로만 이루어진다.

오착이 중대하여 위해가 있게 되면 상회는 부득이 하회에 명령하여 개정하도록 하고 기간을 정하여 보고하도록 한다. 단 재판사건은 상소를 접수 처리하기 전에는 하회 판결을 변경하지 못한다. 재판사건은 그 잘못이 있으면 당사자가 상소할 것이요 상소가 있으면 상소 재판국이 심의 판결할 것이기 때문이다. 상소가 없으면 쌍방이 승복한 것이기 때문에 상회라 할지라도 재판사건의 판결을 직권으로 변경할 수 없다.

2. 상회는 하회가 헌법에 위배되게 처리한 사건을 확인하면 그 사건을 하회에 환송하여 처리하도록 지시할 수 있고, 또는 직접 시정할 수 있다.

여기 헌법에 위배됨이란 교리표준, 관리표준(예배지침, 교회정치, 권징조례)등 모든 법의 위배를 말한다. 하회의 회록을 검사받게 하여 상회가 직접 변경

처리하든지 하회에 환송하여 처리할 것을 지도 할 수 있다.
3. 사건의 판결언도 이전에 원고나 피고가 직접 또는 간접으로 그 사건 내용을 선전하거나 평론하는 유인물을 발간하면 이는 치리회에 대해 모욕하는 일이니 그 행위에 대한 응분의 처벌을 하고, 그 상소를 기각할 수 있다.

　재판서류 외에 유, 무죄 등을 변론하는 유인물이나 사건을 자기에게 유리하게 또는 상대방을 비방하는 요령서를 만들어 살포하는 것은 불법이다.

　유인물을 ① 피고(피상소인)가 유포하였을 때에는 치리회에 대한 모욕이기 때문에 치리회가 피해자가 된다. 이때는 치리회가 직접 처결함이 옳다. 만일 치리회가 처리하지 아니하면 상대편이 이것을 이유로 재판기피 또는 상소 이유가 될 수도 있다. ② 상소인이 행하였을 경우 그 상소를 기각할 수 있다. 피상소인이 동 행위를 할 때는 이미 피소된 재판안건을 더하여 본죄까지 처벌한다(조긍천).

제145문 항소 제기의 절차는 어떠한가?

1. 권징조례 제112조(항소의 방식 및 제기기간)에 의하면,
　　1) 항소를 함에는 항소장을 원심 재판국에 제출하여야 한다.
　　　항소장은 권징 제9-1호 서식으로 한다.
　　2) 항소의 제기기간은 항소인은 하회의 판결 후 고지한 날로부터 15일 이내로 한다(J. A. Hodge, 교회정치 문답조례. 123문 1, 2참조).
2. 권징조례 제113조(소송기록과 증거물의 송부)에 의하면,
　　원심 재판부는 항소장을 받은 날로부터 10일 이내에 소송기록과 증거물을 항소 재판국 서기에게 송부하여야 한다.
　　다시 말하면 원심 재판부란 당회 재판부를 말하고 항소 재판국이란 노회 재판부를 말한다. 항소 사건의 신속한 진행을 위하여 직접 노회 재판부로 접수하여 송부하게 하는 것이다.
3. 권징조례 제114조(소송기록 접수와 통지)에 의하면,

항소 재판국이 기록의 송부를 받은 때에는 즉시 항소인과 상대방 또는 변호인에게 송부기록 접수사실을 통지하여야 한다.

4. 권징조례 제115조(항소이유서와 답변서)에 의하면,

1) 항소인 또는 변호인은 제114조의 통지를 받은 날로부터 15일 이내에 항소 이유서와 설명서를 항소 재판국에 제출하여야 한다.

2) 항소이유서의 제출을 받은 항소 재판국은 지체 없이 그 부본을 상대방에게 송달하여야 한다.

3) 상대방은 전항의 송달을 받은 날로부터 15일 이내에 답변서를 항소 재판국에 제출하여야 한다.

4) 답변서의 제출을 받은 항소 재판국은 지체 없이 그 부본을 항소인 또는 변호인에게 송달하여야 한다.

항소이유서는 권징 제9-3호 서식으로 답변서는 권징 제9-4호 서식으로 한다.

제146문 원심 판결에 대한 항소 이유는 어떤 것이 있는가?

권징조례 제117조(항소이유)에 의하면, 원심판결에 대한 항소이유는 이러하다.

1. 판결에 영향을 미친 헌법 또는 규정의 위반이 있는 때.

   판결 시 적용한 헌법 재판 절차 등의 위반이 분명할 때.

2. 판결 재판국의 구성이 헌법 또는 규정에 위반한 때.

   판결 재판국의 개회성수와 의결정족수를 충족하지 못하거나 재판국원의 결격사유가 있는 경우이다.

3. 헌법 또는 규정상 그 재판에 관여하지 못할 재판국원이 그 사건의 심판에 관여한 때.

   재판에 관여하지 못할 재판국원이란 제척원인이 있는 재판국원(권징조례 13조 1항)또는 기피신청에 이유가 있다고 결정된 재판국원을 말하며 심

판에 관여한 때란 판결의 내부적 성립(판결 결정)에의 관여를 말한다.
4. 판결에 이유를 붙이지 아니하거나 이유에 모순이 있는 때.

　　이유 설명이 불충분한 경우를 포함한다.
5. 사실의 오인이 있어 판결에 영향을 미친 때.

　　사실오인이란 원심 재판국이 인정한 사실과 객관적 사실 간에 차이가 있다는 의미이고 사실오인이 판결에 영향을 미친 때란 사실오인으로 범죄에 대한 구성요건적 평가에 직접적, 간접적으로 영향을 미친 경우와 사실오인으로 인하여 판결주문(判決主文)에 영향을 미친 경우를 말한다.
6. 하회가 상소하는 것을 불허하는 때.

　　특히 서기가 상소서류를 이유 없이 경유하여 주지 않는 것도 고소 및 상소이유가 된다. 특히 상소자를 본회에 반항하고 불복한 자로 몰아 처리하는 것은 상소권을 박탈하는 범죄가 된다.
7. 하회가 어느 한 편에 대하여 가혹한 심문을 했을 때.
8. 부당하고 허위 증거를 채용했을 때.
9. 합당하고 중요한 증거 채용을 거절했을 때.
10. 충분한 증거 조사 전에 급속히 판결했을 때.
11. 소송취급상에 편견이 나타났을 때.
12. 판결 중에 착오나 불공평한 결정을 했을 때.
13. 책벌의 양정(量定)이 부당하다고 인정할 사유가 있는 때.

　　원심판결의 선고형이 구체적 사건의 내용에 비추어 너무 중하거나 경한 경우를 말한다.
14. 사건의 심리에 관여하지 아니한 자가 그 사건의 판결에 관여한 때.

　　재판의 심리 도중에 재판국원의 경질이 있은 경우, 경질로 인하여 새로이 재판국원이 된 자가 판결의 내부적 성립에 관여한 때를 말한다. 그러므로 누구든지 상소하고자 하면 이러한 일들이 분명한가를 면밀히 검토할 것이요, 이유에 해당되지 않는 것을 억지로 상소 이유를 붙이면 기각 또는 각하 된다.

제147문 항소심의 재판은 어떻게 하여야 하는가?

권징조례 제118조(항소 재판국의 심판)에 의하면,

1. 항소 재판국은(상회는) 항(상)소된 사건이 합법적 절차를 거쳐 접수되었을 때 그 재판규례대로 하되 다음과 같이 처리하여야 한다.
2. 항소 재판국은 항소이유서에 포함된 사유에 한하여 심판하여야 한다.
3. 항소 재판국은 전조 1항 내지 5항의 경우에는 항소이유서에 포함되지 아니한 경우에도 직권으로 심판할 수 있다.
4. 제1심 재판국에서 증거로 할 수 있었던 증거는 항소 재판국에서도 증거로 할 수 있다.
5. 항소의 제기가 소송의 요건을 결여한 부적법한 소에 해당하는 경우(제소기간의 경과 등)에는 판결로써 각하하여야 한다. 판결형식이 아니고 결정의 형식으로 하면 항소기각의 결정의 경우와 균형이 맞게 된다.
6. 항소이유가 없다고 인정한 때에는 판결로써 항소를 기각하여야 한다.
   1) 권징조례 제116조(항소기각의 결정)에 의하면, 항소인이나 변호인이 전조(권징조례 제115조) 1항의 기간 내에 항소이유서와 설명서를 제출하지 아니한 때에는 항소를 기각하여야 한다. 다만, 항소장에 항소 이유의 기재가 있는 때에는 예외로 한다.
   2) 권징조례 제119조(원심 재판국에의 환송)에 의하면, 기소기각 또는 관할위반의 재판이 헌법 또는 규정에 위반됨을 이유로 원심판결을 파기하는 때에는 판결로써 사건을 원심 재판부에 환송하여야 한다.
   3) 제120조(관할 재판국에의 이송)에 의하면, 관할인정이 헌법 또는 규정에 위반됨을 이유로 원심판결을 파기하는 때에는 판결로써 사건을 관할 재판부에 이송하여야 한다. 원심 재판부가 관할권이 없음에도 불구하고 심리한 것이므로 관할 재판부로 하여금 제1심으로 심리하도록 하기 위하여 파기이송을 한 것이다.
7. 항소이유가 없음이 명백한 때에는 항소장, 항소이유서, 기타의 소송기록

에 의하여 변론 없이 판결로써 항소를 기각할 수 있다.

  항소기각의 판결이 되는 경우에는 제1심 판결인 당회 재판부의 판결이 확정 된다. 변론 없이라는 말은 구두변론을 말한다. 소송 지연을 목적으로 하는 남상소(濫上訴)를 방지하기 위함이다.

8. 항소이유 있다고 인정한 때에는 원심판결을 파기하고 다시 판결을 하여야 한다.

 1) 원심판결을 파기하면 사건은 원심판결 전의 상태로 항소심에 계속(繫屬)된다.

 2) 다시 판결하여 선고하는 경우에는 유죄판결, 무죄판결 기소기각의 재판이다. 이때는 반드시 구두변론을 거쳐야 한다.

 3) 피고인이 항소한 사건에 대하여는 원심판결의 책벌보다 중한 책벌을 선고하지 못한다(권징조례 121조).

9. 차상급회는 항(상)소 이유 설명서에 기록한 각조를 축조심의하여 결정하되 착오된 부분이 있으면 하급 재판부로 하여금 이를 변경, 재심 또는 취소하도록 하고 그 이유를 회의록에 기록하여야 한다.

  항소 재판국의 판결 시에는 항소이유에 대한 판단을 기재하여야 하며 원심판결에 기재한 사실과 증거를 인용할 수 있다(권징조례 제122조).

제148문 상고 재판국의 재판은 어떻게 진행하는가?

  권징조례 제124조(상고할 수 있는 판결)에 의하면,

  제2심 재판부 판결에 대하여 불복이 있으면 총회 재판국에 상고할 수 있다.

  상고를 함에는 상고장을 노회 재판부에 제출하여야 한다(권징조례 112조). 상고제기 기간은 판결문을 송부 받은 날로부터 15일 이내로 한다(권징조례 제112조 2항).

  그 외 상고의 일반 규례에 따른다[권징조례 제125조 (상고의 일반 규례)].

1. 상고의 방식 및 제기기간(제112조 항소의 방식 및 제기기간)

2. 소송기록과 증거물의 송부(제113조 소송기록과 증거물의 송부)

3. 소송기록 접수와 통지(제114조 소송 기록 접수와 통지)

4. 상고이유서와 답변서(제115조 항소이유서와 답변서).

   상고이유서는 권징 제9-3호 서식, 답변서는 권징 제9-4호 서식을 따른다.

5. 상고기각의 결정(제116조 항소기각의 결정)

6. 상고이유 제117조(항고이유)

7. 제4장 제3절 항소에 관한 규정은 본 절에 특별한 규정이 없으면 상고심에 준용한다.

제149문 상고 재판국(총회 재판국)의 서면심리란 무엇을 말하는가?

총회 재판국에는 기소위원회가 없으므로 당사자의 변론이 불필요하며 따라서 서면심리(書面審理)로 재판을 개시, 진행한다. 피고인의 출정도 필요 없으며 서면심리주의는 상고기각의 경우뿐만 아니라 원심판결을 파기하는 경우에도 적용된다. 그러나 총회 재판국은 사실심리이지만 새로운 증거조사와 증거제출은 불가하나 서면심리의 부족 불충분성을 보충하기 위하여 당사자, 증인, 및 참고인 등을 소환하여 신문할 수 있다(권징조례 제127조 4항).

제150문 상고 재판국의 심판 범위는 어떠한가?

1. 권징조례 제127조(심판범위)에 의하면,
   1) 상고 재판국은 상고이유서와 그 답변서에 포함된 사유에 관하여 심판한다(권징조례 제118조 2항).
   2) 상고 재판국은 제118조 1항 내지 5항의 경우에는 상고이유서에 포함되지 아니한 경우에도 직권으로 심판할 수 있다(권징조례 제118조 3항).
   3) 상고 이유 없다고 인정한 때에는 판결로써 상고를 기각하여야 한다.
   4) 재판국은 필요하다고 인정하는 경우에는 당사자, 증인 및 참고인 등을 소환하여 신문할 수 있다.

2. 권징조례 제126조(상고각하의 판결)에 의하면,

　　상고의 제기가 소송의 요건을 결여한 부적법한 소에 해당하는 경우(제소기간의 경과 등)에는 판결로써 각하하여야 한다(정문 제308문).

　　1) 법규를 어긴 상소건(정문 제296문)

　　2) 상소인이나 변호인이 기일에 출석치 아니하는 경우(정문 제301문)

　　3) 관계기록이 없든지 누락되었을 경우

　　4) 상소사실에 대한 증거가 없을 때

　　5) 선행 결정이나 판결사건의 효능 하에 있는 상소

　　6) 각하하므로 해를 당한 자가 없을 경우

　　7) 상소 이유가 애매하거나 불충분한 경우

3. 권징조례 제128조(원심판결의 파기)에 의하면,

　　상고이유가 정당한 때에는 판결로써 원심판결을 파기하여야 한다.

　　권징조례 제118조 8항 "항소이유 있다고 인정한 때에는 원심판결을 파기하고 다시 판결을 하여야 한다."고 하였으나 상고심에는 원심판결을 파기하고 다시 판결하여야 한다고 하였다. 상고심인 총회 재판국은 원심파기한 후에 다시 재판하여야 한다는 법문이 없는 점으로 보아 파기 환송 판결이 원칙이다.

4. 권징조례 제129조(기소기각과 환송의 판결)에 의하면,

　　적법한 기소를 기각하였다는 이유로 원심판결 또는 제1심판결을 파기하는 경우에는 판결로써 사건을 원심 재판부 또는 제1심 재판부에 환송하여야 한다.

5. 제130조(관할인정과 이송의 판결)에 의하면,

　　관할의 인정이 헌법 또는 규정에 위반됨을 이유로 원심판결 또는 제1심판결을 파기하는 경우에는 판결로써 사건을 관할 재판부에 이송하여야 한다.

제151문 파기자판(破棄自判)이란 무엇을 말하는가?

상고 재판국은 원심판결을 파기한 경우에 판결하기 충분하다고 인정하는 때에는 피고사건에 대하여 직접 판결할 수 있다.

판결하기 충분하다고 인정하는 때이란 총회 재판국이 원심 판결을 파기한 경우에 그 소송기록과 원심 재판부와 제1심 재판부인 당회 재판부가 조사한 증거에 의하여 판결하기가 충분하다고 인정한 때를 말하며, 이 경우 불이익 변경금지의 원칙(권징조례 제121조)이 적용된다. 파기자판에 의하여 선고하는 판결에는 유죄판결, 무죄판결의 실제 판결과 기소기각 재판의 형식재판이 있다. 특히 노회 재판부 판결에 불복하여 항소하는 경우 노회 재판부 시벌보다 중한 책벌을 주는 것은 권징조례 제121조(불이익변경의 금지)를 어기는 것으로 권력 남용이다. 책벌을 중하게 주어야 한다고 생각할 때나 가볍게 할 때나 직접 판결하는 것이 아니고 항소원심 재판국으로 돌려보내야 한다. 위탁판결은 원심이기 때문에 예외다.

제152문 종국 판결과 집행은 어떻게 하는가?

종국판결(終局判決)은 해당 사건에 대하여 해당 재판국에서 소송 절차를 종결하는 재판을 말한다. 그래서 장로를 포함한 교인의 제1심 종국 재판은 당회 재판부이고 목사의 권징사건의 제1심 재판부인 노회 재판부가 종국재판이며 상고의 종국 재판국은 총회 재판국이다.

권징조례 제132조(종국판결과 집행)에 의하면,
1. 집행은 확정된 종국판결에 의하여야 한다.
2. 판결의 집행은 그 재판을 한 재판국이 속한 치리회장이 판결확정 후 30일 이내에 하여야 한다.

피고인(권징사건)또는 피고(소원인)가 속한 치리회장에게 권징 제8-5호 서식에 의한 판결집행문으로 통보하여야 한다. 통보받은 소속 치리회장은 통보받은 날로부터 15일 이내에 헌법 권징조례 제170조, 제171조(2, 3, 4, 5항)에 의하여 시벌한다.

3. 판결의 집행은 판결서의 정본을 첨부한 서면으로 한다.

　　판결문은 권징 제8-1호 서식에 의한다. 판결이 확정된 재판국이 속한 치리회와 피고인 또는 피고가 속한 치리회가 동일한 경우에는 서식에 의한 통보를 요하지 아니하며 단지 판결이 확정된 날로부터 15일 이내에 헌법 권징조례 제170조, 제171조(2, 3, 4, 5항)에 따라 바로 시벌한다.

4. 당회장이 판결의 집행의무를 이행하지 아니하는 경우에는 노회장이 집행하고, 노회장이 판결의 집행의무를 이행하지 아니하는 경우에는 총회장이 집행하여야 한다(권징조례 제171조 6항 참고).

　　그리고 권징 제8-6호 서식에 의하여 보고하여야 한다.

5. 권징조례 제12조 4항에 의하면, 상회가 하회에 명한 일에 대해서 하회가 불순종하거나 이행하지 아니하는 경우에는 상회가 직접 처결할 수 있다.

6. 권징조례 제172조(가중시벌)에 의하면,

　　시벌 받은 자가 회개의 증거가 없고 또 다른 범행을 자행할 때에는 가중시벌할 수 있다.

　　이때는 소속 치리회(총회 파회 중에는 임원회)의 결의로 판결이 확정된 재판국에 가중시벌을 의뢰할 수 있고, 그 재판국은 별도의 고소(고발) 및 기소 없이 판결로 가중시벌을 할 수 있고, 이 가중시벌에 대하여 이의 신청, 상소 등 불복할 수 없다(이성웅).

제153문 상소(항소, 상고) 시 하회 결정은 어떻게 되는가?

　　상급심의 확정판결이 나기까지는 법 집행을 정지하는 것이 옳다.

　　혹시 하회의 판결대로 '권계'나 '견책'과 같이 비교적 낮은 수준의 시벌은 집행하더라도 피해가 미미하고 회복에 별 문제가 없지만, 정직이나 면직, 수찬정지와 같이 높은 수준의 시벌은 그 이후 상회의 판결이 번복될 경우, 그 피해가 돌이킬 수 없이 크기 때문이다.

제154문 위탁판결을 어떤 경우에 청원할 수 있는가?

당회나 노회가 고소(고발) 사건에 대하여 재판부 구성의 불가능 또는 재판의 현저한 곤란으로 말미암아 재판할 사항이 아닌 경우에 당회는 차상급 치리회장인 노회장에게, 노회는 총회장(파회 중 임원회)에게 판결을 위탁하면 당해 치리회장은 당해 재판부로 하여금 재판하게 하는 것을 위탁판결이라 한다. 이것은 교회 재판에서만 볼 수 있는 특별한 재판 형식이다.

1. 당회에서 노회 재판부로 위탁판결 청원 경우

   1) 준당회 경우: 교회정치 제114조에 의하면, 준당회에서 일반 당회직무를 처리할 수 있으나 그 장로의 치리문제나 기타 사건에 있어서 장로가 불복할 경우 노회에 보고하여 처리하게 한다.

   2) 미조직교회 경우: 교회정치 제120조에 의하면, 권징건은 소속 노회원 중에서 목사, 장로 각 2인씩의 협조 당회원을 노회에 청하여 처리한다고 하였다. 이때는 당회원 5명이 되므로 당회 재판부(3인. 권징조례 제15조) 당회 기소위원(1-2인, 권징조례 제57조)을 구성하여 재판 절차를 따라야 한다. 문제는 협조 당회원은 고소(고발)인 피고인에게 본 교회를 치리하는 목사 장로가 아니라는 신뢰심 때문에 재판하기 어렵다. 그때는 노회에 위탁판결 청원하는 것이 좋다고 생각된다(권징조례 제133조 1항). 물론 단순한 행정 건으로 하는 시벌은 가능하다고 본다.

   3) 조직교회 경우: 당회 재판부원 최소 3인, 기소위원 1인이 되어야 하므로 당회원 4인이 되지 않을 때는 노회에 위탁판결을 청원할 수밖에 없다. 협조 당회원은 미조직 교회에서는 청원이 가능하나 조직교회에서는 불가능하기 때문이다.

2. 노회에서 총회 재판국으로 위탁판결 청원 경우

   노회원수가 적어 재판부 구성이 어렵다든지 노회 자체로서는 여러 상항으로 판결하기가 어렵다고 심의를 해 본 결과 생각될 때는 총회 재판국에 위탁판결을 청구하는 것이 좋다.

제155문 위탁판결을 청원할 수 있는 요건은 무엇인가?

1. 권징조례 제133조(위탁판결) 1, 2항에 의하면,
    1) 하회는 다음과 같은 사건에 대하여 재판하기가 곤란한 경우에는 그 직속 상회에 위탁판결을 하여 줄 것을 서면(사건서류 첨부)으로 청구할 수 있다.
        (1) 하회에 전례 없는 중대한 재판사건.
        (2) 하회로서 판결하기 어려운 사건.
        (3) 사정상 하회가 취급하기 어려운 사건.
        (4) 하회 판결이 중대한 공례 또는 판례가 될 사건.
        (5) 하회 회원 간의 의견이 불일치한 사건.
        (6) 상회에서 판결하는 것이 합당하다고 인정되는 사건.
    2) 위탁판결을 구하는 경우는 다음과 같다.
        (1) 하회가 사건을 판결하기 전에 그 상회의 지도만 구하는 경우.
        (2) 하회가 재판사건을 그 상회에 전부 위임하는 경우.

제156문 위탁판결은 어떻게 처리하는가?

1. 권징조례 제133조(위탁판결) 3, 4항에 의하면,
    1) 위탁판결을 구하는 경우 필요에 따라 하회회원(당회원 및 노회 총대원)이 각각 협의하며 결정할 수 있다.
    2) 하회가 위탁한 재판 건에 대해서 상회는 환송할 수 있고, 지시만 할 수도 있으되, 회의결의대로 할 것이며, 재판을 할 때는 하회의 모든 관계서류를 접수하고 기소위원장(원고), 피고의 진술도 청취한다.
    3) 하회는 사건을 심리하지 아니하고는 바로 위탁판결을 청구할 수 없다. 위탁판결 남발 방지, 재판의 권위, 위계질서 유지 등이 필요하다. 하회에서 한번 심리하지 않고 바로 위탁판결 청원은 할 수 없다.
2. 권징조례 제134조(위탁판결 청원의 처리)에 의하면,

1) 위탁판결청원서를 송부 받은 치리회장은 송부 받은 날로부터 10일 이내에 소속 기소위원회에 위탁판결 사건서류를 송부하여야 한다.
  (1) 위탁판결 청원자는 해 치리회장이다
  (2) 위탁판결 청원은 서면으로 하여야 하며 고소(고발)장 등 사건서류를 전부 첨부하여야 한다. 위탁판결 청원은 권징 제10-1호 서식으로 한다.
2) 치리회장으로부터 위탁판결 사건서류를 송부 받은 기소위원회는 사건서류를 송부 받은 날로 부터 20일 이내에 사건의 조사를 완료하여 기소 제기 여부를 결정하여야 한다.
3) 총회가 파한 후 총회 재판국 위탁판결 청원에서는 전항 1, 2를 생략할 수 있다.
  총회는 임시총회가 없기 때문이고 상설기소위원회가 없기 때문이다.
4) 권징조례 제38조(판결 선고기간)에 의하면,
  판결의 선고는 기소가 제기된 날로부터 당회 재판부는 30일 이내에, 노회 재판부는 60일 이내에 하여야 한다. 다만, 항소심 및 상고심에 있어서는 기록의 송부를 받은 날로부터 90일 이내에 하여야 한다. 필요한 경우 30일의 기간을 연장할 수 있다.
3. 권징조례 제135조(준용규정)에 의하면,
  제3장 제3절(기소) 제62조 내지 제67조, 제3장 제4절 재판에 관한 규정은 위탁재판에 이를 준용할 수 있다.

제157문 **치리회장직권으로 위탁판결을 청원할 수 있는 경우는 어떠한가?**
  헌법적 규칙 제4장 제15조(위탁판결)에 의하면,
1. 치리회의 분쟁으로 치리회의 회집이 불가할 때에는 치리회장이 직권으로 위탁판결을 상회에 청원할 수 있다(권징조례 제133조 1항 5호).
2. 당회가 없는 미조직 교회 또는 폐당회된 교회는 재판부 구성이 불가능하

므로 당회장은 직권으로 위탁재판을 노회에 청원할 수 있다고 하였다.

제158문 상소 방법 중 소원(행정소원)이란 무엇인가?

권징조례 제136조(소원)에 의하면,

하회가 행정사건을 처리함에 있어 책임을 이행하지 않거나 위법한 결정 등에 대해서 하회의 치리 하에 있는 자 중 1인 이상이 그 상회에 이의를 제기하여 그 변경을 구하는 경우 이를 소원이라 한다.

상소는 판결에 대한 불복으로 발생하는 것이니 원고 또는 피고가 제기하고 소원은 행정사건에 대한 불복으로 발생하는 것이니 이는 그 치리회의 관할 하에 있는 교인 중 아무라도 제기할 수 있다(정문 제295문 참조).

제159문 소원의 종류에는 어떤 것이 있는가?

권징조례 137조(소원의 종류)에 의하면,

1. 행정소원: 치리회장이 행한 헌법 또는 규정에 위반한 행정행위에 대하여 제기하는 소송.

당사자가 행정처분(시무정지, 권고사임, 권고사직 등)을 받은 자가 불복하여 올리는 것을 말한다. 이때는 권징 제5-1호 서식 소원장을 제출한다.

2. 결의취소 등의 소원: 치리회 회의의 소집절차 또는 의결방법이 헌법 또는 규정에 위반한 때 또는 그 결의의 내용이 헌법 및 규정에 위반한 때에 제기하는 소송.

결의 시에 반대한 회원이 그 결정의 불법 부당성을 지적하여 무효, 취소, 변경, 의무이행 등을 명하여 줄 것을 상회에 올리는 소원을 말한다. 이때는 권징 제5-2호 서식 소원장을 제출한다.

권징조례 제148조(결의 취소 및 확인의 소)에 의하면,

1) 치리회의 소집절차, 결의 방법, 그 결의의 내용이 헌법 또는 규정에 위반된다고 인정할 때에는 당해 치리회 회원은 결의의 날로부터 15일내

에 치리회장을 피고로 하여 결의 취소의 소를 치리회를 경유하여 치리회의 차상급 치리회 재판국에 제기할 수 있다. 단, 치리회가 경유를 거부하면 부전을 붙여 제기할 수 있다.

2) 제138조, 제146조, 제147조의 규정은 1항의 결의 취소 및 무효 확인의 소에 이를 준용한다.

3. 동등한 치리회 간의 소원: 치리회 상호간에 있어서의 권한의 존재 및 부존재 또는 그 행사에 관한 다툼이 있을 때에 제기하는 소송.

권징 제5-3호 서식에 의한다.

권징조례 제149조(동등한 치리회간의 소원 또는 소송)에 의하면,

1) 동등한 치리회를 상대로 소원이나 고소할 일이 있으면 절차에 따라 그 상회에 제기할 수 있다. 기소치리회는 사건 발행 후 60일 이내에 피고된 치리회의 서기와 그 상회 서기에게 통지하여야 한다.

2) 전항과 같은 경우 기소치리회는 대리위원을 선정하여 소송사무를 시종 위임할 수 있다.

3) 소원이나 고소장을 접수한 상회는 그 사건을 조사하여 이유가 정당하면 피고회의 결정 전부 혹은 일부를 최소하거나 변경하고 그 피고회에 대하여 처리할 방법을 지시할 것이며, 원고와 피고는 그 지시에 이의가 있거나 불복하면 그 상회에 소원이나 상소를 할 수 있다.

즉 어느 치리회의 소송이나 어느 치리회의 결정으로 피해를 입었다고 주장하는 다른 치리회가 상대 치리회의 불법 부당한 처사를 차 상급 치리회에 취소, 변경, 시정하여 줄 것을 청구하는 소송이다.

4. 무효 등 확인 소원 : 치리회장이 행한 행정행위의 효력 유무 또는 존재 여부를 확인하는 소송(권징조례 제6장 선거무효소송 및 당선무효소송)이 여기에 해당된다.

제160문 소원의 재판관할은 어디서 하는가?

권징조례 제138조(재판관할)에 의하면,
1. 행정소원의 재판관할은 피고인 소속 치리회의 차상급 치리회의 재판국이 된다.
   1) 당회장의 위법한 행정행위의 취소, 변경을 구하는 취소소송이나 행정행위의 효력 유무 또는 존재여부를 확인하는 무효 등 확인소송은 노회 재판부가 재판관할권을 가지므로 노회 재판부 서기에게 소장을 제출하여야 한다.
   2) 노회장의 행정행위에 대하여 행정소원을 제기할 경우에는 노회의 상급치리회인 총회 재판국이 재판관할권을 가지며 총회 재판국의 재판에 대하여 상소할 방법이 없으므로 노회장의 행정행위에 대한 행정소송은 단심(單審)으로 끝난다. 다만 재심청구나 총회 특별재판국의 청원은 별도의 제도이고 상소(上訴)방법이 아니다.
   3) 총회장의 행정행위에 대해서는 총회 재판국에 맡길 수 없고 특별재판국을 설치하여 맡길 수밖에 없다.
2. 노회 재판부의 재판에 대하여는 총회 재판국에 상고할 수 있다.
   노회 재판부의 판결에 불복이 있을 경우에는 총회 재판국에 상고한다. 총회 재판국이 상고를 인정함으로써 당회장의 행정행위에 대한 행정소송은 2심제도(二審制度)로 종결된다(이성웅).

제161문 소원자 적격이란 무엇을 말하는가?

권징조례 제139조(소원자 적격)에 의하면,
1. 취소소송은 행정행위의 취소를 구할 헌법 또는 규정상의 권리 또는 이익이 있는 자가 제기할 수 있다. 행정행위의 효과가 기간의 경과 등으로 인하여 소멸된 뒤에도 그 행정행위의 취소로 인하여 회복되는 헌법 또는 규정상 이익이 있는 자의 경우 또한 같다.

당사자가 원고로서 행정행위의 처분으로 인하여 법이 인정하고 그것을 누리고 있는 어떤 권리를 침해당했을 뿐 아니라 법이 개인을 위하여 보호하고 있는 이익을 침해당했을 때에도 소의 이익이 있다고 보아 원고적격을 인정하고 당사자가 원고로서 취소소송을 제기할 수 있음을 의미한다. 이러한 소의 이익을 헌법상의 권리, 이익으로 엄격히 해석할 것이 아니라 교회법의 특수성으로 종교적 의미, 신앙적 의미 때로는 경제적 이익, 또는 부수적 이익으로 그 범위를 확대할 필요가 있다(이성웅). 그러나 기간의 경과 등으로 행정행위의 효력이 소멸한 경우에는 그 행정행위의 취소를 통하여 회복할 법적 권리나 이익이 없으나 경우에 따라서 회복할 권리나 이익이 있는 경우에는 소의 이익이 있다고 할 것이다.

2. 무효 등 확인소송은 행정행위의 효력 유무 또는 존재여부에 대한 확인을 구할 헌법 또는 규정상의 권리 또는 이익이 있는 자가 제기할 수 있다.

합법적 절차에 의하지 아니하여 자기 권리가 침해당했을 때를 말한다. 특히 선거행위에서 그렇다고 생각한다.

제162문 결의 시에 불참한 회원도 소원할 수 있는가?

결의 시 불참한 자와 찬성하였던 사람은 소원할 수 없다. 결의 시 찬성하여 놓고 결의 후에 이를 소원하는 것은 있을 수 없으며 불참자는 자신의 권리를 포기하였거나 안건이 어떻게 결정되든 다수에 따르겠다는 의사 표시로 보아야 하기 때문에 소원할 수 없다(헌법으로 보는 교회생활 500문 500답).

제163문 피소원자 적격 및 경정(更訂)은 무엇을 말하는가?

권징조례 제140조(피소원자 적격 및 경정)에 의하면,

1. 행정소송은 그 행정행위를 행한 치리회장을 피고로 한다. 다만 행정행위가 있은 뒤에 그 행정행위에 관계되는 권한이 다른 치리회장에게 승계된 때에는 이를 승계한 치리회장을 피고로 한다.

여기 피고는 행정행위를 행한 치리회장 즉 당회장, 노회장, 총회장이 피소원자 적격을 가지는 피고가 된다. 즉 회원 중 총회장을 피소원인으로 하여 소원하면 총회 재판국에 위임하여 재판할 수 있다(이종일).
2. 원고가 피고를 잘못 지정한 때에는 재판국은 원고의 신청 또는 직권에 의하여 결정으로써 피고를 경정할 수 있다.
3. 재판국이 전항의 규정에 의하여 피고의 경정결정을 한 때에는 그 결정 정본을 새로운 피고에게 송달하여야 한다.
4. 2항의 규정에 의한 결정이 있은 때에는 새로운 피고에 대한 소송은 처음에 소를 제기한 때에 제기된 것으로 본다.

제164문 제3자의 소송참가(訴訟參加) 재판국은 무엇을 말하는가?

권징조례 제141조(제3자의 소송참가 재판국)에 의하면,

소송의 결과에 따라 권리 또는 이익의 침해를 받을 제3자가 있는 경우에는 당사자 또는 제3자의 신청 또는 직권에 의하여 결정으로써 그 제3자를 소송에 참가시킬 수 있다.

1. 제3자의 소송참가란 말은 현재 재판국에 계속 중에 있는 행정소송에 당사자와 같이 제3자가 자기의 이익을 위하여 소송에 참가하는 것을 말한다. 이는 제3자의 권리와 이익을 보호하기 위한 제도이며, 제2자를 소송에 참가시켜 제3자에게 공격 방어권을 제출하는 기회를 줌으로써 그의 권리, 이익을 보호하게 되는 것이다.
2. 당사자 또는 제3자의 신청 또는 재판국의 직권에 의하여 결정으로서 제3자를 소송에 참가시킨다. 재판국이 소송참가 결정을 하고자 할 때에는 미리 당사자 및 제3자의 의견을 들어야 한다.
3. 재판국이 당사자 또는 제3자의 소송참가의 신청을 각하한 결정에 대하여는 불복신청을 하지 못한다.
4. 제3자가 소송참가를 하면 필수적 공동소송이 된다. 이 경우 공동소송인

가운데 한 사람의 소송행위는 모두의 이익을 위해서만 효력이 생기며 공동소송인 가운데 한 사람에 대한 상대방의 소송행위는 공동소송인 모두에게 효력이 미친다.

제165문 소원은 어떻게 제기 하는가?

권징조례 제143조(소원 재판 청원의 처리)에 의하면,
1. 소원의 제기는 소장을 재판국에 제출함으로써 한다.

권징조례 제144조(소원장의 기재사항)에 의하면, 소원장의 기재사항은 다음과 같다

1) 소원자의 이름, 직분, 주소.
2) 피소원자인 치리회장의 이름, 직분, 주소.
3) 행정소원의 대상이 되는 행정행위의 내용.
4) 행정행위가 있은 것을 안 날.
5) 청구의 취지 및 원인.

소원장은 권징 제5-1호 서식으로 한다. 결의 취소 등은 권징 제5-2호 서식으로 한다.

권징조례 제144조 2항은 1항의 소장에는 원고, 선정대표자, 대리인이 서명 날인하여야 한다,

원고, 선정대표자라는 말은 2인 이상의 공동소송인이 소제기를 할 경우 소환절차와 번잡과 혼란을 피하기 위하여 다수자 중에서 대표자를 선정하여 수행할 경우에 그 대표자를 선정대표자라고 한다. 이는 소송의 신속 적절한 진행을 기하기 위함이다. 원고는 소원장의 제출 후에 권징 제7-6호 서식에 의한 준비서면을 관할 재판국에 제출할 수 있다 소원장 제출 시 재판비용의 예납 영수증 사본을 첨부하고 피고인에게도 송부할 부본도 첨부해야 한다. 소를 취하할 때는 다른 원고들의 동의를 얻어야 하며 이 경우 동의를 얻은 사실을 서면으로 소명하여야 함이 옳다.

2. 당회, 노회 아닌 관할 위원회나 본 치리회를 대리하는 회에서 결정한 사건은 본 치리회에 보고하여 채택된 후에라야 소원을 제기할 수 있다.
3. 소원자는 소원 통지서와 이유서를 제출하되 하회 결정 후 15일 내로 그 회 서기와 상회 서기에게 제출하여야 한다. 만일 이때에 당회서기가 접수를 거부하면 부전을 달아 노회서기에게 교부하고 노회서기가 접수를 거부하면 부전을 달아 총회서기에게 교부한다.
4. 피소원자인 하회 서기는 소원통지서와 이유서와 그 안건에 대한 기록과 관계 서류 일체를 접수일로부터 10일 이내에 상회 서기에게 제출하여야 한다.

제166문 소원을 언제까지 하면 되는가?

권징조례 제142조 6항. 소원과 항소의 유효기간 산정(算定)에 의하면, 권징조례 제142조 4항 및 제115조 1항에서 규제한 소원 또는 항소기간 15일은 다음 근거를 기준하여 산정한다.

1) 치리회가 당사자에게 직접 선고하는 경우: 선고일로부터 기산한다.
2) 치리회가 선고 통지서를 우편으로 송달하는 경우: 우체국 소인(일부인) 날로부터 기산한다. 송달은 등기우편으로 한다(권징조례 제47조).

권징조례 제48조(기간의 계산)에 의하면,

1) 기간의 계산에 관하여는 시로써 계산하는 것은 즉시로부터 기산하고 일, 월 또는 년으로 계산하는 것은 초일(당일)을 산입하지 아니한다.
2) 기간의 만기일이 공휴일에 해당하는 날은 기간에 산입하지 아니한다.

제167문 소원장을 접수한 재판국은 어떻게 처리하는가?

권징조례 제143조(소원 재판 청원의 처리)에 의하면,

1. 소원을 접수한 상회는 소원의 타당성과 합법성이 인정될 때에 하회의 기록 문서를 낭독하고, 쌍방의 진술을 청취하고 판결한다.

2. 상회는 소원이 합당한 줄로 인정되면, 그 안건의 일부 또는 전부를 변경 처리하고 그 처리 방법을 하회에 지시한다.
3. 피소원자인 하회는 회원 중 1인 이상을 대표로 정하고 그 대표자는 변호인의 도움을 청구할 수 있다.
4. 소원자나 피소원자는 그 사건 심의 중에는 회원권이 중지된다.
5. 소원자나 피소원자는 그 상급회에 상고할 수 있다.
6. 피소원자가 된 하회는 그 관계서류 일체와 기록 전부를 상회에 송달하지 아니하면 책망하고, 송달되어 그 사건을 처리할 때까지 상회는 쌍방의 권리를 여전히 보존하게 한다.

　　소원이 상회에 접수되었으나 하회가 그 사건에 관한 문부일체를 상회로 제출하지 아니하면 상회는 하회를 책망하고 그 사건에 관한 기록을 올려 보낼 때까지 하회의 결정을 정지하거나 소원인 청구를 이유 있다고 판결한다(이종일).

제168문 소원 제출 시 하회 결정이 보류되는 경우는 어떠한가?

1. 권징조례 제142조 3항에 의하면,. 안건을 결정할 때에 회원 3분의 1이상이 상회에 소원하는 일을 가결했으면, 상회의 결정이 나기까지 그 결정은 보류된다.
2. 행정사건에 대하여 하급치리회에서 결정할 때에 참석하였던 자 중 1/3이 연명하여 소원을 선언하면 그 사건을 상회가 결정할 때까지 하회결정을 정지하여야 한다(정문 제295문).

제169문 소원을 제출한 자가 본래 청구의 취지를 변경할 수 있는가?

1. 권징조례 제145조(청구의 변경)에 의하면,
　1) 원고는 청구의 기초에 변경이 없는 한도에서 변론의 종결까지 청구의 취지 또는 원인을 변경할 수 있다. 다만 소송절차를 지연케 함이 현저한

경우에는 그러하지 아니한다.

　소장 송달에 의하여 소송 계속이 되기 전이면 피고는 아무런 이해관계가 없으므로 원고가 소장의 보전의 형식에 의하여 자유로 청구를 추가, 변경할 수 있다. 그러나 송달된 이후에 변론 종결 시까지만 청구의 변경이 가능하다(이성웅). 그리고 소송경제를 고려하여 소송이 상당히 진행되어 있는데 소송지연의 목적으로 청구 변경을 신청한다면 불허하여야 한다.

2) 청구의 취지의 변경은 서면으로 신청하여야 한다.

　청구의 형태, 범위를 서면으로 확실하게 함으로써 소송절차의 신속한 진행을 할 수 있기 때문이다. 권징 제5-5호 서식에 의한다.

3) 2항의 서면은 상대방에 송달하여야 한다.

4) 재판국은 청구의 변경이 이유 없다고 인정할 때에는 직권 또는 상대방의 신청에 의하여 그 변경을 허가하지 아니할 수 있다.

　청구변경신청이 이유 없을 때에는 변론 없이 변경불허의 결정을 하고 종래의 청구에 대하여 심판을 속행하여야 한다. 물론 청구변경 불허의 결정에 대한 불복신청의 방법도 없다. 청구의 변경이 적법하다고 인정하면 별다른 재판을 할 필요 없이 새로운 청구에 대하여 추가적 변경에 있어서는 일반의 청구의 병합과 같은 양식으로 신청하면 된다(이성웅).

2. 권징조례 제146조(소원의 취하)에 의하면,

　소는 판결의 확정에 이르기 전까지 그 전부나 일부를 서면으로 취하할 수 있다.

　권징 제5-6호 서식에 의한다.

3. 권징조례 제147조(직권심리)에 의하면,

　재판국은 필요하다고 인정할 때에는 직권으로 증거조사를 할 수 있고, 당사자가 주장하지 아니한 사실에 대하여도 판단할 수 있다.

제170문 소원의 판결 등의 기속력이란 무엇인가?

권징조례 제150조(취소판결 등의 기속력)에 의하면,
1. 행정행위를 취소하는 확정판결은 그 사건에 관하여 당사자인 치리회장 및 그 밖의 관계 재판국 등을 기속한다.

치리회장은 취소된 처분에서 행한 과오와 같은 동일한 과오를 반복해서는 안 되는 구속을 받는 것을 의미한다. 동일한 행위의 반복뿐만 아니라 판결의 취지에 반하는 행위를 금지한다.
2. 판결에 의하여 취소되는 행정행위가 당사자의 신청을 거부하는 것을 내용으로 하는 경우에는 그 행정행위를 행한 치리회장은 판결의 취지에 따라 다시 이전의 신청에 대한 행정행위를 하여야 한다.

치리회장의 취소된 행정행위에 의해 초래된 위법상태를 제거하여 원상으로 회복시킬 의무를 말한다.

제171문 소원사건을 재판하지 않고 기각할 수 있는가?

소원이 있을지라도 치리회는 소원이 이유 없다고 인정되면 이를 기각한다(이종일).

제172문 이의란 무엇을 말하는가?

권징조례 제153조(이의)에 의하면,

이의는 어느 치리회에서든지 의안을 결정할 때에 회원 중 1인 이상의 소수가 다수의 결정에 동의하지 아니함을 표시하는 것이다.

구헌법에는 이의와 항의를 나누었다. 이의는 단순히 다수의 결정에 동의하지 않는다는 의사표시를 말한다. 어떤 경우 총회석상에서 이의를 달아 회의록에 기록을 남기는 일이 있다. 항의는 그 회의에서 행사한 작정 결의 판결 등이 위법된 것을 조목조목 지적하면서 다수의 결정에 동의하지 않는다는 표시이나 의도와 방법은 비슷하기 때문에 이번 개정에서는 항의를 삭제하였다.

제173문 이의를 어떻게 제기하며 처리는 어떻게 하는가?

권징조례 제154조(이의서 제출기일과 그 처리)에 의하면,
1. 이의서는 판결 15일 내로 재판회 서기에게 제출하여야 한다.
2. 이의가 정당하면 회의록에 기록하고 본회는 이의에 대하여 답변서를 작성하여 회의록에 기록할 수 있다.

　정당한 이의서가 제출되면 회의 중이라 할지라도 회중의 가부를 물을 것이 아니라 회의록에 기록한다. 그리고 이의가 오해에서 기인된 것이라면 답변서를 작성하여 회의록에 기록한다.
3. 이의서의 답변을 정정할 수 있고 정정한 것은 회의록에 기록하여야 한다.
4. 재판회에서는 판결 20일 이내로 그 답변서를 작성하여 그 치리회 서기에게 송달하여야 하며 소속치리회 서기는 회의록에 기록하여야 한다.

　이것으로 사건은 종결된다.

제174문 이의는 누가 제기할 수 있는가?

권징조례 제155조(이의자의 자격)에 의하면,
1. 본 치리회에 투표권이 있는 자.

　이 말은 비단 선거 표결만 의미하는 것이 아니라 일반 의안 심의 표결권도 포함된다.
2. 판결 시 부편 투표를 한 자.

　찬성 투표를 한 자가 이의를 한다는 것은 자기모순이다.

제5장 재심청구

제175문 재심(再審)청구란 무엇인가?

　재심이라 함은 시벌(유죄)확정판결에 중대한 사실오인의 오류가 있는 경우에 판결을 받은 자의 이익을 위하여 이를 시정하는 비상구제 절차를 말한다. 확정판결에 대한 비상구제 절차인 점에서 미확정 판결에 대한 불복신청 제도인 항소. 상고 등의 상소와는 다르다. 그러나 이것은 확정판결을 받은 자의 이익을 위한 제도란 점에서 일사부재리의 원칙에 위배되지 아니한다.

제176문 재심사유는 어떤 것이 있는가?

　권징조례 제156조(재심사유)에 의하면,

　다음 중 하나 이상에 해당하는 사유가 있는 경우에는 책벌의 확정 판결에 대하여 그 선고를 받은 자의 이익을 위하여 재심의 청구를 할 수 있다.

1. 원심판결의 증거된 서류 또는 증거물이 위조 또는 변조된 것이 증명된 때
2. 원심판결의 증거된 증언, 감정 등이 허위인 것이 증명된 때
　증언, 감정뿐만 아니라 통역과 번역도 포함된다고 본다(이성웅).
3. 무고로 인하여 책벌의 선고를 받은 경우에 그 무고의 죄가 확정판결에 의하여 증명된 때
4. 재판에 관여한 재판국원이 그 사건에 관하여 직권남용, 뇌물수수 등 부정행위를 한 것이 증명된 때
5. 기소의 제기 또는 기소의 기초된 조사에 관여한 기소위원이 직권남용, 뇌물수수 등 부정행위를 한 것이 증명된 때
6. 판결에 영향을 줄 수 있는 헌법위원회의 해석이 있을 때
7. 유죄 판결한 사건에 대해서 상소기간 만료 후라도 피고를 면죄할 만한 새 증거가 나타났을 때

부연하면
1) 권징조례 제5장 제156조 재심사유 중 1항, 2항, 4항, 5항에서 "증명된 때"라 함은 그 증명이 공공기관의 증명이나 국가법원의 확정판결에 의한 것을 말한다(헌법적 규칙 제4장 권징조례 제16조 2항).
2) 항소기각, 상고기각의 판결에 관해서도 재심사유가 된다.

제177문 재심청구의 관할은 어디인가?

권징조례 제157조(재심의 관할)에 의하면,
재심은 원심재판부가 관할하고 순차로 상소할 수 있다.
1. 총회 재판국에서 파기자판하여 유죄판결을 하고 그 판결이 확정되면 총회 재판국이 재심관할권을 가지며,
2. 노회 재판부가 파기자판하여 유죄판결이 확정되면 노회 재판부가 각각 재심관할권을 가지며
3. 총회 재판국의 상고기각판결과 그 상고 기각으로 인하여 노회 재판부의 유죄판결이 확정되면 상고기각판결의 재심청구는 총회 재판국에, 확정된 노회 재판부의 유죄 판결은 노회 재판부가 각각 재심 관할권을 가지며
4. 노회 재판부의 항소기각판결과 그 항소 기각으로 인하여 노회 재판부의 유죄판결이 확정되면 항소기각판결과 기 항소 기각판결의 재심청구는 노회 재판부에, 확정된 노회 재판부의 유죄판결은 노회 재판부가 각각 재심 관할권을 가지며
5. 노회 재판부의 판결이 제1심으로서 항소 없이 그대로 유죄판결이 확정되면 노회 재판부가 재심관할권을 가지며
6. 노회 재판부의 판결이 제1심으로서 상고 없이 그대로 유죄판결이 확정되면 노회 재판부가 재심권을 가진다.
7. 위탁판결의 경우는 물론 장로의 노회원 총회원으로서 범죄로 인해 유죄판결이 확정된 경우도 물론 노회 재판부가 원심 재판부이므로 노회 재판

부가 재심관할권을 가진다.

제178문 재심청구는 누가 할 수 있는가?

권징조례 제160조(재심청구권자)에 의하면,
1. 기소위원장
2. 책벌의 선고를 받은 자 및 법정대리인
3. 책벌의 선고를 받은 자가 사망한 경우에는 그 배우자, 직계친족 또는 형제자매

제179문 재심청구는 언제 할 수 있는가?
1. 권징조례 제159조(재심청구의 기간)에 의하면,

　재심의 청구는 당사자가 확정판결 후 재심의 사유를 안 날로부터 혹은 헌법위원회(법제위원회)의 유권해석을 받은 날로부터 20일 이내에 청구하여야 한다. 단 기간 내에 청구할 수 없는 특별한 사정이 있었을 경우에는 기간을 예외로 한다.
2. 헌법적 규칙 제4장 권징조례 제16조 2항에 의하면, 권징조례 제5장 제160조의 재심청구권자가 재심청구를 함에는 재심청구의 취지 및 재심청구의 사유를 구체적으로 기재한 권징 제10-2호 서식에 의한 재심청구서에 원심판결의 등본, 증거자료 및 증명서를 첨부하여 원심치리회에 제출하고 재심청구를 접수한 치리회는 접수한 날로부터 10일 이내에 재판국으로 송부하여야 한다. 원심치리회라 함은 확정판결을 한 재판국이 소속한 치리회인 당회, 노회, 총회를 의미한다. 권징조례 제158조(재심의 청구절차) 재심의 청구절차에는 각 심급의 소송절차에 관한 규정을 준용한다.

제180문 재심 청구는 어떻게 처리하는가?

권징조례 제161조(재심청구에 대한 처리)에 의하면,

1. 재심의 청구에 대하여 결정을 함에는 청구한 자와 상대방의 의견을 들어야 한다. 여기 상대방이라 함은 기소위원장을 말하며 의견 진술의 기회를 주면 족하고 반드시 의견을 진술할 필요는 없다.
2. 재심의 청구가 헌법 또는 규정상의 방식에 위반되거나 청구권의 소멸후인 것이 명백할 때에는 기각하여야 한다.
3. 재심의 청구가 이유 없다고 인정되는 때에는 결정으로 기각하여야 한다.
4. 전항의 결정이 있는 때에는 누구든지 동일한 이유로써 재심을 청구하지 못한다.
5. 재심의 청구가 이유 있다고 인정한 때에는 재심개시의 결정을 하여야 한다.
   1) 헌법적 규칙 제4장 제16조 3항 재심절차는 헌법 권징조례 제161조에 의한 재심개시절차와 권징조례 제162조에 의한 재심심판절차로 2단계의 절차를 거쳐야 하며 재심개시단계에서의 재판국의 기각결정에 대하여 차상급 치리회 재판국에 이의신청(불복)을 할 수 있으며 재심개시결정을 한 후 재심심판단계에서의 판결에 대하여는 재심관할재판국의 심급에 따라 재판국에 항소 또는 상고할 수 있다.
   2) 재심의 청구가 있다고 하여 판결의 집행 절차 또는 시벌 절차가 정지하는 효력은 없으나, 권징조례 제5장 161조 5항에 의한 "재심개시결정을 하는 경우에는 재심 재판국의 결정으로 책벌의 집행(시벌)을 정지할 수 있다."고 하였다(헌법적 규칙 제4장 제16조 4항).
6. 각 치리회가 한번 유죄 판결을 한 것은 재심이나 상소로서 무죄가 되는 외에는 취소할 수 없다.
7. 상소하여 재판 중에 중요한 새 증거가 나타났을 경우
   (1) 하회에 사건을 환송하여 재심하게 할 수 있다.
   (2) 원고, 피고가 상회에서 판결해 주기를 원하면 증거를 조사하여 판결한다.

제181문 재심의 심판이란 무엇인가?

권징조례 제162조(재심의 심판)에 의하면,

1. 재심개시의 결정이 확정된 사건에 대하여는 재판국은 그 심급에 따라 다시 심판하여야 한다. 헌법적 규칙 제4장 제16조 5항에 의하면, 권징조례 제5장 제162조 1항 "재판국은 그 심급에 따라 다시 심판하여야 한다."에서 "그 심급에 따라"라고 함은 제1심(당회 재판부 또는 노회 재판부)의 확정판결에 대한 재심은 제1심(당회 재판부 또는 노회 재판부) 재판 절차에 따라 심판하고, 항소심(노회 재판부)의 파기자판의 확정판결에 대한 재심은 항소심 재판 절차에 따라서, 상고심(총회 재판국)의 파기자판의 확정판결에 대한 재심은 상고심 재판 절차에 따라서 각각 심판한다는 의미다. 상소심(항소심, 상고심)의 상소(항소, 상고) 기각 판결의 확정으로 인하여 확정된 하급심의 원판결에 대한 재심은 그 하급심의 재판 절차에 따라서 심판한다.

그리고 헌법적 규칙 제4장 제16조 6항에 의하면,

2. 재심의 판결에 대하여 불복이 있을 경우에 권징조례 제4장 제106조 상소에 따라 다시 심급에 따라 상소할 수 있다. 그러나 권징조례 제161조 5항에 의한 재심개시의 결정을 하기 전의 재판인 헌법 권징 제161조 2항의 부적법 기각결정 및 3항의 이유 없다고 기각결정에 대하여는 불복하여 이의신청을 할 수 없다.

3. 재심의 청구가 재심관할 재판국에 접수되면 원심판결에 관여했던 재판국원은 재심재판국원이 될 수 없다. 단 총회 재판국은 예외로 한다.

4. 전항의 경우 재심재판국이 당회 재판부라면 당회장 외에 다른 당회원으로 재판부를 구성하여야 하며 당회원의 수가 부족하여 재판부를 구성할 수 없을 때에는 노회 재판부에 위탁재판청원을 하여야 한다.

5. 3항의 경우 재심재판국이 노회 재판부라면 노회(폐회 중에는 임원회)는 재판부원을 보선하여야 하며 이들 재판부원은 그 재판에 한하여 한시적으로 직무에 종사한다.

재심청구가 원심재판부에 접수되면 재판부장은 10일(보통처리기간 참조) 이내에 교체, 보선이 필요한 재판부원의 명단을 치리회장에게 통보하여야 하고, 치리회장은 통보 받은 날부터 10일 이내에 보선한 재심재판국원의 명단을 원심재판국에 통보하여 재심재판국을 구성하게 하여야 한다.

6. 당회장 노회장 총회장의 행정행위에 대하여 본교단 헌법과 이 규정에 의한 재판국 또는 특별재판국의 최종 판결을 거치지 아니하고 국가 법원에 고소, 소제기, 가처분 신청 등을 하지 못한다. 이 말은 교회최종 재판 후에는 불만이 있어 국가 법원으로 가야한다는 말이 아니고 국가의 법의 관할을 받는 법인체를 두고 하는 말이다.

　그리고 재심청원에 명심할 사항은 다음과 같다.

1) 원심재판부는 재심청구의 접수를 거절할 수 없고, 권징조례 제161조의 재심청구의 기각 또는 재심개시결정과 권징조례 제162조의 재심심판 등 재심에 관한 모든 판단은 재심재판국이 한다.

2) 재심재판국은 제1차 조직회의를 한 날로부터 60일 이내에 재심을 종결하여야 한다. 재심재판국이 구성된 이후에 추가, 별도의 재심청구는 재심재판국에 이첩된 날로부터 기산한다(권징조례 제68조 참고).

3) 권징조례 제161조 6항에 의한 재심 판결에 불복하여 상소한 경우에는 재심재판국을 구성하지 않고 기존의 노회 재판부 또는 총회 재판국이 재심 판결의 상소사건을 심판한다.

4) 권징조례 제157조의 재심 관할권이 있는 원심재판부라 함은 재심을 받고자 하는 확정판결을 선고한 재판국을 의미한다. 단, 상소심(항소심, 상고심)의 상소(항소, 상고)기각의 확정판결과 그로 인하여 확정된 하급심의 판결에 대하여 두 개의 확정판결에 다 재심사유가 있어서 재심청구가 경합하는 경우에 원심재판부라 함은 확정된 판결을 선고한 하급심의 재판부를 말한다.

5) 피고인이 청구한 재심에는 원심판결의 책벌보다 중한 책벌을 선고하

지 못한다.

7. 재심에서 무죄의 선고를 한 때에는 그 판결을 총회기관지에 게재하여 공고하여야 한다. 권징조례 제161조의 재심청구의 기각결정문과 재심개시 결정문은 권징 제8-3호 서식으로 하고, 권징조례 제162조의 재심의 심판 중 권징책벌사건의 판결문은 권징 제8-1호 서식으로 하고, 행정소송(수언) 사건의 판결문은 권징 제8-2호 서식으로 한다.

8. 제163조(준용규정) 제3장 소송에 관한 규례는 재심 청구에 이를 준용할 수 있다.

제6장 선거 무효소송 및 당선 무효소송

제182문 선거소송은 어떻게 하는가?

전에 없던 새로운 조항이다. 선거의 효력을 다투는 선거무효소송과 당선의 효력을 다루는 당선 무효소송을 합하여 선거 소송이라고 한다. 권징 제5-4호 서식에 의한다.

1. 권징조례 제164조(선거무효소송)에 의하면,

노회에서의 총회총대 선거, 노회장 및 부노회장 기타 임원의 선거, 총회장 및 부총회장 기타 임원의 선거에 있어서 선거의 효력에 관하여 헌법 또는 규정(선거조례 및 시행세칙)에 중대하고 명백하게 위반된다고 인정할 때에는 선거인 또는 후보자는 선거일부터 20일 이내에 주관 선거관리위원장(책임자)을 피고로 하여 총회 재판국에 선거무효의 소를 제기할 수 있다.

1) 본 교단 총회 선거 조례에 의하면, 제6장 선거운동에 대한 규제 제15조 (규제)

(1) 입후보자 또는 그 지지자는 총회 입후보 등록일부터 총회선거 완료 시까지 선거와 관련된 다음의 행위는 할 수 없다.

① 접대, 기부행위, 상대방 비방, 유인물 배포, 각종방문, 인터넷 언론사 광고, 집단 결의

② 노회 및 교회의 공금 사용 및 모금을 위한 후원회 결성

③ 다른 입후보자를 사퇴시키기 위하여 회유, 매수 하거나 입후보 등록을 방해하는 행위

(2) 선거관리위원회는 입후보자의 등록서류 중 허위 사실 또는 전항을 위배한 사실이 확인될 때에는 총회 재판국에 고발한다.

(3) 선거규정을 위반하여 후보등록이 취소되거나 당선이 무효가 되면 향후 3년간 후보등록을 할 수 없다.

2) 시행세칙 제5장 선거운동에 의하면,

제8조(규제보완) 선거조례 제15조의 불법선거운동 규정을 다음과 같이 보완한다.

(1) 접대: 개인적으로나 단체적으로 선거당사자나 관계자로부터 식사비나 교통비를 수수하는 행위를 포함한다.

(2) 기부행위: 당해 연도에 선거당사자나 각종 기관이나 단체 등의 기부하는 행위를 포함한다.

(3) 금품수수: 선거당사자나 관계자로부터 금품을 주고받는 일을 포함한다.

(4) 상대방비방: 출처불명의 흑색선전물을 추적하여 언론에 공개한다.

(5) 유인물배포: 선거관리위원회가 배포하는 유인물 이외에는 일체 불허하고, 흑색선전에 의한 해명성 유인물은 선거관리위원회의 허가를 받아야 한다.

(6) 각종방문: 선거와 관련하여 입후보자나 지지자들의 지역방문(지역별 체육대회, 전국장로회수련회, 총동창회, 각종 세미나 등)을 금하며, 각종 모임에 화환이나 선물을 제공할 수 없으며, 인터넷 영상물의 이용을 금한다. 단, 꼭 필요한 경우는 총회 선거관리위원회의 허가를 받아야 한다.

(7) 언론사의 광고: 교계신문에 교회 절기에 따른 축하 광고는 가능하나 신문 인터뷰나 하단 광고는 할 수 없으며, 해당 교회의 특별 행사 광고는 가능하나 개인의 이력이나 경력을 기재할 수 없고, 교계 단체 행사시 협찬 광고도 할 수 없다.

(8) 집단지지의 결의: 집단적으로 특정후보자 지지를 결의할 경우에는 관계자를 해당 당회나 노회에 통보하여 시벌토록 하며, 동시에 개인이나 지역적 담합으로 후보자의 신청 의사를 포기하도록 압력을 행사할 수 없으며, 이에 따른 피해자는 선거관리위원회에 제소할 수 있다.

(9) 입후보자는 다음과 같은 행위를 할 수 없다.
① 부총회장 입후보자는 선거기간 동안 통상 예배(교회가 주간에 정기적으로 행하는 예배)에 교단 소속 목사나 장로를 시무 교회의 강사로 초빙할 수 없다. 단 특별 행사나 연중행사에 강사를 초빙하려고 하면 선거관리위원회의 허가를 받아야 한다.
② 부총회장 입후보자는 선거기간 동안 시무 교회를 제외한 교단 소속 교회와 노회, 총회 및 교단 소속 기관의 예배와 행사에 강사로 초빙될 수 없고 순서를 담당할 수 없다.

2. 권징조례 제165조 당선무효소송에 의하면,

노회에서의 총회총대 선거, 노회장 및 부노회장 기타 임원의 선거, 총회에서의 총회장 및 부총회장 기타 임원의 선거에 있어서 당선의 효력에 관하여 헌법 또는 규정(선거조례 및 시행세칙)에 중대하고 명백하게 위반된다고 인정할 때에는 선거인 또는 후보자는 당선인 결정일부터 20일 이내에 주관 선거관리위원장(책임자)을 피고로 하여 총회 재판국에 당선무효의 소를 제기할 수 있다.

제164조(선거무효소송) 165조(당선무효소송)을 보면
1) 선거무효소송과 당선 무효소송을 보면 '선거의 효력에 관하여'와 '당선의 효력에 관하여' 라는 단어의 차이가 있으나
  (1) 선거무효소송이란 후보자 개인의 불법선거 혐의가 아닌, 선거절차의 흠을 이유로 선거 자체의 불법성을 문제 삼아 관할 선거의 전부 또는 일부의 효력을 다투는 소송을 말한다. 선거무효소송은 선거일 공고절차, 선거인 명부 또는 자격문제(비총대 투표 등), 후보자등록절차 및 자격문제 선거조례나 선거조례 시행세칙 등의 준수, 투표절차(준비에서 진행, 종료에 이르기까지) 등에 명백하고도 중대한 무효원인이 있다고 주장할 때 제기하는 소송이다. 즉 선거관리위원회가 선거관리를 잘못했다는 것이다.

(2) 당선무효소송은 선거는 적법, 유효하게 실시 진행되었으나 투표 종료 후 개표과정에 있어서 부정개표, 고의든 과실이든 착오로 인한 득표수의 계수 부정, 과반수 개념의 착각, 무효표의 재검표로 인한 당락 변경성 등으로 인하여 당선인의 결정에 중대하고도 명백한 하자가 있을 경우에 제기하는 소송이다.
2) 선거관리위원회는 원칙적으로 사법권이 없지만 선관위에 고발 고소가 들어와 정당하다고 판단 될 때에는 총회 재판국에 고발해야 한다. 총회 재판국이 선거소송의 재판 관할권을 갖고 있으며 물론 단심(單審)으로 끝내야 한다.

제183문 선거소송 판결은 어떻게 하는가?

권징조례 제166조 선거무효 및 당선무효의 판결 등에 의하면,

선거무효소송 및 당선무효소송의 소장을 접수한 총회 재판국은 선거무효 및 당선무효소송에 있어 헌법 또는 규정(선거조례 및 시행세칙)에 중대하고 명백하게 위반하여 선거의 결과에 영향을 미쳤다고 인정되는 확실한 증거가 있는 때에는 선거의 무효 또는 당선의 무효를 판결할 수 있다.

1. 선거소송의 소장에는
    1) 원고로서 선거인 또는 후보자의 이름 직분, 주소
    2) 피고로서 치리회의 선거관리위원장의 이름 직분, 주소
    3) 선거의 무효 또는 당선의 무효 등 선거소송의 종류
    4) 선거일 또는 당선인 결정일
    5) 청구의 취지 및 원인을 기록하여 권징 제5-4호 서식을 총회 재판국 서기에게 제출한다(재판비용 예납 영수증 첨부).
2. 소송의 처리 기간은 권징조례 제167조에 의하면,

선거무효소송 및 당선무효소송은 다른 쟁송에 우선하여 신속히 재판하여야 하며, 총회 재판국은 소가 제기된 날로부터 30일 이내에 이를 결정하여

야 한다. 다만, 필요한 경우에 30일의 기간을 연장할 수 있다. 이 기간은 불변의 기간이다.

3. 권징조례 제168조 증거조사에 의하면,

1) 소 제기자는 개표완료 후에 선거무효소송 및 당선무효소송을 제기하는 때의 증거를 보전하기 위하여 소속 재판국에 투표함, 투표지 및 투표록 등의 보전 신청을 할 수 있다.

2) 1항의 신청을 받은 재판국은 현장에 출장하여 조서를 작성하고 적절한 보관 방법을 취하여야 한다. 당선 무효소송에 있어서 심리 중 가장 중요한 증거조사방법은 재검표이다. 투표용지를 다시 검토하여 재개표를 하기 때문에 재판국의 세심한 주의, 판단이 요구된다.

참고로 대법원 판례는

1) 도장이 기표란에 찍혀있고 다른 기표란에 묻어 있을 경우에는 인주의 농도와 크기 등으로 어느 후보자의 표인가를 정하고

2) 기표란의 경계선에 도장이 찍힌 경우에는 도장이 절반을 초과하여 찍힌 곳의 후보자의 표로 인정하며

3) 기표란에 도장이 찍혀 있고 난외에 묻어 있는 경우도 도장이 찍힌 곳의 후보자의 표로 계산한다. 실무상 치리회의 선거관리위원회에서 시간관계로 위의 모든 경우에 무조건 무효처리하는 경향이 있는데 재검표를 하면 당락이 변경될 수 있는 경우가 발생할 수 있으므로 재검표가 사실상 당락을 확정하므로 향후 재판도 형식적인 절차에 불과하다(이성웅). 그리고 기명으로 투표할 때는 그 사람의 이름으로 보아 본인이 맞는데 이름 철자가 틀릴 때, 예를 들면 곽씨를 박씨로 전씨를 정씨로 기록했을 때는 치리회의 유권해석에 따라야 할 줄로 생각된다.

그리고 선거소송에 있어서 중대하고도 명백한 헌법이나 규정위반이 없고 선거의 결과에 영향을 미치지 아니하였다고 판단되면 청구기각 판결을 하여야 한다.

제7장 시벌과 해벌

제184문 시벌할 때 어떤 정신으로 하여야 하는가?

권징조례 제169조 시벌의 정신에 의하면,

시벌은 권징의 목적을 이루기 위함이니 다음과 같은 정신이 전제되어야 한다.

1. 시벌하는 치리회는 범죄자를 괴롭게 하거나 증오해서는 안 된다.
2. 사랑과 자비와 온유와 겸손한 마음으로 시벌한다.
3. 치리회 회원은 자신들이 유혹하거나 동화되지 않도록 살피며 경계한다.
4. 벌 아래 있는 자가 해벌을 받기 전에 또 다른 범죄를 하면 치리회는 가중 처벌한다.

박윤선은 그의 헌법주석에서 권징시행의 정신을,

1) 예배의 행위로 해야 하며
2) 권징자 자신은 온유하고 자비로워야 할 것이다 라고 하였다

제185문 시벌치리회란 말이 무엇인가?

권징조례 제170조 시벌치리회에 의하면, 판결이 확정되면 피고인 소속 치리회가 시벌한다고 하였다. 이 말은 총회 재판국 또는 노회 재판부에서 시벌을 하여도 목사는 소속 노회에서 장로는 소속 당회에서 시벌을 집행한다는 말이다.

1. 소속치리회에서 15일 이내 판결을 시벌하지 아니할 때는 차상급 치리회에서 집행한다(권징조례 제171조 6항).
2. 당회장이 판결의 집행의무를 이행하지 아니하는 경우에는 노회장이 집행하고, 노회장이 판결의 집행의무를 이행하지 아니하는 경우에는 총회장이 집행하여야 한다(권징조례 제132조 4항). 예를 들면 치리회장이 자기 문제

일 때는 상급치리회장이 집행할 수밖에 없다.

판결문은 권징 제8-1호 서식(권징 시벌용) 권징 제8-2호 서식(행정소송용)

결정문은 권징 제8-3호 서식(행정시벌 재심용) 권징 제8-4호 서식(행정소송용)에 의한다.

제186문 시벌은 어떻게 해야 유효한가?

권징조례 171조(시벌의 방법에 의하면)

1. 범죄의 동기, 성질, 정상을 참작하여 합당하게 시벌한다.
2. 개인에 국한된 범죄이면 중죄가 아닌 것은 견책으로 은밀히 시벌할 수 있고, 그 경우 치리회원 2,3인을 대표로 파송하여 시벌할 수 있다.
3. 현저한 범죄는 재판석에서 언도하고 교회에서 공포한다.
4. 중한 죄가 아닐지라도 타인에게 악영향을 끼치는 죄는 교회의 건덕을 위하여 유기시벌을 하고 교회에 공포하여야 한다.
5. 시벌을 기피하고 타처로 간 자에 대하여는 지상에 공고하여 시벌한다.

그러나 시벌은 어떤 방법으로든지 당사자들에게 판결문을 통지함으로써 유효하다.

제187문 가중 시벌은 언제 하는가?

시벌 받은 자가 회개의 증거가 없고 또 다른 범행을 자행할 때에는 재판하여 가중 시벌할 수 있다(권징조례 제172조).

제188문 해벌의 절차는 어떻게 하는가?

1. 권징조례 제176조 해벌의 규례에 의하면,

2항. 해벌을 할 만한 만족한 증거가 나타났을 때 결의에 의하여 해벌을 하되 절차를 따라 해벌한다.

권징조례 제178조 5항 1호에 의하면, 시벌 중인 자가 회개의 정이 뚜렷

하면 치리회의 결의(치리회 재적 3분의 2 이상의 찬성)로 치리회 석상에서 자복케 한 후 해벌할 수 있다. 단 시벌 치리회와 소속 치리회가 다른 경우 권징조례 제177조를 준용한다(권징조례 제78조 1항).

3항. 수찬정지 또는 정직을 당한 자를 해벌할 때는 그 전말을 설명한 후 교회 앞에 해벌 선언을 한다. 정직만 당한 장로나 집사 권사는 해벌로써 직분까지 회복되어 시무할 수 있으나 정직에 수찬정지까지 당했으면 당회의 해벌과 교인의 투표 없이는 시무할 수 없다(권징조례 제178조 5항 5호, 정문조례 제100문 482문 참조).

4항. 면직을 당한 자나 출교를 당한 자를 해벌할 때에는 교회 앞에서 그 전말을 설명하고 본인으로 하여금 자복하게 하고 해벌선언을 한다. 면직된 장로나 집사 권사가 해벌되어 복직되어도 교회에서 3년 이상이 경과 되어 합법적으로 다시 피선된 후 임직식(안수 포함 목사는 제외)을 행하여야 시무할 수 있다(권징조례 제178조 5항 4호) 면직된 자의 해벌은 먼저 수찬을 허락한다(권징조례 제178조 5항 3호).

5항. 해벌은 최종 판결한 재판국이 속한 치리회의 승인(폐회 중에는 재판국의 승인)을 받아 그 소속 치리회가 시행한다(권징조례 제177조).

2. 시벌이 집행되어 시벌기간이 만료된 자에 대하여는 해벌절차 없이 자동 해벌된 것으로 본다(권징조례 제178조 5항 2항). 무흠 조항에 저촉되지 않는 행정 건 시벌일 때 가능하다고 본다.

제189문 이주자(이명자)의 해벌은 어떻게 하는가?

권징조례 제176조 6항. 이주자의 해벌에 의하면,
1. 해벌은 시벌한 치리회가 하는 것이 원칙이다.
2. 치리회는 벌 아래 있는 자가 타 치리회 관할로 이명하고자 할 때 회개한 정상을 참작하여 해벌한 후 이명서를 그가 원하는 치리회에 송달할 수도 있다.

3. 본 치리회의 시벌, 기타 필요한 기록의 등본을 그 치리회에 송달하여 해벌을 위임할 수도 있다.

제190문 재판계류 중에 교단 탈퇴자의 신분상 권징은 어떠한가?

헌법적 규칙 제4장 권징조례 제17조에 의하면,

본 교단 헌법과 이 규칙에 의한 재판국의 재판에 계류 중에 있는 자(교회, 단체 포함)가 총회나 노회를 탈퇴한 경우에는 항존직원(목사, 장로, 집사, 준 항존직 권사)은 권징조례 제1장 제11조 1항 5호 면직 책벌로 판결하며 재판에 계류 중이 아닌 항존직원은 권고 사직된 것으로 본다. 물론 두세 번 권면해 본 후 불응하면 그 이름을 명부에서 삭제한다(권징조례 제10조).

제191문 총회 결의의 효력은 무엇을 말하는가?

헌법적 규칙 제4장 권징조례 제18조에 의하면,

총회 결의를 위배하는 자에 대하여 총회장은 총회 임원회의 결의에 의하여 노회에 총회 총대권과 노회 총대권을 제한하도록 권고를 할 수 있고, 이 권고를 30일 이내에 시행하지 아니할 경우에 총회장은 총회임원회의 결의로 제재할 수 있다.

제192문 권징법상 치리회 임원과 겸임할 수 없는 위원회는 어떤 것이 있나?

헌법적 규칙 제4장 제19조에 의하면,
1. 각 치리회의 재판부원 및 기소위원은 동일한 사건에 대하여 특별재판국 수습위원 또는 전권위원을 겸할 수 없다.
2. 각 치리회의 임원은 해 재판부원 및 기소위원, 특별재판국원, 수습위원 또는 전권위원을 겸할 수 없다. 정부로 말하면 행정부가 사법권을 침범하지 아니하여 사법부의 독립성을 보장하기 위함이다(제63회 총회결의). 끝

[부록] 권징조례 서식 목차

NO	서식번호	서식제목	페이지
1	권징제1호서식	재판국원기피신청서	
2	권징제2호서식	변호인선임서	
3	권징제3-1호서식	소환장(피고인용)	
4	권징제3-2호서식	출석요구서(피의자용)	
5	권징제4-1호서식	고소(고발)장(권징시벌용)	
6	권징제4-2호서식	고소(고발)취하서(권징시벌용)	
7	권징제5-1호서식	소장(행정소송용)	
8	권징제5-2호서식	소장(결의취소소송용)	
9	권징제5-3호서식	소장(치리회간의소송용)	
10	권징제5-4호서식	소장(선거소송용)	
11	권징제5-5호서식	청구소송변경신청서(행정소송용)	
12	권징제5-6호서식	소취하서(행정소송용)	
13	권징제6-1호서식	불기소처분결정및통지서	
14	권징제6-2호서식	불기소처분이유서	
15	권징제6-3호서식	항고장(당회기소위원회불기소처분불복용)	
16	권징제6-4호서식	재항고장(항고기각불복용)	
17	권징제6-5호서식	재항고장(노회기소위원회불기소처분불복용)	
18	권징제7-1호서식	기소장	
19	권징제7-2호서식	기소통지서	
20	권징제7-3호서식	답변서(권징시벌피고인용)	
21	권징제7-4호서식	답변서(행정소송피고인용)	
22	권징제7-5호서식	준비서면(권징시벌기소위원회용)	
23	권징제7-6호서식	준비서면(행정소송원고용)	
24	권징제7-7호서식	기소변경허가신청서	
25	권징제7-8호서식	기소 취소서	
26	권징제7-9호서식	기소 취소통지서	
27	권징제8-1호서식	판결문(권징시벌용)	
28	권징제8-2호서식	판결문(행정소송용)	
29	권징제8-3호서식	결정문(행정시벌재심용)	
30	권징제8-4호서식	결정문(행정소송용)	
31	권징제8-5호서식	판결집행문	
32	권징제8-6호서식	판결집행보고서	
33	권징제8-7호서식	가중시벌청원서	
34	권징제9-1호서식	항소(상고)장	
35	권징제9-2호서식	항소(상고)취하(초기)서	
36	권징제9-3호서식	항소(상고)이유서	
37	권징제9-4호서식	답변서(항소.상고용)	
38	권징제10-1호서식	위탁판결청원서	
39	권징제10-2호서식	재심청구청원서	

(권징 1호 서식)

재판국원 기피 신청서

사건번호 :
사 건 명 :
신 청 인 : 피고인 ○○○ 또는 ○○기소위원장 ○○○
　　　　　 (피고 ○○○ 또는 원고 ○○○)
　　　　　 (총회특별재판국 ○○○)

피신청인 : ○○재판국원 ○○○

기피신청의 사유 : 1.
　　　　　　　　 2.
　　　　　　　　 3.

소명자료 : 1.
　　　　　　2.

위와 같이 기피신청하오니 허락하여 주시기 바랍니다.

년　　월　　일

신청인 (기소위원장, 피고인) ○○○　□
(원고, 피고) ○○○　□

대한예수교장로회　○○재판국장　귀하
(대한예수교장로회 총회특별 재판국장 귀하)

※ 유의사항 : 권징시벌사건인 경우에는 신청인 난에 피고인 또는 기소위원장을 기입하고, 행정(소원)사건인 경우에는 피고 또는 원고를 기입한다.

(권징 2호 서식)

변호인 선임서

사건번호 :
사 건 명 :
변 호 인 : (이름) ○○○   나이   성별   직분
　　　　　주소　　　　　　　　　　전화번호
　　　　　(소속) ○○교회 (○○기관)

피고인(피의자) : (이름) ○○○   나이   성별   직분
　　　　　　　　주소　　　　　　　　　　전화번호

위의 자를 ○○재판국(또는 ○○기소위원회)에 접수된 사건에 있어서 본인의 변호인으로 선임하였으므로 이에 변호인과 연명하여 변호인 선임서를 제출합니다.

　　　　　　　년　　월　　일

　　　　　　　　　　　　　　　　변호의뢰인　○○○　□
　　　　　　　　　　　　　　　　변 호 인　　○○○　□

　　　　대한예수교장로회　○○재판국장　귀하
　　　(대한예수교장로회　○○기소위원장　귀하)

(권징 제3-1호 서식)

소 환 장
(피고인용)

사건번호 :
사 건 명 :
기소위원회 :　　○○기소위원회
고소인(고발인) : (이름) ○○○　　나이　　성별　　직분
　　　　　　　　주소　　　　　　　　　　　전화번호
피 고 인 : (이름) ○○○　　나이　　성별　　직분
　　　　　주소　　　　　　　　　　　전화번호

위의 사건에 대하여 아래와 같이 재판하오니 꼭 출석하여 주시기 바랍니다.

- 아 래 -

1. 재판일시 :　　년　월　일　시
2. 재판장소 :

　　　　　　　년　　월　　일

　　　　　　　　　　　대한예수교장로회　○○재판국
　　　　　　　　　　　　　재 판 국 장　　○○○　□
　　　　　　　　　　　　　재판국서기　　○○○　□

○○○ 귀 하

※ 유의사항 : 권징시벌사건인 경우에는 기소위원회, 고소인(고발인), 피고인의 난 모두를 기입하고, 행정소송사건인 경우에는 기소위원회, 고소인(고발인), 피고인의 난을 모두 삭제하여, 원고를 소환하려면 고소인(고발인)의 난에 원고 및 그 인적 사항을 기입하고, 피고를 소환하려면 피고인의 난에 피고 및 그 인적 사항을 기입하고, 원고, 피고 양자를 동시에 소환하려면 원고, 피고, 및 그 인적 사항을 모두 기입한다.

(권징 제3-2호 서식)

출석 요구서
(피 의 자 용)

사건번호 :
사 건 명 :
기소위원회 : ○○기소위원회
고소인(고발인) : (이름) ○○○　　나이　　　성별　　　직분
　　　　　　　　　주소　　　　　　　　　전화번호
피고소인(피고발인) : (이름) ○○○　　나이　　　성별　　　직분
　　　　　　　　　　주소　　　　　　　　　전화번호

위의 사건에 대하여 아래와 같이 고소인(피고소인)을 조사하고자 하오니 꼭 출석하여 주시기 바랍니다.

- 아　래 -

1. 조사일시 :　　년　월　일　시
2. 조사장소 :

년　월　일

대한예수교장로회　○○기소위원회
기 소 위 원 장　○○○　□
기소위원회서기　○○○　□

○○○ 귀 하

(권징 제4-1호 서식)

고소(고발장)
(권징 시벌용)

고소인(고발인) : (이름) ○○○ 　나이 　성별 　직분
　　　　　　　　주소　　　　　　　　　　　　　전화번호

피고소인(피고발인) : (이름) ○○○ 　나이 　성별 　직분
　　　　　　　　　　주소　　　　　　　　　　　　전화번호

죄 과 명 : 헌법 권징 제5조 제○호 ○○○○행위
피고소인(피고발인)의 죄과사실 1 :
　　　　　　　　　　　　　2 :
　　　　　　　　　　　　　3 :

증거 : 1. 서증
　　　 2. 물증
　　　 3. 인증

첨부 : 재판비용 예납영수증 사본

　　　위의 같이 고소(고발)를 하오니 처벌하여 주시기 바랍니다.

　　　　　　　　　　년　　월　　일

　　　　　　　　　　　　　　　　고소인(고발인)　○○○　□

대한예수교장로회 ○○치리회장(재판국장) 귀하

(권징 제4-2호 서식)

고소(고발) 취하서
(권징 시벌용)

사건번호 :
사 건 명 :
고소인(고발인) : (이름) ○○○   나이   성별   직분
             주소   전화번호

피고소인(피고발인) : (이름) ○○○   나이   성별   직분
              주소   전화번호

죄 과 명 : 헌법 권징 제5조 제○호 ○○○○행위

위의 사건에 관하여 고소인(고발인)은 피고소인(피고발인)과 원만히 합의하였으므로 고소(고발)를 모두 취하합니다.

년   월   일

고소인(고발인)   ○○○   □

대한예수교장로회 ○○재판국장 귀하

(권징 제5-1호 서식)

소 장
(행정 소송용)

원 고 : (이름) ○○○   나이   성별   직분
　　　　주소　　　　　　　　　　　전화번호
선정대표자 : (이름) ○○○   나이   성별   직분
　　　　주소　　　　　　　　　　　전화번호

피 고 : ○○치리회장 ○○○   직분
　　　　주소　　　　　　　　전화번호

행정소송의 종류 : (취소소송 또는 무효등 확인소송)
행정행위의 내용 :
행정행위가 있은 날 :   년 월 일
행정행위가 있음을 안 날 :   년 월 일

　　　　　　　　　　청구의 취지

　　　　　　　　　　청구의 원인

　　　　　1.
　　　　　2.
　　　　　3.

첨부 : 1. 재판비용 예납영수증 사본
　　　2. 소장 부본

　　　위와 같이 행정소송을 제기하오니 재판하여 주시기 바랍니다.

　　　　　　　　　　년　　월　　일

　　　　　　　　　　　　　　　　원 고 ○○○ □
　　　　　　　　　　　　　　　(선정대표자 ○○○ □)

　　　　　대한예수교장로회 ○○재판국장 귀 하
　　　　(대한예수교장로회 총회특별심판위원회 위원장 귀하)

※ 유의사항 : 원고가 다수일 때 3인 이하의 대표를 선정한 경우에만 선정대표자의 난을 기입
　　　　　　한다.

(권징 제5-2호 서식)

소 장
(결의 취소 소송용)

소 원 인 : (이름) ○○○   나이   성별   직분
           주소   전화번호
피소원인: ○○치리회장 ○○○   직분
           주소   전화번호

소원의 종류 : (결의취소의 소 또는 결의무효확인의 소)

소원의 대상이 되는 결의의 내용 :

결의의 날 :   년   월   일
행정행위가 있은 말 :   년   월   일

                청구의 취지

                청구의 원인
    1.
    2.
    3.

첨부 : 1. 재판비용 예납영수증 사본
      2. 소장 부본

위와 같이 헌법 권조 제136조에 의하여 소원을 제기하오니 재판하여 주시기 바랍니다.

               년   월   일
                        원 고   ○○○ □

      대한예수교장로회 ○○재판국장 귀하
        (경 유: 회 임원회)

(권징 제5-3호 서식)

소　장
(치리회간의 소송용)

원 고 : ○○ 치리회장 ○○○　　직분
　　　　주소　　　　　　　　전화번호

원고측 소송위원 : ① (이름) ○○○　나이　성별　직분
　　　　　　　　　　주소　　　　　　　　　전화번호
　　　　　　　　　②
　　　　　　　　　③

피 고 : ○○ 치리회장 ○○○　　직분
　　　　주소　　　　　　　　전화번호

소송의 대상 : (권한의 유무 또는 권한의 행사)

　　　　　　　　　　　청구의 취지

　　　　　　　　　　　청구의 원인
　　　　1.
　　　　2.
　　　　3.

첨부 : 1. 재판비용 예납영수증 사본
　　　 2. 소장 부본

　　위와 같이 치리회간의 소송을 제기하오니 재판하여 주시기 바랍니다.

　　　　　　　　　　년　　월　　일

　　　　　　　　　　　　　　　　원 고　○○○　□

　　대한예수교장로회 ○○재판국장 귀하

(권징 제5-4호 서식)

소 장
(선거 소송용)

원 고 : 후보자 (이름)○○○　나이　성별　직분
　　　　주소　　　　　　　　　　　　　　전화번호
　　　　선거인 (이름)○○○　나이　성별　직분
　　　　주소　　　　　　　　　　　　　　전화번호

피 고 : ○○노회 선거관리위원장 ○○○ 나이　성별　직분
　　　　주소　　　　　　　　　　　　　　　　　　전화번호

　　　　총회 선거관리위원장 ○○○ 나이　성별　직분
　　　　주소　　　　　　　　　　　　　　　　　전화번호

선거소송의 종류 : (선거무효소송 또는 당선무효소송)
선 거 일 : 　　년 월 일
당선인 결정일 : 　　년 월 일

　　　　　　　　　　　청구의 취지

　　　　　　　　　　　청구의 원인
　　　1.
　　　2.
　　　3.

첨부 : 1. 재판비용 예납영수증 사본
　　　2. 소장 부본

　　위와 같이 선거소송을 제기하오니 재판하여 주시기 바랍니다.

　　　　　　　　　　　년　월　일

　　　　　　　　　　　　　　　　　원 고 후보자 ○○○ □
　　　　　　　　　　　　　　　　　(원 고 선거인 ○○○ □)

　　　　　　　대한예수교장로회 총회 재판국장 귀하

※ 유의사항 : 원고가 후보자이면 후보자의 난에, 선거인이면 선거인의 난만을 기입하고, 피고의 난도 주관 선거관리위원회에 따라 어느 하나만 기입한다.

(권징 제5-5호 서식)

청구 소송 변경 신청서
(행정 소송용)

사건번호 :
사 건 명 :
기소위원회 : ○○기소위원회

원 고 : (이름) ○○○   나이   성별   직분
　　　　주소　　　　　　　　　　　　전화번호

피 고 :　○○치리회장 ○○○　　직분
　　　　주소　　　　　　　　　　전화번호

　　　　○○치리회 선거관리위원장 ○○○　　직분
　　　　주소　　　　　　　　　　　　　　　　전화번호

행정소송의 종류 : (행정소송, 결의취소등의 소송, 치리회간의 소송, 선거소송)

청구 취지의 변경내용

청구 원인의 변경내용

위와 같이 청구를 변경하오니 허락하여 주시기 바랍니다.

년　월　일

원 고　○○○　□

대한예수교장로회 ○○재판국장 귀하
(대한예수교장로회 총회특별재판국장 귀하)

※ 유의사항 : 행정소송의 종류가 행정소송, 결의 취소 등의 소송, 치리회 간의 소송인 경우에는 피고의 난에 ○○치리회장의 인적 사항을 기입하고, 선거소송인 경우에는 ○○치리회 선거관리위원장의 인적 사항을 기입한다.

(권징 제5-6호 서식)

소 취 하 서
(행정소송용)

사건번호 :
사 건 명 :
기소위원회 : ○○기소위원회
원　　고 : (이름) ○○○　　나이　　성별　　직분
　　　　　　주소　　　　　　　　　　　전화번호

피　　고 : ○○치리회장 ○○○　　직분
　　　　　　주소　　　　　　　　　　　전화번호

행정소송의 종류: (행정소송, 결의취소 등의 소송, 치리회간의 소송, 선거소송)

　　　　　　　청구 취지의 변경내용

　　　　　　　청구 원인의 변경내용

위와 같이 청구를 변경하오니 허락하여 주시기 바랍니다.

　　　　　　　년　　월　　일

　　　　　　　　　　　　　원　고　○○○　□

대한예수교장로회 ○○재판국장 귀하
(대한예수교장로회 총회특별재판국장 귀하)

※ 유의사항 : 행정소송의 종류가 행정소송, 결의 취소 등의 소송, 치리회 간의 소송인 경우에는 피고의 난에 ○○치리회장의 인적 사항을 기입하고, 선거소송인 경우에는 ○○치리회 선거관리위원장의 인적 사항을 기입한다.

(권징 제6-1호 서식)

불기소처분결정 및 통지서

사건번호 :
사 건 명 :
고소인(고발인): (이름) ○○○   나이   성별   직분
　　　　　　　주소   전화번호

피고소인(피고발인): (이름) ○○○   나이   성별   직분
　　　　　　　주소   전화번호

죄 과 명 : 헌법 권징 제5조 제○호 ○○○○행위
불기소처분결정의 주문형태 (□에 ∨한다)
　　　　　□ 기소유예
　　　　　□ 혐의없음 - □ 범죄 인정 안 됨, □ 증거불충분
　　　　　□ 죄가안됨
　　　　　□ 기소권없음
　　　　　□ 각하

불기소처분결정일자: 년   월   일

위 사건에 대하여 위와 같이 불기소처분을 결정하고 헌법 권징 제65조 헌규 제4장 제 14조에 의하여 고소인(고발인) 및 피고소인(피고발인)에게 통지합니다.

　　　　　　　　　　년　　월　　일

　　　　　　　　　　　　대한예수교장로회 ○○기소위원회
　　　　　　　　　　　　　　　기 소 위 원 장 ○○○　□
　　　　　　　　　　　　　　　기소위원회서기 ○○○　□

　　　고소인(고발인)　○○○ 귀하
　　　피고소인(피고발인)　○○○ 귀하

(권징 제6-2호 서식)

불기소처분 이유 통지서

사건번호 :
사 건 명 :
고소인(고발인): (이름) ○○○　　나이　　성별　　직분
　　　　　　　　주소　　　　　　　　　　　전화번호

피고소인(피고발인): (이름) ○○○　　나이　　성별　　직분
　　　　　　　　　주소　　　　　　　　　　　전화번호

죄 과 명 :　헌법 권징 제5조 제○호 ○○○○행위
불기소처분결정의 주문형태 (□에 ∨한다)
　　　　　□ 혐의없음 - □ 범죄 인정 안 됨, □ 증거불충분
　　　　　□ 죄가안됨
　　　　　□ 기소권없음
　　　　　□ 각하

불기소처분결정일자 :　년　월　일

　　　　　　　　　불기소처분 이유

위 사건에 대하여 불기소처분의 이유를 고소인(고발인)의 청구에 따라 헌법 권징 제65조에 의하여 불기소처분의 이유를 통지합니다.

년　월　일

대한예수교장로회 ○○기소위원회
기 소 위 원 장　○○○　□
기소위원회서기　○○○　□

고소인(고발인) ○○○ 귀하

부록　585

(권징 제6-3호 서식)

항 고 장
(당회 기소위원회 불기소 처분 불복용)

사건번호 :
사 건 명 :
고소인(고발인): (이름) ○○○   나이   성별   직분
　　　　　　　　주소　　　　　　　　전화번호

피고소인(피고발인): (이름) ○○○   나이   성별   직분
　　　　　　　　　주소　　　　　　　　전화번호

죄 과 명 : 헌법 권징 제5조 제○호 ○○○○행위
○○당회 기소위원회 불기소처분일 :   년   월   일
(○○당회 기소위원회 불기소간주일 :   년   월   일)
○○당회 기소위원회 불기소처분의 통지를 받은 날 :   년 월 일

○○당회기소위원회 불기소처분의 통지를 받은 날 :   년 월 일
불기소처분의 주문형태 : (① 기소유예   ② 혐의없음(범죄인정안됨 또는 증거불충분)
③ 죄가안됨 ④ 기소권없음 ⑤ 각하)
불복이유 : 1.
　　　　　 2.
　　　　　 3.

첨부 : 1. 재판비용 예납 영수증 사본
　　　 2. 불기소처분결정 및 통지서 사본
　　　 3. 기타 증거자료

위 ○○당회 기소위원회의 불기소처분(또는 불기소간주)에 불복하여 권조 제67조에 의거 항고합니다.
　　　　　　　　　　　년　　월　　일

　　　　　　　　　　　　　　　　항고인(고소인·고발인) ○○○ □
대한예수교장로회 ○○○ 교회당회 기소위원회 경유·기소위원장) ○○○ □

대한예수교장로회 ○○노회 재판부장 귀하

(권징 제6-4호 서식)

재 항 고 장
(항고 기각 불복용)

사건번호 :
사 건 명 :
고소인(고발인): (이름) ○○○　　나이　　　성별　　　직분
　　　　　　　　주소　　　　　　　　　　　　　　전화번호

피고소인(피고발인): (이름) ○○○　　나이　　　성별　　　직분
　　　　　　　　　　주소　　　　　　　　　　　　　전화번호

죄 과 명 :　헌법 권징 제5조 제○호 ○○○○행위

○○당회 기소위원회 불기소처분일 :　　년　월　일
(○○당회 기소위원회 불기소간주일 :　　년　월　일)
○○당회 기소위원회 불기소처분의 통지를 받은 날 :　　년　월　일

○○당회 기소위원회 불기소처분의 통지를 받은 날 :　　년　월　일

불기소처분의 주문형태 : (① 기소유예　② 혐의없음(범죄인정안됨 또는 증거불충분)
③ 죄가안됨 ④ 기소권없음 ⑤ 각하)

○○노회 재판부의 결정주문:
○○노회 재판부의 항고기각 결정문 통지받은 날 :　　년　월　일
불복이유 :　1.　　　2.　　　3.

첨부 : 1. 재판비용 예납 영수증 사본　2. 불기소처분결정 및 통지서 사본
　　　 3. 항고장 사본　　　　　　　　4. 항고기각결정문 사본
　　　 5. 기타 증거자료

위 ○○노회 재판부의 항고기각 결정에 불복하여 권조 제67조3항에 의거 재항고합니다.
　　　　　　　　　　　　년　월　일

　　　　　　　　　　　　재항고인(고소인·고발인) ○○○ □
대한예수교장로회 ○○노회 기소위원회 경유·기소위원장) ○○○ □

대한예수교장로회 총회 재판국장 귀하

(권징 제6-5호 서식)

재 항 고 장
(노회 기소위원회 불기소 처분 불복용)

사건번호 :
사 건 명 :
고소인(고발인): (이름) ○○○   나이   성별   직분
　　　　　　　　　주소　　　　　　　　　　　전화번호

피고소인(피고발인): (이름) ○○○   나이   성별   직분
　　　　　　　　　　주소　　　　　　　　　　　전화번호

죄 과 명 : 헌법 권징 제5조 제○호 ○○○○행위
○○노회 기소위원회 불기소처분일 :   년 월 일
(○○노회 기소위원회 불기소간주일 :   년 월 일)
○○노회 기소위원회 불기소처분의 통지를 받은 날 :   년 월 일

○○노회기소위원회 불기소처분의 통지를 받은 날 :   년 월 일

불기소처분의 주문형태 : (① 기소유예   ② 혐의없음(범죄인정안됨 또는 증거불충분)
③ 죄가안됨 ④ 기소권없음 ⑤ 각하)

불복이유 : 1.   2.   3.

첨부 : 1. 재판비용 예납 영수증 사본
　　　 2. 불기소처분결정 및 통지서 사본
　　　 3. 기타 증거자료

위 ○○노회 기소위원회의 불기소처분(또는 불기소간주)에 불복하여 권조제67조.4항에 의거 재항고합니다.
　　　　　　　　　　　년　　월　　일

　　　　　　　　　　　　　　재항고인(고소인·고발인) ○○○ □
　　　　대한예수교장로회 ○○노회 기소위원회 경유·기소위원장) ○○○ □

대한예수교장로회 총회 재판국장 귀하

(권징 제7-1호 서식)

기 소 장

기소위원회 :　○○기소위원회
고소인(고발인):　(이름) ○○○　　나이　　성별　　직분
　　　　　　　　주소　　　　　　　　　　　　전화번호

피 고 인 :　(이름) ○○○　　나이　　성별　　직분
　　　　　　주소　　　　　　　　　　　　　　전화번호

죄 과 명 :　헌법 권징 제5조 제○호 ○○○○행위
기소사실 :　(범죄의 일시·장소·방법명시 사건의 특정화)
　　　　　　1.
　　　　　　2.
　　　　　　3.

적용규정 :

　　　　위 피고인은 위의 죄과로 기소하오니 재판하여 주시기 바랍니다.

년　　월　　일

대한예수교장로회 ○○기소위원회
기 소 위 원 장　○○○　□
기소위원회서기　○○○　□
기 소 위 원　○○○　□
기 소 위 원　○○○　□

대한예수교장로회 ○○재판국장 귀하

(권징 제7-2호 서식)

기소통지서

고소인(고발인): (이름) ○○○　　나이　　성별　　직분
　　　　　　　주소　　　　　　　　　　　전화번호

피 고 인 : (이름) ○○○　　나이　　성별　　직분
　　　　　주소　　　　　　　　　　　전화번호

죄 과 명 : 헌법 권징 제5조 제○호 ○○○○행위

기소일자 :　　년　월　일

첨부 : 기소장 사본

위 사건에 대하여 위와 같이 기소함을 헌법 권징 제55조에 의하여 고소인(고발인)에게 통지합니다.

　　　　　　　　　년　　월　　일

　　　　　　　　　　　　대한예수교장로회 ○○기소위원회
　　　　　　　　　　　　　　기 소 위 원 장　○○○　□
　　　　　　　　　　　　　　기소위원회서기　○○○　□

　　　　고소인(고발인) ○○○ 귀하

(권징 제7-3호 서식)

답 변 서
(권징시벌 피고인용)

사건번호 :
사 건 명 :
고소인(고발인): (이름) ○○○　　나이　　성별　　직분
　　　　　　　　주소　　　　　　　　　　　전화번호

피 고 인 : (이름) ○○○　　나이　　성별　　직분
　　　　　　주소　　　　　　　　　　　　전화번호

기소위원회: ○○기소위원회 기소위원장 ○○○　　직분
　　　　　　주소　　　　　　　　　　　　　　　전화번호

죄 과 명 : 헌법 권징 제5조 제○호 ○○○○행위

답변 취지

답변 내용
(기소사실·고소원인사실에 대한 답변)

증거 방법
　　　　　　　1. 서증
　　　　　　　2. 물증
　　　　　　　3. 인증

위 사건에 대하여 위와 같이 피고인은 답변합니다.

년　월　일

　　　　　　　　　　　　　　　피 고 인 ○○○ □

대한예수교장로회 ○○재판국장 귀하

(권징 제7-4호 서식)

답 변 서
(행정소송 피고인용)

사건번호 :
사 건 명 :
원 고 : (이름) ○○○   나이   성별   직분
　　　　주소　　　　　　　　　　전화번호

피 고 : (이름) ○○○   나이   성별   직분
　　　　주소　　　　　　　　　　전화번호

행정쟁송의 종류 : (행정소송, 결의취소등의 소송, 치리회간의 소송, 선거소송)

　　　　　　　　청구취지에 대한 답변

　　　　　　　　청구원인에 대한 답변
　　　　　1. 서증
　　　　　2. 물증
　　　　　3. 인증

　　위 사건에 대하여 위와 같이 피고는 답변합니다.

　　　　　　　　　년　월　일

　　　　　　　　　　　　　　　피고인　○○○　□

　　　　대한예수교장로회 ○○재판국장 귀하
　　　(대한예수교장로회 총회특별재판국장 귀하)

(권징 제7-5호 서식)

준 비 서 면
(권징시벌 기소위원회용)

사건번호 :
사 건 명 :
고소인(고발인) : (이름) ○○○   나이   성별   직분
　　　　　　　　주소　　　　　　　　　전화번호

피 고 인 : (이름) ○○○   나이   성별   직분
　　　　　주소　　　　　　　　　　　전화번호

기소위원회 : ○○기소위원회 기소위원장 ○○○   직분
　　　　　　주소　　　　　　　　　　　전화번호

행정쟁송의 종류 : (행정소송, 결의취소등의 소송, 치리회간의 소송, 선거소송)

　　　　　　　　　　변론준비내용
　　　　　1.
　　　　　2.
　　　　　3.

　　　　　　　　　　입증 방법
　　　　　1.
　　　　　2.
　　　　　3.

위 사건에 대하여 위와 같이 기소위원회는 변론을 준비합니다.

　　　　　　　　년　　월　　일

　　　　　　　　　　대한예수교장로회 ○○기소위원회
　　　　　　　　　　　기 소 위 원 장　○○○　□
　　　　　　　　　　　기소위원회서기　○○○　□

대한예수교장로회 ○○재판국장 귀하

(권징 제7-6호 서식)

준 비 서 면
(행정 소송 원고용)

사건번호 :
사 건 명 :
원 고 : (이름) ○○○   나이   성별   직분
　　　　주소　　　　　　　　　　전화번호

피 고 : (이름) ○○○   나이   성별   직분
　　　　주소　　　　　　　　　　전화번호

행정쟁송의 종류 : (행정소송, 결의취소등의 소송, 치리회간의 소송, 선거소송)

　　　　　　　　　변론준비내용
　　　　1.
　　　　2.
　　　　3.

　　　　　　　　　입증 방법
　　　　1.
　　　　2.
　　　　3.

위 사건에 대하여 위와 같이 원고는 변론을 준비합니다.

　　　　　　　　년　월　일

　　　　　　　　　　　　　원　고 ○○○ □

대한예수교장로회 ○○재판국장 귀하
(대한예수교장로회 총회특별재판국장 귀하)

(권징 제7-7호 서식)

기소변경허가 신청서

사건번호 :
사 건 명 :
고소인(고발인) : (이름) ○○○   나이   성별   직분
　　　　　　　　주소　　　　　　　　　　　전화번호

피 고 인 : (이름) ○○○   나이   성별   직분
　　　　　주소　　　　　　　　　　　전화번호

기소장 죄과명: 헌법 권징 제5조 제○호 ○○○○행위
기소장 기소사실요지 : 1.   2.   3.
기소장 적용규정 :
기소장 변경내용 :
　　　　　　　　기소사실 및 적용규정 추가내용
　　　　　　　　(기소사실 및 적용규정 철회내용)
　　　　　　　　(기소사실 및 적용규정 변경내용)

위와 같이 기소장의 기소사실 및 적용규정을 권조 제77조에 1항에 의거 변경하오니 허락하여 주시기 바랍니다.

년   월   일

대한예수교장로회 ○○기소위원회
기 소 위 원 장　○○○　□
기소위원회서기　○○○　□
기 소 위 원　○○○　□
기 소 위 원　○○○　□

대한예수교장로회 ○○재판국장 귀하

(권징 제7-8호 서식)

기 소 취 소 서

사건번호 :
사 건 명 :

고소인(고발인) : (이름) ○○○   나이   성별   직분
　　　　　　　　주소　　　　　　　　　　전화번호

피 고 인 : (이름) ○○○   나이   성별   직분
　　　　　주소　　　　　　　　　　전화번호

죄 과 명 : 헌법 권징 제5조 제○호 ○○○○행위
기소일자 :   년   월   일
기소 취소 이유:

위의 사건에 관한 기소를 권조 제63조에 의하여 취소하오니 처리하여 주시기 바랍니다.

　　　　　　　　　년　월　일

　　　　　　　　　　　　대한예수교장로회 ○○기소위원회
　　　　　　　　　　　　　　　　기 소 위 원 장 ○○○ □
　　　　　　　　　　　　　　　　기소위원회서기 ○○○ □
　　　　　　　　　　　　　　　　기 소 위 원 ○○○ □
　　　　　　　　　　　　　　　　기 소 위 원 ○○○ □

대한예수교장로회 ○○재판국장 귀하

(권징 제7-9호 서식)

기소 취소 통지서

사건번호 :
사 건 명 :

고소인(고발인) :　(이름) ○○○　　나이　　성별　　직분
　　　　　　　　　주소　　　　　　　　　　　전화번호

피고소인(피고발인) : (이름) ○○○　　나이　　성별　　직분
　　　　　　　　　　주소　　　　　　　　　　　전화번호

죄 과 명 :　헌법 권징 제5조 제○호 ○○○○행위
기소일자 :　　　년　 월　 일
기소 취소일자 :　　년　 월　 일

위 사건에 관하여 기소 취소함을 헌법 권징 제65조에 의하여 고소인(고발인)에게 통지합니다.

　　　　　　　　　년　 월　 일

　　　　　　　　　　　　　대한예수교장로회 ○○기소위원회
　　　　　　　　　　　　　　　기 소 위 원 장　○○○　□
　　　　　　　　　　　　　　　기소위원회서기　○○○　□

　　　　　　고소인(고발인) ○○○ 귀하

(권징 제8-1호 서식)

판 결 문
(권징시벌용)

사건번호 :
사 건 명 :

피 고 인 : (이름) ○○○　나이　　성별　　직분
　　　　　　주소　　　　　　　　　　　　전화번호

　　　변호인 (이름) ○○○　나이　　성별　　직분
　　　　　　주소　　　　　　　　　　　　전화번호

기소위원회 : ○○기소위원회 기소위원장 ○○○　　직분
　　　　　　주소　　　　　　　　　　　　전화번호

변론종결일 :　년　월　일
판결선고일 :　년　월　일

주 문

헌법권조 제 ○○ 조에 의하여

판결이유

1. 죄과될 사실
2. 증거의 요지
3. 헌법 또는 규정의 적용

위와 같이 판결한다.

년　월　일

대한예수교장로회　○○재판국　재 판 국 장　○○○　□
　　　　　　　　　　　　　　　　재판국 서기　○○○　□
　　　　　　　　　　　　　　　　재 판 국 원　○○○　□

※ 유의사항 : 항소 재판국 또는 상고 재판국의 판결문인 경우에는 당사자인 피고인과 기소위원회의 난에 괄호를 하여 항소인과 피항소인 또는 상고인과 피상고인을 당사자와 함께 병기 한다.

(권징 제8-2호 서식)

판 결 문
(행정소송용)

사건번호 :
사 건 명 :
원　　고 : (이름) ○○○　　나이　　성별　　직분
　　　　　　주소　　　　　　　　　　　전화번호
　　　　　　변호인 (이름) ○○○　나이　성별　직분
　　　　　　주소　　　　　　　　　　　전화번호
피　　고 : ○○치리회장 ○○○　　직분
　　　　　　주소　　　　　　　전화번호
　　　　　　○○치리회 선거관리위원장 ○○○　직분
　　　　　　주소　　　　　　　　　　　전화번호
　　　　　　변호인 (이름) ○○○　나이　성별　직분
　　　　　　주소　　　　　　　　　　　전화번호
행정소송의 종류 : (행정소송, 결의취소등의 소송, 치리회간의 소송, 선거소송)
변론종결일 :　년　월　일
판결선고일 :　년　월　일

주　문
권조 제 ○○ 조 에 의하여
청구취지
판결이유

1. 기초사실
2. 증거의 요지
3. 헌법 또는 규정의 적용

위와 같이 판결한다.

년　월　일

대한예수교장로회　○○재판국　재 판 국 장　○○○　□
재판국 서기　○○○　□
재 판 국 원　○○○　□

※ 유의사항 : 행정소송사건 중 행정소송의 상고 재판국(총회 재판국)의 판결문인 경우에는 당사자인 원고와 피고의 난에 괄호를 하여 상고인과 피상고인을 당사자와 함께 병기를 한다.

(권징 제8-3호 서식)

결 정 문
(권징시벌용·재심용)

사건번호 :
사 건 명 :
피 고 인 : (이름) ○○○　나이　　성별　　직분
　　　　　주소　　　　　　　　　　　전화번호
　　　　　변호인 (이름) ○○○　나이　　성별　　직분
　　　　　주소　　　　　　　　　　　전화번호
기소위원회 : ○○기소위원회 기소위원장○○○　　직분
　　　　　　주소　　　　　　　　　　　전화번호
결정고지일 :　　년　월　일

주 문
권조 제 ○○ 조에 의하여
신청(청구)취지
결정이유
위와 같이 결정한다.

년　　월　　일

대한예수교장로회 ○○재판국 재 판 국 장　○○○　□
재판국 서기　○○○　□
재 판 국 원　○○○　□
재 판 국 원　○○○　□

(권징 제8-4호 서식)

결 정 문
(행정소송용)

사건번호 :
사 건 명 :
원 고 : (이름) ○○○   나이   성별   직분
　　　　주소　　　　　　　　　전화번호
　　　　변호인 (이름) ○○○   나이   성별   직분
　　　　주소　　　　　　　　　전화번호
피 고 : 대한예수교장로회 총회장 ○○○
　　　　주소　　　　　　　　　전화번호
　　　　변호인 (이름) ○○○   나이   성별   직분
　　　　주소　　　　　　　　　전화번호
행정소송의 종류 : (취소소송, 무효 등 확인소송, 결의 취소의 소, 결의 무효 확인의 소)
결정고지일 :   년 월 일

주 문
권조 제 ○○ 조에 의하여
청구취지
결정이유
위와 같이 결정한다.

년　월　일

대한예수교장로회 총회재판국장 ○○○ □
재판국서기 ○○○ □
재판국원 ○○○ □
재판국원 ○○○ □

※ 유의사항 : 치리회가 다를 때는 다른 이름으로 기록하면 됩니다.

(권징 제8-5호 서식)

판결집행문

사건번호 :
사 건 명 :
성   명 : 피고인 ○○○   피고 ○○치리회장 ○○○
　　　　　피고 ○○선거관리위원장 ○○○
소속 교회 : 대한예수교장로회 ○○노회 ○○교회
직   분 :
판결주문 :
판결확정일 :   년 월 일
판결확정재판국 : ○○당회 재판국 (○○노회 재판부 또는 총회 재판국)
판결집행일 : 무기책벌 :   년 월 일부터
　　　　　　유기책벌 : 시기 년 월 일부터
　　　　　　　　　　　종기 년 월 일까지
　　　　　　행정소송 :   년 월 일

대한예수교장로회 헌법 권징조례 제132조 제170조에 의하여 판결을 집행하고 제171조에 의하여 소속 치리회장이 치리회 석상에서 선포·공시하고 또는 지상 공고하여 시벌하기 바랍니다.

참고 : 1. 상회가 하회에 명한 일에 대해서 하회가 불순종하거나 이행하지 아니하는 경우에는 상회가 직접 처결할 수 있다(권조 제12조.4항). 기간은 15일 이내이다(권조171조 6항)
　　　 2. 시벌 받은 자가 회개의 증거가 없고 또 다른 범행을 자행할 때에는 재판하여 가중 시벌할 수 있다(권조 172조)

　　　　　　　　　년　월　일
　　　　　　　　　　　　　　　○○ 치리회장 ○○○ □
　　　　　　　　　　　　　　　(재판국장)○○○ □
　　　　　　　　　　　　　　　서 기 ○○○ □

　　　　대한예수교장로회 ○○치리회장 귀하
　　　　　　　　기관장　　　귀하

※ 유의사항 : 유기책벌의 경우 시기(始期)는 판결확정일로 한다. 상소하지 않아 판결이 확정되는 때에는 판결송달수령일로부터 15일이 되는 날이 판결확정일이며 상소포기·취하한 때에는 포기·취하한 날이 판결확정일이며 총회 재판국의 판결은 선고일이 판결확정일이다. ○○치리회장 ○○○ □은 판결이 확정된 재판국이 속한 치리회를 말한다. 총회 산하 기관 임,직원일 때는 해 기관장에게도 보낸다. 성명 난에 권징시벌사건인 경우에는 피고인 000의 난만을, 행정소원, 결의 취소 등의 소송, 치리회 간의 소송인 경우에는 피고 000 치리회장 000의 난만을, 선거소송의 경우에는 피고 00선거관리위원장 000의 난만을 기입한다.

(권징 제8-6호 서식)

판결집행 보고서
(권징 시벌용)

사건번호 :
사 건 명 :
피 고 인 : (이름) ○○○   나이   성별   직분
　　　　　주소　　　　　　　　　　전화번호
　　　　　변호인 (이름) ○○○   나이   성별   직분
　　　　　주소　　　　　　　　　　전화번호
판결선고일 :   년 월 일

아래와 같이 헌법권조 제171조에 의하여 판결 집행을   년 월 일 시행하였음을 보고 합니다.

- 아 래 -

1. 판 결 집 행 자:
2. 피고인의 수용여부:

　　　　　　　　년 월 일

　　　　　　　　대한예수교장로회 ○○회장 ○○○ ㊞
　　　　　　　　　　　　　　　　서 기 ○○○ ㊞
　　　　　　　　　　　　　(기관: 　장 ○○○ ㊞

※ 유의사항 : 목사는 소속 노회장에게 장로와 교인은 해당 당회장에게 기관 임직원은 해당 기관장에게 통보 한다.

부록 603

(권징 제8-7호 서식)

가중시벌 청원서
(권징 시벌용)

사건번호 :
사 건 명 :
피 고 인 : (이름) ○○○   나이   성별   직분
　　　　　주소　　　　　　　　　　전화번호
　　　　　변호인 (이름) ○○○   나이   성별   직분
　　　　　주소　　　　　　　　　　전화번호
판결선고일 :   년 월 일

아래와 같이 헌법권조 제171조에 의하여 판결 집행을   년 월 일 시행하였으나 불응하므로 가중시벌을 청원합니다

　　　　　　　　　　년   월   일

　　　　　　　　　대한예수교장로회 ○○회장 ○○○ □
　　　　　　　　　　　　　　　　　　서 기 ○○○ □
　　　　　　　　　　　　　　　(기관:　장 ○○○ 인)

※ 유의사항 : 목사는 소속 노회장에게 장로와 교인은 해당 당회장에게 기관 임직원은 해당 기관장에게 통보 한다.

(권징 제9-1호 서식)

항소(상고)장

사건번호 :
사 건 명 :
항소인(상고인) : 권징시벌용 : (피고인 또는 기소위원장)○○○ 나이
　　　　　　　　성별　　직분　　주소　　　　　　　　전화번호
　　　　　　　　행정소송용 : (원고 또는 피고) ○○○　나이　성별
　　　　　　　　직분　　주소　　　　　　　　　　　전화번호

피항소인(피상고인) : (위의 상대방 당사자)　○○○　나이　성별　직분
　　　　　　　　　주소　　　　　　　　　　전화번호

원심판결 송달 수령일 :　　년　월　일

첨부 : 1. 재판비용 예납 영수증
　　　2. 항소(상고)장 부본

　　　　　　　　　　　원심판결의 표시
　　　　　　　　　　　　1. 주문
　　　　　　　　　　　　2. 판결선고일
　　　　　　　　　　　항소(상고)취지
　　　　　　　　　　　항소(상고)이유
　　　　　　　　* 추후 항소(상고)이유서 제출할 수 있음

위와 같이 항소(상고)를 권조 제112조, 제125조 1항에 의거 제기합니다.

　　　　　　　　　　년　　월　　일
　　　　　　　　　　　　　　　항소인(상고인)　○○○　□

　　　　　대한예수교장로회 ○○재판국장 귀하

※ 유의사항: 항소(상고)장은 원심 재판국에 제출한다.

(권징 제9-2호 서식)

항소(상고) 취하(포기)서

사건번호 :
사 건 명 :
항소인(상고인) : 권징시벌용 : 피고인, 기소위원장 또는 고소인(고발인)
　　　　　　　　○○○ 나이　성별　직분
　　　　　　　　주소　　　　　　　　　　　전화번호
　　　　　　　행정쟁송용 : (원고 또는 피고) ○○○　나이　성별
　　　　　　　　직분　　주소　　　　　　　　전화번호
피항소인(피상고인) : (위의 상대방 당사자)　○○○　나이　성별　직분
　　　　　　　　　　주소　　　　　　　　　전화번호
원심판결의 표시 :
원심판결의 선고일 :　　년　월　일

위사건에 관하여 항소인(상고인)은 항소(상고)를 전부 취하(포기)합니다.

　　　　　　　　　년　　월　　일

　　　　　　　　　　　　　　　(　　　　) ○○○ □

　　　　　　　대한예수교장로회 ○○재판국장 귀하

※ 유의사항 : 취하는 항소(상고) 재판국에, 포기는 원심 재판국에 제출한다.

(권징 제9-3호 서식)

항소(상고) 이유서

사건번호 :
사 건 명 :
항소인(상고인) : (이름) ○○○   나이   성별   직분
　　　　　　　　　주소　　　　　　　　　　　전화번호
피항소인(피상고인) : (이름) ○○○   나이   성별   직분
　　　　　　　　　　주소　　　　　　　　　　전화번호
원심판결의 선고일 :　　　　　년　월　일
원심판결 송달받은 날 :　　　　년　월　일
항소(상고)한 날 :　　　　　　　년　월　일
소송기록 접수통지를 받은 날 :　년　월　일

첨부 : 항소(상고) 이유서 부본

위 사건에 관하여 피고인(기소위원장) 또는 고소인(고발인) 또는 원고(피고)·항소인(상고인)은 다음과 같이 항소(상고)이유를 제출합니다.

　　　　　　　　항소(상고) 이유
　　1.
　　2.
　　3.

　　　　　년　월　일

　　　　　　　　　　　　　(　　　　) ○○○ ㊞

대한예수교장로회 ○○재판국장 귀하

※ 유의사항: 항소(상고)장에 항소(상고)이유를 적지 아니한 때에는 항소인(상고인)은 소송기록 접수통지를 받은 날로부터 15일 이내에 항소(상고)이유서를 항소(상고) 재판국에 제출하여야 하고, 만약 위의 기간 안에 항소(상고)이유서를 제출하지 않으면 항소(상고)가 기각될 수 있다.

(권징 제9-4호 서식)

답 변 서
(항소·상고용)

사건번호 :
사 건 명 :
항소인(상고인) : (이름) ○○○   나이   성별   직분
　　　　　　　　　주소　　　　　　　　　　전화번호
피항소인(피상고인) : (이름) ○○○   나이   성별   직분
　　　　　　　　　　주소　　　　　　　　　　전화번호
항소(상고)이유서를 받은 날 :　년　월　일
첨부 : 답변서 부본

위 사건에 대하여 피고인(기소위원장) 또는 고소인(고발인) 또는 원고(피고)·피항소인(피상고인)은 다음과 같이 항소(상고)에 대하여 답변서를 제출합니다.

　　　　　　　　　답변 취지

　　　　　　　　　답변 이유
　　　　1.
　　　　2.
　　　　3.

　　　　　　　　년　월　일

　　　　　　　　　　　　　　(　　　　) ○○○ □

　　　　　대한예수교장로회 ○○재판국장 귀하

(권징 제10-1호 서식)

위탁판결청원서

고소인(고발인) : (이름) ○○○   나이   성별   직분
　　　　　　　　주소　　　　　　　　　　전화번호

피고소인(피고발인) : (이름) ○○○   나이   성별   직분
　　　　　　　　　주소　　　　　　　　　　전화번호

기소장 죄과명 : 헌법 권징조례 제5조 제○호 ○○○○행위

위탁판결 청원사유 : 헌법 권징조례 제133조 제○항 ○○○○의 경우

첨부 : 1. 재판비용 예납금액 송금 또는 납부확인증의 사본
　　　 2. 고소(고발)장 사본

위 사건에 대하여 위의 사유로 위탁재판을 청원하오니 처리하여 주시기 바랍니다.

　　　　　　　　　　년　　월　　일

　　　　　　　대한예수교장로회 ○○교회 당 회 장 ○○○ □
　　　　　　　　　　　　　　　　　　당회서기 ○○○ □

　　　　　대한예수교장로회 ○○노회장 귀하

※ 유의사항 : 노회에서 총회 재판국 위탁판결 청원 시는 치리회명만 바꾸면 됩니다.

(권징 제10-2호 서식)

NO 재심청구청원서

고소인(고발인) : (이름) ○○○   나이   성별   직분
　　　　　　　주소　　　　　　　　　전화번호

피고소인(피고발인) : (이름) ○○○   나이   성별   직분
　　　　　　　주소　　　　　　　　　전화번호

기소장죄과명 : 헌법권징조례제5조제○호 ○○○○행위

재심판결청원사유 : 헌법권징조례제160조제○항 ○○○○의경우

첨부 : 1. 재판비용 예납금액송금 또는 납부확인증의 사본
　　　 2. 판결문 사본

위 사건에 대하여 위의 사유로 재심청구를 청원하오니 처리하여 주시기 바랍니다.

년 월 일

대한예수교장로회 ○○교회당회장 ○○○ □
당회서기 ○○○ □

대한예수교장로회 ○○노회장귀하

※ 유의사항 : 노회에서 총회 재판국 위탁판결 청원 시는 치리회명만 바꾸면 됩니다.

개정판

헌법해설

예배지침 | 교회정치 | 권징조례